国家哲学社会科学成果文库
NATIONAL ACHIEVEMENTS LIBRARY
OF PHILOSOPHY AND SOCIAL SCIENCES

外商直接投资进入中国的结构变动与效应研究

田素华 著

田素华 复旦大学世界经济专业经济学博士(2002),美国哥伦比亚大学商学院访问学者(2008–2009),现为复旦大学经济学院世界经济系教授、博士生导师。

研究方向为国际经济学和货币经济学。曾在《经济研究》、《世界经济》、《管理世界》、《金融研究》、《国际金融研究》等刊物发表学术论文数十篇,主持并完成国家社会科学基金项目、教育部人文社会科学立项课题、上海市哲学社会科学规划课题等国家级和省部级课题多项;已出版的著作主要有:《东道国国际资本流入结构的成因与管理》(2003)、《贸易战略的国际比较》(2006)、《国际资本流动与货币政策效应》(2008)、《货币经济学》(2010)、《外资银行在东道国的信贷偏好》(2010)。

研究成果曾获安子介国际贸易研究奖、全国优秀博士学位论文提名奖、上海市优秀博士学位论文、上海市哲学社会科学优秀成果奖、上海市邓小平理论研究和宣传优秀成果奖等国家级和省部级奖励。

《国家哲学社会科学成果文库》
出版说明

  为充分发挥哲学社会科学研究优秀成果和优秀人才的示范带动作用，促进我国哲学社会科学繁荣发展，全国哲学社会科学规划领导小组决定自2010年始，设立《国家哲学社会科学成果文库》，每年评审一次。入选成果经过了同行专家严格评审，代表当前相关领域学术研究的前沿水平，体现我国哲学社会科学界的学术创造力，按照"统一标识、统一封面、统一版式、统一标准"的总体要求组织出版。

全国哲学社会科学规划办公室
2011年3月

目 录

第一章 导 论 ……………………………………………………（1）
 第一节 中国外资经济发展的结构特征 …………………………（1）
 第二节 文献综述 …………………………………………………（3）
 第三节 研究框架与研究结论 ……………………………………（5）

上篇 中国FDI进入的结构变动与影响因素

第二章 FDI进入中国区位变动的影响因素 …………………（15）
 第一节 FDI进入中国的区位变动 ………………………………（15）
 第二节 义献综述 …………………………………………………（19）
 第三节 企业跨国经营区位选择的决定因素 ……………………（23）
 第四节 计量分析方程与变量选择 ………………………………（27）
 第五节 影响FDI进入中国区位差异的分时期考察 ……………（30）
 第六节 影响FDI进入中国区位差异的分地区考察 ……………（38）
 第七节 结论和政策启示 …………………………………………（44）

第三章 进入中国的FDI来源变动影响因素 …………………（54）
 第一节 进入中国的FDI来源 ……………………………………（56）

第二节　香港 FDI 进入中国大陆的影响因素 …………………… (60)
第三节　台湾 FDI 进入中国大陆的影响因素 …………………… (74)
第四节　在中国的美国 FDI ……………………………………… (83)
第五节　在中国的日本 FDI ……………………………………… (92)
第六节　在中国的韩国 FDI ……………………………………… (103)
第七节　结论与政策启示 ………………………………………… (120)

第四章　FDI 进入中国行业变动的影响因素 ……………………… (124)
第一节　FDI 进入中国的行业变动 ……………………………… (124)
第二节　文献综述 ………………………………………………… (129)
第三节　FDI 进入中国行业变动影响因素的基本分析 ………… (130)
第四节　FDI 进入中国制造业规模变动影响因素的实证检验 … (135)
第五节　结论与政策启示 ………………………………………… (159)

第五章　独资 FDI 进入中国的影响因素 …………………………… (163)
第一节　独资 FDI 进入中国的历史演进 ………………………… (163)
第二节　文献综述 ………………………………………………… (168)
第三节　影响 FDI 独资进入因素的理论分析 …………………… (174)
第四节　FDI 独资进入中国影响因素的实证分析 ……………… (180)
第五节　结论与政策启示 ………………………………………… (209)

第六章　中国的跨国公司总部经济 ………………………………… (214)
第一节　跨国公司地区总部内涵和研究对象 …………………… (214)
第二节　跨国公司特征与跨国公司总部在上海的区域分布 …… (216)
第三节　区位特征与跨国公司总部在上海的区域分布 ………… (224)
第四节　跨国公司总部在上海区位选择的计量检验 …………… (229)
第五节　对跨国公司在沪地区总部的访谈和问卷调查 ………… (238)
第六节　政策建议 ………………………………………………… (244)

下篇　FDI 进入的经济效应与中国经济结构转型

第七章　FDI 进入的本地投资效应 (251)
- 第一节　文献综述 (253)
- 第二节　FDI 对东道国本地投资的影响机制 (257)
- 第三节　FDI 对东道国本地投资影响的短期特征与长期特征 (258)
- 第四节　FDI 对中国不同类型企业投资的影响 (271)
- 第五节　制造业 FDI 进入的本地投资效应 (282)
- 第六节　结论与政策启示 (294)

第八章　FDI 进入的劳动工资效应 (299)
- 第一节　文献综述 (300)
- 第二节　FDI 对东道国居民收入差距影响的理论分析 (301)
- 第三节　FDI 与中国劳动工资差距变动 (303)
- 第四节　FDI 对中国劳动工资差距影响的实证分析 (307)
- 第五节　FDI 进入制造业对中国劳动工资差距的影响 (315)
- 第六节　结论与政策启示 (323)

第九章　FDI 占中国固定资产投资比重变动的影响因素 (325)
- 第一节　FDI 在中国固定资产投资中的比重变化 (325)
- 第二节　FDI 占中国本地投资比重变动影响因素的实证检验 (326)
- 第三节　企业类型与 FDI 进入规模变动 (344)
- 第四节　人民币汇率变动对 FDI 进入中国的影响 (352)
- 第五节　结论与政策启示 (378)

第十章　从 IDI 到 ODI 的中国经济发展模式 (381)
- 第一节　国际直接投资发展趋向、障碍与对策 (381)

第二节　中国发展对外直接投资的收益、优势与策略 ………… (395)
第三节　美国金融危机后的中国经济结构转型 ………………… (408)

附录 A　中国的外资政策（1978~2012） ……………………… (434)
附录 B　中国外资政策变动与跨国公司反应 …………………… (450)
附录 C　中国改革开放大事年表（1978~2012） ……………… (452)

参考文献 …………………………………………………………… (457)

后记 ………………………………………………………………… (500)

Contents

1 **Introduction** .... (1)
   1.1 Structural Characteristics of Foreign Direct Investment in
         China .... (1)
   1.2 Literature Review and Research Implications .... (3)
   1.3 Research Framework and Conclusions .... (5)

PART A Foreign Direct Investment in China: Structural Changes and Influencing Factors

2 **Factors Affecting Location Choice of FDI in China** .... (15)
   2.1 The Location Change of FDI in China .... (15)
   2.2 Literature Review .... (19)
   2.3 Determinants of Multinational Corporations' Location Choice ... (23)
   2.4 Econometric Model and Variable Selection .... (27)
   2.5 Analysis of FDI's Location Choice in China from Three
         Periods' Perspective .... (30)
   2.6 Analysis of FDI's Location Choice in China from the
         Regional Perspective .... (38)
   2.7 Conclusions and Policy Implications .... (44)

3 **Factors Affecting the Source of FDI in China** .... (54)
   3.1 Sources of FDI in China .... (56)
   3.2 Factors Affecting FDI from Hong Kong in Mainland China ..... (60)
   3.3 Factors Affecting FDI from Taiwan in Mainland China .... (74)

	3.4	US FDI in China	(83)
	3.5	Japan FDI in China	(92)
	3.6	South Korea FDI in China	(103)
	3.7	Conclusions and Policy Implications	(120)

4 Factors Affecting Industrial Distributions of FDI in China .... (124)
    4.1 Industrial Distribution Change of FDI in China .... (124)
    4.2 Literature Review .... (129)
    4.3 Basic Analysis of Factors Affecting Industrial
        Distributions of FDI in China .... (130)
    4.4 Empirical Study of Factors Affecting FDI Volume in
        China's Manufacturing Industry .... (135)
    4.5 Conclusions and Policy Implications .... (159)

**5 Factors Affecting Wholly Foreign-owned Enterprises'
   FDI in China** .... (163)
    5.1 History of Wholly Foreign – owned Enterprises' FDI
        in China .... (163)
    5.2 Literature Review .... (168)
    5.3 Theoretical Analysis of Factors Affecting Wholly Foreign – owned
        Enterprises' FDI in China .... (174)
    5.4 Empirical Analysis of Factors Affecting Wholly Foreign – owned
        Enterprises' FDI in China .... (180)
    5.5 Conclusions and Policy Implications .... (209)

6 Headquarters of Multinational Corporations in China .... (214)
    6.1 Concept and Research Objective of MNC's Regional
        Headquarters .... (214)
    6.2 Characteristics of Multinational Corporations and Location
        Distribution of MNC's Headquarters in Shanghai .... (216)
    6.3 Location Characteristics and Location Distribution of
        MNC's Headquarters in Shanghai .... (224)

6. 4　Empirical Test of MNC's Headquarters Location Choice in Shanghai ……………………………………… (229)
6. 5　Interviews and Questionnaires on MNC's Headquarters in Shanghai ……………………………………………… (238)
6. 6　Conclusions and Policy Implications ……………………… (244)

PART B　The Economic Effects of Foreign Direct Investment and China's Economic Restructuring

7　**Local Investment Effects of Foreign Direct Investment** ………… (251)
　7. 1　Literature Review ………………………………………… (253)
　7. 2　Mechanism of FDI's Influence on Local Investment in the Host Country ……………………………………… (257)
　7. 3　Short – and Long – term Characteristics of FDI's Effects on Local Investment in the Host Country ………………… (258)
　7. 4　FDI's Influence on Investment by Different Types of Chinese Enterprises ……………………………………… (271)
　7. 5　Local Investment Effects of Manufacturing Foreign Direct Investment …………………………………………… (282)
　7. 6　Conclusions and Policy Implications ……………………… (294)

8　**Wage Effects of Foreign Direct Investment** …………………… (299)
　8. 1　Literature Review ………………………………………… (300)
　8. 2　Theoretical Analysis of FDI's Influence on Income Gap in the Host Country ……………………………………… (301)
　8. 3　Foreign Direct Investment and Changes of Labor Wage Gap in China ……………………………………………… (303)
　8. 4　Empirical Analysis of FDI's Influence on Labor Wage Gap in China ……………………………………………… (307)
　8. 5　Influence of Manufacturing FDI on Labor Wage Gap in China ……………………………………………… (315)
　8. 6　Conclusions and Policy Implications ……………………… (323)

9 Factors Affecting FDI's Portion in Fixed Assets Investment in China (325)

9.1 Change of FDI's Portion in Fixed Assets Investment in China (325)

9.2 Empirical Analysis of Factors Affecting FDI's Portion in Local Investment in China (326)

9.3 Types of Enterprises and Changes of FDI Volume (344)

9.4 Influence of RMB Exchange Rate on Foreign Direct Investment in China (352)

9.5 Conclusions and Policy Implications (378)

10 China's Economic Development Mode: From IDI to ODI (381)

10.1 Development Trends of and Obstacles to FDI and Relevant Responses (381)

10.2 Benefits, Advantages and Strategies of China's Outward Direct Investment (395)

10.3 China's Economic Restructuring after 2008 United State's Financial Crisis (408)

Appendix A China's Policies on Foreign Direct Investment (1978–2012) (434)

Appendix B MNCs' response to China's FDI Policy Changes (450)

Appendix C Chronology of Chinese Economic Reform (1978–2012) (452)

References (457)

Postscript (500)

第 一 章

导　论

自1979年外商直接投资首次进入中国，至今已有三十多年历史，其间外商直接投资（简称FDI）随着中国改革开放的进程，从无到有，由少到多，规模不断扩大[①]，进入的地区与领域及方式不断深化，对中国经济发展产生了深远的影响。

第一节　中国外资经济发展的结构特征

一、区位特征

实行改革开放政策初期，进入中国的外商直接投资主要进入到了广东省。从1983年开始，进入中国的FDI逐渐向广东省和福建省以北的中国东部沿海地区扩散：首先是向长江三角洲地区的江苏省和上海市、浙江省扩散，然后是向长江以北的山东省、辽宁省、天津市和北京市扩散，并于近年进一步向中国中部的江西、湖南、湖北、河南、重庆、四川、安徽等省区扩

---

①　1980年，中国年度实际利用FDI总额（流量，以下同）为0.57亿美元，以后年度增加明显：1981年为2.65亿美元，1984年突破了10亿美元，1986年突破了20亿美元，1988年突破了30亿美元，1991年突破了40亿美元，1992年突破100亿美元。在1992年以后，中国年度实际利用FDI在超过100亿美元的基础上继续稳定增长：1993年突破了200亿美元，1994年突破了300亿美元，1996年突破了400亿美元，2002年突破了500亿美元，2004年突破了600亿美元，2005年突破了700亿美元，2007年突破了800亿美元，2008年突破了1000亿美元，2009年回落为950亿美元。2010年和2011年，中国实际利用FDI金额为1047亿美元和1239亿美元。参见联合国贸易与发展会议数据库（UNCTAD stat）。

散，在2002～2011年逐渐形成了以江苏、广东、辽宁为FDI进入中心地带的新的区位布局。

二、来源特征

实行改革开放政策初期，进入中国的FDI主要来源于中国香港以及美国和日本等少数几个国家和地区。20世纪90年代以后，随着韩国、新加坡和中国台湾FDI的增加，以及欧美跨国公司大规模进入，出现了FDI来源地多元化的趋势。就1979～2011年的全部统计数据来看，进入中国的FDI主要来源于中国香港、日本、美国、韩国、新加坡、中国台湾、维尔京群岛等国家和地区。

三、行业特征

实行改革开放政策以来，进入中国的FDI主要投入到了制造业和服务业部门，进入中国农林牧渔部门的FDI占中国年度实际利用FDI的比重一直在2%以下。对中国东部12个省区的统计分析显示，1995～2011年，进入中国的FDI有50%至90%投入到了制造业部门[①]；就中国整体而言，1999～2011年，进入中国的FDI有49.7%至71.0%投入到了制造业部门。

四、独资FDI进入

跨国公司在中国的FDI主要有合资、合作、独资等形式。在实行改革开放政策初期，合资是FDI进入中国的主导模式。随着时间推移，在进入中国的FDI中独资项目所占比重逐年上升。20世纪90年代后期至今，无论在项目数量上，还是在投资金额上，进入中国的独资FDI均超过了合资FDI。

五、FDI进入规模与中国本地投资发展

FDI占中国固定资产投资的比重在1979～1998年呈现一个逐渐上升的过程，在1998年这一比重超过了10%；1998年以后，这一比重开始出现下

---

① 北京地区是一个例外。1997～2007年，进入北京市制造业部门的FDI占北京地区年度实际利用FDI的比重在17%至37%之间。此外，进入上海制造业部门的FDI占上海年度实际利用FDI的比重在2004年开始出现持续下降；2007年，进入上海制造业部门的FDI占上海年度实际利用FDI的比重为33%。

降。不过，在2008年，这一比重仍旧超过1988年的水平。也即1979~2011年，FDI占中国年度固定资产投资总额的比重经历了先增加后下降的过程，并在近年逐渐稳定在10%至20%这一水平上，呈现出显著的倒U型变动特征。

第二节 文献综述

外资经济结构问题始终是国际经济学界研究的一个重点。国外学者对东道国外资经济结构的研究多从成因、经济效应和政策管理等角度进行，主要包括以下几个方面。

第一，将东道国流入资本分为FDI和非FDI两种形式展开研究。比如，利普西（Lipsey，1999）考察了美国和拉美及东南亚国家外资流入形式的周期性变动特征，阿尔伯克基（Albuquerque，2003）研究了金融抑制对东道国FDI和非FDI资本流入的影响，戈德斯坦（Goldstein，2004）从信息不对称角度比较研究了FDI和非FDI资本的东道国经济效应，类似的研究还有基拉巴耶娃和拉辛（Kirabaeva and Razin，2010）、拉辛和萨德卡（Razin and Sadka，2007）、戈德斯坦等（Goldstein，Razin and Tong，2010）。

第二，从FDI来源、进入地区和行业角度展开研究。比如，世界银行（World Bank，2004）研究了世界范围内FDI地理流向高度集中的现象，联合国贸易与发展会议（UNCTAD，2004）分析了20世纪90年代以来流入东道国的FDI从制造业转向金融和电信等服务业部门问题，麦考曼（McCalman，2004）研究发现东道国知识产权保护对FDI进入的行业选择有显著影响，类似的研究还有帕克等（Pak and Park，2005）、马和德里奥斯（Ma and Delios，2007）。

对中国外资经济结构的研究主要以FDI为对象，着重讨论三类问题。

第一，研究中国利用外资结构变动的经济效应。从结构方面对中国外资经济效应的研究多以省市或/和行业面板数据为考察对象，着重分析外资的地区和行业分布对中国本地企业的溢出效应和对中国经济结构的影响。比如，马（Ma，2006）运用省市面板数据，研究了外资对中国不同地区劳动工资差距的影响，类似的研究还有沈坤荣和耿强（2001）、冼国明和文东伟

(2006); 付等 (Fu et al, 2005) 运用 35 个行业的面板数据，研究了 FDI 进入引起中国不同行业中劳动工资差距扩大的机制，类似的研究还有姚洋和章奇 (2001)、赖明勇等 (2005)、魏后凯 (2002)、陈景华 (2010)、毛日昇 (2009)，等等。

第二，研究中国外资经济结构成因。比如，李永军 (2003) 利用工业普查数据研究了 FDI 在中国行业分布的决定因素，潘镇等 (2006) 则把外资进入中国的地区和行业差异与中国的外资政策联系起来加以研究。类似的研究还有葛顺奇和郑小洁 (2004)、贺灿飞和陈颖 (1997)、唐宜红 (2003)、刘军和徐康宁 (2009)。许多学者对中国 FDI 大量流入的成因进行了研究。比如，Dooley 等 (2004) 研究认为，FDI 大量流入与中国维持人民币汇率低估有关；黄亚生 (Huang, 2004) 研究认为，FDI 大量流入与中国资本市场低效率有关。但这些研究结论受到了许多质疑，如普拉萨德等 (Prasad and Wei, 2005)。

第三，研究中国外资经济结构管理问题。许多学者研究了利用 FDI 和中国经济安全之间的关系，比如王洛林和江小涓 (1999)、裴长洪 (2001) 对外商直接投资与中国民族工业关系进行的论述，类似的研究还有王元龙 (1998)、崔新建 (2002)。有许多文献对中国进一步利用 FDI 的潜在风险进行了分析，比如贺力平和张艳花 (2004)。许多学者对中国现行外资政策有效调控外资经济结构的效果和条件进行了研究，比如李庆云和田晓霞 (2000)、左大培 (2000)、梁琦 (2003)。有相当多的文献讨论了中国外资经济结构调整问题。比如余永定等 (2006) 从中国国际收支双顺差的产生和弊端出发，指出限制外资进入中国加工贸易行业的紧迫性。类似的研究还有江小涓 (2006)、张幼文 (2006)、陈继勇和刘威 (2006)、陈涛涛和白晓晴 (2006)、芮博澜等 (Ramasamy, Yeung and Laforet, 2012)、张和达利 (Zhang and Daly, 2011) 等。

可以看出，现有文献对东道国外资经济结构问题的研究相当全面和深入，中国外资经济结构问题一直是经济学界关注的焦点。但是，以外资高度集中于制造业和东部沿海地区等为特点的中国外资经济结构，在历史上曾经有过多次突变，并正在进一步经历变化过程，而现有文献对这一变化过程却鲜有涉及。现有研究中国外资经济结构的文献至少有以下两个方面需要加强。(1) 系统地论证改革开放以来中国外资经济结构变动的内在机制。(2) 研究中国外资经济结构变动的经济效应及趋向，分析对外资经济结构转型实施管理的基本政策。

第三节 研究框架与研究结论

一、研究框架

本书除了导论以外，核心内容有两大部分共9章。第一部分着重研究实行改革开放政策以来中国外资经济结构变动的影响因素，以此来把握中国外资经济结构变化的内在规律；第二部分着重研究外商直接投资进入对中国经济的影响，以此来给中国制订外资政策、调控外资经济结构提供理论和经验证据。

第一部分包括第二章至第六章的五章内容。在这一部分，我们从FDI进入中国的区位分布、FDI来源和进入行业、独资与合资FDI，以及跨国公司（地区）总部等角度出发，以省级面板数据为基础，采用理论研究和计量分析方法，结合中国外资经济结构发生显著变化时期的若干窗口事件，研究了中国外资经济结构变动的影响因素。

我们运用省市面板数据，研究了改革开放以来，中国不同地区之间的经济社会特点，特别是经济中个体经营企业、乡镇集体企业、国有企业和外资企业的构成变化，以及资金来源、技术人力资本水平和进出口规模等指标，对FDI进入中国地区差异的影响。我们分析了改革开放以来，中国国内市场规模、企业经营成本、外资政策和市场竞争态势的变动特征，分行业和地区研究了投资环境变化对FDI来源、进入形式和行业的影响，特别强调了不同时期FDI进入中国的地区集聚效应和行业集中效应。

第二部分包括第七章至第十章的四章内容。这一部分分析了FDI进入中国的本地投资效应、劳动工资效应等，并分析了人民币汇率变动对FDI进入的影响、中国本地投资对FDI进入的影响。第十章从2008年前后世界经济失衡的现实出发，以美国金融危机爆发及后危机时代世界经济发展的趋向为背景，讨论了国际直接投资发展趋势、中国从吸引FDI流入（IDI）到发展对外直接投资（ODI）的战略选择，分析了中国在发展外资经济过程中，如何实现国民经济内外均衡发展等问题,并给出了对策建议。

二、研究结论

(一)东道国企业的国际引资行为受其股权性质、资金来源、人力资本规模和技术水平等影响,外资政策等其他因素借助东道国本地企业的引资行为,影响东道国外资经济结构变动。外资流入的经济效应会改变东道国的企业特征和引资行为,进而引起东道国外资经济结构不断发生变化。

1. FDI 进入中国区位分布的影响因素

进入中国所有地区的 FDI 都有显著的地区集聚效应,但不同时期 FDI 进入中国的地区集中程度有一定差异。1980~1991 年,新进入原有地区的 FDI 规模相对低于进入中国其他地区的 FDI 规模。1992~2001 年,FDI 进入中国的地区集中程度大于地区扩散程度,但统计检验不显著。2002~2008 年,FDI 进入中国的地区集中程度显著大于地区扩散程度。

1992 年邓小平南巡讲话以后,FDI 更多地进入到了中国东部沿海地区;2001 年底中国加入世界贸易组织(WTO)以后,FDI 更多地进入到了中部地区,并引起东部地区 FDI 流入相对 2002 年以前年度显著减少。

税收优惠政策对东部地区 FDI 进入增加有显著地积极促进作用,中部地区实行的税收优惠政策对 FDI 进入本地区也有正向作用,但统计检验不显著。在西部地区,实行税收减免等优惠政策时,FDI 进入该地区的规模却有所减少。

对外贸易开放度提高有助于中国所有地区 FDI 进入规模增加,但对东部地区和中部地区的影响更为显著,对西部地区 FDI 进入的影响不显著。劳动工资提高会引起进入中国的 FDI 规模出现下降,但对不同地区的影响有一定差异。在东部和西部地区,劳动工资提高会引起这两个地区 FDI 进入规模显著下降,但中部地区劳动工资上升对该地区 FDI 进入的影响不显著。教育水平提高对 FDI 进入中国的整体影响不显著,但对东部地区影响显著。

银行对工业企业贷款增加有助于中国实际利用 FDI 的规模扩大,在东部地区这一效应相当显著;银行对工业企业贷款增加时,进入中部和西部地区的 FDI 增加不显著。国有企业在职职工人数占全部就业人口的比重下降,会引起中国实际利用 FDI 规模显著下降,但在不同地区的影响并不相同。在东部地区，国有企业在职职工人数比重下降，会引起本地区 FDI 进入规模显著减少。

交通、通讯、邮政部门和批发零售部门的发展有助于进入中国的 FDI 规模显著增加，但分地区的统计检验不显著。政府行政开支增加、集体企业和国有企业固定资产投资增加等，也有助于 FDI 进入中国的规模扩大，但对中国不同地区实际利用 FDI 规模的差异影响不显著。

2. 不同来源 FDI 进入中国的影响因素

FDI 的集聚效应会引起中国台湾、美国、日本、韩国、新加坡、维尔京群岛等国家和地区的 FDI 进入中国大陆规模的绝对水平显著增加，对香港地区 FDI 进入中国大陆规模绝对水平的影响不显著；FDI 的集聚效应会引起中国香港、中国台湾、美国、新加坡等国家和地区 FDI 进入中国大陆规模的相对水平显著提高；也即，FDI 进入中国大陆的集聚效应对中国台湾、美国、新加坡等国家和地区 FDI 进入中国大陆的推动作用，显著强于日本、韩国和维尔京群岛等国家和地区。

国有企业固定资产投资规模增加会使中国香港、中国台湾、美国、日本、新加坡等国家和地区 FDI 进入中国大陆的规模绝对水平显著提高，会引起维尔京群岛 FDI 进入中国大陆的规模绝对水平显著降低。

税收比率降低对中国香港、中国台湾、美国、日本、韩国、新加坡、维尔京群岛等国家和地区的 FDI 进入中国大陆规模绝对水平变动和相对水平变动均无显著影响。劳动工资提高会使得香港和台湾 FDI 进入中国大陆的绝对规模显著减少，但对来自美国、日本、韩国、新加坡和维尔京群岛的 FDI 进入中国的规模影响不显著，居民收入水平提高可弥补劳动工资提高对 FDI 进入的不利影响。

对外贸易依存度提高会使得中国香港 FDI 进入的绝对规模和相对规模显著增加，但会引起美国 FDI 进入规模绝对减少并相对减少，以及引起台湾 FDI 的进入规模相对减少。高速公路里程数量提高会使得中国香港和维尔京群岛 FDI 进入中国大陆的规模绝对水平显著增加，对美国、日本等国家和地区的 FDI 进入中国大陆的规模绝对水平变动影响不显著。

3. FDI 进入中国行业变动的影响因素

2007 年以前，进入中国的 FDI 主要投入到了制造业；2004 年以后，进入中国服务业的 FDI 逐年增加。2008 年，进入中国服务业的 FDI 规模显著超过了制造业。1999～2009年，进入中国制造业的FDI主要投入到了通信设备计算机及电子设备制造业、化学原料及化学制品制造业、纺织业、通用设备制造业、专用设备制造业、医药制造业等6个部门。进入中国服务业的FDI主要投入到了房地产业、金融业、交通运输仓储邮政业等3个部门。1980～2008年，FDI进入的集聚效应、政府对科教文卫投资增加、经济开发区数量增加等，有助于制造业FDI进入的绝对规模显著增加；政府部门行政开支增加、银行对工业企业贷款增加、劳动工资上涨等，会减少制造业实际利用FDI的绝对规模。

FDI进入中国制造业的影响因素需进一步分为1980～1991年、1992～2001年和2002～2008年等3个时期进行考察。在其他条件保持不变时，1992年邓小平南巡讲话有助于进入中国制造业的FDI绝对规模增加。1980～2008年，政府行政开支增加、银行对工业企业贷款增加、劳动工资上涨等，会引起制造业实际利用FDI占中国年度实际利用FDI金额的比重显著下降；政府对科教文卫投资增加会引起制造业实际利用FDI占中国年度实际利用FDI金额的比重显著提高。

4. 独资FDI进入中国规模变动的影响因素

独资FDI进入比重与商业合同执行成本、国有企业数量占本地区全部企业数量比重、本地区国有企业中就业人数比重、本地区实际利用FDI总额中来自中国香港地区的FDI比重等负相关；而与存量FDI利用规模占GDP比重、全部FDI中制造业FDI的比重、经济开发区数量、本地区政府行政支出占GDP比重等指标正相关。交通、通讯、邮政行业发展以及中国加入WTO等，也都有助于独资FDI进入增加。中国加入WTO以后，长江三角洲地区的独资FDI占GDP比重比中国其他地区（珠江三角洲地区、环渤海湾地区）年均高出0.008个百分点。

5. 跨国公司总部进入中国的影响因素

进入上海的跨国公司地区总部集中在中心商务区和经济开发园区。进入上海的跨国公司地区总部具有来源国集聚特征、行业集聚特征，对经济园区的R&D投入规模有显著的正向反应。经济园区R&D投入越多，跨国公司总部进入越多；另外，经济园区距离上海市中心城区越近，越有助于跨国公司地区总部进入；位于上海市外环以内地区且R&D投入比较多的经济园区，更能够吸引跨国公司总部进入。

（二）外资经济发展会通过促进中国劳动就业水平和劳动工资提高等途径使得企业经营成本上升，但也会通过提高居民收入水平而扩大中国国内市场需求，这就会引起资源寻找型 FDI 被市场寻找型 FDI 替代。以 FDI 为主导的中国外资经济的积极效应正经历先递增然后递减的倒"U"型变动路径。在递增过程中，FDI 会进一步流入并带动其他形式外资进入中国；在递减过程中，增量外资来源、进入形式和地区及行业会出现显著变化，存量外资开始跨地区迁移和跨行业转换并不断增加流动性。

1979~2008 年，劳动要素获得效应、政府行为、对外贸易依存度、高等教育水平、FDI 进入的地区集聚效应等因素，对 FDI 占中国本地固定资产投资比重变化有显著影响。2002~2008 年，以前年度利用 FDI 比较多的地区本年度 FDI 也有比较多的流入，并使得 FDI 占本地区固定资产投资比重显著提高。就劳动要素而言，1991~2001 年国有企业就业人口比重高的地区，FDI 占本地区固定资产投资比重显著提高。政府实行税收优惠政策，有助于直接降低 FDI 进入成本，1979~1991 年对 FDI 占本地区固定资产投资比重的提高有显著的积极意义。此外，1992~2001 年，进出口贸易较为发达的地区和年份，FDI 占本地区固定资产投资比重相对比较高；高等学校在校学生人数占本地区全部人口比重提高，会使得 FDI 占本地区固定资产投资比重显著下降，这一关系在 2002~2008 年尤其显著。1979~1991 年，高等学校在校学生人数占本地区全部人口比重提高，却使得 FDI 占本地区固定资产投资比重显著提高。

在 FDI 占固定资产投资比重显著上升的第一阶段（1979~2000 年前后），起促进作用的因素主要是国有企业和集体企业的劳动就业人口比重相对下降、税收优惠、对外贸易开放度提高。在 FDI 占固定资产投资比重显著下降的第二阶段（2002~2008 年），起关键作用的因素主要有：中国高等教育入学率提高，使得从事简单加工型的 FDI 进入中国相对减少；中国加入 WTO 以后，对外贸易壁垒有所下降，对外贸易发展部分替代了 FDI 进入；国内流动性过剩，使得中国本地企业获得银行信贷比较容易，对 FDI 依赖有一定程度的减少。

对中国所有地区的计量分析结果显示，上一年度 FDI 进入存量占本地区

GDP 比重增加，可显著提高本年度 FDI 进入占本地区固定资产投资比重；1992 年邓小平南巡讲话对东部地区、中部地区和西部地区 FDI 进入占本地区固定资产投资比重提高的促进作用都很显著，其中对东部地区 FDI 进入占本地区固定资产投资比重提高的促进作用最大，对西部地区 FDI 进入占本地区固定资产投资比重提高的促进作用明显但作用最小。

中国本地投资对 FDI 进入有显著影响。前一时期和当期的国有企业固定资产投资增加，可显著地促进当期 FDI 进入规模增加；前一时期集体企业固定资产投资规模增加，可显著地促进当期 FDI 进入规模增加；个体经营企业固定资产投资增加，对 FDI 进入规模增加的促进作用不显著；在控制了本地企业投资因素以后，劳动工资水平提高会显著地减少 FDI 进入规模；银行给工业企业增加贷款对 FDI 进入规模增加的促进作用显著。此外，人民币对美元汇率波动幅度加大和对美元升值，有助于外商投资企业投资增加，新增投资主要来自国内信贷、自筹资金和 FDI 以及自有资金。

无论在短期还是在长期，FDI 进入规模增加总是能显著地促进中国本地企业固定资产投资总量规模增加，但促进的幅度在中国加入 WTO 以前要超过中国加入 WTO 以后。FDI 进入更加有利于促进国有企业固定资产投资规模增加和集体企业固定资产投资规模增加，并特别有利于促进国有企业固定资产投资规模增加，对个体经营企业固定资产投资规模的影响不显著。FDI 进入对国有企业和集体企业固定资产投资规模增加的促进作用在短期和长期并不一样，在短期的促进作用更加显著。在中国加入 WTO 以前和以后，FDI 进入对不同类型企业固定资产投资规模增加的影响有一定差异。在中国加入 WTO 以后，FDI 进入增加对国有企业固定资产规模增加的促进作用相对小于中国加入 WTO 以前。在中国加入 WTO 以前，FDI 进入增加对个体经营企业固定资产投资规模的影响不显著；在中国加入 WTO 以后，FDI 进入增加会显著减少个体经营企业固定资产投资规模。

（三）FDI 主导型外资经济的过度发展，会引起地区经济差距和要素收入差距扩大；增量 FDI 进入形式和行业及地区变化，会引起中国经济的运行过程出现震荡。FDI 集中和过度进入均会增加中国宏观经济管理难度。

本地区年度实际利用 FDI 规模提高，可使得本地区当期劳动工资水平显著高于中国所有地区的劳动工资平均水平；也可以使得本地区劳动工资长期高于中国所有地区的劳动工资平均水平。本地区实际利用FDI存量水平提高，同样可显著地提高本地区劳动工资绝对水平，并使得本地区的劳动工资水平显著地高于中国所有地区劳动工资的平均水平。制造业FDI进入增加会使得中国劳动工资绝对水平显著下降，但会使得FDI进入地区的劳动工资水平相对高于中国所有地区的劳动工资平均水平。

（四）中国需顺应外资经济结构变动规律转变政府干预型外资经济管理模式。外资经济结构具有内生变动特点，东道国难以长期有效地控制外资经济结构，东道国管理外资经济结构的着力点是坚持市场调控方式。面对国际金融危机和世界经济失衡调整，中国需要以外资经济结构变动为着力点，进一步鼓励世界范围内的跨国公司在中国开展直接投资活动（IDI），并鼓励本国企业发展对外直接投资（ODI），逐步实现国民经济依靠居民消费、企业投资和出口贸易等三驾马车同时推动的增长模式。

中国在近期实施外资政策的要点有三个方面。第一，加强对增量外资流入的市场调控，利用市场竞争机制积极引导外资的进入形式和行业及地区。第二，加强对存量外资跨地区迁移和跨行业转移监控，防范存量外资从FDI形式向非FDI形式转换，通过建立若干具有特色的产业集群和发挥中国传统文化魅力，逐步实现外资经济中包括企业家在内的人力资源、知识产权等核心投入要素的本土化。比如，鼓励外资企业中的优秀外籍员工加入中国国籍或者成为荣誉市民，鼓励外资企业自主研发的知识产权在中国注册登记等。第三，对所有的外资经济明确提出其应当担负的社会责任，鼓励外资经济积极融入所在地的社区建设、环境保护以及其他社会管理领域。

2008年国际金融危机的冲击使欧美对外投资能力明显下降，中国等新兴经济体的对外投资能力有所增强；国际范围内FDI流入的地理方向、进入形式以及跨国公司经营方式等均有新变化。2011年以来，世界范围内发展国际直接投资面临并购成本提高、企业对外投资风险态度恶化、跨国公司产品缺少市场需求、东道国税收负担相对较重等因素制约，为此应实行有助于国际直接投资发展的双向自由化等政策。

中国支持企业对外投资的经济收益在实现过程中困难很多。中国企业对外投资尚处于初级阶段，还不具备显著的技术优势、公司治理优势、人才优势等与发达国家企业竞争的能力。中国企业拥有的资金优势部分得益于中国实行的人民币汇率政策，以及中国宏观经济中的廉价劳动优势等，但这些优势难以在企业对外直接投资中被继续利用。

2008年爆发的世界金融危机显示，面对美国经济的失衡调整，中国应以改进国民经济运行结构为目标，建立和完善短期、中期和长期应对机制，权衡使用各种策略措施，包括：调整与优化外汇储备资产结构；通过提高外汇资产使用效率降低外汇储备规模；改进利用外资方式，转变投资主体结构与投资的产业结构，增加对服务业和农业投资，通过投资导向促进制造业升级换代，全面实行不同产业（行业）的协调发展；扩大内需，确立以内部经济均衡为首要目标，实现从"生产大国—市场小国—金融小国"向"生产大国—市场大国—金融大国"的转变，特别是大力发展企业金融和增量金融，坚持现代金融必须始终服务于实体经济发展和国民财富创造的最根本原则。

上　篇

中国 FDI 进入的结构变动与影响因素

第 二 章

FDI 进入中国区位变动的影响因素

在实行改革开放政策初期，进入中国的外商直接投资（FDI）主要集中在广东省。从 1983 年开始，进入中国的 FDI 逐渐向广东省和福建省以北的中国东部沿海地区扩散：首先是向长江三角洲地区的江苏省和上海市、浙江省扩散，然后是向长江以北的山东省、辽宁省、天津市和北京市扩散，并于近年进一步向中部的江西、湖南、湖北、河南等省区扩散，在 2002~2009 年逐渐形成了以江苏、广东、辽宁为 FDI 进入中心地带的新的区位布局。本部分内容追溯了 FDI 进入中国区位变动的时间历程，实证研究了改革开放以来 FDI 进入中国区位变动的分时期和分地区影响因素。

第一节 FDI 进入中国的区位变动

FDI 进入中国最早开始于 1979 年。1979 年，中国实际利用 FDI 共计 3157 万美元，其中进入广东省的 FDI 为 3074 万美元，占中国年度实际利用 FDI 总额的 97.37%。[1] 福建省在 1979 年也开始引进 FDI，当年福建省实际利用 FDI 共计 83 万美元，占全国当年实际利用 FDI 总额的 2.63%。除广东

---

[1] 以下除特别说明外，有关数据均来自中国数据在线。在对外开放初期，FDI 进入中国的重点地区是经济特区和沿海开放城市，即使在经济特区和沿海开放城市，外商投资也不平衡；其特点是投资环境改善进展快的省区，外商投资不断增加，广东、江苏、福建、上海等三省一市集中了全国总投资的 50% 以上，西部各省区的外资流入总和基本上在 5% 的水平上波动。

省和福建省以外，中国其他省区在1979年都没有公布实际利用FDI的数据。

1979~2009年，中国实际利用FDI累计值为10 526亿美元，广东省是FDI进入中国的先锋地区和最为重要的地区之一（参见图2-1）。广东省实际利用FDI规模占中国年度实际利用FDI的比重变化，清晰地给出了FDI进入中国区位的演进路线。

图2-1 中国各省区实际利用FDI在1979~2009年累计值和占同期全国实际利用FDI总额比重

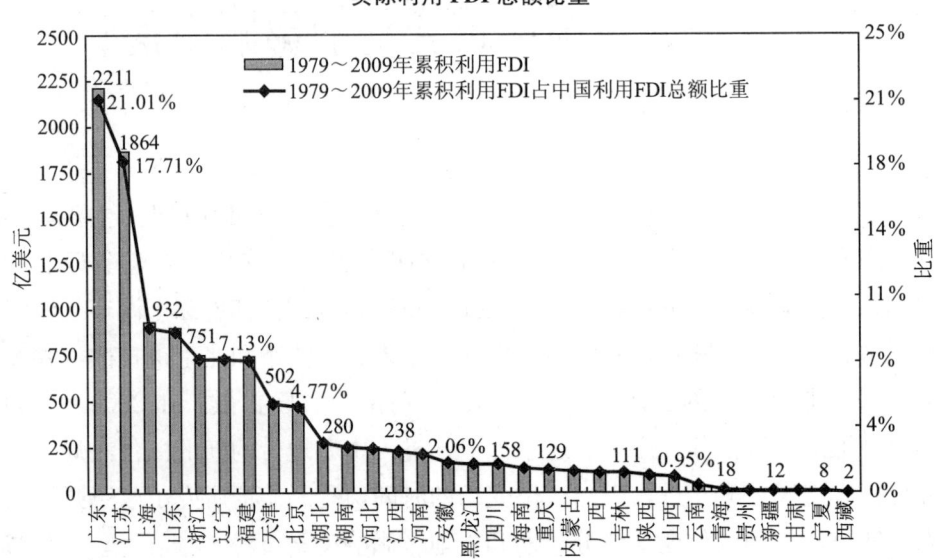

资料来源：根据中国数据在线和各省区经济统计年鉴整理得到。

一、广东省FDI进入与FDI在中国的地理分布

在实行改革开放政策早期（参见表2-1），FDI主要进入到了中国的广东、福建、上海、天津、广西等5个省区。1984年和1985年，进入中国的FDI在全国各区域之间展开的速度迅速加快。1984年，首次披露年度实际利用FDI数据的有陕西、湖南、河南、吉林、河北、江西、贵州等7个省区；1985年，首次披露年度实际FDI数据的有重庆、青海、四川、安徽、云南、山西和宁夏等7个省区。1987年，北京首次有实际利用FDI数据公开披露；1988年，西藏首次有实际利用FDI数据公开披露。到1988年，中国31个省

区都有实际利用 FDI 数据公开披露，FDI 开始进入中国的所有省区。

表 2-1　FDI 进入中国的地区间渐次展开过程

年份	首次有 FDI 进入数据公布的省区
1979	广东、福建
1980	天津、甘肃、海南
1981	新疆、上海、江苏、山东
1982	辽宁
1983	广西、浙江
1984	陕西、湖南、河南、吉林、河北、江西、贵州
1985	重庆、青海、四川、安徽、云南、山西、宁夏
1986	湖北、内蒙古
1987	北京
1988	西藏

说明：根据广东等省区历年统计年鉴整理得到。

统计数据显示，广东省实际利用 FDI 占中国年度实际利用 FDI 的比重在 1979~1986 年一直超过 56.08%；1987~1991 年，介于 33.9%~45.14% 之间；1992~2002 年介于 21.6%~29.89%；2003~2007 年介于 13.44%~14.78% 之间；2008~2009 年，比重分别为 20.74%，21.71%，总体呈下降趋势。

在广东省实际利用 FDI 规模占全国的比重经历下降过程的同时，其他省区 FDI 进入规模的比重呈增加趋势，变化最为突出的是江苏、辽宁、上海、山东、天津、北京。比如，2003~2009 年，江苏省年实际利用 FDI 的比重高于广东省（参见图 2-2）。同期，浙江、山东、福建等地实际利用 FDI 规模与广东省之间的差距不断缩小。

可以看出，1979~2009 年，中国实际利用 FDI 的重点省区逐步地从广东、福建等地向江苏、浙江、上海、山东、天津、辽宁等地转移，FDI 进入中国的地区范围，逐渐向广东省以北和以西地区扩散和延伸。广东省实际利用 FDI 在中国所有省区中的比重变化，集中发生在 1983 年、1988 年、1992 年和 2003 年。

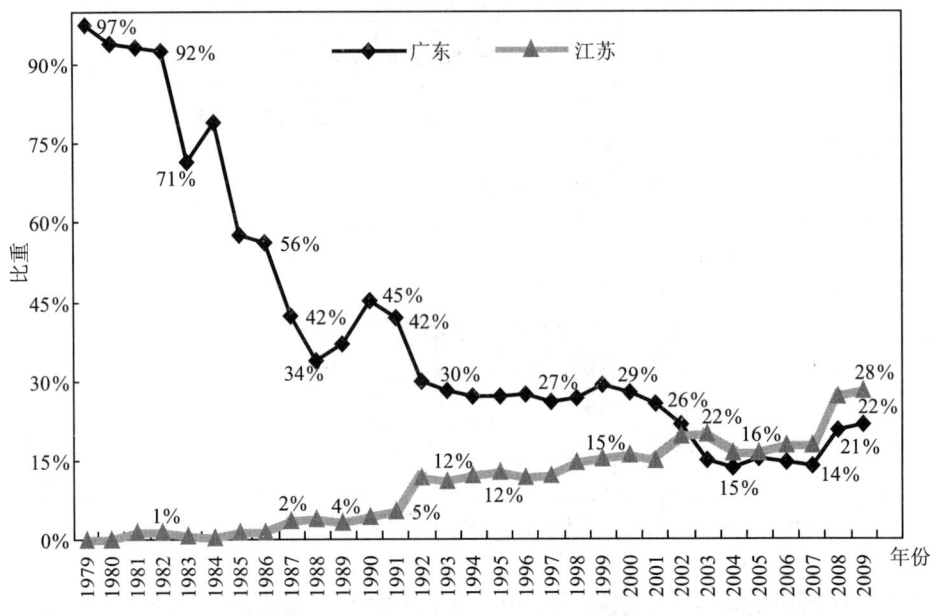

图 2-2 广东与江苏年度利用 FDI 占中国年度利用 FDI 的比重

资料来源:根据广东和江苏两省的历年经济统计年鉴及历年中国统计年鉴整理得到。

二、变异系数与 FDI 进入中国区位的集中度变化

从区域分布来看,进入中国的 FDI 有 85% 左右分布在以珠三角、长三角和环渤海湾为代表的东部沿海地区。近年,中国东部沿海地区的 FDI 除了向中西部转移外,也有向周边国家转移趋势。印度、越南、泰国、菲律宾和印度尼西亚等地正成为曾向中国东部沿海地区投资的外资企业转移投资的目标地。

为了说明 FDI 进入中国的区位集中度变动特点,我们计算了 1979~2009 年各年度中国 30 个省区(除西藏外),年度实际利用 FDI 占中国年度实际利用 FDI 比重的变异系数 x_t。变异系数越大,表示 FDI 在中国的地区分布越集中(赵祥,2009)。

$$x_t = \frac{\sigma_t}{\bar{a}_t}$$

其中,$\bar{a}_t = \frac{1}{30}\sum_{30} a_{i,t}$,$\sigma_t = \left(\frac{1}{30}\sum_{30}(a_{i,t} - \bar{a}_t)^2\right)^{1/2}$,i = 1,2,3,…,30,t = 1979,1980,…,

2009。$a_{i,t}$为 t 年度 i 省区实际利用 FDI 占中国所有地区实际利用 FDI 总和的比重。

计算结果表明（参见图 2-3），FDI 进入中国的地区扩散特征十分明显。1979～1988 年为变异系数急剧下降的第一个阶段，从 1979 年的 20.100 持续下降到了 1989 年的 2.163；1989～1990 年，变异系数有短暂的上升，1990 年为 2.535；1990～1997 年，变异系数持续下降，1997 年为 1.586；1997～1999 年，变异系数再次出现了短期上升，1999 年为 1.779。除 2005 年外，1999～2009 年变异系数持续下降至 1.106。

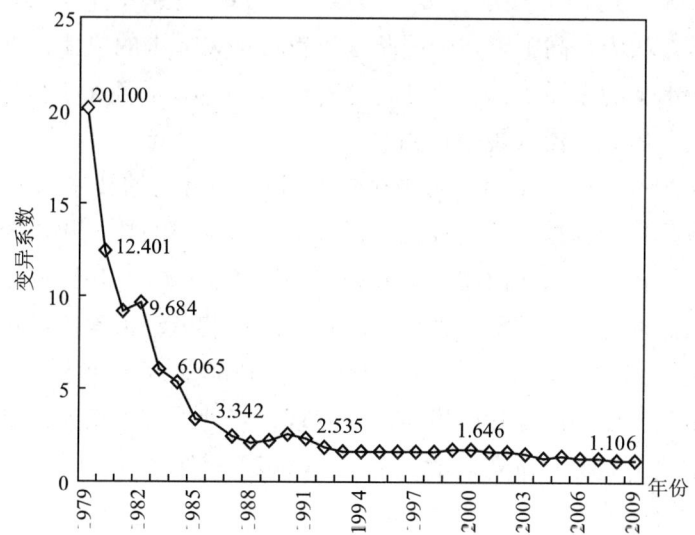

图 2-3　FDI 进入中国地区分布的变异系数

资料来源：根据 CEIC 和各个省区历年统计年鉴公布的数据整理得到。

第二节　文献综述

FDI 进入东道国的区位分布问题始终是国际经济学界研究的一个重点。比如，世界银行（World Bank，2004）研究了世界范围内 FDI 地理流向高度集中的现象。对进入中国的 FDI 的区位研究开始于 20 世纪 80 年代末 90 年代初，并主要从以下两个方面展开。

一、东道国因素与 FDI 进入中国的区位选择

现有文献表明，劳动工资成本、技术水平与劳动力素质、市场规模、基础设施与制度质量、集聚效应等中国本地因素，对 FDI 进入中国的区位选择有显著影响。

从理论上讲，劳动工资成本越高的地区，FDI 进入会越少，但现有研究给出的结论却大相径庭。许罗丹和谭卫红（2003）以 1985~2001 年中国 FDI 进入的时间序列数据为基础研究发现，工资水平与 FDI 进入规模负相关。康和李（Kong and Lee，2007）等也有类似的研究发现。但是，黄肖琦和柴敏（2006）的研究显示，劳动力成本对 FDI 进入中国的影响不显著。此外，有学者认为，高工资在中国既是昂贵劳动力成本的象征，也是反映生产力和技能水平的重要指标。比如，赵和朱（Zhao and Zhu，2000）研究发现，工资水平与 FDI 流入规模正相关。

杨晔（2007）研究指出，跨国企业往往拥有更高的技术水平，当东道国相对于跨国企业的技术差距较大时，由于缺乏必要的技术和管理经验，会导致母国企业在东道国无法有效地使用有关资源，所以 FDI 比较偏爱技术差距同自身相比相对较小的地区，当地的技术水平和劳动力素质对吸引 FDI 有显著影响。康和李（Kong and Lee，2007）以 1986~1998 年中国各省区的面板数据为基础，使用固定效应模型研究发现，当地的技术工人人数与 FDI 流入规模正相关。但也有研究显示（孙俊，2002），劳动力素质与 FDI 进入之间有显著的负相关关系。

东道国市场规模变大，表明该地区有较高的市场需求，有助于市场寻找型 FDI 进入。许罗丹和谭卫红（2003）以 1985~2001 年时间序列数据为基础研究发现，中国地区 GDP 水平与 FDI 流入规模正相关。陈（Chen，2009）也有类似的研究发现。

现有研究显示，FDI 的区位选择和该地区的基础设施建设有明显的正相关关系。布罗德曼等（Broadman and Sun，1997）研究表明，外商在中国选择投资地点时考虑的各个因素中，基础设施发展水平居于第二位。赵祥（2009）等研究发现，各地区在交通、通讯和能源等硬件基础设施上的投资对吸引 FDI 具有重要作用，旨在提高地方政府治理水平的制度优化竞争对吸

引 FDI 也有积极作用。殷华方和鲁明泓（2004）选用 1979~2000 年的中国城市面板数据，使用混合 OLS 方法研究发现，FDI 进入水平与政府的信贷投放、外资审批政策和税收政策正相关。赵祥（2009）研究表明：（1）地方政府引资竞争对初始的 FDI 地理集聚有显著影响。（2）从长期来看，单纯的税费优惠手段对 FDI 区位选择整体上不起作用。类似的研究还有孙俊（2002），等等。

有许多研究根据克鲁格曼（Krugman, 1991）的中心外围理论，来分析 FDI 在中国的地区集聚行为。成和关（Cheng and Kwan, 2000）研究发现，前一期 FDI 进入规模对在华外商直接投资的区位分布有显著影响。段和伍（Tuan and Ng, 2007）研究表明，珠江三角洲地区和长江三角洲地区核心城市的发展对这两个地区吸引 FDI 进入有很明显的促进作用。陈（Chen, 2009）、梁琦（2003）等也有类似的研究发现。

二、FDI 特征与 FDI 进入中国的区位选择

现有研究表明，FDI 在中国的地区分布与外资来源、外资所在行业、外资所持股权比例、企业经营合约期限、投资规模、投资进入时间等跨国公司自身因素有关。

在中国的海外投资者来自 120 个国家和地区，其中又以来自港澳台地区、美国、欧洲、日本、韩国、新加坡等国家和地区的投资为主。沙地等（Chadee and Qiu, 2001）研究指出，来自港澳台地区的 FDI 主要集中在中国的南方地区。车等（Tse et al, 1997）研究显示，欧洲、美国和日本在中国的制造业投资相对集中在中国中部和北部沿海地区，倾向于进入北京、上海和天津等大城市，其中，来自欧洲的投资更多地集中在中国中部沿海地区。施（Shi, 2001）研究发现，母国企业特征（战略目标、商业逻辑以及文化背景等）会影响在华 FDI 的地区分布模式。魏后凯（2000）等也研究了外资来源地与 FDI 在中国的区位分布问题。

FDI 在华区位选择与其所在行业有关。服务业 FDI 倾向于选择在接近顾客的地方从事经营活动。中国的大型城市技术发达、交通和通信设施比较先进，城市居民有相对高的社会经济地位，更能够适应西方国家的服务习惯。比如，沙地等（Chadee et al, 2003）研究显示，服务业 FDI 倾向于进入中国

的大型城市，然后才是经济特区和其他沿海城市。

潘（Pan，1996）研究指出，在合作期限上具有较强谈判能力的外资方，倾向于从事长期投资项目，比如公共基础设施项目等。这些外资主要进入到了中国的城市地区，因为那里的盈利能力和市场前景相对较好。沙地等（Chadee et al，2003）研究显示，那些签定了长期合作合同的 FDI 大多数进入到了大型城市，而不是经济特区和其他沿海开放城市。

现有文献显示，当投资规模增加且投资环境不确定时，对于投资规模较大的 FDI 项目，外国投资者会更多地选择所在地政府对 FDI 较为友好的地区，并会考虑当地的基础设施条件。潘（Pan，1996）研究发现，投资激励到位和基础设施良好的地区，比如经济特区和沿海开放城市，更能吸引投资规模较大的 FDI 项目。沙地等（Chadee et al，2003）研究指出，在中国投资规模超过 5 百万美元的 FDI，更多地会选择沿海地区而不是内地。投资规模巨大的大中型 FDI 更多地会选择经济特区而不是大型城市。

沙地等（Chadee and Qiu，2001）将中国实行的对外开放政策分为三个阶段。第一阶段 1984～1986 年，为引进 FDI 试验期，FDI 主要进入到了中国的经济特区和沿海开放城市。第二个阶段 1986～1991 年，中国的 FDI 政策进入了新阶段，目的是增加 FDI 进入规模，进入中国的 FDI 更多地选择了经济特区以外和大型城市以外地区，比如青岛等沿海开放城市。第三阶段，1992 年以后，中国政府引进外资的重点转向了服务业和高新技术产业，比如电信和信息技术。这些 FDI 倾向于进入基础设施良好、消费市场发达的城市地区。

此外，贺灿飞（He，2003）研究发现，FDI 进入的模式会影响 FDI 空间选择，外商独资企业倾向于布局在外资企业较多、工业基础较好的城市区域，对开放政策和经济转型的相关因素比较敏感；中外合资企业偏好于大的市场。类似的研究还有沙地等（Chadee et al，2003）。

可以看出，现有研究 FDI 进入中国区位影响因素的文献相当丰富。本文与现有文献的不同之处在于，我们从拓展的有关企业跨国经营区位选择的德弗罗 - 格里菲思（Devereux - Griffith）模型出发，基于 1980～2008 年中国 30 个省区的面板数据，分析了影响 FDI 进入中国区位变动的决定因素，特别是分析了邓小平南巡讲话以后和中国加入 WTO 以后，FDI 进入中国的区位变动特征及其决定因素。本文涉及的时间跨度之长,考虑的影响FDI进入中国区位变动的决定因素之多,在现有文献中并不多见,而这对于全面理解FDI进入中国的区位变动有重要帮助,对于中国提高FDI利用效率有很强的现实意义。

第三节 企业跨国经营区位选择的决定因素

一、企业类型与跨国经营

我们将全部企业分为两种类型:(1)产品在国内市场销售的国内市场导向企业;(2)产品销往国外的国际市场导向企业。

国内市场导向企业面临的选择是:是否将产品的全部生产过程留在国内。如果该企业选择将部分或全部生产过程转移到国外,那么它还需要在不同区位(或东道国)之间作出选择。由国内市场导向企业引致的FDI称为"成本追逐型FDI"。成本追逐型FDI企业选择对外投资,看重的是在东道国生产的成本优势,这类企业会将其在东道国生产的产品运回母国销售。

国际市场导向企业面临的选择是:产品进入国际市场的渠道是通过出口还是通过在目标国生产后就地销售?如果选择出口的方式参与国际市场,该企业可将所有的生产过程保留在母国。如果选择在目标市场国生产后就地销售的方式,它需要在众多的区位(或东道国)中作出选择。由国际市场导向企业引致的FDI称为"市场导向型FDI"。市场导向型FDI企业选择对外投资,看重的是产品在东道国的销售市场。

需要说明的是,在现实中有些企业在东道国从事生产活动时,不但在当地销售,也通过贸易手段运回母国销售,同时具备"市场导向型"和"成本追逐型"两种特征。另外,有些企业进入国际市场时既向东道国出口商品,又直接在东道国生产。

二、基本假设

我们以Π_{dmc}表示代表性企业的利润函数。其中:$d=1$表示该企业为"国内市场导向企业",$d=2$表示该企业为"国际市场导向企业";$m=1$表示该企业将全部生产过程留在母国，$m=2$ 表示该企业将部分或全部生产过程转移到东道国；$c=1,2,\cdots;n$ 代表 FDI 进入区位。

德弗罗和格里菲思（Devereux and Griffith，1998）的研究（简称 D – G 模型）给出了跨国企业的三种经营模式，包括：母国生产、母国销售；母国生产、东道国销售；东道国生产、东道国销售。在本文中，我们进一步考虑了在东道国生产、母国销售这种模式。

在上述四种经营模式下，代表性企业在母国生产并在母国销售的利润函数为 $\Pi_{1..}$，在母国生产同时在母国和东道国销售的利润函数为 Π_{21}，在东道国生产并仅在东道国销售的利润函数为 Π_{22c}，以及同时在母国和东道国生产但仅在母国销售的利润函数为 Π_{12c}，并参照德弗罗和格里菲思（Devereux and Griffith，1998）分别表示成以下形式①：

$$\Pi_{1..} = (1-\tau)p_{1..}Y_{1..} - C(r,w,A,Y_{1..}) - F \tag{2-1}$$

$$\Pi_{21} = (1-\tau)(p_{21}Y_{21} + p_{21}^*Y_{21}^* - s_cY_{21}^*) - C(r,w,Y_{21}+Y_{21}^*) - F \tag{2-2}$$

$$\Pi_{22c} = (1-\tau_c)p_{22c}^*Y_{22c}^* - C(r_c,w_c,A_c,Y_{22c}^*) - F \tag{2-3}$$

$$\Pi_{12c} = (1-\tau)(p_{12c}Y_{12c} + p_{12c}Y_{12c}^* - s_cY_{12c}^*) - C(r,w,A,Y_{12c})$$
$$- C(r_c,w_c,A_c,Y_{12c}^*) - F \tag{2-4}$$

上述（2-1）至（2-4）式中相关字母的含义如下：p 和 p^* 分别表示产品在母国和东道国的销售价格；Y 和 Y^* 分别表示企业在母国和东道国的产量。s_c 表示东道国 c 与母国之间的贸易成本，包括进口贸易成本和出口贸易成本等；τ 和 τ_c 分别表示母国和东道国的税率；$C(\cdot)$ 表示税后成本函数。r 和 r_c 分别表示母国和东道国的资本要素成本；w 和 w_c 分别表示母国和东道国的劳动要素成本；A 和 A_c 分别表示母国和东道国的产业集聚效应；F 表示企业从事生产活动的固定成本。

---

① 方程（2-3）给出的是跨国公司仅在东道国生产且产品仅在东道国销售的市场导向型 FDI，方程（2-4）给出的是跨国公司同时在母国和东道国生产但其产品仅在母国销售的成本导向型 FDI。结合方程（2-1）和方程（2-2），我们给出了企业四种典型的经营方式：母国生产且仅在母国销售、母国生产同时在母国和东道国销售、东道国生产且仅在东道国销售、同时在母国和东道国生产且仅在母国销售。德弗罗和格里菲思（Devereux and Griffith，1998）的方程（2-3）给出的是：企业同时在母国和东道国生产，但在母国生产的产品仅在母国销售，在东道国生产的产品仅在东道国销售。原因是德弗罗和格里菲思的研究对象为美国企业在欧洲的 FDI 问题，而美国企业进入欧洲的生产主要以占领当地市场为主。

假定企业的生产成本为柯布－道格拉斯（C－D）函数形式：

$$C(r,w,A,Y) = \lambda r^{\alpha} w^{1-\alpha} Y^{\gamma} \tag{2-5}$$

其中：$\lambda = \lambda(A, \text{policy}, \cdots)$，该系数反映了集聚效应、政府政策和投资环境等因素对企业生产成本的影响。具体来说，当集聚效应越明显时，企业的生产成本越低；政策扶持力度越大，企业的生产成本越低；投资环境（如基础设施建设等）越好，企业的生产成本也会越低。$\gamma > 1$ 表示边际成本递增。将上述成本函数代入（2-1）至（2-4）式后，可进一步得到代表性企业利润函数的具体形式。

三、代表性企业的经营区位决策

代表性厂商会通过求解利润对产量的一阶导数并令其等于 0，进而解出不同模式下的最优产量水平，即 $Y_{1\cdots}^*$、Y_{21}、Y_{21}^*、Y_{22c}、Y_{22c}^*、Y_{12c}、Y_{12c}^*，再将最优产量水平代入利润函数（2-1）式至（2-4）式，通过比较 $\Pi_{1\cdots}$、Π_{21}、Π_{22c}、Π_{12c} 之间的大小关系，选择利润水平最高的经营模式开展投资活动。

当企业在比较了四种不同模式下的利润水平后，最终决定采取 Π_{22c} 或者 Π_{12c} 模式进行投资时，就会产生 FDI 行为。当企业选择直接在国外生产商品、在国外市场销售时，就是选择了 Π_{22c} 模式。根据利润函数一阶条件，可以得到企业在东道国的最优产量水平。

$$(Y_{22c}^*)^{\gamma-1} = \frac{(1-\tau_c)p_{22c}^*(1+\frac{1}{\varepsilon^*})}{\lambda \gamma r^{\alpha} w_c^{1-\alpha}} \tag{2-6}$$

其中，ε^* 表示产品在东道国销售的价格弹性。在得到了均衡产量之后，我们引入企业生产函数的具体形式。

$$Y_{22c} = S K_{22c}^{\alpha} L_{22c}^{1-\alpha} \tag{2-7}$$

其中：L 表示劳动要素使用量，K 表示资本要素使用量，S 表示企业生产效率因子。假设企业产品在东道国生产时，所有劳动要素都来源于东道国本地，所有的资本要素都来源于母国，也即企业在东道国不存在融资行为。

企业在东道国生产过程中投入的资本要素即为 FDI 存量。将企业在东道

国的最优产量水平 Y_{22c}^* 代入生产函数，可得到资本要素投入量 K_{22c}^*。

$$K_{22c}^* = \left\{ S^{-1} L_{22c}^{\alpha-1} \left[\frac{(1-\tau_c) p_{22c}^* (1+\frac{1}{\varepsilon^*})}{\lambda \gamma r^\alpha w_c^{1-\alpha}} \right]^{\frac{1}{\gamma-1}} \right\}^{\frac{1}{\alpha}} \quad (2\text{-}8)$$

流量 FDI 与企业在东道国使用的资本存量 K_{22c}^* 之间有如下关系：

$$K_{22c,t}^* = (1-\delta) K_{22c,t-1}^* + FDI_{22c,t} \quad (2\text{-}9)$$

上式中 δ 为资本折旧率。① 根据上述（2-8）式和（2-9）式可得企业在每一时期投入的 FDI 规模。

$$FDI_{22c,t} = \left[\frac{(1-\tau_c)(1+\frac{1}{\varepsilon^*})}{\lambda_c r^\alpha \gamma} \right]^\beta \boldsymbol{\theta}_c \mathbf{X}_{c,t} \quad (2\text{-}10)$$

当跨国企业选择在东道国生产商品，通过国际贸易的方式运回母国销售时，即选择了 Π_{12c} 模式。根据企业利润最大化时的一阶条件，可得到此种情形下企业在东道国的最优产量水平 Y_{12c}^*：

$$(Y_{12c}^*)^{\gamma-1} = \frac{(1-\tau)(p_{12c} - s_c)}{\lambda \gamma r^\alpha w_c^{1-\alpha}} \quad (2\text{-}11)$$

其中，τ 表示母国税收负担，s_c 表示母国和东道国之间的贸易成本。② 将上述最优产量水平代入企业生产函数，可得到成本追逐型企业的存量资本水平 K_{12c}^*，进而可得到此类企业在某一地区的 FDI 流量水平 $FDI_{12c,t}$：

$$FDI_{12c,t} = \left[\frac{(1-\tau)(p_{12c} - s_c)}{\lambda_c r^\alpha \gamma} \right]^\beta \boldsymbol{\theta}_c \mathbf{Z}_{c,t} \quad (2\text{-}12)$$

上述（2-10）式和（2-12）式表明，不同类型 FDI 所受到的影响因素也不尽相同。市场导向型 FDI 主要受当地的税收负担 τ_c、当地特定商品的价格水平 p_{22c}^*、跨国公司产出品的价格弹性 ε^*、当地的劳动力成本 w_c 以及成本

---

① 市场导向型企业的 FDI 流量 $FDI_{22c,t}$ 表达式中各个参数的具体形式为：$\beta = 1/(\alpha\gamma - \alpha)$，$\theta_{c,t} = S_c^{-\frac{1}{\alpha}} L_{c,t}^{\frac{\alpha-1}{\alpha}}$，向量 $\boldsymbol{\theta}_c = [\theta_{c,t}, (1-\delta)\theta_{c,t-1}]$，向量 $\mathbf{X}_{c,t} = \left[\left(\frac{p_{22c,t}^*}{w_{c,t}^{1-\alpha}} \right)^\beta, \left(\frac{p_{22c,t-1}^*}{w_{c,t-1}^{1-\alpha}} \right)^\beta \right]^{-1}$。

② 成本追逐型 FDI 流量表达式中各个参数的具体形式为：$\beta = 1/(\alpha\gamma - \alpha)$，$\theta_{c,t} = S_c^{-\frac{1}{\alpha}} L_{c,t}^{\frac{\alpha-1}{\alpha}}$，向量 $\boldsymbol{\theta}_c = [\theta_{c,t}, (1-\delta)\theta_{c,t-1}]$，向量 $\mathbf{Z}_c = [w_c^{\alpha\beta-\beta}, w_{c,t-1}^{\alpha\beta-\beta}]^{-1}$。

函数中反映集聚效应、政府政策和投资环境的系数 λ 等因素影响。成本追逐型 FDI 除了受当地的劳动力成本 w_c 以及成本函数中反映的集聚效应、政府政策和投资环境的系数 λ 影响以外，还受到东道国与母国之间的贸易成本影响。也即，FDI 进入规模与 c 地区劳动供给 L_c、劳动工资 w_c、税收水平 τ_c、产业集聚程度 A、商品价格水平 p_{22c} 等因素有关。

第四节 计量分析方程与变量选择

基于 (2-10) 式和 (2-12) 式，我们根据经改进后的 D-G 模型，综合成本追逐型 FDI 和市场导向型 FDI 在东道国区位选择决定因素的理论分析，使用以下计量分析方程来检验影响 FDI 进入中国区位选择的决定因素。

$$rfdichn_{i,t} = b_0 + \sum b_j^1 AGG_{it}^j + \sum b_j^2 LABOR_{it}^j + \sum b_j^3 GOVERN_{it}^j$$
$$+ \sum b_j^4 INDUS_{it}^j + \sum b_j^5 FIN_{it}^j + \sum b_j^6 TRADE_{it}^j$$
$$+ \sum b_j^7 HIGHW_{it}^j + a_i + n_t + v_{i,t} \qquad (2\text{-}13\text{-}1)$$

$$ffdi_{i,t} = d_0 + \sum d_j^1 AGG_{it}^j + \sum d_j^2 LABOR_{it}^j + \sum d_j^3 GOVERN_{it}^j$$
$$+ \sum d_j^4 INDUS_{it}^j + \sum d_j^5 FIN_{it}^j + \sum d_j^6 TRADE_{it}^j$$
$$+ \sum d_j^7 HIGHW_{it}^j + q_i + m_t + \mu_{i,t} \qquad (2\text{-}13\text{-}2)$$

在 (2-13-1) 式，$rfdichn_{i,t}$ 等于 t 年度 i 地区实际利用 FDI 金额占 t 年度中国所有省区实际利用 FDI 金额之和的比重。在 (2-13-2) 式中，$ffdi_{i,t}$ 等于 t 年度 i 地区实际利用 FDI 金额占 t 年度该地区 GDP 的比重，我们使用年度人民币对美元平均汇率水平，将 t 年度 i 地区实际利用 FDI 美元金额换算成人民币数值后，再同 t 年度 i 地区 GDP 人民币数值相比得到。$rfdichn_{i,t}$ 和 $ffdi_{i,t}$ 分别为被解释变量。

在 (2-13-1) 式和 (2-13-2) 式中，AGG_{it}^j 表示产业集聚效应向量；$LABOR_{it}^j$ 表示劳动要素向量；$GOVERN_{it}^j$ 表示政府行为向量；$INDUS_{it}^j$ 表示产业结构向量；FIN_{it}^j 表示金融市场发展水平向量；$TRADE_{it}^j$ 表示对外贸易向量；$HIGHW_{it}^j$ 表示基础设施向量。$v_{i,t}$、$\mu_{i,t}$ 表示随机扰动项，a_i、q_i 表示地区固定效应系数，n_t、m_t 表示时间固定效应系数。b_j、d_j 表示待定系数，$j=0,1,\cdots$。解释变量和被解释变量的详细说明和统计描述参见表 2-2 和表 2-3。①

表 2-2　解释变量和被解释变量说明

解释变量	符号	变 量 说 明
集聚效应	$sfdi_{i,t-1}$	t-1 年度 i 地区实际利用 FDI 存量占 t-1 年度 i 地区 GDP 比重
	$sinv_{i,t}$	t 年度 i 地区国有企业固定资产投资总和占 t 年度 i 地区 GDP 比重
	$cinv_{i,t}$	t 年度 i 地区集体企业固定资产投资总和占 t 年度 i 地区 GDP 比重
	$iinv_{i,t}$	t 年度 i 地区个体经营企业固定资产投资总和占 t 年度 i 地区 GDP 比重
劳动要素供给能力	$sstaff_{i,t}$	t 年度 i 地区国有企业就业人数占 t 年度 i 地区全部企业从业人数比重
	$cstaff_{i,t}$	t 年度 i 地区集体企业就业人数占 t 年度 i 地区全部企业从业人数比重
	$remp_{i,t}$	t 年度 i 地区农村就业人数占 t 年度 i 地区全部企业从业人数比重
	$wage_{i,t}$	t 年度 i 地区劳动工资实际值自然对数；用同期 i 地区零售价格指数调整得到[1]
	$edu_{i,t}$	t 年度 i 地区高等学校在校学生人数乘以 100 占 t 年度 i 地区总人口数比重[2]
产业配套能力[3]	$tpt_{i,t}$	t 年度 i 地区邮电通讯部门产值占 t 年度 i 地区 GDP 比重
	$wrct_{i,t}$	t 年度 i 地区批发零售部门产值占 t 年度 i 地区 GDP 比重
政府行为	$tax_{i,t}$	t 年度 i 地区税收总值占 t 年度 i 地区 GDP 比重
	$expend_{i,t}$	t 年度 i 地区政府行政支出占 t 年度 i 地区 GDP 比重
	$innogov_{i,t}$	t 年度 i 地区政府对创新基金投入占 t 年度 i 地区 GDP 比重
	$agrsup_{i,t}$	t 年度 i 地区政府对农业生产支持占 t 年度 i 地区 GDP 比重
	$ceshgov_{i,t}$	t 年度 i 地区政府对科教文卫支出占 t 年度 i 地区 GDP 比重
	$capgov_{i,t}$	t 年度 i 地区政府对固定资产投资占 t 年度 i 地区 GDP 比重
金融市场环境	$dep_{i,t}$	t 年度 i 地区人均居民储蓄存款余额实际值自然对数
	$loan_{i,t}$	t 年度 i 地区工业企业获得银行贷款占 t 年度 i 地区 GDP 比重[4]
对外开放水平	$trade_{i,t}$	t 年度 i 地区进出口贸易总值占同期 i 地区 GDP 比重；使用人民币对美元年末汇率将年度进出口贸易总值换算成人民币后与同期 i 地区 GDP 相除后得到
市场竞争	$seff_{i,t}$	t 年度 i 地区国有企业人均产值实际值自然对数[5]
基础设施	$highw_{i,t}$	t 年度 i 地区单位国土面积高速公路里程数[6]

---

① 研究表明，东道国的市场规模、生产要素（比如自然资源、劳动力）禀赋、外商投资政策等因素，是影响跨国公司海外分布的重要区位变量。使用一国内部数据而非跨国数据来分析 FDI 在东道国的区位分布，可以避免由于不同国家间文化、风俗等差异所引起的分析偏误（Sun et al, 2002）。

(续表 2-2)

解释变量	符号	变 量 说 明
虚拟变量	dum_wto	中国加入世界贸易组织虚拟变量；2002 年以前取值为 0，其它年度取值为 1
	dum_xp	邓小平南巡讲话虚拟变量；1992 年以前取值为 0，其他年度取值为 1
被解释变量	$rfdichn_{i,t}$	t 年度 i 地区实际利用 FDI 占中国 t 年度实际利用 FDI 比重
	$ffdi_{i,t}$	t 年度 i 地区实际利用 FDI（流量）占 t 年度 i 地区 GDP 比重

表 2-3　被解释变量和解释变量的统计分析

变量	观察值	平均值	标准差	最小值	最大值
$rfdichn_{i,t}$	799	0.041	0.096	0.00000	0.974
$ffdi_{i,t}$	769	0.023	0.033	0.00001	0.241
$sfdi_{i,t}$	775	0.133	0.203	0.00002	1.177
$sstaff_{i,t}$	863	0.732	0.109	0.28707	0.930
$cstaff_{i,t}$	863	0.173	0.086	0.01793	0.431
$remp_{i,t}$	851	0.681	0.164	0.19149	1.005
$sinv_{i,t}$	833	0.191	0.084	0.00000	0.682
$cinv_{i,t}$	810	0.034	0.024	0.00083	0.164
$iinv_{i,t}$	797	0.049	0.026	0.00000	0.166
$wage_{i,t}$	867	8.120	1.159	6.32391	10.782
$edu_{i,t}$	890	0.512	0.608	0.04487	3.632
$tpt_{i,t}$	872	0.059	0.018	0.01208	0.115
$wrct_{i,t}$	857	0.085	0.025	0.01661	0.161
$tax_{i,t}$	809	0.084	0.039	0.02495	0.221
$expend_{i,t}$	824	0.015	0.008	0.00224	0.054
$innogov_{i,t}$	759	0.007	0.008	0.00014	0.071
$agrsup_{i,t}$	809	0.013	0.012	0.00126	0.114
$ceshgov_{i,t}$	815	0.033	0.012	0.01260	0.084
$capgov_{i,t}$	816	0.019	0.018	0.00222	0.162
$dep_{i,t}$	870	7.672	1.772	4.10292	12.284
$loan_{i,t}$	817	0.197	0.086	0.00910	0.475
$trade_{i,t}$	876	0.214	0.314	0.00187	1.808
$seff_{i,t}$	853	0.289	0.928	-2.76685	2.523
$highw_{i,t}$	830	0.298	0.261	0.00803	1.895

关于表 2-1 的说明。(1) 劳动工资越高，FDI 进入会越少，$wage_{i,t-1}$ 前

的系数预期为负值。(2) 大部分文献都采用高等院校在校学生人数来作为劳动力素质代理变量，比如陈（Chen，2009）在计量模型中选择了受 12 年以上教育人口占总人口的比例作为劳动力素质代理变量。在本文中，我们以高等学校在校学生人数占本地居民人口的比重 $edu_{i,t-1}$，来表示该地区的劳动力素质。由于进入中国的 FDI 有相当一部分为加工贸易，对劳动力素质要求不是很高。因此，高等学校在校学生人数比重增加，并不一定能够使得 FDI 进入显著增加，该变量前的系数可能大于 0，但统计检验结果可能会不显著。(3) 贺灿飞和魏后凯（2001）等运用 OLS 方法对中国 207 个城市 1996 年的截面数据进行回归分析发现，第三产业比重和城镇人口比重与 FDI 流入规模正相关。因此，交通、通讯、邮政部门产值增加，或批发零售部门产值增加时，FDI 流入预期增加；$tpt_{i,t-1}$ 和 $wrct_{i,t-1}$ 前的系数预期大于 0。(4) 我们用工业企业获得银行贷款占 GDP 比重 $loan_{i,t-1}$ 来描述金融市场的发展水平。金融市场发展有助于本地企业获得外部资金时，可能会减少本地企业对 FDI 进入的依赖，进而减少 FDI 进入，也有可能有助于 FDI 在本地获得外部融资支持，有助于 FDI 进入。所以，本地金融市场发展水平既可能有利于 FDI 进入也可能不利于 FDI 进入，取决于经验分析结果。(5) 国有企业比重越高，一个地区经济环境的制度扭曲就可能越严重，市场化水平就越低，从而不利于包括 FDI 在内的非国有经济发展（Huang，2005），因此，国有经济比重与实际利用 FDI 的份额负相关。市场经济制度越完善，资源的配置效率越高，经济行为人的交易成本越小。在其他条件相同的情况下，FDI 倾向于投资市场化程度比较高的地区。在本文中，我们选择国有企业经营效率 $seff_{i,t-1}$ 来描述相关地区的市场化水平。(6) 有许多文献采用地方财政支出中用于基础设施建设的金额作为基础设施代理变量，使用某一地区公路里程数与该地区土地面积的比率来表示该地区的基础设施质量，比如陈（Chen，2009）。

第五节 影响 FDI 进入中国区位差异的分时期考察

我们使用的数据包括中国 30 个省区（西藏除外），时间跨度从 1980 到 2008 年，全部样本数据有 627 个。我们使用的解释变量和被解释变量，都为比例值或自然对数值。我们以面板数据为基础，分别比较了混合 OLS 方法、固定效应分析方法、随机效应分析方法。为了减少方程的联立性偏差，对随时间变化的解释变量作了滞后一期处理。根据 Hausman 检验结果，在下文中我们将集中讨论有偏估计比较小的回归分析结果。

一、影响 FDI 进入中国不同地区绝对规模变动的决定因素

表2-4 中模型（4）和模型（5）的被解释变量为 $ffdi_{i,t}$，模型（4）为面板数据固定效应分析结果，包括 30 个省区 1980~2008 年期间的 546 个样本。F 统计值和 Hausman 统计检验显示，固定效应模型的计量分析结果更好。根据表2-4，我们可以得到影响 FDI 进入中国不同地区绝对规模决定因素的以下判断。

第一，FDI 进入中国有显著的地区集聚效应，实际利用 FDI 存量越大，越有利于 FDI 进一步流入 [表2-4 中模型（4）对应于 $sfdi_{i,t-1}$ 的系数和计量统计结果]。

外商投资集聚是指外商投资行为的自我强化效应。外资企业可以从位于外资企业聚集的区位获益；已有外资企业的知识和信息溢出、原有产业联系等，都可以帮助新来投资者克服外来者劣势。比如，海德等（Head and Ries，1996）的研究指出，跨国企业的迁入会刺激专业化供应商在本地集聚，这反过来增加了该地区对后续 FDI 的吸引力。① 但是，FDI 进入比较多的地区，随着竞争加剧也会阻碍后来的 FDI 进入，并非一定能使得当期本地区的 FDI 流入进一步增加。从理论上讲，解释变量 $sfdi_{i,t-1}$ 的系数可能大于 0 也可能小于 0。

表 2-4　FDI 进入对中国区位选择的决定因素——分时期考察

被解释变量	$rfdichn_{i,t}$			$ffdi_{i,t}$	
解释变量	模型（1）	模型（2）	模型（3）	模型（4）	模型（5）
$sfdi_{i,t-1}$	-1.047***	0.001	0.072***	0.067***	0.073***
	(-6.84)	(0.15)	(3.42)	(6.62)	(12.93)
$sstaff_{i,t-1}$	-1.604**	0.022	-0.023	0.097***	0.053***
	(-2.45)	(0.81)	(-0.58)	(4.24)	(3.30)

---

① 劳动力的跨地区流动可以带来集聚。克鲁格曼（Krugman，1991）假定制造业人口可以从工资低的地区向工资高的地区自由转移，从而证明了在不完全竞争和规模报酬递增的前提下，产业集聚来源于厂商和消费者之间的相互需求，而后者又是贸易成本和厂商固定成本相互作用的结果。

（续表2-4）

被解释变量	$rfdichn_{i,t}$			$ffdi_{i,t}$	
解释变量	模型（1）	模型（2）	模型（3）	模型（4）	模型（5）
$cstaff_{i,t-1}$	-1.789***	-0.069**	0.403***	0.085***	0.065***
	(-2.61)	(-2.21)	(3.21)	(3.25)	(2.79)
$remp_{i,t-1}$	-0.222	-0.010	0.018	0.017	0.012
	(-1.06)	(-0.63)	(0.43)	(0.78)	(1.06)
$tpt_{i,t-1}$	0.212	0.194**	0.078	0.062	0.177***
	(0.98)	(2.38)	(0.69)	(0.83)	(3.27)
$wrct_{i,t-1}$	0.030	-0.081	-0.018	0.091*	0.049
	(0.32)	(-1.10)	(-0.22)	(1.91)	(1.33)
$tax_{i,t-1}$	0.023	-0.016	0.129	-0.130***	-0.093***
	(0.18)	(-0.45)	(0.90)	(-3.12)	(-2.68)
$expend_{i,t-1}$	0.680	-0.265	-1.311	0.538*	-0.487*
	(0.91)	(-1.17)	(-1.13)	(1.71)	(-1.85)
$innogov_{i,t-1}$	1.734***	-0.014	-0.657	-0.012	0.286**
	(3.79)	(-0.11)	(-0.92)	(-0.08)	(2.26)
$agrsup_{i,t-1}$	-0.827	-0.247	\	0.562**	0.127
	(-1.60)	(-0.70)	\	(2.20)	(0.63)
$ceshgov_{i,t-1}$	0.158	-0.002	-0.290	-0.317	-0.311*
	(0.33)	(-0.01)	(-0.52)	(-1.54)	(-1.74)
$capgov_{i,t-1}$	0.147	-0.011	0.033	-0.148	-0.254***
	(0.63)	(-0.07)	(0.18)	(-1.54)	(-2.74)
$dep_{i,t-1}$	0.014	0.008	-0.007	0.012**	-0.006*
	(1.10)	(-1.53)	(-0.52)	(2.39)	(-1.72)
$loan_{i,t-1}$	-0.001	0.005	0.019	0.007	-0.011
	(-0.02)	(-0.23)	(0.45)	(0.42)	(-0.74)
$trade_{i,t-1}$	0.143***	0.020**	-0.004	0.045***	0.038***
	(2.90)	(2.18)	(-0.29)	(6.07)	(10.02)
$wage_{i,t-1}$	-0.006	-0.011	0.050**	-0.014*	0.005
	(-0.30)	(-1.54)	(2.30)	(-1.92)	(0.84)
$seff_{i,t-1}$	-0.015	-0.008**	-0.001	-0.002	0.003
	(-0.94)	(-2.00)	(-0.21)	(-0.74)	(1.18)
$edu_{i,t-1}$	0.179***	0.010	0.003	0.004	0.009***
	(3.91)	(1.28)	(0.38)	(0.80)	(2.73)
$highw_{i,t-1}$	0.500	-0.103**	-0.004	0.101***	0.012
	(1.09)	(-2.27)	(-0.15)	(4.79)	(0.80)

(续表 2-4)

被解释变量	$rfdichn_{i,t}$			$ffdi_{i,t}$	
解释变量	模型（1）	模型（2）	模型（3）	模型（4）	模型（5）
$sinv_{i,t-1}$	-0.005	0.022	0.000	0.136***	0.127***
	(-0.07)	(1.48)	(-0.01)	(7.15)	(6.83)
$cinv_{i,t-1}$	-0.193	-0.013	0.050	0.329***	0.197***
	(-1.29)	(-0.33)	(0.67)	(6.97)	(5.12)
$iinv_{i,t-1}$	-0.171	-0.080	-0.058	-0.047	-0.094**
	(-1.53)	(-1.48)	(-0.68)	(-0.96)	(-2.20)
常数项	1.651**	0.077	-0.405***	-0.124***	-0.066*
	(2.43)	(1.43)	(-2.70)	(-2.82)	(-1.81)
观察值	155	254	140	546	546
样本期间	1980~1991	1992~2001	2002~2008	1980~2008	1980~2008
省区分组	24	30	30	30	30
F 统计值	9.85	2.38	\	32.48	70.74
P 统计值	0.000	0.001	\	0.000	0.000
拟合优度	0.102	0.178	0.512	0.535	0.738
Wald chi^2	\	\	50.27	\	\
Hausman chi^2	524.93	80.11	5.12	60.86	\
P 统计值	0.000	0.000	0.999	0.000	\
计量方法	fe_reg	fe_reg	re_gls	fe_reg	ols

说明：（1）括号中为 t 统计值或 z 统计值。（2）***、**、* 分别表示在1%、5%和10%水平上统计显著。

1980~2008 年，中国东部、中部、西部吸引 FDI 的水平很不平衡。东部一直都是中国吸引 FDI 的主要集聚区位，比重大多在85%以上，而中西部的比重仅为7%至16%。中国东部沿海地区吸引和利用外资起步比较早，已经成为资金流、人才流、商品流、技术流和信息流交汇之地，并形成了产业群落、企业群落与市场群落之间相依相伴、相辅相成的共生关系（许冰，2010）。此外，FDI 的大规模进入，通过增加资本形成、扩大出口和创造就业等途径，推动了东部沿海地区经济快速发展，并有助于居民收入水平提高，市场容量扩大，产生集聚经济效益，进而使得 FDI 进入的规模进一步增加。

表 2-4 中模型（4）对应于 $sinv_{i,t-1}$ 和 $cinv_{i,t-1}$ 的系数和计量检验结果显示，国有企业和集体企业固定资产投资增加均有助于 FDI 进入中国的规模扩

大。我们的解释是，尽管国有企业和集体企业固定资产投资增加可能会对 FDI 进入产生竞争效应，减少 FDI 进入本地区，但是，本地区的国有企业和集体企业固定资产投资增加，会产生产业集聚效应，改善本地区的企业经营环境，有利于 FDI 以相对较低的成本进入本地区从事经营活动。此外，国有企业和集体企业固定资产投资增加，表明本地区的存量企业有比较多的资源可以同 FDI 一起经营合资项目，因而有助于促进 FDI 进入本地区的规模增加。

第二，税收比率下降、政府行政开支占 GDP 比重提高，或政府促进农业发展的开支占 GDP 比重提高，均有助于 FDI 进入增加 [表 2-4 中模型 (4) 对应于 $tax_{i,t-1}$、$expend_{i,t-1}$、$agrsup_{i,t-1}$ 的系数和统计检验结果]。

FDI 在进入东道国从事经营活动时存在一定的交易成本，包括与政府的谈判成本、制度成本（如政府腐败和政府市场干预）和政府违约风险等。这类交易成本与政府行为有关。尽管税费优惠可以对 FDI 选址决策产生正面的影响，但由于其他竞争者的政策复制，这一影响会被逐渐抵消。如果缺乏其他竞争手段配套，单纯的税费优惠竞争会最终损耗地方财政资源，削弱本地公共产品的供给能力，降低本地投资环境的质量，这反而不利于吸引 FDI 的持续流入（Hauffer and Wooton, 1999）。税费优惠不仅会直接影响到跨国企业的利润水平，也是政府发出的一种表明本地对外资的态度和反映本地经济发展潜力的信号，其作用大小取决于 FDI 和东道国之间的信息不对称程度。

我们认为，政府增加对农业发展支持，有助于为 FDI 进入中国制造业部门提供原材料供应，有助于提高农业的生产效率，并促使农业从业人口进入制造业就业，进一步为 FDI 进入中国获得丰富的劳动力要素供应提供了可能，因而有助于 FDI 进入。

政府公共开支水平提高，既有可能是太多地干预了市场活动，也有可能是提供了更多的公共服务。本文的分析结果表明，政府行政开支越大对 FDI 进入越有吸引力。我们的解释是，如果政府的行政开支大部分与招商引资有关，那么就可以提高 FDI 进入本地区的规模。但是，当政府的行政开支被用于与招商引资无关的事务，则会减少 FDI 进入本地区。要想得到明确的结论，还需要进一步分析政府行政开支的实际用途。

第三，对外贸易开放度提高有助于 FDI 流入增加 [表 2-4 中模型 (4) 对应于 $trade_{i,t-1}$ 的系数和统计检验结果]。

较高的市场开放程度会降低信息成本和交易成本，有利于吸引 FDI 进入。一个国家或地区的开放程度越高，与国外的联系越紧密，外商对该地区的了解就越深入，对外商投资企业的吸引力就越大。一个地区的开放程度反映了政府对待国际贸易与外来投资的态度，决定了该地区与国际市场的联系程度，它能改变企业行为和人们的观念，并通过外资压力促进当地市场环境完善，最终影响国际投资者对它的偏好。中国的对外开放是一个从沿海到内陆、从东部到西部的逐步推进的过程，并影响了 FDI 的区位选择。对外贸易开放度越高的地区，FDI 流入会越多。

第四，劳动工资提高、国有企业在职职工人数减少，或集体企业在职职工人数减少均会使得 FDI 进入规模显著下降［表 2-4 中模型（4）对应于 $wage_{i,t-1}$、$sstaff_{i,t-1}$、$cstaff_{i,t-1}$ 的系数和统计检验结果］。

经典的区位选择理论认为，生产成本是决定厂商区位选择的主要因素，并主要指劳动力成本。劳动工资成本提高，会减少 FDI 在中国的收益，不利于 FDI 流入。国有企业和集体企业提供熟练劳动的能力提高，有助于吸引 FDI 进入中国。或者讲，国有企业和集体企业在职职工人数增加，会使得相关地区在实施国有企业和集体企业改革（比如企业关停并转）时安置职工就业的压力增加，并推动当地政府部门通过加大 FDI 引进力度，来解决本地区的存量劳动要素就业问题。

第五，人均居民储蓄存款增加，有助于 FDI 流入增加［表 2-4 中模型（4）对应于 $dep_{i,t-1}$ 的系数和统计检验结果］。

FDI 进入会考虑相关区位的要素市场发达程度和产品市场需求规模。外商更愿意选择市场容量较大的地区，以便接近消费者和要素市场，减少运输成本，获得有关市场需求信息（Krugman，1991）。邓宁（Dunning）关于 FDI 流动的发展水平理论认为，各国对 FDI 吸引力的大小主要取决于人均 GDP 水平，一个国家的人均 GDP 水平越高，该国吸引 FDI 就越多。我们使用的居民人均储蓄存款指标 $dep_{i,t-1}$ 与 GDP 高度相关，也可表示当地的市场需求水平。当 FDI 进入以占领本地市场为目标时，人均居民储蓄存款增加会引起 FDI 进入增加；当 FDI 进入以利用当地丰裕的劳动要素为主要目的时，人均储蓄存款增加对 FDI 进入增加的促进作用不显著。

本文的分析结果表明，市场潜力对 FDI 进入有比较大的影响。不少转移到中西部投资的外资企业认为，到中西部地区投资最重要的吸引力是地理位置（商务部和中国社科院联合课题组，2004），但是，中西部地区人均收入远低于东部沿海地区，消费能力比较低，市场容量小，影响了其对这类地区的投资。

此外，表2-4中模型（4）对应于 $wrct_{i,t-1}$、$highw_{i,t-1}$ 的系数和统计检验结果显示，批发零售交通通讯等部门产值提高、单位土地面积上高速公路里程数增加，[①] 均有助于 FDI 进入中国的绝对规模扩大。

二、影响 FDI 进入中国不同地区相对规模变动的决定因素

表2-4中模型（1）、（2）、（3）给出了1980~1991年、1992~2001年、2002~2008年三个时期，各地区 FDI 进入占中国实际利用 FDI 比重变动决定因素的计量分析结果。以相关省区年度实际利用 FDI 数量占当年中国实际利用 FDI 的比重作为被解释变量的计量分析结果显示，不同时期影响 FDI 进入中国不同区域相对规模的因素有一定差异。[②]

第一，1980~1991年。根据表2-4中模型（1）的固定效应估计结果，这一时期，以下6个因素可使得某地区的 FDI 进入显著超过其他地区：（1）国有企业在职职工人数减少；（2）集体企业在职职工人数减少；（3）政府对创新基金投入增加；（4）对外贸易依存度提高；（5）高等学校在校学生人

[①] 中西部地区的基础设施与东部地区相比存在明显劣势。以交通运输设施为例：西部地区的交通运输线路综合密度为29公里/平方公里，而东部地区为1597公里/平方公里，是西部地区的55倍（张鲁青和桑百川，2009）。

[②] 我们将全部样本分为1980~1991年、1992~2001年、2002~2008年三个子样本是基于中国在1979~2008年涉外经济政策变化及 Chow 断点检验。我们给出了 dum_80、dum_92、dum_02 三个虚拟变量：1980至1991年，dum_80 = 1，其他年份 dum_80 = 0；1992至2001年，dum_92 = 1，其他年份 dum_92 = 0；2002至2008年，dum_02 = 1，其他年份 dum_02 = 0。我们检验了 FDI 进入的地理集聚效应在上述三个时期的差异。检验方程参见下列（A1）至（A3）式：

$$ffdi_{i,t} = a_0 + a_1 sfdi_{i,t-1} + a_2 dum\_80 + a_3 (dum\_80 \cdot sfdi_{i,t-1}) + \varepsilon_{i,t} \quad (A1)$$

$$fdi_{i,t} = b_0 + b_1 sfdi_{i,t-1} + b_2 dum\_92 + b_3 (dum\_92 \cdot sfdi_{i,t-1}) + \mu_{i,t} \quad (A2)$$

$$fdi_{i,t} = c_0 + c_1 sfdi_{i,t-1} + c_2 dum\_02 + c_3 (dum\_02 \cdot sfdi_{i,t-1}) + \nu_{i,t} \quad (A3)$$

对 a_2 和 a_3 的 Chow 检验对应的 F 统计值为16.29，Prob > F = 0.000；对 b_2 和 b_3 的 Chow 检验对应的 F 统计值为69.26，Prob > F = 0.000；对 c_2 和 c_3 的 Chow 检验对应的 F 统计值为65.92，Prob > F = 0.000。Chow 检验结果显示，1980~1991年、1992~2001年、2002~2008年，FDI 进入中国的地理集聚效应有显著差异。以 $rfdichn_{i,t}$ 作为被解释变量进行 Chow 检验，也得到了类似的结论。表2-5和表2-6中 dum_wto 和 dum_xp 系数的统计检验结果，也支持我们按此方法将全部样本分组的合理性。因此，在计量分析时，我们将全部样本分上述三个时期分别作讨论说明。

数占当地居民人口数量的比重提高；（6）以前年度 FDI 进入较少。1980～1991 年，当期 FDI 选择进入其他地区，而没有选择前期 FDI 进入地区，这既有可能是其他地区竞争 FDI 的措施产生了效果，也有可能是有更多的其他来源的 FDI 进入到了中国。

国有企业在职职工人数占本地区就业人口比重下降和集体企业在职职工人数占本地区就业人口比重下降，均会使得本地区实际利用 FDI 规模显著高于中国其他地区。我们的解释是，尽管国有企业和集体企业在职职工人数占本地区就业人口比重提高，可使得 FDI 进入本地区的绝对规模显著增加，但是在 1980～1991 年，新进入的 FDI 更多地会选择国有企业和集体企业在职职工人数比重相对较低的地区。

第二，1992～2001 年。表 2-4 中模型（2）的面板数据固定效应分析结果表明，该时期以下 5 个因素使得进入某地区的 FDI 规模显著超过其他地区：（1）集体企业在职职工人数减少；（2）交通、通讯、邮政部门产值增加；（3）对外贸易依存度提高；（4）国有企业人均生产效率下降；（5）单位国土面积上高速公路里程数相对较低。①

第三，2002～2008 年。表 2-4 中的模型（3）显示，这一时期以下因素使得进入某地区的 FDI 规模显著超过其他地区：（1）前一年度实际利用 FDI 规模增加；（2）集体企业在职职工人数增加；（3）劳动工资提高。

2002～2008 年，当期进入中国的 FDI 更多地进入到了 FDI 原进入地区，新进入的 FDI 多与前期进入的 FDI 有一定联系，比如来自同一国家和地区，或者是原先 FDI 的新增投资等。尽管劳动工资提高会使得进入中国的 FDI 绝对规模显著减少，但是，新增 FDI 更多地是进入到了劳动工资比较高的地区，这些地区可能更能够为 FDI 项目提供高素质的劳动要素。

综上所述，1980～1991 年影响 FDI 进入中国区位选择的决定因素主要与当地的国有企业、集体企业市场力量有关，国有企业和集体企业市场力量越强大的地区，实际利用 FDI 规模占全国的比重越小；同期，FDI 进入的集中效应不明显。1980～2001 年，对外贸易依存度越高的地区，实际利用 FDI

---

① 尽管单位国土面积上的高速公路里程数量提高，可显著使 FDI 进入本地区的规模绝对增加，但是在 1992～2001 年，新进入中国的 FDI 更多地流入到了高速公路里程数量相对比较少的地区。

占全国的比重越高,这些地区比中国其他地区更能够吸引 FDI 进入。2002年中国加入 WTO 以后,FDI 进入的集中效应比较明显;实际利用 FDI 存量越高的地区,当期实际利用 FDI 占全国的比重越高。此外,2002~2008年,劳动工资越高的地区,实际利用 FDI 占全国的比重越高;集体企业在职职工人数越多的地区,实际利用 FDI 占全国的比重越高。

第六节 影响 FDI 进入中国区位差异的分地区考察

1979~2009 年,FDI 进入中国的区位分布呈现从东部沿海地区到中部地区,再到西部地区的梯度推进特点,为此我们将中国的全部地区分为东部、中部、西部等三个次区域,分别考察 FDI 进入中国的决定因素。① 分地区来看,1980~2008 年的整个时期,影响 FDI 进入中国东部、中部、西部等三个地区的决定因素有以下方面的共同点和不同点(参见表 2-5)。

第一,集聚效应。就中国 30 个省区组成的整体样本来看,实际利用 FDI 存量越大,越有可能进一步吸引 FDI [参见表 2-5 中的模型(9)和(10)]。② 分地区来看,中国的东部、中部和西部三个地区 FDI 进入均有显著的集聚特点。表 2-5 中模型(1)至(6)对应于 $sfdi_{i,t-1}$ 的系数均显著大于 0。

考虑了 1992 年邓小平南巡讲话虚拟变量,以及 2001 年底中国加入世界贸易组织(WTO)虚拟变量,且将东部地区、西部地区固定效应加以控制以后,我们发现,集聚效应对 FDI 进入中国的影响不再显著 [参见表 2-5 中的模型(7)和(8)]。我们的解释是,中国加入 WTO 虚拟变量 dum_wto 与中国加入 WTO 以前相关地区的 FDI 实际使用规模正相关,因此使得集聚效应对 FDI 进入中国的积极作用变得不再显著。③

---

① 东部地区包括广东、福建、广西、海南、浙江、上海、江苏、山东、河北、天津、北京、辽宁等 12 个省区;中部地区包括江西、安徽、河南、吉林、黑龙江、内蒙古、湖南、湖北、陕西、山西、重庆等 11 个省区;西部地区包括贵州、云南、四川、甘肃、宁夏、青海、新疆等 7 个省区。

② 表 2-5 中,dum_east、dum_mid 分别表示东部地区、中部地区虚拟变量;wto_east 表示 dum_wto 与 dum_east 交互项,wto_mid 表示 dum_wto 与 dum_mid 交互项,xp_east 表示 dum_xp 与 dum_east 交互项,xp_mid 表示 dum_xp 与 dum_mid 交互项。

③ 珠江三角洲地区和长江三角洲地区核心城市为其周边地区提供了各种服务,有助于这个地区的外围城市引进 FDI(Tuan and Ng,2007),并有可能会辐射到江西、湖南等地区。

表 2-5　FDI 进入中国区位变动的决定因素——分地区考察

被解释变量	东部 $ffdi_{i,t}$		中部 $ffdi_{i,t}$		西部 $ffdi_{i,t}$		中国 $ffdi_{i,t}$			
解释变量	模型(1)	模型(2)	模型(3)	模型(4)	模型(5)	模型(6)	模型(7)	模型(8)	模型(9)	模型(10)
$sfdi_{i,t-1}$	0.026**	0.068***	0.115***	0.117***	0.171***	0.187***	0.011	0.064***	0.024***	0.079***
	(2.16)	(7.71)	(5.01)	(6.49)	(4.45)	(6.34)	(1.44)	(10.74)	(2.87)	(12.66)
$sstaff_{i,t-1}$	0.146***	0.015	0.010	0.033**	0.008	0.016	0.093***	0.030**	0.128***	0.084***
	(3.35)	(0.57)	(0.58)	(2.32)	(0.39)	(1.30)	(4.13)	(1.95)	(5.17)	(5.09)
$cstaff_{i,t-1}$	−0.048	−0.075**	0.033	0.012	−0.045	−0.047**	0.013	0.065***		
	(−1.09)	(−2.03)	(1.40)	(0.63)	(−1.75)	(−2.11)	(0.45)	(2.86)		
$wrct_{i,t-1}$	0.113	0.203**	−0.017	−0.027	0.038	0.099***	0.200***	0.226***		
	(1.07)	(2.54)	(−0.55)	(−1.06)	(0.78)	(2.74)	(3.66)	(5.74)		
$tax_{i,t-1}$	−0.282***	−0.300***	0.003	0.022	0.060**	0.028	−0.125***	−0.139***	−0.202***	−0.197***
	(−3.53)	(−4.14)	(0.09)	(0.70)	(2.11)	(1.33)	(−3.13)	(−4.07)	(−4.44)	(−5.36)
$loan_{i,t-1}$	0.135***	0.109***	−0.012	−0.032***	0.006	0.010	0.061***	0.034***	0.060***	0.045***
	(4.37)	(4.30)	(−0.76)	(−3.15)	(0.52)	(1.38)	(3.87)	(2.96)	(3.47)	(3.71)
$trade_{i,t-1}$	0.060***	0.047***	0.074***	0.066***	0.008	−0.023	0.044***	0.039***	0.048***	0.039***
	(7.47)	(8.35)	(3.54)	(3.75)	(0.33)	(−1.42)	(8.55)	(10.36)	(8.47)	(9.29)
$wage_{i,t-1}$	−0.020***	−0.033***	−0.002	−0.005**	−0.004*	−0.003	−0.009***	−0.016***	0.003	−0.002
	(−3.45)	(−5.72)	(−0.99)	(−2.14)	(−1.93)	(−1.43)	(−3.04)	(−5.77)	(1.06)	(−0.92)
$edu_{i,t-1}$	0.023***	0.012**	0.002	0.003	0.008	0.007	0.016***	0.007***	0.005	0.005*
	(2.81)	(2.50)	(0.69)	(1.35)	(1.32)	(1.39)	(3.75)	(2.62)	(0.99)	(1.92)
$highw_{i,t-1}$	−0.015	−0.007	0.008**	0.006**	−0.007	0.003	−0.003	0.014**	0.005	
	(−1.14)	(−0.56)	(2.03)	(2.18)	(−1.00)	(0.60)	(−0.37)	(2.34)	(0.99)	
dum_xp	0.045***	0.048***	0.009***	0.010***	0.009***	0.006**	0.005	0.014***		
	(6.63)	(6.76)	(4.12)	(5.05)	(3.34)	(2.39)	(0.93)	(2.69)		

(续表 2-5)

被解释变量	东部 $ffdi_{i,t}$		中部 $ffdi_{i,t}$		西部 $ffdi_{i,t}$		中国 $ffdi_{i,t}$			
解释变量	模型 (1)	模型 (2)	模型 (3)	模型 (4)	模型 (5)	模型 (6)	模型 (7)	模型 (8)	模型 (9)	模型 (10)
dum_wto	-0.011	-0.013*	0.001	0.001	0.000	0.000	0.012***	0.013***		
	(-1.60)	(-1.80)	(0.33)	(0.39)	(0.02)	(0.13)	(2.92)	(3.07)		
dum_east								0.008*		
								(1.81)		
dum_mid								0.003		
								(0.72)		
wto_east							-0.043***	-0.043***		
							(-9.01)	(-9.04)		
wto_mid			-0.001				-0.002	0.000		
			(-0.03)				(-0.47)	(-0.01)		
xp_east							0.042***	0.028***		
							(8.41)	(5.61)		
xp_mid				0.007	0.015	0.001	0.006	0.002		
				(0.27)	(0.56)	(0.05)	(1.15)	(0.43)		
常数项	0.043	0.235***					0.001	0.097***	-0.124***	-0.068**
	(0.63)	(3.86)					(0.02)	(3.01)	(-3.32)	(-2.15)
观察值	265	265	233	233	135	135	627	627	627	627
省区分组	12	12	11	11	7	7	30	30	30	30
拟合优度	0.5859	0.6876	0.5953	0.6338	0.3198	0.3918	0.6236	0.7351	0.4823	0.6303
Wald chi^2	32.88	554.62	28.71	380.75	5.86	80.52	46.75	1687.38	35.46	1050.24
Hausman chi^2	96.52	96.52	24.00	24.00	61.26	61.26	154.36	154.36	453.5	453.50
P 统计值	0.000	0.000	0.020	0.020	0.000	0.000	0.000	0.000	0.000	0.000
计量方法	fe_reg	re_gls	fe_reg	re_gls	fe_reg	re_gls	fe_reg	re_gls	fe_reg	re_gls

说明: (1) 括号中为 t 统计值或 z 统计值。(2) ***、**、* 分别表示在 1%、5% 和 10% 水平上统计显著。(3) 时间跨度为 1980~2008 年。

第二，劳动力成本与教育水平。表2-5中东部地区模型（1）对应于 $wage_{i,t-1}$ 的系数和统计检验结果表明，劳动工资上升时，东部地区FDI进入会显著减少。表2-5中中部地区模型（3）和（4）、西部地区模型（5）和（6）对应于 $wage_{i,t-1}$ 的系数和统计检验结果表明，劳动工资提高对中部地区和西部地区FDI进入增加也有负向作用，但影响不显著。关于劳动工资对FDI进入中国区位选择影响的现实情形是，因地理位置比较接近，进入南方沿海地区的FDI主要来自港澳台地区。此类FDI以出口导向为主，多为从香港或台湾搬迁过来的加工型企业，主要是为了利用祖国大陆地区相对廉价的劳动力资源，因此对劳动工资变动比较敏感。

表2-5中模型（1）、模型（3）、模型（5）对应于 $edu_{i,t-1}$ 的系数和统计检验结果显示，高等学校在校学生人数增加时，东部地区FDI进入增加，教育水平提高对中部地区和西部地区FDI进入的增加也有正向作用，但影响不显著。

第三，政府政策。表2-5中的计量分析结果显示，税收比率高低在不同地区对FDI流入的影响并不相同。模型（1）至模型（6）对应于 $tax_{i,t-1}$ 的系数和统计检验结果显示，税收比率降低有助于FDI进入东部地区，在中部和西部地区，减免税收等优惠政策对FDI的进入不但没有促进作用反而具有负向影响。

考虑到1992年和2002年为中国外资政策发生变化的重要时间节点，我们设立了 dum_xp 和 dum_wto 两个政策虚拟变量。

1978年中国开始实行改革开放政策，并于1979年推出了《中华人民共和国合资企业法》，给予了FDI在中国经营的合法地位。这部法律以及以后颁布的相关法规构成了中国利用FDI的基本法律框架。中国最初的FDI政策主要是为了增加制造业部门的劳动就业机会，结果大量来自香港、澳门和台湾地区的轻工业行业的外资集中流向了与其临近的经济特区。

中国吸引FDI促进经济发展的早期战略包括三个方面。第一，为了获得技术转让和提高中国本地企业的经营管理水平，中国政府一直坚持鼓励外资以合资企业的形式进入中国。第二，本地经济对外开放从轻工业开始，然后逐步推进到技术密集型行业，再推进到服务业。第三，外资首先被鼓励到经济开发区等划定的地区从事经营活动。这种战略安排对外资在中国的地区选择有很大影响。单（Shan，1991）根据经济自由化程度、市场化程度、由中央政府授予的经济自主化程度，将中国各个地区作了分类。第一类地区由5个经济特区加上12个沿海开放城市组成，中央政府设立这类地区的目的在于吸引FDI。第二类地区包括北京、上海、天津三个大型都市。第三类地区包括其他沿海城市，主要是一些自由贸易区。第四类地区由所有的内地城市组成。在对外开放的早期阶段，中国政府设立了深圳等5个经济特区来吸引外资。1984年，中国政府进一步对外开放了秦皇岛等14个沿海城市。这19个指定地区为外资提供了特别优惠的激励政策，包括减免税收、土地租金等。在该政策作用下，中国的FDI流入主要集中在东部沿海地区，内地相对较少。

从1992年开始，中国服务业部门加大了对外开放力度，从事金融、保险、零售、管理咨询等服务提供的跨国公司大量进入中国，并集中在上海、北京和天津。当利用外资重点从轻工业部门转移到技术密集型行业以后，来自日本和韩国的FDI显著增加，并引起中国北方地区FDI流入显著增加。1992年以后，中国进一步实行的改革开放政策，使得进入珠江三角洲地区的FDI来源更加多样化；除了来自港澳台的资本以外，来自欧洲和美国的FDI开始增加（Whalley and Xin，2006）。从1992年长江三角洲进一步实行对外开放政策以后，进入这个地区的FDI也发生了类似的变化过程（Ng and Tuan，2005）。

加入WTO对中国利用FDI的影响集中在两个方面：第一，加入WTO以后，中国进一步开放了金融和电信等服务行业，对FDI进入中国有一定的促进作用。第二，加入WTO以后，中国的资本市场对外开放程度加深，使得外资由原先相对单一的绿地投资模式，发展成为绿地投资和并购投资等方式并存的局面，有助于FDI进入中国的规模增加。段和伍（Tuan and Ng，2003）根据中心-外围（Core-Peripheral System）分析框架，对广东省内各个城市所作的研究发现，在加入WTO之前FDI流入集中在以香港为中心的地区，进入广东省内的FDI更多地分布在离香港较近的城市（如广州、深圳、珠海等）。段和伍（Tuan and Ng）的解释是，在加入WTO以前，中国的贸易配额制度使得跨国公司将部分生产过程集中在贸易配额较多的广州、深圳地区；加入WTO以后，中国的贸易配额有所取消，FDI流入的地区分布更加市场化，FDI生产过程开始加快向外扩散，比如扩散到了广东省内那些距离香港较远的城市和地区。

表2-5和表2-6的计量分析结果表明，1992年以后，中国所有地区年度实际利用FDI水平都相对于1992年以前有显著提高，且东部地区实际利用FDI

表 2-6　1992 年以后因素对中国不同地区 FDI 进入的影响

解释变量	模型(1)	模型(2)	模型(3)	模型(4)	模型(5)	模型(6)	模型(7)	模型(8)	模型(9)	模型(10)	模型(11)	模型(12)
dum_xp	0.053***	0.052***	0.059***	0.052***	0.018***	0.019***	0.030***	0.040***	0.032***	0.043***	0.022	0.030**
	(6.91)	(6.63)	(6.76)	(5.80)	(3.22)	(3.47)	(3.69)	(4.83)	(3.26)	(4.30)	(1.49)	(2.02)
dum_east								0.028***		0.028***		0.045***
								(3.27)		(2.83)		(2.68)
xp_east							0.051***	0.033***	0.042***	0.022**	0.061***	0.053***
							(5.88)	(3.88)	(4.13)	(2.19)	(4.34)	(3.84)
dum_mid				-0.012		-0.002						
				(-1.28)		(-0.34)						
xp_mid			-0.022***	0.000	0.020***	0.019***						
			(-2.58)	(-0.03)	(4.01)	(3.85)						
dum_west		-0.013										
		(-1.14)										
xp_west	-0.039***	-0.027**										
	(-3.64)	(-2.55)										
观察值	623	623	623	623	362	362	623	623	494	494	390	390
省区分组	30(东+中+西)	30(中+东+西)	30(中+东+西)	30(中+东+西)	18(中+西)	18(中+西)	30(东+中+西)	30(东+中+西)	23(东+中)	23(东+中)	19(东+西)	19(东+西)
拟合优度	0.6284	0.7267	0.5392	0.7229	0.5751	0.6144	0.6136	0.7355	0.6459	0.7339	0.5672	0.7334
Wald chi²	51.73	996.72	50.66	962.86	34.51	480.18	55.19	1078.85	50.57	937.14	40.25	653.74
Hausman chi²	106.8	106.8	138.14	138.14	41.03	41.03	106.45	106.45	119.09	119.09	42.78	42.78
P 统计值	0.000	0.000	0.000	0.000	0.000	0.000	0.000	0.000	0.000	0.000	0.000	0.000
计量方法	fe_reg	re_gls	fe_reg	re_gls	fe_reg	re_gls	fe_reg	re_gls	fe_reg	re_gls	fe_reg	re_gls

说明：(1) 被解释变量为 $ffdi_{i,t}$。(2) 控制变量 $sfdi_{i,t-1}$、$sstaff_{i,t-1}$、$cstaff_{i,t-1}$、$wrct_{i,t-1}$、$tax_{i,t-1}$、$loan_{i,t-1}$、$trade_{i,t-1}$、$wage_{i,t-1}$、$edu_{i,t-1}$、$highw_{i,t-1}$、dum_wto 以及常数项没有列出。(3) 时间跨度从 1980～2008 年。(4) 括号中为 t 统计值或 z 统计值。(5) ***、**、* 分别表示在 1%、5% 和 10% 水平上统计显著。

规模增加得更为明显。表2-5中模型（7）对应于 xp_east 的系数等于0.042且统计检验结果显著，含义是：在其他条件相同时，1992年以后东部地区年度实际利用FDI占本地区GDP比重比中部和西部地区要高出4.2个百分点。①

在其他条件相同的情况下，2002年中国加入WTO以后，FDI进入中部和西部地区的增加幅度，显著超过进入东部地区的FDI。表2-5中模型（7）对应于 dum_wto 的系数等于0.012且统计检验显著，其含义是：2002年以后，在其他条件相同时，中部和西部地区年度实际利用FDI规模占GDP的比重，相对于2002年以前时期显著提高1.2个百分点。但是，表2-5中模型（7）对应于 wto_east 的系数等于-0.043且统计检验显著，其含义是：2002年以后，在其他条件相同时，东部地区年度实际利用FDI规模占本地区GDP的比重，相对于2002年以前时期显著下降3.1个百分点。

此外，表2-5中对应于 $trade_{i,t-1}$ 和 $loan_{i,t-1}$ 的系数和统计检验结果表明，对外贸易开放度提高有利于FDI进入东部地区和西部地区，对外贸易开放度提高对西部地区FDI流入增加的促进作用不显著；银行对工业企业贷款增加有助于FDI进入东部地区，在中部和西部地区，银行对工业企业贷款增加对FDI进入的促进作用不如东部地区显著。

第七节 结论和政策启示

我们以代表性企业的跨国经营利润函数为基础，从D-G模型出发分析了企业从事国际经营活动时区位选择的决定因素，并以1980~2008年中国30个省区的FDI进入面板数据为基础，分时期和分地区实证研究了影响FDI进入中国区位变动的决定因素。

一、研究结论

上述研究显示，影响FDI进入中国区位变动的决定因素主要有以下几个

---

① 1990~1992年，中国在东部沿海地区推出了13个自由贸易区（FTAs）。这些自由贸易区集中在上海、天津、大连等城市周围。在此时期，苏南、上海、浙北地区开发了多个现代工业基地。与此同时，东部沿海地区的FDI流入显著增加，这些地区流入的FDI占全国流入的FDI比重从1979~1986年的12%增加到了1992~1996年的24%。在这些政策推出以后，进入中国南部沿海地区的FDI份额有所下降，广东省在1997年流入的FDI占全国的比重从1985年的50%下降到了25%。

方面。

第一，进入中国所有地区的 FDI 都有显著的地区集聚效应，但不同时期不同地区集聚效应之间的关系有一定差异。1980～1991 年，新进入原有地区的 FDI 规模相对低于进入中国其他地区的 FDI 规模。1992～2001 年，此关系的统计检验不显著。2002～2008 年，FDI 更多地进入到了原先利用 FDI 比较多的地区。

第二，FDI 进入中国的区位变动有两个转折点：1992 年和 2002 年。1992 年邓小平南巡讲话以后，FDI 进入中国的规模显著增加，但是，FDI 更多地进入到了东部沿海地区；2001 年底，中国加入 WTO 以后，FDI 进入到中部和西部地区的规模显著增加，并引起了东部地区 FDI 流入规模增加速度相对 2002 年以前年度有所放缓。

第三，税收优惠政策对东部地区 FDI 进入增加有显著地积极推进作用，中部地区实行的税收优惠政策对 FDI 进入本地区有正向作用，但统计检验不显著。在西部地区，实行税收减免等优惠政策反而会引起 FDI 进入该地区的规模减少。

第四，对外贸易开放度提高有助于中国所有地区 FDI 进入规模增加，但对东部地区和中部地区的影响更为显著，对西部地区 FDI 进入的影响不显著。分时期来看，1980～1992 年、1992～2001 年两个时期，对外贸易开放度越高的地区，FDI 进入占中国年度实际利用 FDI 的比重越高；2002～2008 年，对外贸易开放度提高对 FDI 进入该地区的相对规模增加的促进作用不显著。

第五，劳动工资提高会引起进入中国的 FDI 规模出现下降，但对不同地区的影响有一定差异。在东部和西部地区，劳动工资提高会引起这两个地区 FDI 进入规模显著下降，但中部地区劳动工资上升对该地区 FDI 进入的影响不显著。

除上述因素外，人口受教育水平、银行对工业企业贷款规模、国有企业在职职工人数比重、交通通讯邮政部门和批发零售部门发展等因素，对东部、中部和西部地区的 FDI 进入影响也不相同。

二、政策启示

第一，减少东中西部的投资环境差异，使 FDI 在中国有更大的区位选择余地，以提高中国利用 FDI 的效率。

中国以往的 FDI 政策在不同时期分别倾向于鼓励 FDI 进入中国不同地区，造成了 FDI 进入中国的地区分布差异，并引起了中国不同地区之间的经济不均衡发展。就中西部地区而言，为了吸引东部转移出来的 FDI，首先需要降低物流运输成本，推动物流业的发展，减少乃至取消道路收费及规范运输市场秩序是重要手段。

第二，降低企业经营成本并鼓励劳动要素自由流动和技术进步，适应 FDI 进入中国的区位变动趋势。

为了使得 FDI 在中国不同地区之间达到最有效率的区位配置，中国需要消除劳动力跨地区流动障碍和跨城乡流动障碍。此外，中部地区需要进一步提高政府服务水平和行政效率，增强金融支持能力，以增强对 FDI 进入本地区的吸引力。本地技术创新能力的重要性已经在 FDI 的区位选择中显现出来；发展适合当地的技术、提高技术的产业化能力，应该成为中国中西部地区今后的努力方向。

第三，FDI 早期进入地区和 FDI 后期进入地区应有不同的利用 FDI 的政策取向。

广东等省区作为中国最先利用 FDI 的地区，在引导 FDI 升级过程中可以采用培育市场的措施，吸引更多的以面向东道国市场为主要目的的 FDI 进入。在广东省，由于过高的集聚效应产生的企业竞争和商务成本提高，正使得 FDI 部分被"挤出"，如何降低企业运作商务成本是广东省在吸引外商投资过程中需要关注的问题。江苏等 FDI 后期进入省区的 FDI 还处在集聚初期，对新增 FDI 进入以"挤入"效应为主，但随着时间的推移，集聚效应带来的负面影响将不可避免，如何有效地管理好外资经营中的商务成本，是摆在江苏等 FDI 后期进入省区面前的一个重要议题。

广东和江苏在利用 FDI 方面的经验也能为其他省区提供借鉴意义。对于拥有相对较低贸易成本的沿海省区，市场规模和劳动力成本等因素是其引资政策能否成功的关键；对于非沿海省区，只要当地市场规模扩大，有效需求旺盛，则依然可以有效地吸引 FDI 进入。

附表 2A 各省区年度实际利用 FDI 总额占中国相关指标比重（1979~1986）

年份/百分比	[50%,100%)	[10%,20%)	[5%,10%)	[2%,5%)	[1%,2%)	(0,1%)
1979	广东(92.37)			福建(2.63)		
1980	广东(93.91)			福建(2.77) 天津(2.07)	甘肃(1.18)	海南
1981	广东(93.23)			新疆(2.11)	上海(1.61) 江苏(1.38)	福建/海南/ 天津/山东
1982	广东(92.35)		天津(3.12)		上海(1.8) 江苏(1.39)	福建/海南/ 辽宁/甘肃
1983	广东(71.35)	广西(13.53)		黑龙江(4.99) 福建(4.18) 上海(3.1)		辽宁/江苏/ 海南/浙江/ 天津/湖南
1984	广东(79.15)		福建(7.05)	上海(4.13) 陕西(2.64)	天津(1.74) 海南(1.7)	辽宁/广西/ 湖南/河南/ 江苏/浙江/ 吉林/河北/ 江西/贵州/ 山东/黑龙江/ 甘肃
1985	广东(57.67)	福建(13.13)	上海(6.99)	天津(4.93) 海南(2.34)	湖南(1.97) 浙江(1.83) 辽宁(1.76) 陕西(1.54) 广西(1.4) 江苏(1.33)	河南/山东/ 江西/重庆/ 河北/青海/ 甘肃/四川/ 吉林/黑龙江/ 新疆/安徽/ 贵州/云南/ 山西/宁夏
1986	广东(56.08)		上海(8.49) 福建(5.35)	天津(3.73) 陕西(3.24) 广西(3.22) 辽宁(2.87) 海南(2.64)	山东(1.69) 浙江(1.61) 江苏(1.58) 黑龙江(1.51) 四川(1.31) 新疆(1.27) 湖北(1.09)	湖南/重庆/ 安徽/河北/ 河南/江西/ 云南/内蒙古/ 贵州/吉林/ 甘肃/山西

说明：(1) 带下划线表明该省区首次有实际利用 FDI 数据披露。(2) 相关省区后括号中数据，为该省区当年实际利用 FDI 占中国年度实际利用 FDI 的百分比。(3) 根据中国数据在线（China data online）计算得到。

附表 2B　各省区年度实际利用 FDI 总额占中国相关指标比重（1987~1991）

年份/百分比	[30%,50%)	[10%,20%)	[5%,10%)	[2%,5%)	[1%,2%)	(0,1%)
1987	广东(42.48)	上海(15.16)	<u>北京</u>(6.82) <u>陕西</u>(5.2)	辽宁(4.61) 天津(3.93) 福建(3.68) 江苏(3.55) 广西(2.7)	山东(1.7) 浙江(1.67) 四川(1.52) 重庆(1.38)	湖北/黑龙江/新疆/海南/河北/云南/河南/安徽/江西/青海/湖南/内蒙古/贵州/甘肃/山西/吉林/宁夏
1988	广东(33.90)	北京(18.56) 上海(13.43)		福建(4.8) 海南(4.21) 陕西(4.12) 江苏(3.8) 辽宁(3.34) 河南(2.37)	广西(1.57) 山东(1.44) 黑龙江(1.44) 浙江(1.09)	天津/四川/湖北/重庆/河北/新疆/湖南/山西/吉林/江西/安徽/贵州/内蒙古/云南/甘肃/<u>西藏</u>/宁夏
1989	广东(37.00)	上海(13.5) 福建(10.52) 北京(10.19)		山东(4.2) 辽宁(3.48) 海南(3.43) 陕西(3.11) 江苏(3.03) 天津(2.6)	浙江(1.66) 广西(1.47) 河南(1.36)	河北/黑龙江/湖北/四川/山西/重庆/贵州/云南/湖南/江西/安徽/吉林/宁夏/新疆/内蒙古/甘肃
1990	广东(45.14)		福建(8.97) 北京(8.56) 辽宁(7.68) 上海(5.48)	山东(4.66) 江苏(4.36) 海南(3.1) 天津(2.57)	浙江(1.5) 陕西(1.3) 河北(1.22)	广西/湖北/黑龙江/吉林/湖南/河南/四川/安徽/新疆/江西/甘肃/贵州/山西/重庆/云南/宁夏/西藏
1991	广东(41.97)	福建(14.84)	辽宁(7.22) 北京(5.64) 江苏(5.37)	山东(4.13) 海南(4.05) 上海(4.04) 天津(2.16) 浙江(2.11)	河北(1.75) 湖北(1.07)	广西/河南/陕西/湖南/江西/黑龙江/吉林/四川/安徽/重庆/贵州/山西/新疆/云南/内蒙古/甘肃/宁夏

说明：(1) 带下划线表明该省区首次有实际利用 FDI 数据披露。(2) 相关省区后括号中数据，为该省区当年实际利用 FDI 占中国年度实际利用 FDI 的百分比。(3) 根据中国数据在线（China data online）计算得到。

附表 2C 各省区年度实际利用 FDI 总额占中国相关指标比重（1992~2002）

年份/百分比	[20%,30%)	[10%,20%)	[5%,10%)	[2%,5%)	[1%,2%)	(0,1%)
1992	广东(29.89)	福建(11.92) 江苏(11.81) 上海(10.6)	山东(8.19)	海南(3.8) 辽宁(3.7) 北京(2.94) 浙江(2.47)	天津(1.95) 湖北(1.71) 广西(1.52) 河北(1.51) 湖南(1.08)	河南(0.9) 黑龙江/重庆/ 江西/四川/ 吉林/山西/ 安徽/甘肃/ 陕西/云南/ 贵州/新疆/ 内蒙古/宁夏/ 青海
1993	广东(27.97)	江苏(11.2) 福建(10.7)	上海(8.64) 山东(6.87)	辽宁(4.58) 海南(3.91) 浙江(3.85) 广西(3.25) 北京(2.49) 天津(2.02)	湖北(1.99) 湖南(1.61) 四川(1.39) 河北(1.33) 河南(1.28)	重庆(0.97) 安徽/吉林/ 陕西/黑龙江/ 江西/云南/ 内蒙古/山西/ 甘肃/新疆/ 贵州/宁夏/ 西藏/青海
1994	广东(27.09)	江苏(12.04) 福建(10.7)	上海(9.31) 山东(7.31)	北京(4.16) 辽宁(4.1) 浙江(3.3) 天津(2.93) 海南(2.52) 广西(2.35)	湖北(1.73) 河北(1.51) 四川(1.49) 重庆(1.3) 河南(1.22) 安徽(1.07)	黑龙江(0.99) 湖南/吉林/ 江西/陕西/ 云南/内蒙古/ 贵州/新疆/ 宁夏/山西/ 甘肃/西藏/ 青海
1995	广东(26.96)	江苏(12.66) 福建(10.69)	上海(8.61) 山东(6.9)	天津(4.03) 辽宁(3.72) 北京(3.71) 浙江(3.33) 海南(2.79) 河北(2.07)	广西(1.77) 湖北(1.65) 湖南(1.29) 安徽(1.28) 河南(1.27) 黑龙江(1.19) 吉林(1.06) 重庆(1.00)	陕西(0.86) 江西/四川/ 云南/内蒙古/ 新疆/山西/ 甘肃/贵州/ 宁夏/青海/ 西藏

(续表2C)

年份/百分比	[20%,30%)	[10%,20%)	[5%,10%)	[2%,5%)	[1%,2%)	(0,1%)
1996	广东(27.27)	江苏(11.9) 上海(11.06)	福建(9.57) 山东(6.08)	天津(4.71) 辽宁(3.92) 北京(3.64) 浙江(3.57) 河北(2.9)	海南(1.85) 湖南(1.65) 湖北(1.62) 广西(1.56) 黑龙江(1.29) 河南(1.29) 安徽(1.19) 吉林(1.06)	陕西(0.77) 江西/四川/ 重庆/云南/ 山西/甘肃/ 新疆/内蒙古/ 贵州/宁夏/ 西藏/青海
1997	广东(26.08)	江苏(12.1)	上海(9.41) 福建(9.35) 天津(5.59) 山东(5.55)	辽宁(4.91) 北京(3.55) 浙江(3.35) 河北(2.45) 湖南(2.04)	广西(1.96) 湖北(1.76) 黑龙江(1.64) 海南(1.57) 河南(1.54) 陕西(1.4) 江西(1.4)	安徽(0.97) 吉林/重庆/ 山西/四川/ 云南/内蒙古/ 贵州/甘肃/ 新疆/宁夏/ 青海
1998	广东(26.53)	江苏(14.64)	福建(9.3) 上海(7.95)	山东(4.86) 辽宁(4.84) 北京(4.79) 天津(4.67) 河北(3.15) 浙江(2.91) 湖北(2.15)	广西(1.96) 湖南(1.81) 海南(1.58) 河南(1.36) 黑龙江(1.16) 江西(1.03)	重庆(0.95) 吉林/四川/ 陕西/安徽/ 山西/云南/ 内蒙古/贵州/ 甘肃/新疆/ 宁夏/青海/ 西藏
1999	广东(29.19)	江苏(15.22) 福建(10.08)	上海(7.1) 山东(5.66)	北京(4.95) 天津(4.42) 浙江(3.09) 辽宁(2.66) 河北(2.61) 湖北(2.29)	湖南(1.64) 广西(1.59) 河南(1.31) 海南(1.21)	山西(0.98) 四川/黑龙江/ 江西/吉林/ 安徽/陕西/ 重庆/云南/ 内蒙古/宁夏/ 贵州/甘肃/ 新疆/青海

(续表2C)

年份/百分比	[20%,30%)	[10%,20%)	[5%,10%)	[2%,5%)	[1%,2%)	(0,1%)
2000	广东(27.89)	江苏(15.89)	福建(8.49) 上海(7.81) 山东(7.35) 辽宁(5.06)	北京(4.16) 浙江(3.99) 天津(2.88) 湖北(2.33)	河北(1.68) 湖南(1.68) 河南(1.39) 广西(1.3) 四川(1.08) 海南(1.07)	吉林(0.83) 安徽/黑龙江/ 陕西/重庆/ 山西/江西/ 云南/青海/ 内蒙古/甘肃/ 贵州/新疆/ 宁夏
2001	广东(25.73)	江苏(14.91)	上海(9.26) 福建(8.45) 山东(7.59) 辽宁(5.43)	浙江(4.77) 天津(4.6) 北京(3.81) 湖北(2.56)	湖南(1.75) 河北(1.44) 四川(1.25) 海南(1.01)	河南(0.99) 江西/广西/ 陕西/黑龙江/ 吉林/安徽/ 重庆/山西/ 内蒙古/甘肃/ 云南/青海/ 贵州/新疆/ 宁夏
2002	广东(21.6)	江苏(19.42)	山东(9.02) 上海(8.14) 福建(7.31) 辽宁(6.5) 浙江(5.86)	北京(3.29) 天津(3.01) 湖北(2.72) 江西(2.06)	湖南(1.72) 河北(1.46) 四川(1.06)	海南(0.98) 广西/河南/ 安徽/陕西/ 黑龙江/吉林/ 山西/重庆/ 内蒙古/云南/ 甘肃/青海/ 贵州/新疆/ 宁夏/西藏

说明：（1）相关省区后括号中数据，为该省区当年实际利用FDI占中国年度实际利用FDI的百分比。（2）根据中国数据在线（China data online）计算得到。

附表 2D 各省区年度实际利用 FDI 总额占中国相关指标比重（2003～2007）

年份/百分比	[15%,30%)	[10%,15%)	[5%,10%)	[2%,5%)	[1%,2%)	(0,1%)
2003	江苏(19.95)	广东(14.78) 山东(11.36) 上海(10.33)	浙江(9.41) 辽宁(5.33)	福建(4.91) 北京(4.14) 江西(3.04) 湖北(2.96) 天津(2.9)	湖南(1.92) 河北(1.82) 河南(1.02)	海南(0.8)/广西/四川/安徽/陕西/黑龙江/重庆/山西/吉林/内蒙古/云南/贵州/青海/甘肃/新疆/宁夏/西藏
2004	江苏(16.3)	广东(13.44) 山东(11.68)	浙江(8.97) 上海(8.78) 辽宁(7.26) 福建(6.37)	北京(4.14) 天津(3.32) 湖北(2.78) 江西(2.76) 河北(2.18)	湖南(1.9) 黑龙江(1.66) 河南(1.17)	四川(0.94)/海南/内蒙古/山西/安徽/陕西/吉林/重庆/广西/青海/云南/贵州/宁夏/新疆/甘肃/西藏
2005	江苏(16.46) 广东(15.44)	山东(11.2)	浙江(9.64) 上海(8.55)	辽宁(4.48) 北京(4.4) 天津(4.16) 福建(3.26) 江西(3.02) 湖北(2.73) 湖南(2.59) 河北(2.39)	黑龙江(1.81) 河南(1.54) 内蒙古(1.46) 四川(1.11)	安徽(0.86)/海南/吉林/陕西/重庆/广西/山西/青海/云南/宁夏/贵州/新疆/甘肃/西藏
2006	江苏(17.7)	广东(14.73) 山东(10.15)	浙江(9.03) 上海(7.22) 辽宁(6.08)	北京(4.62) 天津(4.19) 福建(3.27) 江西(2.85) 湖南(2.63) 湖北(2.49) 河北(2.05)	河南(1.87) 内蒙古(1.77) 黑龙江(1.73) 安徽(1.41) 四川(1.23)	陕西(0.94)/吉林/海南/重庆/山西/广西/云南/青海/新疆/贵州/宁夏/甘肃/西藏
2007	江苏(17.85)	广东(13.97)	山东(8.98) 浙江(8.45) 辽宁(7.42) 上海(6.46)	天津(4.30) 北京(4.13) 福建(3.31) 湖南(2.67) 江西(2.53) 河南(2.5) 安徽(2.45) 湖北(2.26)	河北(1.97) 内蒙古(1.75) 黑龙江(1.7) 四川(1.22) 山西(1.1)	陕西(0.97)/海南/重庆/吉林/广西/云南/青海/新疆/贵州/甘肃/宁夏/西藏

说明：(1) 相关省区后括号中数据，为该省区当年实际利用 FDI 占中国年度实际利用 FDI 的百分比。(2) 根据中国数据在线（China data online）计算得到。

附表2E 各省区年度实际利用FDI总额占中国相关指标比重（2008~2011）

年份/百分比	[15%,30%)	[10%,15%)	[5%,10%)	[2%,5%)	[1%,2%)	(0,1%)
2008	江苏(17.26)	广东(13.17)	辽宁(8.26) 上海(6.93) 浙江(6.92) 山东(5.63) 天津(5.10)	北京(4.18) 福建(3.90) 河南(2.77) 河北(2.35) 湖南(2.75) 江西(2.48) 安徽(2.40) 四川(2.29) 湖北(2.23)	内蒙古(1.82) 山西(1.87) 重庆(1.87) 黑龙江(1.75)	海南(0.88) 陕西(0.79) 吉林(0.68) 广西(0.67) 云南(0.53) 青海(0.15) 新疆(0.13) 贵州(0.10) 甘肃/宁夏/西藏
2009	江苏(15.54)	广东(11.99)	辽宁(9.47) 上海(6.47) 福建(6.18) 浙江(6.08) 天津(5.54)	山东(4.92) 北京(3.76) 湖南(2.82) 河南(2.94) 湖北(2.88) 江西(2.47) 重庆(2.46) 安徽(2.38) 河北(2.26) 四川(2.22) 吉林(2.19)	内蒙古(1.83) 黑龙江(1.54)	陕西(0.93) 山西(0.83) 广西(0.64) 海南(0.58) 云南(0.56) 青海(0.13) 新疆(0.13) 贵州(0.08) 甘肃/宁夏/西藏
2010	江苏(26.96) 广东(19.17) 辽宁(19.63)	上海(10.52) 浙江(10.41) 天津(10.26)	山东(8.67) 北京(6.02) 重庆(6.00) 河南(5.91) 四川(5.70) 福建(5.49)	湖南(4.90) 江西(4.83) 安徽(4.74) 湖北(3.83) 河北(3.62) 内蒙古(3.20)	陕西(1.72) 山西(1.43) 海南(1.43) 云南(1.26) 黑龙江(1.21) 吉林(1.21)	广西(0.86) 贵州(0.28) 新疆(0.22) 青海(0.21) 甘肃(0.13) 宁夏(0.08) 西藏(0.02)
2011	江苏(27.70) 辽宁(20.92) 广东(18.79)	天津(11.26) 上海(10.86) 浙江(10.06)	山东(9.62) 四川(9.51) 重庆(9.08) 河南(8.69) 北京(6.08) 安徽(5.72) 福建(5.35) 湖南(5.30) 江西(5.22)	湖北(4.01) 河北(4.03) 内蒙古(3.31) 黑龙江(2.80) 陕西(2.03)	山西(1.78) 吉林(1.28) 云南(1.50) 海南(1.36)	广西(0.87) 新疆(0.29) 贵州(0.58) 宁夏(0.29) 青海(0.15) 甘肃(0.06) 西藏(0.06)

说明：(1) 相关省区后括号中数据，为该省区当年实际利用FDI占中国年度实际利用FDI的百分比。(2) 根据中国数据在线（China data online）以及2008至2012年各省区年度统计年鉴公布的数据计算得到。(3) 中国年度实际利用外商直接投资数据为国家统计局公布，省区年度实际利用外商直接投资数据为各省区公布，由于统计数据差异，各省区年度实际利用FDI比重之和可能不等于100%。

第 三 章
进入中国的 FDI 来源变动影响因素

1979~2009年，进入中国的FDI来自亚洲、欧洲、美洲和大洋州等世界上几乎所有的地区，并主要来自亚洲的中国香港、日本、韩国、新加坡、中国台湾，欧洲的英国、法国、德国、意大利、荷兰、西班牙，以及美洲的美国、加拿大，英属维尔京群岛等共计14个国家和地区。

20世纪80年代初中期，进入中国的FDI主要来源于中国香港、美国和日本等少数几个国家和地区。20世纪90年代以后，随着韩国、新加坡和台湾FDI进入增加，以及欧美跨国公司大规模进入，出现了FDI来源地多元化的趋势。就1979~2009年的全部统计数据来看，进入中国的FDI仍旧主要来源于中国香港、日本、美国、韩国、新加坡、中国台湾、维尔京群岛等7个国家和地区。

来源于上述国家和地区的FDI进入中国的地区分布有显著差异。从表3-1可以看出，来自韩国的FDI主要集中在江苏、山东、天津、北京、辽宁等5个省区；来自新加坡的FDI主要集中在河北、天津、山东、广东以外的其他8个中国东部沿海省区；来自中国台湾的FDI主要集中在海南、浙江、上海、江苏、山东、辽宁等6个省区，流入其他省区的则相对比较少。

表 3-1　中国东部省区 FDI 的主要来源国家和地区

中国东部省区	FDI 主要来源国家和地区
海南	中国香港、新加坡、美国、日本、中国台湾
广西	中国香港、维尔京群岛、新加坡、美国、日本
广东	中国香港、维尔京群岛、美国、日本
福建	中国香港、美国、日本、新加坡
浙江	中国香港、维尔京群岛、日本、美国、中国台湾
上海	中国香港、日本、美国、中国台湾、新加坡、英国、德国
江苏	中国香港、日本、韩国、新加坡、中国台湾、美国
山东	中国香港、韩国、日本、中国台湾
河北	中国香港、维尔京群岛、日本、美国
天津	中国香港、美国、日本、韩国、维尔京群岛、德国
北京	中国香港、日本、美国、韩国、德国、新加坡、英国
辽宁	中国香港、日本、韩国、美国、新加坡、中国台湾
中国东部省区 FDI 主要来源国家和地区	中国香港、美国、日本、韩国、新加坡、中国台湾

资料来源：根据广东等各个省区的历年经济统计年鉴整理得到。

分省区来看，1979~2009 年（参见表 3-1），进入海南省的 FDI 主要来自中国香港、新加坡、美国、日本、中国台湾等 5 个国家和地区；进入广西的 FDI 主要来自中国香港、维尔京群岛、新加坡、美国、日本等 5 个国家和地区；进入广东省的 FDI 主要来自中国香港、维尔京群岛、美国和日本等 4 个国家和地区；进入福建省的 FDI 主要来自中国香港、美国、日本和新加坡等 4 个国家和地区；进入浙江省的 FDI 主要来自中国香港、维尔京群岛、日本、美国和中国台湾等 5 个国家和地区；进入上海市的 FDI 主要来自中国香港、日本、美国和中国台湾等 4 个国家和地区；进入江苏省的 FDI 主要来自中国香港、日本、韩国、新加坡、中国台湾和美国等 6 个国家和地区。

1979~2009 年，进入山东省的 FDI 主要来自中国香港、韩国、日本、美国和中国台湾等 5 个国家和地区；进入河北省的 FDI 主要来自中国香港、维尔京群岛、日本、美国等 4 个国家和地区；进入天津市的 FDI 主要来自中国香港、美国、日本、韩国、维尔京群岛等 5 个国家和地区；进入北京市的

FDI 主要来自中国香港、日本、美国、韩国、德国、新加坡等 5 个国家和地区；进入辽宁省的 FDI 主要来自中国香港、日本、韩国、美国、新加坡、中国台湾等 6 个国家和地区。

第一节 进入中国的 FDI 来源

一、亚洲

进入中国的 FDI 主要来自亚洲（参见图 3-1）。1995～2009 年，来自亚洲的 FDI 占中国年度实际利用 FDI 的比重稳定在 47.4%（2006 年）和 81.2%（1995 年）的范围内。1995～2006 年，来自亚洲的 FDI 占中国年度实际利用 FDI 的比重呈现出逐年下降的趋势；2007～2009 年，这一比重开始稳定回升；2009 年，来自亚洲的 FDI 占中国年度实际利用 FDI 的比重为 63.5%。

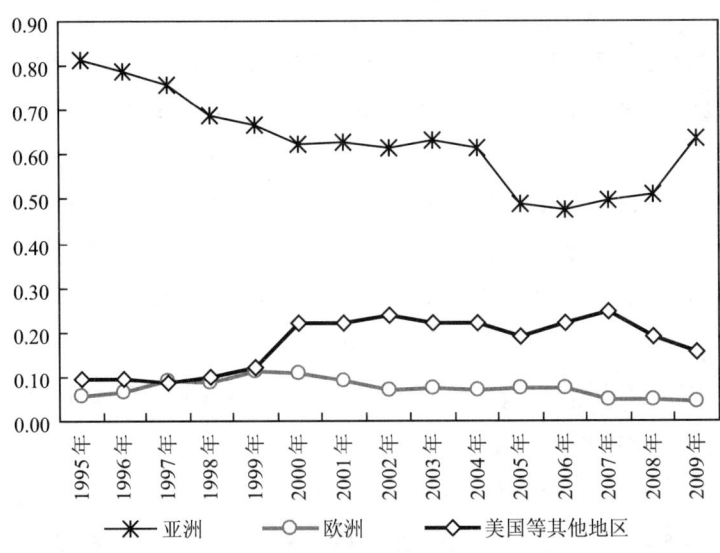

图 3-1　来自不同地区 FDI 在中国年度实际利用 FDI 中的比重

数据来源：中国国家商务部；CEIC。

在亚洲（参见图 3-2），除中国香港以外，进入中国的 FDI 比较多地来自日本、韩国、新加坡和中国台湾等国家和地区。① 1995～2009 年，来自中国香港的 FDI 占中国年度实际利用 FDI 的比重出现了先逐年下降再逐年上升的变动态势。1995 年，来自中国香港的 FDI 占中国年度实际利用 FDI 的比重为 53.5%，此后连续 10 年下降，并于 2005 年下降到了 24.8%。2006～2009 年，来自中国香港的 FDI 占中国年度实际利用 FDI 的比重从 2006 年的 27.8% 逐年稳步上升到了 2009 年的 49%。在整个变动过程中，来自中国香港的 FDI 在中国年度实际利用 FDI 总额中始终占据最高份额。

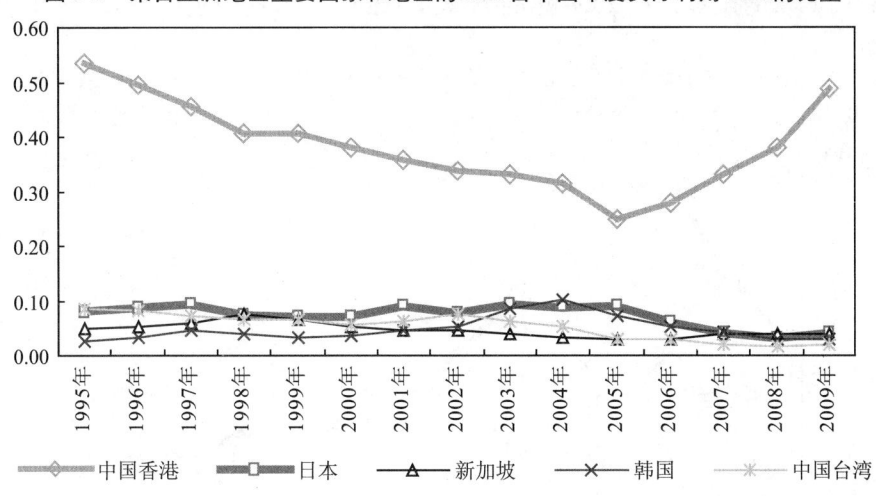

图 3-2　来自亚洲地区主要国家和地区的 FDI 占中国年度实际利用 FDI 的比重

资料来源：中国国家商务部；CEIC。

1995～2009 年，来自中国台湾的 FDI 在中国年度实际利用 FDI 总额中的比重出现了先下降再上升然后逐年下降的变化特点。来自中国台湾的 FDI 在中国年度实际利用 FDI 总额中的比重首先从 1995 年的 8.4% 逐年下降到了 2000 年的 5.6%，2001 年有所上升，2002 年恢复到 7.5%；2003～2009

---

① 张（Zhang，2005）的研究认为，欧洲和美国输出的 FDI 占全球 FDI 输出的 90%，中国是全球吸收 FDI 的第二大地区，但进入中国的 FDI 来源于美国和欧洲的比率相对较低，主要以香港和台湾的 FDI 为主。张（Zhang，2005）认为，香港企业和台湾企业相对于中国内地企业具有独特的所有权优势，包括：(1) 可充分利用中国的出口导向政策；(2) 可充分利用中国的低劳动力成本优势；(3) 香港企业和台湾企业可帮助中国内地企业与其他发达国家建立网络联系；(4) 香港和台湾与中国大陆之间有独特的地缘关系，比如语言、文化、地理位置和频繁的经济往来等。

年则逐年下降。2009 年，来自台湾的 FDI 在中国大陆年度实际利用 FDI 总额中的比重为 2.06%。

二、欧洲

1995~2009 年，来自欧洲地区的 FDI 占中国年度实际利用 FDI 的比重稳定在 4.5%（2009 年）至 12%（1999 年）的范围内。1995~1999 年，来自欧洲的 FDI 占中国年度实际利用 FDI 的比重从 1995 年的 4.5% 逐年稳步上升到了 1999 年的 12%；2000~2009 年，来自欧洲地区的 FDI 占中国年度实际利用 FDI 的比重，从 2000 年的 11% 下降到了 2009 年的 4.5%。

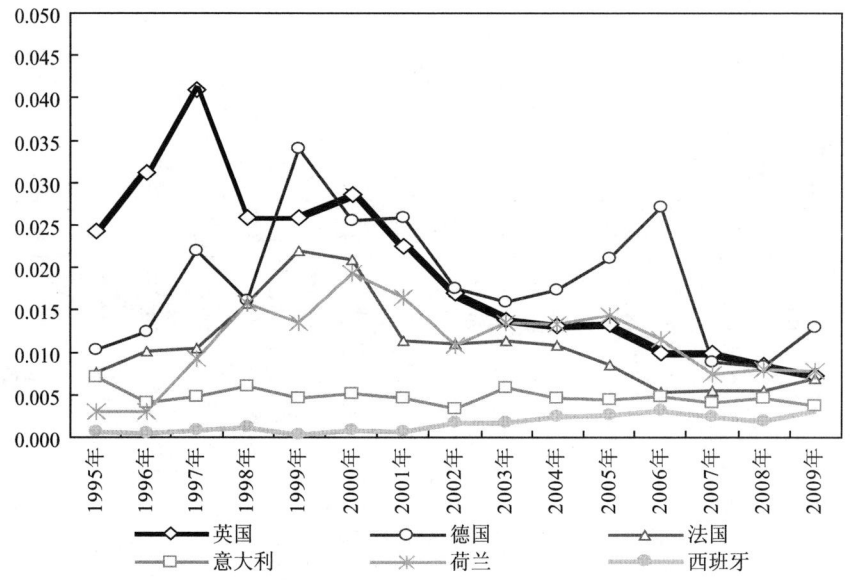

图 3-3　来自欧洲地区主要国家的 FDI 占中国年度实际利用 FDI 的比重

资料来源：中国国家商务部；CEIC。

进入中国的 FDI 中，有很大一部分来自欧洲的英国、德国、法国、荷兰、意大利、西班牙等 6 个国家。来自英国的 FDI 占中国年度实际利用 FDI 总额的比重在 1995 年为 2.4%，1996 年有所上升，1997 年上升到最高值 4.1%；1998 年和 1999 年，这一比重均为 2.6%；2000~2009 年，来自英国的 FDI 占中国年度实际利用 FDI 总额的比重逐年稳步下降，2009 年这一比重为0.7%。1995~2009年,来自法国和荷兰的FDI占中国年度实际利用FDI总额的比重经历了类似的变动过程。来自德国的FDI占中国年度实际利用FDI总额的比重则波动明显,但总体上表现为下降趋势,1999年这一比重最高值达到3.4%,2009年这一比重为1.3%。

三、美洲及其他地区

除了亚洲地区外,进入中国的FDI有很大部分来自美国、加拿大、澳大利亚、新西兰、英属维尔京群岛,以及其他地区。1995~2009年,来自美国、加拿大、澳大利亚、新西兰、英属维尔京群岛等5个国家和地区的FDI总和占中国年度实际利用FDI的比重基本上稳定在9.6%(1995年)至24.6%(2007年)之间。1995~2000年,来自美国等国家和地区的FDI占中国年度实际利用FDI的比重从1995年的9.6%逐年稳步上升到了2000年的21.9%;2001~2007年,来自美国等国家和地区的FDI占中国年度实际利用FDI的比重一直维持在19.2%(2005年)至24.6%(2007年)的范围内窄幅变动;2008年和2009年的两年中,这一比重有所下降,2009年下降为15.6%。

进入中国的FDI中,有很大一部分来自美国、加拿大和英属维尔京群岛。1995~2009年,来自美国的FDI出现了先增加后逐年下降的趋势。1995~2002年,除了在1997年下降到7.2%以外,来自美国的FDI从1995年占中国年度实际利用FDI的8.2%一路上升到了2000年的10.8%。在2001年,来自美国的FDI所占比重下降到了9.5%,2002年重新增加到了10.3%,此后来自美国的FDI比重一直呈下降趋势,在2009年下降到了2.7%。

在进入中国的FDI来源地区中,来自英属维尔京群岛的FDI在2000年异军突起,占中国年度实际利用FDI的比重为9.4%;此后,这一数据逐年稳步上升,并于2007年达到最高点19.8%。2008年和2009年,这一比重有所下降,分别为14.7%和12%。

上述分析表明,1995~2009年,进入中国的FDI主要来自中国香港、日本、韩国、新加坡、中国台湾、英属维尔京群岛、美国,以及英国、德国、法国、荷兰等11个国家和地区;来自美国、英国、法国、荷兰、中国台湾等地的FDI占中国年度实际利用FDI的比重以下降趋势为主。此外,来自中国香港的 FDI 占中国年度实际利用 FDI 总额的比重出现了先下降后上升的趋势；来自英属维尔京群岛的 FDI 占中国年度实际利用 FDI 总额的比重出现了先上升后下降的趋势；来自日本、韩国、新加坡的 FDI 占中国年度实际利用 FDI 总额的比重则相对比较稳定。

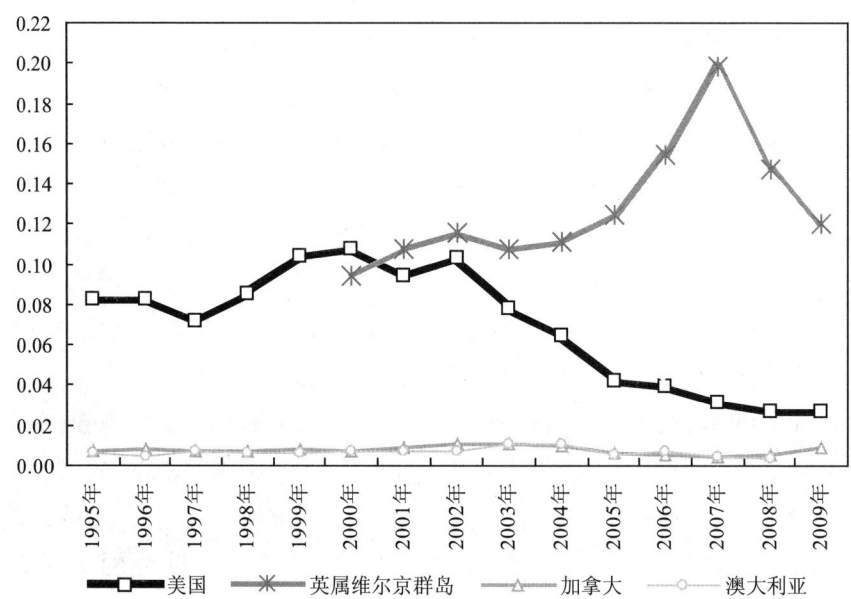

图 3-4　来自美国等国家和地区的 FDI 占中国年度实际利用 FDI 的比重

资料来源：中国国家商务部；CEIC。

第二节　香港 FDI 进入中国大陆的影响因素

一、香港 FDI 在中国内地

（一）香港 FDI 投资者构成和进入行业

由于特殊的地理位置和历史渊源，自实行改革开放政策以来，大批的香港资金以直接投资的形式进入到了中国内地。

香港经济发展由引进 FDI 起步（吴先明，2002），其对外直接投资起步于 20 世纪 70 年代，20 世纪 80 年代是香港对外直接投资全面增长阶段，

1983～1988 年的年均 FDI 金额为 14.53 亿美元，超过香港同期年均吸收的外资额 13.43 亿美元，成为国际投资的净资本输出地。20 世纪 80 年代，香港对外直接投资在亚洲和世界发展中国家和地区中的比重分别为 38% 和 26%；1994 年则分别上升为 69% 和 64%。到 1994 年，其对外直接投资额已达 209.56 亿美元，占全球对外直接总额的 9.4%，并直逼世界主要投资大国，成为继美、英、法之后的世界第四对外直接投资大户。香港的对外直接投资高度集中于中国大陆。比如 1979～1992 年，中国内地吸纳了香港对外直接投资存量的 54.87%，超过其它所有国家的总和。

进入中国内地的香港 FDI 主要有三类，分别是港商投资、在港中资机构投资和假外资投资。港商投资是指香港的本土企业对内地的直接投资，也是最一般意义上的港资。早期多为中小私人企业，企业领导人多为在港华人。香港中资是指在香港的中国内地资本。由国家资本全部或大部分控制的在港企业，包括中资独资和中资控股两种，统称为香港中资机构。有些合资企业不为中资控制，被称为具有中资背景的机构。

香港对内地的 FDI 中，有一部分是"返程投资"。国内资本通过非正规渠道流到境外，取得外资身份后，再返程回流到境内投资即为"假外资"。香港与内地关系密切，资金往来限制较松。那里没有外汇管制，资金进出自由，公司注册也十分简单，可委托中介公司代办，只需缴纳一定的服务费、注册费，就可以拥有一家"壳"企业（田孟清，2008）。

从香港对内地的 FDI 的行业分布来看，近 10 年（1998～2008）来最显著的变化是，投资于通信业、制造业和房地产业的比重均有下降，而投资于批发零售进出口行业的比重显著上升。香港企业以往向中国内地转移的大多数是本地区已经淘汰或成本逐渐上升的一些劳动密集型产业，主要投资于轻工业、电子、纤维等行业，在内地投资的目的是利用内地劳动力成本低的优势从事生产，其产品主要是出口。2003 年，CEPA 协议签定后，香港的服务业开始大规模进入内地市场。

（二）香港 FDI 进入内地的区位变动

香港企业在中国内地的 FDI 有显著的地区差异（蔡双南，1994；Leung，1990）。贺灿飞和陈颖（1997）的实证研究显示，东部地区是香港 FDI 进入的优先区域，并向内地呈梯度分布。香港对中国内地的直接投资集中于中国沿海地区和与之相邻的地区。对香港在中国各省区的累计投资项目数占香港对中国内地投资项目总数的比重计算表明,1990~1993年,香港地区的直接投资进入中国内地的最优先区位是沿海地区的12个省(区),尤其是广东、江苏、山东、福建、海南等省。①

从南北区位来看(参见图3-5),邻近香港的南方省份(如广东、福建等)在吸引港资中一直占有重要地位,但位于长江流域的省份(如上海、四川、湖南、浙江、江苏、湖北等)也显示出较大的投资吸引力。

使用区位商所作的计算表明,1990~1993年,香港地区是广东、海南、广西、贵州、湖北、江西、湖南等省外商直接投资的主要来源。② 这些省区在地理分布上偏于中南部,与香港地区接近,同时广东、海南与香港地区还存在特殊的社会经济文化联系。在中国的东北地区和北部沿海地区,香港地区的直接投资则相对比较少。

香港FDI在中国内地的扩散开始于20世纪80年代末期。香港FDI在中国内地的扩散趋势具体表现为:逐步由沿海省份向内陆省份(以中部省区为主)转移,由南部重点省区向北部省区转移,且长江流域首先出现明显增加,继之北部省区增幅加大并超过长江流域。李小建(1996)对统计数据和企业调查数据进行的分析表明,1989年之前,香港直接投资集中在中国南部和沿海地区,之后出现"北上"和"内进"。

从1989年开始(参见图3-5),全国引进港资最多的两个南部省份(广东和福建)所占比例出现显著下降。同期,长江流域6省区上升十分明显;北部6个省份也在波动中出现大幅度上升。1987~1993年,中国30个省区引入港澳直接投资协议额占全国相关数据的比例显示,7年当中广东省一直居于第一位,福建省由1987年的第6位跃升至1988年的第3位之后,一直居第2位。在此7年期间始终居于前10位的省区包括海南、江苏、山东、上海和辽宁等5个省区。北京、天津、河北、黑龙江、浙江、河南、湖北、

---

① 澳门地区对中国内地的FDI规模一直比较小,相对于香港在中国内地的FDI规模而言,可忽略不计。

② 区位商的计算方法:$LQ = (FDI_i/FDI)/(\sum FDI_i/\sum FDI)$,其中$LQ$表示港澳地区对省区直接投资的区位商;$FDI_i$表示港澳地区对省区的总投资项目;$FDI$表示省区吸收外商直接投资的项目总数;$\sum FDI_i$、$\sum FDI$分别表示港澳地区对中国内地总投资项目和中国吸收外商直接投资的项目总数。参见贺灿飞和陈颖(1997)。

广西、四川等省区，在此7年间的有些年份，也曾进入到全国前10名之列。从20世纪90年代以来的发展趋势看，北京、上海的香港直接投资增长速度明显加快。北京占全国的比例从1991年的1.66%，上升到了1993年的5.55%；上海的比例则从1991年的1.75%上升到了1993年的6.13%。1993年，在北京的香港直接投资达到40.6亿美元，上海达到44.8亿美元。

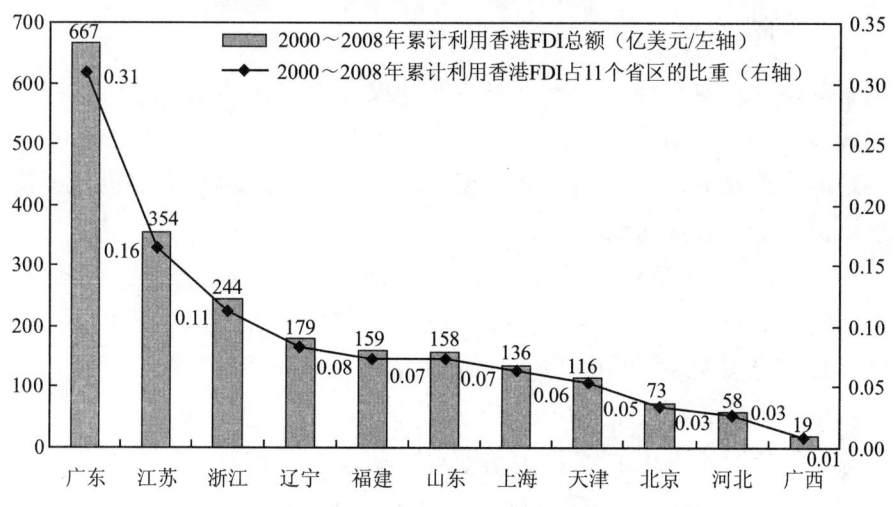

图3-5 香港FDI进入中国大陆的地区分布

资料来源：根据相关省区历年经济统计年鉴公布的数据整理得到。

香港地区对中国内地的直接投资在空间上的转移有如下特点：（1）逐步由华南地区向北方省区转移；（2）向大都市转移；（3）由沿海地区向中国内地转移，但仍旧以中南部省区为主。香港工业总会曾于1990年、1991年和1993年对其成员的内地投资活动，进行过3次调查（Federation of Hong Kong Industries，1993），其中以1993年的调查内容最为丰富，涉及被调查企业的投资工厂数量、厂址区位以及投资者对长江流域的投资态度等指标。

关于初始投资区位的调查结果表明（1995年的调查数据），在55家企业投资于内地的64个工厂区位中，有92.2%位于广东，其中又以深圳和东莞两地最为集中。这与香港工业总会在1993年的调查结果（广东占90%）相差不大。在广东之外，香港企业在中国内地的其他投资区位涉及北京、上海、福建和山东等4个省区。

对新建工厂区位与初始投资区位进行的比较显示，位于同一城市的新工厂区位占多数，其次为非同一城市但无明显北移的区位。新建工厂没有发生区位北移的企业占全部被调查企业的77%。港资企业从广东省向北迁移或新进入港资企业选择广东以北地区的事件发生在1993年以后，且在1995年明显增加。那么，香港FDI进入中国内地的决定因素如何呢？本文以1980~2008年的中国省级面板数据为基础，对此进行了实证研究。

二、文献综述

蔡双南（1994）研究指出，香港地区投资于内地的主要动机有：（1）利用内地的廉价劳动力资源，发挥其劳动密集型产品的生产优势；（2）利用内地的优惠政策；（3）出于社会经济联系的考虑；（4）利用内地经济迅速发展的契机，发掘内地消费市场。

梁（Leung，1993）在考察珠江三角洲地区香港转包合同的区位分布模式和经济效益时发现，影响香港FDI在中国内地分布的区位因素主要是血缘关系（原存亲属关系）[①]和已建立的业务联系。李小建（1996）通过对香港企业在中国大陆直接投资区位的影响因素研究发现，个人关系是香港企业在中国大陆投资时所考虑的最主要的因素之一。

梁（Leung，1990）的研究显示，1978~1985年香港和内地的合资企业集中于广东，亲属关系对此格局起了决定作用。斯玛特等（Smart et al，1991）从人际联系角度研究了香港在中国南部地区的投资特点，在区位决定因素上得出了相似结论。

贺灿飞和陈颖（1997）的实证研究发现，港澳地区对中国内地的直接投资趋向于沿海地区和与之有特殊社会文化联系的区位；决定港澳地区对中国内地投资空间模式和转移态势的因素是经济规模、经济增长速度、劳动力因素、经济开放度，以及到沿海的经济距离等。经济规模和投资机会的空间分布是港澳FDI进入中国大陆时首要考虑的投资环境因素，经济规模越大的省区，对港澳地区的投资吸引力越大。

---

① 网络联系是指经济活动中基于联系和信任而建立的非契约关系，可以是供应商、顾客之间的商业网络联系，也可以是基于血缘、亲缘、地缘等的一种非正式关系。中国利用外资正是通过港资基于网络联系大量进入珠江三角洲地区而拉开帷幕的。

香港工业总会对香港企业投资大陆动机所作的调查表明，有46家被调查企业将"降低生产成本"作为在中国内地投资的最主要动机，有8家被调查企业将"打入中国大陆市场"作为最主要动机。[①] 调查结果显示，香港企业进入中国内地从事FDI活动时，对"接近香港"、"廉价劳动力"、"良好运输条件"以及"优惠政策"等与"降低生产成本"有关的因素非常重视；在初始区位决定中，香港企业多通过亲属、朋友和熟人关系的中介，来了解当地有利于降低生产成本的区位优势。在上述因素中，列居首位的是劳动力因素，列居其次的是当地现有经济状况与新建FDI项目之间的产业联系，以及当地对FDI项目实行的优惠政策。调查数据显示，香港企业对在中国内地投资的期望回报率平均为25.7%，最高为50%，最低为10%。

关于香港企业对中国内地投资环境认识的调查发现，有56.4%的被调查香港企业对其工厂所在地的投资环境表示满意或十分满意，有43.6%的被调查香港企业对投资环境不很满意。香港企业对中国内地投资环境持满意意见的方面主要包括：劳动力成本低廉且供应充足、地价低、政府激励措施好，以及对FDI的优惠承诺能够兑现等。香港企业对内地投资环境的意见主要集中在以下几个方面。第一，政府行政效率比较低。包括：政策变化快，收费多，政府吸引外资的措施不力，开发区管理不好，海关不便，交通通讯等基础设施不能适应企业发展需要等。第二，经济软环境落后。包括：当地居民受教育水平低、人际关系复杂，以及犯罪问题严重等。香港投资者认为，在广东以外的中国内地其他地区"距香港太远"，阻碍了投资进入，在广东以外地区缺少人际关系和对当地情况缺乏了解，也是阻碍香港FDI进入这些地区的主要原因。

三、计量分析方程和变量选择

(一) 被解释变量和解释变量

影响香港FDI进入中国内地区位变动的决定因素有哪些呢？蒂斯（Dees，1998）对1983~1995年由11个国家组成的面板数据进行分析后发

[①] "进入中国市场"也因到1995年为止多数产品以出口外销为主，而使其区位意义并未真正得以体现。

现，引起 FDI 大量进入中国的原因有：市场潜力比较大、低劳动要素成本、较低的利率水平和中国内地实行的改革开放政策。成和关（Cheng and Kwan，2000）对 1983~1995 年中国 29 个省区的数据进行计量分析后发现，市场规模、基础设施、FDI 政策、劳动力成本和劳动要素质量等，是吸引 FDI 进入中国的重要决定因素。

基于现有文献的研究结果，在分析影响香港 FDI 进入占中国内地的因素时，我们集中考察了影响 FDI 进入的集聚效应、劳动要素获得效应、产业配套能力、政府行为、金融服务获得效应、对外开放水平、市场竞争效应、基础设施效应等指标，并分时期进行了计量回归分析。

（二）计量分析方程

我们使用计量分析方程（3-1）式和（3-2）式，来检验影响香港 FDI 进入中国内地的决定因素。在（3-1）式中，$rfdiHK_{i,t}$ 等于 t 年度 i 地区实际利用 FDI 中来自香港的 FDI 占同期 i 地区实际利用 FDI 金额比重。在（3-2）式中，$ffdiHK_{i,t}$ 等于 t 年度 i 地区实际利用 FDI 中来自香港的 FDI 占同期 i 地区 GDP 比重；我们使用 t 年度人民币对美元的年度平均汇率，将 i 地区 t 年度实际利用香港 FDI 美元金额换算成人民币数值后，再同 i 地区 t 年度 GDP 人民币数值相比得到该指标。

$$rfdiHK_{i,t} = \beta_0 + \sum \beta_j^1 AGG_{it}^j + \sum \beta_j^2 LABOR_{it}^j + \sum \beta_j^3 GOVERN_{it}^j$$
$$+ \sum \beta_j^4 INDUS_{it}^j + \sum \beta_j^5 FIN_{it}^j + \sum \beta_j^6 TRADE_{it}^j$$
$$+ \sum \beta_j^7 HIGHW_{it}^j + \alpha_i + \gamma_t + \varepsilon_{i,t} \quad (3-1)$$

$$ffdiHK_{i,t} = \beta_0 + \sum \beta_j^1 AGG_{it}^j + \sum \beta_j^2 LABOR_{it}^j + \sum \beta_j^3 GOVERN_{it}^j$$
$$+ \sum \beta_j^4 INDUS_{it}^j + \sum \beta_j^5 FIN_{it}^j + \sum \beta_j^6 TRADE_{it}^j$$
$$+ \sum \beta_j^7 HIGHW_{it}^j + \alpha_i + \gamma_t + \varepsilon_{i,t} \quad (3-2)$$

在（3-1）式和（3-2）式中，AGG_{it}^j = 集聚效应向量；$LABOR_{it}^j$ = 劳动要素向量；$GOVERN_{it}^j$ = 政府行为向量；$INDUS_{it}^j$ = 产业配套能力向量；FIN_{it}^j = 金融市场发展水平向量；$TRADE_{it}^j$ = 对外贸易向量；$HIGHW_{it}^j$ = 基础设施向量。$\varepsilon_{i,t}$ = 随机扰动项，α_i = 地区固定效应系数，γ_t = 时间固定效应系数。β_j = 待定系数，j = 0，1，…。

在计量分析时，我们重点分析了影响香港 FDI 进入中国内地的劳动供给因素、税收水平、工资水平、产业结构、本地区经济对外开放程度、金融市场发展水平、基础设施质量、政府经济行为等 8 个指标。

我们的研究样本集中在中国东部沿海地区。[①] 我们使用的数据来自中国数据在线和相关省区年度经济统计年鉴，时间范围从 1979 年到 2008 年。在计量分析时，我们以面板数据为基础，比较了固定效应分析方法和随机效应分析方法，并根据面板数据 Hausman 检验结果，集中讨论有偏估计比较小的回归分析结果。

四、香港 FDI 进入中国内地绝对规模变动的影响因素

我们将全部样本分为 1980~2001 年和 1980~2008 年两个时期，分别检验了影响香港 FDI 进入中国大陆绝对规模变动的决定因素［参见表 3-2 中模型（3）、模型（4）和模型（5）］。

（一）1980~2001 年香港 FDI 进入中国内地绝对规模变动的影响因素

模型（3）包括 1980~2001 年中国内地 13 个省区的共计 113 个观察样本。模型（3）为面板数据固定效应分析结果。模型（3）的 F 统计值为 6.02，表明固定效应分析结果优于混合 OLS 分析结果。对于面板数据的 Hausman 检验 χ^2 值等于 35.98，P 值等于 0.03，表明固定效应分析结果优于随机效应分析结果。表 3-2 中模型（3）显示，1980~2001 年，会引起香港 FDI 进入中国内地绝对规模显著变动的因素包括以下几个方面。

第一，政府对科教文卫投资支出占 GDP 比重提高会使得香港 FDI 进入绝对规模增加。表 3-2 中模型（3）对应于 $ceshgov_{i,t-1}$ 的系数为 1.748 且统计检验显著，含义是：1980~2001 年，前一时期 i 地区政府对科教文卫投资支出占 GDP 比重每提高 1 个百分点，当期香港 FDI 进入占本地区 GDP 的比重就会提高 1.748 个百分点。

其次，对外贸易依存度提高会使得香港 FDI 进入绝对规模增加。表 3-2 中模型（3）对应于 $trade_{i,t-1}$ 的系数为 0.070 且统计检验显著，含义是：

---

① 中国东部沿海地区包括：海南、广西、广东、福建、浙江、上海、江苏、山东、河北、天津、北京、辽宁等 12 个省区。

1980～2001 年，前一时期 i 地区进出口贸易总额占 GDP 比重每提高 1 个百分点，当期香港 FDI 进入占本地区 GDP 的比重就会提高 0.070 个百分点。

第三，劳动工资上升会使得香港 FDI 进入绝对规模减少。表 3-2 中模型（3）对应于 $wage_{i,t-1}$ 的系数为 -0.063 且统计检验显著，含义是：1980～2001 年，前一时期 i 地区劳动工资每提高 1 个百分点，当期香港 FDI 进入占本地区 GDP 的比重就会减少 0.063 个百分点。

表 3-2　香港 FDI 进入中国大陆的决定因素

被解释变量	$rfdiHK_{i,t}$		$ffdiHK_{i,t}$		
解释变量	模型（1）	模型（2）	模型（3）	模型（4）	模型（5）
$sfdi_{i,t-1}$	0.004	0.381**	-0.001	0.029	0.006
	(0.02)	(2.00)	(-0.02)	(1.52)	(0.48)
$staff_{i,t-1}$	-1.522***	-0.644	0.020	0.090**	-0.010
	(-3.62)	(-1.55)	(0.22)	(2.18)	(-0.44)
$cstaff_{i,t-1}$	-1.689***	-1.845***	-0.077	-0.096	-0.093**
	(-2.66)	(-3.14)	(-0.84)	(-1.65)	(-2.27)
$remp_{i,t-1}$	0.413	0.921	0.041	0.000	0.009
	(1.23)	(1.63)	(0.56)	(0.00)	(0.37)
$tpt_{i,t-1}$	3.473**	0.294	0.261	0.323**	0.586***
	(2.06)	(0.19)	(0.95)	(2.05)	(5.44)
$wrct_{i,t-1}$	3.264***	2.107**	0.207	0.216**	0.203***
	(3.51)	(2.10)	(1.29)	(2.17)	(2.80)
$tax_{i,t-1}$	-3.253***	-0.212	0.008	-0.024	-0.176**
	(-4.10)	(-0.21)	(0.06)	(-0.24)	(-2.33)
$expend_{i,t-1}$	-10.320	4.100	2.024	1.687*	1.882**
	(-1.00)	(0.44)	(1.43)	(1.81)	(2.14)
$innogov_{i,t-1}$	3.112	-3.847	-0.154	-0.026	0.339*
	(1.47)	(-1.64)	(-0.45)	(-0.11)	(1.91)
$agrsup_{i,t-1}$	2.766	-15.654	-2.845*	-3.117**	-2.530**
	(0.26)	(-1.27)	(-1.77)	(-2.53)	(-2.53)
$ceshgov_{i,t-1}$	18.356***	22.925***	1.748**	2.052***	1.572***
	(2.93)	(4.29)	(2.14)	(3.86)	(3.59)
$capgov_{i,t-1}$	-6.316	-6.709*	-1.089**	-1.118***	-1.205***
	(-1.63)	(-1.75)	(-2.04)	(-2.92)	(-4.03)
$dep_{i,t-1}$	-0.180	0.047	0.033	0.034**	0.023***
	(-1.62)	(0.34)	(1.63)	(2.50)	(2.92)

（续表3-2）

被解释变量	$rfdiHK_{i,t}$		$ffdiHK_{i,t}$		
解释变量	模型（1）	模型（2）	模型（3）	模型（4）	模型（5）
$loan_{i,t-1}$	1.425***	-0.451	-0.022	-0.006	0.025
	(2.60)	(-1.07)	(-0.27)	(-0.15)	(0.66)
$trade_{i,t-1}$	0.205***	0.101	0.070***	0.053***	0.045***
	(3.57)	(0.92)	(3.86)	(4.82)	(9.46)
$wage_{i,t-1}$	-0.243	-0.390**	-0.063**	-0.061***	-0.050***
	(-1.55)	(-2.13)	(-2.62)	(-3.37)	(-4.01)
$seff_{i,t-1}$	0.079	-0.024	0.018	0.008	0.011**
	(1.12)	(-0.37)	(1.14)	(1.27)	(2.30)
$edu_{i,t-1}$	-0.043	-0.311***	-0.036	-0.017**	-0.012**
	(-0.44)	(-4.18)	(-1.61)	(-2.35)	(-2.07)
$highw_{i,t-1}$	0.964***	0.630***	0.086**	0.034*	0.001
	(3.97)	(3.33)	(2.09)	(1.81)	(0.08)
$sinv_{i,t-1}$	0.358	0.110	0.092**	0.065*	0.064**
	(1.02)	(0.32)	(2.06)	(1.90)	(2.10)
$cinv_{i,t-1}$	0.981	0.810	0.337***	0.261***	0.128**
	(1.12)	(1.02)	(2.66)	(3.29)	(2.11)
$iinv_{i,t-1}$	2.639**	1.294	0.298	0.213**	0.176*
	(2.04)	(1.28)	(1.66)	(2.12)	(1.90)
常数项	3.477***	2.769***	0.079	0.050	0.140**
	(3.40)	(2.69)	(0.49)	(0.48)	(2.02)
观察值	113	164	113	164	164
样本期间	1980~2001	1980~2008	1980~2001	1980~2008	1980~2008
省区分组	12	13	12	13	13
F统计值	6.41	6.05	6.02	7.93	7.93
拟合优度	0.729	0.251	0.636	0.543	0.729
Wald chi^2	242.16	\	\	\	379.14
Hausman chi^2	18.43	49.23	35.98	35.93	35.93
P统计值	0.68	0.00	0.03	0.03	0.03
计量方法	re_gls	fe_reg	fe_reg	fe_reg	re_gls

说明：(1) 括号中为t统计值或z统计值。(2) ***、**、*分别表示在1%、5%和10%水平统计显著。(3) 模型（1）和（2）的被解释变量为$rfdiHK_{i,t}$，等于来自香港FDI占有关地区年度实际利用FDI比重；模型（3）、（4）和（5）的被解释变量为$ffdiHK_{i,t}$，等于来自香港FDI占有关地区年度GDP比重。(4) 对有关变量的详细说明和统计分析参见第二章表2-2和表2-3。

此外，单位国土面积高速公路里程数量增加、国有企业固定资产投资占 GDP 比重上升、集体企业固定资产投资占 GDP 比重提高等，会使得香港 FDI 进入绝对规模显著增加；政府对农业部门投入占 GDP 比重增加、政府对固定资产投资占 GDP 比重增加等，会使得香港 FDI 进入绝对规模显著减少。

（二）1980~2008 年香港 FDI 进入中国内地绝对规模变动的影响因素

模型（4）包括 1980~2008 年中国内地 13 个省区的共计 164 个观察样本。模型（4）为面板数据固定效应分析结果。模型（4）的 F 统计值为 7.93，表明固定效应分析结果优于混合 OLS 分析结果。关于面板数据的 Hausman 检验 χ^2 值等于 35.93，P 统计值等于 0.03，表明固定效应分析结果优于随机效应分析结果。

表 3-2 中模型（4）显示，1980~2008 年，会引起香港 FDI 进入中国内地绝对规模显著变动的因素包括以下几个方面。

第一，国有企业在职职工人数比重提高会使得香港 FDI 进入绝对规模增加。表 3-2 中模型（4）对应于 $sstaff_{i,t-1}$ 的系数为 0.090 且统计检验显著，含义是：1980~2008 年，前一时期 i 地区国有企业在职职工人数占本地区全部从业人口的比重每提高 1 个百分点，当期香港 FDI 进入占本地区 GDP 的比重就会提高 0.090 个百分点。

其次，对外贸易依存度提高会使得香港 FDI 进入绝对规模增加。表 3-2 中模型（4）对应于 $trade_{i,t-1}$ 的系数为 0.053 且统计检验显著，含义是：1980~2008 年，前一时期 i 地区进出口贸易总额占 GDP 比重每提高 1 个百分点，当期香港 FDI 进入占本地区 GDP 的比重就会提高 0.053 个百分点。

第三，单位国土面积高速公路里程数量增加会使得香港 FDI 进入绝对规模增加。表 3-2 中模型（4）对应于 $highw_{i,t-1}$ 的系数为 0.034 且统计检验显著，含义是：1980~2008 年，前一时期 i 地区单位国土面积上的高速公路里程数量每增加 1 公里，当期香港 FDI 进入占本地区 GDP 的比重就会提高 0.034 个百分点。

第四，劳动工资上升会使得香港 FDI 进入绝对规模减少。表 3-2 中模型（3）对应于 $wage_{i,t-1}$ 的系数为 -0.061 且统计检验显著，含义是：1980~

2008 年，前一时期 i 地区劳动工资每提高 1 个百分点，当期香港 FDI 进入占本地区 GDP 的比重就会减少 0.061 个百分点。

第五，国有企业固定资产投资占 GDP 比重上升会使得香港 FDI 进入绝对规模增加。表 3-2 中模型（3）对应于 $sinv_{i,t-1}$ 的系数为 0.065 且统计检验显著，含义是：1980~2008 年，前一时期 i 地区国有企业固定资产投资占本地区 GDP 的比重每提高 1 个百分点，当期香港 FDI 进入占本地区 GDP 的比重就会提高 0.065 个百分点。

此外，交通通讯邮政部门的产值占 GDP 比重提高、批发零售部门产值占 GDP 比重提高、政府行政开支占 GDP 比重增加、政府对科教文卫投资支出占 GDP 比重提高、人均居民储蓄存款增加、集体企业固定资产投资占 GDP 比重提高等，会使得香港 FDI 进入绝对规模显著增加；政府对农业部门投入占 GDP 比重增加、政府对固定资产投资占 GDP 比重增加、高等学校在校学生人数增加等，会使得香港 FDI 进入绝对规模显著减少。

五、香港 FDI 进入中国内地相对规模变动的影响因素

我们将全部时期分为 1980~2001 年和 1980~2008 年两个时期，分别研究影响香港 FDI 进入中国大陆相对规模变动的决定因素［参见表 3-2 中的模型（1）和模型（2）］。

（一）1980~2001 年香港 FDI 进入中国大陆相对规模变动的影响因素

模型（1）包括 1980~2001 年中国内地 12 个省区的共计 113 个观察样本。模型（1）为面板数据固定效应分析结果。模型（3）的 F 统计值为 6.41，表明固定效应分析结果优于混合 OLS 分析结果。关于面板数据的 Hausman 检验 χ^2 值等于 18.43，P 统计值等于 0.68，表明随机效应分析结果优于固定效应分析结果。表 3-2 中模型（1）显示，1980~2001 年，会引起香港 FDI 进入中国大陆相对规模显著变动的因素包括以下几个方面。

第一，单位土面积上高速公路里程数量增加会使得香港 FDI 进入相对规模提高。表 3-2 中模型（1）对应于 $highw_{i,t-1}$ 的系数为 0.964 且统计检验显著，含义是：1980~2001 年，前一时期 i 地区单位国土面积上高速公路里程数量每增加 1 公里，当期香港 FDI 进入占本地区年度实际利用 FDI 总额的

比重就会提高 0.964 个百分点。

第二，批发零售部门产值占 GDP 比重提高会使得香港 FDI 进入相对规模提高。表 3-2 中模型（1）对应于 $wrct_{i,t-1}$ 的系数为 3.264 且统计检验显著，含义是：1980～2001 年，前一时期 i 地区批发零售部门产值占 GDP 的比重每提高 1 个百分点，当期香港 FDI 进入占本地区年度实际利用 FDI 总额的比重就会提高 3.264 个百分点。

第三，集体企业在职职工人数减少会使得香港 FDI 进入相对规模提高。表 3-2 中模型（1）对应于 $cstaff_{i,t-1}$ 的系数为 -1.689 且统计检验显著，含义是：1980～2001 年，前一时期 i 地区集体企业在职职工人数占本地区全部从业人口的比重每减少 1 个百分点，当期香港 FDI 占本地区年度实际利用 FDI 总额的比重就会提高 1.689 个百分点。

第四，政府对科教文卫支出增加会使得香港 FDI 进入相对规模提高。表 3-2 中模型（1）对应于 $ceshgov_{i,t-1}$ 的系数为 18.356 且统计检验显著，含义是：1980～2001 年，前一时期 i 地区政府对科教文卫支出占 GDP 的比重每提高 1 个百分点，当期香港 FDI 占本地区年度实际利用 FDI 总额的比重就会提高 18.356 个百分点。

此外，国有企业在职职工人数减少、交通通讯邮政部门产值占 GDP 比重提高、税收比率下降、银行对工业企业贷款增加、对外贸易开放度提高、个体经营企业固定资产投资增加等，会使得 1980～2001 年香港 FDI 进入相对规模提高。

（二）1980～2008 年香港 FDI 进入中国内地相对规模变动的影响因素

表 3-2 中模型（2）包括 1980～2008 年中国内地 13 个省区共计 164 个观察样本。模型（2）为面板数据固定效应分析结果。模型（2）的 F 统计值为 6.05，表明固定效应分析结果优于混合 OLS 分析结果。关于面板数据的 Hausman 检验 χ^2 值等于 49.23，P 统计值等于 0，表明随机效应分析结果优于固定效应分析结果。表 3-2 中模型（2）显示，1980～2008 年，会引起香港 FDI 进入中国大陆相对规模显著变动的因素包括以下几个方面。

第一，存量 FDI 增加会使得香港 FDI 进入相对规模提高。表 3-2 中模型（2）对应于 $sfdi_{i,t-1}$ 的系数为 0.381 且统计检验显著，含义是：1980～

2008 年，前一时期 i 地区实际利用 FDI 存量占本地区 GDP 的比重每提高 1 个百分点，当期香港 FDI 占本地区年度实际利用 FDI 总额的比重就会提高 0.381 个百分点。

第二，批发零售部门产值占 GDP 比重提高会使得香港 FDI 进入相对规模提高。表 3-2 中模型（2）对应于 $wrct_{i,t-1}$ 的系数为 2.107 且统计检验显著，含义是：1980～2008 年，前一时期 i 地区批发零售部门产值占 GDP 的比重每提高 1 个百分点，当期香港 FDI 占本地区年度实际利用 FDI 总额的比重就会提高 2.107 个百分点。

第三，政府对科教文卫支出增加会使得香港 FDI 进入相对规模提高。表 3-2 中模型（2）对应于 $ceshgov_{i,t-1}$ 的系数为 22.925 且统计检验显著，含义是：1980～2008 年，前一时期 i 地区政府对科教文卫支出占 GDP 的比重每提高 1 个百分点，当期香港 FDI 占本地区年度实际利用 FDI 总额的比重就会提高 22.925 个百分点。

第四，劳动工资提高会使得香港 FDI 进入相对规模下降。表 3-2 中模型（2）对应于 $wage_{i,t-1}$ 的系数为 -0.390 且统计检验显著，含义是：1980～2008 年，前一时期 i 地区劳动工资每提高 1 个百分点，当期香港 FDI 占本地区年度实际利用 FDI 总额的比重就会下降 0.390 个百分点。

第五，单位国土面积上高速公路里程数量增加会使得香港 FDI 进入相对规模提高。表 3-2 中模型（2）对应于 $highw_{i,t-1}$ 的系数为 0.630 且统计检验显著，含义是：1980～2008 年，前一时期 i 地区单位国土面积上高速公路里程数量每增加 1 公里，当期香港 FDI 占本地区年度实际利用 FDI 总额的比重就会提高 0.630%。

此外，集体企业在职职工人数减少也会使得香港 FDI 进入相对规模提高，高等学校在校学生人数增加则会使得香港 FDI 进入相对规模下降。

六、香港 FDI 进入中国内地影响因素小结

劳动工资提高会使得香港 FDI 进入中国内地的绝对规模显著减少。国有企业固定资产投资规模增加和高速公路里程数量提高，会使得香港 FDI 进入中国内地的规模绝对水平显著增加；对外贸易依存度提高会使得香港 FDI 进入中国内地的绝对规模和相对规模显著增加。FDI 集聚效应对香港地区 FDI

进入中国内地规模绝对水平的影响不显著；FDI 集聚效应会引起香港 FDI 进入中国内地规模的相对水平显著提高。税收比率降低对香港 FDI 进入中国内地规模绝对水平变动和相对水平变动均无显著影响。

因此，税收优惠政策对香港 FDI 进入中国内地增加无显著效果，但政府支出结构（对科教文卫支出、对农业发展支持、对固定资产投资等）的变动对香港 FDI 进入有显著影响；影响香港 FDI 进入中国内地增加的因素主要是内地相对较低的劳动工资优势，国有企业和集体企业固定资产投资规模增加则是吸引香港 FDI 进入中国内地的另一重要因素。

第三节 台湾 FDI 进入中国大陆的影响因素

台湾企业在中国大陆的直接投资开始于 20 世纪 80 年代，20 世纪 90 年代以后得到迅速发展。台湾企业在中国大陆的投资主要集中在东部沿海地区，其中又以珠江三角洲和长江三角洲地区为重中之重，中西部地区所占比重相对比较小。

一、台湾 FDI 在中国大陆的区位分布

1990~2001 年的统计数据表明，台湾企业在中国大陆东部沿海地区的投资显著高于中部地区，中部地区高于西部地区，表现为由东部向中西部递减的梯度格局。台湾企业在中国大陆东部沿海地区的投资表现为以福建、广东与江苏、上海、浙江等省区为核心，并向两翼扩展的态势；台湾企业在中国大陆东部沿海地区的投资总额，占其在中国大陆投资总额的比重约为 70%，其中江苏占 22.2%、广东占 21.5%、福建占 12.9%、上海占 7.2%、浙江占 6.4%。可以看出，台湾企业在中国大陆的投资地区主要位于中国大陆东部沿海地区的中南部，这些地区与台湾比较接近，且这些地区多与台湾之间有特殊的社会经济文化联系。[①]

[①] 截至 2005 年底，台商投资中国大陆共计 472.56 亿美元，而上海、江苏、浙江、广东、福建等 5 省区所占比重高达 58.2%。

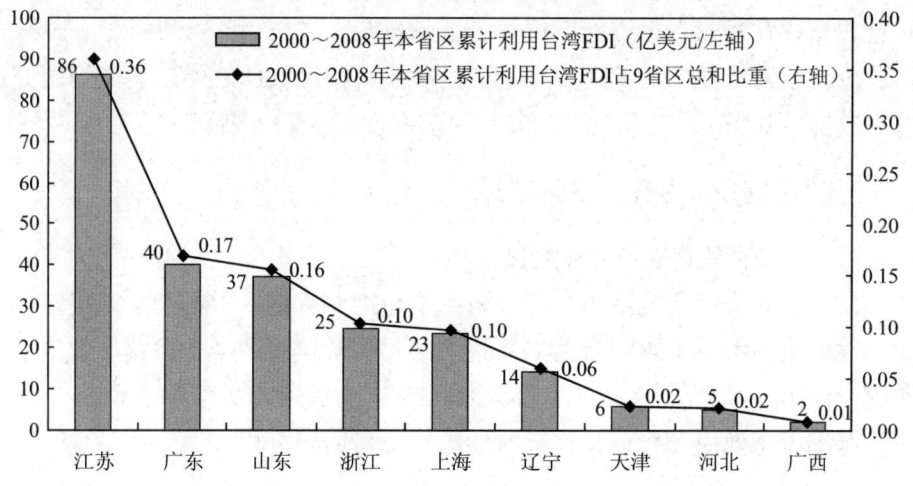

图 3-6 台湾 FDI 进入中国大陆的地区分布

资料来源：根据相关省区历年经济统计年鉴公布的数据整理得到。

二、文献综述

前述表明，台湾企业在中国大陆的直接投资存在显著的地域分异性。张传国（2003）的实证研究发现，经济发展水平、现有投资规模、市场容量、基础设施，以及区域经济活力等因素，是导致台湾企业在中国大陆的直接投资活动产生地域分异的最主要原因，地缘关系与政策因素对台湾企业在中国大陆的直接投资区位选择也有一定影响。施祖麟和黄涛（2007）研究发现，台湾企业在中国大陆直接投资的地域分布特点，主要与政策因素、区位因素和产业结构等 3 个因素有关。陈和陈（Chen and Chen，1998）研究发现，网络联系对台湾企业在中国大陆的直接投资起决定性作用。

刘军和徐康宁（2009）以 2000～2006 年省级面板数据为基础，对台商对中国大陆投资地区性聚集的决定因素进行研究后指出：（1）资源禀赋、交通运输条件、工资水平和市场规模对台商大陆投资地区性聚集有显著的促进作用；（2）经济对外开放度提高对台商大陆投资地区性聚集有负的影响；（3）沿海地区具有台商投资地区性聚集的地理优势。

有关台湾企业在中国大陆直接投资决定因素的研究还有：黄德春（2002）对台湾企业在中国大陆投资北进与西移的影响因素与趋势进行的分

析；李非（2003）从投资门槛、行政效率、政策优势、市场腹地等方面，对台湾企业在福建省投资的区位选择问题研究；方宁生（2001）基于 IT 产业，分析了台湾在中国大陆直接投资的决定因素。除此之外，类似的研究还有林其屏（2001）、王永龙（2002）、杨建梅（2002），等等。

三、计量分析方程与变量选择

（一）被解释变量和解释变量

基于现有文献研究结果，在分析影响台湾 FDI 进入中国大陆的决定因素时，我们集中考察了影响台湾 FDI 进入的集聚效应、劳动要素获得效应、产业配套能力、政府行为、金融服务获得效应、对外开放水平、市场竞争效应、基础设施效应等指标，并分时期进行计量回归分析。

（二）计量分析方程

我们使用计量分析方程（3-3）式和（3-4）式，来检验台湾 FDI 进入中国大陆的决定因素。在（3-3）式中，$rfdiTW_{i,t}$ 等于 t 年度 i 地区实际利用 FDI 中来自台湾的 FDI 占同期 i 地区实际利用 FDI 金额的比重。在（3-4）式中，$ffdiTW_{i,t}$ 等于 t 年度 i 地区实际利用 FDI 中来自台湾的 FDI 占同期 i 地区 GDP 比重，我们使用人民币对美元年度平均汇率，将同期 i 地区实际利用台湾 FDI 美元金额换算成人民币数值后，再同 t 年度 i 地区 GDP 人民币数值相比得到该指标。

$$rfdiTW_{i,t} = \beta_0 + \sum \beta_j^1 AGG_{it}^j + \sum \beta_j^2 LABOR_{it}^j + \sum \beta_j^3 GOVERN_{it}^j$$
$$+ \sum \beta_j^4 INDUS_{it}^j + \sum \beta_j^5 FIN_{it}^j + \sum \beta_j^6 TRADE_{it}^j$$
$$+ \sum \beta_j^7 HIGHW_{it}^j + \alpha_i + \gamma_t + \varepsilon_{i,t} \quad (3\text{-}3)$$

$$ffdiTW_{i,t} = \beta_0 + \sum \beta_j^1 AGG_{it}^j + \sum \beta_j^2 LABOR_{it}^j + \sum \beta_j^3 GOVERN_{it}^j$$
$$+ \sum \beta_j^4 INDUS_{it}^j + \sum \beta_j^5 FIN_{it}^j + \sum \beta_j^6 TRADE_{it}^j$$
$$+ \sum \beta_j^7 HIGHW_{it}^j + \alpha_i + \gamma_t + \varepsilon_{i,t} \quad (3\text{-}4)$$

在（3-3）式和（3-4）式中，AGG_{it}^j = 集聚效应向量；$LABOR_{it}^j$ = 劳动要素向量；$GOVERN_{it}^j$ = 政府行为向量；$INDUS_{it}^j$ = 产业配套能力向量；$HIGHW_{it}^j$ = 金融市场发展水平向量；$TRADE_{it}^j$ = 对外贸易向量；$HIGHW_{it}^j$ = 基础设施向

量；$\varepsilon_{i,t}$ = 随机扰动项；α_i = 地区固定效应系数；γ_i = 时间固定效应系数；β_j = 待定系数，j = 0，1，…。

在计量分析时，我们重点分析了影响台湾 FDI 进入中国大陆的劳动供给因素、税收水平、工资水平、产业结构、本地区经济对外开放程度、金融市场发展水平、基础设施质量、政府经济行为等 8 个指标。

我们的研究样本集中在中国东部沿海地区。我们使用的数据来自中国数据在线和相关省区年度经济统计年鉴，时间范围从 1980~2008 年。我们以面板数据为基础，分别比较了 OLS 方法、固定效应分析方法、随机效应分析方法，以及 FGLS 分析方法。根据面板数据 Hausman 检验结果，集中讨论有偏估计比较小的回归分析结果。对不同时期影响台湾 FDI 进入中国大陆决定因素的计量分析结果参见表 3-3。

四、台湾 FDI 进入中国大陆绝对规模变动的影响因素

我们分 1980~2001 年和 1980~2008 年两个时期，分别检验了影响台湾 FDI 进入中国大陆绝对规模变动的决定因素。

（一）1980~2001 年台湾 FDI 进入中国大陆绝对规模变动的影响因素

表 3-3 中模型（3）包括 1980~2001 年中国大陆 11 个省区的共计 102 个观察样本。模型（3）为面板数据随机效应分析结果。模型（3）的 F 统计值为 2.99，表明固定效应分析结果优于混合 OLS 分析结果。关于面板数据的 Hausman 检验 χ^2 值等于 8.18，P 统计值等于 0.996，表明随机效应分析结果优于固定效应分析结果。表 3-3 中模型（3）显示，1980~2001 年，会引起台湾 FDI 进入中国大陆绝对规模显著变动的因素包括以下几个方面。

第一，实际利用 FDI 存量增加会使得台湾 FDI 进入绝对规模增加。表 3-3 中模型（3）对应于 $sfdi_{i,t-1}$ 的系数为 0.009 且统计检验显著，含义是：1980~2001 年，前一时期 i 地区实际利用 FDI 存量占 GDP 比重每提高 1 个百分点，当期台湾 FDI 进入占本地区 GDP 的比重就会提高 0.009 个百分点。

表3-3 台湾FDI进入中国大陆的决定因素

被解释变量	$rfdiTW_{i,t}$		$ffdiTW_{i,t}$		
解释变量	模型（1）	模型（2）	模型（3）	模型（4）	模型（5）
$sfdi_{i,t-1}$	0.110***	0.059**	0.009***	0.005*	0.007***
	(2.95)	(2.54)	(3.56)	(1.73)	(3.86)
$sstaff_{i,t-1}$	0.146	0.001	0.003	0.003	0.001
	(1.29)	(0.02)	(0.39)	(0.47)	(0.23)
$cstaff_{i,t-1}$	0.363**	0.245***	-0.006	-0.003	0.001
	(2.33)	(2.82)	(-0.56)	(-0.35)	(0.16)
$remp_{i,t-1}$	0.231***	0.110**	0.002	0.004	0.005
	(2.93)	(2.26)	(0.37)	(0.47)	(1.36)
$tpt_{i,t-1}$	0.276	-0.189	-0.011	-0.001	-0.013
	(0.72)	(-0.85)	(-0.41)	(-0.05)	(-0.75)
$wrct_{i,t-1}$	0.365	0.093	0.011	-0.003	0.007
	(1.55)	(0.62)	(0.67)	(-0.17)	(0.59)
$tax_{i,t-1}$	0.178	0.064	0.030**	0.002	0.006
	(0.82)	(0.36)	(1.98)	(0.13)	(0.44)
$expend_{i,t-1}$	-5.928**	-2.017	0.317*	0.299*	0.210
	(-2.18)	(-1.00)	(1.69)	(1.77)	(1.34)
$innogov_{i,t-1}$	-0.159	-0.566	-0.056*	0.002	-0.039
	(-0.34)	(-1.63)	(-1.74)	(0.07)	(-1.44)
$agrsup_{i,t-1}$	4.384	3.181	-0.151	-0.249	0.006
	(1.56)	(1.41)	(-0.78)	(-1.24)	(0.04)
$ceshgov_{i,t-1}$	1.484	-0.415	-0.072	-0.051	-0.119*
	(0.98)	(-0.45)	(-0.69)	(-0.59)	(-1.69)
$capgov_{i,t-1}$	-0.298	0.545	-0.132**	-0.073	0.008
	(-0.31)	(0.87)	(-1.99)	(-1.13)	(0.17)
$dep_{i,t-1}$	-0.006	-0.014	0.003*	0.002	0.000
	(-0.25)	(-0.87)	(1.73)	(0.99)	(0.06)
$loan_{i,t-1}$	-0.026	-0.004	-0.014	-0.002	0.001
	(-0.20)	(-0.06)	(-1.58)	(-0.23)	(0.09)
$trade_{i,t-1}$	-0.045***	-0.043***	0.001	0.002	0.000
	(-3.38)	(-4.35)	(1.48)	(1.18)	(0.14)
$wage_{i,t-1}$	-0.001	0.016	-0.006**	-0.003	-0.001
	(-0.02)	(0.64)	(-2.36)	(-1.07)	(-0.64)

(续表3-3)

被解释变量	$rfdiTW_{i,t}$		$ffdiTW_{i,t}$		
解释变量	模型（1）	模型（2）	模型（3）	模型（4）	模型（5）
$seff_{i,t-1}$	0.028	-0.005	0.002**	-0.001	0.001
	(1.64)	(-0.50)	(2.05)	(-1.34)	(0.93)
$edu_{i,t-1}$	0.029	0.005	0.002	0.000	0.001
	(1.26)	(0.42)	(1.17)	(-0.17)	(0.57)
$highw_{i,t-1}$	-0.047	0.082***	-0.014***	-0.001	0.001
	(-0.82)	(2.71)	(-3.58)	(-0.17)	(0.29)
$sinv_{i,t-1}$	0.037	-0.052	0.014**	0.011**	0.012***
	(0.47)	(-0.88)	(2.51)	(2.06)	(2.66)
$cinv_{i,t-1}$	0.271	0.226*	0.021	0.007	0.019*
	(1.35)	(1.79)	(1.50)	(0.57)	(1.93)
$iinv_{i,t-1}$	-0.512	-0.435**	-0.036*	-0.017	-0.034**
	(-1.64)	(-2.32)	(-1.70)	(-1.06)	(-2.36)
常数项	-0.297	-0.075	0.024	0.005	0.005
	(-1.16)	(-0.50)	(1.37)	(0.31)	(0.42)
观察值	102	150	102	150	150
样本期间	1980~2001	1980~2008	1980~2001	1980~2008	1980~2008
省区分组	11	12	11	12	12
F统计值	1.03	2.53	2.99	2.5	2.5
拟合优度	0.602	0.546	0.669	0.308	0.497
Wald chi²	119.41	152.78	158.08	\	125.57
Hausman chi²	13.71	21.18	8.18	35.42	35.42
P统计值	0.912	0.509	0.996	0.035	0.035
计量方法	re_gls	re_gls	re_gls	fe_reg	re_gls

说明：(1) 括号中为 t 统计值或 z 统计值。(2) ***、**、* 分别表示在1%、5%和10%水平上统计显著。(3) 模型（1）和（2）的被解释变量为 $rfdiTW_{i,t}$，等于来自台湾 FDI 占有关地区年度实际利用 FDI 比重；模型（3）、（4）和（5）的被解释变量为 $ffdiTW_{i,t}$，等于来自台湾 FDI 占有关地区年度 GDP 比重。(4) 对有关变量的详细说明和统计分析参见第二章表2-2和表2-3。

第二，国有企业固定资产投资增加会使得台湾 FDI 进入绝对规模增加。表3-3中模型（3）对应于 $sinv_{i,t-1}$ 的系数为0.014且统计检验显著，含义是：1980~2001年，前一时期 i 地区国有企业固定资产投资占本地区 GDP 的比重每提高1个百分点，当期台湾 FDI 进入占本地区 GDP 的比重就会增加 0.014 个百分点。

第三,单位高速公路里程数量增加会使得台湾 FDI 进入绝对规模减少。表 3-3 中模型（3）对应于 $highw_{i,t-1}$ 的系数为 -0.014 且统计检验显著,含义是:1980~2001 年,前一时期 i 地区单位国土面积上高速公路里程数量每增加 1 公里,当期台湾 FDI 进入占本地区 GDP 的比重就会减少 0.014 个百分点。

第四,劳动工资上涨会使得台湾 FDI 进入绝对规模减少。表 3-3 中模型（3）对应于 $wage_{i,t-1}$ 的系数为 -0.006 且统计检验显著,含义是:1980~2001 年,前一时期 i 地区劳动工资每提高 1 个百分点,当期台湾 FDI 进入占本地区 GDP 的比重就会减少 0.006 个百分点。

此外,税收比率提高、政府行政开支增加、人均居民储蓄存款增加、国有企业人均劳动生产效率提高等,会使得 1980~2001 年台湾 FDI 进入绝对规模显著增加;政府对创新基金投入增加、政府对固定资产投资增加、个体经营企业固定资产投资增加等,会使得 1980~2001 年台湾 FDI 进入绝对规模减少。

（二）1980~2008 年台湾 FDI 进入中国大陆绝对规模变动的影响因素

表 3-3 中模型（4）包括 1980~2008 年中国大陆 12 个省区的共计 150 个观察样本。模型（4）为面板数据固定效应分析结果。模型（4）的 F 统计值为 2.50,表明固定效应分析结果优于混合 OLS 分析结果。关于面板数据的 Hausman 检验 χ^2 值等于 35.42,P 统计值等于 0.035,表明固定效应分析结果优于随机效应分析结果。表 3-3 中模型（4）显示,1980~2008 年,引起台湾 FDI 进入中国大陆绝对规模显著变动的因素包括以下 3 个方面。

第一,实际利用 FDI 存量增加会使得台湾 FDI 进入绝对规模增加。表 3-3 中模型（4）对应于 $sfdi_{i,t-1}$ 的系数为 0.005 且统计检验显著,含义是:1980~2008 年,前一时期 i 地区实际利用 FDI 存量占 GDP 比重每提高 1 个百分点,当期台湾 FDI 占本地区 GDP 的比重就会提高 0.005 个百分点。

第二,政府行政开支增加会使得台湾 FDI 进入绝对规模增加。表 3-3 中模型（4）对应于 $expend_{i,t-1}$ 的系数为 0.299 且统计检验显著,含义是:1980~2008 年,前一时期 i 地区政府行政开支占本地区 GDP 的比重每提高 1 个百分点,当期台湾 FDI 占本地区 GDP 的比重就会提高 0.299 个百分点。

第三，国有企业固定资产投资增加会使得台湾 FDI 进入绝对规模增加。表 3-3 中模型（4）对应于 $sinv_{i,t-1}$ 的系数为 0.011 且统计检验显著，含义是：1980~2001 年，前一时期 i 地区国有企业固定资产投资占本地区 GDP 的比重每提高 1 个百分点，当期台湾 FDI 占本地区 GDP 的比重就会增加 0.011 个百分点。

五、台湾 FDI 进入中国大陆相对规模变动的影响因素

我们将所有样本时期分为 1980~2001 年和 2002~2008 年两个阶段，分别检验影响台湾 FDI 进入中国大陆相对规模变动决定因素［参见表 3-3 中模型（1）和模型（2）］。

（一）1980~2001 年台湾 FDI 进入中国大陆相对规模变动的影响因素

模型（1）包括 1980~2001 年中国大陆 11 个省区的共计 102 个观察样本。模型（1）为面板数据随机效应分析结果。对面板数据的 Hausman 检验 χ^2 值等于 13.71，P 统计值等于 0.912，表明随机效应分析结果优于固定效应分析结果。表 3-3 中模型（1）显示，1980~2001 年，会引起台湾 FDI 进入中国大陆相对规模显著变动的因素包括以下 5 个方面。

第一，实际利用 FDI 存量增加会使得台湾 FDI 进入规模相对提高。表 3-3 中模型（1）对应于 $sfdi_{i,t-1}$ 的系数为 0.110 且统计检验显著，含义是：1980~2001 年，前一时期 i 地区实际利用 FDI 存量占 GDP 的比重每提高 1 个百分点，当期台湾 FDI 占本地区年度实际利用 FDI 总额的比重就会提高 0.110 个百分点。

第二，政府行政开支增加会使得台湾 FDI 进入规模相对下降。表 3-3 中模型（1）对应于 $expend_{i,t-1}$ 的系数为 -5.928 且统计检验显著，含义是：1980~2001 年，前一时期 i 地区政府行政开支占本地区 GDP 的比重每提高 1 个百分点，当期台湾 FDI 占本地区年度实际利用 FDI 总额的比重就会下降 5.928 个百分点。

第三，对外贸易开放度提高会使得台湾 FDI 进入规模相对下降。表 3-3 中模型（1）对应于 $trade_{i,t-1}$ 的系数为 -0.045 且统计检验显著，含义是：1980~2001 年，前一时期 i 地区进出口贸易总额占本地区 GDP 的比重每提高 1 个百分点，当期台湾 FDI 占本地区年度实际利用 FDI 总额的比重就会下降 0.045 个百分点。

此外,集体企业从业人口数量增加、农村从业人口数量增加等,会使得 1980~2001 年台湾 FDI 进入规模相对提高。

(二) 1980~2008 年台湾 FDI 进入中国大陆相对规模变动的影响因素

表 3-3 中模型 (2) 包括 1980~2008 年中国大陆 12 个省区的共计 150 个观察样本。模型 (2) 为面板数据随机效应分析结果。模型 (2) 的 F 统计值为 2.53,表明固定效应分析结果优于混合 OLS 分析结果。关于面板数据的 Hausman 检验 χ^2 值等于 21.18,P 统计值等于 0.509,表明随机效应分析结果优于固定效应分析结果。表 3-3 中模型 (2) 显示,1980~2008 年,会引起台湾 FDI 进入中国大陆相对规模显著变动的因素包括以下几个方面。

第一,实际利用 FDI 存量增加会使得台湾 FDI 进入规模相对提高。表 3-3 中模型 (2) 对应于 $sfdi_{i,t-1}$ 的系数为 0.059 且统计检验显著,含义是:1980~2008 年,前一时期 i 地区实际利用 FDI 存量占 GDP 的比重每提高 1 个百分点,当期台湾 FDI 占本地区年度实际利用 FDI 总额的比重就会提高 0.059 个百分点。

第二,对外贸易开放度提高会使得台湾 FDI 进入相对规模下降。表 3-3 中模型 (2) 对应于 $trade_{i,t-1}$ 的系数为 -0.043 且统计检验显著,含义是:1980~2008 年,前一时期 i 地区进出口贸易总额占本地区 GDP 的比重每提高 1 个百分点,当期台湾 FDI 占本地区年度实际利用 FDI 总额的比重就会下降 0.043 个百分点。

第三,高速公路里程数量增加会使得台湾 FDI 进入规模相对增加。表 3-3 中模型 (2) 对应于 $highw_{i,t-1}$ 的系数为 0.082 且统计检验显著,含义是:1980~2008 年,前一时期 i 地区单位国土面积上高速公路里程数量每增加 1 公里,当期台湾 FDI 占本地区年度实际利用 FDI 总额的比重就会提高 0.082 个百分点。

此外,集体企业从业人口数量增加、农村从业人口数量增加、集体企业固定资产投资增加等,也会使得 1980~2008 年台湾 FDI 进入规模相对增加;个体经营企业固定资产投资增加,则会使得台湾 FDI 进入规模相对下降。

可以看出,使得台湾地区 FDI 进入显著增加的主要是 FDI 集聚效应和政府对 FDI 的政策扶持。此外,集体企业从业人数增加、农村从业人数增加等，会使得台湾 FDI 进入比重显著增加，但台湾 FDI 进入中国绝对数量增加不显著，这说明集体企业从业人数增加、农村从业人数增加会使得其他来源的 FDI（比如香港 FDI、美国 FDI）显著减少。对外贸易依存度提高会使得台湾 FDI 进入绝对数量显著增加，但会使得台湾 FDI 进入中国大陆的相对规模显著下降，这表明，对外贸易依存度提高会使其他来源的 FDI 进入增加的幅度更大（比如香港 FDI）。

以上表明，台湾 FDI 也以两头在外的加工贸易为主，更在乎当地政府的行政能力。计量分析结果显示，人均高速公路里程数增加会使得台湾 FDI 进入绝对规模显著减少，我们的解释是：台湾 FDI 更加强调集聚效应，高速公路里程数增加会使得集聚效应更加显著，因而台湾 FDI 更会集中在某些地区，对于高速公路密集地区投资相对较少，或者通过集中 FDI 到几个地区，通过高速公路运输来满足其他地区的市场需要。

六、台湾 FDI 进入中国大陆影响因素小结

FDI 集聚效应会引起台湾 FDI 进入中国大陆规模的绝对水平显著增加，也会引起台湾 FDI 进入中国大陆规模的相对水平显著提高；国有企业固定资产投资规模增加，会使得台湾 FDI 进入中国大陆的规模绝对水平显著增加。劳动工资提高会使得台湾 FDI 进入中国大陆的绝对规模显著减少；对外贸易依存度提高会使得台湾 FDI 进入中国大陆相对减少。税收比率降低对台湾 FDI 进入中国大陆规模绝对水平变动和相对水平变动均无显著影响。

就政策涵义来说，税收优惠政策对台湾 FDI 进入中国大陆的规模增加无显著效果；影响台湾 FDI 进入中国大陆规模增加的因素主要是 FDI 集聚效应和国有企业固定资产投资规模增加。就吸引台湾 FDI 进入中国大陆的规模增加而言，关键是建立若干特色产业园区，营造 FDI 进入的地区集聚效应。

第四节 在中国的美国 FDI

改革开放以来，中国经济不断发展，开放程度日益加深，美国在华直接投资也随之迅猛增长，1983 年为 0.83 亿美元，2000 年为 43.84 亿美元。

1990~2000年，美国对华直接投资年均增幅为25%。其中，美国对华直接投资在1991~1993年出现了突变式增长，投资额由1991年的3.23亿美元猛增至1992年的5.11亿美元，增幅为58.2%，又由1992年的5.11亿美元猛增至1993年的20.63亿美元，增幅达到303%。[①]

一、美国FDI在中国的基本特征

进入中国的美国FDI集中分布在江苏、山东、辽宁、上海、广东、浙江、天津、北京等中国东部沿海地区（参见图3-7）。2000~2008年，进入江苏省的美国FDI总额为79亿美元，占同期山东、辽宁、上海、广东等11省区同期实际利用美国FDI总额的比重达到21%。在山东、辽宁、上海、广东等四个省区，2000~2008年，美国FDI流入规模相当，均在42亿美元至48亿美元之间。2005年，美国在中国的FDI合计为30.6亿美元，2009年为25.55亿美元。

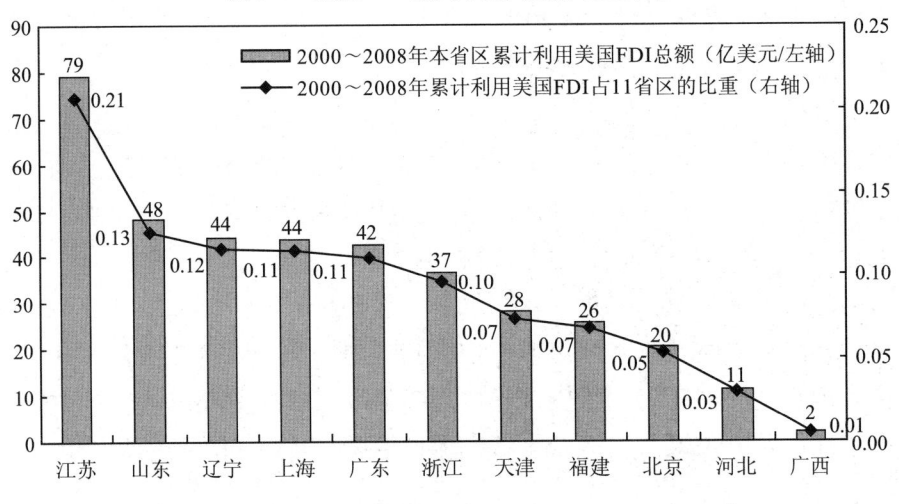

图3-7 美国FDI进入中国大陆的地区分布

资料来源：根据中国相关省区历年经济统计年鉴公布的数据整理得到。

---

① 这种突变式增长与1992年中国领导人南巡讲话和当年中共召开"十四大"确立实行开放的市场经济体制有很大关系。在此期间，中国加大了对外开放的力度，实施了多项有利于FDI进入的优惠政策。

美国对华直接投资主要集中在资本密集型和技术密集型部门，特别是运输设备、化工、电器、机械等制造业部门（Xing，2007），受中国国内需求变动和政策变动的影响比较大。吉尔等（Gill and Tay，2004）研究显示，在中国的美国 FDI 主要是占领中国本地市场，而不是将其在中国的产品用于出口。美国政府会计署的统计数据表明（Government Accountability Office，2003），2003 年美国在中国的 FDI 将其产品的 75% 投放到了中国本地市场，其余 25% 出口到了海外市场。在全部出口中，只有 7% 被出口到了美国市场。2004 年，在华美国企业在中国本地的销售额达到了 380 亿美元，同期美国对中国的出口总额为 347 亿美元（US GAO，2005）。研究表明（Bottelier，2003），中国对美国全部出口中的 13% 至 15% 由美国在华企业生产。杜巨澜等（Du, Lu and Tao，2008）研究发现，美国跨国公司更愿意在中国知识产权保护意识强、政府对商业运作干预力度小、政府腐败现象轻和契约执行力度好的省区投资办厂。柴敏（2003）对 1992~2001 年美国跨国公司在华投资行为研究后发现，美国跨国公司在华投资具有延续性和带动效应等特征。徐康宁和王剑（2002）对 1983~2000 年美国跨国公司在华直接投资所作的实证研究发现，美国跨国公司对华直接投资的主要决定因素包括以下 4 个方面：（1）中国的市场规模（需求因素）；（2）人民币汇率水平;[①]（3）中国政府实行的对外开放政策（制度因素）；（4）跨国公司在华前期资本存量，前期投资的经营绩效会直接影响美国跨国公司当前或以后时期的投资决策。

二、计量分析方程与变量选择

（一）被解释变量和解释变量

影响美国 FDI 进入中国内地的决定因素主要有哪些呢？詹姆斯等（James and Francisco，2000）对墨西哥境内的美国直接投资所作的研究发现，墨西哥国内市场需求潜力和劳动工资水平，是影响美国对其直接投资的重要因素。基于现有文献研究结果（蔡双南，1994；魏后凯，2000），在分

[①] 卡夫（Caves，1974）研究认为，一国货币对外贬值，会引起他国货币在贬值国国内的购买能力提高，从而吸引直接投资进入。因此，一国货币贬值会降低该国的进口需求，他国为了减小出口下降影响，也会对货币贬值国加大直接投资。

析影响美国 FDI 进入占中国大陆的因素时，我们集中考察了影响美国 FDI 进入的集聚效应、劳动要素获得效应、产业配套能力、政府行为、金融服务获得效应、对外开放水平、市场竞争效应、基础设施效应等 8 个指标，并分时期进行了计量回归分析。

（二）计量分析方程

我们使用方程（3-5）式和（3-6）式，来实证检验影响美国 FDI 进入中国的决定因素。在（3-5）式中，$rfdiUS_{i,t}$ 等于 t 年度 i 地区实际利用 FDI 中来自美国的 FDI 占 t 年度 i 地区实际利用 FDI 金额比重。在（3-6）式中，$ffdiUS_{i,t}$ 等于 t 年度 i 地区实际利用 FDI 中来自美国的 FDI 占 t 年度 i 地区 GDP 比重；我们使用人民币对美元年度平均汇率，将 t 年度 i 地区实际利用美国 FDI 美元金额换算成人民币数值后，再同 t 年度 i 地区 GDP 人民币数值相比得到该指标。

$$rfdiusUS_{i,t} = \beta_0 + \sum \beta_j^1 AGG_{it}^j + \sum \beta_j^2 LABOR_{it}^j + \sum \beta_j^3 GOV_{it}^j$$
$$+ \sum \beta_j^4 INDUS_{it}^j + \sum \beta_j^5 FIN_{it}^j + \sum \beta_j^6 TRADE_{it}^j$$
$$+ \sum \beta_j^7 HIGHW_{it}^j + \alpha_i + \gamma_t + \varepsilon_{i,t} \quad (3-5)$$

$$ffdiUS_{i,t} = \beta_0 + \sum \beta_j^1 AGG_{it}^j + \sum \beta_j^2 LABOR_{it}^j + \sum \beta_j^3 GOV_{it}^j$$
$$+ \sum \beta_j^4 INDUS_{it}^j + \sum \beta_j^5 FIN_{it}^j + \sum \beta_j^6 TRADE_{it}^j$$
$$+ \sum \beta_j^7 HIGHW_{it}^j + \alpha_i + \gamma_t + \varepsilon_{i,t} \quad (3-6)$$

在（3-5）式和（3-6）式中，AGG_{it}^j = 集聚效应向量；$LABOR_{it}^j$ = 劳动要素向量；$GOVERN_{it}^j$ = 政府行为向量；$INDUS_{it}^j$ = 产业配套能力向量；FIN_{it}^j = 金融市场发展水平向量；$TRADE_{it}^j$ = 对外贸易向量；$HIGHW_{it}^j$ = 基础设施向量；$\varepsilon_{i,t}$ = 随机扰动项；α_i = 地区固定效应系数；γ_t = 时间固定效应系数；β_j = 待定系数，j = 0，1，…。

在计量分析时，我们重点分析了影响美国 FDI 进入中国的劳动供给因素、税收水平、劳动工资水平、产业结构、本地区经济对外开放程度、金融市场发展水平、基础设施质量、政府经济行为等 8 个因素。

我们的研究样本集中在中国东部沿海地区。我们使用的数据来自中国数据在线和相关省区年度经济统计年鉴，时间范围从 1980 ~ 2008 年。

我们以面板数据为基础,分别运用固定效应分析方法和随机效应分析方法,对影响美国 FDI 进入中国大陆的决定因素进行计量回归分析。根据面板数据 Hausman 检验结果,我们将集中讨论有偏估计比较小的回归分析结果。

三、美国 FDI 进入中国大陆绝对规模变动的影响因素

我们将所有样本时期分为 1980~2001 年和 1980~2008 年两个阶段,分别检验影响美国 FDI 进入中国大陆绝对规模变动决定因素 [参见表 3-4 模型 (3)、(4) 和 (5)]。

(一) 1980~2001 年美国 FDI 进入中国大陆绝对规模变动的影响因素

表 3-4 模型 (3) 包括 1980~2001 年中国大陆 12 个省区的共计 112 个观察样本。模型 (3) 为面板数据随机效应分析结果。模型 (3) 的 F 统计值为 3.29,表明固定效应分析结果优于混合 OLS 分析结果。对于面板数据的 Hausman 检验 χ^2 值等于 11.28,P 统计值等于 0.953,表明随机效应分析结果优于固定效应分析结果。

表 3-4 模型 (3) 显示,1980~2001 年,实际利用 FDI 存量增加会使得美国 FDI 进入绝对规模增加。此结果表明,前一时期进入中国的 FDI 存量规模对美国 FDI 进入有显著的示范效应。就地区集聚来看,那些在前期能够吸引 FDI 大规模进入的地区,对美国 FDI 进入也有很大的吸引力。

此外,交通通讯邮政部门产值增加、批发零售部门产值增加、国有企业经营效率提高、国有企业固定资产投资增加等因素,也会使得美国 FDI 进入规模绝对增加。但是,进出口贸易规模增加、个体经营企业固定资产投资增加等,会使美国 FDI 进入规模绝对减少。

(二) 1980~2008 年美国 FDI 进入中国大陆绝对规模变动的影响因素

表 3-4 模型 (4) 包括 1980~2008 年中国大陆 13 个省区的共计 163 个观察样本。模型 (4) 为面板数据随机效应分析结果。模型 (4) 的 F 统计值为 5.21,表明固定效应分析结果优于混合 OLS 分析结果。对于面板数据的 Hausman 检验 χ^2 值等于 15.06,P 统计值等于 0.859,表明随机效应分析结果优于固定效应分析结果。

表 3-4　美国 FDI 进入中国的影响因素

被解释变量	$rfdiUS_{i,t}$		$ffdiUS_{i,t}$		
解释变量	模型（1）	模型（2）	模型（3）	模型（4）	模型（5）
$sfdi_{i,t-1}$	0.197 ***	0.196 ***	0.016 ***	0.010 ***	0.017 ***
	(2.91)	(3.09)	(3.05)	(3.12)	(3.36)
$sstaff_{i,t-1}$	-0.024	-0.094	-0.003	-0.008	-0.014
	(-0.14)	(-0.68)	(-0.23)	(-1.27)	(-1.27)
$cstaff_{i,t-1}$	-0.158	-0.330 *	-0.007	-0.018 *	-0.031 *
	(-0.60)	(-1.69)	(-0.33)	(-1.68)	(-1.96)
$remp_{i,t-1}$	0.049	0.373 *	0.000	-0.016 **	-0.006
	(0.35)	(1.97)	(0.03)	(-2.34)	(-0.38)
$tpt_{i,t-1}$	1.251 *	0.155	0.199 ***	0.059 **	0.034
	(1.80)	(0.29)	(3.58)	(2.04)	(0.81)
$wrct_{i,t-1}$	1.289 ***	0.495	0.091 ***	0.031	0.063 **
	(3.33)	(1.47)	(2.95)	(1.58)	(2.34)
$tax_{i,t-1}$	0.098	0.542	-0.010	-0.013	-0.006
	(0.30)	(1.62)	(-0.39)	(-0.66)	(-0.23)
$exp_{i,t-1}$	-12.877 ***	-2.779	-0.497	0.296	0.401
	(-3.00)	(-0.88)	(-1.45)	(1.22)	(1.60)
$innogov_{i,t-1}$	-0.448	-0.604	-0.072	-0.113 **	-0.121 *
	(-0.52)	(-0.77)	(-1.03)	(-2.36)	(-1.94)
$agrsup_{i,t-1}$	1.405	-6.441	-0.059	-0.369	-0.465
	(0.32)	(-1.55)	(-0.17)	(-1.33)	(-1.41)
$ceshgov_{i,t-1}$	1.414	0.206	0.209	0.010	-0.091
	(0.55)	(0.11)	(1.01)	(0.08)	(-0.64)
$capgov_{i,t-1}$	0.391	-0.755	0.151	0.131	0.095
	(0.24)	(-0.58)	(1.14)	(1.59)	(0.93)
$dep_{i,t-1}$	-0.101 **	-0.093 *	-0.004	-0.001	0.001
	(-2.23)	(-2.03)	(-1.17)	(-0.43)	(0.15)
$loan_{i,t-1}$	0.164	0.090	-0.019	0.000	0.002
	(0.72)	(0.64)	(-1.08)	(-0.03)	(0.17)
$trade_{i,t-1}$	-0.071 ***	0.042	-0.004 **	-0.003 ***	0.003
	(-2.99)	(1.15)	(-2.35)	(-2.61)	(1.07)
$wage_{i,t-1}$	0.057	0.106 *	-0.002	-0.002	-0.003
	(0.88)	(1.75)	(-0.31)	(-0.59)	(-0.67)

（续表3-4）

被解释变量	$rfdiUS_{i,t}$		$ffdiUS_{i,t}$		
解释变量	模型（1）	模型（2）	模型（3）	模型（4）	模型（5）
$seff_{i,t-1}$	0.059**	-0.003	0.005**	0.002	-0.002
	(2.05)	(-0.12)	(2.24)	(1.56)	(-1.09)
$edu_{i,t-1}$	0.079*	-0.066***	0.005	-0.001	-0.005**
	(1.94)	(-2.67)	(1.64)	(-0.91)	(-2.45)
$highw_{i,t-1}$	-0.044	-0.027	-0.009	0.000	-0.006
	(-0.43)	(-0.44)	(-1.14)	(-0.09)	(-1.11)
$sinv_{i,t-1}$	-0.005	0.046	0.031***	0.020**	0.020**
	(-0.04)	(0.40)	(2.68)	(2.41)	(2.15)
$cinv_{i,t-1}$	0.260	-0.180	0.034	0.042**	0.011
	(0.72)	(-0.68)	(1.18)	(2.53)	(0.52)
$iinv_{i,t-1}$	-0.592	-0.220	-0.107**	-0.045*	-0.015
	(-1.07)	(-0.64)	(-2.42)	(-1.77)	(-0.56)
常数项	0.218	-0.161	0.030	0.035*	0.037
	(0.52)	(-0.47)	(0.88)	(1.90)	(1.36)
观察值	112	163	112	163	163
样本期间	1980~2001	1980~2008	1980~2001	1980~2008	1980~2008
省区分组	12	13	12	13	13
F统计值	2.28	3.58	3.29	5.21	5.21
拟合优度	0.5698	0.043	0.722	0.646	0.195
Wald chi^2	117.9	\	231.63	255.91	\
Hausman chi^2	17.92	59.38	11.48	15.06	15.06
P统计值	0.71	0.00	0.953	0.859	0.859
计量方法	re_gls	fe_reg	re_gls	re_gls	fe_reg

说明：(1) 括号中为t统计值或z统计值。(2) ***、**、* 分别表示在1%、5%和10%水平上统计显著。(3) 模型（1）和（2）的被解释变量为 $rfdiUS_{i,t}$，等于来自美国 FDI 占有关地区年度实际利用 FDI 比重；模型（3）、（4）和（5）的被解释变量为 $ffdiUS_{i,t}$，等于来自美国 FDI 占有关地区年度 GDP 比重。(4) 对有关变量的详细说明和统计分析参见第二章表2-2和表2-3。

表3-4 模型（4）显示，1980~2008年，实际利用 FDI 存量增加会使得美国 FDI 进入规模绝对增加。表3-4 中模型（4）对应于 $sfdi_{i,t-1}$ 的系数为0.010 且统计检验显著，含义是：1980~2008年，前一时期 i 地区实际利用 FDI 存量占 GDP 比重每提高1个百分点，当期美国 FDI 进入占本地区 GDP

的比重就会提高 0.01 个百分点。

此外，集体企业从业人员数量减少、农村从业人员数量减少、交通通讯邮政部门产值增加、国有企业固定资产投资增加、集体企业固定资产投资增加等因素，也会使得美国 FDI 进入规模绝对增加。但是，政府对创新基金投入增加、进出口贸易规模增加、个体经营企业固定资产投资增加等因素，会使美国 FDI 进入规模绝对减少。

四、美国 FDI 进入中国大陆相对规模变动的影响因素

我们将所有样本时期分为 1980~2001 年和 1980~2008 年两个阶段，分别检验影响美国 FDI 进入中国大陆相对规模变动决定因素 [参见表 3-4 模型（1）、模型（2）]。

（一）1980~2001 年美国 FDI 进入中国大陆相对规模变动的影响因素

表 3-4 模型（1）包括 1980~2001 年中国大陆 12 个省区的共计 112 个观察样本。模型（1）为面板数据随机效应分析结果。对于面板数据的 Hausman 检验 χ^2 值等于 17.92，P 统计值等于 0.71，表明随机效应分析结果优于固定效应分析结果。

表 3-4 模型（1）显示，1980~2001 年，实际利用 FDI 存量增加会使得美国 FDI 进入规模相对提高。表 3-4 模型（1）对应于 $sfdi_{i,t-1}$ 的系数为 0.197 且统计检验显著，含义是：1980~2001 年，前一时期 i 地区实际利用 FDI 存量占 GDP 的比重每提高 1 个百分点，当期美国 FDI 占本地区年度实际利用 FDI 总额的比重就会提高 0.197 个百分点。

此外，交通邮电通讯部门产值增加、批发零售部门产值增加、高等学校在校学生人数占本地区居民人口数量的比重提高等因素，也会使得美国 FDI 进入规模相对提高。但是，政府行政开支增加、人均居民储蓄存款增加、进出口贸易规模增加等因素，会使美国 FDI 进入规模相对减少。

（二）1980~2008 年美国 FDI 进入中国大陆相对规模变动的影响因素

表 3-4 模型（2）包括 1980~2008 年中国大陆 13 个省区的共计 163 个观察样本。模型（2）为面板数据固定效应分析结果。对于面板数据的 Hausman 检验 χ^2 值等于 59.38，P 统计值等于 0.00，表明固定效应分析结果优于随机效应分析结果。

表 3-4 模型（2）显示，1980~2008 年，实际利用 FDI 存量增加会使得美国 FDI 进入规模相对提高。表 3-4 模型（2）对应于 $sfdi_{i,t-1}$ 的系数为 0.196 且统计检验显著，含义是：1980~2008 年，前一时期 i 地区实际利用 FDI 存量占 GDP 的比重每提高 1 个百分点，当期美国 FDI 占本地区年度实际利用 FDI 总额的比重就会提高 0.196 个百分点。

此外，集体企业从业人员数量减少、农村从业人员数量增加、劳动工资提高等因素，也会使得美国 FDI 进入规模相对提高。但是，人均居民储蓄存款增加、高等学校在校学生人数占本地区居民人口数量的比重提高等因素，会使美国 FDI 进入规模相对减少。

由上可以看出，集聚效应对鼓励美国 FDI 进入中国大陆的促进作用很显著，来自美国的 FDI 还受以下因素影响：第三产业发展水平、对外贸易依存度、基础设施状况。对外贸易依存度提高，会使得美国 FDI 进入中国的绝对数量显著下降，在 1980~2001 年还会引起美国 FDI 占中国实际利用 FDI 总额比重下降。此外，劳动工资成本提高对美国 FDI 进入中国没有显著的负面影响。这些表明：美国 FDI 进入更多的是占领中国本地市场。

五、美国 FDI 进入中国大陆影响因素小结

改革开放以来，美国在华直接投资增长迅猛，并主要进入到了江苏、山东、辽宁、上海、广东等省区。美国对华直接投资主要集中在资本密集型和技术密集型部门，在中国的美国 FDI 主要是占领中国本地市场，而不是将其在中国的产品用于出口。

FDI 集聚效应会引起美国 FDI 进入中国大陆规模的绝对水平显著增加，也会引起美国 FDI 进入中国大陆规模的相对水平显著提高；国有企业固定资产投资规模增加会引起美国 FDI 进入中国大陆的规模绝对水平显著增加。税收比率降低、高速公路里程数量提高和劳动工资提高，对美国 FDI 进入中国大陆规模绝对水平变动和相对水平变动均无显著影响；对外贸易依存度提高会使得美国 FDI 进入中国大陆规模绝对减少并相对减少。

因此，税收优惠政策对美国 FDI 进入中国大陆规模增加无显著效果，但政府部门全部支出在科教文卫、农业发展支持、行政开支、固定资产投资等领域的分配，对美国 FDI 进入规模的绝对变动和相对变动有一定影响；影响

美国 FDI 进入中国大陆规模增加的因素主要是 FDI 集聚效应和国有企业固定资产投资规模增加。就吸引美国 FDI 进入中国大陆的规模增加而言，关键的政策是建立若干特色产业园区，营造 FDI 进入的地区集聚效应。此外，中国劳动工资上涨不会对美国 FDI 进入形成抑制作用。

第五节　在中国的日本 FDI

一、日本 FDI 进入中国的基本特征

日本对华直接投资始于 1981 年（张宏，2002），其发展过程可以粗略地划分为 20 世纪 90 年代以前的初步发展阶段和 20 世纪 90 年代以后的迅速发展阶段。

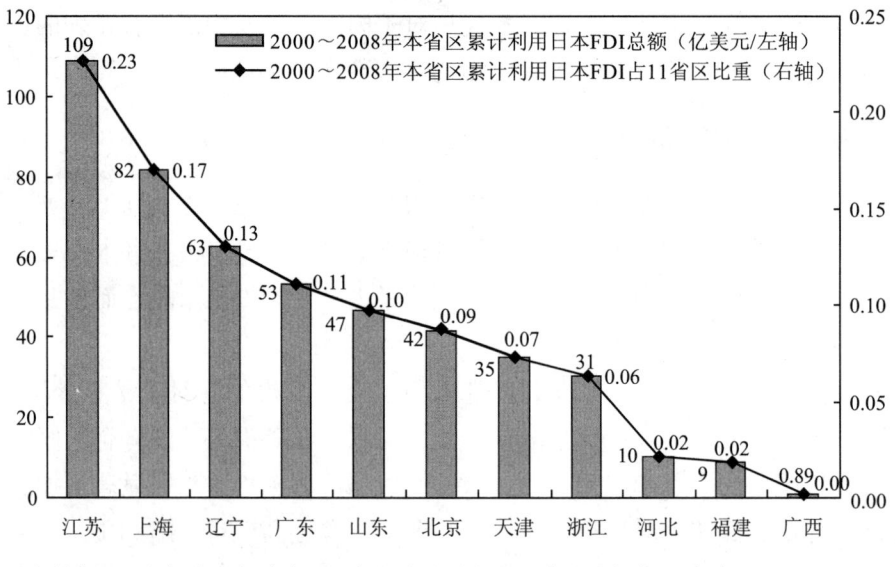

图 3-8　日本 FDI 进入中国大陆的地区分布

资料来源：根据中国相关省区历年经济统计年鉴公布的数据整理得到。

20 世纪 90 年代以前，日本在华 FDI 主要集中在深圳、珠海等经济特区，随着中国东部沿海地区 14 个城市的对外开放，才逐渐转向东北和华北等地的沿海城市。在此时期，日本在华直接投资有 90% 以上集中在中国东

部沿海地区并以广东、江苏、辽宁、上海、山东等 5 个省区为主,且日本在华 FDI 多集中在中国的大中型城市。比如,在广东省的日资企业主要集中在深圳,在上海、北京、天津等三大直辖市的日资企业占在华日资企业的 1/4,在辽宁的日资企业主要集中在大连,在山东省的日资企业主要集中在青岛。

20 世纪 90 年代以后,日本企业开始重视对中国中西部地区投资。1996 年 4 月,日中投资促进机构成立了"长江中下游开发协力委员会",开始着手研究利用长江水运、改善通信条件、促进农业发展等方面的合作计划。日本国际贸易促进协会也于 1997 年 3 月成立了"中国内陆、中西部投资推进委员会",积极促进日本企业对中国中西部地区投资。根据三菱综合研究所的调查,1993 年,日本企业在中国中西部地区的投资占其对华投资总额的比重为 9.1%,1996 年上升到 12.8%,呈现出不断增长的趋势。

日本在中国的 FDI 主要集中在制造业。在制造业中,日本电器行业对中国的 FDI 在 1980~2004 年累计达到 6170 亿日元,在日本全部制造业部门对中国的 FDI 中位列第一。来自运输设备部门的 FDI 在日本制造业部门对中国全部 FDI 中位列第二位。日本机械设备部门对中国的 FDI 在日本制造业部门对中国全部 FDI 中位列第三,1980~2004 年累计达到 3148 亿日元(参见表 3-5)。

表 3-5 日本在华 FDI 的行业分布(单位:百万美元)

部门	1984 年	1992 年	2004 年
食品	9.6	129.8	1300.4
纺织	1.2	263.6	2283.0
化工	6.5	100.8	1929.2
金属制品	1.4	96.0	2117.0
机械	1.0	213.8	3023.3
电器	1.2	611.3	5923.5
运输设备	0.6	51.7	4609.4

说明:均为累计投资值;不包括日本在中国已有企业的再投资数值。
资料来源:Xing, Yuqing, 2007. Foreign Direct Investment and China's Bilateral Intra-industry Trade with Japan and the US. *BOFIT Discussion Papers* 1。

20 世纪 90 年代以来,日本在华直接投资开始注重技术含量。这一时期尽管日本在华直接投资仍以制造业为主，但其技术含量不断提高，特别是技术含量较高的电子电器制造业在其对华投资中所占比重不断提高。1995年6月20日中国颁布了《指导外商投资方向暂行规定》和《外商投资产业指导目录》之后，日本在半导体、个人电脑、通信、汽车等技术含量较高产业部门中的对华直接投资明显增多。比如，日本电气于1997年4月与上海华虹公司签订了生产0.5~0.35微米大规模集成电路的合资协议，投资总额达10亿美元（日方出资额为28.6%）。同期，日本电气、富士通、东芝、三菱电机、日立等公司，先后在个人电脑、通信器材等产业部门与中国本地企业组建合资企业；日本企业在中国汽车工业领域的投资也出现了从未有过的增长局面，丰田汽车公司、本田汽车公司、三菱汽车公司等，先后投资参与了以生产整车为目标的合资项目。中国加入WTO以后，日本的汽车产业对中国的FDI显著增加。日本的主要汽车制造企业丰田、本田和尼桑在中国的扩张速度显著加快。2005年，日本企业在中国的直接投资总额达到了65.3亿美元，成为中国的第三大FDI来源地区。

进入21世纪以后，日本对华直接投资不仅投资规模不断增大，投资方式也逐步地由初期所采取的合资、合作方式转向独资控股方式，比如伊藤忠、日立、三洋、松下等日本著名跨国公司先后在中国建立了独资控股公司。

二、日本FDI进入中国的决定因素

帕克等（Pak and Park，2005）对日本跨国公司的研究发现，日资企业在中国等发展中国家进行投资的最主要目的是对企业优势资产进行开发利用；日资企业对外直接投资的另一目的则是获取廉价劳动力和占领东道国本地市场（Li and Hu，2002），东道国社会政治稳定、优惠政策、双边贸易、商业文化联系、关税、汇率等因素，对日资企业的直接投资进入也有显著影响（Xing，2006）。马和德里奥斯（Ma and Delios，2007）研究发现，日本的跨国公司不愿意东道国对其经济事务有过多干预，更愿意选择像上海这样的市场导向型城市而不是像北京这样的政治导向型城市。

马凌（2006）以1985~2002年的统计数据为基础，对日本在华直接投资的决定性因素进行了实证分析。结果表明，日本在华直接投资主要受到以下 4 个方面因素的影响：(1) 中国市场容量；(2) 中日双边贸易；(3) 实际汇率；(4) 中日实际工资差异。中日双边贸易、上一年中国名义国内生产总值和人民币真实汇率与日本在华直接投资正相关，中日工资差异与日本在华直接投资负相关。

  从统计资料上来看（马凌，2006），日本与中国等发展中国家之间确实存在着巨大的成本差异。从劳动力价格来看，日本普通工人的月收入大约为中国的 18～43 倍，韩国的 3 倍，香港特区的 2～4 倍，新加坡的 3～5 倍，菲律宾的 10～21 倍，泰国的 10～19 倍，甚至比美国还高出 40%；从土地价格来看，尽管 1992 年以来日本地价持续下跌，但仍明显高于东盟、中国等一些亚洲国家和地区；从法人税来看，日本法人税为香港地区的 2.3 倍，韩国的 2.1 倍，中国台湾的 1.5 倍，新加坡的 1.4 倍，中国大陆的 2.5～1.3 倍。中国与日本之间巨大的成本差异，无疑为日本在华直接投资提供了强劲的驱动力。

  邢予青（2004）使用从 1981～2000 年日本在中国 9 个制造业部门直接投资的数据，以日本在华直接投资为背景，分析了汇率与 FDI 之间的关系；研究发现，日元对人民币的双边真实汇率和日本在华直接投资之间存在显著的正相关关系。冉茂盛等（2005）使用 1984～2002 年的年度时间序列数据，对香港、日本和美国对华 FDI 与人民币实际汇率变动之间的关系进行了对比研究，进一步证实了人民币实际汇率变动与日本在华 FDI 之间的正相关关系。

  冯等（Fung, Iizaka, Lee and Paker, 2000）运用中国各省区 1991～1997 年 GDP、工资、公路通车里程和铁路通车里程等指标组成的面板数据，对美国和日本在华直接投资进行了对比研究，得出结论：GDP、工资率、劳动力素质、开发区和开放城市的数量等指标，对日本在华直接投资有显著影响。王洪亮和徐霞（2003）对中日两国之间贸易和投资的关系进行了格兰杰因果关系检验，结果显示日本在华直接投资和中日两国贸易之间存在着长期的互补关系，FDI 和制成品出口之间具有显著的双向因果关系。

三、日本 FDI 进入中国影响因素的实证检验

（一）被解释变量和解释变量

基于现有文献的研究结果，在分析影响日本 FDI 进入中国大陆的因素时，我们集中考察了影响 FDI 进入的集聚效应、劳动要素获得效应、产业配套能力、政府行为、金融服务获得效应、对外开放水平、市场竞争效应、基础设施效应等 8 个指标，并分时期进行了计量回归分析。

（二）计量分析方程

我们使用方程（3-7）式和（3-8）式，来实证检验影响日本 FDI 进入中国的决定因素。在（3-7）式中，$rfdiJP_{i,t}$ 等于 t 年度 i 地区实际利用 FDI 中来自日本的 FDI 占 t 年度 i 地区实际利用 FDI 金额的比重。在（3-8）式中，$ffdiJP_{i,t}$ 等于 t 年度 i 地区实际利用 FDI 中来自日本的 FDI 占 t 年度 i 地区 GDP 的比重。我们使用人民币对美元年度平均汇率，将 i 地区 t 年度实际利用日本 FDI 美元金额换算成人民币数值后，再同 i 地区 t 年度 GDP 人民币数值相比得到该指标。

在（3-7）式和（3-8）式，AGG_{it}^{j} = 集聚效应向量；$LABOR_{it}^{j}$ = 劳动要素向量；$GOVERN_{it}^{j}$ = 政府行为向量；$INDUS_{it}^{j}$ = 产业配套能力向量；FIN_{it}^{j} = 金融市场发展水平向量；$TRADE_{it}^{j}$ = 对外贸易向量；$HIGHW_{it}^{j}$ = 基础设施向量；$\varepsilon_{i,t}$ = 随机扰动项；α_i = 地区固定效应系数；γ_t = 时间固定效应系数；β_j = 待定系数，j=0，…。

$$rfdiJP_{i,t} = \beta_0 + \sum \beta_j^1 AGG_{it}^j + \sum \beta_j^2 LABOR_{it}^j + \sum \beta_j^3 GOVERN_{it}^j$$
$$+ \sum \beta_j^4 INDUS_{it}^j + \sum \beta_j^5 FIN_{it}^j + \sum \beta_j^6 TRADE_{it}^j$$
$$+ \sum \beta_j^7 HIGHW_{it}^j + \alpha_i + \gamma_t + \varepsilon_{i,t} \tag{3-7}$$

$$ffdiJP_{i,t} = \beta_0 + \sum \beta_j^1 AGG_{it}^j + \sum \beta_j^2 LABOR_{it}^j + \sum \beta_j^3 GOVERN_{it}^j$$
$$+ \sum \beta_j^4 INDUS_{it}^j + \sum \beta_j^5 FIN_{it}^j + \sum \beta_j^6 TRADE_{it}^j$$
$$+ \sum \beta_j^7 HIGHW_{it}^j + \alpha_i + \gamma_t + \varepsilon_{i,t} \tag{3-8}$$

在计量分析时，我们重点分析了影响日本 FDI 进入中国的劳动供给因素、税收水平、劳动工资水平、产业结构、本地区经济对外开放程度、金融

市场发展水平、基础设施质量、政府经济行为等 8 个指标。我们的研究样本集中在中国东部沿海地区。我们使用的数据来自中国数据在线和相关省区年度经济统计年鉴，时间范围从 1980~2008 年。我们以面板数据为基础，分别运用混合 OLS 方法、固定效应分析方法、随机效应分析方法等，对影响日本 FDI 进入中国大陆的决定因素进行计量回归分析。

（三）计量分析结果

根据面板数据 Hausman 检验结果，我们集中讨论了有偏估计比较小的回归分析结果。对不同时期影响日本 FDI 进入中国大陆决定因素的计量分析结果参见表 3-6。

表 3-6　日本 FDI 进入中国的决定因素

被解释变量	$rfdiJP_{i,t}$		$ffdiJP_{i,t}$		
解释变量	模型（1）	模型（2）	模型（3）	模型（4）	模型（5）
$sfdi_{i,t-1}$	0.111	0.047	0.015**	0.014**	0.012***
	(1.19)	(0.47)	(2.05)	(2.34)	(3.35)
$sstaff_{i,t-1}$	-0.367	-0.418**	0.006	-0.018	-0.007
	(-1.58)	(-2.04)	(0.27)	(-1.48)	(-1.05)
$cstaff_{i,t-1}$	-0.198	0.292	0.014	-0.014	0.004
	(-0.65)	(0.95)	(0.47)	(-0.76)	(0.34)
$remp_{i,t-1}$	-0.328	0.282	-0.017	-0.001	-0.008
	(-1.30)	(1.04)	(-1.02)	(-0.07)	(-1.07)
$tpt_{i,t-1}$	-2.981**	0.187	-0.091	-0.030	-0.060*
	(-2.55)	(0.24)	(-1.18)	(-0.64)	(-1.88)
$wrct_{i,t-1}$	0.206	-0.521	0.018	-0.016	-0.008
	(0.21)	(-1.06)	(0.31)	(-0.56)	(-0.37)
$tax_{i,t-1}$	-1.414**	0.421	-0.025	-0.029	-0.062***
	(-2.58)	(0.87)	(-0.58)	(-0.99)	(-2.76)
$expend_{i,t-1}$	3.189	4.831	0.545	0.814***	0.780***
	(0.59)	(1.07)	(1.08)	(3.02)	(2.99)
$innogov_{i,t-1}$	-0.279	2.380**	-0.124	0.074	-0.023
	(-0.15)	(2.11)	(-1.02)	(1.11)	(-0.43)
$agrsup_{i,t-1}$	6.924	-8.448	-0.206	-0.796**	-0.109
	(0.92)	(-1.41)	(-0.38)	(-2.24)	(-0.37)

（续表3-6）

被解释变量	$rfdiJP_{i,t}$		$ffdiJP_{i,t}$		
解释变量	模型（1）	模型（2）	模型（3）	模型（4）	模型（5）
$ceshgov_{i,t-1}$	－7.623**	－4.705*	－0.368	－0.211	－0.537***
	（－2.01）	（－1.83）	（－1.19）	（－1.38）	（－4.14）
$capgov_{i,t-1}$	3.357	0.818	0.202	0.180	0.337***
	（1.07）	（0.44）	（0.79）	（1.62）	（3.81）
$dep_{i,t-1}$	－0.057	0.044	－0.001	0.008**	－0.002
	（－0.85）	（0.64）	（－0.13）	（1.98）	（－0.67）
$loan_{i,t-1}$	1.126**	0.302	－0.004	0.010	0.022*
	（2.48）	（1.48）	（－0.13）	（0.79）	（1.94）
$trade_{i,t-1}$	－0.059*	0.042	－0.002	0.005	－0.002
	（－1.72）	（0.78）	（－0.75）	（1.61）	（－1.59）
$wage_{i,t-1}$	0.107	0.007	0.002	－0.010*	0.001
	（1.07）	（0.08）	（0.21）	（－1.95）	（0.27）
$seff_{i,t-1}$	－0.101*	－0.061*	－0.001	－0.006***	－0.002
	（－1.97）	（－1.94）	（－0.32）	（－3.48）	（－1.62）
$edu_{i,t-1}$	－0.032	－0.005	0.002	0.001	0.004**
	（－0.55）	（－0.14）	（0.42）	（0.67）	（2.27）
$highw_{i,t-1}$	0.017	0.046	－0.014	－0.009	－0.006
	（0.12）	（0.49）	（－1.19）	（－1.61）	（－1.23）
$sinv_{i,t-1}$	－0.472	0.015	0.030*	0.036***	0.025***
	（－1.50）	（0.09）	（1.92）	（3.63）	（2.73）
$cinv_{i,t-1}$	0.941	－0.100	0.008	－0.038	0.018
	（1.60）	（－0.26）	（0.19）	（－1.65）	（1.02）
$iinv_{i,t-1}$	－0.570	－1.486***	－0.090	－0.074**	－0.066**
	（－0.70）	（－3.03）	（－1.33）	（－2.55）	（－2.36）
dum_wto		－0.026		0.000	
		（－1.05）		（－0.03）	
dum_xp		－0.127***		－0.001	
		（－4.31）		（－0.57）	
常数项	0.477	－0.065	0.013	0.043	0.026
	（0.84）	（－0.13）	（0.26）	（1.44）	（1.26）
观察值	93	163	93	163	163
样本期间	1980～2001	1980～2008	1980～2001	1980～2008	1980～2008
省区分组	12	13	12	13	13
F统计值	0.82	2.72	2.3	4.37	4.37

(续表3-6)

被解释变量	$rfdiJP_{i,t}$		$ffdiJP_{i,t}$		
解释变量	模型（1）	模型（2）	模型（3）	模型（4）	模型（5）
拟合优度	0.58	0.051	0.641	0.356	0.621
Wald chi^2	8.09	\	125.14	\	229.07
Hausman chi^2	31.94	50.81	22.68	47.63	47.63
P 统计值	0.078	0.001	0.42	0.003	0.003
计量方法	ols	fe_reg	re_gls	fe_reg	re_gls

说明：（1）括号中为 t 统计值或 z 统计值。（2）***、**、* 分别表示在 1%、5% 和 10% 水平上统计显著。（3）模型（1）、（2）的被解释变量为 $rfdiJP_{i,t}$，等于来自日本 FDI 占有关地区年度实际利用 FDI 的比重；模型（3）、（4）和（5）的被解释变量为 $ffdiJP_{i,t}$，等于来自日本 FDI 占有关地区年度 GDP 的比重。（4）对有关变量的详细说明和统计分析参见第二章表 2-2 和表 2-3。

1. 日本 FDI 进入中国大陆规模绝对变动的影响因素。

表 3-6 中模型（3）、模型（4）和模型（5）给出了影响日本 FDI 进入中国大陆规模绝对变动决定因素的计量分析结果。

（1）1980~2001 年。

表 3-6 中模型（3）包括 1980~2001 年中国大陆 12 个省区的共计 93 个观察样本。模型（3）为面板数据随机效应分析结果。模型（3）的 F 统计值为 2.3，表明固定效应分析结果优于混合 OLS 分析结果。对于面板数据的 Hausman 检验 χ^2 值等于 22.68，P 统计值等于 0.42，表明随机效应分析结果优于固定效应分析结果。表 3-6 中模型（3）显示，1980~2001 年，会引起日本 FDI 进入中国大陆绝对规模显著变动的因素包括以下两个方面。

第一，实际利用 FDI 存量增加会使得日本 FDI 进入绝对规模增加。表 3-6 中模型（3）对应于 $sfdi_{i,t-1}$ 的系数为 0.015 且统计检验显著，含义是：1980~2001 年，前一时期 i 地区实际利用 FDI 存量占 GDP 比重每提高 1 个百分点，当期日本 FDI 占本地区 GDP 的比重就会提高 0.015 个百分点。

第二，国有企业固定资产投资增加会使得日本 FDI 进入绝对规模增加。表 3-6 中模型（3）对应于 $sinv_{i,t-1}$ 的系数为 0.03 且统计检验显著，含义是：1980~2001 年，前一时期 i 地区国有企业固定资产投资占本地区 GDP 的比重每提高 1 个百分点，当期日本 FDI 进入占本地区 GDP 的比重就会增加

0.030个百分点。

（2）1980~2008年。

表3-6中模型（4）包括1980~2008年中国大陆13个省区的共计163个观察样本。模型（4）为面板数据固定效应分析结果。模型（4）的F统计值为4.37，表明固定效应分析结果优于混合OLS分析结果。对于面板数据的Hausman检验χ^2值等于47.63，P统计值等于0.003，表明固定效应分析结果优于随机效应分析结果。表3-6中模型（4）显示，1980~2008年，会引起日本FDI进入中国大陆绝对规模显著变动的因素包括以下几个方面。

第一，实际利用FDI存量增加会使得日本FDI进入绝对规模增加。表3-6中模型（4）对应于$sfdi_{i,t-1}$的系数为0.014且统计检验显著，含义是：1980~2008年，前一时期i地区实际利用FDI存量占GDP比重每提高1个百分点，当期日本FDI占本地区GDP的比重就会提高0.014个百分点。

第二，劳动工资上涨会使得日本FDI进入绝对规模减少。表3-6模型（4）对应于$wage_{i,t-1}$的系数为-0.010且统计检验显著，含义是：1980~2008年，前一时期i地区劳动工资每提高1个百分点，当期日本FDI占本地区GDP的比重就会减少0.01个百分点。

第三，人均居民储蓄存款增加会使得日本FDI进入绝对规模增加。表3-6模型（4）对应于$dep_{i,t-1}$的系数为0.008且统计检验显著，含义是：1980~2008年，前一时期i地区人均居民储蓄存款每提高1个百分点，当期日本FDI占本地区GDP的比重就会增加0.008个百分点。

此外，政府行政开支增加、国有企业固定资产投资增加等，会使得日本FDI进入绝对规模增加。政府部门对农业发展的支持增加、国有企业人均产值提高、个体经营企业固定资产投资增加等，会使得日本FDI进入绝对规模减少。

2. 日本FDI进入中国大陆规模相对变动的影响因素。

表3-6中模型（1）、模型（2）给出了影响日本FDI进入中国大陆规模相对变动决定因素的计量分析结果。

（1）1980~2001年。

表3-6中模型（1）包括1980~2001年中国大陆12个省区的共计93个观察样本。模型（1）为面板数据固定效应分析结果。对于面板数据的

Hausman 检验 χ^2 值等于 31.94，P 统计值等于 0.078，表明固定效应分析结果优于随机效应分析结果。表 3-6 中模型（1）显示，1980~2001 年，会引起日本 FDI 进入中国大陆规模相对显著变动的因素包括以下几个方面。

第一，税收比率降低会使得日本 FDI 进入规模相对增加。表 3-6 中模型（1）对应于 $tax_{i,t-1}$ 的系数为 -1.414 且统计检验显著，含义是：1980~2001 年，前一时期 i 地区税收比率每下降 1 个百分点，当期日本 FDI 占本地区年度实际利用 FDI 总额的比重就会增加 1.414 个百分点。

第二，银行对工业企业贷款增加会使得日本 FDI 进入规模相对增加。表 3-6 中模型（1）对应于 $loan_{i,t-1}$ 的系数为 1.126 且统计检验显著，含义是：1980~2001 年，前一时期 i 地区银行对工业企业的贷款占本地区 GDP 的比重每提高 1 个百分点，当期日本 FDI 占本地区年度实际利用 FDI 总额的比重就会增加 1.126 个百分点。

第三，进出口贸易额增加会使得日本 FDI 进入规模相对减少。表 3-6 中模型（1）对应于 $trade_{i,t-1}$ 的系数为 -0.059 且统计检验显著，含义是：1980~2001 年，前一时期 i 地区进出口贸易总额占本地区 GDP 的比重每提高 1 个百分点，当期日本 FDI 占本地区年度实际利用 FDI 总额的比重就会减少 0.059 个百分点。

此外，交通通讯邮政部门产值增加、政府对科教文卫投入增加、国有企业人均产值水平提高等，也会使得 1980~2001 年日本 FDI 进入规模相对减少。

（2）1980~2008 年。

表 3-6 中模型（2）包括 1980~2008 年中国大陆 13 个省区的共计 163 个观察样本。模型（2）为面板数据固定效应分析结果。对于面板数据的 Hausman 检验 χ^2 值等于 50.81，P 统计值等于 0.001，表明固定效应分析结果优于随机效应分析结果。表 3-6 中模型（2）显示，1980~2008 年，会引起日本 FDI 进入中国大陆规模相对显著变动的因素包括以下几个方面。

第一，国有企业在职职工人数减少会使得日本 FDI 进入规模相对增加。表 3-6 中模型（2）对应于 $sstaff_{i,t-1}$ 的系数为 -0.418 且统计检验显著，含义是：1980~2008 年，前一时期 i 地区国有企业在职职工人数占本地区全部就业人口的比重每减少 1 个百分点，当期日本 FDI 占本地区年度实际利用 FDI 总额的比重就会增加 0.418 个百分点。

第二，政府部门对创新基金投入增加会使得日本 FDI 进入规模相对增加。表 3-6 中模型（2）对应于 $innogov_{i,t-1}$ 的系数为 2.380 且统计检验显著，含义是：1980～2008 年，前一时期 i 地区政府部门对创新基金投入占本地区 GDP 的比重每增加 1 个百分点，当期日本 FDI 占本地区年度实际利用 FDI 总额的比重就会增加 2.380 个百分点。

第三，国有企业人均产值水平提高会使得日本 FDI 进入规模相对减少。表 3-6 中模型（2）对应于 $seff_{i,t-1}$ 的系数为 -0.061 且统计检验显著，含义是：1980～2008 年，前一时期 i 地区国有企业人均产值水平每提高 1 个百分点，当期日本 FDI 占本地区年度实际利用 FDI 总额的比重就会减少 0.061 个百分点。

第四，1992 年以后日本 FDI 进入规模相对减少。表 3-6 中模型（2）对应于 dum_xp 的系数为 -0.127 且统计检验显著，含义是：1992 年以后，当期日本 FDI 占本地区年度实际利用 FDI 总额比重会较 1992 年以前时期减少 0.127 个百分点。

此外，政府对科教文卫投入增加、个体经营企业固定资产投资增加等，会使得 1980～2008 年日本 FDI 进入规模相对减少。

由上可以看出，FDI 进入中国的集聚效应会使得日本 FDI 进入中国的规模绝对增加，但是集聚效应对日本 FDI 进入增加的促进作用不如其他来源 FDI，[①] 但是，集聚效应对美国、台湾地区、新加坡等地 FDI 进入的促进作用更为显著。劳动工资提高会使得日本 FDI 进入中国规模绝对数量显著减少，但对日本 FDI 进入的减少幅度低于其他来源 FDI（比如香港 FDI）。

[①] 贝尔德伯斯等（Belderbos and Carree，2002）研究发现，当地的电子制造业集聚水平对日本电子厂商进入有正向影响，尤其是当地有来自日本的电子制造业厂商集聚时，其影响效果增强。海德等（Head et al，1995）在对日本制造业 20 世纪 80 年代在美国的投资区位（州水平）选择的研究表明，除了日本企业自身在生产和合作上的特殊性（比如企业联盟形式），当地中间投入品的供给和技术外溢收益是吸引日本投资者进入的重要因素。

第六节 在中国的韩国 FDI

一、韩国 FDI 在中国的区位变动与行业特征

1992 年中韩两国正式建立外交关系，两国间贸易、投资等方面的经济联系日趋紧密。中国商务部的统计资料显示，截至 2005 年底，韩国在华直接投资实际额达到了 311.04 亿美元，在中国所有的外资来源国（地区）中排名第六。

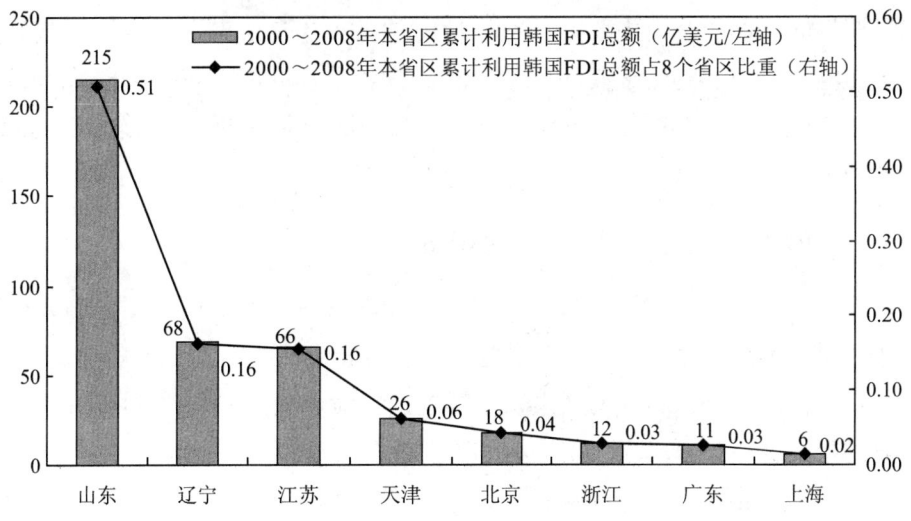

图 3-9 韩国 FDI 进入中国大陆的地区分布

资料来源：根据中国相关省区历年经济统计年鉴公布的数据整理得到。

从韩国企业对华投资的地区分布来看，环渤海、东北三省和长三角地区是韩国对华直接投资的三大区域，韩国企业的投资更多地集中在山东、辽宁、天津、黑龙江等地区（徐康宁和王剑，2007）。根据韩国进出口银行的统计，截至 2003 年底，韩国在北京、天津、河北三地的投资项目和投资金额分别占其对华投资总量的 17.5% 和 30.7%；在东北三省的投资项目和投资金额分别占其对华投资总量的 13.1% 和 25%。山东由于同韩国隔海相望，而且中国政府指定山东省为韩中之间交流的开放特区，在仁川和威海、仁川

和青岛之间专门开辟了航线，因而吸引的韩国直接投资最多。韩国在山东省的投资项目和投资金额分别占韩国对华直接投资总量的32.8%和27.8%，约为韩国在中国直接投资的三分之一。分时期来看，1997年之前，韩国企业在山东和东北省份的投资比较活跃，而在1997年之后这些省份的投资金额比重均有所下降，对天津和北京两市的投资则大幅度上升，同时对浙江、江苏等长江三角洲省区的投资显著增加，并逐渐延伸至中国其他沿海发达地区以及长江沿线地区。

韩国对华直接投资以制造业为主，截至2003年底对制造业的直接投资额占其在华FDI总量的86.1%[①]，制造业中的纺织服装、食品加工、电子通信、化学制品等行业是主体。纺织服装业和食品加工业是韩国对华直接投资的早期目标，这些企业主要是在邻近韩国的山东半岛和东北地区进行投资。韩国在电子通信业和化学制品业中的对华投资是2000年前后才开始形成规模并逐渐增多的，这些行业的生产运作对综合区位条件的要求比较高，主要进入到了天津、北京、江苏等发达地区。

二、韩国FDI进入中国的决定因素

徐康宁和王剑（2007）以中国29个省区1992~2003年的韩国直接投资企业数量作为因变量，以实证研究方法对韩国企业在华区位选择的决定因素进行实证检验发现，劳动力成本、市场规模、地理变量、开放程度以及韩资企业的聚集度等5个因素，是影响韩国FDI进入中国的主要决定因素。

韩国工商会所、中国韩国商会曾专门就韩国对华投资动因展开调查（黄繁华，2002），对来华投资的256个韩国企业的调查结果显示，利用中国廉价劳动力列各种投资动因之首（51.4%），进入中国国内市场居其次（30.5%）。康等（Kang and Lee, 2004）研究发现，韩国企业在中国的地区分布呈现高度的聚集性，计量结果证实了韩国企业区位选择的"来源国聚集"特征，即韩国企业倾向于在本国企业集中的地区进行投资。

由于韩国企业在中国进行的是基于国际生产分工的垂直一体化投资活

[①] 传统的轻纺工业在韩国对华直接投资的行业构成中占据较大比重，欧美等国对华直接投资则主要集中在汽车制造、石化工业、电子信息之类的重化工业或高科技行业。

动,企业间的联系非常紧密,一个核心大企业的周围往往集中了一批为之配套的中小企业,以便于节约中间品的运输成本,保障配套产品供给。同时,由于韩国企业之间长期以来形成的生产协作关系,对外投资会形成连带效应,从而在地区分布上表现出类似于日本企业"漂染缸"(Keiretsu)式的来源国聚集形态(Belderbos,2002)。

在海外投资的韩国企业要与本国的母公司或者关联企业保持经常性的业务联系,原料、中间品和机器设备多从本国进口,部分产品还要返销母国,投资地点距离韩国越近,运输成本的费用支出越低。[①] 在距离本国越近的地区进行投资,企业越容易了解当地的投资环境,母公司对海外子公司的管理也更为便利,投资项目的不确定性风险也大为降低。与地理因素联系很紧的是文化因素。中国和韩国同属东方文化,文化相近、语言相通、传统相似的地区更容易赢得韩国投资者的认同,会表现出明显的所谓"种群联系"(ethnic linkage)。

山东与东北三省之所以能吸引韩国企业高度集中,毗邻的地理优势和密切的种群联系在其中起到了决定性的作用。例如,山东的成山角距离韩国的仁川港只有180海里,距离韩国西岸的大城市也只有200余海里,在这些地区投资极大地降低了运输成本。同时,东北三省和山东与韩国的人文关系比较密切,使得韩国企业对这些地区具有很强的文化认同感。

康等(Kang and Lee,2004)的计量研究显示,地区优惠政策与韩国企业在华直接投资分布负相关。原因可能是,优惠政策作为一种制度供给具有可复制性,由此形成的区位优势只能在初始的特定时段范围内起作用,一旦这种制度供给在其他地区被广泛复制而成为普遍性的区位条件,来源于优惠政策的人为区位优势便不再成立。

三、韩国 FDI 进入中国影响因素的实证检验

(一)被解释变量和解释变量

基于现有文献的研究结果,在分析影响韩国 FDI 进入占中国内地的

[①] 辽宁、吉林和黑龙江境内有大量的朝鲜族居民,而山东则与韩国隔海相望,两地间的人员往来和经济活动频繁,因此这四个省区与韩国存在密切的种群联系。参见徐康宁和王剑:《韩国对华直接投资的区位选择研究》,《学海》2007 年第 4 期,第 148—154 页。

决定因素时，我们集中考察了影响 FDI 进入的集聚效应、劳动要素获得效应、产业配套能力、政府行为、金融服务获得效应、对外开放水平、市场竞争效应、基础设施效应等 8 个指标，并分时期进行了计量回归分析。

（二）计量分析方程

我们使用方程（3-9）式和（3-10）式，来实证检验影响韩国 FDI 进入中国的决定因素。在（3-9）式中，$rfdiSK_{i,t}$ 等于 t 年度 i 地区实际利用 FDI 中来自韩国的 FDI 占 t 年度 i 地区实际利用 FDI 金额的比重。在（3-10）式中，$ffdiSK_{i,t}$ 等于 t 年度 i 地区实际利用 FDI 中来自韩国的 FDI 占 t 年度 i 地区 GDP 比重，我们使用人民币对美元年度平均汇率，将 i 地区 t 年度实际利用韩国 FDI 美元金额换算成人民币数值后，再同 i 地区 t 年度 GDP 人民币数值相比得到该指标。

在（3-9）式和（3-10）式中，AGG_{it}^{j} = 集聚效应向量；$LABOR_{it}^{j}$ = 劳动要素向量；$GOVERN_{it}^{j}$ = 政府行为向量；$INDUS_{it}^{j}$ = 产业配套能力向量；FIN_{it}^{j} = 金融市场发展水平向量；$TRADE_{it}^{j}$ = 对外贸易向量；$HIGHW_{it}^{j}$ = 基础设施向量；$\varepsilon_{i,t}$ = 随机扰动项；α_i = 地区固定效应系数；γ_t = 时间固定效应系数；β_j = 待定系数，j = 0, 1…。

$$rfdiSK_{i,t} = \beta_0 + \sum \beta_j^1 AGG_{it}^{j} + \sum \beta_j^2 LABOR_{it}^{j} + \sum \beta_j^3 GOVERN_{it}^{j}$$
$$+ \sum \beta_j^4 INDUS_{it}^{j} + \sum \beta_j^5 FIN_{it}^{j} + \sum \beta_j^6 TRADE_{it}^{j}$$
$$+ \sum \beta_j^7 HIGHW_{it}^{j} + \alpha_i + \gamma_t + \varepsilon_{i,t} \qquad (3-9)$$

$$ffdiSK_{i,t} = \beta_0 + \sum \beta_j^1 AGG_{it}^{j} + \sum \beta_j^2 LABOR_{it}^{j} + \sum \beta_j^3 GOVERN_{it}^{j}$$
$$+ \sum \beta_j^4 INDUS_{it}^{j} + \sum \beta_j^5 FIN_{it}^{j} + \sum \beta_j^6 TRADE_{it}^{j}$$
$$+ \sum \beta_j^7 HIGHW_{it}^{j} + \alpha_i + \gamma_t + \varepsilon_{i,t} \qquad (3-10)$$

在计量分析时，我们重点分析了影响韩国 FDI 进入中国的劳动供给因素、税收水平、劳动工资水平、产业结构、本地区经济对外开放程度、金融市场发展水平、基础设施质量、政府经济行为等 8 个指标。我们的研究样本集中在中国东部沿海地区。我们使用的数据来自中国数据在线和相关省区年度经济统计年鉴，时间范围从 1992～2008 年。

(三) 计量分析结果

我们以面板数据为基础，分别比较了 OLS 方法、固定效应分析方法、随机效应分析方法。根据面板数据 Hausman 检验结果，集中讨论有偏估计比较小的回归分析结果。

1. 韩国 FDI 进入中国大陆规模绝对变动的影响因素。

表 3-7 中模型（3）、模型（4）和模型（5）给出了影响韩国 FDI 进入中国大陆绝对规模变动决定因素的计量分析结果。

（1）1992~2001 年。

表 3-7 中模型（3）包括 1992~2001 年中国大陆 10 个省区的共计 72 个观察样本。模型（3）为面板数据固定效应分析结果。模型（3）的 F 统计值为 1.84，表明固定效应分析结果优于混合 OLS 分析结果。对于面板数据的 Hausman 检验 χ^2 值等于 36.73，P 统计值等于 0.025，表明固定效应分析结果优于随机效应分析结果。表 3-7 中模型（3）显示，1992~2001 年，会引起韩国 FDI 进入中国大陆绝对规模显著变动的因素包括以下三个方面。

第一，批发零售部门产值增加会使得韩国 FDI 进入绝对规模减少。表 3-7 中模型（3）对应于 $wrct_{i,t-1}$ 的系数为 -0.159 且统计检验显著，含义是：1992~2001 年，前一时期 i 地区批发零售部门产值占 GDP 比重每提高 1 个百分点，当期韩国 FDI 占本地区 GDP 的比重就会减少 0.159 个百分点。

第二，银行对工业企业贷款增加会使得韩国 FDI 进入绝对规模减少。表 3-7 中模型（3）对应于 $loan_{i,t-1}$ 的系数为 -0.048 且统计检验显著，含义是：1992~2001 年，前一时期 i 地区银行对工业企业贷款增加占 GDP 比重每提高 1 个百分点，当期韩国 FDI 进入占本地区 GDP 的比重就会减少 0.048 个百分点。

表 3-7 韩国 FDI 进入中国的影响因素

被解释变量	$rfdiSK_{i,t}$		$ffdiSK_{i,t}$		
解释变量	模型（1）	模型（2）	模型（3）	模型（4）	模型（5）
$sfdi_{i,t-1}$	-0.151**	-0.024	0.007	0.007**	0.008*
	(-2.04)	(-0.24)	(0.88)	(2.15)	(1.80)
$sstaff_{i,t-1}$	0.216	0.260	0.034	0.003	0.019*
	(0.92)	(1.23)	(1.29)	(0.26)	(1.83)

（续表3-7）

被解释变量	$rfdiSK_{i,t}$		$ffdiSK_{i,t}$		
解释变量	模型（1）	模型（2）	模型（3）	模型（4）	模型（5）
$cstaff_{i,t-1}$	-0.190	0.255	-0.001	-0.010	-0.006
	(-0.60)	(0.97)	(-0.06)	(-0.70)	(-0.47)
$remp_{i,t-1}$	-0.315*	-0.111	-0.002	-0.016*	-0.012
	(-1.77)	(-0.52)	(-0.12)	(-1.92)	(-1.07)
$tpt_{i,t-1}$	-0.099	1.197	0.011		
	(-0.11)	(1.33)	(0.11)		
$wrct_{i,t-1}$	-1.139*	-0.064	-0.159**	-0.047**	-0.032
	(-1.92)	(-0.12)	(-2.39)	(-1.96)	(-1.21)
$tax_{i,t-1}$	-0.442	0.257	0.034		
	(-1.02)	(0.57)	(1.04)		
$expend_{i,t-1}$	9.851	-17.515**	-0.813	-0.082	-0.332
	(1.28)	(-2.61)	(-1.25)	(-0.21)	(-0.89)
$innogov_{i,t-1}$	-0.670	0.738	-0.018		
	(-0.49)	(0.72)	(-0.19)		
$agrsup_{i,t-1}$	-8.422	-1.194	-0.220	-0.497	-0.061
	(-1.19)	(-0.18)	(-0.46)	(-1.23)	(-0.18)
$ceshgov_{i,t-1}$	0.947	-0.131	0.043	-0.288	0.011
	(0.24)	(-0.05)	(0.17)	(-1.58)	(0.08)
$capgov_{i,t-1}$	-4.858**	-5.020**	0.015	-0.115	-0.167
	(-2.03)	(-2.22)	(0.06)	(-1.04)	(-1.57)
$dep_{i,t-1}$	0.024	0.093	0.008	-0.004	0.006*
	(0.93)	(1.50)	(1.58)	(-1.53)	(1.80)
$loan_{i,t-1}$	-0.471	0.023	-0.048**	-0.003	-0.008
	(-1.49)	(0.12)	(-2.22)	(-0.26)	(-0.79)
$trade_{i,t-1}$	-0.033	0.053	0.003	-0.002	0.004*
	(-1.12)	(1.22)	(0.72)	(-1.27)	(1.77)
$wage_{i,t-1}$		0.021	-0.008	0.005	-0.003
		(0.25)	(-1.23)	(1.31)	(-0.83)
$seff_{i,t-1}$	0.053	-0.027	-0.001	0.001	-0.003**
	(1.12)	(-0.96)	(-0.29)	(0.35)	(-2.13)
$edu_{i,t-1}$	-0.066	-0.014	0.004	0.002	-0.001
	(-1.43)	(-0.51)	(0.67)	(1.11)	(-0.57)

(续表3-7)

被解释变量	$rfdiSK_{i,t}$		$ffdiSK_{i,t}$		
解释变量	模型(1)	模型(2)	模型(3)	模型(4)	模型(5)
$highw_{i,t-1}$	0.075	-0.046	0.000	-0.011***	-0.005
	(0.75)	(-0.57)	(-0.01)	(-2.56)	(-1.28)
$iinv_{i,t-1}$	-0.151	0.046	0.019*	0.008	0.016**
	(-0.96)	(0.30)	(1.68)	(1.04)	(2.58)
$cinv_{i,t-1}$	-0.967**	0.489	-0.027	-0.003	0.005
	(-1.97)	(1.49)	(-0.83)	(-0.14)	(0.31)
$iinv_{i,t-1}$	-0.743	0.984**	-0.073	0.009	0.049**
	(-0.83)	(2.36)	(-1.29)	(0.30)	(2.16)
dum_wto		0.060***		0.002	0.003**
		(2.77)		(1.39)	(2.48)
dum_xp				0.021	
				(0.86)	
常数项	0.339	-1.114**	0.005		-0.019
	(0.79)	(-2.41)	(0.12)		(-0.84)
观察值	72	114	72	121	121
样本期间	1992~2001	1992~2008	1992~2001	1992~2008	1992~2008
省区分组	10	10	10	10	10
F统计值	3.11	4.48	1.84	3.25	3.25
拟合优度	0.723	0.011	0.001	0.368	0.014
Wald chi²	130.6	\	\	169.35	\
Hausman chi²	8.56	98.72	36.73	12.95	12.95
P统计值	0.992	0.000	0.025	0.879	0.879
计量方法	re_gls	fe_reg	fe_reg	re_gls	fe_reg

说明：(1)括号中为t统计值或z统计值。(2)***、**、*分别表示在1%、5%和10%水平上统计显著。(3)模型(1)、(2)的被解释变量为$rfdiSK_{i,t}$，等于来自韩国坡FDI占有关地区年度实际利用FDI的比重；模型(3)、(4)和模型(5)的被解释变量为$ffdiSK_{i,t}$，等于来自韩国FDI占有关地区年度GDP的比重。(4)对有关变量的详细说明和统计分析参见第二章表2-2和表2-3。

第三，国有企业固定资产投资增加会使得韩国FDI进入绝对规模增加。表3-7中模型(3)对应于$sinv_{i,t-1}$的系数为0.019且统计检验显著，含义是：1992~2001年，前一时期i地区国有企业固定资产投资占GDP比重每提高1个百分点，当期韩国FDI进入占本地区GDP的比重就会增加

0.019 个百分点。

(2) 1992~2008 年。

表 3-7 中模型 (4) 包括 1992~2008 年中国大陆 10 个省区的共计 121 个观察样本。模型 (4) 为面板数据随机效应分析结果。模型 (3) 的 F 统计值为 3.25，表明固定效应分析结果优于混合 OLS 分析结果。对于面板数据的 Hausman 检验 χ^2 值等于 12.95，P 统计值等于 0.879，表明随机效应分析结果优于固定效应分析结果。表 3-7 中模型 (4) 显示，1992~2008 年，会引起韩国 FDI 进入中国大陆绝对规模显著变动的因素包括以下几个方面。

第一，实际利用 FDI 存量增加会使得韩国 FDI 进入绝对规模增加。表 3-7 中模型 (4) 对应于 $sfdi_{i,t-1}$ 的系数为 0.007 且统计检验显著，含义是：1992~2008 年，前一时期 i 地区实际利用 FDI 存量占 GDP 比重每提高 1 个百分点，当期韩国 FDI 占本地区 GDP 的比重就会提高 0.007 个百分点。

第二，农村从业人口增加会使得韩国 FDI 进入绝对规模减少。表 3-7 中模型 (4) 对应于 $remp_{i,t-1}$ 的系数为 -0.016 且统计检验显著，含义是：1992~2008 年，前一时期 i 地区农村从业人口占全部就业人口的比重每提高 1 个百分点，当期韩国 FDI 占本地区 GDP 的比重就会减少 0.016 个百分点。

此外，批发零售部门产值增加、单位国土面积上高速公路里程数量增加等，会使得 1992~2008 年韩国 FDI 进入绝对规模减少。

2. 韩国 FDI 进入中国大陆规模相对变动的影响因素。

表 3-7 中模型 (1)、模型 (2) 给出了影响韩国 FDI 进入中国大陆规模相对变动决定因素的计量分析结果。

(1) 1992~2001 年。

表 3-7 中模型 (1) 包括 1992~2001 年中国大陆 10 个省区的共计 72 个观察样本。模型 (1) 为面板数据随机效应分析结果。固定效应分析的 F 统计值等于 3.11，表明固定效应分析方法优于混合 OLS 分析方法；对于面板数据的 Hausman 检验 χ^2 值等于 8.56，P 统计值等于 0.992，表明随机效应分析结果优于固定效应分析结果。表 3-7 中模型 (1) 显示，1992~2001 年，会引起韩国 FDI 进入中国大陆规模相对显著变动的因素包括以下几个方面。

第一，实际利用 FDI 存量增加会使得韩国 FDI 进入规模相对减少。表 3-7

中模型（1）对应于 $sfdi_{i,t-1}$ 的系数为 -0.151 且统计检验显著，含义是：1992~2001 年，前一时期 i 地区实际利用 FDI 存量占 GDP 的比重每提高 1 个百分点，当期韩国 FDI 占本地区年度实际利用 FDI 总额的比重就会减少 0.151 个百分点。

第二，农村从业人口增加会使得韩国 FDI 进入规模相对减少。表 3-7 中模型（1）对应于 $remp_{i,t-1}$ 的系数为 -0.315 且统计检验显著，含义是：1992~2001 年，前一时期 i 地区农村从业人口占本地区全部从业人口数量的比重每提高 1 个百分点，当期韩国 FDI 占本地区年度实际利用 FDI 总额的比重就会减少 0.315 个百分点。

第三，批发零售部门产值增加会使得韩国 FDI 进入规模相对减少。表 3-7 中模型（1）对应于 $wrct_{i,t-1}$ 的系数为 -1.139 且统计检验显著，含义是：1992~2001 年，前一时期 i 地区批发零售部门产值占本地区 GDP 的比重每提高 1 个百分点，当期韩国 FDI 占本地区年度实际利用 FDI 总额的比重就会减少 1.139 个百分点。

此外，政府部门对固定资产投资增加、集体企业固定资产投资增加等，会使得 1992~2008 年期间韩国 FDI 进入规模相对减少。

（2）1992~2008 年。

表 3-7 中模型（2）包括 1992~2008 年中国大陆 10 个省区的共计 114 个观察样本。模型（2）为面板数据固定效应分析结果。固定效应分析的 F 统计值等于 4.48，表明固定效应分析方法优于混合 OLS 分析方法；对于面板数据的 Hausman 检验 χ^2 值等于 98.72，P 统计值等于 0.00，表明固定效应分析结果优于随机效应分析结果。

表 3-7 中模型（2）显示，1992~2008 年，政府部门行政开支增加、政府部门对固定资产投资增加等，会使得 1992~2008 年韩国 FDI 进入规模相对减少，个体经营企业固定资产投资增加则会使得韩国 FDI 进入规模相对增加。

此外，中国加入世界贸易组织（WTO）以后韩国 FDI 进入规模相对增加。表 3-7 中模型（2）对应于 dum_wto 的系数为 0.06 且统计检验显著，含义是：在中国加入世界贸易组织以后，韩国 FDI 占本地区年度实际利用 FDI 总额的比重就会比 2002 年以前年度增加 0.06 个百分点。

以上分析表明，中国加入 WTO 以后，韩国 FDI 进入中国的规模显著增加，FDI 进入中国的地区集聚效应也会使得韩国 FDI 进入中国显著增加。在下文中，我们将韩国 FDI 进入中国的决定因素与新加坡 FDI 及维尔京群岛 FDI 进行对比。

四、进入中国的韩国 FDI 与新加坡 FDI 影响因素比较

我们以面板数据为基础，分别比较了 OLS 方法、固定效应分析方法、随机效应分析方法。根据面板数据 Hausman 检验结果，我们将集中讨论有偏估计比较小的回归分析结果。对不同时期影响新加坡 FDI 进入中国大陆决定因素的计量分析结果参见表 3-8。

（一）新加坡 FDI 进入中国大陆规模绝对变动的影响因素

表 3-8 中模型（3）、模型（4）和模型（5）给出了影响新加坡 FDI 进入中国大陆绝对规模变动决定因素的计量分析结果。

1. 1980～2001 年。

表 3-8 中模型（3）包括 1980～2001 年中国大陆 12 个省区的共计 105 个观察样本。模型（3）为面板数据随机效应分析结果。固定效应分析得到的 F 统计值为 2.69，表明固定效应分析结果优于混合 OLS 分析结果。对于面板数据的 Hausman 检验 χ^2 值等于 17.98，P 统计值等于 0.759，表明随机效应分析结果优于固定效应分析结果。

表 3-8 中模型（3）显示，1980～2001 年，实际利用 FDI 存量增加、税收比率提高、单位国土面积上高速公路里程数量增加、集体企业固定资产投资增加等，会使得 1980～2001 年新加坡 FDI 进入绝对规模增加；但是，个体经营企业固定资产投资增加会使得 1980～2001 年间新加坡 FDI 进入绝对规模减少。

2. 1980～2008 年。

表 3-8 中模型（4）包括 1980～2008 年中国大陆 12 个省区的共计 153 个观察样本。模型（4）为面板数据固定效应分析结果。固定效应分析得到的 F 统计值为 2.95，表明固定效应分析结果优于混合 OLS 分析结果。对于面板数据的 Hausman 检验 χ^2 值等于 45.39，P 统计值等于 0.005，表明固定效应分析结果优于随机效应分析结果。

表 3-8 新加坡 FDI 进入中国的的影响因素

被解释变量	$rfdiSIN_{i,t}$		$ffdiSIN_{i,t}$		
解释变量	模型(1)	模型(2)	模型(3)	模型(4)	模型(5)
$sfdi_{i,t-1}$	0.130***	0.080**	0.012***	0.006**	0.010***
	(3.85)	(2.25)	(4.43)	(2.46)	(6.30)
$sstaff_{i,t-1}$	0.024	0.089**	0.002	0.008	0.003
	(0.28)	(2.43)	(0.25)	(1.51)	(0.83)
$cstaff_{i,t-1}$	-0.125	0.043	-0.001	-0.005	0.001
	(-0.98)	(0.60)	(-0.14)	(-0.64)	(0.27)
$remp_{i,t-1}$	-0.101	-0.084*	-0.004	-0.016**	-0.004
	(-1.46)	(-1.92)	(-0.70)	(-2.32)	(-1.12)
$tpt_{i,t-1}$	-0.727**	-0.463*	-0.034	-0.023	-0.043***
	(-2.04)	(-1.82)	(-1.25)	(-1.10)	(-2.86)
$wrct_{i,t-1}$	0.109	0.037	-0.003	0.000	-0.002
	(0.58)	(0.27)	(-0.22)	(-0.01)	(-0.21)
$tax_{i,t-1}$	0.313*	0.220	0.024*	-0.004	0.010
	(1.91)	(1.60)	(1.90)	(-0.32)	(1.01)
$expend_{i,t-1}$	2.482	0.577	0.260	0.261**	0.259**
	(1.11)	(0.36)	(1.49)	(2.14)	(2.10)
$innogov_{i,t-1}$	-0.038	-0.480	-0.018	-0.018	-0.036
	(-0.09)	(-1.58)	(-0.53)	(-0.61)	(-1.56)
$agrsup_{i,t-1}$	-1.033	0.179	-0.103	-0.075	-0.067
	(-0.44)	(0.10)	(-0.57)	(-0.47)	(-0.47)
$ceshgov_{i,t-1}$	-2.718**	-1.562**	-0.166	-0.075	-0.183***
	(-2.08)	(-2.29)	(-1.64)	(-1.10)	(-3.20)
$capgov_{i,t-1}$	-0.132	0.560	0.059	0.066	0.061
	(-0.15)	(1.06)	(0.88)	(1.34)	(1.47)
$dep_{i,t-1}$	-0.042	-0.034**	-0.002	0.001	-0.002**
	(-1.58)	(-2.31)	(-0.78)	(0.29)	(-1.99)
$loan_{i,t-1}$	0.112	-0.108	-0.002	-0.004	-0.001
	(0.89)	(-1.30)	(-0.16)	(-0.66)	(-0.21)
$trade_{i,t-1}$	-0.013	-0.018***	-0.001	0.001	-0.001
	(-1.10)	(-2.71)	(-0.96)	(0.72)	(-0.95)
$wage_{i,t-1}$	0.062*	0.051**	0.002	-0.001	0.002
	(1.67)	(2.47)	(0.78)	(-0.57)	(1.24)

(续表 3-8)

被解释变量	$rfdiSIN_{i,t}$		$ffdiSIN_{i,t}$		
解释变量	模型（1）	模型（2）	模型（3）	模型（4）	模型（5）
$seff_{i,t-1}$	-0.023	-0.006	-0.001	-0.001	0.000
	(-1.53)	(-0.46)	(-1.07)	(-0.81)	(-0.29)
$edu_{i,t-1}$	0.011	0.008	0.000	0.002	0.001*
	(0.56)	(0.68)	(0.19)	(1.64)	(1.89)
$highw_{i,t-1}$	-0.100**	-0.019	-0.008**	-0.006**	-0.003
	(-2.03)	(-0.65)	(-2.17)	(-2.30)	(-1.39)
$sinv_{i,t-1}$	-0.084	0.056	0.007	0.008*	0.012***
	(-1.15)	(0.94)	(1.23)	(1.86)	(2.92)
$cinv_{i,t-1}$	0.876***	0.208	0.042***	-0.003	0.018**
	(4.17)	(1.30)	(2.60)	(-0.31)	(2.05)
$iinv_{i,t-1}$	-0.482*	-0.218	-0.060***	-0.027**	-0.023*
	(-1.75)	(-1.18)	(-2.80)	(-2.11)	(-1.88)
dum_wto		0.005		0.000	0.000
		(0.59)		(0.13)	(0.00)
dum_xp	-0.006	0.002	0.001	0.001	0.001
	(-0.60)	(0.23)	(0.74)	(1.23)	(0.98)
常数项	0.008	-0.071	0.001	0.015	0.004
	(0.04)	(-0.67)	(0.09)	(1.13)	(0.46)
观察值	105	153	105	153	153
样本期间	1980~2001	1980~2008	1980~2001	1980~2008	1980~2008
省区分组	12	12	12	12	12
F 统计值	1.55	1.18	2.69	2.95	2.95
拟合优度	0.558	0.426	0.699	0.149	0.616
Wald chi^2	102.28	5.23	188.17		205.23
Hausman chi^2	18.71	40.95	17.98	45.39	45.39
P 统计值	0.717	0.017	0.759	0.005	0.005
计量方法	re_gls	ols	re_gls	fe_reg	re_gls

说明：（1）括号中为 t 统计值或 z 统计值。（2）***、**、* 分别表示在 1%、5% 和 10% 水平上统计显著。（3）模型（1）、（2）的被解释变量为 $rfdiSIN_{i,t}$，等于来自新加坡 FDI 占有关地区年度实际利用 FDI 的比重；模型（3）、（4）、（5）的被解释变量为 $ffdiSIN_{i,t}$，等于来自新加坡 FDI 占有关地区年度 GDP 的比重。（4）对有关变量的详细说明和统计分析参见第二章表 2-2 和表 2-3。

表 3-8 中模型（4）显示，1980~2001 年，实际利用 FDI 存量增加、农

村从业人口数量减少、政府部门行政开支增加、国有企业固定资产投资增加等，会使得新加坡 FDI 进入绝对规模增加；但是，单位国土面积上高速公路里程数量增加、个体经营企业固定资产投资增加等，会使得同期新加坡 FDI 进入绝对规模减少。

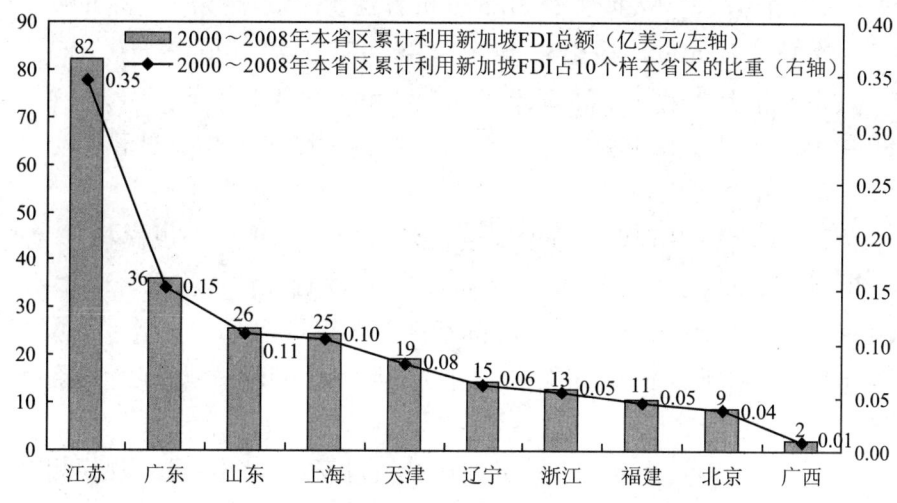

图 3-10　新加坡 FDI 进入中国大陆的地区分布

资料来源：根据中国相关省区历年经济统计年鉴公布的数据整理得到。

（二）新加坡 FDI 进入中国大陆规模相对变动的影响因素

表 3-8 中模型（1）、模型（2）给出了影响新加坡 FDI 进入中国大陆规模相对变动决定因素的计量分析结果。

1. 1980~2001 年。

表 3-8 中模型（1）包括 1980~2001 年中国大陆 12 个省区的共计 105 个观察样本。模型（1）为面板数据随机效应分析结果。固定效应分析的 F 统计值等于 1.55，表明固定效应分析方法优于混合 OLS 分析方法；对于面板数据的 Hausman 检验 χ^2 值等于 18.71，P 统计值等于 0.717，表明随机效应分析结果优于固定效应分析结果。

表 3-8 中模型（1）显示，1980~2001 年，实际利用 FDI 存量增加、交通通讯邮政部门产值增加、税收比率提高、劳动工资提高、集体企业固定资产投资增加等，会使得新加坡 FDI 进入规模相对增加。但是，政府部门对科

教文卫投入增加、单位国土面积上高速公路里程数量增加、个体经营企业固定资产投资增加等，会使得新加坡 FDI 进入规模相对减少。

2. 1980～2008 年。

表 3-8 中模型（2）包括 1980～2008 年中国大陆 12 个省区的共计 153 个观察样本。模型（2）为混合 OLS 分析结果。固定效应分析的 F 统计值等于 1.18，表明混合 OLS 分析方法优于固定效应分析方法；对于面板数据的 Hausman 检验 χ^2 值等于 40.95，P 统计值等于 0.017，表明固定效应分析结果优于随机效应分析结果。表 3-8 中模型（2）显示，1980～2008 年，会引起新加坡 FDI 进入中国大陆规模相对显著变动的因素包括以下几个方面。

第一，实际利用 FDI 存量增加会使得新加坡 FDI 进入规模相对增加。表 3-8 中模型（2）对应于 $sfdi_{i,t-1}$ 的系数为 0.08 且统计检验显著，含义是：1980～2008 年，前一时期 i 地区实际利用 FDI 存量占 GDP 的比重每提高 1 个百分点，当期新加坡 FDI 占本地区年度实际利用 FDI 总额的比重就会增加 0.08 个百分点。

第二，国有企业从业人口数量增加会使得新加坡 FDI 进入规模相对增加。表 3-8 中模型（2）对应于 $sstaff_{i,t-1}$ 的系数为 0.089 且统计检验显著，含义是：1980～2008 年，前一时期 i 地区国有企业在职职工人数占本地区全部从业人口数量的比重每提高 1 个百分点，当期新加坡 FDI 占本地区年度实际利用 FDI 总额的比重就会增加 0.089 个百分点。

第三，农村从业人口数量减少会使得新加坡 FDI 进入规模相对增加。表 3-8 中模型（2）对应于 $remp_{i,t-1}$ 的系数为 -0.084 且统计检验显著，含义是：1980～2008 年，前一时期 i 地区农村从业人口数量占本地区全部从业人口数量的比重每减少 1 个百分点，当期新加坡 FDI 占本地区年度实际利用 FDI 总额的比重就会增加 0.084 个百分点。

第四，劳动工资提高会使得新加坡 FDI 进入规模相对增加。表 3-8 中模型（2）对应于 $wage_{i,t-1}$ 的系数为 0.051 且统计检验显著，含义是：1980～2008 年，前一时期 i 地区劳动工资每增加 1 个百分点，当期新加坡 FDI 进入占本地区年度实际利用 FDI 总额的比重就会增加 0.051 个百分点。

但是，交通通讯邮政部门产值增加、政府部门对科教文卫投入增加、人均居民储蓄存款增加、进出口贸易规模增加等,会使得1980~2008年间新加坡FDI进入规模相对减少。

五、进入中国的韩国FDI与维尔京群岛FDI影响因素比较

我们以面板数据为基础,分别比较了OLS方法、固定效应分析方法、随机效应分析方法。根据面板数据Hausman检验结果,我们将集中讨论有偏估计比较小的回归分析结果。

(一)维尔京群岛FDI进入中国大陆规模绝对变动的影响因素

表3-9中模型(3)、模型(4)给出了1980~2008年影响维尔京群岛FDI进入中国大陆绝对规模变动决定因素的计量分析结果。

表3-9中模型(3)包括1980~2008年中国大陆6个省区的共计39个观察样本。模型(3)为面板数据固定效应分析结果。固定效应分析得到的F统计值为9.96,表明固定效应分析结果优于混合OLS分析结果。对于面板数据的Hausman检验χ^2值等于14.75,P统计值等于0.098,表明固定效应分析结果优于随机效应分析结果。表3-9中模型(3)显示,1980~2008年,会引起维尔京群岛FDI进入中国大陆绝对规模显著变动的因素包括以下几个方面。

第一,实际利用FDI存量增加会使得维尔京群岛FDI进入中国绝对规模增加。表3-9中模型(3)对应于$sfdi_{i,t-1}$的系数为0.037且统计检验显著,含义是:1980~2008年,前一时期i地区实际利用FDI存量占GDP比重每提高1个百分点,当期维尔京群岛FDI占本地区GDP的比重就会增加0.037个百分点。

第二,单位国土面积上高速公路里程数量增加会使得维尔京群岛FDI进入中国的绝对规模显著增加。表3-9中模型(3)对应于$highw_{i,t-1}$的系数为0.01且统计检验显著,含义是:1980~2008年,前一时期i地区单位国土面积上高速公路里程数量每增加1公里,当期维尔京群岛FDI进入占本地区GDP的比重就会增加0.01个百分点。

第三,教育水平提高会使得维尔京群岛FDI进入中国绝对规模增加。表3-9中模型(3)对应于$edu_{i,t-1}$的系数为0.005且统计检验显著,含义是:1980~2008年,前一时期i地区高等学校在校学生人数占本地区居民人口的比重每提高1个百分点,当期维尔京群岛FDI占本地区GDP的比重就会增加 0.005 个百分点。

表3-9 维尔京群岛 FDI 进入中国的影响因素

被解释变量	$rfdiVIR_{i,t}$		$ffdiVIR_{i,t}$	
解释变量	模型（1）	模型（2）	模型（3）	模型（4）
$sfdi_{i,t-1}$	0.907	0.010	0.037***	0.014***
	(1.36)	(1.17)	(6.15)	(4.98)
$sstaff_{i,t-1}$		-0.010		
		(-0.38)		
$cstaff_{i,t-1}$		0.234***	0.108***	0.018
		(2.86)	(3.13)	(0.68)
$remp_{i,t-1}$	-1.575**	0.025		
	(-2.73)	(0.85)		
$tpt_{i,t-1}$	6.777*	0.117		
	(2.19)	(1.26)		
$wrct_{i,t-1}$	2.532**	0.107***	0.062**	0.084***
	(2.55)	(2.99)	(2.38)	(3.04)
$tax_{i,t-1}$	-9.152***	-0.048		
	(-3.79)	(-0.61)		
$expend_{i,t-1}$	-36.813	-0.489		
	(-1.79)	(-0.30)		
$innogov_{i,t-1}$	-85.564***	-1.048**	-1.368***	-0.731***
	(-4.66)	(-2.22)	(-3.57)	(-3.81)
$agrsup_{i,t-1}$	-15.585**	0.168	-0.322	0.209
	(-3.21)	(0.25)	(-1.46)	(0.85)
$ceshgov_{i,t-1}$		-0.137		
		(-0.26)		
$capgov_{i,t-1}$		0.274		
		(1.28)		
$dep_{i,t-1}$	0.509**	-0.005		
	(2.71)	(-0.54)		
$loan_{i,t-1}$	-3.521***	0.018		
	(-3.52)	(0.67)		
$trade_{i,t-1}$	0.324	-0.007		
	(1.74)	(-1.58)		

(续表3-9)

被解释变量	$rfdiVIR_{i,t}$		$ffdiVIR_{i,t}$	
解释变量	模型（1）	模型（2）	模型（3）	模型（4）
$wage_{i,t-1}$	-0.754**	0.023		
	(-2.96)	(1.37)		
$seff_{i,t-1}$	0.134**	0.005		
	(2.83)	(1.31)		
$edu_{i,t-1}$	-0.333**	0.007**	0.005**	0.003**
	(-3.24)	(2.10)	(2.50)	(2.05)
$highw_{i,t-1}$	-1.917**	-0.001	0.010**	0.006
	(-2.78)	(-0.04)	(2.51)	(1.29)
$sinv_{i,t-1}$		-0.023	-0.054*	-0.017
		(-0.62)	(-1.80)	(-0.63)
$cinv_{i,t-1}$	-5.571**	-0.053		
	(-3.29)	(-0.89)		
$iinv_{i,t-1}$	7.192**	-0.062		
	(3.07)	(-0.98)		
dum_wto	0.249***	0.001	-0.001	-0.002
	(3.55)	(0.47)	(-0.55)	(-1.27)
dum_xp		-0.214*		-0.009
		(-1.72)		(-1.53)
常数项	5.050**		-0.020***	
	(2.73)		(-2.93)	
观察值	32	32	39	39
样本期间	1980~2008	1980~2008	1980~2008	1980~2008
省区分组	6	6	6	6
F 统计值	6.89	5.17	9.96	9.96
拟合优度	0.064	0.972	0.668	0.814
Wald chi^2	\	730.76	\	367.13
Hausman chi^2	28.83	5.12	14.75	14.75
P 统计值	0.051	0.999	0.098	0.098
计量方法	fe_reg	re_gls	fe_reg	re_gls

说明：（1）括号中为 t 统计值或 z 统计值。（2）***、**、* 分别表示在1%、5%和10%水平上统计显著。（3）模型（1）和（2）的被解释变量为 $rfdiVIR_{i,t}$，等于来自维尔京群岛的 FDI 占有关地区年度实际利用 FDI 的比重；模型（3）、（4）的被解释变量为 $ffdiVIR_{i,t}$，等于来自维尔京群岛的 FDI 占有关地区年度 GDP 的比重。（4）对有关变量的详细说明和统计分析参见第二章表2-2和表2-3。

此外，集体企业在职职工数量增加、批发零售部门产值增加等，会使得 1980~2008 年维尔京群岛 FDI 进入中国绝对规模增加；政府部门对创新基金投入增加、国有企业固定资产投资增加等，则会使得 1980~2008 年维尔京群岛 FDI 进入中国绝对规模减少。

（二）维尔京群岛 FDI 进入中国大陆规模相对变动的影响因素

表 3-9 中模型（1）、模型（2）给出了影响维尔京群岛 FDI 进入中国大陆规模相对变动决定因素的计量分析结果。表 3-9 中模型（2）包括 1980~2008 年中国大陆 6 个省区的共计 32 个观察样本。模型（2）为面板数据随机效应分析结果。固定效应分析的 F 统计值等于 5.17，表明固定效应分析方法优于混合 OLS 分析方法；对面板数据的 Hausman 检验 χ^2 值等于 730.76，P 统计值等于 0.999，表明随机效应分析结果优于固定效应分析结果。

表 3-9 中模型（2）显示，1980~2008 年，集体企业在职职工数量增加、批发零售部门产值增加，会使得维尔京群岛 FDI 进入中国规模相对增加；政府部门对创新基金投入增加、1992 年邓小平南巡讲话，则会使得同期维尔京群岛 FDI 进入中国规模相对减少。

上述表明，维尔京群岛 FDI 大量进入到了前期 FDI 的进入地区，有显著的 FDI 集聚特征，但国有企业固定资产投资增加会引起维尔京群岛 FDI 进入显著减少。中国香港、中国台湾、美国、日本、韩国、新加坡和维尔京群岛等国家和地区 FDI 进入中国规模绝对变动的影响因素参见表 3-10；中国香港、中国台湾、美国、日本、韩国、新加坡和维尔京群岛等国家和地区 FDI 进入中国规模相对变动的影响因素参见表 3-11。

第七节 结论与政策启示

研究表明，不同来源 FDI 进入中国的影响因素有一定差异，具体有以下几个方面。

第一，FDI 进入的集聚效应会引起中国台湾、美国、日本、韩国、新加坡、维尔京群岛等国家和地区的 FDI 进入中国内地规模的绝对水平显著增加，对香港地区 FDI 进入中国内地规模绝对水平的影响不显著；FDI 进入的集聚效应，会引起中国香港、中国台湾、美国、新加坡等国家和地区 FDI 进

表 3-10　相关指标的正向变动对不同来源 FDI 进入中国绝对规模的影响比较

影响因素	符号	香港	台湾	美国	日本	韩国	新加坡	维尔京群岛
存量 FDI	$sfdi_{i,t-1}$	/	显著增加	显著增加	显著增加	显著增加	显著增加	显著增加
国有企业在职职工数量	$sstaff_{i,t-1}$	显著增加	/	减少	/	/	/	/
集体企业在职职工数量	$cstaff_{i,t-1}$	显著增加	/	/	/	/	减少	显著增加
农村从业人口数量	$remp_{i,t-1}$	显著增加	/	显著减少	/	/	/	/
交通通讯邮政部门产值	$tpt_{i,t-1}$	显著增加	/	显著增加	显著增加	/	/	显著增加
批发零售部门产值	$wrct_{i,t-1}$	显著增加	/	/	显著减少	显著减少	/	显著减少
税收比率	$tax_{i,t-1}$	显著增加	/	/	/	/	/	/
政府部门行政开支	$expend_{i,t-1}$	显著增加	显著增加	/	显著增加	/	显著增加	/
政府部门对创新基金投入	$innogov_{i,t-1}$	显著减少	/	显著减少	显著减少	/	/	/
政府部门对农业发展投入	$agrsup_{i,t-1}$	显著增加	/	/	/	/	/	/
政府部门对科教文卫投入	$ceshgov_{i,t-1}$	显著减少	/	/	/	/	/	/
政府部门对固定资产投资	$capgov_{i,t-1}$	显著增加	/	/	/	/	/	/
人均居民储蓄存款	$dep_{i,t-1}$	显著增加	/	/	/	/	/	/
银行对工业企业贷款	$loan_{i,t-1}$	显著增加	/	显著减少	显著减少	/	/	/
对外贸易依存度	$trade_{i,t-1}$	显著减少	/	/	/	/	/	/
劳动工资	$wage_{i,t-1}$	显著增加	/	/	显著减少	/	/	/
国有企业人均职工产值	$self_{i,t-1}$	显著增加	/	/	显著减少	/	/	/
高等学校在校学生数量	$edu_{i,t-1}$	显著减少	/	/	/	/	/	/
高速公路里程数量	$highw_{i,t-1}$	显著增加	/	显著增加	显著增加	显著减少	显著减少	显著增加
国有企业固定资产投资	$sinv_{i,t-1}$	显著增加	显著增加	显著增加	/	/	显著增加	显著增加
集体企业固定资产投资	$cinv_{i,t-1}$	显著增加	/	显著减少	/	/	/	显著减少
个体经营企业固定资产	$iinv_{i,t-1}$	显著增加	/	/	显著减少	/	显著减少	/

说明：绝对规模表示 1980～2008 年来自有关国家（或地区）的 FDI 占相关地区年度 GDP 比重。

表 3-11 相关指标的正向变动对不同来源 FDI 进入中国相对规模的影响比较

影响因素	符号	香港	台湾	美国	日本	韩国	新加坡	维尔京群岛
存量 FDI	$sfdi_{i,t-1}$	显著增加	显著增加	显著增加	显著减少	/	显著增加	/
国有企业在职职工数量	$sstaff_{i,t-1}$	/	/	/	/	/	显著增加	/
集体企业在职职工数量	$cstaff_{i,t-1}$	显著减少	显著增加	显著减少	/	/	/	显著增加
农村从业人口数量	$remp_{i,t-1}$	/	/	显著增加	/	/	显著减少	/
交通通讯邮政部门产值	$tpt_{i,t-1}$	/	/	/	/	/	显著减少	显著减少
批发零售部门产值	$wrct_{i,t-1}$	显著增加	/	/	/	/	/	/
税收比率	$tax_{i,t-1}$	/	/	/	/	/	/	/
政府部门行政开支	$expend_{i,t-1}$	/	/	/	/	显著减少	/	/
政府部门对创新基金投入	$innogov_{i,t-1}$	显著增加	/	/	显著增加	/	/	/
政府部门对农业发展投入	$agrsup_{i,t-1}$	/	/	/	/	/	/	/
政府部门对科教文卫投入	$ceshgov_{i,t-1}$	显著减少	/	显著减少	显著减少	显著减少	/	/
政府部门对固定资产投资	$capgov_{i,t-1}$	显著减少	/	/	/	/	显著减少	/
人均居民储蓄存款	$dep_{i,t-1}$	显著增加	显著减少	显著增加	/	/	/	/
银行对工业企业贷款	$loan_{i,t-1}$	/	/	/	/	/	显著减少	/
对外贸易依存度	$trade_{i,t-1}$	显著减少	显著增加	显著减少	/	/	/	/
劳动工资	$wage_{i,t-1}$	/	/	/	/	/	/	/
国有企业人均职工产值	$self_{i,t-1}$	显著减少	/	显著增加	显著减少	/	/	/
高等学校在校学生数量	$edu_{i,t-1}$	/	/	/	/	/	/	/
高速公路里程数量	$highw_{i,t-1}$	显著增加	显著增加	显著减少	/	/	显著减少	显著减少
国有企业固定资产投资	$sinv_{i,t-1}$	/	/	/	/	/	/	/
集体企业固定资产投资	$cinv_{i,t-1}$	/	显著增加	/	显著减少	显著增加	/	/
个体经营企业固定资产	$iinv_{i,t-1}$	/	显著减少	/	显著减少	/	/	/
中国加入 WTO	dum_wto	/	/	/	/	/	/	/
1992 年邓小平讲话	dum_xp	/	/	/	/	显著增加	显著减少	显著减少

说明：相对规模表表示 1980~2008 年来自有关国家（或地区）的 FDI 占相应省区年度实际利用 FDI 总量的比重。

入中国大陆规模的相对水平显著提高。也即，FDI 进入中国大陆的集聚效应对中国台湾、美国、新加坡等国家和地区 FDI 进入中国大陆的推动作用，显著强于日本、韩国和维尔京群岛等国家和地区。

第二，税收比率降低对中国香港、中国台湾、美国、日本、韩国、新加坡、维尔京群岛等国家和地区 FDI 进入中国大陆的规模绝对水平变动和相对水平变动均无显著影响。

第三，劳动工资提高会使得香港和台湾 FDI 进入中国大陆的绝对规模显著减少，但对来自美国、日本、韩国、新加坡和维尔京群岛的 FDI 进入中国的规模影响不显著，居民收入水平提高可弥补劳动工资提高对 FDI 进入的不利影响。

第四，对外贸易依存度提高会使得香港 FDI 进入的绝对规模和相对规模显著增加，但会引起美国 FDI 进入绝对减少并相对减少，以及引起台湾 FDI 进入相对减少。

第五，国有企业固定资产投资规模增加有助于中国香港、中国台湾、美国、日本、新加坡等国家和地区 FDI 进入中国大陆的规模绝对水平显著增加，会引起维尔京群岛 FDI 进入中国大陆的规模绝对水平显著减少。

第六，高速公路里程数量提高使得中国香港 FDI 和维尔京群岛 FDI 进入中国大陆的规模绝对水平显著增加，对美国、日本等国家和地区的 FDI 进入中国大陆的规模绝对水平变动影响不显著。

因此，税收优惠政策对所有来源的 FDI 进入中国大陆的增加，均无显著效果；影响不同来源 FDI 进入中国大陆增加的因素主要是集聚效应和国有企业固定资产投资规模增加。就吸引 FDI 进入中国大陆的规模增加而言，关键的政策是建立若干特色产业园区，营造 FDI 进入的地区集聚效应。此外，中国经济环境变化会使得进入中国的 FDI 来源结构发生变动。在统一政策的前提下，中国在引进 FDI 时，可针对不同来源 FDI 实行差别化措施。

第 四 章

FDI 进入中国行业变动的影响因素

根据行业划分习惯，农业被称为第一产业；采矿业、制造业、电力燃气及水的生产和供应业等统称为工业，工业和建筑业组成为第二产业；在第一产业和第二产业以外的其他部门被称为第三产业（通常所说的服务业）。更具体地来说，制造业包括农副食品加工业、通信设备计算机及其他电子设备制造业、化学原料及化学制品制造业、纺织业、通用设备制造业、专用设备制造业、医药制造业、废气资源和废旧材料回收加工业等 30 个行业类别。

第一节 FDI 进入中国的行业变动

1979~2009 年，进入中国的 FDI 主要投入到了制造业部门和服务业部门，进入农林牧渔业的 FDI 占中国年度实际利用 FDI 的比重一直在 2% 以下。对中国东部 12 个省区的统计分析显示[①]，1995~2007 年，进入中国的 FDI 有 50% 至 90% 投入到了制造业。

一、FDI 进入中国行业的总体特征

1999~2009 年，进入中国制造业的 FDI 占中国年度实际利用 FDI 流量总额的比重显示出先上升后下降的趋势（参见图 4-1）：1999~2004 年，此

---

① 中国东部地区包括：海南、广西、广东、福建、浙江、上海、江苏、山东、河北、天津、北京、辽宁等 12 个省区。

比重从 1999 年的 56% 逐年上升到了 2004 年的 71%；2005~2008 年，这一指标逐年下降，在 2008 年下降到了 46%，2009 年重新小幅上升。2009 年，进入中国制造业的 FDI 占中国年度实际利用 FDI 流量总额的比重为 50%，接近 2007 年时的水平，但仍旧低于 1999~2007 年的所有年份。

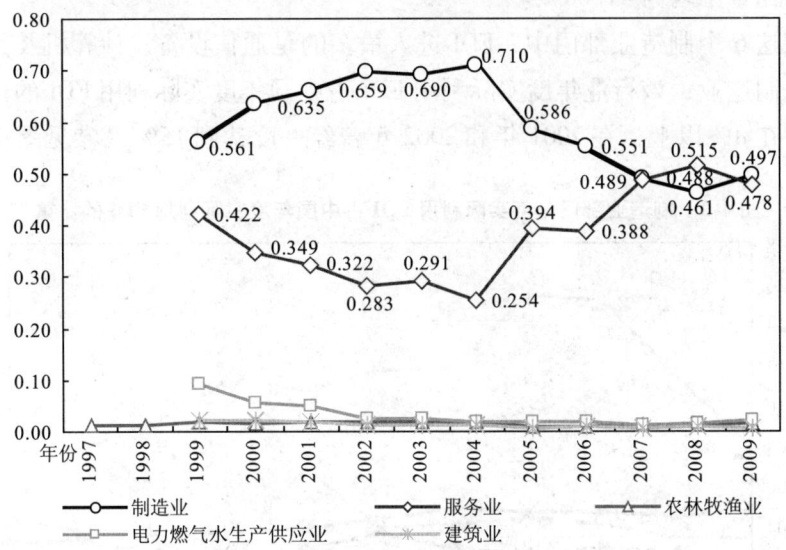

图 4-1　行业大类年度实际利用 FDI 占中国年度实际利用 FDI 的比重

资料来源：中国国家商务部；CEIC。

在工业部门中，电力、燃气及水的生产和供应业实际利用 FDI 占中国年度实际利用 FDI 的比重有明显地逐年下降趋势，此数据从 1999 年的 9% 开始，最低下降到 2007 年的 1%，在 2008 年和 2009 年又有所增长。

2004~2009 年，进入中国服务业的 FDI 占中国年度实际利用 FDI 流量总额的比重在总体上显示出稳步上升的趋势：2004~2008 年，此比重从 2004 年的 25% 逐年上升到 2008 年的 51%；2009 年，中国服务业实际利用 FDI 的比重有所下降，占中国当年实际利用 FDI 的比重为 48%。[①]

[①] 这里的服务业包括：交通运输仓储和邮政业、信息传输计算机服务和软件业、批发和零售业、住宿和餐饮业、金融业、房地产业、租赁和商业服务业、科学研究技术服务和地质勘察业、水利环境和公共设施管理业、居民服务和其他服务业，以及教育、卫生社会保障和社会福利业、公共管理和社会组织等共计 14 个服务业类别。

二、制造业年度实际利用 FDI 的变动特征

1999~2009 年,纺织业、化学原料及化学制品制造业、医药制造业、通用设备制造业、专用设备制造业、通信设备计算机及其他电子设备制造业等 6 个制造业门类,年度实际利用 FDI 总额占制造业同期年度实际利用 FDI 总额的比重平均为 41.68%。

在这 6 个制造业部门中,FDI 进入最多的是通信设备、计算机及其他电子设备制造业,该行业年度实际利用 FDI 占中国年度实际利用 FDI 的比重始终保持在 8% 以上,在 2001 年和 2002 年曾经一度达到 15%(参见图 4-2)。

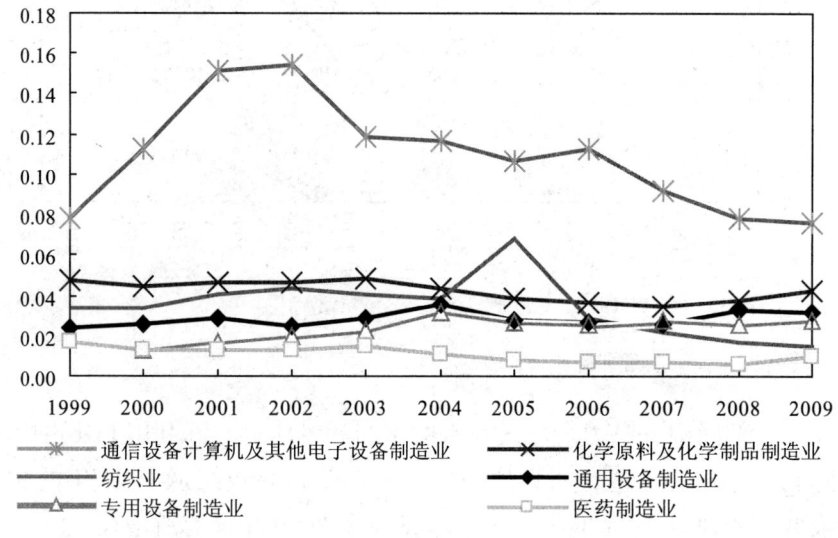

图 4-2 制造业部门年度实际利用 FDI 占中国年度实际利用 FDI 的比重

资料来源:中国国家商务部;CEIC。

1999~2002 年,通信设备、计算机及其他电子设备制造业年度实际利用 FDI 占中国年度实际利用 FDI 的比重一直呈稳步上升势头;2003~2009 年,呈现出逐年下降趋势。2009 年,通信设备计算机及其他电子设备制造业年度实际利用 FDI 占中国年度实际利用 FDI 的比重约为 8%。在纺织业、化学原料及化学制品制造业、医药制造业、通用设备制造业、专用设备制造业、通信设备计算机及其他电子设备制造业等 6 个制造业部门中,FDI 进入

规模仅次于通信设备计算机及其他电子设备制造业的是化学原料及化学制品制造业，该行业年度实际利用 FDI 占中国年度实际利用 FDI 的比重基本上保持在 3% 至 5% 的范围内，在 1999~2009 年间变化不是很大。

在上述 6 个制造业部门中，FDI 进入相对比较多的制造业部门还有纺织业。1999-2004 年，纺织业部门实际利用 FDI 占中国年度实际利用 FDI 的比重基本上维持在 3% 至 4% 的范围内；2005 年，纺织业实际利用 FDI 占中国年度实际利用 FDI 的比重大幅度增加到了 7%，然后开始逐年下降。2009 年，纺织业实际利用 FDI 占中国年度实际利用 FDI 的比重约为 1%。

在其余三个制造业部门中，通用设备制造业实际利用 FDI 占中国年度实际利用 FDI 的比重在 2000 年增加到 3% 以后，直至 2009 年始终保持在这个水平。专业设备制造业实际利用 FDI 占中国年度实际利用 FDI 的比重在 2004 年增加到 3% 以后，直至 2009 年基本上维持在这个水平。1999~2009 年，医药制造业实际利用 FDI 占中国年度实际利用 FDI 的比重基本上都维持在 1% 的水平上。

三、服务业年度实际利用 FDI 的变动特征

加入 WTO 以后，中国服务业按照入世承诺逐步扩大对外开放。[①] 随着服务领域对外开放度的逐渐加深，服务业已经成为中国继制造业之后又一较大规模吸引外资的新热点，其吸收的 FDI 规模正不断扩大，速度正不断加快。

在 2004 年及以前，服务业 FDI 流入占中国年度实际利用 FDI 的比重一直低于 30%。在服务业部门中，中国国家商务部公布的统计资料共计涉及到交通运输仓储和邮政业、批发和零售业、金融业、房地产业，以及教育、公共管理和社会组织等 14 个门类，我们重点关注的是房地产业、金融业、交通运输仓储和邮政业、批发和零售业、租赁和商业服务业等 5 个行业。

在服务业部门中，进入房地产部门的 FDI 在全部服务业部门中一直处于遥遥领先的地位（参见图 4-3）。1997~2009 年，房地产部门实际利用 FDI 占中国年度实际利用 FDI 的比重在 2005 年最低为 7%，最高为 2007 年的 20%，其余年份都高于 10%，基本上维持在 11% 至 14% 的范围内。从 2003 年开始，FDI 进入房地产等消费者服务领域的比重明显下降，具有高增长潜

---

① 宾建成（2009）研究了入世以后 FDI 进入中国服务业的发展趋势。

力的生产性服务业部门 FDI 进入迅速增长。2003 年，中国房地产业合同利用外资金额和实际利用外资金额在全部服务业外商直接投资中的比重分别为 31.06% 和 37.57%，与 2001 年相比，分别下降了 10 多个百分点。与此同时，交通运输、仓储及邮电通信业利用 FDI 项目数和合同金额，分别增长了 24.9% 和 228.0%，金融保险业 FDI 进入项目数、实际使用金额分别增长了 24.1% 和 41.2%；教育、文化艺术及广播电影电视业和科学研究及综合技术服务业等服务业部门利用 FDI 的规模，继续以高于其他行业的速度显著增长。

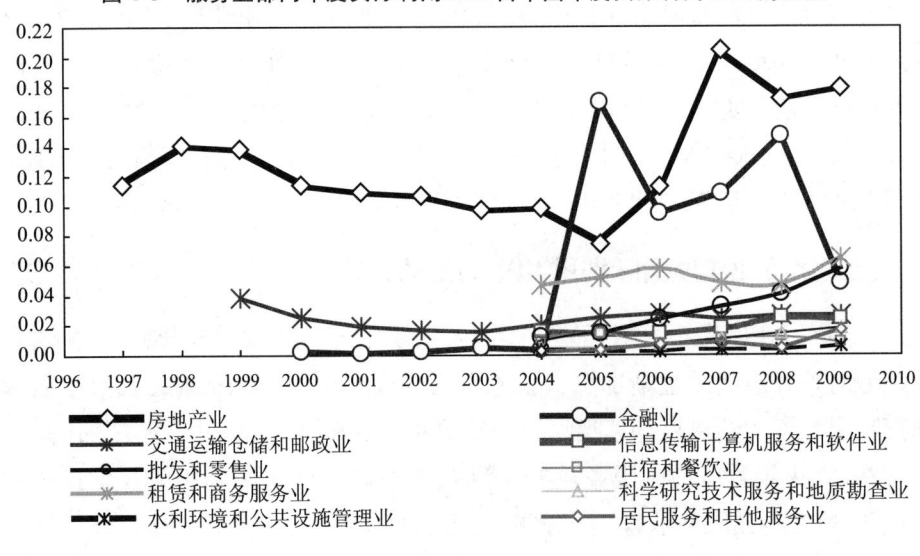

图 4-3 服务业部门年度实际利用 FDI 占中国年度实际利用 FDI 的比重

资料来源：中国国家商务部；CEIC。

在服务业部门中，中国金融业实际利用 FDI 的变动很大。2005 年，金融业实际利用 FDI 占中国年度实际利用 FDI 的比重突然增加到 17%；在 2005 年以前，金融业实际利用 FDI 占中国年度实际利用 FDI 的比重基本上可以忽略不计。2008 年，金融业实际利用 FDI 占中国年度实际利用 FDI 的比重回复到了 15%，2009 年这一数据直线下降到 5% 左右。

1999~2009 年，服务业中实际利用 FDI 占中国年度实际利用 FDI 的比重相对比较高的部门，还有租赁和商业服务业（在 5%~6% 的范围内）、交通运输仓储和邮政业（在 2%~4% 的范围内）。1999~2009 年，服务业中实际利用 FDI 占中国年度实际利用 FDI 的比重增加最快的是批发和零售业，比重从 2004 年的 1% 稳步增加到了 2009 年的 6% 左右。

第二节 文献综述

有许多文献研究了中国制造业利用 FDI 的决定因素。李永军（2003）采用工业普查数据检验了中国制造业外商直接投资行业分布的决定因素；研究表明，国有企业在行业中的初始影响程度、行业的资本密集度这两个因素抑制了外资流入，而行业的 R&D 密集度、行业的产品差异性、行业的市场规模、行业的规模经济特征、国家对各个行业外商直接投资的鼓励程度等因素，促进了外资的流入增加。中国工业部门的研发投入对 FDI 的吸引作用很大。外商在华直接投资大部分集中在工业部门中的制造业，尤其是加工贸易型的制造业。这一显著特征大部分应归结于中国工业中 R&D 相对于其他行业的优势。吕立才等（2007）对外商直接投资中国食品产业的决定因素进行实证研究发现，市场规模、企业平均规模、市场发育程度、附加值率、产业集聚程度和产业政策等，是外商直接投资进入中国食品行业的重要决定因素，劳动力成本对外商直接投资进入中国食品行业的影响并不显著。

FDI 进入中国服务业的决定因素一直是现有文献的一个研究重点。[①] 丁辉侠和冯宗宪（2008）运用 Johanson 协整检验和误差校正模型，检验了制度和非制度因素对中国服务业利用 FDI 的影响。研究发现，制度因素还没有形成为中国服务业利用 FDI 的区位优势；非制度优势、第二产业 FDI 流入、人均收入水平等因素，是中国服务业利用 FDI 的重要区位优势。王咏梅和林静（2005）研究认为，影响东道国服务业利用 FDI 的决定因素主要是市场规模、资源结构和政府政策。殷凤（2006）以服务贸易开放度、市场规模、

[①] 联合国贸易与发展会议（UNCTAD，2004）在对服务业跨国公司投资动因的实证研究中发现，东道国的市场规模及增长速度与服务业利用 FDI 之间存在正相关关系。伊娃等（Ivar and Espen，2004）使用 57 个国家 1989~2000 年的数据进行实证研究发现，人均 GDP、制造业 FDI、民主和制度质量等因素，对服务业 FDI 进入有显著影响。经济合作与发展组织（OECD，1987）、联合国贸易与发展会议（UNCTAD，1988），以及沃尔特（Walter，1985）等在研究中发现：政府政策是影响服务业 FDI 流入的一个重要因素；服务业的很多部门涉及国家政治、经济和文化安全，受到的政府管制很严格，政策性投资壁垒是服务业 FDI 进入的主要投资壁垒。

服务业劳动力成本、人力资本、服务业发展水平和基础设施状况等指标为重点，对中国服务业利用 FDI 的影响因素进行了实证研究；研究发现，服务业对外开放水平、市场规模和工资水平等因素，对中国服务业利用 FDI 具有显著影响。杨春妮（2007）利用面板数据模型对中国服务业利用 FDI 的影响因素进行了实证研究；研究结果显示，人均国内生产总值和人力资本存量是影响中国吸引服务业 FDI 的重要区位优势。

第三节 FDI 进入中国行业变动影响因素的基本分析

邓宁（Dunning，1981）提出的生产折衷理论认为，跨国公司的投资行为源于所有权优势、内部化优势和区位优势等三种因素。在此三个因素中，对外商直接投资在东道国行业分布差异有决定性影响的主要是所有权优势和区位优势。所有权优势主要由四个方面构成：（1）企业的技术优势；（2）企业生产差异化产品的能力；（3）企业的管理能力；（4）企业的营销技能和营销网络等。区位优势包括两个方面的内容：（1）东道国要素禀赋所形成的优势，如自然资源状况、劳动力成本和质量以及地理位置等；（2）由投资环境所形成的优势，如政治经济制度、法律制度、政策体系、文化等软环境，以及市场规模、市场结构、基础设施、外部规模经济等硬环境。

史蒂文（Steven，2003）研究发现，FDI 的动机不同，影响其进入东道国的因素也不一样。资源寻求型的 FDI 主要受到政治环境、人力资本和累积的资本存量等因素影响；市场寻求型的 FDI 主要受到市场规模和累积的资本存量等因素影响。成和关（Cheng and Kwan，2000）对 1983～1995 年中国 29 个省区的面板数据所作的实证研究发现，市场规模、基础设施、优惠政策、FDI 存量等因素，对外商在华直接投资有正向作用，劳动工资水平提高会起负向作用。蒂斯等（Dees，1998）对 1983～1995 年 11 个国家组成的面板数据进行分析后发现，导致 FDI 大量进入中国的原因有：市场规模、低劳动要素成本、低利率水平和中国实施的改革开放政策。结合现有理论文献和实证研究文献，我们将影响 FDI 进入中国行业变动的因素归纳为以下四个方面。

一、产业政策

东道国实行的产业政策是影响外商直接投资在东道国行业分布的重要因素之一。东道国限制外国投资者进入的产业，可能对外国投资者进入该产业形成一种制度性壁垒，从而不利于该行业吸引 FDI 进入。反之，东道国鼓励外商投资的行业会吸引比较多的 FDI 进入。

中国规范外资企业的产业政策主要体现在《指导外商投资方向暂行规定》和《外商投资产业指导目录》之中。从中国 1995 年、1997 年、2002 年、2004 年、2007 年、2008 年、2010 年颁布的《外商投资产业指导目录》、《指导外商投资方向暂行规定》来看，中国对各个行业部门 FDI 进入的鼓励和限制程度各有差异。

1987 年底，国家计委颁布了《指导外商投资方向暂行规定》，把外商投资项目分为鼓励、允许、限制和禁止四类，其中对外资准入领域做了较多的限制。1995 年，中国重新发布了《指导外商投资方向暂行规定》，同时发布了《外商投资产业指导目录》，将鼓励类、限制类和禁止类项目具体化，除此之外，皆为允许对外资开放领域。在 1995 年以后，《外商投资产业指导目录》成为指导外资进入中国的重要法律文件。该目录在 1997 年、2002 年、2004 年、2007 年、2008 年和 2010 年分别被修订。经过历次修订后的外商投资产业指导目录的一个基本特点是，不断扩大服务业对外开放领域，放松对外资的进入限制。但是，在金融监管体系尚不健全、金融工具品种较为单一、金融秩序较为混乱、抗风险能力有限的情况下，中国金融领域对外资开放步伐相对比较缓慢；考虑到教育、新闻、娱乐、影音等意识形态领域的开放可能会对中国传统文化和价值观构成冲击，威胁国家文化安全，这些服务领域对外资开放也相对比较谨慎。

此外，中国在传统计划经济时期实行的重工业优先发展的赶超战略，对来中国进行投资的外国投资者产生了很大影响。重工业优先发展战略的实行使中国的经济结构发生了严重倾斜，一些部门特别是现代服务业的发展受到严重抑制。长期以来，在政府优先发展制造业的思想指导下，社会资本特别是政府控制的资本倾向于进入制造业，而用于改善服务业的基础设施、创造新的服务领域的资本投入则相对比较少（宾建成，2009）。不仅中央政府投入少，而且地方政府为追求 GDP 绩效也往往偏重于上短平快的制造业项目，至于服务业基础设施等则成为政府投资比较少的部门，而准入门槛相对较高又阻碍了民间资本和外资的进入。

二、WTO 规则

德克等（Dirk and Swapna，2005）研究发现，WTO 规则增加了成员国投资环境的可预测性，因而可以吸引更多的 FDI 进入该国的制造业和服务业。2001 年 12 月，中国在入世议定书上正式签字后，入世法律文件也随之生效。按照入世承诺，中国放宽了外资准入的范围、地域、股权比例等限制，FDI 进入中国的投资壁垒较中国入世前有了明显降低。[①]

加入 WTO 以后，中国就服务业开放作出了承诺，遵照《服务贸易总协定》原则，根据《服务具体承诺表》，制定出具体的实施计划，遵守国际惯例和商业惯例，推进服务业对外开放，允许外商直接投资进入中国的服务业。截至 2010 年底，在零售、金融、分销、物流、旅游等领域实现了对外资开放，并逐步完善了建筑设计、工程、城市规划服务、管理咨询服务业等领域的对外开放安排。

陈继勇和郝群花（2009）以中国农林牧渔业、工业、交通运输仓储和邮电业、批发零售贸易和餐饮业的相关数据为基础，进行的实证研究发现，1992 年中国领导人南巡讲话以后，尤其是中国加入世界贸易组织（WTO）以来，由于国内政治稳定，经济高速发展，硬环境质量日益提高，软环境建设也一直利好于外商在华投资，且相对成本比较低，进入中国的 FDI 获得了迅猛增长。

三、市场结构

外商直接投资大规模进入之前的国有企业行业分布特征，对外商直接投资进入中国的行业分布会有显著影响。在其他因素保持不变时，国有企业越是集中的行业，或是国有企业作用比较大的部门，对外国投资者吸引力越小，即市场化程度与 FDI 流入成正相关关系。

---

① 丁辉侠和冯宗宪（2008）的研究表明，虽然与入世前相比中国服务业对外资的限制大为减少，但入世对中国服务业利用 FDI 并没有显著的促进作用。

但也不全是如此。由于中国经济发展的特殊背景，国有经济体系相对成熟，通过与外资建立合资企业，国有企业可以享受到政府为吸引外资而提供的税收、信贷和原料供应等方面的优惠政策。这样，国有企业比重相对较高的部门反而可以吸引 FDI；当然，这些部门必须在国家公布的《外商直接投资产业指导目录》的范围以内。

现实情形是，国有经济比重较高的制造业、电力燃气及水的生产与供应业、房地产业等也是中国利用 FDI 比较多的部门，而水利、环境和公共设施管理业及公共管理和社会组织等部门，虽然国有经济占有较大比重，但受到国家利用外资产业政策的限制，实际利用 FDI 并不多。

韦伯（Webber，1972）研究发现，为了减少风险和利用外部经济，新的投资者趋向于接近过去的投资。外商直接投资初始分布对后来的外资进入具有很强的示范效应。这一方面在于产业本身的关联，比如大量处于同一行业的外商投资企业之间可以通过人员调动、商业联系等来实现"知识溢出"，相互促进。更为重要的是，外商直接投资毕竟是跨越了不同的地域、不同的体制和不同的文化制度背景，东道国当地的信息劣势会影响其投资和发展，这些信息包括劳动力市场结构、东道国外资政策等。由于过去的直接投资积累了许多当地经济和投资环境信息，通过商业联系，新的投资者参照前期进入的 FDI 行为可间接获得东道国当地的产业信息，以及经济和商业环境等方面的知识和经验，进而降低投资成本和投资风险。

四、产业结构

世界经济的历史演进表明，产业投资的重点具有从第一产业转向第二产业并继续向第三产业转移的趋势，这一世界范围内的普遍现象可从产业结构演变规律得到解释。

配第－克拉克定理指出，随着经济发展，劳动力总是先从第一产业向第二产业转移，再转向第三产业，这是由产业之间附加值的相对差异造成的。现实经济中第二产业的附加值高于第一产业，而第三产业的附加值又高于第二产业，因此劳动力具有从低收入产业向高收入产业转移的趋势。

国际投资引力定律指出，国际投资的部门投向主要取决于行业投资密度的高低。根据世界银行统计，1952 年世界第一、第二、第三产业的投资密度平均比值为4:3.8:3.2，因此战后世界范围内的产业投资重点出现了从第一产业向第二产业，然后向第三产业转移的过程。

产业内的同向投资是指一个国家某一行业的企业在对外进行直接投资时，也会把资本投向国外的同一行业。国内产业发展由第一向第二再到第三产业的梯度发展，导致在对外直接投资时也会有类似的特征。李伟舵（2006）研究指出，外商对华直接投资选择行业时最先考虑的因素是行业生产规模，其次是行业规划规模，然后是生产成本。外商直接投资遵循着"初级阶段的资源/劳动密集型行业投资→中级阶段的资本密集型投资→高级阶段的知识密集型投资"这样一个发展模式。

中国是劳动力资源丰裕的国家，而且还拥有丰富的农业资源和低价的原料供应，可以保证跨国公司对食品原料的需求，以获取生产成本优势。卢荻（2003）研究发现，资本密集度低的产业或劳动密集型产业，更能发挥东道国低廉的劳动力成本优势。在其他因素不变的情形下，资本密集程度越高的部门，越不利于吸引 FDI 进入；劳动力密集程度越高的部门，越能吸引更多的 FDI 进入。

但是，劳动力成本只是在劳动密集型行业投资中具有决定性的因素，如在服装、纺织、电子装配等行业，而在资金技术密集型行业中的影响力并不大。也就是说工资差异可能是从事劳动密集型生产的跨国公司的重点考虑因素，而从事资金技术密集型生产的跨国公司并不把工资差异作为投资决策的决定性因素。比如，改革开放以来，北京、上海、深圳等地的工资水平在不断上涨，不仅远高于全国平均工资水平，同其他发展中国家相比也不具备劳动力成本优势。跨国公司之所以仍在这些地区进行投资，就在于其拥有更为丰富的人力资源供给、宽松的经济环境，以及较高的经济发展水平。

服务业特别是生产性服务业可提供与第二产业相配套的服务，第二产业的 FDI 利用规模对服务业 FDI 的流入具有拉动作用。在 2004 年以前，中国利用 FDI 的重点主要集中在第二产业，一些服务业跨国公司为了服务其在中国市场的客户也来到中国进行投资，从而带动了跟随客户型的服务业 FDI 进入增加。外商对中国第二产业投资的成功，也向外国服务业跨国公司传递了中国服务业市场的需求状况，从而带动了一部分市场占领型服务业 FDI 进入中国。

外资进入东道国会对传统产业与高技术产业进行区分。段小梅（2006）以 2003 年截面数据为基础，对台商投资大陆的产业类型与区位选择进行了研究；研究发现，台商的中国大陆投资在传统产业与高技术产业之间，表现出不同的区位偏好：在市场因素中，传统产业与高技术产业均重视与海外市场联系，但传统产业受当地内销市场和市场化程度的影响比高技术产业大；在劳动力因素中，高技术产业倾向于投资劳动生产率较高的地区，传统产业则倾向于进入劳动力供给较充足的地区；在投资环境因素中，高技术产业较依赖于邮电通讯部门发展水平，传统产业则重视供电能力和交通条件；在聚集因素方面，传统产业和高技术产业在投资时都表现出明显的地区集聚特征。

第四节　FDI 进入中国制造业规模变动影响因素的实证检验

一、计量分析方程

我们使用以下计量分析方程来检验影响 FDI 进入中国制造业的决定因素。

$$rfdi\_manu_{i,t} = \beta_0 AGG_{it}^i + \sum \beta_j^2 LABOR_{it}^j + \sum \beta_j^3 GOVERN_{it}^j$$
$$+ \sum \beta_j^4 INDUS_{it}^j + \sum \beta_j^5 FIN_{it}^j + \sum_j^6 TRANE_{it}^j$$
$$+ \sum \beta_j^7 HIGHW_{it}^j + \alpha_i + \gamma_t + \varepsilon_{i,t} \quad (4\text{-}1\text{-}1)$$

$$fdimanu\_gdp_{i,t} = \beta_j^1 AGG_{it}^i + \sum \beta_j^2 LABOR_{it}^j + \sum \beta_j^3 GOVERN_{it}^j$$
$$+ \sum \beta_j^4 INDUS_{it}^j + \sum \beta_j^5 FIN_{it}^j + \sum \beta_j^6 TRADE_{it}^j$$
$$+ \sum \beta_j^7 HIGHW_{it}^j + \alpha_i + \gamma_t + \varepsilon_{i,t} \quad (4\text{-}1\text{-}2)$$

我们使用的被解释变量包括两种类型：（1）$rfdi\_manu_{i,t}$ 等于制造业实际利用 FDI 占 i 地区 t 年度实际利用 FDI 比重。（2）$fdimanu\_gdp_{i,t}$ 等于制造业实际利用 FDI 占 i 地区 t 年度 GDP 比重。我们首先使用国际货币基金组织（IMF）IFS 数据库公布的年末人民币对美元汇率数据，将 t 年度 i 地区制造业实际利用 FDI 金额美元值换算成人民币数值，然后再同 t 年度 i 地区的 GDP 人民币值相比较后得到该指标。

基于现有文献研究结果，在分析影响制造业 FDI 进入中国的影响因素时，我们集中考察了影响 FDI 进入的集聚效应、劳动要素获得能力和劳动要素成本、产业配套能力、政府行为、金融服务获得效应、国民经济对外开放水平、市场竞争效应、基础设施效应等 8 个指标。

在方程（4-1-1）和（4-1-2）中，AGG_{it}^{j} = 集聚效应向量；$LABOR_{it}^{j}$ = 劳动要素向量；$GOVERN_{it}^{j}$ = 政府行为向量；$INDUS_{it}^{j}$ = 产业配套能力向量；FIN_{it}^{j} = 金融市场发展水平向量；$TRADE_{it}^{j}$ = 对外贸易向量；$HIGHW_{it}^{j}$ = 基础设施向量。$\varepsilon_{i,t}$ = 随机扰动项，α_i = 地区固定效应系数，γ_t = 时间固定效应系数。β_j = 待定系数，j = 0，1，…。①

现有资料显示，各个省区统计制造业 FDI 的口径有所不同（参见图 4-4 和表 4-1），比如：广东省在 1988~1994 年、河北省在 1995~1997 年、北京市在 1989~2001 年，没有专门统计制造业部门实际利用 FDI 的数据，只是给出年度工业部门实际利用 FDI 的数据；福建省在 1980~2008 年、广西省在 1987~2008 年，只是统计了工业部门实际利用 FDI 金额数据，没有专门的制造业部门实际利用 FDI 数据公布；上海市只是公布了 1989~2008 年第二产业年度实际利用 FDI 数据，没有专门公布制造业部门实际利用 FDI 数据；1991~2001 年，天津市只是公布了工业和建筑业年度实际利用 FDI 金额数据。除上述省区外，其他省区在近年才有制造业部门年度实际利用 FDI 数据对外公布。

考虑到工业包括制造业，以及工业主要以制造业为主，工业中的建筑业实际利用 FDI 规模比较有限，以及第二产业中的其他部门实际利用 FDI 的规模相对制造业而言比较小，再加上样本规模考虑，在计量分析时，我们将工业实际利用 FDI 数据、第二产业实际利用 FDI 数据、工业和建筑业实际利用 FDI 数据，都看成是制造业实际利用 FDI 数据的近似估计。这样做，会在某种程度上高估制造业实际利用 FDI 的规模，也会影响计量分析结果的显著性。但是，由于制造业利用 FDI 增加时，工业实际利用 FDI 数据、第二产业实际利用 FDI 数据、工业和建筑业实际利用 FDI 规模的统计结果也会变大，因此不会影响参数的估计方向，对计量分析结果的可能影响是，原先影响制造业实际利用 FDI 的因素在计量分析时统计检验不显著。

---

① 对有关变量的详细说明和统计分析参见第二章表 2-2 和表 2-3。

二、计量分析结果

以 1980~2008 年中国 23 个省区共计 208 个样本的面板数据为基础（参见表 4-1），我们分别比较了固定效应分析方法、随机效应分析方法的计量分析结果。根据面板数据 Hausman 检验结果，在下文中我们将集中讨论有偏估计比较小的回归分析结果。

表 4-1 被解释变量的样本来源与范畴

省区	年度	样本数	样本特点
安徽	2003~2007	5	制造业
北京	1989~2008	20	工业/制造业
福建	1980/1981/1983/1986/1997~2002/2004/2008	12	工业
广东	1988~1998/2000~2002/2004~2008	19	工业/制造业
广西	1987~2008	22	工业
海南	1998~2000	3	制造业/工业
河北	1995~2008	14	工业/制造业
黑龙江	2004~2007	4	制造业
河南	2003~2007	5	制造业
湖北	2006~2007	2	制造业
江苏	1998~2002/2004~2008	10	制造业
江西	2002~2007	6	制造业
辽宁	1998/2000~2002/2004~2008	9	制造业
内蒙古	2003~2007	3	制造业
宁夏	1990/1995/2003~2007	7	制造业
青海	2002~2007	6	制造业
陕西	2002~2007	6	制造业
山东	2001~2008	8	制造业
上海	1989~2008	20	第二产业
山西	2003~2007	5	制造业
天津	1991~1998/2003~2008	14	工业/建筑业/制造业
新疆	2003~2007	5	制造业
浙江	2006~2008	3	制造业

（一）制造业 FDI 进入规模变动的影响因素

我们以 i 省区制造业 t 年度实际利用 FDI 占 i 省区 t 年度 GDP 的比重作为被解释变量，使用固定效应分析方法和随机效应分析方法得到的计量分析结果参见表 4-2 中的模型（1）至模型（8）。

在模型（1）至模型（8）中，固定效应分析方法 F 统计值表明，固定效应分析方法得到的计量分析结果优于混合 OLS 方法。因此，我们同时列出了固定效应计量分析结果和随机效应计量分析结果，并对固定效应分析结果和随机效应分析结果进行了 Hausman 检验，以对异方差问题和变量内生问题进行比较。表 4-2 中的模型（1）至模型（8）显示，以下因素对中国制造业部门实际利用 FDI 的规模变动有显著且比较稳定的影响。

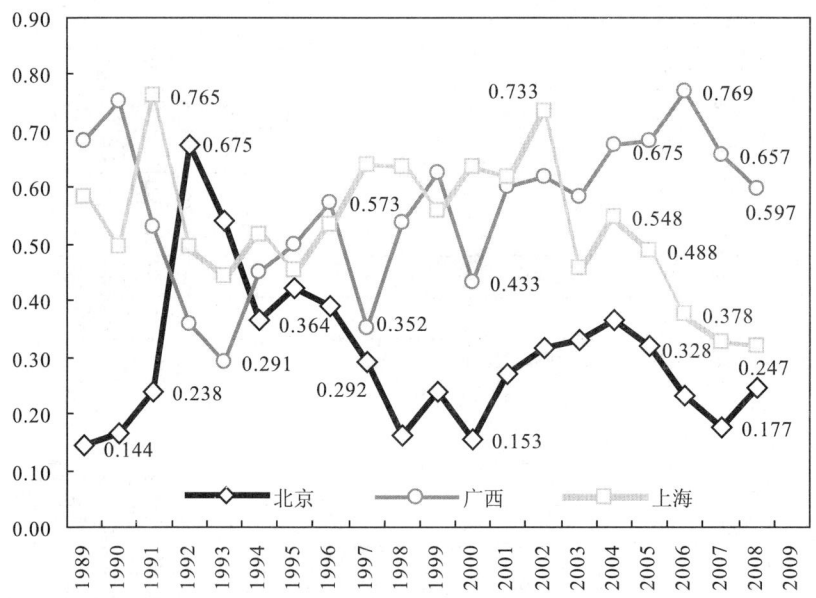

图 4-4　北京等地制造业部门实际利用 FDI 的比重变化

说明：(1) 北京为工业/制造业利用 FDI 数据，广西为工业利用 FDI 数据，上海为第二产业实际利用 FDI 数据。(2) 有关数据根据三个省市的年度统计年鉴整理得到。

第一，FDI 进入的集聚效应有助于制造业 FDI 进入增加。

实证检验结果表明，前一年度实际利用 FDI 金额 $ffdi_{i,t-1}$ 增加，会引起本年度制造业实际利用 FDI 金额显著增加。模型（1）至模型（8）的所有计量分析结果均显示,前一年度实际利用 FDI 金额变化对本年度制造业实际利用 FDI 金额变化的影响显著。无论是使用固定效应分析方法,还是使用随机效应分析方法,无论是考虑劳动要素供给等其他因素,还是考虑是否将上海市的数据作为样本的一个部分,所有的计量分析结果均显示前一年度实际利用 FDI 金额增加,会引起本年度制造业实际利用 FDI 金额显著增加。以模型(2)为例。前一年度实际利用 FDI 金额占 GDP 比重每增加 1 个百分点,本年度制造业实际利用 FDI 金额占 GDP 的比重就可以显著增加 0.442 个百分点。

以上表明,以前年度的 FDI 进入有利于降低本年度 FDI 进入制造业的经营成本,而且可起到很好的示范作用。由此可以看出,进入中国制造业的 FDI 有显著的地区集聚特征,那些本年度实际利用 FDI 比较多的地区,其制造业在将来可以吸引更多的 FDI 进入。

第二,政府行政开支增加会减少制造业实际利用 FDI 规模。

表 4-2 中的模型(1)至模型(6)以及模型(8)显示,前一年度政府部门的行政开支 $expend_{i,t-1}$ 增加,会引起本地区制造业年度实际利用 FDI 规模显著下降。① 以模型(2)为例。前一年度政府行政开支占本地区 GDP 的比重每提高 1 个百分点,本年度该地区制造业实际利用 FDI 占本地区 GDP 的比重会下降 1.408 个百分点。我们的理解是,政府行政开支的很大一部分被用于支付政府部门公务人员的日常工资,政府行政开支比较高时,表明政府部门对经济活动有比较多的干预,不利于市场主体的自由竞争和公平竞争;另一方面,政府比较高的行政开支反映了政府部门比较低的行政管理效率,增加了制造业 FDI 进入的审批程序,以及增加制造业企业经营活动的公共服务获得成本。这样,政府行政开支增加就会减少制造业实际利用 FDI 规模。

第三,政府对教科文卫投资增加可引起制造业部门实际利用 FDI 规模显著增加。

---

① 在模型(7)中,考虑了经济开发区因素以后,政府行政开支增加仍旧会引起制造业实际利用 FDI 规模下降,但统计检验不显著。对经济开发区数量与政府行政开支之间的相关系数分析发现,两者之间的相关系数为 -0.214。按理讲,当经济开发区数量增加引起制造业实际利用 FDI 规模增加以后,政府行政开支增加对减少制造业部门实际利用 FDI 的效应会更加显著。可能的解释是,政府行政开支与经济开发区数量之间的相关程度比较低。

表 4-2　中国制造业部门 FDI 进入规模变化的决定因素

被解释变量	$fdimanu\_gdp_{i,t}$								$rfdi\_manu_{i,t}$			
解释变量	模型(1)	模型(2)	模型(3)	模型(4)	模型(5)	模型(6)	模型(7)	模型(8)	模型(9)	模型(10)	模型(11)	模型(12)
$ffdi_{i,t-1}$	0.433***	0.442***	0.417***	0.428***	0.397***	0.408***	0.289***	0.492***	-0.641	-0.661*	-0.436	-0.513
	(10.67)	(14.20)	(14.70)	(15.38)	(14.73)	(15.47)	(6.19)	(11.19)	(-1.55)	(-1.70)	(-1.17)	(-1.45)
$sstaff_{i,t-1}$	-0.013	-0.055***										
	(-0.51)	(-2.97)										
$cstaff_{i,t-1}$	0.002	0.068*										
	(0.05)	(1.70)										
$tax_{i,t-1}$	0.038	0.054										
	(0.48)	(0.86)										
$expend_{i,t-1}$	-1.556**	-1.408***	-1.336***	-1.569***	-1.374***	-1.592***	-0.733	-1.637**	-31.472***	-29.465***	-34.040***	-30.098***
	(-2.46)	(-2.63)	(-2.94)	(-3.81)	(-2.95)	(-3.88)	(-0.87)	(-2.49)	(-4.75)	(-5.12)	(-5.30)	(-5.44)
$innogov_{i,t-1}$	-0.238	-0.021										
	(-1.30)	(-0.14)										
$agrsup_{t-1}$	-0.800	-0.126										
	(-1.34)	(-0.28)										
$ceshgov_{i,t-1}$	1.032***	0.729***	0.893***	0.637***	0.869***	0.598**	1.349***	0.416	12.034***	9.391***	13.083***	10.185***
	(3.24)	(2.58)	(3.45)	(2.70)	(3.30)	(2.53)	(2.95)	(1.06)	(3.19)	(2.85)	(3.61)	(3.19)
$loan_{i,t-1}$	-0.098***	-0.074***	-0.076***	-0.067***	-0.070***	-0.061***	-0.115***	-0.078***	-0.631**	-0.711***	-0.551**	-0.685***
	(-3.55)	(-3.49)	(-4.09)	(-3.76)	(-3.76)	(-3.50)	(-4.55)	(-3.67)	(-2.33)	(-2.87)	(-2.16)	(-2.92)
$wage_{i,t-1}$	-0.017***	-0.011**	-0.015***	-0.012***	-0.015***	-0.012***	-0.031***	-0.017***	-0.059*	-0.059**	-0.051*	-0.059**
	(-3.29)	(-2.31)	(-6.97)	(-6.24)	(-6.85)	(-6.28)	(-6.13)	(-5.69)	(-1.90)	(-2.14)	(-1.72)	(-2.24)
$edu_{i,t-1}$	-0.002	-0.002										
	(-0.52)	(-0.79)										

(续表 4-2)

被解释变量	$fdimanu\_gdp_{i,t}$								$fdi\_manu_{i,t}$			
解释变量	模型(1)	模型(2)	模型(3)	模型(4)	模型(5)	模型(6)	模型(7)	模型(8)	模型(9)	模型(10)	模型(11)	模型(12)
$ezone_{i,t-1}$	0.001						0.014*	0.009***				
	(0.12)						(1.91)	(3.08)				
$highw_{i,t-1}$		-0.007										
		(-1.24)										
常数项	0.189***	0.150***	0.150***	0.137***	0.151***	0.138***	0.282***	0.174***	1.312***	1.414***	1.198***	1.380***
	(3.15)	(2.82)	(7.07)	(6.67)	(7.00)	(6.76)	(6.56)	(6.63)	(4.25)	(4.95)	(4.03)	(5.04)
观察值	135	135	149	149	165	165	165	165	149	149	165	165
省区分组	22	22	22	22	23	23	22	22	22	22	23	23
F 统计值	0.7099	0.8081	0.6546	0.7085	0.6518	0.7024	0.7453	0.8651	0.0396	0.1006	0.0106	0.0586
拟合优度	26.06	380.98	66.11	350.68	68.95	370.39	32.42	362.48	5.89	32.08	6.64	33.27
Wald chi^2	10.06	10.06	27.97	27.97	17.28	17.28	32.42	-56.83	3.79	3.79	8.63	8.63
Hausman chi^2	0.611	0.611	0.000	0.000	0.004	0.004	-56.83	\	0.5797	0.5797	0.1249	0.1249
P 统计值	fe_reg	re_gls	fe_reg	re_gls	fe_gls	re_gls	fe_reg	re_gls	re_gls	re_gls	fe_reg	re_gls

说明：(1) 除模型 (4)、模型 (6)、模型 (11)、模型 (12) 外，其他模型均没有考虑上海市样本，因上海市没有专门的制造业年度实际利用 FDI 数据，只公布了工业部门实际利用 FDI 年度数据。(2) 括号中为 t 统计值或 z 统计值。(3) ***、**、* 分别表示在 1%、5% 和 10% 水平上统计显著。(4) 被解释变量为 $fdimanu\_gdp_{i,t}$、等于制造业年度实际利用 FDI 占中国有关地区 GDP 比重；解释变量为 $fdi\_manu_{i,t}$、等于制造业年度实际利用 FDI 占中国有关地区实际利用 FDI 规模比重。(5) 对有关变量的详细说明和统计分析参见第二章表 2-2 和表 2-3。(6) 样本期间为 1992~2008 年。

表 4-2 中的模型（1）至模型（7）的计量检验结果显示，政府对教科文卫投资 $ceshgov_{i,t-1}$ 增加可引起制造业实际利用 FDI 规模显著增加。即使考虑了经济开发区、税收、劳动供给、高速公路、教育水平等因素，政府的教科文卫投资增加对制造业实际利用 FDI 增加仍旧有显著的促进作用。以模型（2）为例。前一年度政府对教科文卫部门投资每增加 1 个百分点，制造业本年度实际利用 FDI 规模占本地区 GDP 的比重可增加 0.729 个百分点。我们的解释是，政府对教科文卫投资增加有助于改善本地区的企业经济活动软环境，有利于提高本地区的人文素质，有助于降低制造业 FDI 在本地区的经营成本和经营风险。

第四，经济开发区数量增加可引起制造业实际利用 FDI 规模显著增加。

表 4-2 中的模型（7）和模型（8）的计量分析结果显示，经济开发区存量增加可使得制造业实际利用 FDI 规模显著增加。模型（7）的固定效应分析 F 统计值为 34.42，表明固定效应分析方法优于混合面板 OLS 分析方法。关于异方差和变量内生问题的 Hausman 统计检验的 χ^2 值为 -56.83，可视为固定效应分析方法优于随机效应分析方法。模型（7）对应于 $ezone_{i,t-1}$ 的系数显示，各类经济开发区存量每增加 1 个百分点，制造业实际利用 FDI 规模占 GDP 的比重可显著提高 0.014 个百分点。

经济开发区数量增加对制造业 FDI 流入增加的显著促进作用，可以从经济开发区的类型和功能得到解释。我们在统计分析时使用的经济开发区包括保税区、出口加工区、高新技术开发区等（参见表 4-3）。这些开发区普遍实行了比较低的税收优惠政策，有比较高的政府行政效率，大量的外资企业集中在这里，这些都有助于降低 FDI 进入制造业的经营成本。

第五，银行对工业企业贷款增加会引起制造业实际利用 FDI 规模显著减少。

表 4-2 中的模型（1）至模型（8）的计量分析结果显示，银行对工业企业贷款增加可引起制造业实际利用 FDI 规模减少。以模型（1）和模型（2）为例。模型（1）和模型（2）考虑了劳动供给因素、高速公路因素、政府税收因素等指标。模型（1）的固定效应分析中关于模型选择的 F 统计值为 26.06，表明固定效应分析结果优于混合 OLS 分析结果。关于异方差和变量内生问题的 Hausman 统计检验的 χ^2 值为 10.06，表明随机效应分析结果

表 4-3 主要省区的各类经济开发区的地区分布

省区	国家级经济技术开发区及其成立时间	国家级高新技术开发区及其成立时间	保税区及其成立时间	出口加工区及其成立时间	2009 年底存量数（个）
江苏省	苏州昆山（1985） 苏州工业园（1994） 南通经济（1984） 连云港经济（1984）	南京高新（1991） 无锡高新（1992） 常州高新（1992） 苏州高新（1992）	无锡张家港（1992）	南京出口加工（2003/2004） 无锡出口加工（2002/6） 常州出口加工（2005/6） 苏州（昆山/工业园） 苏州吴江（2003/3） 苏州吴江（2005/6） 南通出口加工（2001/6） 连云港出口加工（2003/3） 镇江出口加工（2003/3）	20
广东省	广州经济（1990） 湛江经济（1985） 惠州经济（1993）	广州高新（1991） 深圳高新（1996） 珠海高新（1993） 佛山高新（1992） 惠州高新（1992） 中山高新（1990）	广州保税区（1992） 深圳保税区（福田、 盐田港/沙头角1992） 珠海保税区（1996） 汕头保税区（1993）	广州出口加工（2000/4） 广州南沙（2005/4） 深圳出口加工（2000/4）	16
山东省	青岛经济（1984/2005） 烟台经济（1984） 威海经济（1992）	济南高新（1991） 青岛高新（1991） 淄博高新（1992） 潍坊高新（1992） 威海高新（1991）	青岛保税（1992）	济南出口加工（2003/3） 青岛出口加工（2003/3） 青岛西海岸（2006/5） 烟台出口加工（2000/4） 威海出口加工（2000/4）	15
上海市	闵行（1986） 虹桥（1983） 浦东（1990/4） 陆家嘴（1990）	漕河泾（1988） 张江（1992）	外高桥（1990） 洋山（2005）	松江（2000/4） 金桥（2001） 青浦/漕河泾/闵行（2003/3）	13

(续表 4-3)

省区	国家级经济技术开发区及其成立时间	国家级高新技术开发区及其成立时间	保税区及其成立时间	出口加工区及其成立时间	2009年底存量数（个）
浙江省	杭州萧山（1993/5） 宁波大榭岛（1984/10） 宁波大榭岛（1993） 温州经济（1992）	杭州高新（1991） 宁波高新（1993）	宁波保税（1992）	杭州出口加工（2000/4） 宁波出口加工（2000/4）	9
福建省	福州经济（1985） 福州福清（1987） 厦门经济（东山1993）	福州高新（1991） 厦门高新（1991）	福州保税（1992） 厦门象屿（1992）	厦门出口加工（2000/4）	8
河南省	郑州经济（1993/2002）	郑州高新（1991） 洛阳高新（1992）		郑州出口加工（2002/6）	5
河北省	秦皇岛经济（1984/2005）	石家庄高新（1991） 保定高新（1992）		秦皇岛出口加工（2002/6）	5
四川省	成都经济（1990/2000）	成都高新（1992） 绵阳高新（1992）		成都出口加工（2000/4）	5
辽宁省	大连经济（1984）	大连高新（1991）	大连保税区（1992/4）	大连出口加工（2000/4）	4
天津市	天津经济（1984）	天津高新（1991）	天津保税（1991）	天津出口加工（2000/4）	4
安徽省	合肥经济（1993/4）	合肥高新（1991）		芜湖出口加工（2002）	3
北京市	北京经济（1994/8）	中关村高新（1988）		北京天竺（2000/4）	3
江西省	南昌经济（1992/2002）		南昌高新（1991）		3
重庆市		重庆高新（1991）		重庆出口加工（2001/6）	2
吉林省		长春高新（1991）			1
湖北省		武汉东湖（1991）			1

说明：（1）括号中为该经济开发区成立年月。（2）资料来源于各类经济开发区网站。

优于固定效应分析结果。模型（2）中对应于解释变量 $loan_{i,t-1}$ 的系数为 -0.074 且统计检验显著。也即，银行对工业企业贷款占 GDP 的比重每增加 1 个百分点，制造业实际利用 FDI 占 GDP 的比重会显著减少 0.074 个百分点。

为什么银行对工业企业贷款增加会引起制造业实际利用 FDI 减少呢？在对中国各个地区银行对工业企业贷款的数据进行考察以后，我们认为主要有以下原因（参见图 4-5）。在 FDI 进入以前，中国本地企业面临的银行贷款限制会迫使其寻求外资进入，通过同外资建立合资企业或合作企业的方式，解决资金投入不足问题，且外资进入以后，合资企业中的中方可较为容易地从银行那里得到贷款支持。比如 1982～2008 年的广西省，银行给工业企业提供的贷款占 GDP 的比重平均为 14.03%，同期上海市和北京市的这一指标分别为 23.37% 和 31.64%，而同期广西省、上海市、北京市等三个地区制造业实际利用 FDI 占本地区年度实际利用 FDI 规模的比重平均值分别为 56.37%、51.16% 和 30.22%。

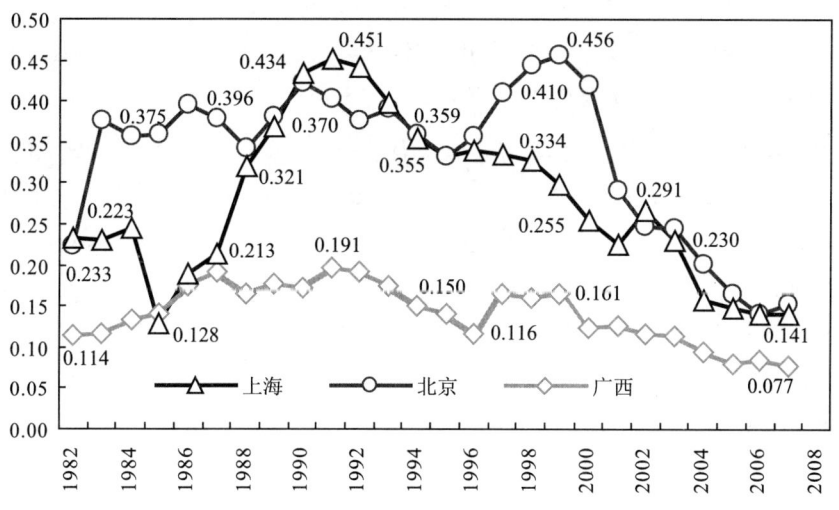

图 4-5　银行给工业企业贷款占 GDP 的比重

资料来源：根据北京市等有关省区统计年鉴公布的数据整理得到。

此外，在中国本地工业企业获得银行贷款减少时，FDI 更容易同中国本地企业竞争；外资企业利用其资金优势，吸引中国本地企业中的劳动要素进入 FDI 项目中就业，并可以较低的成本占领中国本地工业企业原有的市场份额。这些因素有助于降低 FDI 进入中国制造业部门的经营成本。银行对工业企业贷款增加会显著减少 FDI 进入制造业表明，中国制造业引进 FDI 有很大程度是为了克服资金短缺约束，在资金供给充足时，FDI 在中国制造业部门中的优势会有一定程度下降。在资金因素影响 FDI 进入中国制造业的作用下降以后，FDI 只有以技术等优势进入中国，才有可能获得经营成功。

第六，劳动工资上涨会引起制造业实际利用 FDI 规模显著减少。

表 4-2 中的模型（1）至模型（8）显示，劳动工资水平提高会显著减少制造业实际利用 FDI 规模，即使在模型（1）和模型（2）中控制了劳动供给、教育水平、政府税收、高速公路等因素，以及控制了经济开发区因素的模型（7）和模型（8），包括是否考虑上海市的样本数据，对应于劳动工资变量 $wage_{i,t-1}$ 的系数均显著小于 0。

以模型（1）和模型（2）为例。模型（1）的固定效应分析中关于模型选择的 F 统计值为 26.06，表明固定效应分析结果优于混合 OLS 分析结果。关于异方差和变量内生问题的 Hausman 统计检验的 χ^2 值为 10.06，表明随机效应分析结果优于固定效应分析结果。模型（2）中对应于解释变量 $wage_{i,t-1}$ 的系数显示，劳动工资每提高 1 个百分点，制造业实际利用 FDI 占 GDP 的比重会显著减少 0.011 个百分点。

劳动工资上涨会引起制造业实际利用 FDI 规模显著减少的计量分析结果表明，制造业为劳动要素密集使用部门，劳动工资提高直接增加了制造业 FDI 项目的经营成本，降低了制造业 FDI 项目的利润水平，而且劳动工资成本提高无法通过产品价格提升予以转移。这从一定程度上表明，中国制造业 FDI 进入的目的，主要是利用中国的廉价劳动要素，生产的产品主要是面向出口市场，对劳动成本因素非常敏感，一旦中国的劳动要素供给相对紧张，制造业的 FDI 进入就会显著减少。因此，廉价的劳动要素供应是中国制造业吸引 FDI 进入的核心区位优势之一。比如 1980~2007 年的广西省，职工年度工资实际值平均水平比同期全国在职职工工资实际值平均水平低 740 元（参见表 4-4），同期上海市和北京市的这一指标分别为 5391 元和 4592 元，而同期广西省、上海市、北京市等三个省区制造业实际利用 FDI 占本地区年度实际利用 FDI 规模的比重平均值分别为 56.37%、51.16% 和 30.22%。

表 4-4　中国不同地区的劳动收入差距（1980~2007；人民币元）

省区	1980~2007 平均	2007	2006	2001	1996	1991	1986	1981
上海	5391	24530	20674	11153	3800	595	251	84
北京	4592	22514	19606	8451	2820	250	69	52
广东	2414	4851	5368	4952	3242	1144	232	37
天津	2186	10231	8136	3574	1772	329	159	31
浙江	2066	6324	7168	5765	875	32	-65	-76
青海	747	1061	1803	1982	703	395	568	283
江苏	747	2979	3162	1037	683	3	1	-99
福建	74	-2260	-1209	1321	539	70	-141	-90
宁夏	-115	1554	535	-495	-219	40	115	95
辽宁	-262	-1400	-1059	-731	-501	84	-7	3
云南	-309	-4006	-1869	-229	345	51	0	9
山东	-475	-1574	-1318	-929	-547	-111	-37	-32
甘肃	-491	-3522	-3390	-948	18	259	228	102
新疆	-509	-3230	-2927	-910	-520	-114	68	110
重庆	-688	-1350	-1519	-1318	-778	-117	-131	
湖南	-719	-2978	-2810	-1197	-652	-126	-74	-49
广西	-740	-2729	-2421	-1658	-335	13	-19	-53
四川	-823	-3385	-2878	-1082	-1459	-137	-103	-47
陕西	-936	-3342	-3812	-1734	-984	-116	-11	-4
山西	-963	-2967	-2348	-2733	-620	-12	-5	-18
河北	-970	-4497	-4087	-2189	-523	-96	-33	-33
吉林	-1008	-3766	-4093	-2244	-391	-248	-80	-5
安徽	-1068	-2399	-2625	-2997	-668	-340	-169	-84
内蒙古	-1078	-2500	-2217	-2687	-1358	-384	-119	16
贵州	-1085	-3789	-3766	-1800	-900	-170	-84	-5
海南	-1089	-4976	-4745	-2420	-147	-66	-113	-85
黑龙江	-1125	-5266	-4170	-2062	-1157	-250	-31	52
河南	-1234	-3571	-3602	-3005	-936	-268	-135	-31
湖北	-1257	-4605	-4558	-2088	-1155	-315	-179	-89
江西	-1415	-5932	-5026	-2780	-948	-395	-154	-74

说明：（1）使用有关省区年度一般零售价格指数调整后得到该省区相应年度实际工资和全国相应年度实际工资平均水平，再使用年度有关省区实际工资水平与全国年度实际工资平均水平相减以后得到。（2）原始数据来源于中国数据在线。

为了进一步说明影响 FDI 进入中国制造业决定因素的分时期特点和分地区特点，我们分别设置了 1992 年以后时期年度虚拟变量（dum_xp）和 2002 年以后时期年度虚拟变量（dum_wto）。我们还根据中国各个省区的地理特征，将 23 个样本省区分为东部 12 省区和中西部 11 个省区，分别进行了考察。表 4-5 中的模型（1）至模型（8）给出了不同地区和不同时期，影响 FDI 进入中国制造业的决定因素计量分析结果。

表 4-5 中的实证分析结果显示，1992 年邓小平南巡讲话以后和 2002 年中国加入世界贸易组织以后，FDI 进入中国制造业发生了显著变化。

计量分析结果表明，1992 年邓小平南巡讲话以后，进入中国制造业部门的 FDI 规模显著增加。表 4-5 中的模型（1）表明，固定效应分析结果的 F 统计值等于 68.27，显示固定效应分析结果优于混合 OLS 分析结果；面板数据 Hausman 检验的 χ^2 值等于 9.98，P 统计值等于 0.1898，显示随机效应分析结果优于固定效应分析结果。从表 4-5 中的模型（2）对应于解释变量 dum_xp 的系数可以看出，1992 年及以后时期在其他条件不变时，中国制造业年度实际利用 FDI 规模占 GDP 的比重，相对于 1992 年以前年度要多出 0.024 个百分点，且在 1% 水平上统计显著。

通过比较表 4-5 中的模型（5）、模型（6）、模型（7）、模型（8）对应的计量分析结果可以发现，1992 年邓小平南巡讲话以后，中国东部地区制造业实际利用 FDI 规模显著增加。表 4-5 中的模型（7）表明，固定效应分析结果的 F 统计值等于 65.13，显示固定效应分析结果优于混合 OLS 分析结果；面板数据 Hausman 检验得到的 χ^2 值等于 14.45，P 统计值等于 0.025，显示固定效应分析结果优于随机效应分析结果。从表 4-5 中的模型（7）对应于解释变量 dum_xp 的系数可以看出，1992 年及以后在其他条件不变时，中国东部地区制造业年度实际利用 FDI 规模占 GDP 的比重，相对于 1992 年以前年度要显著多出 0.028 个百分点。我们对中部和西部省区组成的样本数据的计量分析结果显示，1992 年邓小平南巡讲话以后，中国中部和西部地区制造业实际利用 FDI 规模变动不显著。受篇幅限制，在表 4-5 中，我们没有给出这一实证检验结果。

表 4-5 中国制造业部门 FDI 进入规模变化的决定因素

被解释变量	$fdimanu\_gdp_{i,t}$								$rfdi\_manu_{i,t}$			
解释变量	模型(1)	模型(2)	模型(3)	模型(4)	模型(5)	模型(6)	模型(7)	模型(8)	模型(9)	模型(10)	模型(11)	模型(12)
$fdi_{i,t-1}$	0.426***	0.440***	0.422***	0.428***	0.333***	0.608***	0.407***	0.409***	-0.442	-0.486	-0.325	-0.442
	(14.86)	(15.76)	(12.84)	(13.06)	(3.16)	(12.24)	(14.10)	(14.20)	(-1.06)	(-1.22)	(-0.96)	(-1.25)
$expend_{i,t-1}$	-1.147***	-1.362***	-1.543***	-1.739***	-1.169	-0.288	-1.017**	-1.153**	-27.189***	-25.093***	-33.617***	-30.184***
	(-2.69)	(-3.59)	(-2.88)	(-3.32)	(-1.13)	(-0.87)	(-2.12)	(-2.45)	(-4.37)	(-4.60)	(-6.09)	(-5.43)
$ceshgov_{i,t-1}$	0.735***	0.553***	0.815**	0.630**	0.818*	0.084	0.731***	0.644**	12.204***	9.670***	7.632**	2.802
	(3.33)	(2.68)	(2.60)	(2.05)	(1.90)	(0.48)	(2.86)	(2.54)	(3.80)	(3.27)	(2.37)	(0.86)
$loan_{i,t-1}$	-0.050***	-0.045***	-0.067***	-0.060***	0.015	0.003	-0.059***	-0.055***	-0.242	-0.399*	-0.306	-0.556**
	(-2.96)	(-2.81)	(-2.98)	(-2.78)	(0.52)	(0.11)	(-3.03)	(-2.95)	(-0.98)	(-1.74)	(-1.32)	(-2.49)
$wage_{i,t-1}$	-0.014***	-0.013***	-0.017***	-0.016***	0.004	0.000	-0.014***	-0.013***	-0.037	-0.045	-0.054*	-0.069**
	(-6.82)	(-6.35)	(-6.51)	(-6.26)	(0.78)	(0.08)	(-6.28)	(-6.04)	(-1.21)	(-1.54)	(-1.97)	(-2.49)
dum_wto	0.004	0.005*	0.006*	0.007**	-0.008	0.011*			0.035	0.033	0.062*	0.064*
	(1.47)	(1.73)	(1.74)	(2.07)	(-0.88)	(1.88)			(0.62)	(0.62)	(1.89)	(1.82)
dum_xp	0.027***	0.024***				0.028***	0.026***	0.025	0.023			
	(7.15)	(6.49)				(6.51)	(6.15)	(0.64)	(0.60)			

(续表 4-5)

被解释变量	$fdimanu\_gdp_{i,t}$								$rfdi\_manu_{i,t}$			
解释变量	模型(1)	模型(2)	模型(3)	模型(4)	模型(5)	模型(6)	模型(7)	模型(8)	模型(9)	模型(10)	模型(11)	模型(12)
常数项	0.115***	0.111***	0.175***	0.170***	−0.036	−0.012	0.112***	0.109***	0.910***	1.105***	1.268***	1.589***
	(6.24)	(6.23)	(6.74)	(6.67)	(−0.76)	(−0.28)	(5.66)	(5.54)	(3.40)	(4.32)	(4.75)	(5.91)
观察值	182	182	123	123	42	42	139	139	182	182	123	123
样本期间	1987~2008	1987~2008	1992~2008	1992~2008	1992~2008	1992~2008	1987~2008	1987~2008	1987~2008	1987~2008	1992~2008	1992~2008
省区分组	23	23	12(东)	12(东)	11(中+西)	11(中+西)	12(东)	12(东)	23	23	12(东)	12(东)
F 统计值	0.6687	0.7091	0.6123	0.6559	0.4447	0.8482	0.5979	0.6266	0.0057	0.0029	0.0078	0.1926
拟合优度	68.27	496.36	48.21	286.79	5.28	195.57	65.13	384.24	4.22	28.37	7.36	41.23
Waldchi^2	9.98	9.98	17.1	17.1	10.7	10.7	14.45	14.45	4.02	4.02	294.77	294.77
Hausman chi^2	0.1898	0.1898	0.0089	0.0089	0.0982	0.0982	0.025	0.025	0.7771	0.7771	0.000	0.000
P 统计值	fe_reg	re_gls	fe_reg	re_gls	fe_reg	re_gls	fe_reg	re_gls	fe_reg	re_gls	fe_reg	re_gls

说明：(1) 中国东部地区包括：海南、广西、广东、福建、浙江、上海、江苏、山东、河北、天津、北京、辽宁等 12 个省区；中部和西部地区包括黑龙江、河南、湖北、江西、内蒙古、宁夏、青海、陕西、山西、新疆等 11 个省区。(2) 括号中为 t 统计值或 z 统计值。(3) ***、**、* 分别表示在 1%、5% 和 10% 水平上统计显著。(4) 被解释变量为 $fdimanu\_gdp_{i,t}$，等于制造业年度实际利用 FDI 占中国有关地区年度 GDP 比重；解释变量为 $rfdi\_manu_{i,t}$，等于制造业部门年度实际利用 FDI 占中国有关地区年度实际利用 FDI 规模比重。(5) 对有关变量的详细说明和统计分析参见第二章表 2-2 和表 2-3。

此外，2002年加入世界贸易组织（WTO）以后中国实行的经济政策，对中国制造业扩大利用FDI规模有正向促进作用，但统计检验不显著［参见表4-5中模型（1）和模型（2）对应于解释变量 dum_wto 的系数］。表4-5中模型（5）和模型（6）对应于解释变量 dum_wto 的系数表明，2002年加入世界贸易组织（WTO）以后，中国中部和西部地区制造业部门实际利用FDI规模变动均不显著。但是，2002年加入世界贸易组织（WTO）以后，中国东部地区制造业实际利用FDI规模增加明显。

表4-5中的模型（3）和模型（4）给出了以东部地区为样本的计量分析结果。模型（3）的固定效应分析F统计值等于48.21，显示固定效应分析方法优于混合OLS分析方法；对面板数据可能存在的异方差和变量内生问题进行的Hausman检验χ^2值等于17.10，P统计值等于0.0089，表明固定效应分析结果优于随机效应分析结果。从模型（3）中对应解释变量dum_wto的系数可以看出，2002年及以后时期在其他条件不变时，东部地区制造业年度实际利用FDI规模占GDP的比重，相对于2002年以前年度要显著多出0.006个百分点。

从对表4-5中的模型（3）、模型（4）、模型（5）、模型（6）的计量分析结果进行对比可以看出，中国东部和中西部地区制造业利用FDI的其他影响因素之间有以下特点。

（A）FDI进入的集聚效应对中国所有地区制造业扩大利用FDI规模，都有积极影响。模型（3）中对应于解释变量$ffdi_{i,t-1}$的系数等于0.422，且在1%的水平上统计显著，也即在其他条件保持不变时，前一年度东部地区实际利用FDI规模占GDP比重每增加1个百分点，本年度东部地区制造业实际利用FDI规模占GDP比重可显著提高0.422个百分点。同样，模型（5）中对应于解释变量$ffdi_{i,t-1}$的系数等于0.333且统计检验显著，也即在其他条件保持不变时，前一年度中部和西部地区实际利用FDI规模占GDP比重每增加1个百分点，本年度中部和西部地区制造业实际利用FDI规模占GDP比重可显著提高0.333个百分点。

（B）在东部地区，政府行政开支增加会显著减少本地区制造业部门实际利用FDI规模；在中西部地区，政府行政开支增加也会减少本地区制造业部门实际利用FDI规模，但统计检验不显著［参见表4-5中的模型（3）、模型（4）、模型（5）、模型（6）对应于解释变量 $expend_{i,t-1}$ 的系数]。1979~2007 年，北京市、上海市、广西省和中国所有省区年度政府行政开支占 GDP 的比重变化参见图 4-6。图 4-6 显示，上海市、北京市政府的年度行政开支占 GDP 的比重一直低于全国平均水平。但是，上海市、北京市的年度政府行政开支占 GDP 的比重在 1993~2006 年间呈逐年增加趋势，广西省的这一数据在 1991~1997 年呈逐年下降趋势，1998 年以后有所上升，直到 2003 年再次出现下降。就中国所有省区的年度平均数据来看，1984~1998 年，所有省区政府年度行政开支占 GDP 的比重平均水平呈现逐年下降趋势，1999-2006 年这一指标呈现逐年增加趋势。由此可部分解释 2001~2009 年间，进入中国制造业的 FDI 比重呈现下降的背后原因。

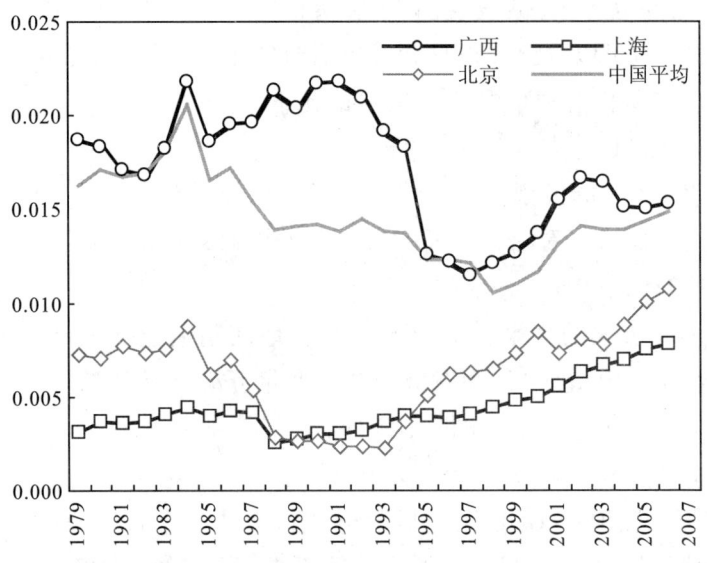

图 4-6 政府行政开支占 GDP 的比重

资料来源：根据北京市等地的历年统计年鉴整理得到。

（C）在东部地区，政府部门对科教文卫开支增加会显著扩大本地区制造业实际利用 FDI 规模；在中西部地区，政府对科教文卫部门开支增加也会扩大本地区制造业实际利用 FDI 规模，但统计检验结果不如东部地区显著[参见表 4-5 中的模型（3）、模型（4）、模型（5）、模型（6）对应于解释

变量 $ceshgov_{i,t-1}$ 的系数]。

(D) 在东部地区，银行对工业企业贷款增加会显著减少本地区制造业实际利用 FDI 规模；在中西部地区，银行对工业企业贷款增加却会增加本地区制造业实际利用 FDI 规模，但统计检验不显著 [参见表 4-5 中的模型 (3)、模型 (4)、模型 (5)、模型 (6) 对应于解释变量 $loan_{i,t-1}$ 的系数]。

(E) 在东部地区，劳动工资水平提高会显著减少本地区制造业实际利用 FDI 规模；在中西部地区，劳动工资水平提高却会扩大本地区制造业实际利用 FDI 规模，但统计检验不显著 [参见表 4-5 中的模型 (3)、模型 (4)、模型 (5)、模型 (6) 对应于解释变量 $wage_{i,t-1}$ 的系数]。

以上表明，中国不同地区制造业 FDI 进入的决定因素有一定差异。我们认为，如果能够控制所有地区影响制造业利用 FDI 的所有其他因素，那么，这些因素对中国不同地区制造业利用 FDI 的影响差异就不会很大。或者这样说，相同的因素在中国不同地区对制造业部门利用 FDI 的影响，取决于一定的地区经济背景，只有结合其他因素才能有比较准确的结论。

(二) 制造业 FDI 进入比重变化的影响因素

我们以 i 省区制造业 t 年度实际利用 FDI 占 i 省区 t 年度实际利用 FDI 金额的比重作为被解释变量，使用固定效应分析方法和随机效应分析方法得到的计量分析结果，参见表 4-5 中的模型 (9) 至模型 (12)。

在模型 (9) 至模型 (12) 中，固定效应分析方法的 F 统计值显示，固定效应分析方法计量分析结果优于混合 OLS 方法。因此，我们同时列出了固定效应计量分析结果和随机效应计量分析结果，并对固定效应分析结果和随机效应分析结果进行了 Hausman 检验，以对异方差问题和变量内生问题进行判断。

表 4-5 中的模型 (9) 至模型 (12) 显示，以下因素对中国制造业实际利用 FDI 比重变化有显著且比较稳定的影响。

第一，政府行政开支增加会引起制造业实际利用 FDI 比重显著下降。

表 4-5 中的模型 (9) 至模型 (12) 显示，前一年度政府部门的行政开支增加，会引起本地区制造业年度实际利用 FDI 比重显著下降，所有计量分析结果均统计检验显著。以考虑了中国东中西部共计 23 个省区 1992~2008 年期间共计 165 个样本数据的模型 (11) 和模型 (12) 为例。模型 (11)

的固定效应分析 F 统计值等于 6.64，表明固定效应分析结果优于混合 OLS 分析结果；对面板数据可能存在的异方差和变量内生问题进行的 Hausman 检验 χ^2 值等于 8.63，P 统计值等于 0.1249，表明随机效应分析结果优于固定效应分析结果。模型（12）中对应于解释变量 $expend_{i,t-1}$ 的系数等于 -30.098，表明政府部门行政开支占 GDP 的比重提高时，制造业实际利用 FDI 金额占本地区年度实际利用 FDI 的比重会显著下降。

结合前述政府行政开支增加会显著减少制造业实际利用 FDI 规模的讨论，可以对上述计量分析结果作如下解释。第一，政府行政开支增加，对制造业实际利用 FDI 的负向影响超过了对其他部门的负向影响，在其他部门因政府干预过多或政府行政效率较低出现 FDI 流入下降的同时，制造业利用 FDI 规模下降幅度更大和更为显著。第二，政府行政开支增加，在减少了制造业实际利用 FDI 规模的同时，其他部门实际利用 FDI 规模显著增加，进而引起制造业实际利用 FDI 规模在本地区年度实际利用 FDI 总额中的比重显著下降。

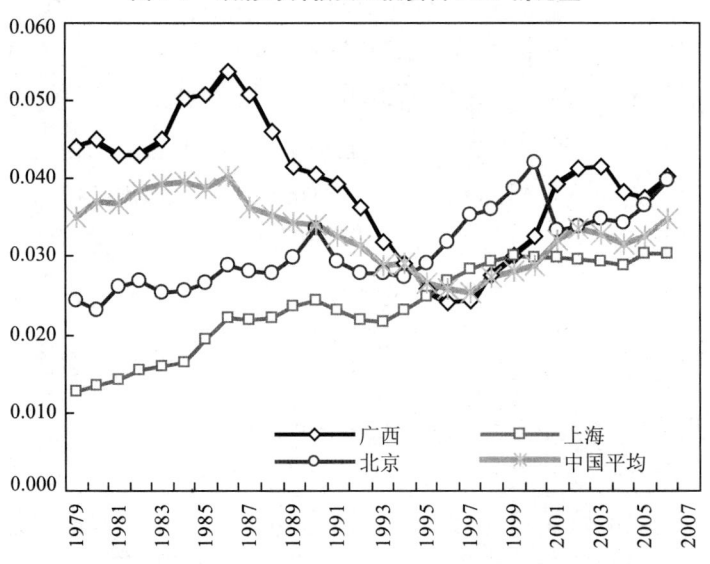

图 4-7　政府对科教文卫投资占 GDP 的比重

资料来源：根据北京市等地的历年统计年鉴整理得到。

第二，政府对科教文卫部门的投资增加会引起制造业实际利用 FDI 比重显著提高。

表 4-2 中的模型（9）至模型（12）显示，前一年度政府部门对科教文卫投资增加，会引起本地区制造业年度实际利用 FDI 比重显著提高，所有计量分析结果均在 1% 的水平上统计显著。我们同样以考虑了中国东中西部共计 23 个省区 1992~2008 年共计 165 个样本数据的模型（11）和模型（12）为例。模型（12）中对应于解释变量 $ceshgov_{i,t-1}$ 的系数等于 10.185，表明政府对科教文卫部门投资占 GDP 的比重提高时，制造业实际利用 FDI 金额占本地区年度实际利用 FDI 的比重会显著提高。

结合前述政府部门对科教文卫投资增加会显著增加制造业实际利用 FDI 规模的讨论，可以对此计量分析结果作如下解释。政府对科教文卫部门投资增加，更加有利于制造业 FDI 进入增加，对制造业实际利用 FDI 的正向影响超过了对其他部门的正向影响，在其他部门因政府对科教文卫投资增加出现 FDI 流入增加的同时，制造业利用 FDI 规模增加幅度更大和更为显著。也就是说，制造业利用 FDI 比服务业等其他部门对科教文卫等软环境因素更加敏感。

从图 4-7 中可以看出，广西省政府对科教文卫投资占 GDP 的比重从 1979 年的 4.40% 逐年上升到 1986 年的 5.38%。1987 年这一比重开始逐年下降，一直下降到 1996 年的 2.42%。以后年度至 2003 年再次上升，在 2003 年这一比重为 4.15%，2006 年这一比重等于 3.98%。就中国所有省区政府对科教文卫投资占 GDP 的比重来看，这一比重在 1979~1986 年期间处于上升阶段，1987~1997 年处于下降阶段，1998~2006 年再次进入上升阶段。1979~2006 年，上海市和北京市的这一指标则基本上处于上升当中。上海市和北京市两地政府对科教文卫投资的增加部分抵消了此两个地区劳动工资上涨对制造业实际利用 FDI 比重的负向影响。

第三，银行对工业企业贷款增加会引起制造业实际利用 FDI 的比重显著下降。

表 4-2 中的模型（9）至模型（12）显示，前一年度银行对工业企业贷款增加，会引起本地区制造业年度实际利用 FDI 比重显著下降。以考虑了中国东中西部共计 23 个省区 1992~2008 年共计 165 个样本数据的模型（11）

和模型（12）为例。模型（12）中对应于解释变量 $loan_{i,t-1}$ 的系数等于 -0.685，表明银行对工业企业提供的贷款占 GDP 的比重每提高 1 个百分点，制造业实际利用 FDI 金额占本地区年度实际利用 FDI 的比重会下降 0.685 个百分点。

结合前述银行对工业企业贷款增加会显著减少制造业实际利用 FDI 规模的讨论，可以对此计量分析结果作如下解释。第一，银行对工业企业提供贷款增加，对制造业实际利用 FDI 的负向影响超过了对其他部门的负向影响，在其他部门银行对工业企业提供贷款增加出现 FDI 流入下降的同时，制造业利用 FDI 规模下降幅度更大和更为显著。第二，银行对工业企业贷款增加，在减少了制造业实际利用 FDI 规模的同时，其他部门实际利用 FDI 规模显著增加，进而引起制造业实际利用 FDI 规模在本地区年度实际利用 FDI 总额中的比重显著下降。

第四，劳动工资上涨会引起制造业实际利用 FDI 比重显著下降。

表 4-2 中的模型（9）至模型（12）显示，劳动工资上涨会引起本地区制造业年度实际利用 FDI 比重显著下降。以考虑了中国东中西部地区 23 个省区 1992~2008 年共计 165 个样本数据的模型（11）和模型（12）为例。模型（12）中对应于解释变量 $wage_{i,t-1}$ 的系数等于 -0.059，表明劳动工资每提高 1 个百分点，制造业实际利用 FDI 金额占本地区年度实际利用 FDI 的比重会下降 0.059 个百分点。

前述计量检验结果显示，进入制造业的 FDI 对劳动工资水平非常敏感，劳动工资上涨会引起中国制造业实际利用 FDI 规模显著下降。此处的计量分析结果显示，制造业 FDI 进入对劳动工资变动的敏感程度要强于其他行业；相对于服务业以及其他部门而言，劳动工资上涨引起的制造业利用 FDI 规模的下降幅度更大和更为显著。

除了上述四个因素会显著地影响制造业实际利用 FDI 的相对水平以外，计量分析结果显示，FDI 进入的集聚效应对制造业利用 FDI 规模增加的促进作用不如其他部门。表 4-2 中的模型（9）至模型（12）显示，前一年度实际利用 FDI 规模增加时，本年度制造业实际利用 FDI 占本地区所有部门实际利用 FDI 的比重会有下降，尽管统计检验不显著，但可从一定程度上理解为，制造业以外的其他部门 FDI 进入对外资经济的集聚效应更为敏感。

为了进一步说明中国制造业 FDI 进入比重变动决定因素的分时期特点和分地区特点，我们分别设置了 1992 年以后时期年度虚拟变量（dum_xp）和 2002 年以后时期年度虚拟变量（dum_wto）。我们还根据中国各个省区的地理特征，将 23 个样本省区分为东部 12 省区和中西部 11 个省区，分别进行了考察。表 4-5 中的模型（9）、模型（10）、模型（11）、模型（12）给出了不同地区和不同时期，中国制造业 FDI 进入比重变动影响因素的计量分析结果。

第一，不同时期中国制造业利用 FDI 比重变化。

表 4-5 中模型（9）和模型（10）考虑了包括东部、中部、西部等 23 个省区 1987~2008 年共计 182 个样本数据。计量分析结果显示，1992 年邓小平南巡讲话以后和 2002 年中国加入世界贸易组织以后，中国制造业利用 FDI 比重有所提高，但统计检验不显著。

表 4-5 中模型（11）和模型（12）仅考虑了中国东部 12 个省区 1987~2008 年共计 123 个样本数据，计量分析结果显示，2002 年中国加入世界贸易组织以后，中国东部地区制造业利用 FDI 比重显著提高。表 4-5 中模型（11）的固定效应分析 F 统计值等于 7.36，表明固定效应分析结果优于混合 OLS 分析结果；对面板数据可能存在的异方差和变量内生问题进行的 Hausman 检验 χ^2 值等于 294.77，P 统计值等于 0.00，表明固定效应分析结果优于随机效应分析结果。模型（12）中对应解释变量 dum_wto 的系数等于 0.062，表明 2002 年及以后时期在其他条件不变时，中国东部地区制造业年度实际利用 FDI 的比重，相对于 2002 年以前年度要多出 0.062 个百分点。

第二，对中国不同地区制造业利用 FDI 比重变动影响因素的其他比较。

从对表 4-5 中的模型（9）、模型（10）、模型（11）、模型（12）的计量分析结果进行对比可以看出，中国东部和中西部地区制造业利用 FDI 的其他决定因素之间有以下特点。

（A）FDI 进入的集聚效应会使得中国所有地区制造业利用 FDI 的比重出现下降，但统计检验不显著。比如，模型（9）、模型（10）、模型（11）、模型（12）中对应于解释变量 $ffdi_{i,t-1}$ 的系数均小于 0，但统计检验都不显著。

(B) 政府行政开支增加会使得所有地区制造业实际利用 FDI 的比重下降。表 4-5 中的模型（10）为考虑了包括所有地区样本的随机效应计量分析结果，该模型对应于解释变量 $expend_{i,t-1}$ 的系数为 -25.093 且统计检验显著，经济学含义是政府行政开支占 GDP 的比重每提高 1 个百分点，制造业实际利用 FDI 的比重会显著下降 25.093 个百分点。表 4-5 中的模型（11）为仅考虑中国东部 12 个省区 1992~2008 年 123 个样本数据的计量分析结果，该模型对应于解释变量 $expend_{i,t-1}$ 的系数为 -33.617，在 1% 的水平上统计检验显著，经济学含义是政府行政开支占 GDP 的比重每提高 1 个百分点，东部地区制造业实际利用 FDI 的比重会显著下降 33.617 个百分点。

(C) 政府对科教文卫开支增加会显著提高东部地区和中国所有地区制造业实际利用 FDI 的比重。表 4-5 中的模型（10）为考虑了包括所有地区样本的随机效应计量分析结果，该模型对应于解释变量 $ceshgov_{i,t-1}$ 的系数为 9.670 且统计检验显著，经济学含义是政府对科教文卫开支占 GDP 的比重每提高 1 个百分点，制造业实际利用 FDI 的比重会显著提高 9.670 个百分点。表 4-5 中的模型（11）为仅考虑中国东部 12 个省区 1992~2008 年 123 个样本数据的计量分析结果。该模型对应于解释变量 $ceshgov_{i,t-1}$ 的系数为 7.632，在 10% 的水平上统计显著，经济学含义是政府对科教文卫开支占 GDP 的比重每提高 1 个百分点，东部地区制造业实际利用 FDI 的比重会显著提高 7.632 个百分点。

(D) 在东部地区，银行对工业企业贷款增加会使得本地区制造业实际利用 FDI 比重下降，但统计检验不显著［参见表 4-5 中的模型（11）和模型（12）对应于解释变量 $loan_{i,t-1}$ 的系数］；在中国全部地区 1987~2008 年间，银行对工业企业贷款增加会使得本地区制造业实际利用 FDI 比重显著下降［参见表 4-5 中的模型（10）对应于解释变量 $loan_{i,t-1}$ 的系数］。

(E) 在东部地区 1992~2008 年间，劳动工资水平提高会使得本地区制造业实际利用 FDI 比重显著下降；在中国全部地区 1987~2008 年间，劳动工资水平提高也会使得本地区制造业实际利用 FDI 比重出现下降，但统计检验不显著［参见表 4-5 中的模型（9）和模型（10）、模型（11）和模型（12）对应于解释变量 $wage_{i,t-1}$ 的系数］。

以上分析表明，中国不同地区制造业 FDI 进入比重变动的影响因素有一定差异。我们认为,如果能够控制所有地区影响制造业利用 FDI 比重变动的所有其他因素,那么,这些因素对中国不同地区制造业利用 FDI 比重变动的影响差异就不会很大。或者这样说,相同的因素在中国不同地区对制造业利用 FDI 比重变动的影响,取决于特定地区的经济背景,只有结合其他因素才能有比较准确的结论。

第五节　结论与政策启示

一、研究结论

（一）FDI 进入中国的行业特征

在 2007 年以前,进入中国的 FDI 主要投入到了制造业;在 2004 年以后,进入中国服务业的 FDI 逐年增加。2008 年,进入中国服务业的 FDI 规模显著超过了制造业。1999～2009 年,进入中国制造业的 FDI 主要投入到了通信设备计算机及其电子设备制造业、化学原料及化学制品制造业、纺织业、通用设备制造业、专用设备制造业、医药制造业等 6 个部门,进入中国服务业的 FDI 主要投入到了房地产业、金融业、交通运输仓储邮政业等 3 个部门。

（二）FDI 进入中国制造业的影响因素

1. 中国制造业实际利用 FDI 绝对规模变动的决定因素

1980～2008 年,FDI 进入的集聚效应、政府对科教文卫投资增加、经济开发区数量增加等,有助于制造业实际利用 FDI 规模显著增加,政府部门行政开支增加、银行对工业企业贷款增加、劳动工资上涨等,会显著减少制造业实际利用 FDI 规模。

就制造业利用 FDI 绝对规模变动影响因素的实证分析结果表明,1980～2008 年,影响 FDI 进入中国制造业的因素需进一步分 1980～1991 年、1992～2001 年和 2002～2008 年 3 个时期进行考察。在其他条件保持不变时,1992 年邓小平南巡讲话以后进入中国制造业部门的 FDI 绝对规模显著多于 1992 年以前时期。

分东部、中部、西部等 3 个地区来看,1980～2008 年影响中国制造业 FDI 进入的因素有以下特点。第一,中国加入 WTO 以后,东部地区制造业

FDI 进入显著多于中部和西部地区。第二，FDI 进入的集聚效应对中国所有地区制造业扩大利用 FDI 规模都有积极影响。第三，在东部地区，政府行政开支增加会显著减少本地区制造业实际利用 FDI 规模；在中部地区和西部地区，政府行政开支增加会减少本地区制造业实际利用 FDI 规模，但统计检验不显著。第四，在东部地区，政府对科教文卫开支增加会显著扩大本地区制造业实际利用 FDI 规模；在中西部地区，政府对科教文卫开支增加也会扩大本地区制造业实际利用 FDI 规模，但统计检验不如东部地区显著。第五，在东部地区，银行对工业企业贷款增加会显著减少本地区制造业实际利用 FDI 规模；在中西部地区，银行对工业企业贷款增加却会增加本地区制造业实际利用 FDI 规模，但统计检验不显著。第六，在东部地区，劳动工资提高会显著减少本地区制造业实际利用 FDI 规模；在中西部地区，劳动工资提高会扩大本地区制造业实际利用 FDI 规模，但统计检验不显著。

2. 中国制造业实际利用 FDI 相对规模变动的影响因素

1980～2008 年，政府行政开支增加、银行对工业企业贷款增加、劳动工资上涨等，会引起制造业实际利用 FDI 比重显著下降，政府对科教文卫投资增加会引起制造业实际利用 FDI 比重显著提高。

分时期来看，1992 年邓小平南巡讲话以后和 2002 年中国加入世界贸易组织以后，中国制造业利用 FDI 比重显著提高，但统计检验不显著。分东部、中部、西部等 3 个地区来看，1980～2008 年进入中国制造业的 FDI 相对规模变动的影响因素有以下特点。第一，FDI 进入的集聚效应会使得中国所有地区制造业利用 FDI 的比重出现下降，但统计检验不显著。第二，政府行政开支增加会使得所有地区制造业实际利用 FDI 比重下降。第三，政府部门对科教文卫开支增加会显著提高东部地区和中国所有地区制造业实际利用 FDI 的比重。第四，在东部地区，银行对工业企业贷款增加会使得本地区制造业实际利用 FDI 比重下降，但统计检验不显著。中国全部地区在 1987～2008 年期间，银行对工业企业贷款增加会使得本地区制造业实际利用 FDI 的比重下降。第五，在东部地区，劳动工资提高会使得本地区制造业实际利用 FDI 的比重显著下降；在中国全部地区，劳动工资提高也会使得本地区制造业实际利用 FDI 比重出现下降，但统计检验不显著。

二、政策启示

第一，调节 FDI 进入中国的产业结构。

中国应顺势而为，主动引导 FDI 加大对第一、第三产业的投资力度，相对降低对第二产业的投资比重，这不仅符合中国产业结构的调整和升级需要，同时也符合世界范围内 FDI 进入的产业结构变化趋势。我们需要引导 FDI 在制造业的投资更多地转向重加工业尤其是装备工业部门，相应地减少对消费品工业的投资比重。

第二，完善服务业 FDI 政策。

现代服务业属于知识密集型产业，在跨境流动中，难以像制造业那样可以把技术、销售、生产环节按照比较优势原则和成本最低原则异地分设，而必须是集技术核心、管理经营、服务内涵为一体的整体引进，同时还要根据消费环境的不同而有所创新。

政府部门需要通过制订一些具体的投资鼓励措施，积极引导 FDI 进入现代服务业，鼓励 FDI 优先进入信息服务、现代物流、电子商务等支持国民经济高效运作的生产性服务业，以及进入咨询、法律服务、科技服务等中介服务业，投资旅游、文化、体育等需求潜力大的服务业，以促进中国逐渐形成高水平、结构合理的现代服务业体系。

中国需要加强商标、外债、市场竞争、反垄断、反不正当竞争、外资并购、国企改革和发展方面的立法工作或成文法修订工作，以适应服务业开放和外资进入行业变动的新情况；应充分利用 WTO 的一般和特殊条款，如《GATS》中的"例外条款"、"逐步自由化原则"以及"保障条款"等，对中国服务业市场中的幼稚行业实行适度保护，以避免其受到 FDI 进入的强烈冲击。

第三，发挥制造业 FDI 对中国经济发展的促进作用。

中国丰裕的劳动力资源和低廉的劳动成本，是吸引 FDI 进入中国制造业的重要影响因素。FDI 进入制造业，有助于中国固定资产投资规模扩大，并特别有助于国有企业固定资产投资规模扩大，并能提高国有企业和集体企业的劳动就业能力。在鼓励 FDI 进入制造业时，应注意其对中国不同地区劳动工资差距扩大的影响，并减少 FDI 进入制造业的劳动工资收入提高的抑制作用。我们应关注 FDI 进入制造业对中国进出口贸易促进作用的负面影响。为了鼓励 FDI 进入中国制造业，可以进一步完善经济开发区建设和高新技术产业园区建设，使这些园区成为制造业 FDI 进入中国的集聚基地，以提高制造业 FDI 进入的劳动就业增加效应，以及其他有助于中国经济和社会发展的积极效应。

第 五 章

独资 FDI 进入中国的影响因素

跨国公司的对外投资决策可分为以下两个步骤：（1）决定是否以 FDI 的形式进入某一国外市场。（2）选择 FDI 进入模式，即在独资方式与合资方式之间进行选择；若选择合资进入方式，则还需就股权持有水平作进一步决策。[①]

跨国公司在发展中国家或新兴市场国家进行 FDI 活动的经验表明，选择独资可以独享收益，但要独自承担各种风险；选择合资可以较为容易地得到东道国政府和企业的资源与支持，共担风险与损失，却不得不与东道国政府和企业分享收益。

第一节 独资 FDI 进入中国的历史演进

跨国公司在中国的 FDI 主要有合资、合作、独资等形式。在实行改革开放政策初期，合资是跨国公司进入中国的主导模式，但随着时间推移，独资在跨国公司进入中国的 FDI 中所占比重逐年上升；20 世纪 90 年代后期，无论在企业数量上，还是在投资金额上，均超过了合资。FDI 进入中国的"独

[①] 摩尼等（Mani et al, 2007）对 FDI 进入模式与外资股权持有水平作了严格区分。Mani 等研究认为，按独资与合资进行区分的宏观视角忽略了合资企业由于不同股权水平可能导致的重要差异；相反，股权水平提供了关于不同股权结构差异的微观视角，但忽略了独资与合资在战略上的不同之处。本文对此不作区分，重点关注 FDI 在独资与合资之间的选择问题。

资化"趋势具体表现在以下三个方面。①

第一，新批外商直接投资中，外商独资企业比重显著提高。

自 1992 年起，外商独资经营企业占在华全部外资企业的比重开始大幅度上升，而中外合资经营企业所占比重在 1992 年达到高峰以后，近十多年来一直呈现出单边下降趋势，从协议（合同）外资金额或实际利用外资金额角度来看，均是如此。

1997 年下半年，中国新批准的外资项目中独资项目数量开始超过合资项目数量；此后，新批准的独资项目数量一直多于合资项目。从 1998 年起，中国合同利用外资金额中，外商独资企业一直多于合资企业，实际使用外资金额，则从 2000 年起开始超过合资企业。

从发展趋势来看，进入中国的新批独资企业在数量和金额上都越来越多地超过合资企业。例如，2002 年中国新批外商独资企业 22173 个，合同金额 572.55 亿美元；新批外商合资企业 10380 个，合同金额 185.02 亿美元。独资企业项目数量是合资企业项目的 2.14 倍，金额则是 3.1 倍。2003 年，全国新批外商独资企业 26943 家，合同金额 816.1 亿美元；新批外商合资企业 12521 家，合同金额 255.1 亿美元。独资企业项目数量和金额的比重较 2002 年都有显著增加，且两个指标的增加幅度都超过合资企业。

第二，原有的合资企业有许多变更成了外商独资企业。

除新设投资中外商独资比例大幅度提高之外，外商在已有合资企业中增资扩股已成为一种潮流，众多中外合资企业的外方显示出很强的增资扩股愿望。合资企业的外方谋求控股乃至独资的主要途径有：（1）突然或强行要求增资控股。一批 20 世纪 80 年代初期签约的合资企业在协议到期时，不少外方提出如果不能控股就不再续约。比如，阿尔卡特将其在合资公司上海贝尔中所持股份由 31.65% 增加到了 51%。（2）逼迫中方出让股权。比如，广州保洁公司的美方股东，利用手中的税收牌，迫使中方从广州保洁公司中逐步退出。不然，宝洁公司便会将企业主体由广州转移到天津。广州市政府为了不放弃这样的利税大户（年上缴利税超过 10 亿元人民币），不使宝洁公

---

① 有学者（Xia, Tan and Tan, 2008）研究发现，跨国公司在中国的 FDI 模式选择正由合资为主，转变为以独资为主。

司在当地撤资,只能说服合资企业中的中方出让股权。

第三,通过收购等方式,直接成立外商独资企业。

通过收购、兼并的方式直接成立独资企业或至少达到绝对控股,已成为FDI进入中国市场的潮流之一。比如,2001年4月17日,全球领先的通信集成电路供应商IDT公司以8500万美元购并中国国内一家电信集成电路供应商新涛科技(上海)有限公司,并成立了独资企业。

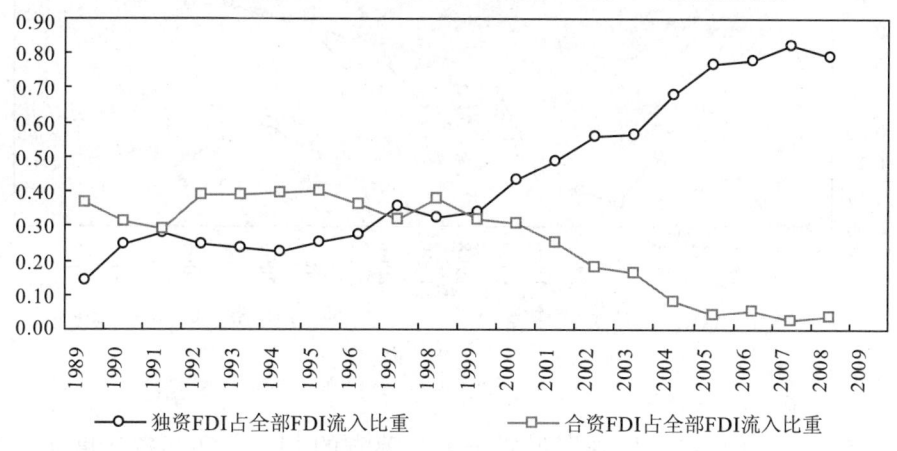

图5-1 广东省独资FDI与合资FDI占实际利用FDI金额的比重

资料来源:广东省历年统计年鉴。

就FDI进入中国的各个地区来看,在1997年以前,广东省年度实际利用FDI总额中,以合资形式流入的FDI所占比重一直超过独资形式的FDI(参见图5-1)。1997年,流入广东省的独资FDI占广东省年度实际利用FDI金额的比重为35.4%,合资FDI比重为31.6%,首次超过合资形式的FDI。1998年,进入广东省的独资FDI占广东省年度实际利用FDI的比重为34.2%,合资FDI比重为37.8%,独资FDI所占的比重相对下降。1998~2008年,进入广东省的独资FDI占广东省年度实际利用FDI的比重,从1999年的34.2%一路增加到了2007年的82.1%;合资FDI的比重则从1999年的31.8%一路下降到了2007年的2.8%。2008年,进入广东省的独资FDI占广东省年度实际利用FDI的比重为79.2%,合资FDI比重为4.1%。

在2000年以前,上海市年度实际利用FDI总额中,以合资形式进入的

FDI 所占比重一直超过独资 FDI（参见图 5-2）。2000 年，进入上海市的独资 FDI 占上海市年度实际利用 FDI 的比重为 49.8%，合资 FDI 比重为 40.9%。2000~2008 年，进入上海的独资 FDI 占上海年度实际利用 FDI 的比重一路上升。2008 年，独资 FDI 所占比重为 78.2%，合资 FDI 比重为 19.5%。

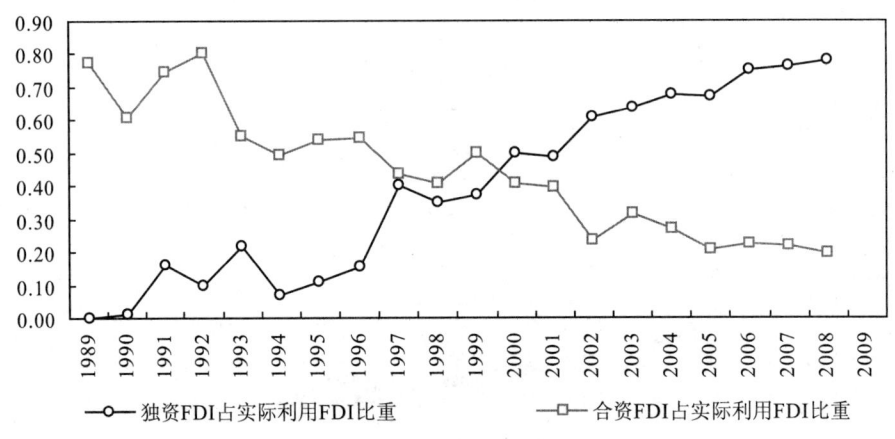

图 5-2　上海市独资 FDI 与合资 FDI 占实际利用 FDI 金额的比重

资料来源：上海市历年统计年鉴。

在 1999 年以前，以独资形式进入江苏省的 FDI 占江苏省年度实际利用 FDI 的比重一直低于合资 FDI 所占比重（参见图 5-3）。2000 年，独资 FDI 在江苏省年度实际利用 FDI 总额中所占的比重为 59.0%，合资 FDI 比重为 35.4%。2000~2007 年，独资 FDI 占江苏省年度实际利用 FDI 的比重一路增加到了 2007 年的 83.1%，合资 FDI 比重为 15.7%；2008 年，独资 FDI 占江苏省年度实际利用 FDI 的比重为 81.5%，合资 FDI 比重为 17.3%。

在 2000 年以前，进入山东省的 FDI 一直以合资形式为主（参见图 5-4）。2000 年，以独资形式进入山东省的 FDI 占山东省年度实际利用 FDI 金额的比重为 42.4%，合资 FDI 比重为 39.5%，独资 FDI 首次超过合资 FDI。2000~2008 年，进入山东省的独资 FDI 比重一直超过合资 FDI；2007 年，独资 FDI 在山东省年度实际利用 FDI 总额中所占的比重为 79%；2008 年为 74.5%，合资 FDI 所占比重分别为 17.2% 和 23.0%。

图 5-3 江苏省独资 FDI 与合资 FDI 占实际利用 FDI 金额的比重

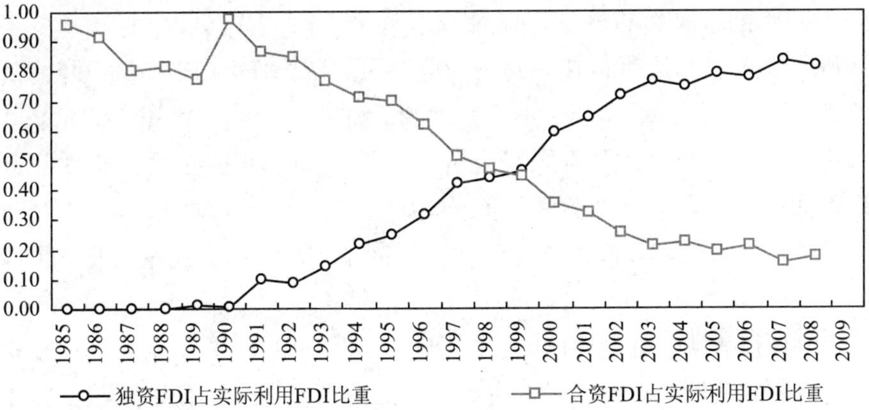

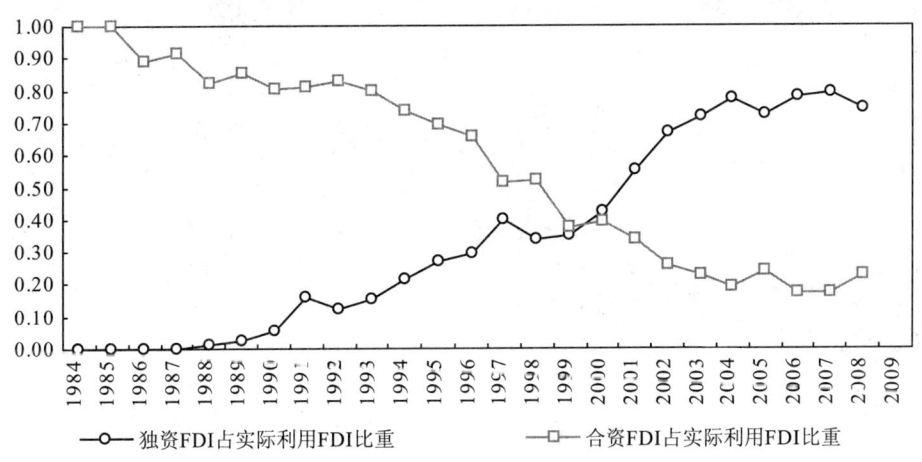

资料来源：江苏省历年统计年鉴。

图 5-4 山东省独资 FDI 与合资 FDI 占实际利用 FDI 金额的比重

资料来源：山东省历年统计年鉴。

除上述广东省、上海市、江苏省、山东省以外，在中国东部12个沿海省区中，以独资形式进入的 FDI 在相应省区年度实际利用 FDI 总额中的比重，在2000～2007年期间大多数维持在50%～80%之间，这些省区包括：海南、广西、浙江、天津、北京。统计数据显示，除了海南、广西、河北等省区进入的独资 FDI 比重波动比较明显以外，进入中国东部沿海地区的独资

FDI 占当地年度实际利用 FDI 的比重有逐年上升趋势。①

在中国东部 12 个省区中，以合资形式进入的 FDI 在相应省区年度实际利用 FDI 总额中的比重，在 2000~2007 年间大多维持在 15%~45% 之间，这些省区包括：海南、广东、浙江、上海、江苏、山东、天津、北京。2000~2007 年，福建和江苏两省区以合资形式流入的 FDI 占年度本省区实际利用 FDI 总量的比重呈一直下降趋势。2000~2007 年，广西和河北两个省区以合资形式流入的 FDI 占本省区年度实际利用 FDI 总额的比重，基本上维持在 40%~60% 之间。

上述分析表明，在 2000 年前后，进入中国的 FDI 更多地采用了独资形式。现有研究表明，FDI 股权结构变动会影响资金成本、投资水平、技术转移程度、项目收益分配；股权份额变动还会影响 FDI 项目参与方将己方资源投入项目的激励水平（Elizabeth and Esfahani, 2001）。本部分内容以跨国公司 FDI 进入模式选择模型为基础，实证分析了 FDI 进入中国独资化趋势的决定因素。

第二节 文献综述

一、关于 FDI 进入方式选择的基本理论

关于 FDI 进入东道国的合资与独资方式选择的研究，可分为很多流派，并主要有以下几种（Makino et al, 2007）。

第一，交易成本理论。

交易成本理论由科斯最早提出。20 世纪 70 年代以来，交易成本理论被广泛地用于解释跨国公司直接投资的股权选择方式。其基本思想是：跨国公司对 FDI 项目特定进入模式的选择原则是，最小化生产成本和交易成本；为了解决因市场信息不对称、市场失效和机会主义行为等造成的内部交易成本

---

① 在福建省，2005 年、2006 年，以独资形式流入的 FDI 占福建省年度实际利用 FDI 总量的比重低于 50%；1993~2004 年，以独资形式流入的 FDI 占福建省年度实际利用 FDI 总额的比重一直在 51%~79% 之间。在河北省，2005 年以独资形式流入的 FDI 占河北省年度实际利用 FDI 金额的比重达到了 52.3%；在 2001 年、2002 年、2003 年、2004 年、2006 年，以独资形式流入的 FDI 占河北省年度实际利用 FDI 总量的比重低于 50%，并维持在 23%~42% 之间。

过高的问题，跨国公司往往倾向于选择控制程度较高的进入模式。因此，控制权是各种股权进入模式的焦点，这是企业唯一最重要的风险和收益决定因素。高控制权的股权进入模式在增加收益的同时也增加了风险，而低控制权的股权进入模式在降低投资风险的同时投资收益也显著降低。

跨国公司对 FDI 项目作合资或独资选择时，会比较从市场获得东道国专业资源的成本以及在企业内部同东道国伙伴分享专业资源的成本。[①] 同东道国合作伙伴分享专业资源时会增加决策成本，产生搭便车问题。但是，无形资产特别是技术专利等专业要素在市场中的交易成本会比较高，通过合资形式在企业内部使用这类资源可减少对市场交易过程的依赖。

交易成本理论在有限理性与机会主义行为这两个假设下，主要从资产专用性、不确定性和交易频率等三个维度来考察交易成本大小，寻求最小化交易成本的公司治理形式（Williamson, 1975, 1985）。

交易成本理论认为，在以下条件满足时，外国投资者倾向于选择合资企业在东道国建立 FDI 项目，而不是选择独资企业形式：（1）东道国合作伙伴与外国投资者之间是互补关系；（2）以股权方式使用外国投资者和东道国合作伙伴专业资源时的成本低于市场交易模式；（3）合资经营 FDI 项目的收益超过合资企业中各个方面的协调成本。

第二，学习理论。

该理论从合资双方互相学习对方的互补性知识和能力的角度来解释合资企业的存在。科加（Kogut, 1988）研究发现，当双方都希望获得对方的组织技能时，可通过合资来学习和获取对方的特定知识和资源，以增强自身的竞争能力。古默凯舍（Gomes-Casseres, 1989）研究发现，当跨国公司不具备实施子公司战略所需要的所有能力而当地企业能提供这种能力时，选择与东道国企业进行合资经营的吸引力显著增加。

第三，制度理论。

东道国一般存在诸多的制度性因素，比如东道国政府对 FDI 股权比例限制，东道国法律制度的完善性，以及东道国的国家风险、商业文化环境等因

[①] 关于交易成本因素与基于所有权进入模式选择关系的实证研究发现（Zhao, Luo and Suh, 2004），交易成本因素对基于所有权的进入模式选择具有显著影响，并且其影响方向与交易成本理论预测的相一致。

素。这些因素会对 FDI 进入模式选择产生重要影响。该理论着重关注东道国的政治和法律规定，以及社会商业规则对 FDI 股权结构的影响（Contractor，1990；Gomes-Casseres，1990；Delios and Beamish，1999）。东道国对跨国公司持股比例上限的规定会对 FDI 进入模式和股权结构选择产生直接影响，也会对整个社会的商业环境产生间接影响。姚等（Yiu and Makino，2002）研究认为，跨国公司倾向于遵从东道国环境的规定性设置，来选择 FDI 股权模式。

第四，讨价还价理论。

讨价还价理论认为，跨国公司在 FDI 项目中的股权水平，是跨国公司与东道国政府或其当地合作方讨价还价的结果。跨国公司的讨价还价能力随着跨国公司能给东道国带来的好处的增加而增强，而随着东道国内部市场的吸引力的增加而减弱。

什韦纳尔等（Svejnar and Smith，1984）考察了跨国公司与当地合作方在发展中国家建立的合资企业微观行为，聚焦于在不同制度环境下的资源配置和利润分配等因素，并特别强调合作双方之间的谈判能力、转移定价、股权份额和利润分配等因素对 FDI 进入方式选择的影响。古默凯舍（Gomers-Cassers，1989）研究发现，跨国公司对东道国经营环境越熟悉，其谈判地位越强，它在海外公司中的股权持有比例越高。如果跨国公司进行海外投资时，对当地战略资产和经营性资源依赖程度不高，其谈判地位因此而相对较强，它就越倾向于高控制权进入模式。

讨价还价理论认为（Fagre and Wells，1982），FDI 进入模式选择是跨国公司与东道国合作伙伴之间讨价还价博弈的结果，博弈双方的谈判实力对比决定了跨国公司对特定进入模式的选择决策。跨国公司讨价还价的实力源自其所有权优势，包括技术优势、生产优势、资金优势、管理优势和规模优势等，而庞大的生产规模、跨国公司全球战略运作方式以及母国政府的大力支持，也会进一步增强跨国公司的谈判实力。

东道国合作伙伴的谈判实力主要取决于以下几个因素：东道国政府集权程度、东道国国内市场规模和经济增长速度、东道国基础设施建设水平和廉价劳动要素供给能力、东道国政府对外来资本和外资技术需求，以及东道国政府利用外资战略（Moon and Lado，2000）。随着跨国公司讨价还价能力提高以及东道国市场准入政策放宽,跨国公司会增加对国外子公司的股权参与度和控制度。

当跨国公司能够给东道国带来专业资产和出口渠道等更多的利益时,跨国公司在 FDI 项目中的股权选择谈判能力会得到增强。在东道国内部市场吸引力提高时(比如市场规模变大,劳动要素具有比较高的生产效率,基础设施发达等),跨国公司在 FDI 项目中的股权选择谈判能力会被削弱。

第五,实物期权理论。

科加(Kogut, 1991)、季(Chi, 2000)研究发现,为了控制风险,保持灵活性,熟悉环境,积累经验,跨国公司先期进入时的投资规模相对比较小;当机会明显,不确定性减小时,会加大投资,通过进一步的投入,来获取更高的收益;当投资损失增加时,会选择退出,以避免直接的大规模投入可能导致的更大损失。跨国公司初期进行的这种小规模、低风险和灵活性的投资,多通过合资的形式来完成。

第六,战略行为理论。

战略行为理论认为,企业选择进入模式时,成本最低的进入方式未必能带来最大的竞争优势,从而为企业带来长期的垄断利润,持续的市场竞争力才是企业考虑的重要因素。很多时候,企业选择某一 FDI 股权模式并不是因为进入成本低,而是在于这种方式能最大限度地增强自身的竞争地位。比如,科加(Kougt, 1991)研究发现,很多合资 FDI 项目发生的动机是为了造成进入壁垒或削弱竞争对手地位,从而提高自身竞争优势。因此,合资 FDI 是一种企业经营战略行为。

有关 FDI 进入模式的上述理论中,交易成本理论、学习理论和实物期权理论解释了跨国公司与东道国企业的合资动机和股权结构偏好;制度理论则主要考虑到了东道国因素和东道国政府对 FDI 股权结构选择的影响;讨价还价理论则从跨国公司和东道国两个方面的特定偏好出发,讨论各自讨价还价能力对 FDI 项目股权结构的影响。

二、关于 FDI 进入方式选择的经验研究

(一)关于 FDI 进入模式选择的国际经验

亚仕都等(Asiedu and Esfahani, 2001)将政府投入、跨国公司投入、

当地企业投入、跨国公司的成本劣势、税收，以及东道国政府的政策自由化程度等因素，纳入一个相对统一的分析框架中，通过理论模型来考察这些因素对 FDI 独资与合资，以及对合资项目中有关各方股权水平选择的影响，并进行了实证检验。研究结果表明，跨国公司进入模式选择受国家层面、行业层面和企业层面等诸多方面的因素影响。

赵等（Zhao, Luo and Suh, 2004）对交易成本因素与 FDI 进入模式选择之间的关系作了实证研究。他们选取了 6 个与交易成本相关的因素，分别为资产专用性、研发强度、国家风险、文化距离、国际化经验和广告强度，其样本是 1986～2002 年期间专业期刊上发表的 38 篇论文，并得到了与上述 6 个因素相关的 106 个系数。研究结果表明，所有这 6 个交易成本因素，都对基于所有权的 FDI 进入模式选择具有显著影响。其中国家风险和国际化经验相对于其他因素而言具有更强的影响力，国家风险与文化距离的影响为负，而其他因素的影响为正。江格尔（Janger, 1980）对发展中国家中的合资企业调查后发现，有一半以上的合资企业是由于东道国政府的强制性要求而选择了合资形式。

（二）对 FDI 以独资方式进入中国的解释

第一，基于企业层面数据的经验研究。

潘（Pan, 1996）结合 OLI 理论和讨价还价理论，对进入中国的跨国公司在合资企业中股权水平决定因素进行了实证研究；Pan 选取了 11 个解释变量，分别为：广告强度、外国资本投入、中国国家风险、合资企业总投资额、合资企业合同期限、文化距离、竞争强度、国有企业规模、本地合作方联盟、外国合作方联盟和合资企业区位等。被解释变量为跨国公司在合资企业中持有的股权水平，并分为少数股权、多数股权和 50% 股权等三种类型。潘（Pan, 1996）对 1979～1992 年期间，在中国的 4223 家合资企业所有权结构的决定因素的实证研究结果表明：广告强度越大、外国资本投入越多、合资企业的合同期限越长、文化距离越远、竞争越激烈、外方合作者联盟企业数越多，外资在 FDI 项目中的股权持有比例越高；合资企业总投资额越大，中方合作者联盟企业数越多，外资在 FDI 项目中的股权持有比例越低。

潘镇和鲁明泓（2006）以 1990～2000 年间位于江苏省的 3452 家外资企业为样本，实证研究了投资国文化、投资国与中国之间的文化差异对 FDI 进入模式选择的影响；实证研究结果显示：来自权力控制偏好型和风险喜好型国家的外资，偏爱以独资方式进入中国市场；本国文化与中国文化差异越大，外资越有可能采取合资方式；中国累积利用 FDI 规模增加，有助于外资越来越多地采取独资进入模式。邱立成和于李娜（2003）研究发现，影响 FDI 进入中国市场模式的因素主要包括：市场环境、外资政策、投资结构变动（包括 FDI 来源结构和 FDI 进入行业）、跨国公司知识与经验积累，以及中国对 FDI 项目中外资持有的股权比例限制等因素。许陈生和夏洪胜（2004）的实证研究表明，影响 FDI 进入中国模式的宏观经济因素主要包括：经济开放水平、行业因素、市场化程度、市场潜力等四个方面。

夏等（Xia, Tan and Tan, 2008）对 1990~2003 年期间中国 12 个非限制性行业中的 1123 家合资企业的实证研究发现，FDI 进入模式受特定时期母国和东道国相同产业中的其他企业影响。在 FDI 选择股权模式时，会相互模仿，并非单个企业的独立决策行为。

第二，基于省级或行业层面数据的经验研究。

徐俊武（2005）研究发现，自 1995 年以来，进入中国的外商独资 FDI 的比重年均增加 3%，中外合资经营 FDI 的比重以 2% 的年均速度逐年下降，此现象与中国政府部门的行政腐败程度下降有显著关系；由于不同行业中的行政腐败程度并不相同，独资 FDI 在中国不同行业当中的分布也有很大差异。

秦凤鸣和张中楠（2008）对 1996~2005 年中国省级面板数据所作的经验研究发现，中国东部地区教育水平和科学研究水平提高、人力资源优化，使得中方从外资那里吸收知识、技术和管理经验的能力显著提高，使得外资方更多地选择独资方式在当地经营 FDI 项目；此外，市场规模扩大、市场化程度提高，也有助于独资 FDI 进入显著增加。

第三，其他解释。

李维安和李宝权（2005）研究发现，时间因素和学习效应对 FDI 股权模式选择有显著影响，跨国公司在华独资化倾向增强的深层原因，是追求股权结构战略改进的预期收益。沈磊等（2005）、冯春丽（2006）使用博弈模型分析了跨国公司在华投资的独资化趋势，研究发现外国投资者对 FDI 项目的合资与独资选择，取决于中外双方各自所拥有的资产专用程度和资产优势。

李向京和廖进中（2006）研究认为，内部化是 FDI 选择独资模式的表象原因，区位变量是 FDI 选择独资模式的制度原因，垄断优势是 FDI 选择独资模式的根本原因。华民和蒋舒（2002）研究指出，跨国公司既有转移定价的信息优势，又有中外双方学习竞赛中的学习优势，在这些因素的共同作用下，所有权优势逐渐向外方倾斜，并迫使中方向外方转让自己在合资或合作企业中的股权份额。

第三节 影响 FDI 独资进入因素的理论分析

一、模型假设

邓宁（Dunning，1988）关于国际生产的折衷范式理论认为：企业拥有的所有权优势、内部化优势和区位优势的不同组合，决定了它从事国际生产的特有方式，只有同时兼有这三大优势（OIL 优势）时，企业才会进行直接投资。[①]

在三大优势中，所有权优势是企业进行 FDI 的必要条件，而内部化优势和区位优势则是企业进行 FDI 的充分条件（参见图 5-5）。仅拥有所有权优势的企业，会选择许可证方式进行技术转移；同时具有所有权优势和内部化优势而无区位优势的企业，会选择在国内生产然后向国外出口的方式；同时拥有所有权优势、内部化优势和区位优势的企业，才会选择 FDI 方式。图 5-5 表明，只有当跨国公司具备所有权优势、东道国具有可供跨国公司利用的区位优势时，跨国公司才会选择 FDI 的方式将这些优势内部化，才会在此基础上对独资 FDI 与合资 FDI 进行选择。

假设东道国政府或企业拥有两种类型要素。第一类要素由当地的公共物品组成，包括法律规则和制度优势、公共基础设施以及市场准入条件等，因交易成本较高，这些要素无法通过合同转让。跨国公司可选择合资的形式使

---

① 邓宁（Dunning，1977；1993）认为，跨国公司的 FDI 活动可分为三种类型：市场寻求型 FDI、效率（降低成本）寻求型 FDI、资源寻求型 FDI（包括战略资产寻求型 FDI）。本部分的模型设计参考了亚仕都等（Asiedu and Esfahani，2001）的研究。

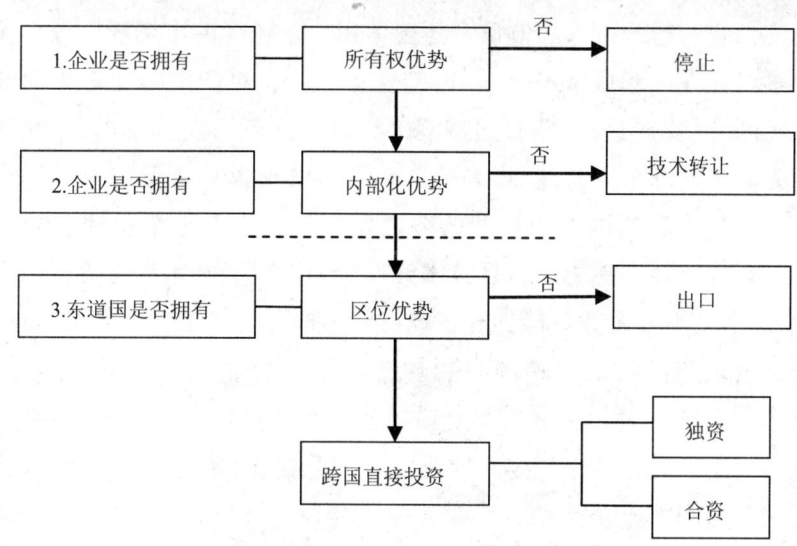

图 5-5　企业实施跨国经营的市场进入方式选择

用这些资源。第二类要素包括能够促进生产和销售的专有技术和当地市场知识以及劳动力优势，能够帮助 FDI 项目减少行政拖延和腐败等交易成本的由当地企业拥有的行政联系。上述要素可以由东道国当地企业提供或者由跨国公司通过市场交易获得；跨国公司通过市场交易获得这些资源时需要支付较高的交易费用。成立合资企业可免除跨国公司在获得当地资源时花费的过高交易成本，并可为参与合资的东道国当地企业提供激励。两者权衡构成了跨国公司对 FDI 项目股权决策的核心内容。

假设跨国公司在 FDI 项目上有三种投入要素，分别为资本 K，劳动 L，以及除资本和劳动外对产出水平有显著影响的其他要素 A。我们将产品价格标准化为 1，假定生产函数为柯布—道格拉斯（C–D）形式，FDI 项目的产量 Q 用（5-1）式表示：

$$Q = AK^m L^n \tag{5-1}$$

在（5-1）式中，m 和 n 分别表示资本和劳动的产出弹性。在企业生产达到最优规模以后，再进一步增加要素使用时的规模报酬有递减趋势，因此 $0 < m < 1$，$0 < n < 1$，$0 < m + n < 1$。

要素 A 由三个部分构成。第一部分是东道国政府提供的公共资源，包括基础设施，政府行政效率、制度和法律体系、东道国的市场规模等。我们将这些要素组合在一起用 A_g 表示。A_g 的大小不同，对产出的促进作用也不一样。第二部分是跨国公司拥有的特定优势资源，包括生产技术、产品品牌、管理能力等，这部分要素用 A_f 表示，对产出增长也具有促进作用。第三部分是 FDI 项目中东道国本土企业的核心竞争力，指本土企业拥有的难以模仿、难以替代的核心能力，包括技术开发能力、市场营销能力等，这部分要素用 A_d 表示。本土企业可能拥有，也可能不拥有这种核心竞争力。

分别由东道国政府、跨国公司和东道国本土企业所拥有的 A_g、A_f 和 A_d 等要素，均难以通过公开市场交易得到。可供使用的 A_g 的规模大小由东道国政府决定，其在一个特定时期为常数，但随着时间推移会发生变化。跨国公司和东道国本土企业均无法对 A_g 施加影响，但作为公共品，无论是独资企业，还是合资企业，均可以使用这部分资源，其使用不具有排他性，并且除向政府缴纳税收以外，无须承担额外的成本。

A_f 和 A_d 的供给水平，分别由跨国公司和东道国本地企业决定，且任何一方都无法通过市场交易方式得到另一方的要素，只有通过长时间的学习，才有可能获得。这部分要素的价值和成本难以衡量，成本分别体现在跨国公司和东道国本土企业对资本和劳动投入的回报要求上，即跨国公司投入的 A_f 要素越多，对自己的资本与劳动投入要求的回报也越高，以补偿这些要素投入，东道国本土企业亦然。

二、独资选择

假设 FDI 选择独资方式进入东道国时，跨国公司使用的资本与劳动价格分别为 P 和 W，东道国的税率为 τ，选择独资方式经营 FDI 项目时跨国公司的利润最大化问题可由（5-2）式求解得到。

$$\max_{K,L} \pi_{f,w} = (1-\tau)\left[(A_g + A_f) K^m L^n - PK - WL\right] \tag{5-2}$$

跨国公司选择独资方式经营 FDI 项目时的最优资本投入 K_w^*、最优劳动投入 L_w^* 和利润水平 $\pi_{f,w}^*$ 分别参见（5-3）式、（5-4）式和（5-5）式。

$$K_w^* = \left\{(A_g + A_f)^{-1}\left(\frac{P}{m}\right)^{1-n}\left(\frac{W}{n}\right)^n\right\}^{\frac{1}{m+n-1}} \tag{5-3}$$

$$L_{\mathrm{w}}^{*} = \left\{ (A_{\mathrm{g}} + A_{\mathrm{f}})^{-1} \left(\frac{P}{m}\right)^{m} \left(\frac{W}{n}\right)^{1-m} \right\}^{\frac{1}{m+n-1}} \tag{5-4}$$

$$\pi_{\mathrm{f,w}}^{*} = (1 - m - n)(1 - \tau) \left\{ (A_{\mathrm{g}} + A_{\mathrm{f}})^{-1} \left(\frac{P}{m}\right)^{m} \left(\frac{W}{n}\right)^{n} \right\}^{\frac{1}{m+n-1}} \tag{5-5}$$

三、合资选择

假设在选择合资方式经营 FDI 项目时，合资企业中跨国公司投入的资本和劳动价格仍旧分别为 P 和 W；合资企业中东道国本地企业提供的资本与劳动价格分别为 θP 和 θW，θ 为东道国本地企业提供的资本和劳动价格相对于跨国公司所提供的资本与劳动价格的调整因子，$0 < \theta < 1$。给定东道国本地企业所提供的资本与劳动价格低于跨国公司所提供的资本与劳动价格，主要是基于以下三个考虑。

第一，在中国的中外合资企业中本地合作方大部分为国有企业，而国有企业常常很容易从国有商业银行那里得到贷款，甚至是优惠贷款，因此，国有企业的资金获得成本通常较低。在劳动要素方面也是如此。虽然外国跨国公司在中国也可以雇佣到廉价的劳动力，但由于文化差异，本土企业依然可能在管理、激励和监督上比跨国公司更有效率。

第二，资本与劳动的价格也可以视为各方对所投入要素要求的回报，跨国公司在国外市场进行 FDI 投资，相比于本地企业，承担了更大的风险，理应要求有更高的回报，因此，跨国公司投入的资本与劳动价格相对要高于本地企业。

第三，由于上文已经指出的原因，资本与劳动要素的价格也反映了跨国公司和本地企业对于难以衡量的投入要素 A_{f} 和 A_{d} 所要求的补偿。一般而言，跨国公司相对于本地企业拥有更多的"泛技术"要素，在合资企业中也会更多地投入这类要素，因此跨国公司要求的资本与劳动回报会相对较高。综上所述，在合资企业中本地企业投入的资本与劳动价格，相对低于跨国公司投入的资本和劳动价格。

假设合资双方按股权比例向合资企业投入资本和劳动，合资企业中外资企业的股权比例为 β，合资企业使用的资本与劳动总量分别为 K 和 L，外国跨国公司的资本与劳动投入分别为 βK 和 βL，东道国本地企业的资本与劳动投入

相应为 $(1-\beta)K$ 和 $(1-\beta)L$。因此，合资企业使用的资本与劳动成本总计为：
$$P\beta K + W\beta L + \theta P(1-\beta)K + \theta W(1-\beta)L = [\theta + (1-\theta)\beta](PK + WL)$$

合资企业相对于独资企业拥有上述成本优势时，也会产生额外的成本，这些成本包括以下几个方面：(1) 跨文化的管理沟通成本；(2) 合资双方的激励成本；(3) 因合资企业目标和战略分歧产生的沟通成本，等等。假设这些成本为合资企业所用资本与劳动成本之和的一个固定比例 c，在合资双方按照股权比例分配 FDI 项目的利润时，合资企业中的跨国公司利润最大化问题为 (5-6) 式。

$$\max_{K,L} \pi_{f,jv} = \beta(1-\tau)\{(A_g + A_f + A_d)K^m L^n - (1+c)[\theta + (1-\theta)\beta](PK + WL)\} \quad (5\text{-}6)$$

对 (5-6) 式求解，可得到跨国公司选择合资方式经营 FDI 项目时的资本投入 K_{jv}^*、劳动投入 L_{jv}^* 和利润水平 $\pi_{f,jv}^*$ [参见 (5-7) 式、(5-8) 式和 (5-9) 式]。

$$K_{jv}^* = \left\{ \frac{(1+c)[\theta + (1-\theta)\beta]}{A_g + A_f + A_d} \left(\frac{P}{m}\right)^{1-n} \left(\frac{W}{n}\right)^n \right\}^{\frac{1}{m+n-1}} \quad (5\text{-}7)$$

$$L_{jv}^* = \left\{ \frac{(1+c)[\theta + (1-\theta)\beta]}{A_g + A_f + A_d} \left(\frac{P}{m}\right)^m \left(\frac{W}{n}\right)^{1-m} \right\}^{\frac{1}{m+n-1}} \quad (5\text{-}8)$$

$$\pi_{f,jv}^* = \beta(1-\tau)(1-m-n)\left\{ \frac{\{(1+c)[\theta + (1-\theta)\beta]\}^{m+n}}{A_g + A_f + A_d} \left(\frac{P}{m}\right)^m \left(\frac{W}{n}\right)^n \right\}^{\frac{1}{m+n-1}} \quad (5\text{-}9)$$

令 $\partial \pi_{f,jv}^* / \partial \beta = 0$ 时我们可以得到合资企业中跨国公司利润最大化时的最优股权比重 β^* [参见 (5-10) 式]。

$$\beta^* = \frac{\theta(1-m-m)}{(1-\theta)[2(m+n)-1]} \quad (5\text{-}10)$$

当参数 m 和 n 满足 $0.5 < m+n < 1$ 时，在合资企业中外国跨国公司可获得的最大利润为 (5-11) 式。①

---

① 由 (5-10) 式可进一步得到以下结论。第一，当 $m+n=1$ 时 $\beta^*=0$，外资不在东道国投资 FDI 项目。第二，$\beta^*=1$ 时，外资在东道国选择独资方式经营 FDI 项目。

$$\pi_{\mathrm{f,jv}}^{**} = \beta^*(1-\tau)(1-m-n)\left\{\frac{\{(1+c)[\theta+(1-\theta)\beta^*]\}^{m+n}}{A_\mathrm{g}+A_\mathrm{f}+A_\mathrm{d}}\left(\frac{P}{m}\right)^m\left(\frac{W}{n}\right)^n\right\}^{\frac{1}{m+n-1}}$$
(5-11)

四、独资与合资权衡

跨国公司在东道国经营 FDI 项目时会选择利润最大的股权结构。在 (5-5) 式和 (5-11) 式中,当 $\pi_{\mathrm{f,w}}^* \geqslant \pi_{\mathrm{f,jv}}^{**}$ 时,跨国公司选择独资方式经营 FDI 项目;也即当 (5-12) 式满足时,跨国公司会选择独资方式经营 FDI 项目,反之选择合资方式。

由于 β^* 的取值已满足 $\pi_{\mathrm{f,jv}}^*$ 取极大值的条件,β 取值在 β^* 附近的微小变化,对 $\pi_{\mathrm{f,jv}}^*$ 的影响可在一定程度上忽略不计,根据包络定理可知 m 和 n 等参数的变化主要是影响 β^* 的取值,对 (5-12) 式右边的影响以直接效应为主,其间接影响可忽略不计。令 (5-12) 式右边为 $\beta^* F(A_\mathrm{g},A_\mathrm{f},A_\mathrm{d},\theta,c,m,n)$,则 F 取值越大,跨国公司越倾向于与东道国本地企业合资经营 FDI 项目;F 取值越小,跨国公司越倾向于选择独资方式经营 FDI 项目。

$$1 \geqslant \beta^*\{(1+c)[\theta(1-\theta)\beta^*]\}^{\frac{m+n}{m+n-1}}\left\{\frac{A_\mathrm{g}+A_\mathrm{f}}{A_\mathrm{g}+A_\mathrm{f}+A_\mathrm{d}}\right\}^{\frac{1}{m+n-1}}$$
(5-12)

命题 1:A_g 与 A_f 取值越大,跨国公司越倾向于选择独资方式经营 FDI 项目;A_d 取值越大,跨国公司越倾向于选择与东道国本地企业合资经营 FDI 项目。

在 $m+n-1<0$ 时,可得 $\partial F/\partial A_\mathrm{g}<0$,$\partial f/\partial A_\mathrm{f}<0$,$\partial F/\partial A_\mathrm{d}>0$,即 F 取值随 A_g 与 A_f 增大而减小,随 A_d 增大而增加。现实经济中的含义如下:

第一,东道国政府可提供的公共资源 A_g 越多,跨国公司越倾向于选择独资;良好的基础设施和高效的政府行政服务,可使跨国公司在选择独资方式经营 FDI 项目时获得更高的利润,而不愿意将这些利润通过合资方式与东道国本地企业分享;另外一种解释是,完善且有效的制度和法律体系可降低跨国公司在东道国的经营风险,跨国公司选择合资方式经营 FDI 项目的正向激励减弱。

第二,跨国公司对 FDI 项目投入的特定要素 A_f 越多,越倾向于选择独资。跨国公司投入的特定要素越多，对 FDI 项目的利润水平贡献越大，对东道国本地企业的依赖性就越小，就会越不愿意东道国本地企业与其一起分享经营利润。

第三，东道国本地企业拥有的核心要素越多 A_d 越大时，跨国公司越倾向于合资：本地企业拥有的这些核心要素跨国公司无法通过公开市场交易购买得到，只能通过与本地企业合资来获得这些核心要素的使用权，以最大化其从 FDI 项目中获得的收益。

命题 2：**θ 值越小，跨国公司越倾向于与东道国本地企业合资经营 FDI 项目。**

这可以通过 $\partial F/\partial \theta < 0$ 得到：θ 取值越小，F 值越大，跨国公司越倾向于选择合资。θ 为东道国本地企业提供的资本和劳动要素价格相对于跨国公司投入的资本与劳动要素价格的调整因子。θ 取值越小，表示东道国本地企业相对于跨国公司投入的资本与劳动要素的价格越低，东道国本地企业可投入的资本与劳动具有更大的成本优势，这会诱使跨国公司选择与东道国本地企业进行合资的方式来经营 FDI 项目。

命题 3：**c 值越大，跨国公司越倾向于选择独资。**

由于 $\partial F/\partial c < 0$，$c$ 值越大，F 值越小，跨国公司越倾向于选择独资。c 值变大，表示跨国公司在与东道国本地企业合资经营 FDI 项目时，其跨文化管理沟通成本，以及激励与监督等成本显著提高，跨国公司越不愿意承担这种成本，因此倾向于选择独资的形式单独经营 FDI 项目。

第四节　FDI 独资进入中国影响因素的实证分析

关于跨国公司发展的垄断优势理论、内部化理论、折衷理论以及发展中国家跨国公司理论及其他理论表明，降低交易成本、经营战略需要、学习知识、规避风险、国际经验积累，以及同东道国政府和企业之间的谈判结果等因素，会影响 FDI 进入东道国的股权模式选择。对跨国公司进入方式选择的上述因素又可分为以下三种类型：(1) 外国投资者对东道国资源的渴求程度。(2) 特定要素的市场交易成本（Hennart，1988）。(3) 合资企业的组织成本。

理论分析和经验证据均表明，FDI 企业中的股权结构决定，取决于外国投资者、本地企业和东道国政府能够对项目提供的通过市场需要高成本才能获得的特定资源的能力，以及东道国当地政府和本地企业对项目盈利能力的贡献程度。当外国投资者提供的资产重要性提高时，外资在 FDI 项目中的股权比例会显著增加，东道国本地要素对项目的盈利能够作出更大贡献时，外国投资者在 FDI 项目中的股权比例会减小。东道国的政策规定和制度架构等因素对 FDI 项目中的股权结构也有显著影响。

外国投资者在对 FDI 项目作股权选择时会充分考虑东道国的制度环境、来自东道国当地居民的压力和东道国合作伙伴对企业股权结构的固定思维模式。此外，外国投资者对 FDI 项目股权结构的选择会充分考虑所选择的股权结构是否能够提高自身竞争力，是否有助于提高 FDI 项目的经营效率，以及是否能够保证自身对核心资源拥有控制能力。

一、影响 FDI 独资进入中国的决定因素

（一）中外双方经营 FDI 项目的目标

在华合资企业与独资企业的投资目的往往不同。独资企业的投资目的主要是将中国作为一个出口平台，其生产以出口导向为主。合资企业的投资目的主要是占领东道国本地市场。由于独资企业生产的产品并不与中国国内企业生产的产品产生直接竞争，强调将中国的低成本劳动要素优势与其自身的生产技术优势和全球营销优势相结合来获取利润，其行业分布对中国国有企业的初始行业分布不太敏感。相反，面向中国国内市场的合资企业必须考虑进入以前中国国有企业的行业分布特征，主要是进入中国经济结构中的最薄弱环节进行生产活动。

尽管因资产专用性和存在较高的不确定性，以及合资中可能导致的协商与沟通成本，使得跨国公司倾向于独资，以提高控制权，但是，跨国公司拥有众多资源，包括先进的技术、充裕的资金、市场化的经营管理理念等，这些都是中国合作伙伴所看重并且需要的；而跨国公司也有求于中方合作伙伴，包括分担投资风险，获得合法性，降低经营风险等。这些因素都使得跨国公司倾向于以合资方式经营 FDI 项目。

（二）中国政府对 FDI 项目中的外资持有股权限制

为了向当地企业重新分配其他租金，政府部门会规定外资股权持有比

例，限制外资从 FDI 项目经营中通过转移定价获得额外支付。对外资转移支付的限制，可以看作政府为了防止外资通过转移定价造成税收流失，而强加给 FDI 的规制和控制的副产品，其结果是限制了 FDI 项目的股权方式选择。

改革开放初期到中国入世以前，中国政府希望通过对外开放国内市场，获得发达国家企业的先进技术，逐步出台了多项政策鼓励 FDI 以合资方式进入中国，独资和并购则不仅不受鼓励，在一些行业中还受到许多严格限制。

入世以前，由于在股权比例方面的限制，进入中国服务业的 FDI 多选择合资或合作经营的形式进入中国。比如在零售业，中国就有外资股权比例不得超过 65% 的限制（宾建成，2009）。入世后，随着中国对外资股权比例限制的放宽和对外资业务领域或地域限制的减少，越来越多的外资服务企业采取独资经营的方式进入中国，并日益占据主导地位。在服务业中，独资 FDI 占比最高的是信息传输、计算机服务和软件业，其次是批发和零售业，第三是金融业。

这些行业中的企业大多属于提供专业服务的企业。与制造业企业不同，这些企业不需要很高的开办成本，物质资本投入比较少，其要素投入更多的体现为专业人员的知识、技术和管理诀窍以及全球化的品牌和营销网络；从降低交易成本和防止风险扩散的角度来看，采用独资的进入方式对于外资企业更为有利。

（三）国有经济比重变动与独资 FDI 进入

在经济转型初期，中国的经济资源主要由政府主导下的国有企业控制。在改革开放前期，中国政府发展经济的愿望非常强烈，但既缺少资金，也缺少技术，而且国有企业经营效率低下，迫切需要外资参与国有经济的改革与重组。

在 20 世纪 80 年代末期，中国国有企业在经济转型中的问题逐渐暴露出来——企业经营理念落后，经营效率低下，无法适应新的国际竞争形势，在国民经济中的比重迅速下降。中国政府迫于安置在国有企业部门的劳动就业压力，寄希望于通过国有企业与跨国公司创办合资企业的形式来增加劳动就业，进而对跨国公司实行较多的优惠政策，以鼓励跨国公司以合资的形式经营 FDI 项目。在 20 世纪 90 代年末期，国企改革基本完成，私营部门的成长壮大可以有效地容纳更多的劳动就业，政府在国企职工就业方面压力减轻，对跨国公司以合资方式经营 FDI 项目的期望收益下降，跨国公司在中国经营 FDI 项目开始更多地转向了独资。

（四）跨国公司进入中国的经验积累

企业组织理论认为，企业在特定环境下形成的经营管理方式、习惯、传统、经验，是一种"不成文"的特定组织知识和技术，它溶化于企业内部种种正式与非正式的机构设置之中（Madhok，1994）。如果一个公司具有较强的当地知识基础，它将倾向于选择较高控制程度的进入方式以取得竞争优势（Collis，1991）。跨国公司对某东道国经验的累积对于跨国公司组织能力提升具有相当重要的意义。这种经验积累往往会减弱跨国公司对东道国公司组织能力的依赖性，从而倾向于以独资方式在东道国经营 FDI 项目。

（五）中国经济对外开放程度

一个国家经济活动的对外开放程度反映了该国融入世界经济的程度，反映了在该国生产的产品是否有可靠、有效的渠道销售到国外市场，也反映了当地居民和政府对外资和进口设备、技术的接受程度。随着一国对外经济开放水平的提高，外国投资者对该国的政治、社会文化和经济环境的了解也就越多；对当地环境认识的深入，可减少由于社会文化差距、对当地环境的不熟悉所产生的交易成本以及相应的市场风险，跨国公司更有可能选择独资方式在东道国经营 FDI 项目。

（六）中国的市场潜力和市场化程度

市场潜力包括市场规模和经济增长两个方面。在市场规模较大且经济增长较快的国家，产品的需求相应较多，企业产品销售更为容易，获利机会也相应增加。为获取更多的利润，跨国公司会更多地选择独资方式在东道国经营 FDI 项目（Brouthers，2002；Zhao and Zhu，1998）。

经济运行是否遵循市场机制对吸引 FDI 进入本国有重要影响（孙俊，2002）。东道国的产品和要素价格信号是否能够正确反映市场的供求状况？该国经济活动是否规范和是否有法律保障？这些都对 FDI 进入模式选择有显著影响。在市场发展比较成熟的地区，投资风险相对比较小，交易成本和政府干预程度较低，跨国公司倾向于选择独资方式在东道国经营 FDI 项目。

沙地等（Chadee，Qiu and Rose，2003）使用 1984~1996 年在中国的 6430

家合资企业数据研究发现，外资持有股权比例较高的企业大多位于经济特区。[①] 中国内地的基础设施相对落后，政府对投资者支持比较少，中国经济特区中的经营风险小于中国内地。在经济特区中，有一揽子的投资优惠政策，激励外资企业在合资企业中持有更多的股权份额。在大城市的合资企业中，外资会持有相对较小的份额，因为当地的投资者有更好的讨价还价能力（bargaining power）。

二、横截面数据

（一）被解释变量

在对横截面数据做分析时，我们使用 2007 年广东省等 25 个省区独资 FDI 占本地区年度实际利用 FDI 总额的比重来描述具体省区独资 FDI 的进入特点，并以之为被解释变量。

根据各个省区统计年鉴给出的数据以及数据的可得性，我们在图 5-6 中给出了广东省等 25 个省区 2007 年以独资形式进入的 FDI 占本地区实际利用 FDI 总额的比重。全部样本中，中国东部沿海地区有广东、福建、浙江、上海、江苏、山东、河北、天津、北京等 9 个省区，中国中部地区有海南、广西、江西、湖南、湖北、重庆、安徽、河南、内蒙古、黑龙江、山西、陕西等 12 个省区，中国西部地区有贵州、青海、宁夏、新疆等 4 个省区。

在 25 个省区中，2007 年独资 FDI 流入占本地区年度实际利用 FDI 比重最高的是江西省，该指标为 87.4%；2007 年独资 FDI 流入占本地区年度实际利用 FDI 比重最低的是山西省，该指标为 8.4%。全部 25 个省区 2007 年独资 FDI 比重平均为 58.69%。就地区来看，中国东部地区的 9 个省区 2007 年独资 FDI 占本地区年度实际利用 FDI 的比重平均为 75.15%，中国中部地区的 12 个省区 2007 年独资 FDI 占本地区年度实际利用 FDI 的比重平均为 47.97%，中国西部地区的 4 个省区 2007 年独资 FDI 占本地区年度实际利用 FDI 的比重平均为 53.78%。

[①] 中国经济正在向市场经济转型，非国有经济比重越来越大，而非国有经济的发展意味着外商投资者不容易找到中方合作伙伴（魏后凯、贺灿飞和王新，2002）。沙地等（Chadee and Qiu, 2001）、单（Shan, 1991）研究发现，在中国市场化程度较高的东部沿海地区，外资倾向于以独资方式在当地经营 FDI 项目。

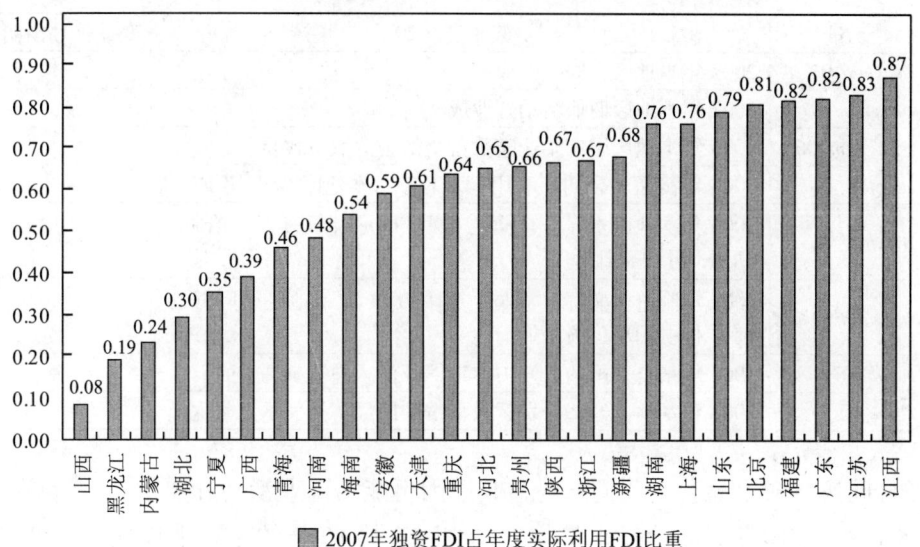

图 5-6　2007 年独资 FDI 占各个省区年度实际利用 FDI 的比重

资料来源：各个省区 2008 年统计年鉴。

（二）计量分析方程和解释变量

我们使用的计量分析方程参见（5-13）式。

$$rfdiw\_07_j = \beta_1(costconp\_07_j) + \beta_2(rstaternum\_06_j) + \beta_3(rgdpfdis\_06_j) \\ + \beta_4(rmanufdi\_07_j) + \beta_5(rusfdi\_07_j) + \beta_6(rzone\_07_j) + \beta_0 + \varepsilon_j$$

(5-13)

我们使用的解释变量参见表 5-1。我们以广东省等 25 个省区 2007 年商务合同执行花费占合同执行金额的比重（$costconp\_07$）为核心解释变量之一。独资 FDI 进入与合同执行成本之间的初步统计关系显示，合同执行成本越高的省区独资 FDI 占本省区年度实际利用 FDI 总额的比重越低（安徽省除外）。合同执行成本越高，表明 FDI 的外资方越需要中国本地合作伙伴帮助其提高合同执行效率，越倾向于选择合资的形式在有关省区经营 FDI 项目。

2007 年广东省等地区的商业活动开业成本占本地区人均 GDP 的比重与独资 FDI 占本地区年度实际利用 FDI 总额比重之间的初步统计关系显示，商业活动开业成本对 FDI 以独资方式进入有一定的负向影响，但是拟合趋势不

表 5-1　横截面数据关键变量

变　量	变　量　含　义	变量符号预期
*costconp*_07	2007 年本地区合同执行成本	-
*coststartp*_07	2007 年本地区商业活动开业成本	-
*rstatenum*_06	2006 年本地区国有企业家数占全部企业数量比重	-
*rgdpfdis*_06	2006 年实际（合同）利用 FDI 总额占本地区 GDP 比重	+
*rchnfdis*_06	2006 年本地区实际（合同）利用 FDI 占中国实际（合同）利用 FDI 总额比重	+
*rmanufdi*_07	2007 年制造业实际（合同）利用 FDI 占本地区实际（合同）利用 FDI 总额比重	-
*rusfdi*_07	2007 年来自美国的 FDI 占本地 FDI 流入总额比重	- / +
*rzone*_07	2007 年本地区经济开发区数量占中国经济开发区总量比重	+

如合同执行成本显著。我们认为，其原因可能与商业活动开业指标的计算方法有关，使用商业活动开业花费与本地区人均 GDP 的比重来描述商业活动成本可能会造成某些地区的商业活动运营成本的高估或低估。比如人均 GDP 比较低的地区商业活动开业成本可能会被高估，反之会被低估。我们使用的其他解释变量参见表 5-1。

在（5-13）式中，国有企业数量占本地区全部企业数量的比重（*rstatenum*_06）越高，表示在相关地区中国有企业的市场力量越强，外资倾向于同当地国有企业合资经营 FDI 项目，以降低 FDI 经营成本。此外，一个地区的国有企业数量越多，说明此地区在对企业改制时需要安置的在职职工人数越多，通过与跨国公司合资经营 FDI 项目可以减少职工就业安置成本，直接将原先在国有企业就业的职工重新安排到新的合资企业工作，只是职工的身份有所变化。就外资方而言，从中国国有企业那里选用在职职工进入 FDI 项目就业，可减少通过市场渠道来招聘职工的成本开支。由此可推理得到，一个地区的国有企业影响力越大，外资越有可能以合资的形式进入当地经营 FDI 项目，β_2 估计为负数。

前文分析表明，外资以独资形式从事 FDI 项目与其在东道国的经营经验有关。经营经验比较丰富的外资，能够比较自主地处理在东道国的商业事务，对依赖东道国合作伙伴来处理在东道国事务的实际需要减少，以独资方式经营 FDI 项目可避免与东道国合作伙伴之间的沟通成本以及规避与合资企业有关的其他经营组织成本，因此更加倾向于选择独资的方式来经营 FDI 项目。当然，如果一个地区进入的 FDI 比较多，会形成竞争，此时新进入的外资为了能够获得 FDI 项目的经营机会，也会考虑选择与东道国合作伙伴合资的方式来经营 FDI 项目。在（5-13）式中，我们使用 2006 年底相关地区累计实际利用 FDI 总额占当年该地区 GDP 的比重来表示外资在相关地区的经营经验，但由于外资对 FDI 项目的竞争关系，$rgdpfdis\_06$ 前的系数 β_3 可能大于 0 也可能小于 0，其具体取值取决于相关地区 FDI 进入对外资的经验积累作用与 FDI 大量进入产生的 FDI 项目竞争效应的比较。

我们考虑的其他解释变量包括：（1）相关地区 2007 年制造业实际利用 FDI 余额占本地区年度实际利用 FDI 总额的比重（$rmanufdi\_07$）；（2）相关地区 2007 年实际利用 FDI 总额中来自美国的 FDI 所占比重（$rusfdi\_07$）；（3）相关地区 2007 年各类经济开发区存量占中国 2007 年各类经济开发区总量的比重（$rzone\_07$）。

我们认为，制造业中的 FDI 项目，知识产权和专有技术的保密程度相对低于服务业，选择合资方式与东道国合作伙伴一起经营 FDI 项目可以降低投资风险，进入制造业的 FDI 比重越高，本地区中合资形式的 FDI 会有比较高的比重。

对于外资来源与 FDI 进入方式之间的关系，主要体现在文化差异对合资经营的成本影响方面。如果 FDI 母国与东道国之间的文化差异比较大，并影响到外资方与东道国合作伙伴之间的沟通成本，则外资选择独资 FDI 相对比较合理；如果文化差异很大，外资很难适应东道国的经营环境，则有可能需要通过选择合适的东道国合作伙伴来适应东道国文化。此种情形下，外资选择合资方式经营 FDI 项目就较为合理。所以，外资母国与东道国之间的文化差异对 FDI 进入方式的影响并不确定。

就经济开发区规模对 FDI 进入方式的影响，我们认为，经济开发区多处于经济发达地区，外资在此类地区的经营风险有所降低，更倾向于选择独资方式经营 FDI 项目。

（三）计量分析结果

我们得到的计量分析结果参见表 5-2。为了克服变量内生问题，在回归分析时我们使用的相关地区国有企业数量占本地区全部企业数量比重的指标为2006年数据，相关地区实际利用FDI占本地区GDP比重的指标也为2006年数据。

表5-2 横截面数据回归分析结果

解释变量	(1) OLS	(2) WLS	(3) WLS	(4) WLS	(5) WLS	(6) WLS
costconp_07	-1.307***	-1.048***	-0.732*			
	(-3.28)	(-3.16)	(-1.93)			
rstatenum_06	-0.901**	-1.029***		-1.211***		-2.037***
	(-2.43)	(-2.96)		(-3.50)		(-3.75)
rgdpfdis_06			0.402***	0.449**		
			(2.89)	(2.53)		
rmanufdi_07						-0.328
						(1.80)
rusfdi_07					0.135	
					(0.01)	
rzone_07			1.002**			
			(2.25)			
常数项	0.995***	0.987***	0.755***	0.700***	0.589***	1.117***
	(10.00)	(18.04)	(8.93)	(10.34)	(6.20)	(8.00)
拟合优度	0.464	0.533	0.531	0.508	0.290	0.439
调整后拟合优度	0.416	0.49	0.446	0.463	0.206	0.376
F统计量	9.54	12.54	6.23	11.34	3.37	7.03
观察值	25	25	14	25	20	21

说明：(1) 括号中的数据为t统计值，***、**、*分别表示在1%、5%和10%水平上统计显著。(2) 加权OLS (WLS) 分析使用的权重为相关地区2006年实际利用FDI占中国年度实际利用FDI总额的比重。

考虑到横截面数据分析可能存在的异方差问题，我们选择2006年相关地区实际利用FDI存量占中国实际利用FDI存量的比重指标作为权重，使用加权最小二乘法（WLS）进行计量回归分析。对回归分析残差与有关变量之间的相关系数检验表明，回归分析结果没有异方差存在。在回归分析结果中，我们没有报告那些t统计指标及整体统计分析指标不够显著的回归分析结果。此外，回归分析得到的拟合优度指标、调整后的拟合优度指标、反映计量回归方程整体拟合优度的F统计指标等，都比较显著。

表5-2中的计量分析结果显示，相关地区商业合同执行成本越高，独资

FDI 进入比重越低；相关地区国有企业数量占本地区全部企业数量的比重越大，独资 FDI 进入比重越低；相关地区存量 FDI 利用规模占 GDP 的比重越高，独资 FDI 进入比重越高；全部 FDI 中进入制造业部门的 FDI 比重越高，独资 FDI 所占比重会显著下降；相关地区经济开发区数量占中国经济开发区数量的比重越高，独资 FDI 比重越高。以上变量的参数估计值的 t 统计指标都达到了统计检验要求的显著性水平。

横截面数据回归分析表明，来自美国的 FDI 是否会更多地选择独资 FDI 不能确定，来自美国的 FDI 在相关地区年度实际利用 FDI 总额中的比重提高时，独资 FDI 在全部 FDI 中的比重有增加趋势，但统计结果不够显著。

三、时间序列数据

（一）数据说明与变量选择

根据数据的可获得性，我们着重分析了广东、浙江、江苏、上海、山东、北京等 6 个位于中国东部沿海地区的省区独资 FDI 流入的决定因素。

我们选择解释变量时考虑到了 FDI 进入中国的集聚效应和竞争效应对独资 FDI 进入的影响，包括相关地区年度累计实际利用 FDI 占 GDP 比重（*rgdpfdis*）等四个指标；相关地区合作伙伴因素对独资 FDI 进入的影响，包括国有集体企业职工人数占本地区全部职工比重（*rstateemp*）等三个指标；FDI 进入行业差异对独资 FDI 进入的影响，即相关地区制造业实际利用 FDI 比重（*rmanufdi*）指标；外资来源地文化差异对外资经营 FDI 项目交易成本的影响，即相关地区中来自美国、新加坡、日本、韩国、中国香港、中国台湾、中国澳门等国家和地区的 FDI 比重（如 *rhkfdi*）指标。

除了上述因素以外，我们还考虑了相关地区的 FDI 经营环境，包括：各类经济开发区数量、进出口贸易发展、第三产业发展、政府行政效率、人力资本质量、交通运输能力等。

我们还考虑了 1992 年邓小平南方讲话对独资 FDI 进入相关地区的影响，以及 2001 年底中国加入 WTO 对相关地区独资 FDI 进入的影响，我们分别设计了虚拟变量 *dum_xp* 和 *dum_wto*。我们将 1992 年及以后年份的 *dum_xp* 取值为 1，其余年份的 *dum_xp* 取值为 0；将 2002 年及以后年份的 *dum_wto* 取值为 1，其余年份的 *dum_wto* 取值为 0。

我们选择的全部变量参见表 5-3 所列内容。我们使用的变量原始数据来自各年的《中国统计年鉴》、各个省区的年度统计年鉴和中国在线数据库。所有变量的取值均为自然对数形式或比重形式，这样有助于增加变量的平稳性。对北京市 1980～2008 年所有变量的统计描述参见表 5-4。①

表 5-3 时间序列数据和面板数据说明

变量	变量含义	经济含义	变量符号预期
rfdiw	独资 FDI 占实际利用 FDI 比重		
rgdpfdis	年度累计实际利用 FDI 占 GDP 比重	集聚效应和竞争效应	-/+
apopfdi	年度人均累计实际利用 FDI	集聚效应和竞争效应	-/+
lpopfdis	年度人均累计实际利用 FDI 自然对数	集聚效应和竞争效应	-
rchnfdis	利用 FDI 存量占中国利用 FDI 存量比重	集聚效应和竞争效应	+
rstateemp	国有集体企业职工占全部职工百分比	东道国合作伙伴优势/交易成本	+
rstatenum	国有集体企业家数占全部企业数量百分比	东道国合作伙伴优势/交易成本	-
rstateval	国有集体企业工业产值占全部工业产值比	东道国合作伙伴优势/交易成本	-/+
rmanufdi	制造业 FDI 占年度实际利用 FDI 比重	外资方专利控制能力	-
rhkfdi	来自香港 FDI 占年度实际利用 FDI 比重	文化差异/交易成本	+
rtwfdi	来自台湾 FDI 占年度实际利用 FDI 比重	文化差异/交易成本	-/+
rusfdi	来自美国 FDI 占年度实际利用 FDI 比重	文化差异/交易成本	-/+
rjpfdi	来自日本 FDI 占年度实际利用 FDI 比重	文化差异/交易成本	-/+
rskfdi	来自韩国 FDI 占年度实际利用 FDI 比重	文化差异/交易成本	
rmacfdi	来自澳门 FDI 占年度实际利用 FDI 比重	文化差异/交易成本	-/+
rsinfdi	来自新加坡 FDI 占年度利用 FDI 比重	文化差异/交易成本	-/+
rzonechn	年度经济开发区存量占中国比重	独资 FDI 风险降低	+
rtradegdp	进出口总值占 GDP 比重	开放度提高独资 FDI 交易成本和经营风险降低	+
rterigdp	第三产业年度产值占 GDP 比重	市场化程度提高独资交易成本和经营风险降低	+

---

① 本部分没有给出对其他省区 1980～2008 年所有变量的统计描述，需要者可向作者索取。

（续表5-3）

变量	变量含义	经济含义	变量符号预期
rgexpgdp	政府支出占 GDP 比重	政府干预增加交易成本提高	-/+
rhstupop	在校大学生人数占人口比重	经营环境改进交易成本独资经营风险降低	+
highway	单位国土面积高速公路里程（公里）	经营环境改进交易成本独资经营风险降低	+
dum_xp	1992 年虚拟变量	领导人讲话经营环境改进交易成本独资经营风险降低	+
dum_wto	2002 年虚拟变量	加入 WTO 经营环境改进交易成本独资经营风险降低	+

表5-4 时间序列变量统计描述（北京 1989~2008）

变量	观察值	平均值	标准差	最小值	最大值
rfdiw	21	0.336	0.302	0	0.807
rgdpfdis	22	0.273	0.133	0.011	0.479
apopfdi	22	910.10	756.88	9.73	2540.18
lpopfdis	22	6.209	1.423	2.275	7.84
rchnfdis	22	0.048	0.017	0.019	0.085
rstateemp	24	0.804	0.217	0.393	0.996
rstatenum	28	0.551	0.358	0.106	0.999
rstateval	28	0.644	0.358	0.07	1.024
rmanufdi	20	0.299	0.139	0.105	0.675
rhkfdi	21	0.343	0.149	0.125	0.68
rtwfdi	19	0.022	0.018	0.002	0.059
rusfdi	21	0.084	0.048	0.029	0.192
rjpfdi	21	0.162	0.089	0.06	0.406
rskfdi	16	0.074	0.041	0.011	0.134
rmacfdi	1	0.001	\	0.001	0.001
rsinfdi	21	0.024	0.015	0.004	0.066
rzonechn	18	0.028	0.007	0.015	0.048

(续表 5-4)

变量	观察值	平均值	标准差	最小值	最大值
rtradegdp	29	0.532	0.544	0.073	1.771
rterigdp	29	0.471	0.140	0.268	0.732
rgexpgdp	29	0.135	0.026	0.091	0.186
rhstupop	29	0.019	0.009	0.007	0.036
highway	29	10.244	1.787	8.248	16.106
dum_xp	29	0.586	0.501	0	1
dum_wto	29	0.241	0.435	0	1

(二) 计量分析方程

根据上述讨论，我们设定的以时间序列数据为基础的计量分析方程参见 (5-14) 式。在 (5-14) 式中，j 表示广东等 6 个中国省区，t 表示 1980～2008 年的相应年份。agg_t^j 表示 FDI 进入的集聚效应向量，$hostpart_t^j$ 表示相关地区本地合作伙伴向量，$sourfdi_t^j$ 表示 FDI 来源地向量，$hostenv_t^j$ 表示相关地区商业环境向量。各向量对应的解释变量参见表 5-3 和前述说明。β_0、$\beta_{1,i}$、$\beta_{2,i}$、$\beta_{3,i}$、$\beta_{4,i}$、$\beta_{5,i}$、$\beta_{6,i}$、$\beta_{7,i}$ 均为待定系数，ε_t^j 为误差项。

$$rfdiw_t^j = \sum \beta_{1,i}(agg_t^j) + \sum \beta_{2,i}(hostpart_t^j) + \sum \beta_{3,i}(sourfdi_t^j)$$
$$+ \sum \beta_{4,i}(hostenv_t^j) + \beta_5(rmanufdi_t^j) + \beta_6(dum\_xp)$$
$$+ \beta_7(dum\_wto) + \beta_0 + \varepsilon_t^j$$

(5-14)

(三) 计量分析结果

我们采用 ADF 方法对所有的时间序列变量进行了单位根检验。检验结果显示，所有的变量或者一阶差分平稳，或者本身就是平稳变量。表 5-5 给出了北京市 1989～2008 年时间序列变量的单位根检验结果。[①]

单位根检验结果表明，我们可引入有关变量的滞后项来解决时间序列变量回归分析结果的不稳定问题，以得到比较稳定的参数回归结果。为了减少变量内生问题，我们对相关地区的经营环境变量取前一期数据，对相关地区的国有企业和集体企业特征也取前一期数据。我们对计量分析结果所做的变

---

① 本部分没有给出其他省区有关变量的单位根检验结果，需要的读者可向作者索取。

表 5-5　时间序列变量的单位根检验（北京：1989~2008）

变量	ADF 检验	是否平稳
rfdiw	I(1,c,t)	一阶差分平稳
rgdpfdis	I(1,c,t)	一阶差分平稳
lpopfdis	I(0,c,t)	平稳
rchnfdis	I(0,c,t)	平稳
rstateemp	I(1,c,t)	一阶差分平稳
rstatenum	I(0,c,t)	平稳
rstateval	I(1,c,t)	一阶差分平稳
rmanufdi	I(1,c,t)	一阶差分平稳
rhkfdi	I(1,c,t)	一阶差分平稳
rtwfdi	I(1,c,t)	一阶差分平稳
rusfdi	I(1,c,t)	一阶差分平稳
rjpfdi	I(0,c,t)	平稳
rskfdi	I(0,c,t)	平稳
rsinfdi	I(0,c,t)	平稳
rzonechn	I(0,c,t)	平稳
rtradegdp	I(1,c,t)	一阶差分平稳
rterigdp	I(1,c,t)	一阶差分平稳
rgexpgdp	I(1,c,t)	一阶差分平稳
rhstupop	I(1,c,t)	一阶差分平稳

说明：（1）0 表示没有作差分处理，1 表示经过一阶差分处理后作单位根检验；（2）c 表示作 ADF 检验时包括常数项；（3）t 表示做 ADF 检验时包括时间趋势项。

量缺失检验显示，所有的回归分析结果至少在 10% 的统计水平上被证明没有缺失变量。因此，回归分析结果具有比较好的一致性估计结果。我们对北京市的回归分析结果参见表 5-6 中的模型（1），上海等其他省区的时间序列计量分析结果参见表 5-6 中的模型（2）至模型（6）。

表 5-6　独资 FDI 进入决定因素的时间序列分析

被解释变量	\multicolumn{7}{c}{rfdiw}						
模型	模型(1)	模型(2)	模型(3)	模型(4)	模型(5)	模型(6)	模型(7)
省区	北京(1)	北京(2)	上海	广东	江苏	山东	浙江
$rfdiw(-1)$	-0.402	-0.623*	0.013	0.559	0.604**	1.092***	0.181
	(-1.65)	(-2.64)	(0.06)	(1.24)	(2.31)	(4.36)	(0.53)

（续表5-6）

被解释变量	rfdiw						
模型	模型(1)	模型(2)	模型(3)	模型(4)	模型(5)	模型(6)	模型(7)
省区	北京(1)	北京(2)	上海	广东	江苏	山东	浙江
$rfdiw(-2)$	0.074	-0.374	-0.007	-0.27	0.3	-0.002	0.055
	(0.22)	(-1.09)	(-0.03)	(-0.65)	(0.98)	(-0.01)	(0.21)
$rfdiw(-3)$	0.029	0.134	0.088	-0.223	0.385	-0.129	0.688**
	(0.12)	(0.67)	(0.35)	(-0.56)	(1.01)	(-0.40)	(2.90)
$rfdiw(-4)$	0.276	0.401					0.277
	(1.12)	(2.05)					(0.96)
$rgexpgdp(-1)$	4.174*		2.472	3.746*	-1.774	0.685	5.295*
	(2.24)		(1.53)	(1.92)	(-1.45)	(0.41)	(1.97)
$rgexpgdp(-2)$	0.355	(0.18)					
$rgfcgdp(-1)$			19.418				
			(1.95)				
$rgsechgdp(-1)$			8.26				
			(0.83)				
$rgaegdp(-1)$			57.006				
			(1.46)				
$rhstupop$	25.576*	33.657**	19.482*	45.524	-1.152	-19.524	-65.568**
	(2.10)	(3.39)	(2.24)	(1.28)	(-0.01)	(-1.48)	(-2.86)
$rstatenum(-1)$			0.18				-0.487**
			(1.23)				(-2.62)
$rhkfdi$			-0.462				
			(-1.64)				
$rjpfdi$			-0.654				
			(-1.52)				
$rsinfdi$			2.201				
			(1.71)				
$rusfdi$			0.701				
			(1.52)				

(续表5-6)

被解释变量	rfdiw						
模型	模型(1)	模型(2)	模型(3)	模型(4)	模型(5)	模型(6)	模型(7)
省区	北京(1)	北京(2)	上海	广东	江苏	山东	浙江
$rgdpfdis(-1)$	-0.179	-0.301					
	(-0.35)	(-0.65)					
$rgdpfdis(-2)$	0.186	-0.465					
	(0.31)	(-0.68)					
$d(rstateemp)$	0.377	-0.774					
	(-0.30)	(-0.60)					
$rstateemp(-1)$					0.377	-0.646	-0.96
					(-0.48)	(-1.32)	(-2.22)*
$d(rmanufdi)$	-0.042	-0.039	-0.147				
	(-0.25)	(-0.32)	(-0.61)				
常数项	-0.769**	-0.93**	-0.178	-1.97	-0.212	0.641	0.813
	(-3.20)	(-3.82)	(-0.62)	(-1.29)	(-0.27)	(1.27)	(1.62)
拟合优度	0.987	0.994	0.991	0.968	0.989	0.971	0.98
调整拟合优度	0.952	0.97	0.972	0.954	0.984	0.959	0.953
F 统计值	28.25	40.74	51.51	66.8	204.57	82.34	36.65
D-W 统计值	2.06	1.96	2.02	1.99	1.99	2	2.04
观察值	16	16	17	17	21	22	15

说明：(1) 括号中的数据为 t 统计值，***、**、* 分别表示在 1%、5%、10% 水平上统计显著。(2) 变量后 (-1)、(-2)、(-3)、(-4) 分别表示相关变量取前一、二、三、四期的数据。(3) 变量前的 "d" 表示为该变量的一阶差分形式。(4) $rgfcgdp$ = 政府部门用于资本形成 (capital construction) 的财政开支占年度 GDP 的比重；$rgsechgdp$ = 政府部门用于文化教育科学卫生事业的财政开支占年度 GDP 比重；$rgaegdp$ = 政府部门用于行政管理的财政开支占年度 GDP 比重。(5) 北京市各类经济开发区存量在中国全部经济开发区中所占比重、1992 年虚拟变量 dum_xp 和 2002 年虚拟变量 dum_wto 等指标对独资 FDI 进入北京的影响不显著，因篇幅限制，此处没有报告结果。(6) 所有的回归分析结果经过变量缺失检验，且所有的回归分析结果至少在 10% 的统计水平上没有缺失变量。(7) 回归分析结果经过检验没有异方差。

表 5-6 中对应于北京（1）和北京（2）两列的计量分析结果显示，影响 1989~2008 年北京市独资 FDI 进入的决定因素主要有两个：前一年度北

京市政府财政支出占 GDP 的比重（$rgexpgdp$）、北京地区年度高等学校在校人数占本地区全部人口比重（$rhstupop$）。

上一年度北京市政府部门财政支出占 GDP 的比重增加时，流入的全部 FDI 中独资 FDI 所占的比重显著上升。对此，我们的解释是，地方政府财政支出增加可改进本地的基础设施质量和投资环境，增加本地用于研究开发的费用。图 5-7 表明，1979~2007 年，北京市的全部财政支出中，用于科学教育文化和卫生方面的支出比重显著增加，用于创新基金的财政开支比重显著下降，用于政府行政开支部分的比重略有增长。

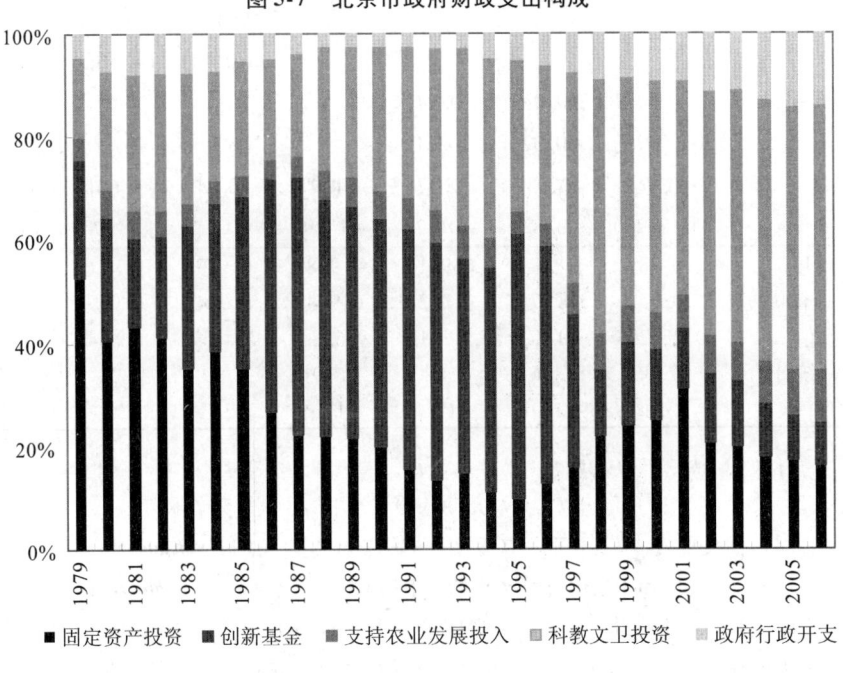

图 5-7　北京市政府财政支出构成

资料来源：中国数据在线。

为了进一步说明政府财政开支对独资 FDI 进入的影响，我们对政府财政开支投向与独资 FDI 进入之间的关系进行了回归分析。回归分析结果表明（参见表 5-6），政府财政开支投向文化、教育、科学、卫生事业，以及用于资本形成，对独资 FDI 在实际利用 FDI 总额中的比重增加有积极作用，但统计检验均不显著；财政开支用于农业、创新基金、行政开支等方面，对独资 FDI 在实际利用 FDI 总额中的比重有正向影响，统计检验也不显著。也就是说，政府的全部财政支出水平增加对独资 FDI 进入的促进作用，尽管从总体上看比较显著，但难以从财政支出投向方面得到明确解释。

表 5-6 中对应于北京（1）和北京（2）两列的计量分析结果显示，高等学校在校学生人数增加，可为外资在当地从事 FDI 项目寻找到更多合适的经营人才。这些人才参加 FDI 项目有利于外资自主地与当地政府部门沟通，有助于外资自主地应对在当地的经营事务，而无需借助中方合作伙伴来处理 FDI 项目中的相关事务。

北京市政府部门财政开支增加和高等学校在校学生人数占总人口比重增加，对 FDI 进入的长期影响要小于短期影响。在长期中，此两因素对独资 FDI 进入的推动作用大约为短期的 2/3 左右。在回归分析结果中，上一期独资 FDI 比重对本期独资 FDI 进入有负向影响，且统计检验显著。

表 5-6 中对应于北京（1）和北京（2）两列的计量分析结果显示，人均实际利用 FDI 存量、实际利用 FDI 存量占 GDP 比重、北京市累计利用 FDI 占中国 FDI 流入存量的比重等反映 FDI 集聚效应的因素，对北京市独资 FDI 流入的影响不显著。北京市年度国有集体企业数量比重、产值比重、就业人数比重等因素，对独资 FDI 的进入影响不明显；流入北京市的独资 FDI 与 FDI 的来源国家和地区的关系不显著。FDI 进入制造业的比重增加有助于独资 FDI 流入增加，但统计检验不显著。

此外，北京市的对外贸易依存度、第三产业发展水平、高速公路建设、经济开发区数量等因素，对独资 FDI 进入北京市的影响也不显著。进入北京市的独资 FDI 比重变化与 1992 年邓小平南方讲话，以及 2001 年底中国加入世界贸易组织之间的关系也不明显。

对上海的独资 FDI 进入决定因素的时间序列实证分析结果表明（参见表 5-6 中对应于上海的那一列计量分析结果），影响独资 FDI 进入比重变化的主要是上海市高等学校在校学生人数在上海市全部人口中所占的比重变化。高等学校在校学生人数在上海市全部人口中所占的比重增加时，独资 FDI 在上海市年度实际利用 FDI 总额中的比重显著增加。原因是：外资方可以通过市场招聘到合适的人力资本要素，通过在当地招聘高素质的人力资本，来经营 FDI 项目，可以在没有当地合作伙伴帮助的条件下与当地政府交流，以及自主地处理 FDI 项目在上海当地的经营事务。

对广东省的时间序列数据所作实证研究表明，广东省政府财政支出占 GDP 的比重增加时，进入广东省的独资 FDI 占年度实际利用 FDI 的比重显著增加，统计检验显著。对江苏和山东的时间序列数据所作的计量分析结果显示，前一年度本地区实际利用 FDI 总额中独资 FDI 所占比重增加，有助于本年度独资 FDI 占本地区本年度实际利用 FDI 总额的比重进一步增加。

表 5-6 中的计量分析结果显示，浙江省的独资 FDI 进入相对增加与浙江省政府财政开支占 GDP 比重增加显著正相关，以前年度的独资 FDI 进入相对增加有助于独资 FDI 进入比重进一步增加；独资 FDI 进入相对增加与浙江省国有企业和集体企业数量占全部企业数量的比重显著负相关，以及与浙江省国有企业和集体企业中的就业人数占浙江省全部企业在职职工人数的比重显著负相关。但与北京和上海两地不同的是，浙江省高等学校在校学生人数占浙江省人口比重越高，独资 FDI 进入比重反而显著下降。

我们对时间序列回归分析结果统计显著的北京、上海、山东、江苏、浙江、广东等 6 个省区的独资 FDI 流入比重的影响因素进行比较以后，可以发现有以下几个特点。

第一，前一年度政府财政支出占 GDP 比重增加，有助于独资 FDI 比重增加且统计检验显著的地区有：北京、广东、浙江。第二，本地高等学校在校学生人数占本地人口比重增加有助于独资 FDI 流入相对增加且统计检验显著的地区有：北京、上海。在浙江省，本地高等学校在校学生人数占本地人口比重增加，会显著降低独资 FDI 流入占全部 FDI 的比重。第三，本地上一年度独资 FDI 比重增加，有助于本地区年度独资 FDI 比重进一步增加且统计检验显著的地区有：江苏、山东、浙江。

四、面板数据

（一）数据说明与变量选择

在作面板数据分析时，我们使用了 1980~2008 年广东省等 12 个中国沿海省区独资 FDI 占本地区年度实际利用 FDI 总额的比重来描述具体省区独资 FDI 的进入特点，并以之为被解释变量。

我们使用的样本数据共有 225 个，解释变量包括以下 6 个方面。

第一，反映东道国本地企业特征的指标，包括国有企业和集体企业中就业人数占本地区全部就业人数比重（*rstateemp*）、国有企业和集体企业总数占本地区企业总数比重（*rstatenum*）、国有企业和集体企业产值占本地区 GDP 比重（*rstateval*）等 3 个指标。

第二，反映外资来源地特征的指标，包括来自中国香港地区 FDI 占本地区年度实际利用 FDI 比重（*rhkfdi*）、来自中国台湾 FDI 占本地区年度实际利用 FDI 比重（*rtwfdi*）、来自美国 FDI 占本地区年度实际利用 FDI 比重（*rusfdi*）、来自日本 FDI 占本地区年度实际利用 FDI 比重（*rjpfdi*）、来自韩国 FDI 占本地区年度实际利用 FDI 比重（*rskfdi*）等 5 个指标。

第三，反映外资进入行业特征的指标，用进入本地区制造业部门的 FDI 流入占本地区年度实际利用 FDI 比重（*rmanufdi*）来表示。

第四，反映外资进入地区的经济环境指标，包括：相关地区各类经济开发区数量占中国各类经济开发区总量的比重（*rzonechn*）、相关地区高等学校在校学生人数占本地区人口的比重（*rhstupop*）、相关地区单位国土面积高速公路里程数（*highway*）、相关地区政府财政支出总额占本地区 GDP 的比重（*rgexpgdp*）、相关地区第三产业产值占 GDP 的比重（*rterigdp*）等 5 个指标。

第五，外资进入地区集聚效应指标，包括人均实际利用 FDI 存量规模（*popfdis*）、存量 FDI 占 GDP 比重（*rgdpfdis*）、实际利用 FDI 总量占中国实际利用 FDI 总量的比重（*rchnfdis*）等 3 个指标。

第六，地区虚拟变量和时间虚拟变量，包括：北京地区虚拟变量（*dum_bj*）、天津地区虚拟变量（*dum_tj*）、河北地区虚拟变量（*dum_hb*）、江苏地区虚拟变量（*dum_js*）；中国加入世界贸易组织以后虚拟变量（*dum_wto*），以及将 12 个省区进行分类的珠江三角地区虚拟变量（*dum_zsj*）、长江三角地区虚拟变量（*dum_csj*）、渤海湾地区虚拟变量（*dum_bhw*）。具体可对照表 5-3 和表 5-7。

表 5-7 独资 FDI 面板数据结构说明

地区	省区与时间范围
珠三角	海南（1988~2007）；广东（1989~2008）；广西（1988~2008）；福建（1982~2008）
长三角	浙江（1990~2008）；上海（1990~2008）；江苏（1989~2008）
环渤海	山东（1988~2008）；河北（1995~2008）；北京（1989~2008）；天津（1988/1989~2008）；辽宁（1988~1990）

（二）计量分析方程

根据理论分析，我们使用的面板数据计量分析方程参见（5-15-1）式和（5-15-2）式。

$$rfdiw_{i,t} = \sum \beta_{1,j}(agg_{it}) + \sum \beta_{2,j}(hostpart_{it}) + \sum \beta_{3,j}(sourfdi_{it})$$
$$+ \sum \beta_{4,j}(hostenv_{it}) + \sum \beta_{5,j}(rmanufdi_{it}) + \gamma_t + \delta_i$$
$$+ \beta_0 + \varepsilon_{i,t} \quad (5\text{-}15\text{-}1)$$

$$fdiw\_gdp_{i,t} = \sum \beta_{1,j}(agg_{it}) + \sum \beta_{2,j}(hostpart_{it}) + \sum \beta_{3,j}(sourfdi_{it})$$
$$+ \sum \beta_{4,j}(hostenv_{it}) + \sum \beta_{5,j}(rmanufdi_{it}) + \gamma_t + \delta_i$$
$$+ \beta_0 + \varepsilon_{i,t} \quad (5\text{-}15\text{-}2)$$

在（5-15-1）式和（5-15-2）式中，i 表示广东、福建等 12 个中国省区，t 表示 1980~2008 年期间的相关年份。agg_{it} 表示 FDI 进入的集聚效应向量，$hostpart_{it}$ 表示相关地区本地合作伙伴向量，$sourfdi_{it}$ 表示 FDI 来源地向量，$hostenv_{it}$ 表示相关地区商业环境向量，$rmanufdi_{it}$ 表示相关地区制造业利用 FDI 比重向量；γ_t 为时间固定效应，δ_i 为地区固定效应。β_0、$\beta_{1,j}$、$\beta_{2,j}$、$\beta_{3,j}$、$\beta_{4,j}$ 为待估计的系数，$\varepsilon_{i,t}$ 为误差项。

（三）计量分析结果

为了使得数据平滑，我们对有关指标分别取比重数据或取自然对数值；为了减少变量内生变化引起的有偏估计问题，我们对有关地区经济环境变量、有关地区企业变量使用了前一年度指标。

考虑到面板数据分析时可能存在的异方差问题和变量内生问题，我们比较了面板数据 OLS 回归分析结果，经过 robust 检验的 OLS 回归分析结果。我们对面板数据的固定效应分析结果和随机效应分析结果进行了 Hausman

检验。计量分析结果参见表 5-8 和表 5-9。

表 5-8 独资 FDI 进入比重变化影响因素的面板数据计量分析结果

被解释变量	$rfdiw_{i,t}$					
解释变量	模型（1）	模型（2）	模型（3）	模型（4）	模型（5）	模型（6）
$rstateemp_{i,t-1}$	-0.764***	-0.764***	-0.909***	-0.999***	-0.933***	-0.999***
	(-5.18)	(-4.57)	(-6.16)	(-8.54)	(-5.57)	(-8.48)
$rhkfdi_{i,t}$	-0.327***	-0.327***	-0.357***	-0.555***	-0.364***	-0.556***
	(-3.42)	(-2.76)	(-3.56)	(-5.16)	(-3.52)	(-5.12)
$rtwfdi_{i,t}$	-1.256**	-1.256**	-0.835	0.139	-0.819	0.137
	(-2.43)	(-2.41)	(-1.59)	(0.23)	(-1.54)	(0.22)
$rusfdi_{i,t}$	0.352*	0.352	0.346	0.031	0.366	0.029
	(1.75)	(1.39)	(1.63)	(0.12)	(1.64)	(0.11)
$rjpfdi_{i,t}$	-0.234	-0.234	-0.304	-0.629**	-0.316	-0.632**
	(-1.17)	(-1.05)	(-1.45)	(-2.35)	(-1.47)	(-2.33)
$rskfdi_{i,t}$	-0.018	-0.018	0.073	0.237*	0.076	0.238*
	(-0.08)	(-0.08)	(0.31)	(1.66)	(0.32)	(1.65)
$rmanufdi_{i,t}$	-0.011	-0.011*	-0.017	-0.014	-0.016	-0.014
	(-0.82)	(-1.95)	(-1.21)	(-0.78)	(-1.16)	(-0.76)
$rzonechn_{i,t-1}$	-2.028***	-2.028***	-1.866***	0.277	-1.902***	0.281
	(-3.36)	(-3.14)	(-2.94)	(0.94)	(-2.93)	(0.94)
$rgexpgdp_{i,t-1}$	2.483***	2.483***	2.385***	0.418	2.425***	0.388
	(4.27)	(4.01)	(3.89)	(0.66)	(3.85)	(0.54)
$rhstupop_{i,t}$	-5.572*	-5.572	-3.121	-5.635**	-3.164	-5.673**
	(-1.80)*	(-1.48)	(-0.99)	(-2.16)**	(-1.00)	(-2.14)**
$log(highway_{i,t-1})$	-0.018	-0.018	-0.014	0.023	-0.01	0.023
	(-0.51)	(-0.48)	(-0.36)	(0.84)	(-0.26)	(0.84)
$log(popfdis_{i,t-1})$				-0.006		
				(-0.31)		
$rterigdp_{i,t-1}$						0.021
						(0.09)
常数项	1.128***	1.128***	1.308***	1.442***	1.359***	1.437***
	(6.05)	(5.05)	(7.10)	(8.52)	(5.47)	(8.13)
dum_bj	-0.481***	-0.481***				
	(-5.04)	(-4.26)				

(续表 5-8)

被解释变量	$rfdiw_{i,t}$					
解释变量	模型(1)	模型(2)	模型(3)	模型(4)	模型(5)	模型(6)
dum_hb	-0.334***	-0.334***				
	(-4.13)	(-4.16)				
dum_tj	-0.332***	-0.332***				
	(-4.02)	(-3.50)				
dum_js	0.427***	0.427***				
	(6.33)	(5.29)				
dum_wto	0.094***	0.094***				
	(3.10)	(3.23)				
dum_region	yes	yes	\	\	\	\
dum_year	yes	yes	\	\	\	\
观察值	95	95	95	95	95	95
计量方法	ols	ols_robust	fe_reg	re_gls	fe_reg	re_gls

说明:(1)被解释变量为独资FDI占年度实际利用FDI总额的比重($rfdiw_{i,t}$)。(2)括号中的数据为t统计值或z统计值,***、**、*分别表示在1%、5%、10%水平上统计显著。(3)log表示该变量取自然对数值。(4)dum_region和dum_year分别表示地区虚拟变量和年度虚拟变量。

1. 独资FDI进入比重变化的决定因素

在表5-8中,模型(1)为混合面板数据OLS方法计量分析结果。分析时我们将广东等12个省区分为珠三角(海南、广西、广东、福建)、长三角(浙江、上海、江苏)、渤海湾(山东、河北、天津、北京)等三个区域,并设置了虚拟变量进入回归方程;模型(1)的OLS回归分析结果的F统计值为55.03,拟合优度为0.933,调整后拟合优度为0.916,没有显著的异方差和变量缺失问题。模型(2)为混合面板数据经稳健性调整后的OLS回归分析结果,回归分析结果的F统计值为144.90,拟合优度值为0.933,没有显著的变量缺失问题。

模型(3)为面板数据固定效应回归分析结果。对固定效应和随机效应的Hausman检验结果显示,$Chi^2(11) = 38.02$,$Prob > Chi^2(11) = 0.0001$,固定效应分析结果优于随机效应;模型(3)的随机效应回归分析结果中,R^2 within值为0.845,Wald $Chi^2(11)$值为464.65。

模型(4)为面板数据的随机效应分析结果。Hausman检验结果显示,

表 5-9 独资 FDI 进入规模变动影响因素的面板数据计量分析结果

被解释变量	$fdinv\_gdp_{i,t}$									
解释变量	模型 (1)	模型 (2)	模型 (3)	模型 (4)	模型 (5)	模型 (6)	模型 (7)	模型 (8)	模型 (9)	模型 (10)
$ffdi_{i,t-1}$	0.426***	0.425***	0.414***	0.376***	0.309***	0.336***	0.346***	0.400***	0.355***	0.396***
	(18.40)	(16.02)	(17.18)	(14.08)	(9.85)	(12.12)	(11.14)	(13.66)	(11.81)	(14.43)
$sstaff_{i,t-1}$	-0.025***	-0.042***	-0.032***	-0.071***	-0.043*	-0.063***	-0.048**	-0.060***	-0.055**	-0.057***
	(-3.28)	(-2.62)	(-3.12)	(-6.03)	(-1.92)	(-4.20)	(-2.24)	(-5.36)	(-2.58)	(-4.98)
$cstaff_{i,t-1}$	-0.050***	-0.056***	-0.057***	-0.024	-0.058***	-0.039**				
	(-4.44)	(-2.71)	(-4.13)	(-1.63)	(-2.89)	(-2.54)				
$tpt_{i,t-1}$	0.140**	0.116	0.111	0.323***	0.308***	0.319***	0.300***	0.314***	0.337***	0.329***
	(2.12)	(1.48)	(1.54)	(5.20)	(4.10)	(4.59)	(4.06)	(5.30)	(4.68)	(5.44)
$tax_{i,t-1}$	-0.024	0.111**	0.040	0.017	0.065	0.049	0.078*	0.026	0.033	0.019
	(-0.92)	(2.53)	(1.20)	(0.48)	(1.57)	(1.42)	(1.80)	(0.78)	(0.78)	(0.67)
$expend_{i,t-1}$				0.957*	2.196***	1.713***	1.052**	0.698***	0.827**	0.527**
				(1.93)	(3.57)	(3.35)	(2.51)	(2.94)	(1.98)	(2.20)
$innogov_{i,t-1}$				-0.061	0.294**	0.184	0.254**	-0.039	0.138	-0.126
				(-0.50)	(2.20)	(1.45)	(2.03)	(-0.34)	(1.03)	(-1.09)
$agrsup_{i,t-1}$				-0.246	-1.227**	-0.878*				
				(-0.45)	(-2.21)	(-1.65)				
$trade_{i,t-1}$				-0.007**	0.013**	0.001	0.013**	-0.007**	0.009	-0.008***
				(-2.26)	(2.20)	(0.17)	(2.26)	(-2.37)	(1.55)	(-2.68)
$edu_{i,t-1}$				0.001	-0.006	-0.002	-0.005	0.000	-0.005	0.001
				(0.65)	(-1.54)	(-0.77)	(-1.38)	(0.21)	(-1.37)	(0.54)

(续表 5-9)

被解释变量	$fdiw\_gdp_{i,t}$									
解释变量	模型(1)	模型(2)	模型(3)	模型(4)	模型(5)	模型(6)	模型(7)	模型(8)	模型(9)	模型(10)
dum_xp	0.020***	0.024***	0.023***	0.027***			0.006*	0.001		
	(3.11)	(2.77)	(3.21)	(2.59)			(1.91)	(0.31)		
dum_wto							0.008**	0.009***	0.007*	0.005*
							(2.41)	(2.92)	(1.94)	(1.72)
dum_cjsj										−0.004
										(−1.52)
wto_cjsj									0.008*	0.014***
									(1.75)	(3.41)
常数项					0.003	0.018	−0.010	0.013	0.004	0.014
					(0.17)	(1.48)	(−0.62)	(1.61)	(0.25)	(1.62)
观察值	211	211	211	189	189	189	191	191	191	191
省区分组	12	12	12	12	12	12	12	12	12	12
拟合优度	0.7096	0.6714	0.7051	0.7586	0.6752	0.7479	0.7042	0.7794	0.7319	0.7928
Wald chi²	103.64	84.31	461.79	60.07	51.48	534.68	51.43	635.89	51.21	684.79
Hausman chi²	\	22.02	22.02	\	38.14	38.14	104.12	104.12	86.63	86.63
P 统计值	\	0.0005	0.0005	\	0	0	0	0	0	0
计量方法	ols	fe_reg	re_gls	ols	fe_reg	re_gls	fe_reg	re_gls	fe_reg	re_gls

说明:(1)括号中为 t 统计值或 z 统计值。(2)***、**、* 分别表示在 1%、5% 和 10% 水平上统计显著。(3)被解释变量为 $fdiw\_gdp_{i,t}$,等于独资 FDI 占有关地区年度 GDP 的比重。(4)关于解释变量的详细说明和统计分析参见第二章表 2-2 和表 2-3。(5)日本本期间为 1980~2008 年。

Chi^2 (12) = 14.49, Prob > Chi^2 = 0.2707, 随机效应分析结果优于固定效应; 模型 (4) 的固定效应分析结果中, R^2 within 为 0.893, F 统计值为 51.96。

模型 (5) 为面板数据随机效应回归分析结果。Hausman 检验结果显示, Chi^2 (12) = 31.11, Prob > Chi^2 = 0.0019, 固定效应分析结果优于随机效应。模型 (5) 的随机效应分析结果的 R^2 within 值为 0.846, Wald Chi^2(12) = 459.11。

对 12 个中国沿海省区的面板数据计量分析结果显示, 影响全部 FDI 中独资 FDI 进入比重增加的因素主要有: 本地区国有企业中就业人数比重减少 ($rstateemp_{i,t-1}$)、本地区实际利用 FDI 总额中来自香港地区的 FDI 比重相对下降 ($rhkfdis_{i,t}$)。本地区政府行政支出占 GDP 的比重增加有助于独资 FDI 进入比重增加。也就是说, 上述三个指标的变动会对 FDI 进入中国的独资和合资方式选择有显著影响。对此, 我们在下面分别做进一步讨论。

第一, 当本地区国有企业中就业人数比重下降以后, 外资在中国经营 FDI 项目会更多地选择独资方式, 而不是合资或合作等其他方式。因为 FDI 项目不再过分依赖于中方合作伙伴来提供劳动等要素, 中方合作伙伴能够提供的劳动等要素的能力也比较有限。另外, 当国有企业和集体企业中就业人数比重减少以后, 中国合作伙伴对劳动就业安排的压力有所减少, 通过合资的方式来解决原有企业职工的劳动就业压力相对减小, 对寻求与外方合资经营 FDI 项目的意愿相对下降。

第二, 来自香港的 FDI 大多数有中资背景。来自香港的 FDI 可以通过与内地企业合作, 帮助中国内地那些与之有一定联系的企业获得政策优惠条件, 而且这样的历史渊源有助于来自香港的投资者与中国内地企业沟通, 合资企业中的组织成本会相对比较低。

香港对大陆 FDI 的投资主体决定了其对大陆的 FDI 主要采取合资的形式。进入中国大陆的香港 FDI 主要有以下 3 种类型。

(1) 港商。第一批进入大陆投资的港商, 多为香港相关企业的第一代领导人, 这些港商中有很大一部分人被称为"爱国爱港商人", 许多人祖籍广东、福建, 怀有对家乡和大陆比较深的感情, 所以积极支持中国大陆的改革开放。他们进入中国大陆投资, 积极配合大陆的开放政策和产业政策, 接受政府政策引导，普遍与当地政府有良好的关系，甚至有不少人进入了全国政协，与中央政府有联系。而当时，中国大陆的政策是鼓励合资企业，以引进先进的技术和管理手段，所以这些直接投资主要以合资与合作的形式展开，并且这些港商也乐于向国内企业转移技术与管理方法，以求帮助大陆发展经济。

（2）在港中资机构。在港中资机构本身由在内地的中国国家资本控制，其返回内地投资，有降低经营成本、利用廉价劳动力和土地资源、享受外资待遇进行套利的动机，但也承担了一定的政府目标，比如介绍成熟的市场经济体制运作模式，引进国外先进的生产技术与管理手段，参与国内国有企业改革等。这些政策目标也决定了其在中国大陆经营 FDI 项目时主要采取合资合作的模式。

（3）假外资。假外资主要由中国内地的私营资本构成，主要目标在于套利，享受各种外资政策优惠。由这些假外资在香港注册的企业多为空壳公司，资产主要来自国内企业对香港的资产转移；当其返回中国内地投资时，必然会选择与原来的实体企业合资的方式经营 FDI 项目。

进入内地的早期香港 FDI，主要是转移在香港已经不具备比较优势的劳动密集型产业，如纺织、制衣、玩具、电子等。这些产业是香港在产业升级转移过程中需要淘汰而转移到内地的，这决定了其采取合资的 FDI 模式更为有利。在中方企业的配合下进行劳动力的招募和管理可以降低成本。此外，这些产业没有很高的技术含量，这些企业也没有核心的生产技术，所以不用担心技术扩散，独资的动机不强。

此后，香港的产业向资本密集与技术密集性的方向升级转移，但并不是非常成功，香港的高端制造业也没有很大发展，因此向大陆转移的也比较少。① 但是，香港的服务业发展迅速，地产、旅游酒店、金融和专业服务迅速崛起，

---

① 香港 FDI 多以合资方式进入中国内地还有以下原因。(1) 中国内地实行的 FDI 优惠政策着重于鼓励合资 FDI。(2) 从土地资源与劳动力资源角度看，不少合资项目中，土地本身就是出资资本，采用合资方式经营 FDI 项目可降低劳动力管理成本。(3) 港商对内地的文化与商业环境比较了解，熟悉与内地政府和企业打交道的方式，可以将合资双方共同经营管理的额外成本降至最低。(4) 从出口导向和将内地作为生产基地看，以合资方式经营 FDI 项目可以降低经营风险，减少资本投入。(5) 服务领域的 FDI 投资受制于内地的开放范围与股权比例限制，一部分被迫采用合资形式，还有一部分由于需要合作伙伴的服务网络，或出于减少资金投入，以最小的投入获得最快的扩张的目的，或是由于合资的交易成本比较小，而主动采用合资的形式。

并取代之前的制造业成为香港的经济支柱。这一时期,香港对内地的 FDI 也主要集中于地产酒店、基础设施建设、港口码头、零售等行业。这些行业的发展需要投入巨额资金,很多财团要么实力雄厚,要么联合开发,或者直接与当地政府合作。而旅游服务、金融服务与其他专业服务则受内地政策限制,无法独资经营,因此,虽然资本与技术密集型制造业企业,以及服务型企业的独资倾向比较高,但受制于种种因素,进入中国内地时仍然以合资合作为主。

香港对内地 FDI 的目的与动机主要以套利享受优惠政策、建立生产基地和出口导向、利用中国内地廉价的土地资源与劳动力资源等为特征。这些动机与港资本身的特点,决定了其进入中国内地主要以合资方式为主。

第三,政府支出增加有助于改进当地的基础设施项目,降低当地的合同执行成本,可从一定程度上降低外方同中国本地企业合资(或合作)经营 FDI 项目,来提高合同执行效率的意愿。

除了上述三个因素对独资 FDI 进入比重增加有积极作用外,在其他因素相同的条件下,进入江苏省的独资 FDI 比重要高于北京、天津和河北。就时间因素来看,在中国 2001 年底正式加入世界贸易组织(WTO)以后,进入中国的独资 FDI 比重显著提高。

2. 独资 FDI 进入规模变化的影响因素

我们使用的被解释变量为 t 年度 i 地区独资 FDI 进入金额占 t 年度 i 地区 GDP 比重($fdiw\_gdp_{i,t}$)。我们进行计量分析的样本时期为中国东部沿海 12 个省区在 1980~2008 年期间的 211 个观察值。我们使用固定效应分析方法和随机效应分析方法对样本数据进行了计量分析,并对计量分析结果做了 Hausman 检验。表 5-9 给出了独资 FDI 进入规模变动决定因素的实证分析结果。

表 5-9 中的计量分析结果显示,独资 FDI 进入规模变动的影响因素主要有以下几个方面。

第一,FDI 进入的地区集聚效应有助于独资 FDI 进入增加。表 5-9 中的模型(1)至模型(10)对应于 $ffdi_{i,t-1}$(上一期本地区实际利用 FDI 规模占 GDP 比重)的系数均大于 0 且均统计检验显著。以模型(4)、模型(5)和模型(6)为例。模型(4)、模型(5)和模型(6)对国有企业就业人数($sstaff_{i,t-1}$)、集体企业就业人数($cstaff_{i,t-1}$)、交通通讯邮政部门产值比重

（$tpt_{i,t-1}$）、税收比率（$tax_{i,t-1}$）、政府行政开支（$expend_{i,t-1}$）、政府对创新基金投资（$innogov_{i,t-1}$）、政府对农业发展投资（$agrsup_{i,t-1}$）、贸易开放度（$trade_{i,t-1}$）、居民高等教育水平（$edu_{i,t-1}$）等因素进行了控制。

模型（5）的固定效应分析 F 统计值等于 51.84，表明固定效应分析结果优于混合 OLS 分析结果；对面板数据做 Hausman 检验得到的 χ^2 值等于 38.14，P 统计值为 0，表明固定效应分析结果优于随机效应分析结果。模型（5）中对应于 $ffdi_{i,t-1}$ 的系数等于 0.309，表示前一年度本地区实际利用 FDI 金额占本地区 GDP 的比重每提高一个百分点，本年度该地区独资 FDI 进入占本地区 GDP 的比重就会显著提高 0.309 个百分点。

第二，国有企业在职职工人数减少有助于独资 FDI 进入增加。表 5-9 中的模型（1）至模型（10）对应于 $sstaff_{i,t-1}$ 的系数均小于 0 且均统计检验显著。以表 5-9 中的模型（5）为例。模型（5）中 $sstaff_{i,t-1}$ 的系数等于 -0.043，表示国有企业在职职工人数占所有企业在职职工人数的比重每减少 1 个百分点，独资 FDI 进入占 GDP 的比重就会显著提高 0.043 个百分点。

第三，政府行政开支增加有助于独资 FDI 进入增加。表 5-9 中的模型（4）至模型（10）对应于 $expend_{i,t-1}$ 的系数均大于 0 且均统计检验显著。以表 5-9 中的模型（5）为例。模型（5）中对应于 $expend_{i,t-1}$ 的系数等于 2.196，表示政府行政开支占 GDP 的比重每提高 1 个百分点，独资 FDI 进入占 GDP 的比重就会显著提高 2.196 个百分点。

第四，集体企业在职职工人数减少有助于独资 FDI 进入增加。表 5-9 中的模型（1）至模型（6）对应于 $cstaff_{i,t-1}$ 的系数均小于 0 且均统计检验显著［模型（4）除外］。以表 5-9 中的模型（5）为例。模型（5）中对应于 $cstaff_{i,t-1}$ 的系数等于 -0.058，表示集体企业在职职工人数占全部企业在职职工人数的比重每减少 1 个百分点，独资 FDI 进入占 GDP 的比重就会显著提高 0.058 个百分点。

第五，交通通讯邮政产业的发展有助于独资 FDI 进入增加。表 5-9 中的模型（1）至模型（6）对应于 $tpt_{i,t-1}$ 的系数均大于 0 且都统计检验显著［模型（2）除外］。以表 5-9 中的模型（5）为例。模型（5）中对应于 $tpt_{i,t-1}$ 的系数等于 0.308，表示交通通讯邮政部门的产值占 GDP 的比重每提高 1 个百分点，独资 FDI 进入占 GDP 的比重就会显著提高 0.308 个百分点。

第六，中国加入 WTO 有助于独资 FDI 进入增加。表 5-9 中的模型（7）至模型（10）对应于 dum_wto 的系数均大于 0 且均统计检验显著。以表 5-9 中的模型（7）为例。模型（7）的固定效应分析 F 统计值等于 51.43，表明固定效应分析结果优于混合 OLS 分析结果；对面板数据所作的 Hausman 检验 χ^2 值等于 104.12，P 统计值等于 0，表明固定效应分析结果优于随机效应分析结果。模型（7）中对应于 dum_wto 的系数等于 0.008，表示在中国加入 WTO 以后，独资 FDI 占 GDP 的比重比中国加入 WTO 以前年均显著高出 0.008 个百分点。

此外，中国加入 WTO 以后时期的其他因素，对长江三角洲地区的独资 FDI 进入有更加显著的影响。表 5-9 中的模型（9）和模型（10）对应于 wto_cjsj 的系数均大于 0 且都统计检验显著。以模型（9）为例。模型（9）的固定效应分析 F 统计值等于 51.21，表明固定效应分析结果优于混合 OLS 分析结果；对面板数据所作的 Hausman 检验 χ^2 值等于 86.63，P 统计值等于 0，表明固定效应分析结果优于随机效应分析结果。模型（9）中对应于 wto_cjsj 的系数等于 0.008，表示在中国加入 WTO 以后，长江三角洲地区独资 FDI 进入占 GDP 的比重比中国其他地区（珠江三角洲地区、环渤海湾地区）年均高出 0.008 个百分点且统计检验显著。具体而言，中国加入 WTO 以后，中国其他地区年度独资 FDI 进入占 GDP 的比重，比中国加入 WTO 以前高出 0.007 个百分点，而长江三角洲地区独资 FDI 进入占 GDP 的比重，比中国加入 WTO 以前要高出 0.015 个百分点。

上述分析表明，本地区经营环境改善有助于 FDI 以独资的形式进入中国；独资 FDI 进入中国，部分地反映了中国利用外资经济环境的改善。但是，独资 FDI 进入对中国本地企业的技术进步作用和对中国综合国力的提高有无积极意义，是否会低于合资 FDI 等问题，需要我们作进一步讨论。

第五节　结论与政策启示

一、研究结论

本部分的研究结论主要有以下几个方面。

第一，横截面数据回归分析表明，相关地区商业合同执行成本越高，独资 FDI 进入比重越低；相关地区国有企业数量占本地区全部企业数量的比重越大，独资 FDI 进入比重越低；相关地区存量 FDI 利用规模占 GDP 的比重越高，独资 FDI 进入比重越高；全部 FDI 中进入制造业的 FDI 比重越高，独资 FDI 所占比重会显著下降；相关地区经济开发区数量占中国经济开发区数量的比重越高，独资 FDI 比重越高。以上变量的参数估计值的 t 统计指标都达到了统计检验要求的显著性水平。

第二，对时间序列回归分析结果统计显著的北京、上海、山东、江苏、浙江、广东等 6 个省区的独资 FDI 流入比重的影响因素进行比较以后，发现有以下几个特点。

（A）前一年度政府财政支出占 GDP 比重增加，有助于独资 FDI 比重增加且统计检验显著的地区有：北京、广东、浙江。（B）本地高等学校在校学生人数占本地人口比重增加有助于独资 FDI 流入相对增加且统计检验显著的地区有：北京、上海。在浙江省，高等学校在校学生人数占本地人口比重增加，会显著降低独资 FDI 流入占全部 FDI 比重。（C）本地上一年度独资 FDI 比重增加，有助于本地区年度独资 FDI 比重进一步增加且统计检验显著的地区有：江苏、山东、浙江。

第三，对 12 个中国沿海省区的面板数据计量分析结果显示，影响全部 FDI 中独资 FDI 进入比重增加的因素主要有：本地区国有企业中就业人数比重减少、本地区实际利用 FDI 总额中来自香港地区的 FDI 比重相对下降。本地区政府行政支出占 GDP 的比重增加有助于独资 FDI 进入比重增加。

第四，对 12 个中国沿海省区的面板数据计量分析结果发现，FDI 进入的地区集聚效应、国有企业在职职工人数减少、政府行政开支增加、集体企业在职职工人数减少、交通通讯邮政产业发展等，均有助于独资 FDI 进入增加。此外，中国加入 WTO 以后独资 FDI 进入显著增加。中国加入 WTO 以后，长江三角洲地区的独资 FDI 进入占 GDP 比重比中国其他地区（珠江三角洲地区、环渤海湾地区）年均高出 0.008 个百分点。

二、政策启示

独资 FDI 进入对中国经济的发展既有正面影响，也有负面影响，中国政府和企业可采取相应措施积极应对。

(一) 政府层面

1. 适应 FDI 进入中国的独资化趋势，继续改善投资环境。

中国的外资政策、市场规模、基础设施和人力资源等（可以用"投资环境"来概括）是影响 FDI 进入中国的重要因素。中国应在现有基础上，按照入世承诺，进一步完善投资环境，保持外资政策的连续性，以吸引更多更高质量的外资，避免因为外资政策变动造成 FDI 进入变化，进而引起中国经济运行进程发生变动。

2. 加强对跨国公司内部转移定价的监管力度。

中国政府需要加强对跨国公司内部贸易和转移定价的监管力度，在建立健全监控跨国公司转移定价的法律法规的基础上，设立专门机构负责该项工作，建立跨国公司及其相关联企业的档案；同时，加强与其他国家的双边与多边合作，以相互协调对跨国公司进行综合审查，建立信息网络。

3. 建立行业反垄断机制。

进行独资经营的跨国公司具有进行行业和市场垄断的实力和动力，而中国的反垄断机制还不完备和成熟。鉴于垄断行为不仅会损害普通消费者的利益，而且会严重威胁到国内同类企业的成长壮大；在独资 FDI 进入逐年增加时，中国政府应该加强反垄断工作，建立健全反垄断的法律法规，从而防范跨国公司垄断经营对中国经济发展造成损害。

4. 加强政府对 FDI 流向的引导和监督。

政府应根据中国入世承诺逐步调整外资政策并结合中国国情，对外资流向进行引导，对一些投资规模巨大、技术不容易引进、依靠国内力量难以在短期内较快发展起来的产业放开股权进入和投资规模等方面的限制，允许 FDI 独资经营；对于涉及国家安全和经济命脉的产业，在吸引外商投资时，政府要在政策上着力扶持中国本地企业。同时，运用有关外资企业的法律和"反垄断法"、"反不正当竞争法"等，来控制外资企业的垄断风险。

5. 鼓励劳动要素在中国本地企业与外商独资 FDI 项目之间的流动。

独资企业内部以及跨国公司 R&D 机构内部的中方雇员有更多的机会接触到世界比较前沿的技术，以洞察先进技术发展方向。在 FDI 独资企业中的管理人员有更多的机会掌握跨国公司先进的管理方法。通过促进上述人员自主创业或进入中国本地企业就业，可显著提高中国本地企业的技术水平和管理水平。

（二）企业层面

1. 积极与外商独资企业合作。

外资的"独资化改造"并非意味着不再需要国内的合作伙伴，而是说他们将按照自己的意志，以更加自由灵活的方式来与中国的同行建立"非束缚性"的伙伴关系，这时外商更倾向于采取如战略联盟的形式开展更为广泛的合作。这种"独资化"不仅可使社会资源的配置更有效，国际管理理念的传播更广泛，从长远来说更有利于中国国民经济的健康发展，同时也为中国企业创造了更多的合作共赢机会。中国本土企业则应把握住这样的机会，依靠自身实力，利用战略联盟等多种形式，与外商开展新的协作。

国内企业应该充分利用外商独资企业推行本地化战略的机会，积极与跨国公司合作，加入到跨国公司的上游、下游产业链中，在与跨国公司的合作中不断学习，提高自身的生产技术水平和经营管理水平。

2. 加强研发力度和完善用人机制。

面对独资后的跨国公司对其技术的进一步保护，中国国内企业必须增强自身科研开发力量，形成企业自己独立的产品和技术研发体系，创立拥有自主知识产权的新产品和服务，满足市场需求。长期以来，由于对外国投资方的过分依赖，中国企业大多没有形成自己的核心技术。FDI 独资进入将影响其技术扩散效应，并迫使中国国内企业进一步增强自主创新能力，培育核心竞争力。企业要改善用人机制，通过提高员工福利待遇、打造特色企业文化等方式留住和吸引人才。

3. **组建企业战略联盟同外商独资 FDI 抗衡。**

中国国内的一些行业，企业数量众多但效率低下，产业资源没能很好利用，难以与跨国公司抗衡。中国本地企业可以考虑通过实行协作、联盟等方式组建企业战略联盟，并对产业链中的企业进行整合，使各企业最大限度地发挥自身的核心优势，从而提高企业经济效益，增强与跨国公司在华独资企业的分庭抗礼实力。

4. 加强企业的品牌意识，走自创品牌之路。

中国企业在合资过程中要有自己的品牌意识，不能在吸引外资时，因急于与外资合作或贪图一时利益而放弃自己的品牌。这种目光短浅行为的长期发展在独资 FDI 进入增加时，必然会使自身处于不利境地。在与外资合作中必须时刻谨记品牌是企业的生命，坚决不能丢失自己的品牌，① 并逐步实现由 OEM（定牌生产）向 OCM（概念创新创造产品）转变，通过大量定牌生产，形成具有自主知识产权的产品和品牌。

---

① 如联合利华并购或租赁经营的中国本土品牌达 6 个：美加净牙膏、中华牙膏、京华茶叶、蔓登琳冰淇淋、老蔡酱油和芳草洗衣粉，目前仍然成活的只有中华牙膏。

第 六 章

中国的跨国公司总部经济

我们以 2009 年世界财富 500 强企业中的 238 家在华设立总部的外资跨国公司为考察对象，探究了外资跨国公司地区总部在上海各区县和开发区的分布特征，并运用计量经济学分析方法，实证研究了跨国公司地区总部进入中国区位分布的影响因素。我们还通过问卷调查和现场访谈等方法，进行了实地调研，考察了市场环境、基础设施、商务服务、人力资源、生活配套、政府政策、政府服务，以及税收负担等因素，对跨国公司地区总部进入中国的影响。

第一节 跨国公司地区总部内涵和研究对象

一、跨国公司地区总部内涵

学术界对于"跨国公司地区总部"概念尚未形成统一意见。北京市社会科学院总部经济研究中心的赵弘认为："总部指的是在企业组织结构中，承担管理、研发、营销、投融资、采购等全部或部分职能组织机构的统称。"

上海市人民政府 2008 年 7 月 7 日发布的《上海市鼓励跨国公司设立地区总部的规定》（以下简称《规定》）将跨国公司地区总部界定为：在境外注册的母公司在本市设立的以投资或授权形式，对在一个国家以上的区域内的企业履行管理和服务职能的唯一总机构。

地区总部包括投资性公司和管理性公司两类。投资性公司，指跨国公司按照国家商务部发布的《关于外商投资举办投资性公司的规定》设立的从事直接投资的公司。管理性公司，指跨国公司为整合研发、资金管理、销售、物流及支持服务等营运职能而设立的公司。

二、研究对象

跨国公司在上海设立区域总部已成为上海市利用外资的一个重要方式和渠道，总部经济正成为促进上海市经济发展、产业升级和提升未来竞争力的一个重要驱动力。2002年上海出台了《上海市鼓励外国跨国公司设立地区总部的暂行规定》，2008年又进一步修订颁布了《上海市鼓励跨国公司设立地区总部的规定》和《关于〈上海市鼓励跨国公司设立地区总部的规定〉的若干实施意见》。在多项吸引跨国公司设立地区总部政策的推动下，至2009年底，共有260家跨国公司地区总部落户上海，并获得了上海市商务委正式认定。随着2010年上半年第18批跨国公司地区总部获得认证，这一数字又上升到了281家。

上海市商务委认定的跨国公司地区总部名录并未全部公开。根据公开出版物、媒体报道等信息来源，我们得到的上海市商务委认定的跨国公司地区总部共计250家。[①] 在上海市工商局网站查询这250家公司的工商登记信息时，我们发现有12家公司已注销、被收购或不能确认为总部，因此，在做研究时，我们将这12家公司剔除[②]，其余238家则是我们研究的第一组在沪跨国公司地区总部样本企业（以下简称"认定总部样本"企业），共占2009年底前经上海市商务委认定的全部跨国公司地区总部（260家）的91.5%。

财富500强企业是有实力的跨国企业的代表，其企业组织形式、经营管理方式也处于国际领先水平，并代表了跨国企业未来的发展方向。我们搜集整理了2009年进入财富500强行列的跨国公司的相关资料，并以之为依据

---

① 此处包括上海市工商行政管理局编《上海市外商投资企业、外国（地区）企业常驻代表机构名录》（2009）（中国工商出版社，2009年版）中收录的2008年底前落户上海的223家跨国公司地区总部、各类媒体公开报道的上海市商务委2009年认定的26家跨国公司地区总部，以及通过问卷调查方式了解到的一家跨国公司地区总部。

② 这12家公司的名录可向作者索取。

来分析跨国公司在中国和上海设立总部的一般特点和未来发展趋势。

财富500强企业的各项信息来自伊梅资源有限公司2010年发布的《2009世界500强及在华投资企业大全》（以下简称《500强全集》）。在所有500家企业中包括34家中资企业、160家尚未进入中国的外资企业，其余306家为在中国有业务活动的外资企业。其中68家金融类企业，由于在中国的外资金融企业主要由中国人民银行管辖，不属于上海市政府跨国公司地区总部政策涉及的对象，因此在研究时，我们剔除了这68家金融类企业，最后形成包括238家在华有业务发展的500强非金融类企业样本，以下简称"500强样本"企业。

上述238家"认定总部样本"公司的官网信息显示，这些地区总部被作为中国区总部（含大陆总部）的有199家，占比84%；作为大中华区总部的有4家，占比2%；作为亚太区总部的有23家，占比10%；作为全球总部的有6家，占比2%。

相关跨国公司对各级别地区总部的界定大体如下：（1）大陆总部，指母公司设于香港或者台湾，负责管辖中国大陆的分支机构；（2）中国区总部，指母公司为外国公司，负责管辖在中国大陆的所属分支机构；（3）大中华区总部，指母公司为外国公司，负责管辖包括中国大陆、香港、台湾、澳门的所属分支机构；（4）亚太区总部，指母公司为外国公司，负责管辖亚洲及太平洋地区所属分支机构；（5）全球总部，负责管辖全球所属分支机构。

第二节 跨国公司特征与跨国公司总部在上海的区域分布

一、跨国公司总部在上海的区位分布

自1986年8月上海闵行经济技术开发区和虹桥经济技术开发区被批准为首批国家级经济技术开发区以来，截止2009年底，上海市共有经济开发区41家，规划面积656平方公里，包括15个国家级开发区和26个市级经济开发区，其中佘山国家旅游度假区、陆家嘴金融贸易区和虹桥经济技术开发区为非工业类国家级开发区，其余的38个经济开发区为工业类开发区。

跨国公司总部在上海的注册地点除了位于上述工业类开发区以外,其余的多位于南京东路、南京西路、外滩、淮海路、徐家汇等5大商业区。为了考察在沪跨国公司总部在上海各总部园区的选址特征,我们选择了31个工业开发区、陆家嘴和虹桥经济技术开发区,以及南京东路、南京西路、外滩、淮海路、徐家汇等5大商业区作为跨国公司总部进入上海的样本地区,从跨国公司自身特征和开发区特征两个角度,来分析跨国公司总部进入上海的决定因素。

总体来看,跨国公司在上海的地区总部主要分布在陆家嘴、淮海路、张江高科园区、虹桥经济技术开发区、南京西路、徐家汇、金桥出口加工区、南京东路和上海西郊工业园区等9个地区(据2009年底位于相关地区的跨国公司总部数量由高到低次序排列)。2003~2009年,跨国公司总部进入数量相对于2002年及以前时期增加较快的区域从高到低的前5个区域依次为:虹桥经济技术开发区、张江高科技园区、陆家嘴、闵行经济技术开发区和外滩等5个地区(具体数据参见表6-1)。

表6-1 跨国公司总部在上海各集聚区域的数量变化

分布区域	2002年以前(1)	2003~2009年累计(2)	2003	2004	2005	2006	2007	2008	2009	总部数量变化(2)/(1)
虹桥经济技术开发区	2	15		1	5		3	4		7.5
张江高科技园区	3	20	3	4	3	3	3	2		6.67
金桥出口加工区	3	10	1	3	3	1				3.33
陆家嘴	10	33	3	7	8	7	3	3	1	3.3
闵行经济技术开发区	1	3	1	1	1					3
徐家汇	4	12					3	3		3
淮海路	7	18	5	2	5	3	1	2		2.57
上海西郊工业园区	4	8	1		4		1			2
外滩	1	2	1				1			2
南京西路	6	10		1	3		2	2		1.67
上海嘉定工业园区	2	3				1	1			1.5
外高桥保税区	4	5	2	1						1.25
漕河泾新兴技术开发区	4	5		1	1	1		1	1	1.25

(续表6-1)

分布区域	2002年以前(1)	2003~2009年累计(2)	2003	2004	2005	2006	2007	2008	2009	总部数量变化(2)/(1)
上海莘庄工业园区	1	1	1							1
上海青浦工业园区	1	1						1		1
南京东路	5	5		2	1	2				1
上海市北工业园区	2	1					1			0.5
上海紫竹高新技术产业园区	2	1		1						0.5
上海松江工业开发区	1									0
上海枫泾工业园区	1									0
嘉定汽车产业园区		2			1			1		
上海松江工业园区		2		1		1				
上海奉贤经济开发区		1		1						
其他	1	15	1		3		3	3	2	15.00
合计	65	173	19	30	40	21	20	21	10	2.66

资料来源：作者整理得到。

表6-1显示，根据"认定总部样本"公司的官网信息，我们发现进入上海的跨国公司地区总部的经营地址分布有以下三个基本特点。

（1）集聚在上海的中心商务区。截至2009年底，各主要中心商务区是在沪跨国公司地区总部的最重要的聚集区域，其中进入陆家嘴（43家）、淮海路（25家）、南京西路（16家）、徐家汇（16家）、南京东路（10家）、外滩（3家）等6个上海中心商务区的跨国公司地区总部共计有113家，占238家"认定总部样本"公司的47.5%。

（2）集聚在特色工业园区。截至2009年底，除了6个中心商务区外，在沪跨国公司地区总部主要进入到了张江高科技园区（23家）、上海虹桥经济技术开发区（17家）、金桥出口加工区（13家）、上海西郊工业园区（12家）、外高桥保税区（9家）、漕河泾新兴技术开发区（9家）等6个经济开发区。进入上述6个开发区的跨国公司总部共计有83家，占全部"认定总部样本"公司的34.9%。

（3）分散进入上海各区县的特色园区。截至2009年底，除了较为集中地进入到中心商务区和上述 6 个经济开发区以外，其他跨国公司地区总部也大多（共 26 家）进入到了上海各区县的经济开发区，比如进入上海嘉定工业园区的跨国公司总部有 5 家，进入上海闵行经济技术开发区的跨国公司总部有 4 家等。

从时间上看，2002 年《上海市鼓励外国跨国公司设立地区总部的暂行规定》颁布以后，跨国公司地区总部更多地向虹桥经济技术开发区、浦东张江、陆家嘴和浦东金桥、闵行经济技术开发区和徐家汇等 6 个地区聚集。这 6 个地区在 2002 年后的地区总部进入数量，与 2002 年以前进入数量的比值均大于 3，超过上海平均比值的 2.66，表明这 6 个区域对跨国公司地区总部的吸引力高于上海市平均水平，其中虹桥经济技术开发区的该比值甚至高达 7.5。

二、跨国公司总部在上海的地区集聚

1. 跨国公司行业特征与总部集聚

从跨国公司所在行业特征来看（参见表 6-2），制造业中的跨国公司总部主要集中在陆家嘴、淮海路、张江高科技园区、虹桥经济技术开发区、金桥出口加工区和徐家汇等 6 个地区，制造业跨国公司总部分布在上海市中心商业区的比例远高于在工业园区的比例。另外，物流、批发零售、房地产等行业的跨国公司地区总部多集中在陆家嘴地区，信息咨询业跨国公司总部主要集中在陆家嘴和张江高科技园区。

表 6-2　跨国公司行业特征与跨国公司总部的区位集聚

区　　域	总部数量占比（%）						
	制造	物流	批发零售	房地产	餐饮	信息咨询	其他
漕河泾新兴技术开发区	4.9		7.1				
上海奉贤经济开发区	0.6						
虹桥经济技术开发区	8.5				20.0		11.1
淮海路	12.2	10.0	7.1		40.0	4.8	
嘉定汽车产业园区	0.6						
金桥出口加工区	6.1		7.1	11.1			11.1
陆家嘴	12.2	40.0	35.7	33.3		28.6	33.3

(续表6-2)

区域	总部数量占比（%）						
	制造	物流	批发零售	房地产	餐饮	信息咨询	其他
闵行经济技术开发区	0.6		7.1			9.5	
南京东路	4.3	10.0		22.2			
南京西路	6.1	20.0				9.5	11.1
上海枫泾工业园区						4.8	
上海嘉定工业园区	1.8		7.1				11.1
上海青浦工业园区	1.2						
上海市北工业园区	1.2					4.8	
上海松江工业开发区	0			20.0			
上海松江工业园区	1.2						
上海西郊工业园区	6.7					4.8	
上海莘庄工业园区	1.2						
上海紫竹高新技术产业园区	2.4						
外高桥保税区	3.7	10.0				4.8	
外滩	1.2			11.1			
徐家汇	6.7	10.0	7.1	11.1		4.8	
张江高科技园区	11.0				20.0	19.1	
其他	5.5		21.4	11.1		4.8	22.2
合计	100	100	100	100	100	100	100

资料来源：作者整理得到。

对制造业跨国公司总部做进一步细分可以发现（参见表6-3），化工行业的跨国公司总部主要集中在淮海路和陆家嘴，电气机械行业的跨国公司总部主要集中在虹桥经济技术开发区；张江高科技园区的跨国公司总部多属于电气机械、电子、化工和交通等行业，漕河泾的跨国公司总部主要属于食品和交通行业，上海西郊工业园区的跨国公司总部多属于电气机械和交通行业，陆家嘴和淮海路的跨国公司总部多属于食品、化工和交通等行业，徐家汇的跨国公司总部多属于医药和交通行业，南京东路和南京西路的跨国公司总部多属于化工行业，虹桥经济技术开发区的跨国公司总部多属于电气机械行业。

表 6-3　制造业特征与跨国公司总部的地区集聚

区域	总部数量										
	医药	电气机械	电子	纺织品	食品	化工	建筑	交通	家电	有色金属	其他
外高桥保税区			1			3			1		1
金桥出口加工区		3	2			1		2	1		1
张江高科技园区	1	3	4		1	4	1	3			1
漕河泾新兴技术开发区		2			2	1		3			
闵行经济技术开发区						1					
上海市北工业园区			1				1				
上海嘉定工业园区		1						1			1
嘉定汽车产业园区			1								
上海莘庄工业园区			1			1					
上海青浦工业园区	1										1
上海西郊工业园区		5	1		1			3			
上海松江工业园区				1		1					
上海奉贤经济开发区		1									
上海紫竹高新技术产业园区		1	1		1						
陆家嘴		2	3	1	3	5	1	4		1	1
淮海路	1		3	2	4	6		2			2
徐家汇	3	1	1			2		2			2
南京西路	1	2			1	4		1		1	1
南京东路					1	3	1	2			
外滩			1								1
虹桥经济技术开发区		6	1			2					
其他				2	2		2		1		1

资料来源：作者整理得到。

2. 跨国公司总部的来源国特征与区域分布

从跨国公司总部的来源国来看，来自所有国家和地区的跨国公司总部的多数，都选择了陆家嘴和上海市的其他中心商务区作为进入地点。但是，美国、欧洲和日本等地的跨国公司总部在上海的区域分布仍有显著差异：来自美欧的跨国公司总部比日本跨国公司总部更为明显地集中分布在金桥出口加工区、张江高科技园区和漕河泾新兴技术开发区（参见表6-4）。

表6-4　来源国特征与跨国公司总部的地区集聚

区　域	总部数量			
	美国	欧洲	日本	其他
外高桥保税区	2	3	4	
金桥出口加工区	7	6		
张江高科技园区	14	4	2	3
漕河泾新兴技术开发区	6	3		
闵行经济技术开发区	1	1		1
上海市北工业园区	1	1	1	
上海嘉定工业园区		3	1	1
嘉定汽车产业园区	1	1		
上海莘庄工业园区		1		1
上海青浦工业园区			2	
上海西郊工业园区	6	3		3
上海松江工业园区			1	
上海松江工业开发区			1	
上海奉贤经济开发区		1		
上海枫泾工业园区				1
上海紫竹高新技术产业园区	2	1		
陆家嘴	14	5	11	13
淮海路	11	6	5	3
徐家汇	6	4	3	3
南京西路	2	5	3	5
南京东路	3	3	1	3
外滩			1	2
虹桥经济技术开发区	3	6	6	2
其他	1	4	4	7
合计	80	60	47	48

资料来源：作者整理得到。

3. 跨国公司规模特征与地区集聚差异

从跨国公司总部的注册资本规模来看（参见表6-5），跨国公司总部在上海的区域分布与跨国公司总部的注册资金规模之间没有显著联系。

表 6-5　注册资金规模与跨国公司总部的地区集聚

区　　域	总部数量			
	500 万美元以下	500—3000 万美元	3000—5000 万美元	5000 万美元以上
外高桥保税区	5	1	1	2
金桥出口加工区	7	1		5
张江高科技园区	5	6	5	7
漕河泾新兴技术开发区	2	2	2	3
闵行经济技术开发区	1	1	1	1
上海市北工业园区		1	1	1
上海嘉定工业园区	2		1	2
嘉定汽车产业园区	1		1	
上海莘庄工业园区			2	
上海青浦工业园区	1	1		
上海西郊工业园区	2	2	4	4
上海松江工业园区	1	1		
上海松江工业开发区			1	
上海奉贤经济开发区				1
上海枫泾工业园区		1		
上海紫竹高新技术产业园区			2	1
陆家嘴	11	6	14	12
淮海路	13	1	5	6
徐家汇	6	1	5	4
南京西路	6	1	3	6
南京东路	1		2	6
外滩	1	1		1
虹桥经济技术开发区	9	1	4	3
其他	3	2	4	7
合计	77	31	58	72

资料来源：作者整理得到。

第三节　区位特征与跨国公司总部在上海的区域分布

一、经济开发区级别与跨国公司总部的区域集聚差异

从截至2009年的数据来看，进入上海的跨国公司总部主要集中在上海市国家级经济开发区和上海市主要商务中心。在跨国公司总部进入数量排列前13位的区域当中，不属于国家级经济开发区和主要商务中心的仅有上海西郊工业园区（市级）；从跨国公司总部进入数量来看，上海市主要商务中心和国家级经济开发区全部排列在前13位。

从总部进入数量增长速度来看（以2002年为界分为两个时间段：2002年之前和2003～2009年），跨国公司总部进入数量增长速度位于前6位的区域中有5个为国家级经济开发区（虹桥经济技术开发区、张江高科技园区、陆家嘴金融贸易区、闵行经济技术开发区、金桥出口加工区），另一区域为上海市主要商务中心外滩；上海市的另外两个国家级经济开发区外高桥保税区和漕河泾新兴技术开发区，在2002年以前进入的跨国公司总部数量均为5家，2003～2009年则分别新增7家和4家。

二、经济园区规模与跨国公司总部在上海的区域分布

经济园区的规划范围扩大，有助于跨国公司总部获得宽松的经营环境，从理论上讲与跨国公司总部进入数量之间是正相关关系。表6-6给出的经济园区规划面积与跨国公司总部进入数量之间的关系表明，经济园区规划面积与跨国公司总部进入数量之间的相关系数为0.26。

衡量经济园区规模的另一个指标是产业发展规模（单位：亿元）。表6-6显示，经济园区的产业规模与跨国公司总部进入数量之间的相关系数为0.57，产业规模排名前列的3个园区也是跨国公司总部进入数量比较靠前的3个园区，分别是：金桥出口加工区、漕河泾新兴技术开发区、外高桥保税区。

表 6-6　园区规划面积和产业规模等与跨国公司总部的地区集聚

园　　区	规划面积（公顷）	产业规模	开发率	总部数量
漕河泾新兴技术开发区	1428.4	131	62.83	9
嘉定汽车产业园区	2263.52	52	83.67	2
金桥出口加工区	2738	150	86.63	13
闵行经济技术开发区	308	70	100	4
上海宝山工业园区	2908.79	35	46.11	0
上海崇明工业园区	997	6	37.69	0
上海枫泾工业园区	920	27	100	1
上海奉城工业园区	161.83	15	409.26	0
上海奉贤经济开发区	2122.82	45	94.89	1
上海富盛经济开发区	40	2	150	0
上海化学工业园区	2940	81	67.64	0
上海嘉定工业园区	6254.5	90	54.36	5
上海金山工业园区	2581	43	88.26	0
上海南汇工业园区	820	13	89.39	0
上海浦东合庆工业园区	451.56	11	88.85	0
上海浦东康桥工业园区	2688	94	75.74	0
上海浦东空港工业园区	800.65	18	125.54	0
上海青浦工业园区	5627	72	61.33	2
上海市北工业园区	129.7	6	95.85	3
上海松江工业开发区	408.2	15	96.81	1
上海松江工业园区	6373	146	84.64	2
上海未来岛高新技术产业园区	97.04	7	100.04	0
上海西郊工业园区	1672.75	53	73.59	12
上海莘庄工业园区	1644.66	112	110.94	2
上海新扬工业园区	92.36	4	111.52	0
上海星火工业园区	720	24	121.94	0
上海月杨工业园区	855	26	85.11	0
上海朱泾工业园区	247.33	3	97.17	0
上海紫竹高新技术产业园区	868.18	5	80.02	3
外高桥保税区	1103.3	129	81.2	9
张江高科技园区	4211.7	104	91.08	23

说明：开发区产业规模数据来源于《上海市开发区发展报告》(2009)，上海科学技术文献出版社 2010 年版。开发率为园区已开发土地面积与规划面积之比。总部数量由作者计算得到。

三、经济园区开发率与跨国公司总部在上海的区域分布

园区开发率指标反映了其发展成熟水平。表 6-6 的数据显示,园区开发率指标与跨国公司总部进入数量之间的关系不很明显(相关系数为 -0.15)。上海奉城工业园区等开发率很高的园区,跨国公司总部进入总量几乎为 0。但在接近上海市中心城区的经济园区,开发率越高越有助于跨国公司总部进入。

四、经济园区产业定位与跨国公司总部在上海的区域分布

从经济园区的产业定位来看(参见表 6-7),进入的跨国公司总部所在行业与有关园区产业定位比较一致的园区有外高桥保税区、金桥出口加工区、张江高科技园区、漕河泾新兴技术开发区和上海西郊工业园区。就制造业行业进一步细分来看(参见表 6-8),张江高科技园区和上海西郊工业园区的定位与进入的跨国公司总部所在行业比较一致。

表 6-7 开发区行业定位与跨国公司总部的地区集聚

园 区	制造业	物流	批发零售	房地产	餐饮	信息咨询	其他
漕河泾新兴技术开发区	8		1				
虹桥经济技术开发区	14				1		1
淮海路	20	1	1		2	1	
嘉定汽车产业园区	1						
金桥出口加工区	10		1	1			1
陆家嘴	21	4	5	3		6	3
闵行经济技术开发区	1		1			2	
南京东路	7	1		2			
南京西路	11	2				2	1
上海枫泾工业园区						1	
上海奉贤经济开发区	1						
上海嘉定工业园区	3		1				1
上海青浦工业园区	2						
上海市北工业园区	2					1	
上海松江工业开发区					1		
上海松江工业园区	2						

(续表6-7)

园区	制造业	物流	批发零售	房地产	餐饮	信息咨询	其他
上海西郊工业园区	11					1	
上海莘庄工业园区	2						
上海紫竹高新技术产业园区	3						
外高桥保税区	6	1				1	
外滩	2			1			
徐家汇	11	1	1	1		1	
张江高科技园区	18				1	4	
其他	8		3	1		1	2
合计	164	10	14	9	5	21	9

资料来源：作者整理得到。

表6-8 开发区细分行业定位与跨国公司总部的地区集聚

园区	医药	电气机械	电子	纺织品	食品	化工	建筑	交通	家电	有色金属	其他
漕河泾新兴技术开发区		2			2	2		2			
嘉定汽车产业园区			1								
金桥出口加工区		3	3			1	1	2	1		1
闵行经济技术开发区						1					
上海奉贤经济开发区			1								
上海嘉定工业园区		1						1			1
上海青浦工业园区		1									1
上海市北工业园区			1				1				
上海松江工业园区				1							
上海西郊工业园区		6			1	1		3			
上海莘庄工业园区			1			1					
上海紫竹高新技术产业园区			1		1						
外高桥保税区			1	1		4		1	1		1
张江高科技园区	1	4	3		1	3	1	3			1

资料来源：作者整理得到。

五、园区R&D经费投入规模与跨国公司总部在上海的区域分布

R&D投入规模反映了园区的技术创新水平，特别是产品创新能力。由

于进入上海各经济园区的跨国公司总部有很大一部分在从事研发工作,科研投入相对比较高。表 6-9 显示,R&D 经费投入占园区产值的比重与跨国公司总部进入数量之间的相关程度达到了 0.79。从跨国公司总部进入数量排序结果来看,R&D 经费占园区产值的比重排名前 2 位的园区,其跨国公司总部进入数量在全部园区中也排列前 2 位,分别是:张江高科技园区、金桥出口加工区。

表 6-9　开发区 R&D 经费比重等指标与跨国公司总部集聚

园　　区	R&D 经费比重	R&D 人员比重	利税率	总部数量
漕河泾新兴技术开发区	0.68	9.03	2.82	9
嘉定汽车产业园区	0.89	4.25	11.04	2
金桥出口加工区	1.96	9.96	8.34	13
闵行经济技术开发区	0.86	4.99	18.14	4
上海宝山工业园区	0.55	2.67	11.36	
上海崇明工业园区	0	0	15.56	
上海枫泾工业园区	1.74	4.11	10.45	1
上海奉城工业园区	0	0	9.04	
上海奉贤经济开发区	0.19	1.27	7.26	1
上海富盛经济开发区	0	0	0.15	
上海化学工业园区	0.03	1.2	5.75	
上海嘉定工业园区	0.33	1.81	7.22	5
上海金山工业园区	0.12	0.65	11.62	
上海南汇工业园区	0.04	0.55	12.17	
上海浦东合庆工业园区	0	0.04	6.26	
上海浦东康桥工业园区	0.65	6.19	9.8	
上海浦东空港工业园区	0	0	10.45	
上海青浦工业园区	0.24	2.25	8.05	2
上海市北工业园区	0.24	5.42	13.12	3
上海松江工业开发区	0.36	2.86	6.6	1
上海松江工业园区	0.12	2.48	3.3	2
上海未来岛高新技术产业园区	0	0.54	11.3	
上海西郊工业园区	0.49	1.38	13.19	12
上海莘庄工业园区	0.7	5.01	10.75	2
上海新扬工业园区	0.16	10.45	20.8	
上海星火工业园区	0.07	2.61	5.74	

(续表6-9)

园　　区	R&D 经费比重	R&D 人员比重	利税率	总部数量
上海月杨工业园区	0.21	1.39	6.74	
上海朱泾工业园区	0	0	7.9	
上海紫竹高新技术产业园区	0	0	4.85	3
外高桥保税区	0.05	0.42	18.04	9
张江高科技园区	5.97	10.92	13.94	23

资料来源：开发区 R&D 经费比重等数据来源于《上海市开发区发展报告》(2009)，上海科学技术文献出版社 2010 年版；R&D 经费比重为工业企业 R&D 经费占主营业务收入之比；R&D 人员比重为研发人员数量占园区全部从业人员数量之比；利税率为园区利税收入与工业企业销售收入之比；跨国公司总部数量由作者计算得到。

除了 R&D 经费投入占园区产值的比重与跨国公司总部进入数量之间有很强的相关性外，园区中 R&D 从业人员占园区全部从业人员的比重与进入园区的跨国公司总部数量之间的相关系数也比较高，为 0.56。从跨国公司总部进入数量排序结果来看，R&D 从业人员在园区全部从业人员中的比重排名前 5 位的园区中，有 2 家跨国公司总部进入数量在全部园区中位列前 3 名，分别是：张江高科技园区、金桥出口加工区。

六、园区税收收入与跨国公司总部在上海的区域分布

园区利税率反映了园区企业的税收负担。从理论上讲，利税率越高，表明跨国公司总部进入的成本越高。但是，如果跨国公司总部进入考虑的是园区商务环境及其他因素，而且这些因素对跨国公司总部的吸引力超过利税率带来的负面影响，那么园区利税率与跨国公司总部进入数量之间的关系就可能不显著。表 6-9 显示，园区的利税率水平与跨国公司总部进入数量之间的相关系数为 0.18，相关程度比较低，但属于正相关关系。

第四节　跨国公司总部在上海区位选择的计量检验

跨国公司总部进入上海的区位选择，有显著的区域集聚特征。这既是跨国公司综合考虑所在区域之间的交通、通讯便利性以及周边配套措施等因素后自主选择的结果，也与上海市政府部门的自动引导密切相关。我们实地调

查发现，上海金桥出口加工区、闵行紫竹科技园等都是由上海市政府统筹规划后设立的跨国公司总部进入地区，并对吸引跨国公司地区总部进入起到了很好的推动作用。

一、跨国公司总部区位选择的决定因素

关于跨国公司总部选址的理论主要有比较优势理论、区域经济理论、信息经济理论、组织结构理论等。地区总部的选址问题从属于企业选址问题。一般而言，企业选址包括区位选择和定址两个步骤，并且不同步骤重点关注的内容也不相同。在国家层面作选择时，企业主要关注目标国家的政治、经济、文化与汇率等因素；在区域或城市选择中，企业主要关注包括市场、投入要素、交通运输等与企业发展密切相关的因素。在选定特定国家和地区（城市）以后，具体定址时企业着重考虑的是与办公环境相关的一些因素。

众多文献对以上影响企业选址的因素进行了实证研究。成等（Cheng and Kwan, 2000）考察了 1985~1995 年间 FDI 及外资企业在中国 29 个省、直辖市及自治区的分布情况，发现除市场范围及地区基础设施条件外，地方政府优惠政策的作用对 FDI 进入的影响也很显著。对美国各州 20 世纪 80 年代为振兴地区经济而施行的"企业区"（Enterprise Zone Program）政策的实施效果所作的经验研究显示，政策效果对 FDI 进入的地区分布存在显著差异。德弗罗（Devereux, 2007）研究发现，在控制有关变量后，政府补助政策对 FDI 进入的地区分布影响极其有限，但政策补助在经济活动较为密集地区的效应却明显存在。

地区总部作为跨国公司设在国外的重要决策和管理部门，需要以大量的信息作为管理依据，才有可能准确地把握国外的经济、政治形势及其变化趋势，进而提高决策与管理效率。跨国公司总部与区域内子公司、母国总公司之间的日常联系，主要靠信息交换来实现。这些信息不仅交换量大，而且多为跨国界交流，因而对信息通信手段的要求很高（Morrison and Roth, 1992）。企业经营信息可分为数码信息和意会信息两种（青木昌彦，2001）。数码信息也称为标准化信息，具有易得性、空间传递成本变化比较小等特征；意会信息是一种只能在有限区域内通过关系合同或特定经历得到的信息，不能在市场上轻易获得。不同区位具有的市场潜力和要素禀赋，属于意

会信息，会产生信息租金。信息的汇聚产生了不同的区位等级和地理优势，互联网时代使标准信息充分透明，因此意会信息便成为决定企业竞争力的最终因素。信息越发达，区域因素越重要，企业总部需要占据信息腹地，才有可能取得竞争优势。因此，跨国公司倾向于在市场信息集聚地区建立总部。

在"扁平化"成为企业组织结构发展的必然趋势下，企业也得以将生产、配送、产品研究与发展、市场销售或营运控制等活动实现空间上的分离，形成多种组织职能的服务外包，有效地利用不同区域的优势资源。现代服务业的发展是总部经济赖以形成的重要条件，跨国公司总部的生存环境要求有发达的现代服务业配套。实证研究表明（Davis et al, 2004），当地服务供应商的充沛程度和当地现有总部的规模是影响跨国公司总部进入的最重要因素。

波特（Michael E. Porter）在《国家竞争优势》（2004）一书中用区域集群理论对跨国公司设立地区总部问题进行了分析。他指出，企业在选择经营区位时要求相关地区聚集有挑剔的客户、重要的供应商、各种竞争对手，尤其要具备生产要素的创造机制，例如拥有可以提供智力支持的大学或是专门从事科学研究的实验室。

根据纽约、新加坡等城市吸引跨国公司总部进入的经验可知，跨国公司总部进入的地区需要具备六个基本条件，包括基础条件、商务设施、研发能力、专业服务、政府服务和开放程度。跨国公司总部选址主要是考虑相关地区的人才、金融、科技、交通、通信等因素。

制造业跨国公司总部选址有其自身的特点（Strauss–Kahn and Vives, 2008），即不仅考虑当地服务获得的便利性和当地其他跨国公司总部的规模，而且更重要的是要在地理上接近其工业企业；制造业跨国公司总部选址更倾向于那些能够为他们提供外包服务的地区（Henderson and Ono, 2008）。

二、计量分析方程

根据资料可获得性，我们选取了上海 31 个经济园区（以工业园区为主）的横截面数据共计 31 个样本，以 2002~2009 年间各年度进入相应园区的"认定总部"公司数量之和作为被解释变量，考察各经济园区的区位特征对跨国公司总部选址及集聚的影响,并集中关注以下 5 个因素:(1) 开发区地理区位;(2) 经济规模;(3) 设立等级;(4) R&D 密集度;(5) 税收优惠政策。

$$\begin{aligned} hqnum_i = &\alpha_0 + \alpha_1 lscale\_index_i + \alpha_2 exploit\_rate_i \\ &+ \alpha_3 rdexpense_i + \alpha_4 set\_year_i \\ &+ \alpha_5 taxinco\_rate_i + \alpha_6 location_i \\ &+ \alpha_7 hqnum\_2002_i + \varepsilon_i \end{aligned} \quad (6\text{-}1)$$

$$\begin{aligned} hqnum_i = &\alpha_0 + \alpha_1 lscale\_index_i + \alpha_2 exploit\_rate_i \\ &+ \alpha_3 rd\ expense_i + \alpha_4 set\_year_i \\ &+ \alpha_5 taxinco\_rate_i + \alpha_6 location_i \\ &+ \alpha_7 rd\_loc_i + \alpha_8 hqunm\_2002_i + \varepsilon_i \end{aligned} \quad (6\text{-}2)$$

我们设定的计量分析模型参见 (6-1) 和 (6-2) 式。其中,i 表示相应的经济园区 (i=1, 2, ⋯, 31),α_j 为待估计的参数 (j=1, 2, ⋯, 7),ε_i 为随机误差项。其他变量的含义如下。$hqnum$ 等于经济园区在 2002~2009 年进入的跨国公司总部数量之和。$lscale\_index$ 等于开经济园区经济规模和土地面积规模加权指数自然对数值 (2008 年数据)。$exploit\_rate$ 等于园区土地开发率 (2008 年数据)。$rdexpense$ 等于园区 R&D 经费比重 (2008 年数据)。set_year 等于园区成立时间。$taxincom\_rate$ 等于园区利税率 (企业上缴税收/企业营业收入);由于缺乏开发区税收差异指标,我们以该变量作为园区税收的代理变量 (2008 年数据)。$location$ 等于园区地理位置虚拟变量,在上海市外环内为 1,在外环外为 0。$hqnum\_2002$ 等于开发区在 2002 年以前累计进入的跨国公司总部数量。我们对有关被解释变量选择 2008 年的数值进行计量分析,目的是尽可能地减少解释变量的内生问题。为了进一步考察开发区地理区位和 R&D 密集度对跨国公司区位选址的综合影响,在 (6-2) 式中,我们还构建了包括地理区位和 R&D 密集度的交互项 (rd_loc) 的计量检验模型。

除了对总体样本进行计量分析以外,我们还分别以 2009 年上海市 31 个经济园区中不同行业的跨国公司总部数据 (制造业和非制造业) 为被解释变量,以 2009 年上海市 31 个经济园区中不同来源地的跨国公司总部数据 (美国、欧洲、日本和其他地区) 作为被解释变量,以及以 2009 年上海市 31 个经济园区中不同注册资本规模的跨国公司总部数量作为被解释变量进行了分组计量分析，以考察跨国公司特征对其总部选址影响的差异。

三、计量分析结果

我们得到的计量分析结果显示，跨国公司地区总部进入主要受到以下因素影响。

第一，从总体样本来看，跨国公司总部选址受园区 R&D 支出以及 2002 年前进入的总部数量影响明显［参见表 6-10-1 中模型（1）对应于 rdexpense 和 hqnum_2002 的系数］。[①] 园区研发经费比重越大，前期进入的总部数越多，当期的跨国公司总部进入越多。以园区利税率作为代理变量的税收因素对跨国公司总部进入影响不显著。园区 R&D 经费比重与园区地理位置的交互项对跨国公司总部进入影响不显著［参见表 6-10-2 中模型（1）对应于 rd_loc 的系数］。

表 6-10-1　总体样本及基于跨国公司行业特征的计量检验结果

	模型（1）：全样本	模型（2）：制造业	模型（3）：非制造业
lscale_index	0.115*	0.105*	0.0352
	(1.88)	(1.73)	(0.81)
exploit_rate	−0.000132	−0.000412	0.000484
	(−0.29)	(−1.02)	(1.39)
rdexpense	0.230***	0.182**	0.190***
	(5.58)	(2.72)	(5.19)
set_year	−0.0101	0.0170	−0.0281**
	(−0.72)	(1.29)	(−2.36)
taxincom_rate	−0.00479	−0.0156	0.0215*
	(−0.39)	(−1.20)	(1.80)
location	−0.338*	−0.0776	−0.137
	(−1.74)	(−0.39)	(−0.68)

---

① 表 6-10-1 中的解释变量省略了下标 i，表 6-10-2 和表 6-10-3、表 6-10-4 和表 6-10-5，以及表 6-10-6 均作了同样处理。

（续表6-10-1）

	模型（1）：全样本	模型（2）：制造业	模型（3）：非制造业
hqnum_2002	0.577***	0.547***	0.186***
	(10.05)	(10.43)	(3.05)
常数项	20.01	-34.03	55.85**
	(0.72)	(-1.29)	(2.35)
观察值	31	31	31
拟合优度	0.884	0.840	0.725

说明：括号中为 t 统计值；***、**、* 分别表示在1%、5%和10%水平上统计显著。

表6-10-2 总体样本及基于跨国公司行业特征的计量分析结果

	模型（1）：全样本	模型（2）：制造业	模型（3）：非制造业
lscale_index	0.124*	0.139*	0.0281
	(1.77)	(2.05)	(0.67)
exploit_rate	-0.000137	-0.000433	0.000489
	(-0.29)	(-1.04)	(1.41)
rdexpense	0.121	-0.242	0.280*
	(0.42)	(-0.95)	(2.00)
set_year	-0.0131	0.00511	-0.0256*
	(-0.83)	(0.39)	(-1.95)
taxincom_rate	-0.00318	-0.00927	0.0202
	(-0.26)	(-0.78)	(1.66)
location	-0.416	-0.379*	-0.0730
	(-1.60)	(-1.73)	(-0.32)
rd_loc	0.120	0.466*	-0.0989
	(0.41)	(1.84)	(-0.71)
hqnum_2002	0.576***	0.546***	0.186***
	(9.77)	(10.12)	(2.99)
常数项	26.10	-10.28	50.82*
	(0.83)	(-0.39)	(1.94)
观察值	31	31	31
拟合优度	0.881	0.864	0.717

说明：（1）括号中为 t 统计值；***、**、* 分别表示在1%、5%和10%水平上统计显著。（2）考虑了开发区 R&D 经费比重与开发区地理位置的交互项因素。

第二，从跨国公司所在行业特征（制造业与非制造业）来看，不论制造业还是非制造业，园区研发经费比重对跨国公司总部进入的影响都很显著［参见表6-10-1中模型（2）对应于 rdexpense 的系数］。园区 R&D 经费比重与园区地理位置的交互项，对制造业跨国公司总部进入有显著的积极影响，对非制造业跨国公司总部进入影响不显著［参见表6-10-2中模型（2）和模型（3）对应于 rd_loc 的系数］。

第三，从跨国公司所在母国来看，美国和欧洲的跨国公司总部进入，更受园区 R&D 经费投入规模影响，而园区 R&D 投入规模对日本跨国公司总部进入的影响不显著［参见表6-10-3和表6-10-4中对应于 rdexpense 的系数］。这也从一方面说明了来自日本和美欧等国企业的差异：美国总部企业更多的为技术密集型、职能型（开发功能）特征较为明显，而日本的总部企业管理型（协调服务功能）特征则更为明显。

表6-10-3　基于跨国公司总部母国特征的计量检验结果

	模型1：USA	模型2：Europe	模型3：Japan	模型4：Others
lscale_index	-0.0590	0.108**	0.0114	0.0204
	(-1.16)	(2.10)	(0.18)	(0.71)
exploit_rate	-0.0000445	0.000250	-0.000508	0.000497
	(-0.11)	(0.62)	(-1.22)	(1.70)
rdexpense	0.269***	0.0874**	0.0151	0.219***
	(4.76)	(2.10)	(0.14)	(6.79)
set_year	0.0139	-0.00164	0.00911	-0.0215***
	(0.91)	(-0.16)	(0.89)	(-2.94)
taxincom_rate	-0.00742	0.00780	0.00402	0.0115
	(-0.58)	(0.82)	(0.20)	(1.42)
location	0.166	0.0375	0.101	-0.601***
	(0.70)	(0.21)	(0.38)	(-3.03)
hqnum_2002	0.416***	0.296***	0.143	0.126*
	(6.09)	(5.96)	(1.42)	(1.72)
常数项	-27.68	2.882	-18.13	42.81***
	(-0.91)	(0.14)	(-0.88)	(2.92)
观察值	31	31	31	31
拟合优度	0.793	0.720	0.044	0.644

说明：括号中为 t 统计值；***、**、* 分别表示在1%、5%和10%水平上统计显著。

表 6-10-4　基于跨国公司总部母国特征的计量检验回归结果

	模型 1：USA	模型 2：Europe	模型 3：Japan	模型 4：Others
lscale_index	-0.0374	0.120**	0.0315	0.0156
	(-0.72)	(2.08)	(0.46)	(0.56)
exploit_rate	-0.0000582	0.000243	-0.000520	0.000500*
	(-0.15)	(0.57)	(-1.27)	(1.75)
rdexpense	-0.00289	-0.0554	-0.237	0.279***
	(-0.01)	(-0.24)	(-1.61)	(3.45)
set_year	0.00631	-0.00565	0.00201	-0.0198**
	(0.38)	(-0.51)	(0.18)	(-2.54)
taxincom_rate	-0.00339	0.00992	0.00777	0.0106
	(-0.26)	(1.04)	(0.39)	(1.29)
location	-0.0267	-0.0638	-0.0784	-0.558**
	(-0.10)	(-0.30)	(-0.25)	(-2.57)
rd_loc	0.299	0.157	0.278*	-0.0667
	(1.13)	(0.67)	(2.01)	(-0.80)
hqnum_2002	0.415***	0.295***	0.142	0.126
	(5.86)	(5.87)	(1.38)	(1.69)
常数项	-12.47	10.88	-3.984	39.41**
	(-0.38)	(0.49)	(-0.18)	(2.52)
观察值	31	31	31	31
拟合优度	0.801	0.715	0.049	0.631

说明：(1) 括号中为 t 统计值；***、**、* 分别表示在 1%、5% 和 10% 水平上统计显著。(2) 考虑了开发区 R&D 经费比重与园区地理位置的交叉项因素。

第四，从跨国公司总部规模（注册资本）来看 [参见表 6-10-5 和表 6-10-6 对应于 *lscale_index* 的系数]，规模相对较小的跨国公司总部，其区位选择受园区经济规模影响显著，规模相对比较大的跨国公司总部进入区位选择受园区经济规模的影响不显著。

上述分析表明，进入上海的跨国公司总部集中进入了上海市中心商务区和主要经济开发园区。① 进入上海的跨国公司总部具有来源国集聚特征、行

---

① 由于数据的可得性，我们难以得到外生的园区 R&D 投入规模数据；我们使用的园区 R&D 投入数据与跨国公司总部进入数量之间可能存在同时决定的内生性问题，即被解释变量也对解释变量有影响，跨国公司总部进入越多，该经济园区的 R&D 投入也会越多。由于跨国公司总部进入数量与 R&D 投入规模之间存在正向相互影响可能，这种内生性问题将导致我们的模型系数低估，但不会影响估计系数的正负方向，不影响研究结论（经济园区 R&D 投入越多，跨国公司总部进入越多）的有效性。

表 6-10-5　基于跨国公司总部注册资本规模特征的计量检验结果

	模型 1：注册资本 <=3000 万美元	模型 2：注册资本 >3000 万美元
lscale_index	0.153**	0.00772
	(2.33)	(0.16)
exploit_rate	0.000149	0.0000603
	(0.40)	(0.13)
rdexpense	0.115**	0.205***
	(2.19)	(3.19)
set_year	−0.00389	−0.00206
	(−0.47)	(−0.15)
taxincom_rate	0.00589	0.000169
	(0.45)	(0.02)
location	0.00639	−0.235
	(0.03)	(−1.17)
hqnum_2002	0.254***	0.466***
	(4.67)	(9.78)
常数项	7.264	4.154
	(0.44)	(0.15)
观察值	31	31
拟合优度	0.689	0.804

说明：括号中为 t 统计值；***、**、* 分别表示在 1%、5% 和 10% 水平上统计显著。

表 6-10-6　基于跨国公司总部注册资本规模特征的计量检验结果

	模型 1：注册资本 <=3000 万美元	模型 2：注册资本 >3000 万美元
lscale_index	0.182***	0.0246
	(3.02)	(0.39)
exploit_rate	0.000130	0.0000496
	(0.37)	(0.10)
rdexpense	−0.259	−0.00693
	(−1.54)	(−0.02)
set_year	−0.0144	−0.00802
	(−1.59)	(−0.57)
taxincom_rate	0.0114	0.00332
	(0.97)	(0.27)
location	−0.259	−0.386
	(−1.22)	(−1.60)

(续表 6-10-6)

	模型1：注册资本<=3000万美元	模型2：注册资本>3000万美元
rd_loc	0.412**	0.233
	(2.38)	(0.63)
hqnum_2002	0.253***	0.466***
	(4.66)	(9.30)
常数项	28.22	16.04
	(1.56)	(0.57)
观察值	31	31
拟合优度	0.726	0.806

说明：（1）括号中为 t 统计值；***、**、* 分别表示在1%、5%和10%水平上统计显著。（2）考虑了园区 R&D 经费比重与园区地理位置的交叉项因素。

业集聚特征；在上海的制造业跨国公司地区总部对经济园区的 R&D 投入规模有显著的正向反应，经济园区 R&D 投入越多，跨国公司总部进入越多。另外，经济园区距离上海市中心城区越接近，越有助于跨国公司地区总部进入；位于上海市外环以内地区且 R&D 投入比较多的经济园区，更能够吸引跨国公司总部进入。

第五节 对跨国公司在沪地区总部的访谈和问卷调查

为了进一步了解跨国公司在上海设立地区总部的考虑因素、地区总部的功能和运作方式、公司总部在运营中遇到的主要问题等，2010年3月到6月，我们陆续走访面谈了十余家各类跨国公司地区总部，并向被访谈的跨国公司地区总部及其他跨国公司地区总部发放了调查问卷。以下是由访谈和问卷调查得到的主要结论。

一、跨国公司设立地区总部的动因

就设立总部的动因而言，国际商业机器公司（IBM）的理念很有代表性。IBM 认为在全球化的背景下"世界是平的"，资源和要素的流动性都大大增强，因此，IBM 积极抓住机遇向"全球一体化企业（Globally Integrated Enterprise, GIE）"转型，根据不同地区的优势特点，在全球范围内进行整合资源，将销售、研发、运营、采购等环节设立在最佳区位，使经营资源向人才和市场最丰富的国家和地区转移。

鉴于上海拥有丰富的人力资源、相对低廉的运营成本和良好的投资环境，IBM 将上海列为长期战略规划区域，先后成立了软件制造中心、全球交付中心、服务中心等。尽管 1992 年 IBM 曾在北京建立了投资性公司，作为大中华区总部，负责对中国大陆、港澳台地区的企业进行投资，但其设在上海浦东张江高科技园区的 IBM（中国）有限公司是事实上的 IBM 中国及亚太区的运营中心。

二、跨国公司在上海设立总部的考虑因素

跨国公司为何选择在上海设立总部是我们十分关心的一个问题。在以下部分，我们给出了被访谈对象对此问题的回答。

1. 位于长三角地区的龙头地位是上海吸引跨国公司总部进入的区位优势

跨国公司选择在中国设立地区总部的目的是为了加强对中国地区业务的协调管理。上海市地处长江三角洲地区的龙头地位，能够有效地辐射江苏、浙江两个地区，而且有大量跨国公司的制造业基地设在长江三角洲地区，将地区总部设在上海市，有助于降低商务运营成本。就这一点来说，上海的区位优势显著优于香港、新加坡等亚洲城市；即使与北京相比，上海的地理位置也非常重要。此外，被访谈的跨国公司总部普遍认为，上海开放的经济和文化环境、辉煌的现代商埠历史，都是他们选择在上海设立总部的理由。

2. 源源不断的人才供给构建了上海市吸引跨国公司总部进入的核心优势

接受访谈的跨国公司总部对上海的人力资源优势普遍认同。有许多跨国公司将总部设立在离高等院校比较接近的地方，一些跨国公司在上海张江高科技园区和闵行紫竹科技园设立总部主要是为了接近复旦大学和上海交通大学。此外，每年有成千上万的大学毕业生愿意选择上海作为工作地点，使上海成为一个人力资源能够源源不断供给的城市。被访谈的跨国公司认为，上海在专业人才方面的某些优势相对落后于北京，比如北京中关村地区的 IT 专业人才比上海要多出很多。

3. 跨国公司总部高度集聚效应和接近客户群助推了跨国公司总部进一步进入

被访谈的跨国公司几乎都承认，将地区总部设在上海的理由是上海和上海的周边地区集中了其大量客户和潜在客户，将地区总部设立在上海，便于同顾客沟通联系。被访谈的跨国公司还指出，上海多个经济开发园区管理效率比较高；此类园区按照客户要求建造办公设备，然后租赁给跨国公司总部使用的运作模式，对跨国公司总部进入有很强的吸引力。

4. 政府工作效率和相对廉洁施政增加了上海市对跨国公司总部进入的吸引力

被调研的跨国公司总部指出，尽管上海市各级政府中各部门的工作还有不少需要改进的地方，但与国内其他城市相比，仍然很有优势。比如，上海的政府机构很注重按照既有的规定办理事务，私下里同官员沟通的难度超过北京等其他地区，政府官员的办事规则相对于中国其他城市而言更为明确。

接受访谈的跨国公司总部对上海市各级政府的工作效率给予了充分肯定。一些跨国公司与上海市一些政府职能机构有过多年的接触经验，并建立了良好的关系，因此最终决定将总部设立在上海。

5. 政府优惠政策有助于吸引跨国公司总部初期进入

接受访谈的跨国公司对上海市政府实施的引进跨国公司总部的优惠政策基本上持肯定态度。多家接受访谈的跨国公司表示，上海市政府曾经在公司的经营过程中给予过不同程度的财政扶持，对公司渡过难关非常重要。有些公司（比如 GE）反映，跨国公司在上海设立总部并不在于上海的优惠政策，更多考虑的是上海的人才优势、对外开放程度、市场潜力和规模。接受访谈的跨国公司也指出了上海市的先天劣势。比如上海不具有北京那样的国家政治中心区位条件，就相关政策与更高层次的政府部门进行及时沟通的条件有限。

以上 5 个因素可在一定程度上解释有相对较多的跨国公司在上海设立地区总部的原因。当然，除了上述不便于就相关政策与更高层次的政府部门进行沟通以外，被访谈的跨国公司总部也对上海市的投资环境提出了改进意见。

三、受访公司对上海改善总部经济政策的建议

受访跨国公司地区总部对上海改善跨国公司地区总部政策提出的建议包括以下 8 个方面。

1. 希望增加政策透明度和保持政策的连贯性

被访谈的跨国公司指出，政府的一些政策规定往往难以执行。比如，规定跨国公司总部采购要求提供采购保证书，并要求提供的是市场最低价格，以及代理商需要负连带责任；从保税区出来的货物重新缴纳关税执行起来也有很多不便。接受访谈的多家跨国公司担心，上海市吸引外资政策的未来走势不明确，对公司制订长期发展战略规划很有影响。此外，上海市颁布的一些优惠政策的申请手续过于繁琐，相关政府部门缺乏有效沟通，导致优惠政策不能落实。

接受访谈的跨国公司反映在上海无法获得国民待遇，没有归宿感。比如，接近市长书记要求通过外办来联系，增加了公司办事成本。政府官员或者单个部门不愿意承担决策风险，个别批文审批要经过多达 7 个部门的签章同意后才能得到批复。受访跨国公司还指出，上海市吸引跨国公司总部的优惠政策集中在公司总部进入初期，在公司总部进入后的后续服务力度普遍薄弱，他们希望上海市政府部门在总部入驻后仍能大力支持其在上海的发展。

2. 希望上海市政府加强与其他地方政府的沟通与协调

多家接受访谈的跨国公司提出其经营活动受到了政府政策和行为的影响比较大。公司总部所在地政府、下属企业和分支机构所在地政府，为了本地的财政经济利益都积极争取公司入驻，也都提供了许多政策优惠。但当公司为了提高经营效率而对所属企业进行整合，需要关闭一些独立企业或分公司时，下属企业或分支机构所在地方政府多不愿意给公司提供足够的便利，导致公司的整合过程和经营活动受到很多影响。

我们所访谈的一家公司特别强调了这个问题。他们认为公司整合业务分布，是提升总部功能的重要举措，在各个地方政府存在维护本地利益倾向的情况下，建议总部所在地政府出面协调，通过政府间的某种补偿机制来为总部所属企业和分支机构的跨地区整合提供便利。

3. 希望改进上海市认定跨国公司地区总部的相关政策

多家接受访谈的跨国公司对上海市认定跨国公司地区总部的政策提出了

意见。一家公司指出,该公司作为母公司的大中华区总部,是一家投资性公司,本属于级别更高的地区总部,但按有关规定该公司却不能从事部分管理性公司能够从事的业务,该公司对此表示不能理解,希望能够作出改进。此外,该公司曾经投资了较多的独立企业,为降低经营成本、提高经营效率,正在进行公司整合,准备将大部分独立企业改组成为分公司,但按现行规定,投资性公司投资或管理的企业数目须达到一定的标准才能享受到总部优惠政策,这为公司的业务整合增加了不确定性。

受访跨国公司还提出,部分非独立企业形式的地区总部,或作为母公司在中国的运营中心,或发挥着关键的战略决策作用,对上海经济发展的贡献和辐射效应十分显著,也应该享受到上海市有关跨国公司总部的各种优惠政策。

4. 希望进一步完善与总部公司运营相关的基础设施

接受访谈的跨国公司对上海的基础设施状况总体满意,但仍提出了一些改进建议。比如,张江高科技园区等总部园区的交通设施比较拥挤,进入张江的地铁二号线在早晚高峰期间的拥挤程度已经让人不堪忍受,有些员工宁愿在市中心拥挤的办公地点用手提电脑移动办公,也不愿意到张江去办公。一些经济园区的门牌标识不显著、门牌号码不连贯;位于浦东外高桥的周边公路、越江隧道等交通基础设施亟待完善。

5. 希望鼓励人员流动的政策落实更加到位

在聘用人员方面,接受访谈的跨国公司反映比较多的是,上海以外地区的毕业生和拟聘用员工进入上海工作的难度比较大。比如某公司招聘了清华大学的毕业生,但申请上海户籍时有很多困难。外地人员不能落户到上海,办理出国护照要到其户口所在地开列证明材料,这会耽误员工培训和出国交流,也不利于员工子女在上海就近入学,增加了企业职工队伍的不稳定性。接受访谈的跨国公司认为,对于引进人才的认定标准,应该给予企业一定的自主权,按现行政策,年龄在60岁以上的人不能再作为引进人才办理,但这些人在企业中往往可以发挥很大的作用。

6. 希望降低税收负担和提高税收征管效率

接受访谈的跨国公司对高管个人所得税问题反应强烈,认为上海的个人所得税率过高,不但高于中国香港和新加坡,甚至还高于德国等世界范围内公认的税负较重国家。为此，跨国公司的外籍高管只能选择增加出入境次数来避税，不仅颇为不便，也无形中增加了总部公司在上海的商务成本。

接受访谈的柯达公司税务总监还提到了对总部企业征收营业税时的重复课税问题。总部公司为所属公司提供的服务按中国现行税制规定需要缴纳营业税，由于总部公司的已纳税额并不能在所属公司申报纳税时获得抵扣，这就存在税上加税的重复征税问题。如果总部并非独立的法人机构，相关服务在企业内部提供的话，这种重复课税问题可不复存在。因此，对总部企业征收营业税导致的重复课税，在一定程度上对设立总部带来的经营管理效率提高起到了抵消作用。

接受访谈的多家跨国公司税务总监对中国加强对非居民企业所得税征管措施而给企业经营带来的不便提出了意见。比如，IBM公司称其早已实行了无纸化办公，对外支付很难按税务机关的要求提供所需文件，而税收手续不完成就无法办理外汇兑付相关手续，导致公司不能对外支付，这严重影响了公司资金的正常周转，不利于公司在全球范围内配置资源，妨碍了总部功能的正常发挥。此外，税务机构办理纳税申报审核的时间过长，也对公司提高经营效率带来了影响。比如，有一家公司向国外客户进行的几百欧元的小额支付，因为纳税手续过于烦琐而不能进行。被访谈跨国公司认为，中国现行税制对于非居民企业常设机构的认定标准过于严格，使得公司的实际税负过重，增加了公司与非居民企业客户的交易成本。

7. 希望改进外汇管理制度使企业资金运转更为顺畅

接受访谈的跨国公司总部普遍反映，中国实行的外汇管制不利于其对资金、结算和其他财务功能进行整合，对跨国公司总部的非贸易项下的资金调拨带来了很多不便。位于上海的总部短期利用外籍人员的报酬支付，特别是外包业务涉及的报酬支付，因受中国的外汇管理限制往往无法进行。再比如，由于鼓励人民币结算试点，在使用美元进行结算时，不可使用代理人作抬头，必须使用公司自己的抬头才可以，此类规定为公司经营增加了很多困难。

接受访谈的跨国公司对中国的外汇管理制度意见非常集中。他们对中国实行资本项目管制以及相关的外汇管理政策表示理解，但是上海市有关部门在执行外汇管理政策时给跨国公司的经营管理活动带来了很多不便。比如，位于闵行地区的跨国公司不得不经常到上海市市区办理相关手续，十分费时费力。

8. 希望生活配套设施能更好地满足跨国公司员工在上海的生活需要

就生活配套设施而言，接受访谈的跨国公司对员工子女在上海接受教育的问题反应比较强烈。跨国公司总部所在园区附近大多没有开设国际学校，或者非国际学校的入学标准不能适应总部员工的具体情况，导致员工子女的就读要求无法满足。多家接受访谈的跨国公司反映上海的医疗保险未与国际接轨，跨国公司总部的外籍员工不能使用外国的医疗保险在上海看病，需要回国治疗，因而十分不便。

第六节 政策建议

跨国公司总部进入后形成的总部经济与地方经济之间的互动发展，有助于相关区域成为现代服务业生产中心，也有助于周边地区成为制造业等行业的生产中心。总部经济的发展需要政府部门积极提供公共服务支持。在以下部分，我们以上海为例，给出上海市发展总部经济的政策建议。

（一）加强长三角区域合作，应对吸引跨国公司总部进入的激烈竞争

在总部经济发展过程中，上海正面临着以北京为代表的中国国内其他城市的竞争，以及香港、新加坡乃至日本、韩国、马来西亚等国家（或地区）的强有力竞争，严峻的总部经济竞争形势必须引起上海市政府的高度重视。我们在调查中发现，多家跨国公司已经或正在考虑将其生产基地迁出上海。比如，INTEL关闭了原先设在外高桥的生产基地，迁移到了成都；IBM取消了在张江设立生产基地的计划，西门子也在考虑将生产基地迁移到无锡。

尽管上海市已确立了大力发展服务业的产业结构调整方向，但由于服务业中高附加值的生产性服务业和商务服务业主要服务对象为制造业，有的本身就是制造业企业出于分工提高效率的考虑从原企业中分离出来的，因此这些服务业仍然要以制造业为中心，主营业务为制造业的跨国公司尤其倾向于围绕生产基地设立公司总部。

由于土地、房屋和劳动力成本的持续上升，跨国公司生产基地有从上海迁出的趋势，这些会引起跨国公司总部迁出上海。我们已经发现有总部设在

上海的公司将重要的功能设在了其他城市，如 IBM 在深圳设立全球采购中心，电子资讯系统（上海）有限公司在武汉设立全球服务中心，辉瑞将亚太区财务中心设在大连等。

为此，可供上海选择的策略是，加强与长三角其他省市的区域合作，引导跨国公司将生产基地迁到上海周边地区，如苏州、无锡、常州等。这些区域的劳动力成本低于上海，工业基础优良，与上海距离较近，上海如能在基础设施建设、人员流动等方面与这些地区加强合作，将跨国公司生产基地留在上海周边，则可巩固上海的总部经济地位。

上海可顺应世界范围内跨国公司整合公司管理机构的趋势，积极吸引跨国公司将其总部迁入上海，或者鼓励跨国公司将其位于上海的办事机构升级为总部。在此过程中，上海需加强长三角地区的经济合作，在跨国公司所得税方面实现共享，也可通过联合办公鼓励跨国公司将制造业加工机构设立在长三角地区，这样可稳定跨国公司总部在上海的管理职能。

上海市应明确城市发展定位，吸引跨国公司总部进入上海。跨国公司大多具有明确的社会责任感，通过发展低碳经济，展示上海城市发展的社会责任，并与跨国公司发展方向一致，可加强吸引跨国公司总部进入上海的力度。比如，IBM 公司提出的智能城市、智能地球等理念，可以融入上海的社会发展中，进而吸引跨国公司总部进驻上海。通过鼓励跨国公司与上海本地机构合作，吸引跨国公司总部进入上海。比如，IBM 与同济大学联合建立了智能城市设计机构，参与政府的电子政务等，都有助于吸引 IBM 将总部设立在上海。

（二）完善认定和考核标准，适应跨国公司总部的多种经营模式

上海市鼓励跨国公司设立地区总部的规定，在商务部鼓励的投资性公司的基础上，增加了管理性公司，是非常有益的制度创新。相当一部分跨国公司的投资性总部功能单一，因而辐射和带动效应都受到影响。相反，很多管理性总部因为承担着跨国公司的营销、采购、培训等很多功能，会带动一大批相关企业发展，其作用不容小视。

上海现行政策中明确排除非独立企业被认定为跨国公司总部，而许多非独立企业确实在履行总部功能，且具有显著的辐射和带动效应。比如，跨国公司在沪代表处或办事处（office），其战略决策作用与跨国公司总部并无显

著差异；而跨国公司在沪分公司，多担当着公司运营中心职能。上海市对跨国公司总部的认定还强调其负责投资或管理的独立企业数量，但在2008年国际金融危机后跨国公司争相整合其全球业务，将大量子公司改组为分公司，使得跨国公司总部认定标准相对提高，这会对跨国公司总部进入上海起到抑制作用。

我们认为，上海在认定跨国公司总部时，可借鉴香港和新加坡的做法，将跨国公司总部认定范围从投资性公司和管理性公司拓展到其他同样具有总部功能的跨国公司在沪分支机构，以充分发挥跨国公司总部进入上海的辐射和带动效应。在香港，凡是对业务有实际控制或管理权的机构均被认为是跨国公司总部，而"形式"上并非一定要是独立企业，办事处也可。在新加坡，跨国公司总部认定也以其运营功能而非投资规模作为标准，对于那些设在新加坡的跨国公司办事处也给予一定的所得税优惠，只是优惠幅度略低于被正式认定的跨国公司总部。

上海市需要完善跨国公司总部绩效考核指标。上海的人才优势是跨国公司总部进入上海的重要决定因素。在人才引进方面，建议由企业根据自身需要进行人才认定，政府部门只进行总量控制和结果考核，并将人才认定纳入一揽子考核指标，以此指标来确定企业享受的优惠政策。在促进就业方面，政府可以鼓励跨国公司招收应届大学毕业生，并将此纳入考核指标。同时，应将环境保护贡献、科技进步贡献（如专利申请数）、事故数量等因素在跨国公司总部考核指标中一并加以考虑。

（三）设立专门机构，加强对跨国公司地区总部的政府服务

在引进跨国公司总部的过程中，政府应强化服务理念，注重公共投资，为跨国公司总部进入提供良好的基础设施环境，充分发挥本区域的比较优势，强化人力资本和积累社会资本；进行制度建设，制订和实施适合跨国公司总部发展的政策措施。

我们认为，上海市应对跨国公司总部实施集中归口管理，改变"重引进、轻服务"的总部经济政策，全面提升对跨国公司总部的政府服务水平。跨国公司总部处理日常事务需要同多个部门联系，降低了办事效率。实际上，可由跨国公司总部直接同某个部门的办事人员联系，由该办事人员代为办理相关事务。同时，加强办事人员的语言沟通能力，在办事过程中强调中

文和英文同时适用。上海市对吸引跨国公司总部的优惠政策集中在总部进入初期，在跨国公司总部进入初期服务非常完善和有效，而对跨国公司总部的后续服务力度普遍薄弱。上海市可建立专门的"总部经济服务中心"，在总部进入、认定、整合、退出等环节，为在沪跨国公司总部提供全方位的服务。

跨国公司总部在上海的相关运营涉及部门非常多，包括：外经贸主管部门、发展改革委员会、税务主管部门、工商行政管理部门、海关部门、外汇管理部门、房屋及土地管理部门、劳动管理部门等。我们建议"总部经济服务中心"设立后，所有的跨国公司总部与政府间的手续办理统一通过该中心进行分类处理，从而不但提高跨国公司总部的办事效率，也可提高政府部门的办事效率。"总部经济服务中心"设立后，应积极协助跨国公司总部与中央政府和所属公司所在地政府进行沟通和协调，为在沪跨国公司总部根据经营需要有效地整合所属企业和分支机构提供支持。

（四）大力构筑人才高地，推升跨国公司地区总部的研发创新能力

人力资源水平和研发能力对跨国公司总部进入有决定性影响。上海市应十分重视人才培养和提高人力资源总体水平，继续大力构筑人才高地。就具体措施而言，上海市可适度放宽跨国公司总部的引进人才入沪标准，给予企业更多自主权，同时落实好教育和医疗等配套政策，使得跨国公司总部的管理人才、研发人才等各类人才，能够安心工作而无后顾之忧。

（五）加强中心商务区建设，改善跨国公司总部的外部经营环境

上海市应特别重视完善从上海市中心城区到经济园区的交通设施，比如增加地铁等公共交通的运行时间，增加运行班次，改进新开发园区的周边硬件管理等。进入上海的跨国公司总部多集中在上海的中心商务区。通过加强中心商务区建设，提升相关服务的层次，在信息、物流、金融、会计、咨询、法律服务等软实力方面进一步与国际接轨，对吸引更多的跨国公司总部进入上海会很有帮助。

（六）增加政策透明度，助力跨国公司总部的长期战略规划

多家制造业跨国公司对上海市引进制造业外国直接投资的长期政策存在疑虑，并影响了跨国公司制定长期发展战略。我们认为，上海不断提高经济结构中服务业占比的同时，仍旧应重视现代制造业发展，争取有更多的制造业跨国公司将生产基地设在上海及其周边地区，这样才能为跨国公司总部进

入上海提供坚实的市场基础。

(七) 寻求制度创新，降低跨国公司总部的税收遵行成本

为了方便跨国公司总部缴纳税收，可对纳税大户采取免检等优惠待遇，由纳税企业自行申报，税务机关抽检，每年只对部分纳税企业进行税收缴纳情况检查和核对，每过一段时间（比如3年）做一次全面检查，并重新评定跨国公司总部的纳税表现，调整其税收自主申报权限。可以考虑给予跨国公司总部高管与金融企业高管类似的基于个人所得税缴纳的奖励政策。在税收征管上，可考虑对一些纳税记录良好的跨国公司采取由事后稽查代替事前审核的做法，减少审核环节和文件要求，减轻税收遵行负担对跨国公司总部日常生产经营活动的影响。

(八) 鼓励本地机构主动合作，提升跨国公司总部的本地化水平和归属感

在沪跨国公司普遍反映缺乏归属感，不能及时了解国家政策信息，不能平等地参与国家科技开发等重大项目活动。我们认为，通过鼓励上海本地机构（如本地企业、大学、科研机构等）与跨国公司总部加强业务合作，对提升跨国公司总部的归属感会有很大帮助，有助于将跨国公司总部长期留在上海。

下 篇

FDI 进入的经济效应与中国经济结构转型

第 七 章
FDI 进入的本地投资效应

1980～2006 年，中国国有企业固定资产投资占全社会固定资产投资比重是一个逐渐减少的过程（参见表 7-1）。就中国 30 个省区（不包括西藏）的平均水平来看，国有企业固定资产投资占全社会固定资产投资比重，从 1988 年的 67.3% 一路下降到了 2006 年的 37.5%；集体企业固定资产投资比重，从 1988 年的 12.2% 一路下降到 2006 年的 3.1%；个体经营企业固定资产投资比重，从 1988 年的 20.4% 下降到 1998 年的 14.1% 以后，在 2006 年重新上升到了 19.6%。

表 7-1　不同类型企业在本地区固定资产投资中的比重

企业类型	国有企业固定资产投资比重			集体企业固定资产投资比重			个体经营企业固定资产投资比重		
年份	2006	1998	1988	2006	1998	1988	2006	1998	1988
安徽	0.338	0.457	0.487	0.033	0.196	0.136	0.260	0.223	0.377
北京	0.339	0.642	0.817	0.023	0.061	0.131	0.052	0.020	0.052
重庆	0.415	0.527	0.734	0.016	0.127	0.101	0.203	0.170	0.140
福建	0.344	0.408	0.606	0.026	0.113	0.115	0.221	0.177	0.272
甘肃	0.553	0.718	0.789	0.025	0.059	0.080	0.158	0.105	0.131
广东	0.260	0.436	0.719	0.056	0.145	0.147	0.201	0.129	0.134
广西	0.353	0.492	0.676	0.024	0.111	0.109	0.259	0.277	0.216
贵州	0.503	0.640	0.728	0.011	0.069	0.060	0.196	0.197	0.212
海南	0.387	0.473	0.744	0.010	0.107	0.054	0.093	0.089	0.202
河北	0.258	0.457	0.528	0.079	0.303	0.224	0.282	0.125	0.248

(续表7-1)

企业类型	国有企业固定资产投资比重			集体企业固定资产投资比重			个体经营企业固定资产投资比重		
年份	2006	1998	1988	2006	1998	1988	2006	1998	1988
黑龙江	0.426	0.792	0.823	0.005	0.037	0.050	0.174	0.086	0.127
河南	0.272	0.506	0.518	0.054	0.199	0.107	0.278	0.208	0.375
湖北	0.391	0.542	0.637	0.033	0.101	0.153	0.180	0.138	0.210
湖南	0.359	0.509	0.521	0.032	0.120	0.135	0.208	0.293	0.344
江苏	0.213	0.396	0.414	0.044	0.247	0.251	0.328	0.133	0.334
江西	0.404	0.607	0.513	0.024	0.043	0.110	0.245	0.279	0.377
吉林	0.317	0.608	0.729	0.014	0.099	0.078	0.194	0.098	0.193
辽宁	0.299	0.616	0.787	0.033	0.113	0.093	0.261	0.095	0.120
内蒙古	0.424	0.645	0.683	0.022	0.049	0.062	0.135	0.181	0.255
宁夏	0.500	0.711	0.742	0.005	0.062	0.105	0.236	0.126	0.152
青海	0.482	0.802	0.877	0.022	0.038	0.041	0.103	0.057	0.082
陕西	0.503	0.687	0.708	0.033	0.056	0.086	0.112	0.143	0.205
山东	0.165	0.481	0.520	0.089	0.280	0.273	0.293	0.133	0.207
上海	0.363	0.554	0.810	0.037	0.106	0.118	0.164	0.022	0.072
山西	0.434	0.725	0.729	0.056	0.055	0.111	0.143	0.096	0.159
四川	0.373	0.582	0.679	0.015	0.118	0.129	0.194	0.161	0.193
天津	0.383	0.529	0.800	0.032	0.121	0.109	0.114	0.037	0.091
新疆	0.443	0.844	0.842	0.005	0.042	0.076	0.141	0.085	0.082
云南	0.489	0.664	0.673	0.036	0.082	0.159	0.180	0.151	0.167
浙江	0.263	0.363	0.369	0.029	0.235	0.250	0.257	0.189	0.381
全国平均	0.375	0.580	0.673	0.031	0.116	0.122	0.196	0.141	0.204

资料来源：根据中国数据在线和广东省等各年度《统计年鉴》计算得到。

在本部分，我们以经过修正的马库森等（Markusen and Venables，1999）模型为基础（简称 M－V 模型），分短期和长期及三种企业类型（市场化企业、非市场化企业、外资企业），从理论角度分析 FDI 进入对中国本地投资的挤入和挤出效应，并基于 1980～2008 年中国省区面板数据，实证检验 FDI 进入对中国不同类型企业固定资产投资的影响。

第一节 文献综述

一、理论研究

发展中国家广泛实施了吸引 FDI 的政策，而 FDI 的进入对东道国本地投资是挤入还是挤出，直接影响到东道国经济的自我发展能力，进而影响到东道国的经济增长。罗德里格斯（Rodriguez-Clare，1996）研究认为，FDI 进入发展中东道国是为了利用东道国低成本的劳动要素优势，但是劳动力成本低的发展中国家却难以为跨国公司提供足够丰富的中间投入品，外国跨国公司对发展中东道国行业发展的促进作用并不明显。

FDI 进入对东道国国内投资的间接影响被高丝等（Kose *et al*，2006）称为伴随收益（collateral benefits）。为了吸引 FDI 流入，发展中国家的政府会提高宏观政策实施效率，进行制度改革和改进政府治理能力。除此之外，FDI 进入还有助于东道国提高管理技能和生产技术，进而提高东道国本地企业的生产效率。FDI 进入可能会使东道国货币对外汇率较为坚挺，使得东道国得以进口更多商品，并有助于东道国本地投资增加。FDI 进入可降低东道国的利率水平，增加东道国的信贷供给。比如，哈里森等（Harrison *et al*，2004）研究发现，FDI 进入可缓解东道国的金融约束，这一效应在低收入国家比高收入国家更为明显。

罗德里格斯（Rodriguez-Clare，1996）利用迪克西特－斯蒂格利茨（Dixit-Stiglitz）模型以企业对中间产品多样化的偏好为基础，构建了一个两国一般均衡模型，来分析跨国公司进入对东道国投资的后向联系（backward linkage）效应；罗德里格斯（Rodriguez-Clare）的研究表明，跨国公司进入有利于东道国经济发展的条件有三：（1）跨国公司密集使用东道国中间产品；（2）跨国公司在母国和东道国之间的交通交流成本足够高；（3）东道国与跨国公司母国的生产率水平足够接近。在条件（2）中，当母国与东道国之间的交通交流成本较高时，可避免中间产品从母国输入，从而使东道国中间产品，有助于东道国发展出更为高端的中间产品。条件（3）表明，在条件（2）的基础上，即使东道国生产中间产品的价格高于母国，但因其高出部分低于交通交流成本，外国跨国公司仍旧会优先选用东道国本地投入品。

马库森等（Markusen and Venables，1999）假设跨国企业只进入东道国的下游企业，且下游行业中有进口产品；马库森等研究发现，跨国企业进入对上游产品的需求有助于东道国上游行业发展，在下游行业竞争中挤出东道国国内企业则会减少对上游产品需求；只要跨国企业对本国上游企业中间产品的依赖性足够高，那么就能够抵消甚至超过竞争效应对上游企业的影响；上游企业产量增加和产品价格下降可使下游行业中的东道国企业受益；只要跨国公司和东道国企业相似性足够高，且FDI进入规模和东道国行业发展规模，随当期收益即时（instantaneously）调整，那么本国企业和跨国公司将无法并存，跨国公司与东道国本地企业并存的内点均衡解（interior equilibrium）具有不稳定特征；在长期，跨国企业会被东道国下游企业挤出东道国市场。

罗德里格斯（Rodriguez-Clare，1996）、马库森等（Markusen and Venables，1999）的分析抽象掉了技术溢出对东道国本地企业资本形成的影响。程培堽等（2009）考虑了这个因素，他们以古诺竞争模型为基础，研究了行业内FDI对东道国本地企业的溢出效应和市场掠夺效应。程培堽等研究发现：存在一个外资企业进入数量的临界值，超过这个临界值时，FDI进入对东道国国内投资有挤入效应，否则会挤出东道国国内投资。阿恩特等（Arndt et al, 2007）使用局部均衡分析方法，对FDI与东道国国内资本存量之间的关系进行了研究。阿恩特等研究发现：当最终产品价格上升时，单纯的国内企业、东道国跨国企业和进入东道国的国外跨国企业在东道国的投资（FDI）同时上升；东道国劳动工资下降时，三类企业在东道国的投资均上升；外国工资上升时，后两类企业在东道国的投资都上升，但东道国本地企业的投资会下降。

二、经验研究

现有实证研究多认为，FDI进入对东道国的本地投资增加以间接效应为主，主要是通过技术转让增加东道国本地投资，而不是直接通过增加东道国的资本积累来增加东道国本地投资。流入发展中国家的FDI，在短期内对东道国国内资本形成规模低于FDI实际进入水平，在长期中对东道国国内的资本形成规模高于 FDI 实际进入水平。在短期,进入发展中国家的 FDI 对东道国本地投资 (local investment) 以挤出效应为主,在长期以挤入效应为主。

1. 国际经验

伯伦斯坦等 (Borenzstein et al, 1998) 以 1970~1989 年 60 个发展中国家的年度数据 (面板) 为基础,检验了 FDI 对东道国资本形成的影响。Borenzstein et al 研究发现,FDI 进入对东道国本地投资有溢出效应,但统计分析结果不很稳健 (robust)。博斯沃思等 (Bosworth and Collins, 1999)、莫迪等 (Mody and Murshid, 2005) 等在伯伦斯坦等 (Borenzstein et al, 1998) 的研究基础上进行了拓展。博斯沃恩等以 1978~1995 年 59 个发展中国家的年度面板数据为基础,考察了 FDI 流入对东道国国内资本形成和储蓄率的影响,用 OLS 和工具变量法对模型进行估计后的分析结果显示,FDI 与东道国国内投资显著正相关;FDI 每流入 1 美元,可使东道国国内投资增加 0.81 美元。

莫迪等 (Mody and Murshid, 2005) 运用 1979~1999 年 60 个非转型国家的面板数据,研究了 FDI 流入对东道国国内投资 (domestic investment,相当于国内固定资本形成) 的影响。莫迪等研究发现,资本项目放开以及更多的并购投资代替绿地投资,使得 FDI 对东道国国内投资的促进作用减弱。将数据分为新兴市场经济国家和其他国家两组后,发现前者流入的 FDI 对东道国国内投资的促进作用更为明显。莫迪等还检验了 FDI 与金融一体化和国内政策的交互项对国内投资的作用。研究表明,金融一体化与 FDI 交互项的估计系数显著为负;东道国国内政策与 FDI 交互项的估计系数显著为正,即金融一体化弱化了 FDI 对东道国国内投资的作用。此外,东道国政策环境改善有助于 FDI 对东道国国内投资的正向作用。莫迪等运用静态分析方法得到的结论是,FDI 每流入 1 美元,可使东道国国内投资增加 0.72 美元;运用动态分析方法得到的结论是,FDI 每流入 1 美元,可使东道国国内投资增加 3 美元。

米列娃 (Mileva, 2008) 以 22 个转型国家 1995~2005 年的面板数据为基础,分别从静态和动态角度分析了 FDI 流入对东道国国内投资的影响。米列娃研究发现,在制度相对落后和金融系统不够发达的经济转型国家,FDI 每流入 1 美元在短期可直接带动国内资本形成增加 0.84 美元,在长期至少能够增加1美元。金姆（Kim，2003）使用向量自回归、脉冲响应和方差分解的分析方法，检验了FDI进入对韩国本地投资的挤入和挤出效应。金姆的研究显示，FDI的正向冲击会挤入韩国国内投资，而韩国国内投资的正向冲击会挤出FDI。

阿格辛等（Agosin and Mayer，2000）以新古典投资模型为基础，假定外国投资由当期、滞后一期、滞后两期FDI决定（理由是资本金融账户上的FDI要经过一段时间才能形成资本），被解释变量为投资占GDP的比重。研究发现，1970~1996年，FDI进入对亚洲发展中国家的国内投资有挤出效应；进入非洲地区的FDI在20世纪80年代中期以前，有助于非洲地区的东道国本地投资等比例增加，在20世纪80年代以后则产生了显著的投资挤入效应；在拉丁美洲国家，FDI流入对东道国本地投资以挤出效应为主。

德赛等（Desai *et al*，2005）使用美国的时间序列数据所作的研究结果显示，外国跨国公司在美国的资本支出占GDP比重的估计系数为-1.855。阿恩特等（Arndt *et al*，2007）利用1991~2004年德国的行业面板数据（industry-level），对内向FDI和东道国国内投资之间的关系进行了实证检验，并在解释变量中加入了投入品部门（input sector）中FDI占总资本的比例和最终品部门（output sector）中FDI占总资本的比例。阿恩特等的实证研究发现，无论是前向联系和后向联系都无法确定FDI进入对东道国国内资本是挤入关系还是挤出关系。

2. 中国经验

方友林和冼国明（2008）以1994~2006年中国内地29个省区的面板数据为基础，按东中西部区域分组研究发现，FDI在中国中东部地区没有显著的挤入挤出效应，在西部有显著的挤出效应。以中国加入WTO的2001年为界对全样本进行实证研究发现，1994~2001年FDI的挤出效应弱于2001~2006年的挤出效应。

罗长远（2007）关于FDI流入对中国国内资本形成的挤入挤出效应实证研究发现，FDI进入对中国国内资本形成的影响与当地的金融市场发展水平有关。程培堽等（2009）以2002~2006年中国工业部门18个行业面板数据为基础，采用了GLS和2SLS方法，其研究显示，FDI进入对中国国内企业投资的长期影响系数为 -1.0748，统计分析结果显著。此外，期初国内企业数量越多，FDI 进入对中国本地投资的挤出效应越明显；国内企业生产成本越高，FDI 进入对中国本地投资的挤出效应越明显；外国跨国公司在中国的生产越多，FDI 进入对中国本地投资的挤入效应越明显。乔伊等（Choy et al，2009）使用中国 25 个省区 2004~2007 年的面板数据，检验了中国外向（outbound）FDI 和内向（inbound）FDI 对中国国内投资的影响，研究显示，内向 FDI 与中国国内资本形成正相关，且显著大于 1（挤入）。

因此，国际经验或中国经验均显示：FDI 进入对东道国本地投资的挤入效应确实存在，其大小需依据具体条件而定。

第二节 FDI 对东道国本地投资的影响机制

在以下部分，我们假设最终产品的市场结构对最优产量（竞争效应）有决定性作用，最优产量对最优资本需求量有决定性作用，最优资本需求量决定了资本品生产厂商数量（后向联系效应）。由于规模经济效应，厂商数量越多，单位资本品的生产价格越低。我们假设国有企业（也称原有国有企业，或改制前的国有企业）获得资本品的价格保持不变，民营企业（也称非国有企业，包括实施改制后按照市场经济规则运行的新型国有企业）获得资本品的价格随着 FDI 项目中外资方的进入而有下降。资本品市场上的价格变动会引起最终产品市场上的竞争结构发生变化（反馈效应），进而引起最终产品的市场结构发生变化；新的市场结构与新的均衡产量和新的最优资本需求量相对应（参见图 7-1 和表 7-2）。

表 7-2 FDI 进入对东道国本地投资的挤入效应

短 期	长 期
FDI 对上游行业的垂直技术转移效应不明显。	FDI 对上游行业的垂直技术转移效应明显。
下游行业中东道国的国有企业和民营企业同时被 FDI 挤出。	下游行业中东道国的国有资本被 FDI 挤出。下游行业中东道国的民营资本被 FDI 挤入。民营资本挤出下游行业中的 FDI 项目。

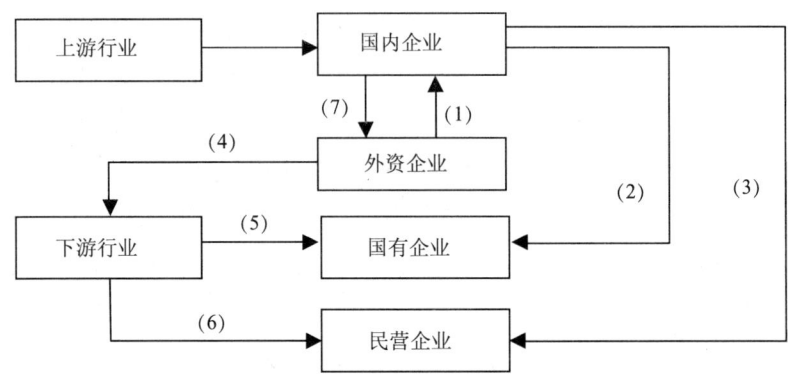

说明：(1)、(2)、(3) 为外资进入的投入品行业成本效应，其对下游行业中东道国国有企业和民营企业产生的可能是挤入效应或挤出效应；(7) 是指上游行业中的成本效应对外资企业经营的影响；(4)、(5)、(6) 为外资企业进入的最终品行业竞争效应，其对下游行业中中国国内的国有企业和民营企业产生的可能是挤入效应或挤出效应。

图7-1　外资企业进入的上游行业成本效应和下游行业竞争效应

FDI 进入会在东道国企业之间产生联系效应（linkages），在增加东道国存量资产的基础上产生投资溢出效应（spillovers）。比如，跨国公司（MNCs）从东道国购买投入品时可鼓励东道国本地企业增加投资支出。当跨国公司通过提高生产效率，使东道国本地与之竞争的企业退出市场时，FDI 进入会挤出东道国本地投资。跨国公司从国外进口投入品或进入东道国国有企业所在行业时，多会产生对东道国本地投资的挤出效应。

第三节　FDI 对东道国本地投资影响的短期特征与长期特征

我们将 FDI 进入东道国的全部时期分为三个阶段：(1) FDI 进入以前时期，以下标"0"表示；(2) FDI 进入以后的短期阶段，以下标"1"表示；(3) FDI 进入以后的长期阶段，以下标"2"表示。在第 (1) 阶段，不存在跨国企业和 FDI 进入；在第 (2) 阶段存在 FDI 进入，但跨国企业对东道国本地企业不发生垂直技术转移；在第 (3) 阶段，进入的 FDI 对东道国本地企业的垂直技术转移效应已经显现。对第三阶段的分析可以判断 FDI 进入对东道国本地企业投资影响的长期效应。

(一) FDI 进入以前时期

1. 上游行业的市场均衡

(1) 最终品行业

假设下游行业中有两家企业,一家是国有企业(计划型企业),一家是民营企业(包括改制完成后依据市场经济规则运行的新型国有企业,统称市场型企业)。两家企业的生产函数都是柯布 – 道格拉斯(C – D)函数形式,具有相同的资本产出弹性且技术水平 $A(d)$ 相同。国有企业的产量 Q_s 和民营企业的产量 Q_h 分别为以下形式[①]:

$$Q_s = A(d) K_s^\beta L_s^{1-\beta} \tag{7-1-1}$$

$$Q_h = A(d) K_h^\beta L_h^{1-\beta} \tag{7-1-2}$$

其中,$K_j(j=s,h)$ 表示国有企业和民营企业生产时使用的资本品数量,$K_j = (\int_0^{n_1} q_i^\alpha di)^{1/\alpha}$。$s$ 表示国有企业,h 表示民营企业。上游企业生产资本品,q_i 表示单家上游企业的产量水平,n_1 表示上游行业中的企业数量。$\alpha \in (0,1)$;α 越接近于 1 表示中间投入品之间的替代性越强,α 越接近于 0 表示中间投入品之间的互补性越强。

(2) 投入品行业

资本品的生产过程需要投入运输、安装、修理、建筑等服务,资本品的种类也多种多样。资本品生产具有规模经济特征,可使用 Dixit-Stiglitz 模型来构造资本品组合。假设所有上游企业生产的资本品各不相同,且每家企业在相应的资本品市场上居于垄断地位。上游行业中代表性企业 i 的利润函数 π_i 用下列式子表示:

$$\pi_i = q_i^h p_i - q_i^h x(0) + q_i^s x(0) - q_i^s x(0) \ - F \cdot x(0) \tag{7-2}$$

上式中,F = 上游企业 i 生产 q_i 数量的资本品时所使用的固定成本投入,F 为常数;q_i^h = 上游企业 i 出售给民营企业的资本品数量;p_i = 上游企业向民营企业提供资本品时的价格;q_i^s = 上游企业 i 按固定价格 $x(0)$ 提供给国有

[①] 这里没有考虑国有企业和民营企业的要素结构差异。我们认为,国有企业和民营企业的异质性主要体现在国有企业使用的资本品价格受到政策影响方面,在 FDI 进入前后其使用的资本品价格无显著变化。

企业的资本品数量，$x(0)$ = 上游企业 i 的边际生产成本，也等于其平均生产成本。

政府要求上游企业按其边际成本 $x(0)$ 将数量为 q_i^s 的资本品提供给国有企业。此处，民营企业获得资本品的价格高于国有企业获得的资本品价格。摩菲等（Murphy et al，1992）研究认为，在中国的产业结构中，上游企业首先是满足国有企业对资本品的需求，然后才可以以市场价格向其他企业（民营企业和跨国企业）提供资本品；给国有企业的资本品价格由政府部门决定，有时低于边际生产成本。在本文中，我们假设国有企业获得的资本品价格等于资本品的边际生产成本。①

（3）资本品市场的均衡价格和均衡产量

我们使用藤田昌久等（Fujita et al，1998）的方法，求解上游企业 i、国有企业 s 和民营企业 h 的成本最小化条件。求解得到的上游企业 i 向国内民营企业 h 提供资本品的价格指数 R_{h0} 和向国有企业提供资本品的价格指数 R_{s0} 参见下式。②

$$R_{h0} = (\int_0^{n_0} p_i^{\frac{\alpha}{\alpha-1}} di)^{\frac{\alpha-1}{\alpha}} \tag{7-3-1}$$

$$R_{s0} = (\int_0^{n_0} x(0)^{\frac{\alpha}{\alpha-1}} di)^{\frac{\alpha-1}{\alpha}} \tag{7-3-2}$$

民营企业对资本品的需求数量 q_{i0}^h 有下列关系：

$$q_{i0}^h = \left(\frac{R_{h0}}{P_i}\right)^{\frac{1}{1-\alpha}} K_h \tag{7-4}$$

资本品生产企业的利润最大化价格 p_i 参见（7-5）式，对应的提供给民营企业的产量 q_{i0}^h 可进一步写成（7-6）式。

$$p_i = \frac{x(0)}{\alpha} \tag{7-5}$$

$$q_{i0}^h = \frac{\alpha F}{1-\alpha} \tag{7-6}$$

2. 最终产品市场均衡

在（7-1-1）式和（7-1-2）式中，假设支付给劳动要素的工资为 W，求

---

① 如果一定要考虑定价低于边际成本的情形，可以把这种亏损包括到固定成本系数 F 当中。
② （7-3-1）式、（7-3-2）式至（7-6）式的详细推导参见附录7A。

解成本最小化问题，可得到国有企业 s 和民营企业 h 的成本函数 C_{s0} 和 C_{h0}。

$$C_{s0} = \frac{1}{A(d)} Q_s R_{s0}^{\beta} W^{1-\beta} \varphi \qquad (7\text{-}7\text{-}1)$$

$$C_{h0} = \frac{1}{A(d)} Q_h R_{h0}^{\beta} W^{1-\beta} \varphi \qquad (7\text{-}7\text{-}2)$$

其中，$\varphi = \left(\frac{1-\beta}{\beta}\right)^{\beta} \frac{1}{1-\beta}$。

上述（7-7-1）式和（7-7-2）式表明，国有企业、民营企业的成本优势分别与技术优势 $A(d)$、资本品价格指数 R_{s0}、R_{h0} 等因素有关。国有企业从上游企业那里获得资本品的价格水平被确定为 $x(0)$，民营企业从上游企业那里获得资本品的价格 $p_i = x(0)/\alpha$，分别决定了资本品价格指数 R_{s0}、R_{h0}。在这里，国有企业和民营企业所用技术没有显著差异，但国有企业在资本品获得价格方面占有优势；这种优势随着 α 的变小而变大。α 越大表示各类资本品之间的替代性越强，不同资本品之间的竞争越激烈，资本品价格越低。假设劳动工资 $W=1$。由（7-7-1）式和（7-7-2）式可得国有企业的利润函数 π_s，以及民营企业的利润函数 π_h。

$$\pi_s = Q_s p_0 - \frac{1}{A(d)} Q_s R_{s0}^{\beta} \varphi \qquad (7\text{-}8\text{-}1)$$

$$\pi_h = Q_h p_0 - \frac{1}{A(d)} Q_h R_{h0}^{\beta} \varphi \qquad (7\text{-}8\text{-}2)$$

在（7-8-1）式和（7-8-2）式中 P_0 为最终品的市场出售价格。参照林等（Lin and Saggi, 2007），假设最终产品市场为古诺竞争，最终产品的市场需求函数为 $p_0 = a - Q_s - Q_h$，进而求解得到市场均衡时的国有企业产量 Q_{s0}^* 和民营企业产量 Q_{h0}^*。

$$Q_{h0}^* = \frac{1}{3}\left(a - \frac{2}{A(d)}\varphi R_{h0}^{\beta} + \frac{1}{A(d)}\varphi R_{s0}^{\beta}\right) \qquad (7\text{-}9\text{-}1)$$

$$Q_{s0}^* = \frac{1}{3}\left(a - \frac{2}{A(d)}\varphi R_{s0}^{\beta} + \frac{1}{A(d)}\varphi R_{h0}^{\beta}\right) \qquad (7\text{-}9\text{-}2)$$

可以看出，最终品市场的均衡产出决定于企业的生产成本，自身生产成本低而竞争对手生产成本高时均衡产量就比较高；反之，自身生产成本较高而竞争对手成本较低时，均衡产量就比较低。上述分析看似没有考虑技术差异导致的产品质量差异,但可以作出这样的设想:相对于质量较差的产品,高质量产品可使消费者得到更多的效用。使用一单位高质量产品获得的效用相当于数个单位低质量产品提供的效用,这种质量差异也能够用产量差异来表示。

3. 最优资本使用量

由(7-1-1)式和(7-1-2)式可得到成本最小时的国有企业最优资本投入规模 K_{s0}^* 和民营企业最优资本投入规模 K_{h0}^*:

$$K_{h0}^* = \frac{1}{A(d)} Q_{h0}^* \left(\frac{1-\beta}{\beta} \cdot R_{h0} \right)^{\beta-1} \quad (7\text{-}10\text{-}1)$$

$$K_{s0}^* = \frac{1}{A(d)} Q_{s0}^* \left(\frac{1-\beta}{\beta} \cdot R_{s0} \right)^{\beta-1} \quad (7\text{-}10\text{-}2)$$

将(7-9-1)式和(7-9-2)式分别代入(7-10-1)式和(7-10-2)式中,可进一步得到国有企业和民营企业的资本需求水平决定因素。将(7-5)式和附录7B中的(7-B2)式代入(7-10-1)式和(7-10-2)式,可得到国有企业最优资本投入规模 K_{s0}^* 和民营企业最优资本投入规模 K_{h0}^* 的以下形式。

$$K_{s0}^* = \frac{1}{A(d)} \beta \varphi (K_{h0}^*)^{(\alpha-1)(\beta-1)} x(0)^{\beta-1} \left[a - \frac{2}{A(d)} (K_{h0}^*)^{(\alpha-1)\beta} x(0)^\beta \varphi \right.$$

$$\left. + \frac{1}{A(d)} (K_{h0}^*)^{(\alpha-1)\beta} \left(\frac{x(0)}{\alpha} \right)^\beta \varphi \right] \quad (7\text{-}11\text{-}1)$$

$$K_{h0}^* = \frac{1}{A(d)} \beta \varphi (K_{h0}^*)^{(\alpha-1)(\beta-1)} x(0)^{\beta-1} \left[a - \frac{2}{A(d)} (K_{h0}^*)^{(\alpha-1)\beta} \left(\frac{x(0)}{\alpha} \right)^\beta \varphi \right.$$

$$\left. + \frac{1}{A(d)} (K_{h0}^*)^{(\alpha-1)\beta} x(0)^\beta \varphi \right] \quad (7\text{-}11\text{-}2)$$

上述(7-11-1)式和(7-11-2)式中,$x(0)^{\beta-1}$ 和 $(x(0)/\alpha)^{\beta-1}$ 反映了国有企业和民营企业获得资本品的价格差异。n_l 由 K_h 决定,反映了下游企业对上游企业的需求创造效应[参见附录7B中(7-B2)式]。

(二) FDI对东道国本地投资的短期影响

FDI进入以后,外来跨国企业会参与本国市场竞争,国有企业和民营企业的市场份额都会下降;跨国企业进入可能会使东道国上游行业获得更多的发展机会,从而降低资本品的市场价格水平。FDI进入以后,下游行业中有国有企业、民营企业和跨国企业等三类企业；在(7-4)式右边括号里加上 K_m（即 FDI），可反映跨国企业对资本品市场的需求创造效应。在短期中，有关变量以"1"作为下标，同时跨国企业有关变量用下标 m 来表示。

1. 两个问题

问题（1）：为什么跨国企业进入会产生垂直技术溢出效应而横向技术溢出效应不明显？

艾特肯等（Aitken and Harrison，1999）、亚沃尔茨凯（Javorcik，2004）的实证研究发现，为了保护自身技术优势，跨国企业多不愿意将技术转移给东道国本地竞争对手。当跨国企业掌握的技术或知识产权易于被模仿时，跨国企业不会选择在东道国进行直接投资。实证检验结果表明，FDI 对东道国本地企业的横向溢出效应很不明显。跨国企业更愿意进行垂直技术溢出。从母国进口投入（资本）品，交通成本是一个需要考虑的因素。由于既要降低交通成本，又要投入品廉价或具有高质量，跨国企业有动力进行垂直技术溢出。通过垂直技术溢出，既可在本地采购到合适的资本品，又可避免从东道国以外地区进口较高成本（或低质量）的资本品对生产活动产生的影响。

问题（2）：为什么跨国企业的垂直技术溢出效应只在长期发生，而不在短期发生？

在短期，FDI 进入东道国的垂直技术溢出效应不会发生，新技术在本国上游行业中被应用需要较长时间。比如，现有生产线改造、新生产线的引进和安装、新生产线和新技术实际投入生产，以及工人、技术人员和管理人员对新技术的学习和使用等都需要时间。所以，在短期中 FDI 进入东道国的垂直技术溢出效应不很明显，主要是对下游行业的市场掠夺效应和对上游行业的需求创造效应。

2. FDI 进入后企业的短期最优资本投入

FDI 进入后，下游企业从两家增加到三家，包括原有的国有企业、民营企业（包括改制后的按照市场经济规则运行的新型国有企业）和新加入的跨国企业。跨国企业的生产函数 Q_m 仍旧设为 C－D 形式。

$$Q_m = A(f) K_m^\beta L_m^{1-\beta} \qquad (7\text{-}1\text{-}3)$$

就外来跨国企业而言 $A(f) > A(d)$，也就是说相同的劳动与资本品投入，跨国企业比国内企业有更高的生产率水平。假设跨国企业与东道国本地企有相同的资本产出弹性。跨国企业在东道国生产所需要的资本品通过市场供应获得，在（7-4）式中加入跨国企业使用的资本品后 K_m 可得（7-12）式。

$$q_{i1}^e = \left(\frac{R_{h1}}{p_i}\right)^{\frac{1}{1-\alpha}}(K_h + K_m) \tag{7-12}$$

这会引起上游行业中的资本品种类（即资本品生产企业家数）n_I 及均衡时的资本品价格指数 R_h、R_s 发生变化。将（7-3-1）式和（7-3-2）式分别写成以下形式：

$$R_{h1} = (f_0^{n_n} p_i^{\frac{\alpha}{\alpha-1}}di)^{\frac{\alpha-1}{\alpha}} \tag{7-13-1}$$

$$R_{s1} = (f_0^{n_n} x(0)^{\frac{\alpha}{\alpha-1}}di)^{\frac{\alpha-1}{\alpha}} \tag{7-13-2}$$

将（7-13-1）式与（7-12）式联立，消去 q_{i1}，可以得到 R_{h1} 与 ($K_m + K_h$) 之间的负相关关系（参见附录7B），且 R_{h1} 与 n_I 负相关。($K_m + K_h$) 的变化取决于最终产品市场上民营企业和跨国公司的均衡产量水平，($K_m + K_h$) 增加时 n_{I1} 变大；n_{I1} 越大资本品组合的价格指数越小，这就是FDI进入对东道国上游行业的需求创造效应。①

上游企业的利润最大化价格和零利润条件保持不变时FDI进入以后，国有企业生产成本和民营企业生产成本，以及跨国企业生产成本可写成以下形式。②

$$C_{s1} = \frac{1}{A(d)}Q_s R_{s1}^{\beta} W^{1-\beta}\varphi \tag{7-14-1}$$

$$C_{h1} = \frac{1}{A(d)}Q_h R_{h1}^{\beta} W^{1-\beta}\varphi \tag{7-14-2}$$

$$C_{m1} = \frac{1}{A(d)}Q_m R_{h1}^{\beta} W^{1-\beta}\varphi \tag{7-14-3}$$

其中，$\varphi = \left(\frac{1-\beta}{\beta}\right)^{\beta}\frac{1}{1-\beta}$。

最终产品市场的需求函数可改写为：$p_1 = a - Q_s - Q_h - Q_m$，这样我们可以求得FDI进入以后国有企业的市场均衡产量 Q_{s1}^*、民营企业的市场均衡产

---

① 具体分析参见附录7B。
② 在中国的外资企业有相当一段时间享受着超国民待遇，在竞争中比中国本地的国有企业和民营企业更具优势，但这与我们设定的外资企业具有技术优势并不矛盾。为了简化问题分析，我们对国有企业、民营企业和外资企业在行业准入方面的差异没有进行区分。

量 Q_{h1}^* 和跨国企业的市场均衡产量 Q_{m1}^*。

$$Q_{s1}^* = \frac{1}{4}\left(a - \frac{3}{A(d)}\varphi R_{s1}^\beta + \frac{1}{A(f)}\varphi R_{h1}^\beta + \frac{1}{A(d)}\varphi R_{h1}^\beta\right) \quad (7\text{-}15\text{-}1)$$

$$Q_{h1}^* = \frac{1}{4}\left(a - \frac{3}{A(d)}\varphi R_{h1}^\beta + \frac{1}{A(f)}\varphi R_{s1}^\beta + \frac{1}{A(d)}\varphi R_{h1}^\beta\right) \quad (7\text{-}15\text{-}2)$$

$$Q_{m1}^* = \frac{1}{4}\left(a - \frac{3}{A(f)}\varphi R_{h1}^\beta + \frac{1}{A(d)}\varphi R_{s1}^\beta + \frac{1}{A(d)}\varphi R_{h1}^\beta\right) \quad (7\text{-}15\text{-}3)$$

进一步求解可得到 FDI 进入以后国有企业的资本投入量 K_{s1}^*、民营企业的资本投入量 K_{h1}^* 和跨国企业的资本投入量 K_{m1}^*。

$$K_{s1}^* = \frac{1}{A(d)}Q_{s1}^*\left(\frac{1-\beta}{\beta}\cdot R_{s1}\right)^{\beta-1} \quad (7\text{-}16\text{-}1)$$

$$K_{h1}^* = \frac{1}{A(d)}Q_{h1}^*\left(\frac{1-\beta}{\beta}\cdot R_{h1}\right)^{\beta-1} \quad (7\text{-}16\text{-}2)$$

$$K_{m1}^* = \frac{1}{A(f)}Q_{m1}^*\left(\frac{1-\beta}{\beta}\cdot R_{h1}\right)^{\beta-1} \quad (7\text{-}16\text{-}3)$$

将上述（7-15-1）式、（7-15-2）式和（7-15-3）式分别代入（7-16-1）式、（7-16-2）式和（7-16-3）式，并将附录7B中的（7-B2）式右边括号里加入 K_m 后代入，可得到 FDI 进入以后国有企业的资本投入量 K_{s1}^*、民营企业的资本投入量 K_{h1}^* 和跨国企业的资本投入量 K_{m1}^* 的更为详细的表达式。

很显然，FDI 进入改变了东道国下游行业的市场结构，东道国下游行业中的市场竞争更加激烈，这可以从 $(K_m + K_h)$ 的需求创造效应得到说明。在此情形下，国有企业在资本品的购买价格方面仍然占据优势，跨国企业在生产技术上占据优势。将（7-17-1）式和（7-17-2）式与（7-11-1）式和（7-11-2）式相比较就可以得出在短期国有企业和民营企业的投资在 FDI 进入后是被挤入还是挤出。

$$K_{s1}^* = \frac{1}{4A(d)}\cdot\beta\varphi\cdot(K_{m1}^* + K_{h1}^*)^{(\alpha-1)(\beta-1)}x(0)^{\beta-1}$$

$$\left[a - \frac{3}{A(d)}\varphi(K_{m1}^* + K_{h1}^*)^{(\alpha-1)\beta}x(0)^\beta + \frac{1}{A(f)}\varphi(K_{ml}^* + K_{h1}^*)^{(\alpha-1)\beta}\left(\frac{x(0)}{\alpha}\right)^\beta\right.$$
$$\left. + \frac{1}{A(d)}\varphi(K_{m1}^* + K_{h1}^*)^{(\alpha-1)\beta}\left(\frac{x(0)}{\alpha}\right)^\beta\right]$$

$$(7\text{-}17\text{-}1)$$

$$K_{h1}^* = \frac{1}{4A(d)} \cdot \beta\varphi \cdot (K_{m1}^* + K_{h1}^*)^{(\alpha-1)(\beta-1)} \left(\frac{x(0)}{\alpha}\right)^{\beta-1}$$

$$\left[a - \frac{3}{A(d)}\varphi(K_{m1}^* + K_{h1}^*)^{(\alpha-1)\beta}\left(\frac{x(0)}{\alpha}\right)^{\beta} + \frac{1}{A(d)}\varphi(K_{ml}^* + K_{h1}^*)^{(\alpha-1)\beta}x(0)^{\beta} \right.$$

$$\left. + \frac{1}{A(f)}\varphi(K_{m1}^* + K_{h1}^*)^{(\alpha-1)\beta}\left(\frac{x(0)}{\alpha}\right)^{\beta} \right]$$

$$(7\text{-}17\text{-}2)$$

$$K_{m1}^* = \frac{1}{4A(f)} \cdot \beta\varphi \cdot (K_{m1}^* + K_{h1}^*)^{(\alpha-1)(\beta-1)} \left(\frac{x(t)}{\alpha}\right)^{\beta-1}$$

$$\left[a - \frac{3}{A(d)}\varphi(K_{m1}^* + K_{h1}^*)^{(\alpha-1)\beta}\left(\frac{x(t)}{\alpha}\right)^{\beta} + \frac{1}{A(d)}\varphi(K_{ml}^* + K_{h1}^*)^{(\alpha-1)\beta}x(0)^{\beta} \right.$$

$$\left. + \frac{1}{A(d)}\varphi(K_{m1}^* + K_{h1}^*)^{(\alpha-1)\beta}\left(\frac{x(t)}{\alpha}\right)^{\beta} \right]$$

$$(7\text{-}17\text{-}3)$$

(三) FDI 对东道国本地投资的长期影响

在长期,FDI 进入的垂直技术转移效应已经显现,上游企业的边际生产成本由 $x(0)$ 变为 $x(t)$;t 表示时间,在 $t>0$ 时 $x(t)<x(0)$,随着 t 增加 $x(t)$ 逐渐下降。为此,我们将上游企业的利润函数改写为 (7-2-2) 式。

$$\pi_i = q_i^e p_i - q_i^e x(t) + q_i^s x(0) - q_i^s x(0) - F \cdot x(t) \qquad (7\text{-}2\text{-}2)$$

1. 两个问题

问题 (1):为什么假设 $x(t)$ 随时间推移而下降?

在实践中,新的技术发挥作用需要经过一定的时间,比如,新生产线建设和投产需要时间,工人、技术人员和管理层对新技术的学习需要时间。$x(t)$。可看作是上游行业中加权边际生产成本。上游企业中采用新技术生产的资本品数量增加时,因为有规模经济 $x(t)$ 会下降。此外,经验研究也表明,跨国公司对东道国上游企业的后向技术溢出很显著(Blalock, 2001;Schoors and van der Tol, 2001;Javorcik, 2004),FDI 滞后项比本期 FDI 的后向技术溢出效应更明显。因此,随时间 t 变大,$x(t)$ 有下降趋势。

问题 (2):为什么上游企业不采用更先进的技术来生产供应给国有企业的资本品。

由（7-2-2）式知，上游企业的生产可分为两个部分：一部分为 q_i^e，在市场中自由交易；另一部分为 q_i^s，经国家安排由上游企业按其边际成本提供给国有企业作为资本投入品。$x(0)$ 是跨国公司进入以前上游企业向国有企业提供资本品的价格，在 FDI 进入以后保持不变。理由参见墨菲等（Murphy et al, 1992）的分析。墨菲等将上游企业向国有企业提供资本品的价格设定为亏损价格，我们将供应给国有企业的资本品价格设定为其边际成本。像中国这样的东道国政府拥有足够强大的影响力来迫使上游企业满足国有企业的资本品需求，这样，在 FDI 进入前后国有企业获得资本品的价格就会保持不变（Blanchard, 1996）。

2. FDI 对东道国本地投资的长期挤出（入）效应

将（7-5）式写成 $p_i = x(t)/\alpha$ 的形式，并将该式代入（7-16-1）式、（7-16-2）式和（7-16-3）式，同时将民营企业资本品获得价格修正为 $x(t)/\alpha$，进而得到 FDI 进入后的较长时期中国国有企业资本品使用量 K_{s2}^*、民营企业资本品使用量 K_{h2}^* 和跨国企业资本品使用量 K_{m2}^*。

$$K_{s2}^* = \frac{1}{4A(d)} \cdot \beta\varphi \cdot n_{f2}^{\frac{(\alpha-1)(\beta-1)}{\alpha}} x(0)^{\beta-1}$$

$$\left[a - \frac{3}{A(d)}\varphi \cdot n_{f2}^{\frac{(\alpha-1)\beta}{\alpha}} x(0)^\beta + \frac{1}{A(f)}\varphi \cdot n_{f2}^{\frac{(\alpha-1)\beta}{\alpha}} \left(\frac{x(t)}{\alpha}\right)^\beta \right. $$
$$\left. + \frac{1}{A(d)}\varphi \cdot n_{f2}^{\frac{(\alpha-1)\beta}{\alpha}} \left(\frac{x(t)}{\alpha}\right)^\beta \right] \quad (7\text{-}18\text{-}1)$$

$$K_{h1}^* = \frac{1}{4A(d)} \cdot \beta\varphi \cdot n_{f2}^{\frac{(\alpha-1)(\beta-1)}{\alpha}} \left(\frac{x(t)}{\alpha}\right)^{\beta-1}$$

$$\left[a - \frac{3}{A(d)}\varphi \cdot n_{f2}^{\frac{(\alpha-1)\beta}{\alpha}} \left(\frac{x(t)}{\alpha}\right)^\beta + \frac{1}{A(d)}\varphi \cdot n_{f2}^{\frac{(\alpha-1)\beta}{\alpha}} x(0)^\beta \right.$$
$$\left. + \frac{1}{A(f)}\varphi \cdot n_{f2}^{\frac{(\alpha-1)\beta}{\alpha}} \left(\frac{x(t)}{\alpha}\right)^\beta \right] \quad (7\text{-}18\text{-}2)$$

$$K_{m1}^* = \frac{1}{4A(f)} \cdot \beta\varphi \cdot n_{f2}^{\frac{(\alpha-1)(\beta-1)}{\alpha}} \left(\frac{x(t)}{\alpha}\right)^{\beta-1}$$

$$\left[a - \frac{3}{A(f)}\varphi \cdot n_{f2}^{\frac{(\alpha-1)\beta}{\alpha}} \left(\frac{x(t)}{\alpha}\right)^\beta + \frac{1}{A(d)}\varphi \cdot n_{f2}^{\frac{(\alpha-1)\beta}{\alpha}} x(0)^\beta \right.$$
$$\left. + \frac{1}{A(d)}\varphi \cdot n_{f2}^{\frac{(\alpha-1)\beta}{\alpha}} \left(\frac{x(t)}{\alpha}\right)^\beta \right] \quad (7\text{-}18\text{-}3)$$

上面（7-18-1）式、（7-18-2）式和（7-18-3）式中，$x(0)^{\beta-1}$ 和 $(x(t)/\alpha)^{\beta-1}$ 反映了国有企业和民营企业获得资本品的价格差异。n_{f2} 由 $K_{h2}+K_{m2}$ 决定，反映了 FDI 进入产生的需求创造效应 [参见附录 7B 中的（7-B2）式]。

为了说明 K_{h2}^* 与 K_{m2}^* 之间的关系，我们首先确定 $x(t)$ 对 n_{f2} 的影响，然后确定 n_{f2} 对 K_{h2}^* 和 K_{m2}^* 的影响，然后来分析 K_{h2}^* 对 K_{m2}^* 的影响。

现有文献给出了中国资本产出弹性等数据。吕冰洋（2008）对 1978～2005 年中国总体经济的资本产出弹性的估计结果为 0.555，且资本的产出弹性有下降趋势。[①] 姚战琪（2009）利用 1990～2007 年的数据得到中国经济中的资本产出弹性在 0.5116 到 0.5202 之间；利用 1998～2007 年数据得到的工业部门资本产出弹性在 0.6907 至 0.8944 之间。因此，在工业部门 $2\beta-1>0$，通常能够成立。由此，我们得到结论 1。对结论 1 的证明参见附录 7C。

结论 1：当 $x(t)$ 大于某个临界值的时候，$\partial n_{f2}/\partial x(t)<0$。FDI 进入的垂直技术溢出效应有助于促进东道国上游行业发展。

FDI 进入引起的 $x(t)$ 下降可降低下游企业的资本品使用成本，有助于降低最终品市场价格，进而使最终产品市场需求上升，并反过来促进了东道国上游行业发展。因此，$x(t)$ 下降会引起 n_{f2} 增加。

对（7-18-3）式取 n_{f2} 和 K_{m2}^* 的全微分；对（7-18-2）式取 n_{f2} 和 K_{h2}^* 的全微分。将微分后得到的两式相除并消掉 dn_{f2} 可得到结论 2。

结论 2：当下列条件满足时，有 K_{h2}^* 与 n_{f2} 正相关，FDI 进入引起的垂直技术溢出效应有助于挤入民营企业投资。

$$2\beta-1>0 \text{ 且 } \left(\frac{x(t)}{\alpha}\right)^\beta > \frac{\dfrac{\alpha(\beta-1)}{\varphi(2\beta-1)}n_{f2}^{\beta-\alpha\beta}{}_{\alpha} + \dfrac{1}{A(d)}x(0)^\beta}{3/A(d)-1/A(f)}$$

结论 3：当下列条件满足时，有 K_{m2}^* 与 n_{f2} 负相关，结合结论 1 知，FDI 进入引起的垂直技术溢出效应不利于 FDI 流入进一步增加。

---

① 根据姚战琪（2009）提供的参数估计 t 统计量转换计算 $t=(\hat{\beta}-0.5)/(se(\hat{\beta}))$（$\hat{\beta}$ 是资本产出弹性的估计值），得到工业部门的资本产出弹性显著大于 0.5，而经济总体的资本产出弹性不能断定是否大于 0.5（t 没有超过临界值）。

$2\beta - 1 > 0$ 且 $A(d) < 3A(f)$，$\left(\dfrac{x(t)}{\alpha}\right)^{\beta} > \dfrac{\dfrac{\alpha(\beta-1)}{\varphi(2\beta-1)} n_{f2}^{\frac{\beta-\alpha\beta}{\alpha}} + \dfrac{1}{A(d)} x(0)^{\beta}}{3/A(f) - 1/A(d)}$

当下列条件满足时，有 K_{m2}^* 与 n_{f2} 正相关，结合结论 1 可知，FDI 进入引起的垂直技术溢出效应由于 FDI 流入进一步增加。

$2\beta - 1 > 0$ 且 $3A(d) < A(f)$ 且 $\left(\dfrac{x(t)}{\alpha}\right)^{\beta} > \dfrac{\dfrac{\alpha(\beta-1)}{\varphi(2\beta-1)} n_{f2}^{\frac{\beta-\alpha\beta}{\alpha}} + \dfrac{1}{A(d)} x(0)^{\beta}}{3/A(f) - 1/A(d)}$

推论：当 $2\beta - 1 > 0$ 且 $3A(d) < A(f)$ 时，在某个临界值以上，$\partial K_{h2}^* / \partial K_{m2}^* < 0$；当且时 $2\beta - 1 > 0$ 且 $3A(d) < A(f)$，在某个临界值以上，$\partial K_{h2}^* / \partial K_{m2}^* > 0$。

结论 2 与罗德里格斯（Rodriguez-Clare，1996）以及马库森等（Markusen and Venables，1999）的研究结论类似。因为较高的 β 意味着生产中较为密集地使用资本品，跨国企业对东道国上游企业产品的使用越多就越有可能产生正的后向联系效应。

结论 3 的直观解释是：$2\beta - 1 > 0$ 且 $A(d) < 3A(f)$ 的条件满足时，意味着东道国国内企业相对于跨国企业而言有较大的资本产出弹性和较大的技术差距，这个条件对跨国企业在东道国进一步增加投资很不利。跨国企业的技术越是领先，使用的资本品也就越节约；反之，技术落后的国内企业会使用较多的资本品。当资本品价格下降时，国内企业获益相对于跨国企业会更多，技术领先的跨国企业的市场份额反而会被挤出。

β 表示资本产出弹性，在（7-18-3）式中会影响资本品的需求价格弹性。β 越大，资本品的需求价格弹性越小，由 $x(t)$ 下降引起的价格下降不会使 K_{m2}^* 有显著增加。

上述表明，当较高的资本产出弹性导致资本品需求价格弹性较低，由技术优势导致的资本品价格下降对资本品需求增加的效应不明显，跨国企业在最终品市场上的份额会被挤出，投资也会因此减少。反之，当跨国企业技术优势有限时，其资本使用量会相对增加。

结论 4：当下列条件满足时 $\partial K_{s2}^* / \partial n_{f2} < 0$，FDI 进入会挤出东道国国有企业投资：

$$2\beta - 1 > 0 \text{ 且 } \left(\frac{x(t)}{\alpha}\right)^{\beta} > \frac{\frac{\alpha(1-\beta)}{\varphi(2\beta-1)} n_n^{\frac{\beta-\alpha\beta}{\alpha}} + 3\frac{1}{A(d)} x(0)^{\beta}}{1/A(d) + 1/A(f)}$$

结论 4 表明,当 $x(t)$ 因 FDI 进入而出现下降时,国有企业的成本优势逐渐减小,国有企业在最终品市场上的份额会下降,其资本投入也会随之下降。国有企业获取资本品的价格保持不变,不会像民营企业那样因 $x(t)$ 下降而增加资本品使用量。

(四) 对中国事例的解释

我们认为,FDI 进入的短期阶段,对中国资本品行业的影响还不明显,主要是对民营企业和国有企业产生最终品市场竞争效应,其在中国固定资产投资中所占的比重逐年增加。随着时间推移,FDI 进入对中国本地资本品生产能力的促进作用显现出来,民营企业资本品获得价格显著下降,投资规模显著增加,并远远超过外资企业挤出的国有企业固定资产投资下降部分,总体上表现为 FDI 占中国固定资产投资比重下降。当 FDI 进入对最终品市场上中国本地投资的挤出效应和因为资本品生产效率提高而对中国本地投资的挤入效应达到相对平衡时,FDI 占中国固定资产投资比重就会保持相对稳定。

在中国,FDI 的进入可对劳动就业产生保留效应,进而使原有国有企业体系出现松动甚至瓦解。当这批老国有企业被成功改革或者淘汰以后,会产生一批新型的按正式规则参与市场活动的新型国有企业和民营企业,FDI 进入的上述挤出效应就消失了,而只有挤入效应。改革开放初期,FDI 进入对中国本地投资挤出的可能机制是①:在国有企业实行全面改革以前,FDI 通过吸纳工人就业,提供新的就业机会,消解了原有国有企业(包括乡镇企业)的劳动就业作用。在国有企业市场化改革完成并改制成新型国有企业之后,FDI 进入对中国原有国有企业的挤出作用消失,FDI 进入对新型国有企业(相

---

① 在实行国有企业改革以前,中国政府(或国有企业)与国企职工之间存在一种互联(interlinking)的关系型合约。这种合约中包括了多种交易,比如:劳动力购买、教育购买、养老保险购买、房屋使用权购买,等等。这些交易在一份合同中捆绑在一起,合约持续时间很长。王永钦(2006)研究认为,在专业市场缺失且社会分工不充分的情况下,这种互联的关系型合约,拓展了可行的关系合约集合,对双方都产生了帕累托改进;而当双方的保留效用(即不参加上述合约所能获得的最高效用)逐渐增加时,互联的关系型合约就越来越不可维持。

当于前文中按市场经济规则运行的民营企业）等其他企业的投资逐渐显示出挤入效应，甚至还会有中国国内企业投资挤出 FDI 在华投资的可能。

第四节　FDI 对中国不同类型企业投资的影响

一、计量分析方法

我们使用的被解释变量包括以下四个方面：本地区固定资产投资规模占该地区年度 GDP 比重（$hinv_{i,t}$）、国有企业固定资产投资规模占该地区年度 GDP 比重（$sinv_{i,t}$）、集体企业固定资产投资规模占该地区年度 GDP 比重（$cinv_{i,t}$）、个体经营企业固定资产投资规模占该地区年度 GDP 比重（$iinv_{i,t}$）。

我们使用的核心解释变量为年度实际利用 FDI 规模占相关地区年度 GDP 比重（$ffdi_{i,t}$）。我们首先依据国际货币基金组织 IFS 数据库公布的年度人民币对美元平均汇率，将有关地区年度实际利用 FDI 的美元数值换算成人民币，再将得到的 FDI 人民币数值与相应地区年度 GDP 数值相除，得到核心解释变量。

我们使用的控制变量包括以下几个方面：政府行为（$expend_{i,t-1}$，dum_wto 和 $capgov_{i,t-1}$）、劳动工资（$wage_{i,t-1}$）、金融市场因素（$dep_{i,t-1}$ 和 $loan_{i,t-1}$）、基础设施质量 $highw_{i,t-1}$、国有企业经营效率 $seff_{i,t-1}$ 等。[①]

我们分析 FDI 进入对中国本地投资（国有企业固定资产投资、集体企业固定资产投资、个体经营企业固定资产投资）影响的计量分析方程参见 (7-19-1) 式至 (7-19-4) 式。其中，$ffdi_{i,t-j}$（j=1，2，3）为核心解释变量，$CONTROL_{i,t}$ 为控制变量向量。

$$sinv_{i,t} = \beta_0 + \sum_{i=1}(\beta_i CONTROL_{i,t-1}) + \sum_{j=1}\gamma_j ffdi_{i,t-j} + \alpha_i + \delta_t + \varepsilon_{i,t} \tag{7-19-1}$$

$$cinv_{i,t} = \beta_0 + \sum_{i=1}(\beta_i CONTROL_{i,t-1}) + \sum_{j=1}\gamma_j ffdi_{i,t-j} + \alpha_i + \delta_t + \varepsilon_{i,t} \tag{7-19-2}$$

[①] 对控制变量的详细说明和统计分析参见第二章表 2-2 和表 2-3。

$$iinv_{i,t} = \beta_0 + \sum_{i=1}(\beta_i CONTROL_{i,t-1}) + \sum_{j=1}\gamma_j ffdi_{i,t-j}$$
$$+ \alpha_i + \delta_t + \varepsilon_{i,t} \qquad (7\text{-}19\text{-}3)$$

$$hinv_{i,t} = \beta_0 + \sum_{i=1}(\beta_i CONTROL_{i,t-1}) + \sum_{j=1}\gamma_j ffdi_{i,t-j}$$
$$+ \alpha_i + \delta_t + \varepsilon_{i,t} \qquad (7\text{-}19\text{-}4)$$

在（7-19-1）式至（7-19-4）式中，β_i（i=0，1，2，…）、γ_j（j=1，2，…）、α_i、δ_t 为待估计的参数，α_i、δ_t 分别表示地区固定效应和时间固定效应；$\varepsilon_{i,t}$ 为随机扰动项。

我们以面板数据为基础，分别比较了混合 OLS 分析方法、固定效应分析方法、随机效应分析方法。根据 Hausman 检验 χ^2 值和 P 统计值，集中讨论有偏估计比较小的回归分析结果。关于 FDI 进入对中国本地投资以及对中国不同类型企业固定资产投资影响的计量分析结果参见表 7-3。

在做计量分析时，我们充分考虑了 FDI 进入对中国本地投资的短期影响和长期影响。我们还对影响中国本地投资的劳动供给因素、税收水平、劳动工资水平、产业结构构成、本地区经济对外开放程度、金融市场发展水平、基础设施质量、政府经济行为等变量进行了控制。

在做计量分析时，我们首先不考虑 FDI 进入对中国本地固定资产投资的影响，集中考虑了政府行为、金融市场、劳动工资、基础设施、国有企业经营效率等因素对中国本地企业固定资产投资规模的影响［参见表 7-3 中的模型(1)和(2)］。

表 7-4 中的模型（1）、（2）、（3）、（4）、（5）、（6）显示，政府行政开支增加、政府对固定资产投资增加、居民人均储蓄余额增加、银行对工业企业贷款增加、国有企业经营效率提高等因素，对中国本地企业固定资产投资规模扩大有显著的促进作用；对外贸易开放度提高、劳动工资水平上升等因素，会显著地减少中国本地企业固定资产投资规模。使用固定效应分析方法和使用随机效应分析方法得到的上述分析结果，均统计显著［模型（3）和模型（5）中有个别指标例外］。

二、计量分析结果

第一，FDI 对中国本地企业固定资产投资总量的影响。

我们考察了 1979～2008 年除西藏以外的其余 30 个省区 FDI 进入增加对

表 7-3 FDI 进入对中国本地投资（国有企业/集体企业/个体企业）的挤入效应

解释变量	中国全部企业						国有企业		集体企业		个体企业	
	模型(1)	模型(2)	模型(3)	模型(4)	模型(5)	模型(6)	模型(7)	模型(8)	模型(9)	模型(10)	模型(11)	模型(12)
$expend_{i,t-1}$	4.218***	3.611***	4.423***	3.911***	3.778***	3.677***	3.567***	4.987***			0.138	-0.088
	(5.08)	(5.36)	(5.25)	(5.60)	(4.33)	(5.10)	(4.72)	(9.27)			(0.44)	(-0.33)
$capgov_{i,t-1}$	1.349***	1.351***	1.758***	1.845***	1.450***	1.559***	0.951***	1.408***	0.213***	0.146*	0.290***	0.259***
	(5.65)	(6.09)	(7.17)	(8.04)	(5.59)	(6.44)	(4.24)	(7.11)	(2.69)	(1.88)	(3.10)	(2.93)
$dep_{i,t-1}$	0.058***	0.064***	0.022*	0.035***	0.018	0.030***	0.037***	0.061***			-0.017***	-0.018***
	(5.07)	(7.13)	(1.67)	(3.41)	(1.42)	(2.91)	(3.28)	(8.27)			(-3.68)	(-4.60)
$loan_{i,t-1}$	0.285***	0.262***	0.226***	0.220***	0.236***	0.235***	0.236***	0.270***	0.042***	0.029**	-0.042***	-0.046***
	(6.44)	(6.40)	(5.41)	(5.63)	(5.46)	(5.75)	(6.30)	(8.11)	(3.19)	(2.20)	(-2.72)	(-3.09)
$trade_{i,t-1}$	-0.038**	-0.040***	-0.086***	-0.089***	-0.077***	-0.079***	-0.066***	-0.069***	-0.009*	-0.009**	-0.003	-0.003
	(-2.41)	(-2.72)	(-5.98)	(-6.53)	(-5.35)	(-5.76)	(-5.28)	(-6.16)	(-1.94)	(-2.00)	(-0.55)	(-0.66)
$wage_{i,t-1}$	-0.063***	-0.073***	-0.023	-0.043***	-0.028	-0.044***	-0.058***	-0.080***	0.005**	0.002	0.023***	0.023***
	(-3.93)	(-5.81)	(-1.35)	(-3.05)	(-1.61)	(-3.03)	(-3.79)	(-7.39)	(2.32)	(1.23)	(3.65)	(4.36)
$seff_{i,t-1}$	0.020**	0.018**	0.023***	0.019***	0.024***	0.021***	0.021***	0.010*	0.001	0.003	0.001	0.002
	(2.43)	(2.38)	(2.92)	(2.69)	(3.12)	(2.93)	(3.12)	(1.72)	(0.60)	(1.49)	(0.53)	(0.60)
$highw_{i,t-1}$	-0.162***	-0.120***	-0.103***	-0.071***	-0.076**	-0.055*	-0.074**	-0.069***	-0.013	-0.002	0.011	0.015
	(-4.49)	(-4.25)	(-3.21)	(-2.75)	(-2.15)	(-1.90)	(-2.41)	(-3.19)	(-1.22)	(-0.16)	(0.90)	(1.35)
$ffdi_{i,t}$			1.430***	1.439***	1.447***	1.447***	1.281***	1.252***	0.229***	0.239***	-0.064	-0.058
			(8.59)	(8.75)	(8.75)	(8.88)	(8.95)	(8.80)	(4.50)	(4.64)	(-1.07)	(-0.99)
$ffdi_{i,t-1}$			0.400*	0.390*	0.382*	0.377*	0.339*	0.345*	0.072	0.069	-0.031	-0.033
			(1.76)	(1.73)	(1.70)	(1.69)	(1.74)	(1.75)	(1.04)	(0.98)	(-0.38)	(-0.40)

(续表 7-3)

解释变量	中国全部企业						国有企业			集体企业		个体企业	
	模型(1)	模型(2)	模型(3)	模型(4)	模型(5)	模型(6)	模型(7)	模型(8)		模型(9)	模型(10)	模型(11)	模型(12)
$ffdi_{i,t-2}$			-0.946***	-0.951***	-0.879***	-0.893***	-0.781***	-0.815***		-0.155***	-0.162***	0.058	0.062
			(-5.91)	(-5.98)	(-5.30)	(-5.46)	(-5.43)	(-5.71)		(-3.03)	(-3.11)	(0.97)	(1.05)
dum_wto					0.031***	0.031***	0.018**	0.011		-0.004	-0.004	0.018***	0.018***
					(3.23)	(3.28)	(2.20)	(1.33)		(-1.53)	(-1.34)	(5.02)	(5.45)
wto_ffdi					-0.635***	-0.659***	-0.563***	-0.529***		0.102	0.061	-0.173**	-0.180**
					(-2.78)	(-2.98)	(-2.85)	(-2.80)		(1.45)	(0.87)	(-2.11)	(-2.25)
常数项	0.247***	0.294***	0.187***	0.239***	0.248***	0.278***	0.271***	0.233***		-0.013	0.005	-0.005	0.003
	(4.04)	(5.53)	(3.21)	(4.61)	(3.88)	(4.89)	(4.89)	(5.06)		(-0.82)	(0.31)	(-0.20)	(0.15)
观察值	683	683	590	590	590	590	590	590		590	590	590	590
拟合优度	0.3839	0.4114	0.4667	0.5206	0.4908	0.5256	0.6794	0.7313		0.0031	0.0402	0.3347	0.3551
Wald chi²	24.92	247.29	38.7	471.16	34.32	490.52	42.81	828.37		11.11	111.61	21.81	300.49
Hausman chi²	20.41	20.41	7.39	7.39	5.19	5.19	67.65	67.65		148.91	148.91	3.46	3.46
P 统计值	0.0048	0.0048	0.7668	0.7668	0.9709	0.9709	0.000	0.000		0.000	0.000	0.9957	0.9957
计量方法	fe_reg	re_gls	fe_reg	re_gls	fe_reg	re_gls	fe_reg	re_gls		fe_reg	re_gls	fe_reg	re_gls

说明：(1) 括号中为 t 统计值或 z 统计值。(2) ***、**、* 分别表示在 1%、5% 和 10% 水平上统计显著。(3) 被解释变量分别为 t 年度 i 地区全部企业、国有企业、集体企业和个体企业固定资产投资总和占 t 年度 i 地区 GDP 比重。(4) 对控制变量的详细说明和统计分析参见第二章表 2-2 和表 2-3。(5) 样本期间为 1979～2008 年。

中国本地固定资产投资总量增加的影响。我们的研究样本有 590 个。表 7-3 中的模型（3）、（4）、（5）和模型（6）给出了固定效应分析结果和随机效应分析结果。在模型（3）和模型（4）中，我们没有考虑中国加入 WTO 因素；在模型（3）和模型（4）中，使用固定效应分析方法得到的 F 统计值为 38.7，表明固定效应分析结果优于混合 OLS 分析结果。对随机效应分析结果作 Hausman 检验得到的 χ^2 值等于 7.39，P 统计值为 0.7668，表明随机效应分析结果优于固定效应分析结果。在模型（5）和模型（6）中，我们考虑了中国加入 WTO 因素；在模型（5）和模型（6）中，使用固定效应分析得到的 F 统计值为 34.32，表明固定效应分析结果优于混合 OLS 分析结果。对随机效应分析结果作 Hausman 检验得到的 χ^2 值等于 5.19，P 统计值为 0.9709，表明随机效应分析结果优于固定效应分析结果。

表 7-3 中的模型（3）、（4）和模型（5）、（6）显示，FDI 进入增加对当期中国本地企业固定资产投资总量增加有显著地促进作用[①]；就影响程度而言，在中国加入 WTO 前后有显著差异。

在中国加入 WTO 以前，年度 FDI 进入增加，可使得中国本地企业固定资产投资总量在当期显著增加，使用固定效应分析方法得到的系数和使用随机效应分析方法得到的系数，均大于 0 且统计显著。就模型（6）中的随机效应分析结果来看，年度 FDI 进入每增加 1 个单位，中国本地企业年度固定资产投资总量就会显著增加 1.447 个单位。

在加入 WTO 以后，本年度 FDI 进入增加对中国本地企业固定资产投资总量的增加也有促进作用，但促进幅度显著低于中国加入 WTO 以前。模型（5）和模型（6）中 wto_ffdi（为 dum_wto 与 $ffdi_{i,t}$ 交互项）的系数，使用固定效应分析方法得到的结果和使用随机效应分析方法得到的结果，均为负值且统计显著。就模型（6）中的随机效应分析结果来看，年度 FDI 进入每增加 1 个单位，中国本地企业年度固定资产投资总量会显著增加 0.788 个单位。

此外，FDI 进入对中国本地企业固定资产投资总量增加的影响具有滞后特征。上一年度 FDI 进入增加，可显著促进本年度中国本地企业固定资产投

[①] 我们使用年度实际利用 FDI 金额占 GDP 比重与 2000 年虚拟变量的交互项估计的结果，以及利用独资 FDI 占实际利用 FDI 比重与年度实际利用 FDI 金额占 GDP 比重的交互项估计得到的结果，均显示独资 FDI 进入增加，FDI 进入对中国本地投资的挤入效应有所下降。

资总量增加，使用固定效应分析方法得到的结果和使用随机效应分析方法得到的结果，都统计显著。但是，滞后两期的 FDI 进入增加，会显著地减少本年度中国本地企业固定资产投资总量增加，使用固定效应分析方法得到的系数和使用随机效应分析方法得到的系数，都为负值且统计显著。

就长期和随机效应计量分析结果来看［模型（6）］，在中国加入 WTO 以前，FDI 进入每增加 1 个单位，可使得中国本地企业固定资产投资总量增加 0.931 个单位；在中国加入 WTO 以后，FDI 进入每增加 1 个单位，可使得中国本地企业固定资产投资总量增加 0.272 个单位。就长期和固定效应计量分析结果来看［模型（5）］，在中国加入 WTO 以前，FDI 进入每增加1 个单位，可使得中国本地企业固定资产投资总量增加 0.950 个单位；在中国加入 WTO 以后，FDI 进入每增加 1 个单位，可使得中国本地企业固定资产投资总量增加 0.215 个单位。因此，无论在短期还是在长期，FDI 进入规模增加总是能显著地促进中国本地企业固定资产投资总量增加，但促进幅度在中国加入 WTO 以前要超过中国加入 WTO 以后。

第二，FDI 进入对国有企业固定资产投资规模的影响。

我们考察了 1979～2008 年除西藏以外的其余 30 个省区 FDI 进入增加对国有企业固定资产投资增加的影响。我们的研究样本有 590 个。表 7-3 中的模型（7）和模型（8）给出了固定效应分析结果和随机效应分析结果。使用固定效应分析方法得到的 F 统计值为 42.81，表明固定效应分析结果优于混合 OLS 分析结果。对随机效应分析结果作 Hausman 检验得到的 χ^2 值等于 67.65，P 统计值为 0.00，表明固定效应分析结果优于随机效应分析结果。

表 7-3 中的模型（7）和模型（8）显示，本年度 FDI 进入增加对国有企业固定资产投资规模增加的促进作用，在中国加入 WTO 前后有显著差异。在中国加入 WTO 以前，FDI 进入当年可促进国有企业固定资产投资在当期显著增加，使用固定效应分析方法得到的系数和使用随机效应分析方法得到的系数，均统计显著。在加入 WTO 以后，本年度 FDI 进入增加对国有企业固定资产投资规模的增加也有促进作用，但促进幅度显著地低于中国加入 WTO 以前。*wto_ffdi* 前的系数，使用固定效应分析方法得到的结果和使用随机效应分析方法得到的结果，均为负值且统计显著。

就固定效应分析结果来看，在中国加入 WTO 以前，年度 FDI 进入每增加 1 个单位，国有企业年度固定资产投资就会显著地增加 1.281 个单位；在中国加入 WTO 以后，年度 FDI 进入每增加 1 个单位，国有企业年度固定资产投资增加的幅度约为 0.72 个单位。也就是说，在中国加入 WTO 以后，年度 FDI 进入对国有企业当期固定资产投资增加的促进作用显著下降。

此外，FDI 进入对国有企业固定资产投资增加的影响具有滞后特征。上一年度 FDI 进入增加，可显著促进本年度国有企业固定资产投资规模增加，使用固定效应分析方法得到的结果和使用随机效应分析方法得到的结果，都统计显著。但是，滞后两期的 FDI 进入增加，会显著地减少本年度国有企业固定资产规模增加，使用固定效应分析方法得到的系数和使用随机效应分析方法得到的系数，都为负值且统计显著。

就长期和固定效应计量分析结果来看，在中国加入 WTO 以前，FDI 进入每增加 1 个单位，可使得国有企业固定资产投资规模增加 0.839 个单位；在中国加入 WTO 以后，FDI 进入每增加 1 个单位，可使得国有企业固定资产投资规模增加 0.276 个单位。就长期和随机效应计量分析结果来看，在中国加入 WTO 以前，FDI 进入每增加 1 个单位，可使得国有企业固定资产投资规模增加 0.782 个单位；在中国加入 WTO 以后，FDI 进入每增加 1 个单位，可使得国有企业固定资产投资规模增加 0.253 个单位。因此，无论在短期还是在长期，FDI 进入规模增加总是能显著地促进国有企业固定资产投资规模增加，但促进的幅度在中国加入 WTO 以前要超过中国加入 WTO 以后。

第三，FDI 进入对集体企业固定资产投资规模的影响。

我们考察了 1979～2008 年除西藏以外的 30 个省区 FDI 进入增加对集体企业固定资产投资增加的影响。我们的研究样本有 590 个。表 7-3 中的模型（9）和模型（10）给出了固定效应分析结果和随机效应分析结果。使用固定效应分析方法得到的 F 统计值为 11.11，表明固定效应分析结果优于混合 OLS 分析结果。对随机效应分析结果作 Hausman 检验得到的 χ^2 值等于 148.91，P 统计值为 0.00，表明固定效应分析结果优于随机效应分析结果。

表 7-3 中的模型（9）和模型（10）显示，FDI 进入增加对当期集体企业固定资产投资规模增加有显著地促进作用；就影响程度而言，在中国加入 WTO 前后并无显著差异。在中国加入 WTO 以前，年度 FDI 进入增加，可使得集体企业固定资产投资规模在当期显著增加，使用固定效应分析方法得到

的系数和使用随机效应分析方法得到的系数，均大于0且统计显著。就模型（9）中的固定效应分析结果来看，年度FDI进入每增加1个单位，集体企业年度固定资产投资就会显著地增加0.229个单位。

在加入WTO以后，本年度FDI进入增加对集体企业固定资产投资规模的增加也有显著的促进作用。模型（9）和模型（10）中 wto_ffdi 前的系数，使用固定效应分析方法得到的结果和使用随机效应分析方法得到的结果，均为正值但统计检验都不显著。

此外，FDI进入对集体企业固定资产投资增加的影响具有滞后特征，但为滞后两期。上一年度FDI进入增加，对本年度集体企业固定资产投资规模增加的作用不显著，使用固定效应分析方法得到的系数和使用随机效应分析方法得到的系数，都为正值但统计检验都不显著。但是，滞后两期的FDI进入增加，会显著地减少本年度集体企业固定资产投资规模增加，使用固定效应分析方法得到的系数和使用随机效应分析方法得到的系数，都为负值且统计显著。

就长期和固定效应计量分析结果来看［模型（9）］，1979～2008年，FDI进入每增加1个单位，可使得集体企业固定资产投资规模增加0.074个单位。就长期和随机效应计量分析结果来看［模型（10）］，1979～2008年，FDI进入每增加1个单位，可使得集体企业固定资产投资规模增加0.077个单位。因此，无论在短期还是在长期，FDI进入规模增加总是能显著地促进集体企业固定资产投资规模增加，且在中国加入WTO前后没有显著差异。

第四，FDI对个体经营企业固定资产投资规模的影响。

我们考察了1979～2008年除西藏以外的30个省区FDI进入增加对个体经营企业固定资产投资总量增加的影响。我们的研究样本有590个。表7-3中的模型（11）和模型（12）给出了固定效应分析结果和随机效应分析结果。在模型（11）和模型（12）中，使用固定效应分析得到的F统计值为21.81，表明固定效应分析结果优于混合OLS分析结果。对随机效应分析结果作Hausman检验得到的 χ^2 值等于3.46，P统计值为0.9957，表明随机效应分析结果优于固定效应分析结果。在模型（11）和模型（12）中，我们考虑了中国加入WTO因素。表7-3中的模型（11）和模型（12）显示，FDI进入增加对当期个体经营企业固定资产投资规模增加的影响，在中国加入世界贸易组织（WTO）前后有显著差异。

在中国加入 WTO 以前，本年度、上一年度和再上一年度 FDI 进入增加，对当期个体经营企业固定资产投资规模的影响都不显著。就本年度和上一年度的 FDI 进入增加而言，使用固定效应分析方法得到的系数和使用随机效应分析方法得到的系数，均小于 0 但统计检验都不显著；就再上一年度 FDI 进入增加而言，使用固定效应分析方法得到的系数和使用随机效应分析方法得到的系数，均大于 0 但统计检验均不显著。

在加入 WTO 以后，本年度 FDI 进入增加对个体经营企业固定资产投资规模的影响比较显著。模型（11）和模型（12）中 wto_ffdi 前的系数，使用固定效应分析方法得到的结果和使用随机效应分析方法得到的结果，均为负值且统计显著。就模型（11）中的固定效应分析结果来看，年度 FDI 进入每增加 1 个单位，个体经营企业年度固定资产投资就会显著地减少 0.173 个单位；就模型（12）中的随机效应分析结果来看，年度 FDI 进入每增加 1 个单位，个体经营企业年度固定资产投资就会显著地减少 0.180 个单位。

第五，不同类型企业固定资产投资变动的主要影响因素与 FDI 进入对不同类型企业固定资产投资规模的影响差异。

表 7-3 显示，1979～2008 年，不同类型企业固定资产投资规模变动的影响因素有一定差异。其中，政府对固定资产投资规模（$capgov_{i,t-1}$）增加，对国有企业、集体企业和个体经营企业固定资产投资规模增加均有显著的促进作用，使用固定效应分析方法得到的结果和使用随机效应分析方法得到的结果，均为正值且统计显著。

研究结果显示，银行对工业企业贷款（$loan_{i,t-1}$）增加，对国有企业、集体企业的固定资产投资规模增加均有显著的促进作用，使用固定效应分析方法得到的结果和使用随机效应分析方法得到的结果，均为正值且统计检验显著［参见表 7-3 中的模型（7）、（8）、（9）、（10）］。但是，银行对工业企业贷款（$loan_{i,t-1}$）增加，会显著地减少个体经营企业的固定资产投资规模，使用固定效应分析方法得到的结果和使用随机效应分析方法得到的结果，均为负值且统计显著［参见表 7-3 中的模型（11）和（12）］。

就居民储蓄存款而言，人均居民储蓄存款（$dep_{i,t-1}$）增加，可显著地促进国有企业固定资产投资规模增加，使用固定效应分析方法得到的结果和使用随机效应分析方法得到的结果，均为正值且统计显著［参见表 7-3 中的模型（7）、（8）］。但是，人均居民储蓄存款增加，可显著地减少个体经营企业固定资产投资规模，使用固定效应分析方法得到的结果和使用随机效应分析方法得到的结果，均为负值且统计显著［参见表 7-3 中的模型（11）、（12）］。人均居民储蓄存款（$dep_{i,t-1}$）增加，对集体企业固定资产投资规模的影响不显著［参见表 7-3 中的模型（9）、（10）］。

就对外贸易依存度而言，对外贸易依存度（$trade_{i,t-1}$）提高，可显著地减少国有企业、集体企业的固定资产投资规模，使用固定效应分析方法得到的结果和使用随机效应分析方法得到的结果，均为负值且统计显著［参见表 7-3 中的模型（7）、（8）、（9）、（10）］。对外贸易依存度（$trade_{i,t}$）提高，也会引起个体经营企业固定资产投资规模减少，但使用固定效应分析方法得到的结果和使用随机效应分析方法得到的结果，统计检验都不显著［参见表 7-3 中的模型（11）、（12）］。

就劳动工资而言，劳动工资（$wage_{i,t-1}$）提高，可显著地减少国有企业固定资产投资规模，使用固定效应分析方法得到的结果和使用随机效应分析方法得到的结果，均为负值且统计检验显著［参见表 7-3 中的模型（7）、（8）］。但是，劳动工资（$wage_{i,t-1}$）提高，可显著地促进个体经营企业固定资产投资规模增加，使用固定效应分析方法得到的结果和使用随机效应分析方法得到的结果，均为正值且统计检验显著［参见表 7-3 中的模型（11）、（12）］。劳动工资（$wage_{i,t-1}$）提高，也可显著地促进集体企业固定资产投资规模增加，使用固定效应分析方法得到的结果为正值，且统计检验显著［参见表 7-3 中的模型（9）］。

表 7-4　FDI 进入对中国不同不同类型企业固定资产投资规模的影响

	因素	全部企业	国有企业	集体企业	个体经营企业
FDI	当期实际利用 FDI 存量占 GDP 比重	(+)***	(+)***	(+)***	(−)
	前一期实际利用 FDI 存量占 GDP 比重	(+)***	(+)*	(+)	(−)
	再前一期实际利用 FDI 存量占 GDP 比重	(−)***	(−)***	(−)***	(+)
	中国加入 WTO 与 FDI 交互项（wto_ffdi）	(−)***	(−)***	(+)	(−)***

(续表 7-4)

因　素		全部企业	国有企业	集体企业	个体经营企业
劳动要素	劳动工资	(−)***	(−)***	(+)**	(+)***
	国有企业经营效率	(+)***	(+)***	(+)	(+)
金融要素供给能力	居民储蓄存款	(+)***	(+)***	/	(−)***
	企业获得贷款占 GDP 比重	(+)***	(+)***	(+)***	(−)***
贸易开放度	进出口贸易占 GDP 比重	(−)***	(−)***	(−)**	(−)***
基础设施	单位国土面积上高速公路里程	(−)***	(−)***	(−)	(+)
政府行为	政府行政开支	(+)***	(+)***	/	(−)/(+)
	政府对固定资产投资	(+)***	(+)***	(+)***	(+)***
	中国加入 WTO	(+)***	(+)**	(−)	(+)***

说明：(1)"+"表示该因素正向变化可使得 FDI 进入占本地固定资产投资的比重显著提高；"−"表示该因素正向变化可使得 FDI 进入占本地固定资产投资的比重显著下降；"/"表示该因素对相应企业的固定资产投资影响不显著。(2)***、**、*分别表示在 1%、5% 和 10% 水平上统计检验显著。

就高速公路覆盖率而言，单位国土面积上的高速公路里程数（$highw_{i,t-1}$）提高，可显著地减少国有企业固定资产投资规模，使用固定效应分析方法得到的结果和使用随机效应分析方法得到的结果，均为负值且统计检验显著［参见表 7-3 中的模型（7）、（8）］。但是，单位国土面积上的高速公路里程数（$highw_{i,t-1}$）提高，对集体企业固定资产投资规模和个体经营企业固定资产投资规模的影响不显著。

此外，政府行政支出（$expend_{i,t-1}$）增加和国有企业经营效率（$seff_{i,t-1}$）提高，均可显著地促进国有企业固定资产投资规模增加，使用固定效应分析方法得到的结果和使用随机效应分析方法得到的结果，均为正值且统计检验显著［参见表 7-3 中的模型（7）、（8）］。中国加入 WTO 以后，个体经营企业固定资产投资规模增加显著，使用固定效应分析方法得到的结果和使用随机效应分析方法得到的结果，均为正值且统计检验显著［参见表 7-3 中的模型（11）、（12）］。

综合表 7-3 中的计量分析结果和前述讨论可以看出，1979~2008 年，FDI 进入对中国不同类型企业固定资产投资规模的影响有以下特点：

第一，从短期和长期来看，FDI 进入更加有利于促进国有企业固定资产投资规模增加和集体企业固定资产投资规模增加,并特别有利于促进国有企业固定资产投资规模增加,对个体经营企业固定资产投资规模的影响不显著。结合本章第三节的理论分析可知,FDI 进入以后,国有企业在资本品使用方面得到了更多的价格改进,第三节中假设的民营企业相当于现实中改制后按照市场经济规则运行的新型国有企业。

第二,FDI 进入对国有企业和集体固定资产投资规模增加的促进作用在短期和长期并不一样,在短期的促进作用更加显著。

第三,在中国加入 WTO 以前时期和以后时期,FDI 进入对中国不同类型企业固定资产投资规模增加的影响有一定差异。在中国加入 WTO 以后,FDI 进入增加对国有企业固定资产规模增加的促进作用相对小于中国加入 WTO 以前时期。在中国加入 WTO 以后,FDI 进入增加会显著减少个体经营企业固定资产投资规模;在中国加入 WTO 以前时期,FDI 进入增加对个体经营企业固定资产投资规模的影响统计不显著。

第五节 制造业 FDI 进入的本地投资效应

一、计量分析方程

我们使用的计量分析方程如下:

$$hinv_{i,t} = \beta_0 + \beta_1 ffdi_{i,t-2} + \beta_3 manufdi_{i,t-1} + \sum \gamma_j CONTROL_j + \alpha_i + \lambda_t + \varepsilon_{i,t} \quad (7\text{-}20\text{-}1)$$

$$sinv_{i,t} = \beta_0 + \beta_1 ffdi_{i,t-2} + \beta_3 manufdi_{i,t-1} + \sum \gamma_j CONTROL_j + \alpha_i + \lambda_t + \varepsilon_{i,t} \quad (7\text{-}20\text{-}2)$$

$$cinv_{i,t} = \beta_0 + \beta_1 ffdi_{i,t-2} + \beta_3 manufdi_{i,t-1} + \sum \gamma_j CONTROL_j + \alpha_i + \lambda_t + \varepsilon_{i,t} \quad (7\text{-}20\text{-}3)$$

$$iinv_{i,t} = \beta_0 + \beta_1 ffdi_{i,t-2} + \beta_3 manufdi_{i,t-1} + \sum \gamma_j CONTROL_j + \alpha_i + \lambda_t + \varepsilon_{i,t} \quad (7\text{-}20\text{-}4)$$

我们使用的被解释变量包括以下四个方面。第一,中国本地企业固定资产投资规模 $hinv_{i,t}$,等于 t 年度 i 省区国有企业、集体企业、个体经营企业固定资产投资总和占 t 年度 i 省区 GDP 比重。第二，国有企业固定资产投资规模 $sinv_{i,t}$，等于 i 地区 t 年度国有企业固定资产投资总和占 i 地区 t 年度 GDP 的比重。第三，集体企业固定资产投资规模 $cinv_{i,t}$，等于 i 地区 t 年度集体企业固定资产投资总和占 i 地区 t 年度 GDP 的比重。第四，个体经营企业固定资产投资规模 $iinv_{i,t}$，等于 i 地区 t 年度个体经营企业固定资产投资总和占 i 地区 t 年度 GDP 的比重。

我们使用的核心解释变量为 $manufdi_{i,t}$，等于 t 年度 i 省区制造业部门利用 FDI 占 t 年度 i 省区 GDP 比重，$manufdi_{i,t-1}$ 为其滞后 1 期值。在方程（7-20-1）、（7-20-2）、（7-20-3）和（7-20-4）中，$\varepsilon_{i,t}$ = 随机扰动项，α_i = 地区固定效应系数，γ_t = 时间固定效应系数；β_j = 待估计系数，j = 0，1，…。

我们使用的控制变量包括以下几个方面。

第一，FDI 滞后项 $ffdi_{i,t-2}$，用于控制 FDI 进入对中国本地投资的滞后效应，等于 FDI 进入流量占 GDP 比重滞后两期值。

第二，劳动要素供应能力。（A）劳动就业数量（$emp_{i,t}$），等于 t 年度 i 省区劳动就业数量的自然对数值。（B）劳动工资（$wage_{i,t-1}$），等于 t – 1 年度 i 地区劳动工资实际值自然对数；使用 i 地区 t 年度零售价格指数调整得到。（C）教育水平 $edu_{i,t}$，等于 t 年度 i 地区高等学校在校学生人数乘以 100 占 i 地区 t 年度总人口数比重。

第三，产业配套能力。（A）交通通讯邮政部门发展指标 $tpt_{i,t-1}$，等于交通通讯邮政部门产值占 GDP 比重滞后 1 期值。（B）批发零售部门发展指标 $wrct_{i,t-1}$，等于批发零售部门产值占 GDP 比重滞后 1 期值。

第四，政府行为。（A）税收（$tax_{i,t-1}$），等于 t 年度 i 地区税收总值占 t 年度 i 地区 GDP 比重滞后 1 期值。（B）政府行政开支（$expend_{i,t-1}$），t 年度 i 地区政府行政支出占 t 年度 i 地区 GDP 比重滞后 1 期值。（C）政府对固定资产投资（$capgov_{i,t-1}$），等于 t 年度 i 地区政府对固定资产投资占 t 年度 i 地区 GDP 比重滞后 1 期值。

第五，市场竞争。（A）国有企业生产效率 $seff_{i,t-1}$，等于国有企业人均产值对数滞后 1 期值。（B）对外贸易依存度 $trade_{i,t-1}$，等于 t 年度 i 地区进出口贸易总值占 i 地区 t 年度 GDP 比重；使用人民币对美元年末汇率将年度进出口贸易总值换算成人民币后与 i 地区 t 年度 GDP 相除后得到。

第六，基础设施和金融环境。（A）高速公路里程指标 $highw_{i,t-1}$，等于单位国土面积上的高速公路里程数滞后 1 期值。（B）居民人均储蓄存款（$dep_{i,t-1}$），等于 t 年度 i 地区人均居民储蓄存款余额实际值自然对数滞后 1 期值。

我们进行计量分析的样本时期为中国 23 个省区在 1987～2008 年间的全部样本观察值，样本总数有 182 个。考虑到 1987～1992 年间，许多省区制造业部门利用 FDI 数据有部分年份缺失，使得样本在时间序列上不连续，因此，我们重点分析了 1992～2008 年间 23 个省区的 165 个样本数据。

二、计量分析结果

1. FDI 进入制造业部门对中国本地投资总量的影响[①]

我们使用固定效应分析方法和随机效应分析方法对样本数据进行了计量分析，并对计量分析结果作了 Hausman 检验。表 7-4 给出了制造业部门 FDI 规模变动对中国本地企业固定资产投资总量影响的实证分析结果。

在表 7-4 中，模型（1）、模型（2）和模型（3）对居民储蓄、对外贸易开放度、劳动工资、国有企业固定资产投资、教育水平，以及高速公路里程等因素进行了控制。模型（1）为混合 OLS 分析结果，模型（2）为固定效应分析结果，模型（3）为随机效应分析结果。模型（1）、模型（2）和模型（3）对应于 $manufdi_{i,t}$ 的系数均大于 0，且统计检验显著。

表 7-4 中的模型（4）、模型（5），在模型（1）、模型（2）和模型（3）的基础上，进一步对 1992 年邓小平南巡讲话和 2002 年中国加入 WTO 等因素进行了控制。模型（4）为固定效应分析结果，模型（5）为随机效应分析结果。模型（4）、模型（5）对应于 $manufdi_{i,t}$ 的系数均大于 0，且统计检验显著。

---

① 我们就 FDI 进入制造业部门对中国个体经营企业固定资产投资的影响也作了计量分析，但计量分析结果显示，FDI 进入制造业部门对中国个体经营企业固定资产投资规模的影响不显著。因此，我们没有给出 FDI 进入制造业部门对中国个体经营企业固定资产投资规模影响的计量分析结果。

表 7-4 进入制造业部门的 FDI 对中国本地投资总量的影响

被解释变量	$hinv_{i,t}$							
解释变量	模型 (1)	模型 (2)	模型 (3)	模型 (4)	模型 (5)	模型 (6)	模型 (7)	模型 (8)
$manufdi_{i,t}$	0.628**	1.380***	1.223***	1.187***	1.014***	1.458***	1.579***	1.666***
	(2.43)	(4.75)	(4.57)	(3.86)	(3.57)	(4.22)	(4.24)	(4.96)
$manufdi_{i,t-1}$						-0.061	-0.079	-0.075
						(-0.66)	(-1.06)	(-0.99)
$ffdi_{i,t-2}$						-0.423	-0.314	-0.415**
						(-1.90)	(-1.38)	(-2.05)
$emp_{i,t}$						0.023	0.087	0.029
						(1.50)	(1.13)	(1.32)
$tpt_{i,t-1}$						0.256	0.127	0.085
						(0.59)	(0.27)	(0.20)
$wrct_{i,t-1}$						-0.286	0.309	0.098
						(-1.06)	(0.91)	(0.34)
$tax_{i,t-1}$						-0.240	-0.131	-0.169
						(-0.85)	(-0.36)	(-0.60)
$expend_{i,t-1}$						0.977	2.602	3.373
						(0.44)	(0.90)	(1.40)
$capgov_{i,t-1}$						1.092	0.041	0.208
						(1.10)	(0.04)	(0.22)
$dep_{i,t-1}$	0.045***	0.072*	0.043**	0.051	0.044**	0.086***	0.137**	0.106***
	(3.90)	(1.69)	(2.30)	(1.18)	(2.16)	(3.78)	(2.54)	(3.60)
$trade_{i,t-1}$	-0.082***	-0.130***	-0.120***	-0.135***	-0.110***	-0.105***	-0.099***	-0.116***
	(-5.62)	(-4.08)	(-5.16)	(-4.39)	(-4.82)	(-5.96)	(-2.73)	(-4.80)
$wage_{i,t-1}$	-0.120***	-0.128**	-0.099***	-0.133**	-0.131***	-0.170***	-0.230***	-0.190***
	(-8.02)	(-2.47)	(-4.07)	(-2.57)	(-4.89)	(-4.67)	(-3.54)	(-4.41)

(续表 7-4)

被解释变量 $hinv_{i,t}$

解释变量	模型 (1)	模型 (2)	模型 (3)	模型 (4)	模型 (5)	模型 (6)	模型 (7)	模型 (8)
$seff_{i,t-1}$	0.067***	0.048**	0.054***	0.045**	0.048***	0.051***	0.050**	0.061***
	(4.59)	(2.29)	(3.29)	(2.21)	(3.01)	(2.87)	(2.07)	(3.29)
$edu_{i,t-1}$	0.008	0.014	0.005	0.017	0.007	0.014	0.011	0.007
	(0.62)	(0.68)	(0.33)	(0.81)	(0.46)	(0.76)	(0.43)	(0.39)
$highw_{i,t-1}$	0.404***	0.106	0.362***	0.089	0.336***	0.375***	0.313	0.432***
	(4.84)	(0.31)	(3.30)	(0.27)	(3.06)	(3.10)	(0.82)	(2.91)
dum_xp				0.065***	0.068***			
				(2.75)	(3.14)			
dum_wto				0.035**	0.034**			
				(2.32)	(2.24)			
常数项	0.853***	0.728***	0.695***	0.902***	0.912***	0.787***	0.321	0.681***
	(9.41)	(5.84)	(7.57)	(6.90)	(8.55)	(4.51)	(0.60)	(3.57)
观察值	158	158	158	158	158	131	131	131
省区分组	23	23	23	23	23	20	20	20
拟合优度	0.3894	0.3205	0.3791	0.3785	0.42	0.5015	0.235	0.532
Wald chi^2	15.3	18.96	131.01	17.46	158.95	9.72	11.7	168.9
Hausman chi^2	\	22.6	22.6	9.71	9.71	\	30.82	30.82
P 统计值	\	0.002	0.002	0.3747	0.3747	\	0.0093	0.0093
计量方法	ols	fe_reg	re_gls	fe_reg	re_gls	ols	fe_reg	re_gls

说明：(1) 括号中为 t 统计值或 z 统计值。(2) 被解释变量为中国本地企业固定资产投资规模 $hinv_i$，t，等于 t 年度 i 省区国有企业、集体企业、个体经营企业固定资产投资总和占 t 年度 i 省区 GDP 比重。(3) ***、**、* 分别表示在 1%、5% 和 10% 水平上统计检验显著。(4) 对控制变量的详细说明和统计分析参见第二章表 2-2 和表 2-3。(5) 样本期间为 1987~2008 年。

表 7-4 中的模型（6）、模型（7）、模型（8），在模型（1）、模型（2）和模型（3）的基础上，进一步对前一期制造业部门实际利用 FDI 因素、实际利用 FDI 规模的滞后两期因素、劳动就业、交通通讯邮政部门发展、批发零售部门发展、税收、政府部门行政开支、政府部门对固定资产投资等因素进行了控制。模型（6）为混合 OLS 分析结果，模型（7）为固定效应分析结果，模型（8）为随机效应分析结果。模型（6）、模型（7）、模型（8）对应于 $manufdi_{i,t}$ 的系数大于 0 且统计检验显著。

由上可见，制造业部门实际利用 FDI 规模占 GDP 比重提高，可促进中国国内固定资产投资总量显著增长。以表 7-4 中的模型（6）、模型（7）和模型（8）为例。模型（7）的固定效应分析 F 统计值等于 11.7，表明固定效应分析结果优于混合 OLS 分析结果；关于面板数据异方差问题和变量内生问题的 Hausman 检验 χ^2 值等于 30.82，P 值等于 0.0093，表明固定效应分析结果优于随机效应分析结果。模型（7）中对应于 $manufdi_{i,t}$ 的系数等于 1.579 且统计检验显著；这一分析结果表明，制造业部门实际利用 FDI 规模占 GDP 的比重每提高 1 个百分点，中国国内固定资产投资总量占 GDP 的比重可显著提高 1.579 个百分点。

表 7-4 给出的计量分析结果表明，除制造业部门 FDI 进入会使得中国国内固定资产投资总量显著增长以外，以下因素对中国国内固定资产投资总量增加也有显著影响。这些因素包括：居民储蓄存款增加、国有企业经营效率提高、单位国土面积上的高速公路里程数增加。以下因素则会使得中国国内固定资产投资总量显著减少。这些因素包括：对外贸易依存度提高、劳动工资上涨。

2. 制造业部门 FDI 进入对中国国有企业固定资产投资的影响

表 7-5 给出了制造业部门 FDI 规模变动对中国国有企业固定资产投资影响的实证分析结果。在表 7-5 中，模型（1）、模型（2）和模型（3）对居民储蓄、对外贸易开放度、劳动工资、国有企业经营效率、教育水平，以及高速公路里程等因素进行了控制，模型（1）为混合 OLS 分析结果，模型（2）为固定效应分析结果，模型（3）为随机效应分析结果。模型（1）、模型（2）和模型（3）对应于 $manufdi_{i,t}$ 的系数均大于 0 且统计检验显著。

表 7-5 中的模型（4）、模型（5），在模型（1）、模型（2）和模型（3）

表 7-5 进入制造业部门的 FDI 对中国国有企业投资的影响

被解释变量	$sinv_{i,t}$							
解释变量	模型 (1)	模型 (2)	模型 (3)	模型 (4)	模型 (5)	模型 (6)	模型 (7)	模型 (8)
$manufdi_{i,t}$	0.963***	1.274***	1.337***	0.990***	1.054***	1.280***	1.077***	1.316***
	(3.44)	(4.77)	(5.22)	(3.34)	(3.73)	(4.28)	(3.73)	(4.76)
$manufdi_{i,t-1}$	-0.023	-0.058	-0.049	-0.050	-0.045	-0.026	-0.056	-0.049
	(-0.28)	(-1.03)	(-0.83)	(-0.90)	(-0.78)	(-0.33)	(-0.97)	(-0.78)
$ffdi_{i,t-2}$	-0.348*	-0.275*	-0.343**	-0.103	-0.187	-0.470**	-0.224	-0.423**
	(-1.88)	(-1.81)	(-2.27)	(-0.59)	(-1.12)	(-2.44)	(-1.27)	(-2.52)
$emp_{i,t}$						0.001	0.053	-0.003
						(0.05)	(0.89)	(-0.17)
$tpt_{i,t-1}$						0.416	0.163	0.145
						(1.11)	(0.45)	(0.41)
$wrct_{i,t-1}$						-0.151	0.611**	0.234
						(-0.65)	(2.31)	(1.00)
$tax_{i,t-1}$						-0.220	-0.125	-0.155
						(-0.90)	(-0.45)	(-0.67)
$expend_{i,t-1}$						3.216*	1.950	3.495*
						(1.68)	(0.87)	(1.78)
$capgov_{i,t-1}$						1.425*	-0.227	0.466
						(1.66)	(-0.26)	(0.60)
$dep_{i,t-1}$	0.088***	0.120***	0.095***	0.093**	0.085***	0.112***	0.104**	0.112***
	(7.62)	(3.54)	(5.98)	(2.55)	(4.78)	(5.69)	(2.50)	(4.75)
$trade_{i,t-1}$	-0.076***	-0.102***	-0.110***	-0.106***	-0.105***	-0.081***	-0.086***	-0.103***
	(-6.07)	(-4.09)	(-6.01)	(-4.29)	(-5.64)	(-5.31)	(-3.05)	(-5.32)

(续表 7-5)

被解释变量	$sinv_{i,t}$							
解释变量	模型 (1)	模型 (2)	模型 (3)	模型 (4)	模型 (5)	模型 (6)	模型 (7)	模型 (8)
$wage_{i,t-1}$	-0.177***	-0.177***	-0.157***	-0.164***	-0.163***	-0.201***	-0.173***	-0.187***
	(-13.17)	(-4.27)	(-8.02)	(-3.80)	(-7.33)	(-6.36)	(-3.44)	(-5.39)
$soff_{i,t-1}$	0.046***	0.014	0.033**	0.014	0.029**	0.027*	0.020	0.037**
	(3.36)	(0.83)	(2.32)	(0.80)	(2.02)	(1.75)	(1.05)	(2.43)
$edu_{i,t-1}$	0.012	-0.012	-0.005	-0.003	0.001	0.007	-0.009	-0.005
	(0.97)	(-0.70)	(-0.40)	(-0.20)	(0.09)	(0.46)	(-0.48)	(-0.32)
$highw_{i,t-1}$	0.487***	0.302	0.429***	0.258	0.410***	0.262**	0.192	0.292**
	(6.81)	(1.14)	(5.06)	(0.96)	(4.66)	(2.49)	(0.65)	(2.45)
dum_xp				0.042**	0.042**			
				(2.04)	(2.16)			
dum_wto				0.013	0.011			
				(0.98)	(0.81)			
常数项	0.894***	0.659***	0.675***	0.751***	0.781***	0.869***	0.304	0.765***
	(10.26)	(6.52)	(8.71)	(6.48)	(7.92)	(5.75)	(0.74)	(4.96)
观察值	140	140	140	140	140	131	131	131
省区分组	20	20	20	20	20	20	20	20
拟合优度	0.6418	0.6109	0.6257	0.6178	0.6282	0.6833	0.2011	0.6813
Wald chi²	28.68	32.74	278.92	27.89	298.62	19.7	19.52	264.59
Hausman chi²	/	-12.25	-12.25	59.69	59.69	/	-0.86	-0.86
P 统计值	/	/	/	0.000	0.000	/	/	/
计量方法	ols	fe_reg	re_gls	fe_reg	re_gls	ols	fe_reg	re_gls

说明：(1) 括号中为 t 统计值或 z 统计值。(2) 被解释变量为中国国有企业固定资产投资规模 $sinv_{i,t}$，等于 t 年度 i 省区国有企业固定资产投资总和占 t 年度 i 省区 GDP 比重。(3) ***、**、* 分别表示在1%、5%和10%水平上统计检验显著。(4) 对控制变量的详细说明和统计分析参见第二章表 2-2 和表 2-3。(5) 样本期间为 1987~2008 年。

的基础上，进一步对 1992 年邓小平南巡讲话和 2002 年中国加入 WTO 等因素进行了控制。模型（4）为固定效应分析结果，模型（5）为随机效应分析结果。模型（4）、模型（5）对应于 $manufdi_{i,t}$ 的系数均大于 0 且统计检验显著。

表 7-5 中的模型（6）、模型（7）、模型（8），在模型（1）、模型（2）和模型（3）的基础上，进一步对前一期制造业部门实际利用 FDI 因素、实际利用 FDI 规模滞后两期因素、劳动就业、交通通讯邮政部门发展、批发零售部门发展、税收、政府部门行政开支、政府部门固定资产投资等因素进行了控制。模型（6）为混合 OLS 分析结果，模型（7）为固定效应分析结果，模型（8）为随机效应分析结果。模型（6）、模型（7）、模型（8）对应于 $manufdi_{i,t}$ 系数大于 0 且统计检验显著。

由上可见，制造业部门实际利用 FDI 规模占 GDP 比重提高，可显著地促进中国国有企业固定资产投资增长。以表 7-5 中的模型（6）、模型（7）和模型（8）为例。模型（7）的固定效应分析 F 统计值等于 19.52，表明固定效应分析结果优于混合 OLS 分析结果；关于面板数据异方差问题和变量内生问题的 Hausman 检验 χ^2 值等于 -0.86，P 值无法得到，表明固定效应分析结果优于随机效应分析结果。模型（7）中对应于 $manufdi_{i,t}$ 的系数等于 1.077 且统计检验显著；这一分析结果表明，制造业部门实际利用 FDI 规模占 GDP 的比重每提高 1 个百分点，中国国有企业固定资产投资占 GDP 的比重可显著提高 1.077 个百分点。

表 7-5 给出的计量分析结果表明，除制造业部门 FDI 进入会使得中国国有企业固定资产投资显著增长以外，以下因素对国有企业固定资产投资增加也有一定影响。这些因素包括：居民储蓄存款增加（很显著）、1992 年邓小平南巡讲话以后（很显著）、单位国土面积上的高速公路里程数增加（比较显著）。以下因素则会使得中国国有企业固定资产投资总量显著减少。这些因素包括：对外贸易依存度提高、劳动工资上涨、以前时期利用 FDI 规模增加（不很稳定）。

3. FDI 进入制造业部门对中国集体企业固定资产投资的影响

表 7-6 给出了制造业部门 FDI 规模变动对中国集体企业固定资产投资影响的实证分析结果。在表 7-6 中，模型（1）、模型（2）和模型（3）对前

表 7-6 进入制造业部门的 FDI 对中国集体企业投资的影响

被解释变量	$cinv_{i,t}$							
解释变量	模型（1）	模型（2）	模型（3）	模型（4）	模型（5）	模型（6）	模型（7）	模型（8）
$manufdi_{i,t}$	0.337***	0.397***	0.406***	0.385***	0.398***	0.247**	0.339***	0.339***
	(3.13)	(3.40)	(3.85)	(3.28)	(3.76)	(2.04)	(2.91)	(3.10)
$manufdi_{i,t-1}$	-0.021	-0.011	-0.009	-0.009	-0.008	-0.027	-0.021	-0.021
	(-0.61)	(-0.44)	(-0.39)	(-0.37)	(-0.33)	(-0.83)	(-0.89)	(-0.85)
$ffdi_{i,t-2}$	-0.290***	-0.152**	-0.174***	-0.126*	-0.158**	-0.137*	-0.181**	-0.169**
	(-3.72)	(-2.15)	(-2.69)	(-1.68)	(-2.30)	(-1.76)	(-2.55)	(-2.56)
$emp_{i,t}$						0.008	-0.026	0.009
						(1.50)	(-1.09)	(1.26)
$tpt_{i,t-1}$						0.011	0.442***	0.324**
						(0.07)	(3.04)	(2.31)
$wrct_{i,t-1}$						-0.308***	-0.124	-0.156*
						(-3.25)	(-1.16)	(-1.68)
$tax_{i,t-1}$	-0.313***	-0.154	-0.179**	-0.162*	-0.188**	-0.257***	-0.235**	-0.268***
	(-3.40)	(-1.65)	(-2.14)	(-1.73)	(-2.23)	(-2.60)	(-2.08)	(-2.91)
$expend_{i,t-1}$						-1.859**	1.066	0.351
						(-2.39)	(1.18)	(0.45)
$capgov_{i,t-1}$						0.011	-0.505	-0.160
						(0.03)	(-1.44)	(-0.52)
$dep_{i,t-1}$	0.025***	0.024*	0.014*	0.026*	0.015*	0.015*	0.038**	0.023**
	(4.39)	(1.70)	(1.86)	(1.84)	(2.03)	(1.92)	(2.25)	(2.40)
$trade_{i,t-1}$						-0.009	0.018	0.007
						(-1.47)	(1.58)	(0.91)
$wage_{i,t-1}$	-0.026***	-0.033*	-0.019*	-0.038**	-0.022**	-0.024*	-0.054***	-0.040***
	(-3.08)	(-1.80)	(-1.85)	(-1.99)	(-2.02)	(-1.92)	(-2.65)	(-2.84)

(续表 7-6)

被解释变量	$cinv_{i,t}$							
解释变量	模型 (1)	模型 (2)	模型 (3)	模型 (4)	模型 (5)	模型 (6)	模型 (7)	模型 (8)
$seff_{i,t-1}$	-0.018***	-0.006				0.009	0.002	0.007
	(-3.19)	(-1.18)				(1.52)	(0.27)	(1.08)
$edu_{i,t-1}$	-0.136***	-0.109	-0.010**	-0.008	-0.011**	-0.009	-0.008	-0.006
	(-5.33)	(-0.98)	(-2.07)	(-1.36)	(-2.25)	(-1.43)	(-1.10)	(-1.04)
$highw_{i,t-1}$			-0.091**	-0.130	-0.097***	-0.024	-0.092	-0.034
			(-2.47)	(-1.15)	(-2.74)	(-0.56)	(-0.77)	(-0.71)
dum_wto				0.006	0.005			
				(0.97)	(0.78)			
常数项	0.109**	0.144***	0.116***	0.167***	0.131***	0.142**	0.374**	0.136**
	(2.26)	(2.77)	(2.68)	(2.92)	(2.73)	(2.32)	(2.25)	(2.20)
观察值	135	135	135	135	135	131	131	131
省区分组	20	20	20	20	20	20	20	20
拟合优度	0.377	0.2395	0.357	0.237	0.3594	0.4709	0.0161	0.3962
Wald chi²	11.13	7.69	73.59	6.93	74.42	8.71	5.3	84.35
Hausman chi²	\	2.91	2.91	4.51	4.51	\	28.72	28.72
P 统计值	\	0.9397	0.9397	0.874	0.874	\	0.0175	0.0175
计量方法	ols	fe_reg	re_gls	fe_reg	re_gls	ols	fe_reg	re_gls

说明：(1) 括号中为 t 统计值或 z 统计值。(2) 被解释变量为中国集体企业固定资产投资规模 $cinv_{i,t}$，等于 t 年度 i 省区集体企业固定资产投资总和占 i 省区 GDP 比重。(3) ***、**、* 分别表示在 1%、5% 和 10% 水平上统计检验显著。(4) 对控制变量的详细说明和统计分析参见第二章表 2-2 和表 2-3。(5) 样本期间为 1987～2008 年。

一期制造业部门实际利用 FDI 因素、实际利用 FDI 规模的滞后两期因素、税收、居民储蓄、劳动工资、教育水平，以及高速公路里程等因素进行了控制，模型（1）为混合 OLS 分析结果，模型（2）为固定效应分析结果，模型（3）为随机效应分析结果。模型（1）、模型（2）和模型（3）对应于 $manufdi_{i,t}$ 的系数均大于 0 且统计检验显著。表 7-6 中的模型（4）、模型（5），在模型（1）、模型（2）和模型（3）的基础上，进一步对 2002 年中国加入 WTO 等因素进行了控制。模型（4）为固定效应分析结果，模型（5）为随机效应分析结果，模型（4）、模型（5）对应于 $manufdi_{i,t}$ 的系数均大于 0 且统计检验显著。

表 7-6 中的模型（6）、模型（7）、模型（8），在模型（1）、模型（2）和模型（3）的基础上，进一步对劳动就业、交通通讯邮政部门发展、批发零售部门发展、税收、政府部门行政开支、政府部门对固定资产投资、贸易依存度、国有企业经营效率等因素进行了控制。模型（6）为混合 OLS 分析结果，模型（7）为固定效应分析结果，模型（8）为随机效应分析结果，模型（6）、模型（7）、模型（8）对应于 $manufdi_{i,t}$ 的系数均大于 0 且统计检验显著。

由上可见，制造业部门实际利用 FDI 规模占 GDP 比重提高，可促进中国集体企业固定资产投资显著增加。以表 7-6 中的模型（6）、模型（7）和模型（8）为例。模型（7）的固定效应分析 F 统计值等于 5.3，表明固定效应分析结果优于混合 OLS 分析结果；关于面板数据异方差问题和变量内生问题的 Hausman 检验 χ^2 值等于 28.72，P 值等于 0.0175，表明固定效应分析结果优于随机效应分析结果。模型（7）中对应于 $manufdi_{i,t}$ 的系数等于 0.339 且统计检验显著；这一分析结果表明，制造业部门实际利用 FDI 规模占 GDP 的比重每提高 1 个百分点，中国集体企业固定资产投资占 GDP 的比重可显著提高 0.339 个百分点。

表 7-6 给出的计量分析结果表明，除制造业部门 FDI 进入会使得中国集体企业固定资产投资显著增长以外，居民储蓄存款增加对集体企业固定资产投资增加也有显著影响。以下因素则会使得集体企业固定资产投资总量显著减少。这些因素包括：以前时期利用 FDI 规模增加、税收比率提高、劳动工资上涨。高等学校在校学生人数增加，单位国土面积上高速公路里程数增

加，也会使得集体企业固定资产投资规模下降，但这两个因素对集体企业固定资产投资规模的负向影响不很显著。

第六节 结论与政策启示

FDI 进入会通过前后向行业之间的联系效应，对中国本地的不同类型企业的投资活动产生不同影响。理论分析表明，在短期，FDI 进入会使得所有企业的投资同时出现下降；在长期，FDI 进入会引起中国本地投资增加；随着中国本地投资占中国国内总投资比重提高，FDI 占中国年度总投资的比重会出现下降趋势。

FDI 进入对中国本地企业投资的影响取决于本地企业与上游企业中间投入品供应的价格协议，以及 FDI 进入对中国国内中间投入品需求的相对强度。在国有企业改革全面完成以前，FDI 通过吸纳工人就业、提供新的就业机会，来消解原有国有企业（包括乡镇企业）的劳动就业作用。在国有企业市场化改革完成之后，FDI 进入对中国原有国有企业的投资挤出作用消失，而对新型国有企业和集体企业的投资逐渐显示出挤入效应，甚至还会有国内企业投资挤出 FDI 在华投资的可能。

实证研究表明，FDI 进入对国有企业、集体企业投资增加的促进作用比较显著，而对个体经营企业投资增加的促进作用不显著，针对制造业 FDI 进入的分析结论也相同。这表明随着 FDI 进入，中国原有国有企业和集体企业大都改制成了基于市场导向的新型国有企业和集体企业，FDI 进入对这类企业的投资挤入效应更为显著，并引起了 FDI 进入占中国年度固定资产投资比重出现了先上升后下降并逐步稳定的变化特征。

我们认为，只有当中国本地投资获得显著增长，才表明 FDI 进入对中国经济增长的促进作用由短期逐步进入到了长期，对 FDI 短期进入逐年增加并占中国固定资产投资比重显著增加无须过度担心。为了发挥 FDI 进入对中国本地企业投资的促进作用，应鼓励 FDI 更多地使用中国本地的中间投入品，[①] 并着力于将原有国有企业改制成依照市场经济规则运行的新型国有企业。中国的已有经验表明，在 FDI 进入过程中，中国原有国有企业较为成功地转型成了按照市场经济规则运行的新型国有企业，保持了较高的固定资产投资增长速度。这些有助于中国基本社会制度稳定，同时也有助于宏观经济运行效率提高。

附录 7A

求解资本组合中各种资本品的最优使用量。

$$min\left(\int_0^{n_1}(q_i^e p_i)di\right) \quad (7\text{-}A1)$$

$$\text{s. t.} \quad K = \left(\int_0^{n_1}(q_i^e)^\alpha di\right)^{\frac{1}{\alpha}}$$

构造拉格朗日函数求解得到：

$$q_i^e = \left(\frac{\lambda}{p_i}\right)^{\frac{1}{1-\alpha}}\left(\int_0^{n_1} q_i^\alpha di\right)^{\frac{1}{\alpha}} \quad (7\text{-}A2)$$

将（7-A2）式代入（7-A1）式可得：

$$\lambda = \left(\int_0^{n_1} p_i^{\frac{\alpha}{\alpha-1}} di\right)^{\frac{\alpha-1}{\alpha}} \quad (7\text{-}A3)$$

由此得（7-3-1）式。同理，我们也可得到（7-3-2）式。将（7-A3）式代入（7-A2）式可得：

$$q_i^e = \left(\frac{R_e}{p_i}\right)^{\frac{1}{1-\alpha}} K \quad (7\text{-}A4)$$

[①] 此政策建议与中国"以市场换技术"利用外资的目的并不矛盾，鼓励外资企业多使用中国本地生产的中间投入品，有助于发挥外资进入后的技术溢出效应，这也是促进中国本地技术进步的重要途径之一。需要说明的是，尽管外资企业相对于中国本地企业具有技术优势，但并不意味着中国本地企业在中间投入品生产方面没有竞争优势。罗德里格斯（Rodriguez-Clare, 1996）的研究表明，当母国与东道国之间的交通交流成本较高时，可避免中间产品从母国输入并使用东道国中间产品，进而有助于东道国发展出更为高端的中间产品；而且即使东道国生产中间产品的价格高于母国，只要其高出部分低于交通交流成本，外国跨国公司仍旧会优先选用东道国本地投入品。

此处，$R_e = R_{h0}$。由于只有民营企业才通过市场获取资本品，所以将 $K_m + K_h$ 代入（7-A4）式，再将（7-A4）式代入（7-2）式，令超额利润为零就可得到（7-5）式。将（7-5）式再次代入（7-2）式，令企业超额利润为零，则可得到（7-6）式。

附录 7B

联立（7-4）式和（7-6）式并消去 q_{i0}^h，再令 $F = \alpha/(1-\alpha)$，可得：

$$1 = (R_{h0}/p_i)^{\frac{1}{1-\alpha}} \cdot K_h \tag{7-B1}$$

当上游企业同质时，将（7-5）式代入（7-4）式可得：

$$K_h = n_I^{\frac{1}{\alpha}} \tag{7-B2}$$

由（7-B2）式可知，上游企业数量 n_I 随着 K_h 的增加而增大，即为下游企业进入的需求创造效应。

附录 7C

在附录 7C 中，我们给出对结论1、结论2、结论3 和结论4 的证明。将（7-18-2）式和（7-18-3）式相加后，左边 $K_{m2}^* + K_{h2}^*$ 据（7-B2）式用 n_{I2} 替换，然后两边同除以 $n_{I2}^{(\alpha-1)(2\beta-1)/\alpha}$ 可得：

$$\frac{1}{4}\beta\varphi\left(\frac{x(t)}{\alpha}\right)^{\beta-1} \cdot \left[\alpha\left(\frac{1}{A(d)} + \frac{1}{A(f)}\right)n_{I2}^{\frac{(1-\alpha)\beta}{\alpha}} - 3\left(\frac{1}{A(d)^2} + \frac{1}{A(f)^2}\right)\varphi\left(\frac{x(t)}{\alpha}\right)^{\beta}\right.$$
$$\left. + \frac{1}{A(d)}\left(\frac{1}{A(f)} + \frac{1}{A(d)}\right)\varphi \cdot x(0)^{\beta} + 2\frac{1}{A(d)}\frac{1}{A(f)}\varphi\left(\frac{x(t)}{\alpha}\right)^{\beta}\right] = n_{I2}^{\frac{\alpha+2\beta-2\alpha\beta}{\alpha}}$$
$$\tag{7-C1}$$

对 $x(t)$ 和 n_{I2} 求全微分并作整理后得到：

$$\frac{\partial n_{I2}}{\partial x(t)} \cdot \frac{\alpha + 2\beta - 2\alpha\beta}{\alpha} \cdot n_{I2}^{\frac{2\beta-2\alpha\beta}{\alpha}}\left[\frac{4}{\beta\varphi} - a\left(\frac{1}{A(d)} + \right.\right.$$
$$\left.\left. \frac{1}{A(f)}\right)\frac{1-\alpha\beta}{\alpha}n_{I2}^{\frac{\beta-\alpha\beta-\alpha}{\alpha}}\left(\frac{x(t)}{\alpha}\right)^{\beta-1}\right]$$
$$= \frac{a(\beta-1)}{\alpha}\left(\frac{1}{A(d)} + \frac{1}{A(f)}\right)n_{I2}^{\frac{\beta-\alpha\beta}{\alpha}}\left(\frac{x(t)}{\alpha}\right)^{\beta-2}$$

$$-\frac{3(2\beta-1)\varphi}{\alpha}\left(\frac{1}{A(d)^2}+\frac{1}{A(f)^2}\right)\left(\frac{x(t)}{\alpha}\right)^{2\beta-2}$$

$$+\frac{2\varphi(2\beta-1)}{\alpha\cdot A(d)A(f)}\left(\frac{x(t)}{\alpha}\right)^{2\beta-2} \quad (7\text{-}C2)$$

$$+\frac{a(\beta-1)}{\alpha}\frac{1}{A(d)}\left(\frac{1}{A(d)}+\frac{1}{A(f)}\right)n_{l2}^{\frac{\beta-\alpha\beta}{\alpha}}x(0)^{\beta}\left(\frac{x(t)}{\alpha}\right)^{\beta-2}$$

由于 $(\beta-1)<0$ 以及：

$$3\left(\frac{1}{A(d)^2}+\frac{1}{A(f)^2}\right)-\frac{2}{A(d)A(f)}$$

$$=\left(\frac{1}{A(d)}-\frac{1}{A(f)}\right)^2+2\left(\frac{1}{A(d)^2}+\frac{1}{A(f)^2}\right)>0$$

可知，当：$\left(\dfrac{x(t)}{\alpha}\right)^{\beta-1}<\dfrac{\dfrac{4}{\beta\varphi}\alpha}{a\left(\dfrac{1}{A(d)}+\dfrac{1}{A(f)}\right)(1-\alpha\beta)n_{l2}^{\frac{\beta-\alpha\beta-\alpha}{\alpha}}}$ 成立时,

可得到 $\partial n_{l2}/\partial x(t)<0$，即 FDI 进入后的垂直技术溢出效应引起 $x(t)$ 下降以后，n_{l2} 会变大。在 $(\beta-1)<0$ 时，$x(t)$ 在下降到某个值之前，有利于东道国上游企业发展。结论 1 得证。

对 (7-18-3) 式取 n_{l2} 和 K_{m2}^* 的全微分可得：

$$dK_{m2}^* = \frac{1}{4A(f)}\cdot\beta\varphi\cdot\left(\frac{x(t)}{\alpha}\right)^{\beta-1}\cdot dn_{l2}\cdot\left[a\frac{(\alpha-1)(\beta-1)}{\alpha}n_{l2}^{\frac{(\alpha-1)(\beta-1)-1}{\alpha}}\right.$$

$$-\frac{3}{A(f)}\varphi\frac{(\alpha-1)(2\beta-1)}{\alpha}\cdot n_{l2}^{\frac{(\alpha-1)(2\beta-1)-1}{\alpha}}\left(\frac{x(t)}{a}\right)^{\beta}$$

$$+\frac{1}{A(d)}\varphi\frac{(\alpha-1)(2\beta-1)}{a}\cdot n_{l2}^{\frac{(\alpha-1)(2\beta-1)-1}{\alpha}}x(0)^{\beta}$$

$$\left.+\frac{1}{A(f)}\varphi\frac{(\alpha-1)(2\beta-1)}{\alpha}\cdot n_{l2}^{\frac{(\alpha-1)(2\beta-1)}{\alpha}}\left(\frac{x(t)}{\alpha}\right)^{\beta}\right] \quad (7\text{-}C3)$$

对 (7-18-2) 式取 n_{l2} 和 K_{h2}^* 的全微分可得：

$$dK_{h2}^* = \frac{1}{4A(d)}\cdot\beta\varphi\cdot\left(\frac{x(t)}{\alpha}\right)^{\beta-1}\cdot dn_{l2}\cdot\left[a\frac{(\alpha-1)(\beta-1)}{\alpha}n_{l2}^{\frac{(\alpha-1)(\beta-1)-1}{\alpha}}\right.$$

$$-\frac{3}{A(d)}\varphi\frac{(\alpha-1)(2\beta-1)}{\alpha}\cdot n_{l2}^{\frac{(\alpha-1)(2\beta-1)-1}{\alpha}}\left(\frac{x(t)}{\alpha}\right)^{\beta}$$

$$+\frac{1}{A(d)}\varphi\frac{(\alpha-1)(2\beta-1)}{\alpha}\cdot n_{l2}^{\frac{(\alpha-1)(2\beta-1)-1}{\alpha}}x(0)^{\beta}$$

$$+\frac{1}{A(f)}\varphi\frac{(\alpha-1)(2\beta-1)}{\alpha}n_{l2}^{\frac{(\alpha-1)(2\beta-1)}{\alpha}}\left(\frac{x(t)}{\alpha}\right)^{\beta}\Big] \qquad (7\text{-}C4)$$

由(7-C3)式和（7-C4）式可得结论 2 和结论 3。结论 4 也可据此得到。将(7-C3)式和（7-C4）式相除可得推论。

第 八 章
FDI 进入的劳动工资效应

实行改革开放政策以来,中国不同地区之间的劳动工资差距不断扩大:东部沿海地区的劳动工资水平显著地高于中国中部和西部地区。1979~2007年,上海、北京、广东、天津、江苏、福建等地的劳动工资显著高于中国所有地区的劳动工资平均水平,而在 1981 年这一差距并不很大(参见图 8-1)。劳动工资显著高于全国平均水平的上海、北京、广东、天津,在

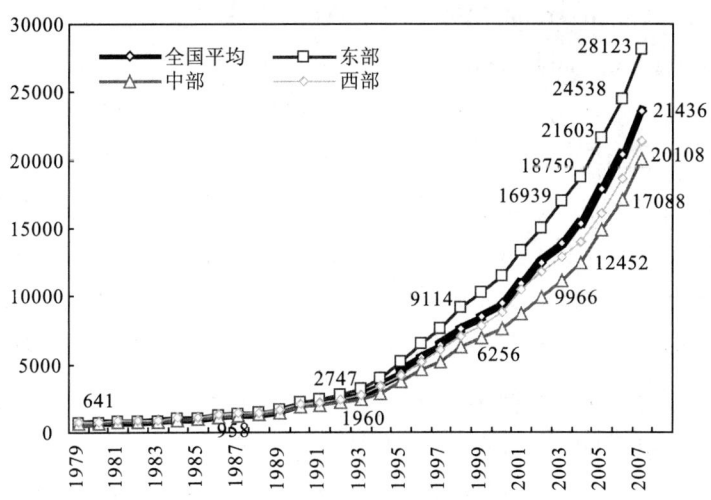

图 8-1 中国不同地区的年度劳动工资实际值

说明:(1)纵轴表示年度劳动工资实际值,单位为人民币元;横轴为年份。(2)年度劳动工资实际值根据中国数据在线和各省区经济统计年鉴整理得到。

1991～2001年间将其他省区的劳动工资水平远远地抛在后面。2001年，上海的劳动工资水平比全国平均水平高出11153元。

影响中国不同省区之间劳动工资差距变动的决定因素有哪些呢？本部分分析了 FDI 进入对中国不同行业和不同类型企业劳动工资差距的影响，并着力于实证研究 FDI 进入中国的地区分布差异对中国不同地区之间劳动工资差距的影响。本部分特色在于，以中国省区面板数据为基础，以产业结构构成比例、对外贸易开放度、城市化水平、政府政策等对劳动需求和劳动供给有影响的因素为控制变量，从短期和长期两个方面实证分析了 FDI 进入对中国不同地区劳动工资绝对水平的影响和对中国不同地区之间劳动工资差距的影响。

第一节 文献综述

现有关于 FDI 进入对东道国劳动工资影响的研究侧重于回答以下两个方面的问题。

第一，外资企业是否存在"工资溢价"，即比较外资企业与东道国国内企业之间的工资水平，回答外资企业的工资水平是否显著高于内资企业的工资水平问题，并解释其背后的原因。现有文献对这一问题的回答大多为肯定答案（比如 Aitken et al, 1996; Feliciano and Lipsey, 1999; Lipsey and Sjoholm, 2001; Ugur and Ruane, 2004）。

第二，外资企业的高工资水平是否存在对内资企业的"工资溢出"效应，即能否影响内资企业或一国劳动工资水平或工资增长率。众多的理论研究与实证研究对于这一问题并没有一致的结论，不仅对是否存在显著影响的回答有分歧，而且即使存在显著影响，影响的方向也不确定（比如 Aitken et al, 1996; Feenstra and Hanson, 1997; Bedi and Ciestik, 2000; Lipsey, 2002; Onaran and Stockhammer, 2008; Tomohara and Takii, 2011）。现有研究显示，国家特征、行业特征、劳动力特征、FDI 存量与地区分布，以及进入时期等因素，对 FDI 进入的劳动工资溢出效应均有影响。

此外，也有不少文献研究了 FDI 进入对中国劳动工资的影响。赵（Zhao, 2001）研究了中国劳动力市场分割和高劳动力流动成本下 FDI 进入对中国劳动工资水平和劳动工资增长的影响。陈等（Chen et al, 2011）的研究表明，FDI 进入会抑制中国本地企业的劳动工资增长。

类似的研究还有李雪辉和许罗丹（2002）、杨泽文和杨全发（2004）、包群和邵敏（2008）、许和连等（2009）、张海波（2009）、艾洪山等（2010）。现有文献还研究了 FDI 进入对中国不同地区之间、城乡之间的工资差距和收入分配差距的影响（比如宣烨和赵曙东，2005；孙楚仁等，2008；戴枫，2010）。宣烨和赵曙东（2005）研究发现，FDI 的区域分布不均衡是中国不同地区之间劳动工资率差距扩大的重要原因。戴枫（2010）研究发现，FDI 进入拉大了中国各省区内部的城乡收入差距，但有助于缩小不同地区之间的劳动工资差距。

第二节　FDI 对东道国居民收入差距影响的理论分析

FDI 进入对东道国本地居民收入差距的影响取决于东道国的劳动力自由流动程度以及外资企业与东道国本地企业之间的劳动生产率差异。① 在图 8-2 中，$MPL*P_{FI}$ 曲线表示存量外资企业的劳动边际价值曲线，$MPL*P_{DI}$ 表示东道国本地企业的劳动边际价值曲线，W 表示劳动工资水平，L_{FI} 表示东道国劳动人口在外资企业的就业规模，L_{DI} 表示东道国劳动人口在本地企业的就业规模。我们分两种情形说明 FDI 进入对东道国本地居民收入差距的影响。

第一，东道国劳动力可以自由流动情形（参见图 8-2 中图 a 和图 b）。由于外资企业的劳动生产率一般较高，增量 FDI 进入后外资企业的劳动边际价值曲线向右上方移动，外资企业中的资本劳动比率上升，劳动要素变得相对稀缺，因此外资企业的劳动收入相对提高，引起劳动人口从东道国本地企业向外资企业流动。② 劳动人口从东道国本地企业流出后，东道国本地企业的劳

---

① 在这里我们假设 FDI 进入前后企业生产活动的资本劳动比率保持不变。在现实经济中，也会有资本进入后替代劳动，因 FDI 进入的多为中国的劳动要素密集使用行业，所以这一假设比较符合中国的经济事实。

② 在外资企业的资本要素因 FDI 进入而相对增加以后，当雷布津斯基（Rybczynski）定理成立时，资本要素密集使用部门的要素投入和产出规模在长期一定会在整个国民经济中占据更大的份额。参见 Rybczynski, Tadeusz M., 1955. Factor Endowments and Relative Commodity Prices. *Economica* 22（s.）: 336-341. 关于 FDI 进入后东道国劳动力就业变化的理论分析参见田素华：《外资对上海就业效应的实证研究》，载《财经研究》2004 年第 3 期。

动边际产出上升，工资上升，直到外资企业与东道国本地企业的劳动工资相等为止。因此，当劳动力可以自由流动时，外资企业劳动工资与东道国本地企业劳动工资相等，而且劳动收入普遍高出外资流入以前水平。当外资对东道国本地投资产生挤出效应时，东道国本地企业的劳动边际价值曲线向右下方移动，引起东道国本地企业劳动工资收入下降，如果本地企业劳动边际价值下降幅度很大，那么就会引起劳动力需求下降，并使得东道国整体工资低于外资流入以前水平，但是外资企业与东道国本地企业的劳动工资仍旧相等。

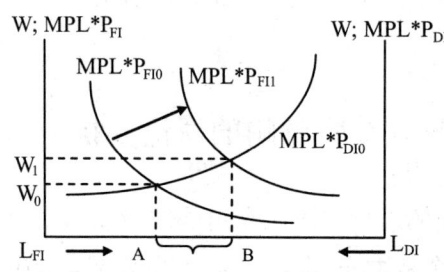
图a 劳动力可自由流动且外资不挤出内资

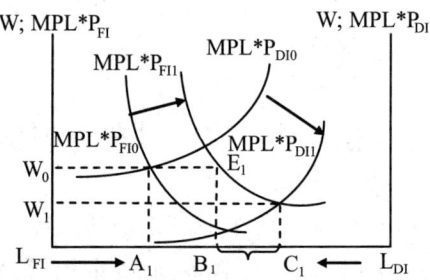
图b 劳动力可自由流动但外资挤出部分内资

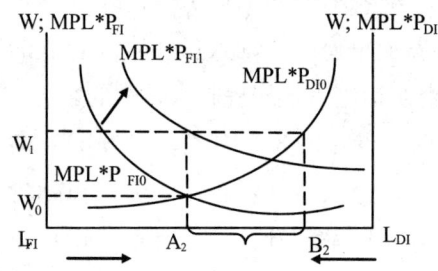
图c 劳动力不可自由流动且外资不挤出内资

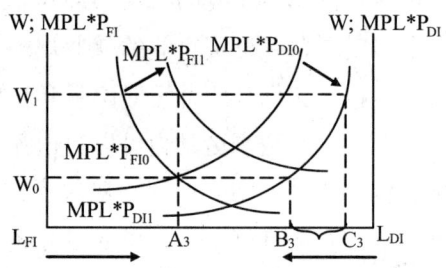
图d 劳动力不可自由流动但外资挤出部分内资

图8-2　FDI进入对东道国居民收入差距的影响

第二，东道国劳动力不能自由流动情形（参见图8-2中图c和图d）。在劳动力不能自由流动时，增量FDI流入后，外资企业的劳动边际价值曲线向右上方移动，如果外资对东道国本地企业不产生挤出效应，那么东道国本地企业的劳动边际价值曲线位置保持不变，外资企业的劳动工资由W_0上升到W_1（图C），外资企业劳动工资收入比东道国本地企业的劳动工资收入高出（W_1-W_0）。如果新增FDI流入后部分挤出了东道国本地投资，那么，东道国本地企业的劳动边际价值曲线向右下方移动,使得东道国本地企业中劳动工资水平下降,这样外资企业的劳动工资与东道国本地企业中的劳动工资差距进一步扩大,超过($W_1 - W_0$)水平(图d)。因此,外资企业中的劳动工资与东道国本地企业中的劳动工资差距取决于外资企业与东道国本地企业之间的劳动生产率差异、东道国的劳动力流动成本,以及FDI进入对东道国本地投资的挤出效应大小。

第三节 FDI与中国劳动工资差距变动

统计数据表明,上海市外资企业职工的年均工资收入与上海其他经济部门职工的年均工资收入之间存在明显的差距(参见图8-3)。

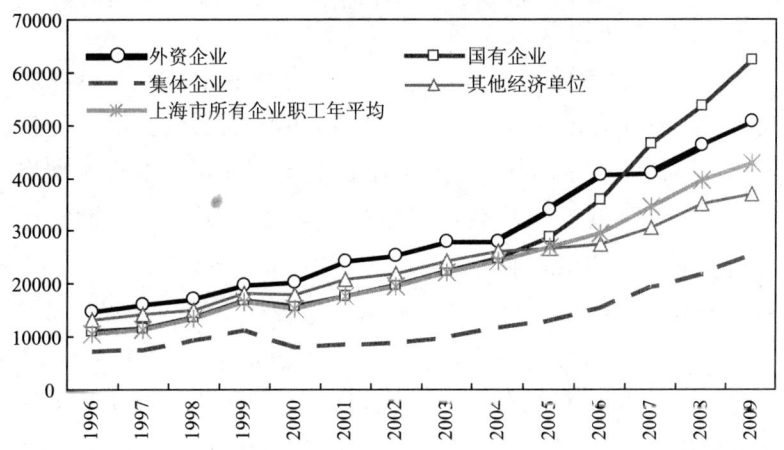

图8-3 上海市不同类型企业职工年工资

说明:(1)纵轴表示职工年度工资,单位为人民币元;横轴为年份。
(2)数据来自1997~2010年历年《上海统计年鉴》。

1996~2006年,外资企业职工工资水平一直超过上海市其他类型企业职工工资水平,且在1999~2004年间逐渐扩大。[①] 1996年,上海市外资企

---

① 1979~2009年,上海市实际利用FDI累计值达到932亿美元,占中国同时期实际利用FDI累计值的8.9%,仅低于广东省和江苏省。除1979年和1980年以外,上海市年度实际利用FDI规模均列中国所有省区的前5位。此外,上海市关于外资企业、国有企业、集体企业和其他类型企业的年度职工工资数据比较齐全,易于做比较分析。以上是我们选择以上海市作为研究重点的原因。

业职工的年均工资收入为 14756 元人民币，同年上海市全市职工年平均工资收入为 10663 元人民币，外资企业职工的年均工资收入高出上海市职工年均工资收入近 40%。2001 年，上海市外资企业职工年均工资收入为 24352 元人民币，同年上海市全市职工年均工资收入为 17764 元人民币，外资企业职工年均工资收入高出上海市全市职工年均工资收入 6588 元人民币，高出 37.09%。

2007 年，上海市国有企业职工年工资水平首次超过外资企业；当年上海市国有企业职工年工资为 46426 元，外资企业职工年工资为 41006 元，前者超过后者幅度为 5420 元，超过约 13%。2008 年和 2009 年，上海市国有企业职工年工资也同样超过外资企业，超过幅度分别为 7352 元和 11730 元。由于上海市集体经济单位及其他经济部门职工年平均工资相对比较低，因此我们重点给出了上海市外资企业职工年均工资与上海市国有经济部门职工年均工资之间的对比。

1996~2009 年（参见图 8-4），上海市所有行业中的外资企业职工年工资高出同行业国有企业职工年工资比重的 14 年平均数最大的是零售业，该比重为 0.946；在其余行业中，外资企业职工年工资高出本行业国有企业职工年工资比重从高到低的依次为：科学研究与综合服务业和勘察业、金融业、电力燃气水生产和供应业等。

分行业来看，2009 年上海金融业中外资企业职工年工资水平最高，达到 174569 元；同期，上海金融业中的国有企业职工年均工资为 159637 元，金融业中上海所有企业职工年均工资为 141185 元。也即，2009 年上海金融业中外资企业职工年均工资，比同期上海金融业中的国有企业高出 14932 元，高出约 10%；比同期上海金融业中的所有企业职工年均工资的平均水平高出 33384 元，高出约 24%。

从变动趋势来看（参见图 8-5），1996 年上海市金融业中的外资企业职工年均工资为 36951 元，比上海市金融业中所有企业职工年工资平均值高出 19788 元，高出约 1.15 倍。1997 年，上海市金融业中外资企业职工年均工资为 18824 元，上海市金融业中所有企业职工年工资平均值为 21507 元，后者高出前者 2683 元，高出约 14%。这也是 1996~2009 年的 14 年间，上海市金融业中的外资企业职工年工资唯一一次低于上海市金融业中所有企业职

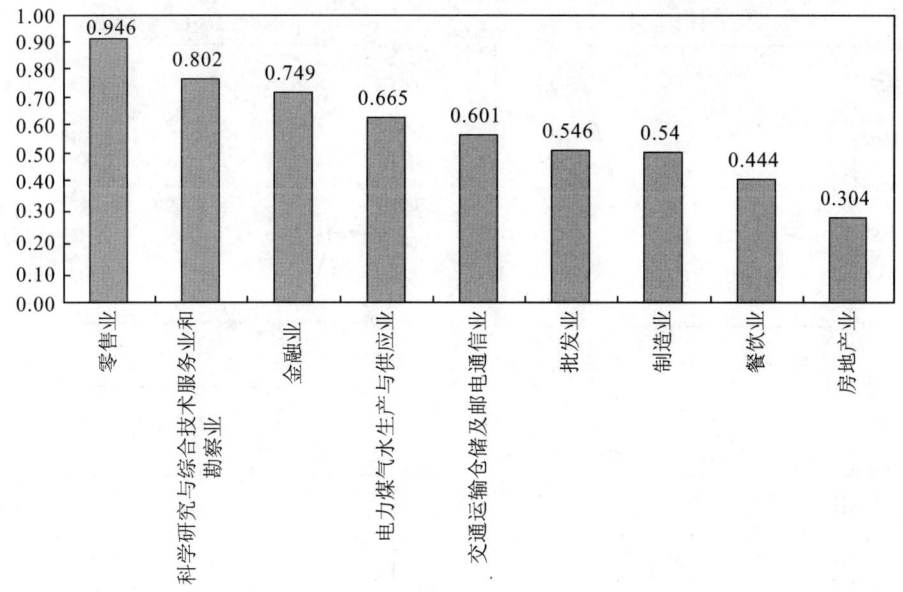

图 8-4 上海市外资企业职工工资高出本行业国有企业职工工资幅度

说明：(1) 纵轴为上海市外资企业职工年工资高出同行业中国有企业职工年工资比重的 1996~2009 年 14 年平均数。(2) 数据根据 1997~2009 年《上海统计年鉴》整理得到。

工年工资平均值。此后的 1998~2009 年，上海市金融业中的外资企业职工年工资一直高于上海金融业所有企业职工年工资平均值，高出幅度最大的年份是 2007 年，达到 70656 元，高出约 72%。2008 年和 2009 年，上海市金融业中的外资企业职工年工资对上海市金融业中所有企业职工年工资平均值的高出幅度连续两年出现了下降，高出幅度分别为 42% 和 24%。

在 1996~2009 年的 14 年间，上海市的外资企业职工年工资普遍高于同行业中上海所有企业职工工资平均值，只有个别行业在个别年份，外资企业职工年工资低于上海市同行业中所有企业职工年工资平均值（参见图 8-5）。比如，电力燃气水生产和供应业中的外资企业职工年工资在 1999 年、2000 年和 2001 年连续 3 年低于上海市同行业职工年工资平均水平，幅度分别达到 1831 元、2650 元和 1190 元。再比如，2007 年和 2008 年上海市房地产业中的外资企业职工年工资分别低于本行业所有企业职工年工资平均值 3129 元和 904 元；前述金融业中的外资企业职工年工资则在 1997 年曾经低

图 8-5 上海市外资企业职工年工资相对本行业所有企业职工年平均工资差距

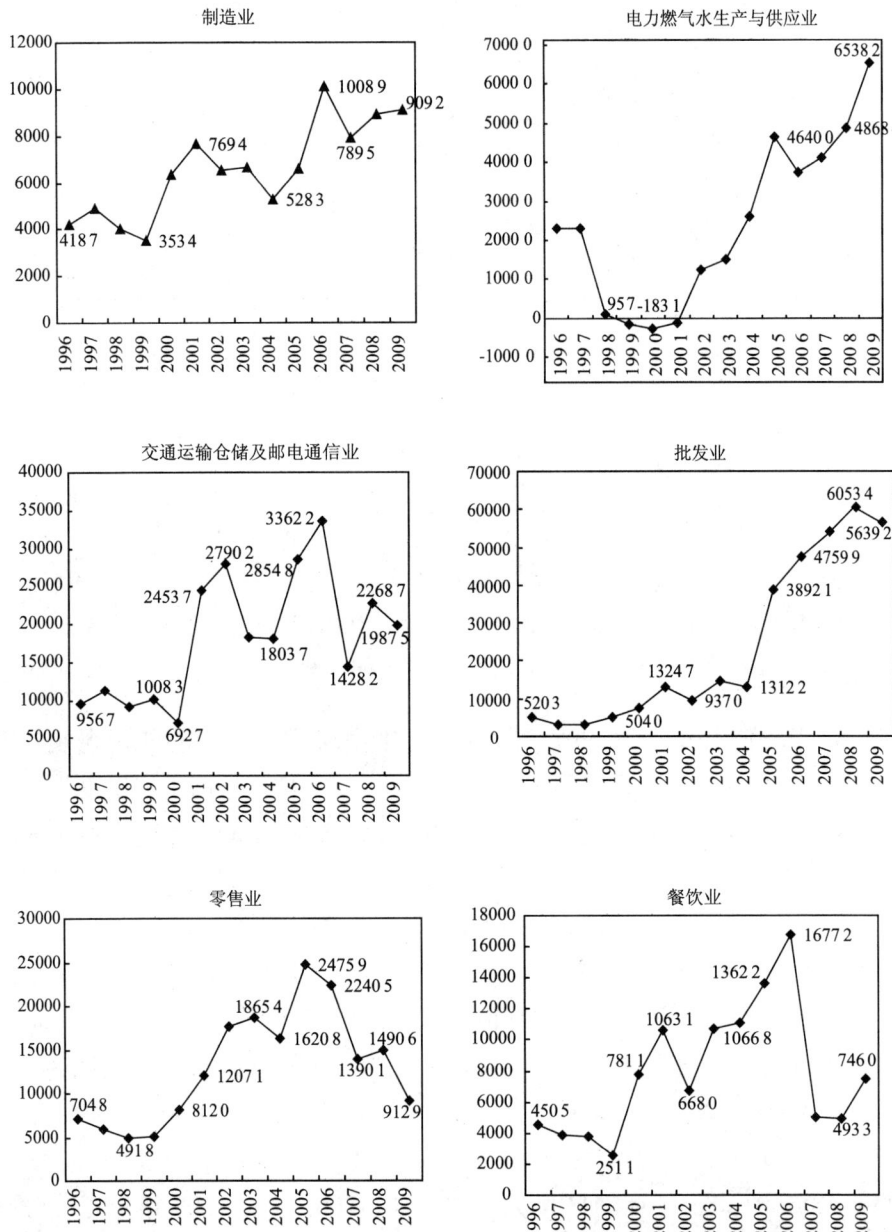

(续图 8-5)

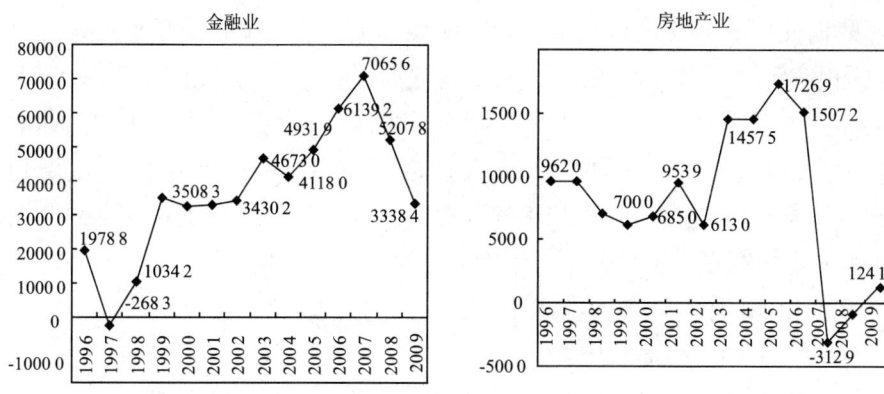

说明：(1) 单位为人民币元。(2) 数据根据历年《上海统计年鉴》计算得到。

于上海市金融业中所有企业职工年工资平均值2683元。

除了电力燃气水生产和供应业外，在金融业、零售业、房地产业、批发业、餐饮业、交通运输仓储及邮电通信业、科学研究与综合技术服务业和勘察业等行业中，外资企业职工年工资与上海市相同行业中所有企业职工年工资平均值的差距有逐渐缩小的趋势。

第四节 FDI 对中国劳动工资差距影响的实证分析

一、被解释变量

我们使用的被解释变量包括以下两个方面：第一，劳动工资名义值经过一般零售价格指数（grpi）调整后得到的数值的自然对数，用 $wage_{i,t}$ 表示。第二，劳动工资实际值占中国所有地区劳动工资实际值平均数比重的自然对数值，用 $dwage_{i,t}$ 表示。

二、解释变量

我们使用的核心解释变量包括四个方面。第一，当期实际利用 FDI 流量 $ffdi_{i,t}$；第二，前一期实际利用 FDI 流量 $ffdi_{i,t-1}$；第三，前一期实际利用 FDI

存量 $sfdi_{i,t-1}$；第四，前两期实际利用 FDI 存量 $sfdi_{i,t-2}$。[①]

我们使用的 FDI 进入流量，为本年度和上一年度 i 地区 FDI 进入规模占 i 地区相应年度 GDP 的比重。我们首先依据国际货币基金组织 IFS 数据库公布的年度人民币对美元平均汇率，将有关地区年度实际利用 FDI 的美元数值换算成人民币，再将得到的 FDI 人民币数值与相应地区年度 GDP 数值相除后得到该指标。我们使用的 FDI 进入存量，为上一年度和上两个年度 i 地区 FDI 进入规模存量占 i 地区上一年度和上两个年度 GDP 的比重。

我们使用的控制变量包括以下几个方面。[②]

第一，劳动人口需求因素。

在考虑劳动人口需求因素时，我们分别引入了本地区全部企业固定资产投资占 GDP 比重（$hinv_{i,t-1}$），国有企业固定资产投资占 GDP 比重（$sinv_{i,t}$）、集体企业固定资产投资占 GDP 比重（$cinv_{i,t}$），以及个体经营企业固定资产投资占 GDP 比重（$iinv_{i,t}$）等指标。在企业固定资产投资支出增加时，可能会对劳动产生更多的需求，导致劳动工资提高，也有可能会替代劳动，使得劳动需求减少劳动工资下降。[③] 因此，企业固定资产投资增加对劳动工资的影响方向取决于实际经济情形。

我们还使用对外贸易开放度来描述由产品市场需求引致的劳动要素需求，以及由此引起的劳动工资水平变动。贸易开放度（$trade_{i,t-1}$）等于年度进出口贸易总额（人民币）占同期本地区 GDP 的比重。进出口贸易越发达的地区，商品的市场需求越旺盛，对劳动要素的需求也越旺盛，劳动工资水平会有所提高并会显著高于进出口贸易相对不发达地区。我们使用第三产业就业人口占全部就业人口的比重（$teremp_{i,t}$，等于 t 年度 i 地区第三产业就业

[①] 此处使用上一年度 FDI 进入流量和上一年度及上两年度 FDI 进入存量指标，旨在控制劳动工资变动与 FDI 进入之间的内生作用关系。在分析时，使用上一年度 FDI 存量时就不再使用上一年度 FDI 流量指标。

[②] 对控制变量的详细说明和统计分析参见第二章表 2-2 和表 2-3。

[③] 本文使用上一年度本地区全部企业固定资产规模来控制以前年度本地企业固定资产投资对劳动工资的影响，不同时使用上一年度国有企业、集体企业、个体经营企业的固定资产投资规模指标是为了减少变量使用；在当前年度（t 年度）我们则同时考虑国有企业、集体企业、个体经营企业固定资产投资因素，试图说明不同类型企业固定资产投资对劳动工资的影响。

人口占本地区全部就业人口比重），来表示劳动人口的市场竞争能力。①

第二，劳动人口供给因素。

我们使用高等学校在校学生人数占居民人口比重（$edu_{i,t-1}$），来表示劳动人口的生产能力。受教育程度越高，劳动人口的生产效率也会越高，预期有比较高的工资水平。我们使用城市就业人口比重（$uemp_{i,t}$，等于 t 年度 i 地区城镇就业人口占本地区全部就业人口比重），来描述该地区的劳动就业竞争状况。城市人口的市场交易支出会相对高于农业地区，城市人口比重高的地区预期有比较高的工资水平。我们还使用政府对科教文卫投资（$ceshgov_{i,t-1}$），来表示劳动力总体素质。政府对科教文卫投资增加有利于劳动人口的劳动生产率提高，劳动工资会相对比较高。有关劳动人口供给问题，我们还考虑了居民储蓄行为（$dep_{i,t-1}$）。在居民有比较高的储蓄存款时，其劳动工资水平可能比较低，因为担心未来的收入水平难以支持以后的生活开支。所以，居民储蓄率提高预示着将来相对较低的劳动工资水平。

第三，政府政策措施。

我们分别用邓小平南巡讲话虚拟变量（dum_xp）、中国加入 WTO 虚拟变量（dum_wto），来描述政府行为及其他因素。中国在邓小平南巡讲话以后实行了加快对外开放、加速内部经济体制改革的政策。这些政策着力于鼓励外向型经济发展，对东部沿海地区的发展有更强的助推作用，这些地区的劳动生产率增长快于中部和西部，加上劳动人口跨地区移动成本比较高，因此会引起东部地区劳动工资提高幅度快于中部和西部，并使得中国不同地区之间劳动工资差距扩大。但是，这些政策在另一方面也有助于劳动人口跨区域和跨部门流动程度的提高，有助于缩小中国各个地区之间的劳动工资差距。上述两种效应的对比关系决定了中国在 1992 年以后政策的地区间劳动工资差距效应，并最终取决于经验分析结果，但可以肯定的是，中国在 1992 年以后的政策有助于中国所有地区的劳动工资绝对水平提高。中国加入世界贸易组织以后，对外开放和经济改革步伐进一步加快，因此与邓小平

---

① 2009 年上海市制造业职工年均工资为 34006 元，同期，批发业职工年均工资为 87770 元，金融业工资为 174569 元，房地产为 39583 元，零售业为 30780 元，交通运输仓储及邮电通信业为 45057 元。上述第三产业职工年均工资为 67089 元，显著高于上海市职工年均工资。此外，2009 年上海市第一产业职工年均工资为 29262 元。

南巡讲话以后的政策效应预期相似，也即：有助于劳动工资提高，但对缩小中国各个地区之间的劳动工资差距效应要取决于经验分析结果。[①]

三、计量分析方程

我们构建的关于 FDI 进入对中国劳动工资影响的计量分析方程参见（8-1）式和（8-2）式。在（8-1）式和（8-2）式中，$ffdi_{i,t}$、$ffdi_{i,t-1}$、$sfdi_{i,t-1}$ 和 $sfdi_{i,t-2}$ 为核心解释变量，$CONTROL_{i,t}^j$ 为控制变量向量。在（8-1）式和（8-2）式中，α_i（i = 1, 2, 3, 4）、β_i（i = 1, 2, 3, 4）、γ_j（j = 1, 2, 3, …）、λ_j（j = 1, 2, 3, …）、θ_i、δ_t、ϕ_i、κ_t 等均为待估计参数，其中 θ_i、δ_t、ϕ_i、κ_t 分别表示地区固定效应和时间固定效应；$\varepsilon_{i,t}$、$\mu_{i,t}$ 为随机扰动项。

$$dwage_{i,t} = \alpha_0 + \alpha_1 ffdi_{i,t} + \alpha_2 ffdi_{i,t-1} + \alpha_3 sfdi_{i,t-1} + \alpha_4 sfdi_{i,t-2}$$
$$+ \sum_{j=1} \gamma_j CONTROL_{i,t}^j + \theta_i + \delta_t + \varepsilon_{i,t} \qquad (8-1)$$

$$wage_{i,t} = \beta_0 + \beta_1 ffdi_{i,t} + \beta_2 ffdi_{i,t-1} + \beta_3 sfdi_{i,t-1} + \beta_4 sfdi_{i,t-2}$$
$$+ \sum_{j=1} \lambda_j CONTROL_{i,t}^j + \phi_i + \kappa_t + \mu_{i,t} \qquad (8-2)$$

四、计量分析方法

我们以面板数据为基础，分别比较了混合 OLS 方法、固定效应方法和随机效应方法的分析结果，并根据 Hausman 检验得到的 χ^2 值和 P 统计值，集中讨论有偏估计比较小的回归分析结果。关于 FDI 进入对中国劳动工资影响的计量分析结果参见表 8-1。

在作计量分析时，我们首先考虑 FDI 进入对不同地区劳动工资差距的影响，然后考虑 FDI 进入对不同地区劳动工资绝对水平的影响。

五、计量分析结果

第一，FDI 进入对中国不同地区劳动工资差距的影响。

[①] 关于经济对外开放的工资差距效应可参见任志成和张二震：《开放对发展中国家工资差距的影响：一个文献综述》，载《世界经济研究》2007 年第 9 期。

表 8-1　FDI 进入对中国劳动工资的影响

解释变量		$dwage_{i,t}$		$wage_{i,t}$	
		模型（1）	模型（2）	模型（3）	模型（4）
本年度 FDI 流量	$ffdi_{i,t}$	0.747***	0.635***	-1.823**	-5.568***
		(3.97)	(3.37)	(-2.02)	(-5.51)
上一年度 FDI 流量	$ffdi_{i,t-1}$			2.083**	3.320***
				(2.33)	(3.10)
上一年度 FDI 存量	$sfdi_{i,t-1}$	0.171***	0.139***		
		(4.97)	(4.11)		
上两年度 FDI 存量	$sfdi_{i,t-2}$			0.587***	0.438***
				(5.60)	(4.35)
政府对教科文卫投资	$ceshgov_{i,t-1}$	4.939***	4.815***	-14.541***	-0.404
		(6.55)	(6.96)	(-6.29)	(-0.22)
居民储蓄存款	$dep_{i,t-1}$	-0.020**	-0.018**		
		(-2.25)	(-2.03)		
对外贸易依存度	$trade_{i,t-1}$	0.233***	0.261***	0.178**	0.266***
		(8.65)	(10.65)	(2.17)	(3.95)
教育	$edu_{i,t-1}$	0.072***	0.077***	0.204***	0.145***
		(3.74)	(4.29)	(3.53)	(2.83)
国有企业投资	$sinv_{i,t}$	0.103	0.073	0.063	-0.294
		(0.95)	(0.67)	(0.19)	(-0.79)
集体企业投资	$cinv_{i,t}$	0.944***	1.235***	-1.217	-1.184*
		(3.82)	(5.23)	(-1.60)	(-1.80)
个体经营企业投资	$iinv_{i,t}$	-0.259	-0.316	-0.703	-0.686
		(-1.17)	(-1.42)	(-1.03)	(-0.96)
中国本地投资	$hinv_{i,t-1}$	0.022	0.057	0.261	1.018***
		(0.23)	(0.57)	(0.84)	(2.82)
城市就业人口	$uemp_{i,t}$	0.319***	0.180**	-3.183***	-2.205***
		(2.60)	(2.14)	(-9.11)	(-12.65)
第三产业就业人口	$teremp_{i,t}$	0.311**	0.287**	7.520***	5.597***
		(2.09)	(1.96)	(21.28)	(15.24)
邓小平南巡讲话	dum_xp	-0.050***	-0.054***	0.484***	0.825***
		(-3.29)	(-3.64)	(11.50)	(20.37)
中国加入 WTO	dum_wto	-0.079***	-0.086***	0.371***	0.466***
		(-5.54)	(-6.10)	(9.03)	(10.66)

(续表8-1)

解释变量		$dwage_{i,t}$		$wage_{i,t}$	
		模型（1）	模型（2）	模型（3）	模型（4）
常数项	constant	-0.316***	-0.291***	7.377***	6.792***
		(-4.11)	(-4.38)	(50.32)	(70.04)
观察值	oservations	642	642	617	617
样本期间	time period	1979-2008	1979-2008	1979-2008	1979-2008
省区分组	groups	30	30	30	30
拟合优度	R^2	0.6058	0.6583	0.8413	0.904
总体统计指标	Wald chi^2	45.7	721.99	670.91	6411.97
Hausman检验	Hausman chi^2	9822.44	9822.44	261.91	261.91
P统计值	Pvalue	0.0000	0.0000	0.0000	0.0000
分析方法	analysis method	fe_reg	re_gls	fe_reg	re_gls

说明：（1）括号中为t统计值或z统计值。（2）***、**、*分别表示在1%、5%和10%水平上统计检验显著。（3）对控制变量的详细说明和统计分析参见第二章表2-2和表2-3。

我们以1979～2008年中国30个省区的面板数据共计642个样本为基础，计量分析了FDI进入对中国不同地区劳动工资差距的影响。表8-1中模型（1）和模型（2）给出了计量分析结果。模型（1）和（2）显示，固定效应的分析结果更好。

模型（1）和模型（2）表明，本年度FDI进入增加可使得本地区当期劳动工资占全国劳动工资平均值的比重显著提高，使用固定效应分析方法和使用随机效应分析方法得到的系数［对应于模型（1）和模型（2）中的$ffdi_{i,t}$的系数］，都为正值且统计检验均显著。就固定效应分析结果来看，本年度FDI进入占本地区GDP的比重每提高1个百分点，本地区年度劳动工资占中国劳动工资平均水平的比重就会提高0.747个百分点。就随机效应分析结果来看，本年度FDI进入占本地区GDP的比重每提高1个百分点，本地区年度劳动工资占中国劳动工资平均水平的比重就会提高0.635个百分点。

从模型（1）和模型（2）可以看出，上一年度实际利用FDI存量增加也会显著提高当期本地区劳动工资占全国劳动工资平均值的比重；使用固定效应分析方法和使用随机效应分析方法得到的系数［对应于模型（1）和模型（2）中的$sfdi_{i,t-1}$的系数］，都为正值且统计检验均显著。就表8-1中模型(1)给出的固定效应分析结果来看,前一年度本地区实际利用 FDI 存量占 GDP 的比重每提高 1 个百分点,该地区当期劳动工资占全国劳动工资平均值的比重就会提高 0.171 个百分点;就表 8-1 中模型(2)给出的随机效应分析结果来看,前一年度本地区实际利用 FDI 存量占 GDP 的比重每提高 1 个百分点,该地区当期劳动工资占全国劳动工资平均值的比重就会提高 0.139 个百分点。因此,实际利用 FDI 规模增加,可使得本地区的劳动工资水平显著高于中国劳动工资的平均水平。

实际利用 FDI 流量和 FDI 存量较多的地区,其劳动工资在全国平均劳动工资中占比相对较高表明:(1)外资企业的劳动生产率显著高于国有企业、集体企业、个体经营企业等中国本地企业。(2)劳动要素从中部和西部等 FDI 进入较少地区,以及从中国本地企业向外资企业流动存在一定难度,凭借劳动力跨地区自由流动来缩小不同地区之间的劳动工资差距的机制并不明显。

第二,FDI 进入对中国劳动工资绝对水平的影响。

我们以 1979~2008 年中国 30 个省区的面板数据共计 617 个样本为基础,计量分析了 FDI 进入对中国不同地区劳动工资绝对水平的影响。表 8-1 中模型(3)和模型(4)给出了计量分析结果。模型(3)和模型(4)显示,固定效应的分析结果更好。

模型(3)和模型(4)表明,年度实际利用 FDI 规模占 GDP 比重提高,会使得本地区年度劳动工资实际值绝对水平显著下降,使用固定效应分析方法得到的系数和使用随机效应分析方法得到的系数,都为负值且统计检验均显著[对应于模型(3)和(4)中的 $ffdi_{i,t}$ 的系数]。但是,年度实际利用 FDI 规模增加会显著提高后一年度本地区劳动工资的实际值,使用固定效应分析方法得到的系数和使用随机效应分析方法得到的系数,都为正值且统计检验显著[对应于模型(3)和(4)中的 $ffdi_{i,t-1}$ 的系数]。从长期来看,年度实际利用 FDI 流量增加,可显著提高本地区劳动工资实际值绝对水平。就模型(3)的分析结果来看,年度实际利用 FDI 流量占 GDP 的比重每增加 1 个百分点,在长期中本地区劳动工资实际值可提高 0.26 个百分点。

从模型(3)和模型(4)可以看出,上两个年度实际利用 FDI 存量增加也会显著提高当期本地区劳动工资实际值;使用固定效应分析方法和使随机效应分析方法得到的系数［对应于模型（3）和模型（4）中的 $sfdi_{i,t-2}$ 的系数］，都为正值且统计检验均显著。固定效应分析结果表明，前两个年度本地区实际利用 FDI 存量占 GDP 的比重每提高 1 个百分点，该地区当期劳动工资实际值就会提高 0.587 个百分点；就表 8-1 中模型（4）给出的随机效应分析结果来看，前两个年度本地区实际利用 FDI 存量占 GDP 的比重每提高 1 个百分点，该地区当期劳动工资实际值就会提高 0.438 个百分点。因此，实际利用 FDI 规模增加，可使得本地区的劳动工资实际值显著提高。

上述分析表明：（1）FDI 进入当期会减少当地的劳动用工需求，比如本地国有企业等单位因 FDI 进入遭遇市场份额缩小而被迫减少劳动用工，进而引起本地劳动工资在 FDI 进入当期出现下降。（2）FDI 企业劳动效率高于中国本地企业，在 FDI 进入初期的劳动就业挤出效应消失以后，FDI 企业的高劳动生产率优势引起的劳动工资上涨趋势凸显，并使得本地劳动工资在 FDI 进入以后时期得以明显提高。

第三，影响中国不同地区之间劳动工资差距的其他因素。

从劳动供给角度看，高等学校在校学生人数占居民人口比重提高、城市就业人口占全部居民人口比重提高、政府对科教文卫投资占 GDP 比重提高、人均居民储蓄水平下降等，也会使得劳动工资水平显著地高于其他地区。

从劳动需求角度来看，集体企业固定资产投资增加、对外贸易开放度提高、第三产业就业人口占全部就业人口的比重提高，也会使得劳动工资水平显著高于其他地区。全部企业固定资产投资增加和国有企业固定资产投资增加，对劳动工资高于全国平均水平有积极作用［对应于表 8-1 中模型（1）和模型（2）中的 $hinv_{i,t-1}$ 和 $sinv_{i,t}$ 的系数］。

从政府政策行为角度来看，邓小平南巡讲话，以及中国加入 WTO，都会引起本地区劳动工资低于全国平均水平［对应于模型 1 和模型 2 中的 dum_xp 和 dum_wto 的系数］。将此分析结果结合模型（1）和模型（2）的常数项小于 0 可知，1992 年以后和 2002 年以后，劳动工资水平相对较低的地区其劳动工资水平进一步低于全国平均水平，中国不同地区之间的劳动工资差距实际上进一步扩大了。

第四，影响中国不同地区劳动工资绝对水平的其他因素。

从劳动供给角度来看,城市就业人口占全部居民人口比重提高[1]、高等学校在校学生人数占居民人口比重下降[2]、政府对科教文卫投资占 GDP 比重提高等,均会使得劳动工资绝对水平显著下降。

从劳动需求角度来看,对外贸易开放度提高、第三产业就业人口占全部就业人口的比重提高等,会使得劳动工资绝对水平显著提高。集体企业固定资产投资增加和个体经营企业固定资产投资增加,均会降低劳动工资绝对水平。此外,全部企业固定资产投资增加和国有企业固定资产投资增加,对劳动工资绝对水平提高有积极作用。

从政府政策行为角度来看,邓小平南巡讲话以后以及中国加入世界贸易组织以后的宏观政策环境,均有助于中国所有地区劳动工资绝对水平提高[对应于表 8-1 中模型(3)和(4)中的 dum_xp 和 dum_wto 系数]。此结果表明,1992 年以后和 2002 年以后,随着改革深化和对外开放水平提高,中国所有地区劳动生产率均得到了显著提升,且劳动生产率提高的劳动工资增加效应超过劳动人口就业竞争引起的劳动工资减少效应,因而引起劳动工资绝对水平提高。

第五节 FDI 进入制造业对中国劳动工资差距的影响

一、计量分析方程

我们使用的计量分析方程如下:

$$wage_{i,t} = \beta_0 + \beta_1 sfdi_{i,t-1} + \beta_2 manufdi_{i,t}$$
$$+ \sum \gamma_j CONTROL_{i,t}^j + \alpha_i + \lambda_t + \varepsilon_{i,t} \quad (8\text{-}3)$$
$$dwage_{i,t} = \beta_0 + \beta_1 sfdi_{i,t-1} + \beta_2 manufdi_{i,t}$$
$$+ \sum \gamma_j CONTROL_{i,t}^j + \alpha_i + \lambda_t + \varepsilon_{i,t} \quad (8\text{-}4)$$

---

[1] 李实等(2002)对中国城镇贫困问题的分析也支持这一结论。参见李实、耐特(John Knight):《中国城市中的三种贫困类型》,载《经济研究》2002 年第 10 期。

[2] 此研究结论与王忠等(2011)的研究结果相同。王忠等研究发现,教育作为人力资本的重要组成部分,越来越成为导致中国劳动工资差距扩大的根本性原因。参见王忠等:《中国行业间工资差距变化及趋势研究》,载《财经问题研究》2011 年第 8 期。

我们使用的被解释变量包括以下两个方面：第一，t 年度 i 省区劳动工资名义值经过一般零售价格指数（grpi）调整后得到的数值的自然对数，用 $wage_{i,t}$ 表示。第二，t 年度中国 i 地区劳动工资实际值占中国 t 年度劳动工资实际值平均数比重的自然对数值，用 $dwage_{i,t}$ 表示。

我们使用的核心解释变量为 t 年度 i 省区制造业部门实际利用 FDI 占 t 年度 i 省区 GDP 比重 $manufdi_{i,t}$，$manufdi_{i,t-1}$ 为其滞后 1 期值。方程（8-3）和（8-4）中，$\varepsilon_{i,t}$ = 随机扰动项，α_i = 地区固定效应系数，γ_t = 时间固定效应系数。β_j = 待估计系数，$j = 0, 1, \cdots$。

我们使用的控制变量包括以下几个方面。

第一，劳动人口需求因素。

我们引入了上一年度 i 地区实际使用 FDI 存量占同期 i 地区 GDP 的比重（$sfdi_{i,t-1}$）、本地区全部企业上一年度固定资产投资规模占上一年度本地区 GDP 的比重（$hinv_{i,t-1}$）、本年度 i 地区国有企业固定资产投资规模占 i 地区 GDP 的比重（$sinv_{i,t}$）、本年度 i 地区集体企业固定资产投资规模占 i 地区 GDP 的比重（$cinv_{i,t}$），以及本年度 i 地区个体经营企业固定资产投资规模占 i 地区 GDP 的比重（$iinv_{i,t}$）等 5 个有关劳动人口需求的指标。在实际利用 FDI 存量和企业固定资产投资支出增加时，可能会对劳动要素产生更多的需求，导致劳动工资提高，也有可能会替代劳动，使得劳动需求减少劳动工资下降。因此，企业固定资产投资增加对劳动工资的影响方向取决于实际经济情形。

我们还使用对外贸易开放度来描述市场需求引致的劳动要素需求变动进而对劳动工资水平的影响。贸易开放度（$trade_{i,t-1}$）等于 t 年度进口贸易和出口贸易人民币值占 t 年度本地区 GDP 的比重。进出口贸易越发达的地区，商品的市场需求越旺盛，对劳动要素的需求也越旺盛，劳动工资水平会有所提高并显著高于进出口贸易相对不发达地区。

我们使用 i 地区第三产业就业人口占全部就业人口的比重（$teremp_{i,t}$），来表示 i 地区劳动人口的市场竞争能力。一般来说，第三产业的生产效率和市场垄断程度要高于农业和制造业，第三产业中的劳动工资要高于其他部门。我们还控制了批发零售部门产值占 GDP 比重（$wrct_{i,t-1}$）对劳动工资的影响。

第二，劳动人口供给因素。

我们使用 i 地区政府对科教文卫投资（$ceshgov_{i,t-1}$），来表示 i 地区的劳动人口总体素质。政府对科教文卫投资增加有利于劳动人口劳动生产率提高，劳动工资会相对比较高。

第三，政府政策措施。

我们分别用邓小平南巡讲话虚拟变量（dum_xp）、中国加入 WTO 虚拟变量（dum_wto）来描述政府行为。中国在邓小平南巡讲话以后实行了加快对外开放、加速内部经济体制改革的政策，劳动的跨区域和跨部门流动程度提高，因此有助于劳动工资提高并有助于缩小中国各个地区之间的劳动工资差距。中国加入 WTO 以后，对外开放和经济改革步伐进一步加快，因此与邓小平南巡讲话以后的政策效应预期相似，也即：有助于劳动工资提高并有助于缩小中国各个地区之间的劳动工资差距。

我们使用的有关政府政策行为的其他控制变量包括：税收比率滞后 1 期值（$tax_{i,t-1}$）、政府行政开支占 GDP 比重滞后 1 期值（$expend_{i,t-1}$）。

二、计量分析结果

1. FDI 进入制造业部门对中国劳动工资绝对水平的影响

我们作实证检验的样本时期为 1987~2008 年，样本观察值有 186 个，共涉及中国 23 个省区。我们使用固定效应分析方法和随机效应分析方法对样本数据进行了计量分析，并对计量分析结果作了 Hausman 检验。表 8-2 给出了 FDI 进入制造业部门对中国劳动工资绝对水平影响的计量分析结果。

在表 8-2 中，模型（1）、模型（2）、模型（3）对实际利用 FDI 存量的滞后一期值、第三产业部门劳动就业、税收、个体经营企业固定资产投资等因素进行了控制；模型（1）为混合 OLS 分析结果，模型（2）为固定效应分析结果；模型（3）为随机效应分析结果。模型（1）、模型（2）、模型（3）对应于 $manufdi_{i,t}$ 的系数均小于 0 且统计检验显著。

表 8-2 中的模型（4）、模型（5）、模型（6），在模型（1）、模型（2）、模型（3）的基础上，进一步对 1992 年邓小平南巡讲话、2002 年中国加入 WTO 等因素进行了控制；模型（4）为混合 OLS 分析结果，模型（5）为固定效

表 8-2 制造业部门 FDI 进入的劳动工资绝对水平效应

被解释变量	$wage_{i,t}$								
解释变量	模型(1)	模型(2)	模型(3)	模型(4)	模型(5)	模型(6)	模型(7)	模型(8)	模型(9)
$manufdi_{i,t}$	-1.050**	-0.728**	-0.824**	-0.618*	-0.605**	-0.584**	-3.354***	-0.950**	-1.020**
	(-2.34)	(-2.58)	(-2.51)	(-1.83)	(-2.44)	(-2.06)	(-4.62)	(-2.34)	(-2.22)
$sfdi_{i,t-1}$	0.517***	1.663***	1.097***	0.673***	1.517***	0.938***	1.290***	2.507***	1.859***
	(3.82)	(10.39)	(6.97)	(6.63)	(11.03)	(7.61)	(4.88)	(11.15)	(8.66)
$teremp_{i,t}$	6.311***	7.794***	7.080***	3.722***	5.622***	4.578***			
	(19.82)	(16.17)	(15.42)	(11.46)	(11.47)	(10.99)			
$wrct_{i,t-1}$							-9.051***	1.039	-2.228
							(-3.74)	(0.57)	(-1.17)
$tax_{i,t-1}$	-11.495***	-1.989**	-6.412***	-5.875***	-2.114**	-5.401***	-11.330***	-5.534***	-9.740***
	(-13.21)	(-2.04)	(-6.74)	(-6.79)	(-2.43)	(-6.53)	(-6.72)	(-3.68)	(-7.17)
$expend_{i,t-1}$							-31.348***	8.665	15.380
							(-2.74)	(0.68)	(1.40)
$trade_{i,t-1}$							0.485***	0.812***	0.687***
							(3.46)	(5.44)	(4.93)
dum_xp				0.512***	0.275***	0.370***			
				(5.65)	(4.41)	(5.21)			
dum_wto				0.632***	0.338***	0.473***			
				(11.04)	(7.15)	(9.44)			

(续表 8-2)

被解释变量	$wage_{i,t}$								
解释变量	模型 (1)	模型 (2)	模型 (3)	模型 (4)	模型 (5)	模型 (6)	模型 (7)	模型 (8)	模型 (9)
$sinv_{i,t}$							1.933***	−0.139	−0.100
							(3.08)	(−0.22)	(−0.17)
$cinv_{i,t}$							−5.520**	−0.482	−2.283
							(−2.55)	(−0.29)	(−1.32)
$iinv_{i,t}$	6.987***	4.129***	6.137***	2.204***	2.748***	3.462***	5.320***	7.418***	7.562***
	(7.03)	(5.07)	(7.16)	(2.60)	(3.77)	(4.48)	(3.02)	(6.39)	(6.15)
常数项	7.463***	6.077***	6.853***	7.331***	6.505***	7.123***	10.317***	7.946***	8.898***
	(52.99)	(34.74)	(40.42)	(59.50)	(38.76)	(50.15)	(22.07)	(22.55)	(24.63)
观察值	186	186	186	186	186	186	186	186	186
省区分组	23	23	23	23	23	23	23	23	23
拟合优度	0.7943	0.4829	0.6832	0.8878	0.6765	0.8656	0.4583	0.2969	0.3623
Wald chi^2	143.89	385.4	1355.83	210.22	392.65	2046.64	18.39	97.71	634.67
Hausman chi^2	\	306.4	306.4	\	94.77	94.77	\	−103.6	−103.6
P 统计值	\	0.00	0.00	\	0.00	0.00	\	\	\
计量方法	ols	fe_reg	re_gls	ols	fe_reg	re_gls	ols	fe_reg	re_gls

说明：(1) 括号中为 t 统计值或 z 统计值。(2) 被解释变量为劳动工资 $wage_{i,t}$，等于 t 年度 i 地区劳动工资名义值经过一般零售价指数 (grpi) 调整后得到的数值的自然对数值。(3) ***、**、* 分别表示在1%、5% 和 10% 水平上统计检验显著。(4) 对控制变量的详细说明和统计分析参见第二章表 2-2 和表 2-3。

应分析结果，模型（6）为随机效应分析结果。模型（4）、模型（5）、模型（6）对应于 $manufdi_{i,t}$ 的系数均小于 0 且统计检验显著。

表 8-2 中的模型（7）、模型（8）、模型（9），在模型（1）、模型（2）、模型（3）的基础上，进一步对批发零售行业产值、政府部门行政开支、对外贸易依存度、国有企业固定资产投资、集体企业固定资产投资等因素进行了控制。模型（7）为混合 OLS 分析结果，模型（8）为固定效应分析结果，模型（9）为随机效应分析结果。模型（7）、模型（8）、模型（9）对应于 $manufd_{i,t}$ 的系数均小于 0 且统计检验显著。

由上可见，制造业部门实际利用 FDI 规模占 GDP 比重提高，可使得中国劳动工资绝对水平显著下降。以表 8-2 中的模型（4）、模型（5）、模型（6）为例。模型（5）的固定效应分析 F 统计值等于 392.65，表明固定效应分析结果优于混合 OLS 分析结果；关于面板数据异方差问题和变量内生问题的 Hausman 检验 χ^2 值等于 94.77，P 统计值等于 0，表明固定效应分析结果优于随机效应分析结果。模型（5）中对应于 $manufdi_{i,t}$ 的系数等于 -0.605 且统计检验显著；这一分析结果表明，制造业部门实际利用 FDI 规模占 GDP 的比重每提高 1 个百分点，中国劳动工资水平会显著下降 0.605 个百分点。

表 8-2 给出的计量分析结果表明，除制造业部门 FDI 进入会使得中国劳动工资绝对水平显著下降以外，税收比率提高也会使得中国劳动工资绝对水平显著下降。此外，以下因素会使得中国劳动工资绝对水平显著上升。这些因素包括：实际利用 FDI 存量增加、第三产业劳动就业增加、对外贸易开放度提高、1992 年邓小平南巡讲话、2002 年中国加入 WTO、个体经营企业固定资产投资增加等。

2. FDI 进入制造业部门对中国劳动工资相对水平的影响

我们作实证检验的样本时期为 1987～2008 年，样本观察值有 163 个，共涉及中国 23 个省区。我们使用固定效应分析方法和随机效应分析方法对样本数据进行了计量分析，并对计量分析结果做了 Hausman 检验。

在表 8-3 中，模型（1）、模型（2）、模型（3）对实际利用 FDI 存量的滞后一期值、政府部门行政开支、政府部门对科教文卫投资、对外贸易开放度、集体企业固定资产投资、个体经营企业固定资产投资等因素进行了控

表 8-3　FDI 制造业进入的劳动工资相对水平效应

被解释变量	$dwage_{i,t}$				
解释变量	模型（1）	模型（2）	模型（3）	模型（5）	模型（6）
$manufdi_{i,t}$	0.872 *	1.721 ***	1.660 ***	0.729 *	0.865 **
	(1.92)	(3.98)	(3.64)	(1.87)	(1.98)
$sfdi_{i,t-1}$	0.656 ***	0.457 ***	0.486 ***	-0.078	-0.047
	(5.69)	(4.55)	(4.47)	(-1.34)	(-0.83)
$hinv_{i,t-1}$				0.444 ***	0.503 ***
				(4.46)	(4.53)
$expend_{i,t-1}$	-22.660 ***	12.291 ***	-3.705	11.520 ***	-1.516
	(-7.01)	(3.23)	(-1.07)	(3.58)	(-0.47)
$ceshgov_{i,t-1}$	15.598 ***	6.666 ***	8.890 ***	10.633 ***	11.006 ***
	(7.52)	(3.88)	(4.90)	(6.73)	(6.26)
$trade_{i,t-1}$	0.342 ***	0.189 ***	0.302 ***	0.211 ***	0.320 ***
	(12.51)	(5.16)	(8.74)	(6.50)	(9.80)
dum_xp				0.119 ***	0.076 ***
				(4.81)	(2.84)
dum_wto				-0.116 ***	-0.117 ***
				(-7.07)	(-6.14)
$sinv_{i,t}$				-0.671 ***	-0.583 ***
				(-4.02)	(-3.30)
$cinv_{i,t}$	-0.417 **	-0.392 **	-0.303 *		
	(-2.28)	(-2.47)	(-1.85)		
$iinv_{i,t}$	-2.688 ***	-1.303 ***	-1.745 ***	-0.710 **	-1.097 ***
	(-6.86)	(-4.01)	(-5.09)	(-2.46)	(-3.39)
常数项	-0.328 ***	-0.383 ***	-0.396 ***	-0.474 ***	-0.454 ***
	(-6.12)	(-6.45)	(-6.55)	(-8.82)	(-7.58)
观察值	163	163	163	163	163
样本期间	1987~2008	1987~2008	1987~2008	1987~2008	1987~2008
省区分组	23	23	23	23	23
拟合优度	0.8518	0.3584	0.7838	0.2338	0.7429
Wald chi^2	133.99	37.75	267.53	43.82	360.19
Hausman chi^2	\	65.91	65.91	-68.31	-68.31
P 统计值	\	0.00	0.00	\	\
计量方法	ols	fe_reg	re_gls	fe_reg	re_gls

说明：(1) 括号中为 t 统计值或 z 统计值。(2) 被解释变量为劳动工资 $dwage_{i,t}$，等于 t 年度 i 地区劳动工资实际值占全国 t 年度劳动工资实际值平均数比重的自然对数值。(3) ***、**、* 分别表示在 1%、5% 和 10% 水平上统计检验显著。(4) 对控制变量的详细说明和统计分析参见第二章表 2-2 和表 2-3。

制；模型（1）为混合 OLS 分析结果，模型（2）为固定效应分析结果，模型（3）为随机效应分析结果。模型（1）、模型（2）、模型（3）对应于 $manufdi_{i,t}$ 的系数均大于 0 且统计检验显著。

表 8-3 中的模型（4）、模型（5），在模型（1）、模型（2）、模型（3）的基础上，进一步对本地区国有企业和个体经营企业前一时期固定资产投资、1992 年邓小平南巡讲话、2002 年中国加入 WTO 等因素进行了控制，但对集体企业固定资产投资因素没有进行控制；模型（4）为固定效应分析结果，模型（5）为随机效应分析结果。模型（4）、模型（5）对应于 $manufdi_{i,t}$ 的系数均大于 0 且统计检验显著。由上可见，制造业部门实际利用 FDI 规模占 GDP 比重提高，可使得 FDI 进入地区劳动工资相对水平显著提高。以表 8-3 中的模型（4）、模型（5）为例。模型（4）的固定效应分析 F 统计值等于 43.82，表明固定效应分析结果优于混合 OLS 分析结果。① 关于面板数据异方差问题和变量内生问题的 Hausman 检验 χ^2 值等于 -68.31，P 统计值无法得到，表明固定效应分析结果优于随机效应分析结果。模型（4）中对应于 $manufdi_{i,t}$ 的系数等于 0.729 且统计检验显著；这一分析结果表明，制造业部门实际利用 FDI 规模占 GDP 的比重每提高 1 个百分点，i 地区 t 年度劳动工资占中国所有地区 t 年度劳动工资平均水平的比重会高出 0.729 个百分点。

表 8-3 给出的计量分析结果表明，除制造业部门 FDI 进入会使得 i 地区 t 年度劳动工资相对于 t 年度全国平均工资水平显著提高以外，以下因素也会使得 i 地区 t 年度劳动工资显著高于 t 年度全国劳动工资平均水平。这些因素包括：前一时期实际利用 FDI 存量增加、对外贸易开放度提高、1992 年邓小平南巡讲话、前一时期本地区企业固定资产投资规模扩大、政府部门对科教文卫投资增加，等等。以下因素则会使得 i 地区 t 年度劳动工资显著低于 t 年度全国劳动工资平均水平：2002 年中国加入 WTO、国有企业固定资产投资增加、个体经营企业固定资产投资增加等。

---

① 表 8-2 显示，FDI 进入制造业部门会显著降低 i 地区 t 年度劳动工资绝对水平；而表 8-3 显示，FDI 进入制造业部门会显著提高 i 地区 t 年度劳动工资占全国 t 年度劳动工资平均水平的比重。我们的解释是，制造业部门 FDI 进入当年在引起本地区劳动工资水平显著下降的同时，中国其他省区因本地区制造业部门 FDI 进入增加，其劳动工资水平有更多的下降。

第六节 结论与政策启示

一、研究结论

FDI 进入会引起中国不同地区和不同行业及不同类型企业之间的劳动工资差距显著扩大。经验证据显示,本地区年度实际利用 FDI 规模提高,可使得本地区当期劳动工资水平显著地高于中国所有地区的劳动工资平均水平;也可以使得本地区劳动工资长期高于中国所有地区的劳动工资平均水平。尽管本地区年度实际利用 FDI 规模增加,本地区当期劳动工资绝对水平会出现短期下降,但本地区年度实际利用 FDI 规模提高,可使得本地区的劳动工资绝对水平在长期中显著提高。本地区实际利用 FDI 存量水平提高,同样可显著地提高本地区劳动工资绝对水平,并使得本地区劳动工资显著地高于中国所有地区劳动工资的平均水平。

对制造业部门 FDI 进入的劳动工资效应实证研究表明,制造业 FDI 进入会引起当期劳动工资绝对水平出现下降,但有助于提高 FDI 进入地区的劳动工资相对于全国的平均水平。

二、政策启示

FDI 进入会使得中国劳动工资水平在外资企业与国有企业及其他企业之间的差距扩大,并会使得中国劳动工资水平在行业之间和地区之间的差距扩大,政府需要鼓励劳动要素在更高的水平上实现跨行业、跨地区和跨不同类型企业的自由流动。为了提高劳动要素的自由流动能力,需要逐渐取消传统的限制劳动要素自由流动的户籍管理制度等制约因素,打破地区之间限制劳动要素自由流动的壁垒;也可以通过加强对劳动要素的技能培训,使得劳动人口能够比较好地适应新的行业用工需求和新的企业用工需求。

国有经济部门等中国本地企业单位需要进一步完善劳动激励制度,鼓励优秀的劳动力从外资企业流入本经济部门,充分利用外资企业对劳动力的培训机制来提高国有经济等部门的劳动生产率水平。与此同时,进一步减少国有经济部门等单位的职工向外资企业流动的障碍,使得员工离开国有企业进入外资企业的管理工作有章可循。建立了这样的机制后,一方面可以缩小外资企业职工与本地企业职工之间的工资收入差距,另一方面也可以促进劳动力在外资企业和本地企业之间的双向流动,进一步发挥外资对本地经济发展的积极促进作用。

第 九 章

FDI 占中国固定资产投资比重变动的影响因素

统计数据显示，FDI 进入占中国固定资产投资比重在 1979~1998 年间处于一个逐渐上升的过程，1998 年这一比重超过了 10%；1998 年以后，这一比重开始出现下降。但是在 2008 年，这一比重仍旧超过 1988 年的水平。也即，1979~2008 年，FDI 进入占中国年度固定资产投资总额的比重经历了先增加后下降的过程，呈现出显著的倒 U 型变动特征。

第一节 FDI 在中国固定资产投资中的比重变化

1979~1987 年，在中国东部 12 个 FDI 流入集中的省区中，实际利用 FDI 占相应省区年度固定资产投资规模的比重一直在 10% 以下。1992~2002 年，福建、广东、海南、天津等 4 个省区实际利用 FDI 占本省区年度固定资产投资的比重在 30%~40%，福建省的这一指标在 1994 年一度达到了 58.2%。2002 年以后，福建、广东、海南、天津等 4 个省区实际利用 FDI 占本省区年度固定资产投资的比重逐渐下降到 20% 以下，并稳定在 10% 至 20% 之间。2002~2007 年，在中国东部沿海的 12 个省区中除广西、河北以外，海南、广东、福建、浙江、上海、江苏、山东、天津、北京、辽宁等 10 个省区，年度实际利用 FDI 占本省区年度固定资产投资总额的比重稳定在 6%~20% 之间。

尽管不同省区 FDI 占固定资产投资比重变化的趋势有一定差异，但都表现出先逐渐上升后逐渐下降的变化过程。一个比较显著的特征是，广东、福建、浙江、江苏、山东、天津等地区，FDI 占当地固定资产投资比重基本上都是在 1994~2001 年间达到历史最高水平，然后开始逐渐下降。

影响 FDI 在中国固定资产投资中的比重发生变化的主要因素到底有哪些呢？现有文献并没有直接给出相关答案。对此问题的准确回答有助于理解 1979~2008 年中国经济发展中 FDI 相对贡献变动的影响因素，可为有关部门调整利用 FDI 政策并使之与中国本地经济协调发展提供参考建议。

第二节 FDI 占中国本地投资比重变动影响因素的实证检验

从 FDI 在中国固定资产投资中所占比重的计算方法来看，那些更加有利于 FDI 进入中国的因素会使得这一比重变大；那些更加有利于中国本地企业固定资产投资增加的因素会使得这一比重变小。在这些因素当中，有些因素可能会同时影响 FDI 进入规模和中国本地企业固定资产投资规模，但这些因素对 FDI 进入与中国本地投资的影响强度和方向可能会有差异。FDI 与中国本地投资之间也会存在相互作用。当 FDI 进入挤出中国本地投资时，这一比重会变大，反之这一比重会变小。

一、计量分析方程和数据说明

蒂斯（Dees，1998）对 1983~1995 年由 11 个国家组成的面板数据进行分析后发现，导致 FDI 大量进入中国的原因有：市场规模、低劳动力成本、利率和中国改革的程度；成和关（Cheng and Kwan，2000）对 1983~1995 年中国 29 个省区的数据进行计量分析后得出结论：市场规模、基础设施、FDI 政策、劳动力成本和质量等，是 FDI 流向中国的重要影响因素。

基于现有文献研究结果（Dees，1998；崔新建，2002；Desai，Foley and Hines Jr.，2005；姚战琪，2009），在分析影响 FDI 进入占中国固定资产投资比重变化的因素时，我们集中考察了影响 FDI 进入的集聚效应（$sfdi_{i,t-1}$，为 $t-1$ 年度 i 地区实际利用 FDI 存量占 t 年度 i 地区 GDP 比重）、劳动要素获得效应（$sstaff_{i,t}$、$cstaff_{i,t}$ 和 $remp_{i,t}$，分别为 t 年度 i 地区国有企业、集体企业、农村地区的就业人数占 t 年度 i 地区全部从业人数比重；$wage_{i,t}$，为 t 年度 i 地区劳动工资实际值自然对数，用 i 地区 t 年度零售价格指数调整得到；$edu_{i,t}$，为 t 年度 i 地区高等在校学校人数乘以 100 占 i 地区 t 年度总人口数的比重）、产业配套能力（$wrct_{i,t}$，为 t 年度 i 地区批发零售部门产值占 t 年度 i 地区 GDP 比重）、政府行为（$tax_{i,t}$，为 t 年度 i 地区税收总值占 t 年度 i 地区 GDP 比重；$innogov_{i,t}$，为 t 年度 i 地区政府对创新基金投入占 t 年度 i 地区 GDP 比重；dum_wto，中国加入世界贸易组织虚拟变量，2002 年以前取值为 0，2002 年及以后取值为 1；dum_xp，中国领导人邓小平南巡讲话虚拟变量，1992 年以前取值为 0，1992 年及以后取值为 1）、金融服务获得效应（$loan_{i,t}$，为 t 年度 i 地区工业企业获得银行贷款占 i 地区 t 年度 GDP 比重）、对外开放水平（$trade_{i,t}$，为 t 年度 i 地区进出口贸易总值占 i 地区 t 年度 GDP 比重，使用人民币对美元年末汇率将年度进出口贸易总值换算成人民币后与 i 地区 t 年度 GDP 相除后得到）、基础设施效应（$highw_{i,t}$，t 年度 i 地区单位国土面积高速公路里程数）等指标①，并分时期、分地区进行了计量回归分析。我们使用的计量回归方程参见（9-1）式。$\varepsilon_{i,t}$ = 随机扰动项；β_j = 待估计的系数，j = 0，1，…，14。

$$rfdi_{i,t} = \beta_0 + \beta_1 sfdi_{i,t-1} + \beta_2 sstaff_{i,t-1} + \beta_4 remp_{i,t-1} + \beta_5 wrct_{i,t-1}$$
$$+ \beta_6 tax_{i,t-1} + \beta_7 innogov_{i,t-1} + \beta_8 loan_{i,t-1} + \beta_9 trade_{i,t-1} \quad (9\text{-}1)$$
$$+ \beta_{10} wage_{i,t-1} + \beta_{11} edu_{i,t-1} + \beta_{12} highw_{i,t-1} + \varepsilon_{i,t}$$

我们使用 t 年度 i 地区实际利用 FDI 占 t 年度 i 省区固定资产投资的比重 $rfdi_{i,t}$ 作为被解释变量。在（9-2）式中，$fdi_{i,t}$ = t 年度 i 省区实际利用 FDI 金额（单位：美元）；$RMBrate_t$ = t 年度末人民币对美元汇率水平（单位：人民币/美元）；$fixINV_{i,t}$ = t 年度 i 省区固定资产投资规模（单位：人民币元）。

$$rfdi_{i,t} = \frac{fdi_{i,t} * RMBrate_t}{fixINV_{i,t}} \quad (9\text{-}2)$$

我们使用的数据来自中国数据在线和各省区年度经济统计年鉴，时间范围从 1979～2008 年，共包括除西藏外的 30 个中国大陆省区。

---

① 对有关变量的详细说明和统计分析参见第二章表 2-2 和表 2-3。

二、FDI 占中国固定资产投资比重变化决定因素的分时期分析

我们将 FDI 进入中国分为三个时期。1979～1991 年为第一个时期。此时期中国主要是通过建立经济特区和对外开放沿海城市，实施各种优惠政策吸引 FDI。1992～2001 年为第二个时期。此时期为邓小平南巡深圳、珠海等城市直至中国 2001 年底正式加入 WTO 以前时期。在该时期，中国掀起了新一轮引进和利用 FDI 的高潮。2002～2008 年为第三个时期。该时期为中国加入 WTO 到美国金融危机全面爆发时期。此时期，中国在行业、地域、利用外资形式等方面全面对 FDI 开放，并对本地和内地投资实施了较为平等的国民待遇。

1. 第一时期（1979～1991）

1979～1991 年，我们的样本数据来自 23 个省区，共有 149 个观察值。我们分别使用了混合 OLS 分析方法、固定效应分析方法和随机效应分析方法进行了计量回归分析。计量分析结果显示，在 1979～1991 年的 13 年中，影响 FDI 进入占中国年度固定资产投资比重变动的影响因素有以下几个方面。

第一，集聚效应。表 9-1 中的模型（4）和模型（5）显示，上一年度实际利用 FDI 存量增加（$sfdi_{i,t-1}$），会引起本年度 FDI 流入占中国固定资产投资比重出现下降，也即 FDI 进入以发散效应为主，而不是正向集聚效应。

现实情形是，1979 年中国实行改革开放政策以后，FDI 首先进入广东省和福建省。在此后的 1980～1988 年，其他 28 个省区陆续首次公布了 FDI 进入数据。也即，FDI 进入中国是一个由广东、福建两个省区向其他省区渐次扩散的过程，FDI 进入中国的地区集聚效应不是很明显。在此阶段，也可以理解为各省区在有意识地控制 FDI 利用规模占本地固定资产投资比重的提高，在当时的中国社会中还比较普遍地存在 FDI 进入对中国本地投资利弊的争论。

第二，劳动要素获得效应。1979～1991 年，国有企业就业人数比重（$sstaff_{i,t-1}$）下降和集体企业就业人数比重（$cstaff_{i,t-1}$）下降，有助于 FDI 流入占中国年度固定资产投资比重提高。1979～1991 年，国有企业就业人数比重下降和集体企业就业人数比重呈现逐年下降过程，这反映了劳动就业从

表 9-1　FDI 占中国固定资产投资比重变化决定因素的分阶段特征

解释变量	1979~2008			1979~1991			1992~2001			2002~2008		
	模型(1)	模型(2)	模型(3)	模型(4)	模型(5)	模型(6)	模型(7)	模型(8)	模型(9)	模型(10)	模型(11)	模型(12)
$sfdi_{i,t-1}$	0.125***	0.123***	0.211***	−0.386**	−0.371***	0.110	0.018	0.034	0.111***	0.165***	0.156***	0.238***
	(6.63)	(6.55)	(12.81)	(−4.05)	(−4.30)	(1.30)	(0.63)	(1.12)	(4.07)	(2.67)	(2.60)	(9.79)
$sstaff_{i,t-1}$	0.336***	0.377***	0.157***	−1.316***	−1.300***	−0.883***	0.019	0.357***	0.209**	0.037	0.038	0.040
	(6.12)	(7.18)	(4.25)	(−3.17)	(−3.75)	(−2.78)	(0.13)	(2.71)	(1.98)	(0.37)	(0.43)	(0.70)
$cstaff_{i,t-1}$				−1.528***	−1.477***	−0.922***	−0.009	0.352**	0.215*	0.296	0.378	0.761***
				(−3.76)	(−4.07)	(−2.80)	(−0.05)	(2.44)	(1.70)	(0.88)	(1.23)	(4.26)
$wage_{i,t-1}$	0.113***	0.007	−0.011**	0.019	−0.001	0.000	−0.033	0.010	−0.018	0.045	0.055*	0.066***
	(5.34)	(1.43)	(−2.33)	(0.99)	(−0.24)	(0.05)	(−0.98)	(0.68)	(−1.28)	(0.73)	(1.76)	(2.84)
$tax_{i,t-1}$	−0.580***	−0.629***	−0.591***	−0.190**	−0.211***	−0.268***	−0.120	−0.146	−0.257	0.508	0.456	0.225
	(−5.00)	(−6.33)	(−6.16)	(−2.30)	(−2.95)	(−6.10)	(−0.64)	(−0.95)	(−1.78)	(1.60)	(1.50)	(0.84)
$innogov_{i,t-1}$				1.017***	1.033***	0.860***				−0.343	0.213	1.851
				(3.56)	(4.17)	(4.94)				(−0.18)	(0.12)	(1.57)
$loan_{i,t}$	−0.094**	0.005	0.109***	0.101***	0.082***	0.026	−0.039	−0.152*	−0.102	−0.004	−0.026	0.086
	(−2.17)	(0.14)	(3.39)	(3.18)	(3.20)	(1.38)	(−0.45)	(−1.94)	(−1.56)	(−0.04)	(−0.30)	(1.29)
$trade_{i,t-1}$	0.071***	0.130***	0.125***	0.044	0.043	0.095***	0.215***	0.265***	0.239***	−0.107***	−0.104***	−0.027
	(4.92)	(10.36)	(10.56)	(1.56)	(1.63)	(6.92)	(5.46)	(6.69)	(10.11)	(−3.50)	(−3.50)	(−1.41)

(续表 9-1)

解释变量	1979~2008			1979~1991			1992~2001			2002~2008		
	模型(1)	模型(2)	模型(3)	模型(4)	模型(5)	模型(6)	模型(7)	模型(8)	模型(9)	模型(10)	模型(11)	模型(12)
$edu_{i,t-1}$	−0.031***	−0.032***	−0.021***	0.115***	0.117***	0.012	0.019	−0.016	0.003	−0.026	−0.024	−0.001
	(−2.80)	(−3.10)	(−2.59)	(3.20)	(4.57)	(1.15)	(0.52)	(−0.45)	(0.12)	(−1.52)	(−1.45)	(−0.15)
$highw_{i,t-1}$	0.004	0.011	0.018	−0.059	−0.020	0.010	0.023	0.097	0.083	−0.006	−0.003	−0.012
	(0.22)	(0.56)	(1.02)	(−0.82)	(−0.31)	(0.63)	(0.31)	(1.22)	(1.54)	(−0.29)	(−0.18)	(−0.89)
常数项	−1.222***	−0.245***	0.016	1.364***	1.330***	0.902***	0.295	−0.358	0.002	−0.437	−0.510	−0.724***
	(−5.63)	(−3.86)	(0.32)	(3.05)	(3.71)	(2.68)	(0.81)	(−1.63)	(0.01)	(−0.80)	(−1.56)	(−2.92)
观察值	609	609	609	149	149	149	270	270	270	163	163	163
省区分组	30	30	30	23	23	23	30	30	30	30	30	30
F 统计值	42.84	\	\	68.99	\	\	64.44	\	\	25.05	\	\
拟合优度	0.8150	0.424	0.6526	0.9496	0.324	0.8862	0.9173	0.6252	0.7045	0.8672	0.0019	0.728
Wald chi^2	\	64.67	722.54	\	24.8	1074.86	\	9.22	235.8	\	6.74	155.92
Hausman chi^2	\	182.36	182.36	\	−14.84	−14.84	\	−166.24	−166.24	\	30.76	30.76
P 统计值	\	0.000	0.000	\	\	\	\	\	\	\	0.0006	0.0006
计量方法	ols	fe_reg	re_gls	ols	fe_reg	re_gls	ols	fe_reg	re_gls	ols	fe_reg	re_gls

说明：(1) 括号中为 t 统计值或 z 统计值。(2) ***、**、* 分别表示在 1%、5% 和 10% 水平上统计检验显著。(3) 被解释变量为 $rfdi_{i,t}$，等于年度实际利用 FDI 占有关省区固定资产投资的比重。(4) ols 计量分析结果包括了年度虚拟变量和省区虚拟变量。(5) 对控制变量的详细说明和统计分析参见第二章表 2-2 和表 2-3。

传统的国有企业和集体企业转移出来再就业的需求。这一方面会引起中国国有企业和集体企业投资相对下降，又为 FDI 进入中国创造了条件。再一点是，国有企业和集体企业就业人数比重比较低的地区市场化程度相对较高，对 FDI 进入本地区有一定的吸引力。

1979~1991 年，高等学校在校学生人数占当地人口比重（$edu_{i,t-1}$）越高越有助于 FDI 进入占本地固定资产投资比重提高。对此可这样解释：1979~1991 年，下海热、经商热，使得许多高校毕业生进入外资企业就业，为 FDI 进入中国提供了大量的高素质劳动人口。在此阶段，因国有企业和集体企业多处于改制转型过程中，高校毕业生进入国有企业和集体企业就业的数量逐年减少。1979~1991 年，高校毕业生还不能自主择业，毕业后多回到升学前的户籍所在地就业，而许多青年多在本省区的高校中就读，因此，高等学校在校学生人数占本地人口比重提高有利于 FDI 流入占本省区固定资产投资比重提高。

第三，政府行为。

1979~1991 年，税率越低的省区，年度 FDI 流入占本地区固定资产投资比重越高，FDI 流入规模相对比较多；同样，在同一省区，随着税率水平降低，年度 FDI 流入占本地固定资产投资比重也会提高，FDI 流入规模相对会增加。现实情形是，1979~1991 年，中国对外开放省区集中在东部沿海地区，在这些地区设有 4 个经济特区、20 多个沿海开放城市，并设有若干对外资提供优惠税率的经济开发区、保税区、出口加工区。这些地区的税收优惠政策有助于提高 FDI 进入收益，相对于中国中部和西部的其他省区，FDI 进入在地理空间上相对比较集中。此外，1979~1991 年中国实行的对外开放政策是渐次展开的，对 FDI 实行优惠税收政策的地区逐年推进，这对吸引 FDI 有积极意义。

1979~1991 年，政府对创新基金投入增加会显著提高 FDI 进入在固定资产投资中的比重水平。政府对创新基金投入增加体现了政府对企业自主创新能力提高的支持，有助于缩小本地企业相对于外来跨国公司之间的技术差距，有利于 FDI 以合资形式进入中国，因而对促进 FDI 进入中国有积极意义。

第四，金融市场环境。

1979～1991年，银行部门对工业企业信贷投放占本地GDP比重提高，有助于FDI进入占本地固定资产投资比重提高。银行对工业企业贷款供给增加意味着本地区和前一年度实行了比较宽松的信贷政策，这有利于本地企业投资增加，也有利于FDI进入增加，且增加更为明显。

由上可见，1979～1991年，有利于FDI进入占中国固定资产比重显著增加的因素主要是国有企业和集体企业中的就业人口比重下降、税收减免、政府对创新基金投入增加，以及高等学校在校学生人数增加等，银行相对宽松的信贷投放政策也起到推波助澜的作用。

2. 第二时期（1992～2001）

1992～2001年，我们的分析样本来自30个省区（除西藏外），共有270个观察值。计量分析结果表明，1992～2001年有利于FDI占中国固定资产投资比重增加的因素主要有以下几个方面。

第一，劳动要素获得效应。

1992-2001年，那些国有企业就业人口比重和集体企业就业人口比重均较高的省区，FDI占本地区固定资产投资比重会显著提高。这可以从两个方面来理解。

（1）国有企业和集体企业中就业人口比重较高的地区，在1992-2001年，加大了企业改制和转型力度；同时这些地区加大了FDI引进力度，对国有企业和集体企业新增固定资产投资比较有限。实际情形是，1993年和1994年在邓小平南巡讲话以后，各地区显著地加大了对外资的招商力度，希望借助外资来帮助国有企业和集体企业进行改制和转型。（2）国有企业和集体企业劳动就业比重较高的地区，有利于为FDI项目提供有一定经验的劳动要素，而当地企业也愿意通过引进FDI项目来帮助消化国有企业和集体企业中富余的就业人口。

第二，对外贸易依存度。

1992～2001年，对外贸易依存度较高的地区和对外贸易依存度较高的年份，FDI占本地固定资产投资比重也比较高。对外贸易依存度提高反映当地进出口贸易处于较高水平。一个地区对外贸易发展比较好时，可将原有的贸易关系变为投资关系，原来为外商出口的国内企业，通过引进外资经营FDI项目，再由合资企业为外方供货。这样有助于提高商品质量和稳定供货渠道，这在 1992~2001 年很常见。许多外贸企业业务员介绍自己的外方客户到中国投资办厂：这些外资有的是从中国的进口商，有的是对中国的出口商。从中国的进口商通过在中国投资办厂，生产出产品后再出口，稳定了供货渠道；有的外资方从国外进口零配件到中国加工后再出口，比如"三来一补"项目。对中国的出口商在中国投资办厂，有的直接以设备估价作为资本进入合资企业，以合资企业生产的产品利润作为回报。

第三，金融市场因素。

1992~2001 年，银行对工业企业信贷提供减少会显著提高 FDI 占本地区固定资产投资比重。1992~1997 年亚洲金融危机爆发以前，中国实施的金融调控有多次，目的是控制物价水平过快上涨，特别是 1993~1994 年、1996 年的调控。银行对企业信贷投放显著减少，迫使企业和地方政府通过吸引 FDI 来保证地方经济增长，而且合资 FDI 项目可获得银行配套贷款投入。这样，就为 FDI 替代中国本地投资提供了机会，也即：在本地投资增长相对放缓的情形下，FDI 进入显著增长，使得 FDI 占本地固定资产投资比重显著提高。

由上可见，1992~2001 年，进出口贸易发展成为促进 FDI 占本地固定资产投资比重提高的决定性因素。为了解决国有企业和集体企业富余职工的就业问题，以及为了应对银行对企业信贷相对紧缩，地方政府积极引进 FDI 来保持本地经济的增长势头，这些对促进 FDI 占本地区固定资产投资比重提高起到了重要作用。

3. 第三时期（2002~2008）

在 2002~2008 年的中国大多数省区，FDI 占本地区固定资产投资比重处于一个缓慢下降过程，国有企业投资比重有所上升，个体经营企业投资比重上升更为明显。

2002~2008 年，我们的样本数据来自 30 个省区（西藏除外），共 163 个观察值。计量分析结果显示，2002~2008 年，有助于促进 FDI 占本地区固定资产投资比重提高的因素主要是 FDI 进入的集聚效应、本地劳动工资水平等。

第一，FDI 进入的集聚效应。

2002~2008 年，那些 FDI 先前进入比较多的地区，FDI 进入会进一步增加，并对 FDI 在本地区固定资产投资中所占比重提高有显著影响。原因是，经过 1979~2001 年的发展，能显著降低 FDI 进入成本的因素主要是 FDI 进入的地区集聚效应，这样可提高 FDI 之间的上下游溢出效应和同行学习效应等。

第二，市场规模因素。

2002~2008 年，劳动工资水平较高的地区，FDI 进入占本地区固定资产投资比重显著提高。很显然，这里的劳动工资水平提高代表了更高的劳动人口素质和当地更高的市场需求水平；这样有助于吸引市场寻找型 FDI 进入中国，以及对高素质劳动人口有显著要求的其他 FDI 进入中国，FDI 占本地区固定资产投资比重因此显著提高。

第三，对外贸易依存度。

2002~2008 年，对外贸易依存度的提高会使得 FDI 占本地固定资产投资比重显著下降。对外贸易依存度提高意味着外资可通过向中国出口来替代 FDI 进入中国市场。外国对中国的商品需求可直接通过向中国本地企业和存量外资企业购买获得，没有必要通过在中国投资办厂来实现对中国的商品购买。在此阶段，中国加入 WTO 使得中国的对外贸易渠道更加通畅，蓬勃发展的进出口贸易部分替代了 FDI 进入中国，并反过来促进了中国本地投资更快地增长。

综合以上三个时期的分析，我们结合 1979~2008 年 30 个省区的全部 609 个样本分析结果，可以看出，1979~2008 年，有以下因素对 FDI 占中国本地固定资产投资比重变化有显著影响。

第一，FDI 进入中国的地区集聚效应。

1979~2008 年，以前时期利用 FDI 比较多的地区会鼓励本年度 FDI 有比较多的流入，并使得 FDI 占本地区固定资产投资比重显著提高。这一关系主要在 2002~2008 年成立。

第二，劳动要素获得效应。

1979~2008 年，国有企业就业人口比重高的地区，FDI 占本地区固定资产投资比重显著提高，原因是：这类地区更希望通过引进 FDI 来解决国有企业的存量劳动就业问题，也有利于 FDI 进入以后能够获得更多的有经验的劳动供给。这一关系在 1992~2001 年尤其显著。

第三，政府行为。

1979~2008 年，政府实行税收优惠政策，直接降低了 FDI 进入中国的成本,对 FDI 占本地区固定资产投资比重提高有显著的积极意义。分时期来看,此关系主要在 1979~1991 年成立。

第四,对外贸易依存度。

1979~2008 年,进出口贸易越发达的地区和年份,FDI 占本地区固定资产投资比重越高,进口贸易和出口贸易增加有助于促进外来 FDI 进入中国投资办厂。分时期来看,这一关系在 1992~2001 年更为显著。

第五,高等教育水平。

1979~2008 年,高等学校在校学生人数占本地区全部人口比重提高,会使得 FDI 进入占本地区固定资产投资比重显著下降。其现实原因是,高等学校在校学生人数增加使得 FDI 在中国难以获得加工贸易所需的技能型和操作型劳动力,引起加工贸易型 FDI 进入相对减少。这一关系在 2002~2008 年尤其显著。但是在 1979~1991 年,高等学校在校学生人数占本地区全部人口比重提高,会使得 FDI 进入占本地区固定资产投资比重显著提高。

由此可知,在 FDI 占中国本地区固定资产投资比重显著上升的第一阶段(1979~2000 年前后),起促进作用的因素主要是国有企业和集体企业的劳动就业人口比重相对下降、税收优惠政策、对外贸易开放度提高。在 FDI 占本地区固定资产投资比重显著下降的第二阶段(2002 年以后~2008 年),起关键作用的因素是:中国加入 WTO 后,中国对外贸易壁垒显著下降,对外贸易发展部分替代了 FDI 进入中国。

三、FDI 占中国固定资产投资比重变化影响因素的分地区考察

1979~2008 年,FDI 进入中国的区位分布呈现从东部沿海地区到中部地区,再到西部地区的梯度推进特点,为此我们将中国的全部地区分为东部、中部、西部等三个次区域,分别考察 FDI 占中国固定资产投资比重变化的影响因素。

1. 东部地区

我们考察的东部地区有广东等 12 个省区[①],共有从 1979~2008 年的

---

① 东部地区包括广东、福建、广西、海南、浙江、上海、江苏、山东、河北、天津、北京、辽宁等 12 个省区;中部地区包括江西、安徽、河南、吉林、黑龙江、内蒙古、湖南、湖北、陕西、山西、重庆等 11 个省区;西部地区包括贵州、云南、四川、甘肃、宁夏、青海、新疆等 7 个省区。

261 个观察值。我们使用面板数据固定效应分析方法得到的 F 统计值为 39.92，表明固定效应分析结果优于混合 OLS 方法。对面板数据进行的 Hausman 检验 χ^2 值等于 91.87，P 统计值等于 0.00，表明固定效应分析结果优于随机效应分析结果。表 9-2 中的模型（1）和模型（2）显示，在 1979~2008 年间对 FDI 占中国东部地区固定资产投资比重有显著影响的因素主要有以下几个方面。

第一，FDI 进入的地区集聚效应。

1979~2008 年，前一年度实际利用 FDI 存量占 GDP 比重提高以后，年度 FDI 进入占本地区固定资产投资比重也会显著提高。存量 FDI 提高 1%，年度新增 FDI 占固定资产投资比重会提高 0.109 个百分点。由固定效应分析方法得到的结果和使用随机效应分析方法得到的结果，均统计检验显著。

第二，劳动要素获得效应。

1979~2008 年，前一年度国有企业就业人口占本地区全部从业人口的比重提高，年度 FDI 进入占本地区固定资产投资比重会显著提高。由固定效应分析方法得到的计量分析结果统计检验显著。

1979~2008 年，中国东部地区前一年度劳动工资水平提高会使得本年度 FDI 进入占本地区固定资产投资比重显著下降，使用固定效应分析方法得到的系数和使用随机效应分析方法得到的系数均统计检验显著。这表明，进入东部地区的 FDI 对劳动工资成本很敏感，劳动工资提高会降低 FDI 项目的投资收益，使得 FDI 在东部地区获得劳动要素供给的难度增加。另外的解释是，东部地区劳动工资提高，对 FDI 项目的影响超过对东部地区本地投资的影响，使得 FDI 进入占本地区年度固定资产投资比重显著下降。

第三，政府行为。

1979~2008 年，前一年度政府税收收入占 GDP 比重下降，会引起本年度 FDI 进入占本地区固定资产投资比重显著提高。由固定效应分析方法和随机效应分析方法得到的计量分析结果，均统计检验显著。这表明，税收优惠政策对 FDI 进入中国东部地区起到了很大的促进作用。

我们使用虚拟变量来描述 1992 年邓小平南巡讲话对东部地区 FDI 流入的影响。使用固定效应分析方法得到的结果和使用随机效应分析方法得到的

表 9-2　FDI 占中国固定资产投资比重变化影响因素的分地区特征

解释变量	东部		中部		西部		中国	
	模型 (1)	模型 (2)	模型 (3)	模型 (4)	模型 (5)	模型 (6)	模型 (7)	模型 (8)
$sfdi_{i,t-1}$	0.109***	0.191***	0.189***	0.257***	0.288***	0.312***	0.115***	0.185***
	(4.04)	(9.51)	(3.04)	(5.09)	(3.24)	(4.51)	(6.52)	(12.24)
$sstaff_{i,t-1}$	0.375***	0.038	0.087*	0.163***	0.027	0.023	0.252***	0.154***
	(3.86)	(0.63)	(1.81)	(4.09)	(0.61)	(0.64)	(4.67)	(3.71)
$cstaff_{i,t-1}$	−0.119	−0.070	0.148**	0.130**	0.061	0.127**	0.004	0.137**
	(−1.19)	(−0.84)	(2.30)	(2.38)	(0.86)	(2.38)	(0.06)	(2.50)
$wrct_{i,t-1}$	−0.024	0.092	0.052	−0.044	0.043	−0.100	0.216*	0.376***
	(−0.10)	(0.51)	(0.64)	(−0.61)	(0.36)	(−1.63)	(1.85)	(3.83)
$tax_{i,t-1}$	−0.813***	−0.742***	−0.091	−0.156*	0.109*	0.110**	−0.380***	−0.314***
	(−4.54)	(−4.53)	(−0.96)	(−1.81)	(1.79)	(2.22)	(−3.87)	(−3.48)
$loan_{i,t-1}$	0.078	0.215***	−0.065	−0.071**	−0.006	−0.001	−0.040	0.010
	(1.12)	(3.71)	(−1.48)	(−2.54)	(−0.19)	(−0.08)	(−1.06)	(0.32)
$trade_{i,t-1}$	0.141***	0.125***	0.219***	0.188***	0.056	−0.009	0.111***	0.113***
	(7.90)	(9.78)	(3.88)	(3.82)	(1.07)	(−0.28)	(9.00)	(10.59)
$wage_{i,t-1}$	−0.032**	−0.050***	0.001	−0.009	−0.010*	−0.004	−0.009	−0.016**
	(−2.35)	(−3.84)	(0.11)	(−1.58)	(−1.89)	(−0.88)	(−1.34)	(−2.33)
$edu_{i,t-1}$	−0.007	0.011	−0.011	0.003	0.014	0.008	−0.021**	−0.002
	(−0.38)	(1.05)	(−1.17)	(0.49)	(0.95)	(0.67)	(−2.03)	(−0.29)

(续表 9-2)

解释变量	东部 模型 (1)	东部 模型 (2)	中部 模型 (3)	中部 模型 (4)	西部 模型 (5)	西部 模型 (6)	中国 模型 (7)	中国 模型 (8)
$highw_{i,t-1}$	0.023	-0.027	0.012	0.008	0.009	-0.012	0.016	0.018
	(0.78)	(-0.92)	(1.11)	(1.03)	(0.40)	(-0.78)	(0.95)	(1.22)
dum_xp	0.083***	0.090***	0.032***	0.035***	0.027***	0.024***	0.048***	0.051***
	(5.47)	(5.60)	(5.50)	(5.96)	(5.02)	(4.50)	(6.27)	(6.44)
dum_wto	-0.040**	-0.053***	-0.002	-0.002	0.000	0.001	-0.011	-0.015*
	(-2.57)	(-3.38)	(-0.39)	(-0.26)	(-0.08)	(0.22)	(-1.43)	(-1.89)
常数项	0.078	0.397***	-0.095	-0.059	0.024	-0.012	-0.083	-0.032
	(0.50)	(-2.83)	(-1.18)	(-0.77)	(0.36)	(-0.23)	(-0.95)	(-0.41)
观察值	261	261	233	233	129	129	623	623
省区分组	12	12	11	11	7	7	30	30
拟合优度	0.6234	0.7309	0.5578	0.617	0.3136	0.4268	0.5691	0.723
Wald chi²	39.92	673.52	29.02	354.38	5.7	86.38	53.8	992.97
Hausman chi²	91.87	91.87	55.07	55.07	14.7	14.7	130.86	130.86
P 统计值	0.000	0.000	0.000	0.000	0.258	0.258	0.000	0.000
计量方法	fe_reg	re_gls	fe_reg	re_gls	fe_reg	re_gls	fe_reg	re_gls

说明：(1) 括号中为 t 统计值或 z 统计值。(2) ***、**、* 分别表示在 1%、5% 和 10% 水平上统计检验显著。(3) 被解释变量为 $rfdi_{i,t}$，等于年度实际利用 FDI 占有关省区固定资产投资比重。(4) 对控制变量的详细说明和统计分析参见第二章表 2-2 和表 2-3。(5) 样本期间为 1979~2008 年。

结果均显示，邓小平南巡讲话以后时期，东部地区 FDI 进入规模显著地超过本地区固定资产投资增加规模，回归分析系数均统计检验显著。

我们使用虚拟变量来描述 2001 年底中国加入 WTO 对东部地区 FDI 流入的影响。使用固定效应分析方法得到的结果和使用随机效应分析方法得到的结果均显示，中国正式加入 WTO 以后，东部地区 FDI 进入规模显著地低于本地区固定资产投资增加规模，年度 FDI 进入占本地区固定资产投资比重显著下降，回归分析系数均统计检验显著。

第四，对外贸易开放度。

1979~2008 年，东部地区上一年度对外贸易依存度提高可显著促进本年度 FDI 进入占本地区固定资产投资比重增加。使用固定效应分析方法和随机效应分析方法得到的结果均统计检验显著。这说明进出口贸易发展对 FDI 进入东部地区的有促进作用，东部地区的 FDI 进入与当地进出口贸易发展密切相关。

2. 中部地区

我们考察的东部地区有安徽、江西等 11 个省区，共有 1979~2008 年间的 233 个观察值。计量分析结果显示［参见表 9-2 中的模型（3）和模型（4）］，1979~2008 年，对 FDI 占中国中部地区固定资产投资比重有显著影响的因素主要有以下几个方面。

第一，FDI 进入的地区集聚效应。

1979~2008 年，前一年度实际利用 FDI 存量占本地区 GDP 的比重提高，可显著提高中部地区本年度 FDI 进入占本地区固定资产投资比重。

第二，劳动要素获得效应。

1979~2008 年，国有企业就业人口比重变化和集体企业就业人口比重提高会显著促进 FDI 流入占本地区固定资产投资比重提高；使用固定效应分析方法和使用随机效应分析方法得到的计量分析结果，均统计检验显著。

这一分析结果表明，在安徽、江西等中国中部地区，国有企业和集体企业中的就业人口构成了当地的丰裕劳动要素资源，有助于 FDI 进入获得有效的熟练劳动供给；另一方面也表明，安徽、江西等中国中部地区，需要通过引进 FDI 来解决国有企业和集体企业的存量劳动人口的再就业问题，当地政府有比较强烈的 FDI 引进偏好。

第三，对外贸易依存度。

1979~2008 年，对外贸易依存度提高可显著促进安徽和江西等中国中部地区的 FDI 进入占本地区固定资产投资比重提高。这一分析结果显示，中部地区的进出口贸易发展，有助于该地区获得更多的 FDI 来源，有助于 FDI 对该地区有更多的了解。

第四，政府行为。

我们使用虚拟变量描述了 1992 年邓小平南巡讲话。使用固定效应分析方法和随机效应分析方法得到的计量分析结果表明，1992 年邓小平南巡讲话以后，安徽、江西等中部地区的 FDI 进入占本地区年度固定资产投资比重显著提高且统计检验显著。这一分析结果显示，1992 年邓小平南巡讲话更加有利于 FDI 进入中部地区，对中部地区当地投资的促进作用相对小于对 FDI 进入的促进作用。

3. 西部地区

我们考察的西部地区有贵州、云南等 7 个省区，共有 1979~2008 年的 129 个观察值。计量分析结果显示 [参见表 9-2 中的模型（5）模型（6）]，1979~2008 年，对 FDI 占中国西部地区固定资产投资比重有显著影响的因素主要有以下几个方面。

第一，FDI 进入的地区集聚效应。

1979~2008 年，前一年度实际利用 FDI 存量占本地区 GDP 的比重提高，可显著提高西部地区本年度 FDI 进入占本地区固定资产投资比重。

第二，政府行为。

（1）税率水平。在西部地区，政府税收收入占 GDP 的比重提高会使得 FDI 占本地固定资产投资的比重显著提高。

如何解释中国西部地区税率提高以后 FDI 进入占年度固定资产投资比重会提高这一问题呢？我们的解释是，中国西部地区税收比率提高对本地区固定资产投资增加的负面影响比较大，对 FDI 进入的负面影响比较小，原因是政府还实施了其他有助于 FDI 进入的优惠政策。因此，在政府税收收入占 GDP 比重提高以后，FDI 占中国西部地区固定资产投资的比重反而会显著提高。

（2）邓小平南巡讲话。使用固定效应分析方法和随机效应分析方法得到的计量分析结果表明,1992 年邓小平南巡讲话以后,贵州、云南等中国西部地区的 FDI 进入占本地区年度固定资产投资比重显著提高。这一分析结果显示,1992 年邓小平南巡讲话更加有利于 FDI 进入西部地区,对西部地区当地投资的促进作用相对小于对 FDI 进入的促进作用。

综合对中国东部、中部和西部地区的分组分析结果(参见表 9-3),以及 1979~2008 年中国 30 个省区的全部 623 个样本的计量分析结果,可以看出,1979~2008 年,影响 FDI 占中国不同地区固定资产投资比重变化的因素有相同的地方但也有显著差异。

表 9-3 影响 FDI 占中国不同地区固定资产投资比重变化的因素比较

	因　素	东部	中部	西部	所有地区
集聚效应	实际利用 FDI 存量占 GDP 比重	(+)***	(+)***	(+)***	(+)***
劳动要素获得效应	国有企业在职职工人数	(+)***	(+)*	(+)	(+)***
	集体企业在职职工人数	(-)	(+)**	(+)	(+)
	劳动工资	(-)**	(-)/(+)	(-)	(-)
	高等学校在学生人数占本地居民人口比重	(-)/(+)	(-)/(+)	(+)	(-)**
产业配套	批发零售交通通讯部门发展	(-)/(+)	(+)/(-)	(+)/(-)	(+)*
金融要素供给能力	企业获得贷款占 GDP 比重	(+)	(-)	(-)	(+)/(-)
贸易开放	进出口贸易占 GDP 比重	(+)***	(+)***	(+)/(-)	(+)***
基础设施	单位国土面积上高速公路里程	(+)/(-)	(+)	(+)/(-)	(+)
政府行为	税收比率	(-)***	(-)	(+)*	(-)***
	邓小平南巡讲话	(+)***	(+)***	(+)***	(+)***
	中国加入 WTO	(-)***	(-)	(+)	(-)

说明:(1)"+"表示该因素的正向变化可使得 FDI 进入占本地区固定资产投资比重显著提高;"-"表示该因素的正向变化可使得 FDI 进入占本地区固定资产投资比重显著下降。***、**、*分别表示在1%、5%和10%水平上统计显著。

第一,对东部、中部和西部地区等三个地区 FDI 进入占本地区固定资产投资比重都有显著影响的因素。

(1)FDI 进入的集聚效应。

对于中国所有地区的计量分析结果显示,上一年度 FDI 进入存量占本地区 GDP 比重增加可显著提高本年度 FDI 进入占本地区固定资产投资比重,这在所有地区的全部 623 个样本分析结果中，以及东部、中部和西部的分组分析结果中，无论是使用固定效应分析方法，还是使用随机效应分析方法，均统计检验显著。为了比较 FDI 进入在中国东部地区、中部地区和西部地区之间的集聚效应差异，我们使用前一年度相应地区实际利用 FDI 存量占该地区年度 GDP 比重（$sfdi_{i,t-1}$）与东部地区虚拟变量（dum_east）、中部地区虚拟变量（dum_mid）、西部地区虚拟变量（dum_west），以及地区虚拟变量与 FDI 存量占该地区年度 GDP 比重的交互项进行了计量分析。计量分析结果显示，中国东部地区 FDI 进入的正向集聚效应最大，中部地区 FDI 进入的正向集聚效应最小。

（2）政府行为。

对中国所有省区的 623 个样本分析结果，以及对东部、中部、西部地区的分组分析结果显示，无论是使用固定效应分析方法得到的计量分析结果，还是使用随机效应分析方法得到的计量分析结果，1992 年邓小平南巡讲话以后，中国实行的一系列政策安排及其他因素，有利于中国所有地区 FDI 进入占本地区固定资产投资比重提高。

为了比较邓小平南巡讲话对中国不同地区 FDI 进入的影响，我们在计量分析中引入了地区虚拟变量与邓小平南巡讲话的交互项。计量分析结果表明，1992 年邓小平南巡讲话对中国东部地区 FDI 进入占本地区固定资产投资比重提高的促进作用，显著高于西部地区和中部地区；1992 年邓小平南巡讲话对中国中部地区 FDI 进入占本地区固定资产投资比重提高的促进作用，显著高于西部地区。也就是说，1992 年邓小平南巡讲话以后中国实施的政策措施，对中国东部地区、中部地区和西部地区 FDI 进入占本地区固定资产投资比重提高的促进作用都很显著。但是，对中国东部地区 FDI 进入占本地区固定资产投资比重提高的促进作用最大，对中国西部地区 FDI 进入占本地区固定资产投资比重提高的促进作用明显但作用最小。

第二，对东部、中部地区 FDI 进入占本地区固定资产投资比重均有显著影响而对西部地区影响不显著的因素。

（1）国有企业在职职工人数。

在东部和中部地区，国有企业在职职工人数占全部就业人数比重越高，FDI 进入占本地固定资产投资比重越高。或者说，随着国有企业在职职工人数占本地区全部就业人数比重的逐年下降，FDI 进入占本地区固定资产投资比重会显著下降。这一点，由中国所有省区 623 个样本得到的计量分析结果也非常显著，使用固定效应分析方法和随机效应分析方法得到的结果均统计显著。

可以认为，国有企业在职职工人数越多，越有助于为 FDI 进入提供熟练的劳动人口；国有企业在职职工人数越多的地区，对国有企业实施改制和安排存量劳动就业的压力越大，越需要通过引进 FDI 来增加劳动就业机会，当地政府会更加重视对 FDI 的引进力度。

那么，在西部地区这一因素为什么会不显著呢？我们的解释是，西部地区相对于东部和中部地区来说，地处偏僻，尽管政府有安置国有企业在职职工就业的压力，但是其地理位置不利于对外进行经济交流，在职职工技能也可能与东部和中部地区有一定差异，在条件相同的前提下，FDI 会更愿意在东部和中部地区利用当地的富余劳动力。

（2）对外贸易开放度。

在东部和中部地区，本地对外贸易依存度提高可使得 FDI 进入占本地区固定资产投资比重显著提高。这一点，在中国所有地区 623 个样本分析结果中也很显著。但是，对外贸易依存度提高对 FDI 进入占西部地区固定资产投资比重的影响不显著。

四、小结

FDI 进入占中国固定资产投资比重在 1979～1998 年处于一个逐渐上升的过程，1998 年这一比重超过了 10%；1998 年以后，这一比重开始出现下降。但是在 2008 年，这一比重仍旧超过 1988 年的水平。也即，1979～2008 年间，FDI 进入占中国年度固定资产投资总额的比重经历了先增加后下降的过程，呈现出显著的倒 U 型变动特征。1979～2008 年，FDI 进入中国的地区集聚效应、劳动要素获得效应、政府行为、对外贸易依存度、高等教育水平等因素，对 FDI 占中国本地固定资产投资比重变化有显著影响。

在 FDI 占中国本地区固定资产投资比重显著上升的第一阶段（1979～2000 年前后），起促进作用的因素主要是国有企业和集体企业的劳动就业人口比重相对下降、税收优惠政策、对外贸易开放度提高。在 FDI 占本地区固定资产投资比重显著下降的第二阶段（2002 年以后~2008 年），起关键作用的因素主要有：中国高等教育入学率提高，使得从事简单加工型的 FDI 进入中国相对减少；中国加入 WTO 后，中国对外贸易壁垒显著下降，对外贸易发展部分替代了 FDI 进入中国。

此外，上一年度 FDI 进入存量占本地区 GDP 比重增加可显著提高本年度 FDI 进入占本地区固定资产投资比重。1992 年邓小平南巡讲话对中国东部地区 FDI 进入占本地区固定资产投资比重提高的促进作用显著高于西部地区和中部地区，对中国中部地区 FDI 进入占本地区固定资产投资比重提高的促进作用显著高于西部地区。

第三节　企业类型与 FDI 进入规模变动

在分析了影响 FDI 占中国固定资产投资比重变化的因素以后，我们进一步分析了 FDI 进入与中国本地投资之间的相互影响关系。在这里，我们将中国本地投资分为国有企业投资、集体企业投资和个体经营企业投资等三种类型，分别进行讨论。

我们将有关地区年度实际利用 FDI 规模占该地区年度 GDP 的比重 $fdi_{i,t}$ 作为被解释变量。我们首先依据国际货币基金组织 IFS 数据库公布的年度人民币对美元平均汇率，将有关地区年度实际利用 FDI 的美元数值换算成人民币，再将得到的 FDI 人民币数值与相应地区年度 GDP 数值相除，即得到被解释变量。

我们使用的解释变量包括以下几个方面：FDI 进入的集聚效应（$sfdi_{i,t-1}$，为 t-1 年度 i 地区实际利用 FDI 存量占 t 年度 i 地区 GDP 比重）、劳动要素获得效应（$sstaff_{i,t}$、$cstaff_{i,t}$，分别为 t 年度 i 地区国有企业、集体企业就业人数占 t 年度 i 地区全部从业人数比重；$wage_{i,t}$，为 t 年度 i 地区劳动工资实际值自然对数，用 i 地区 t 年度零售价格指数调整得到；$edu_{i,t}$，为 t 年度 i 地区高等学校在校学生人数乘以 100 占 i 地区 t 年度总人口数的比重）、产业配套能力（$wrct_{i,t}$，为 t 年度 i 地区批发零售部门产值占 t 年度 i 地区 GDP 比重）、政府行为（$tax_{i,t}$，为 t 年度 i 地区税收总值占 t 年度 i 地区 GDP 比重；dum_xp，中国领导人邓小平南巡讲话虚拟变量；1992 年以前取

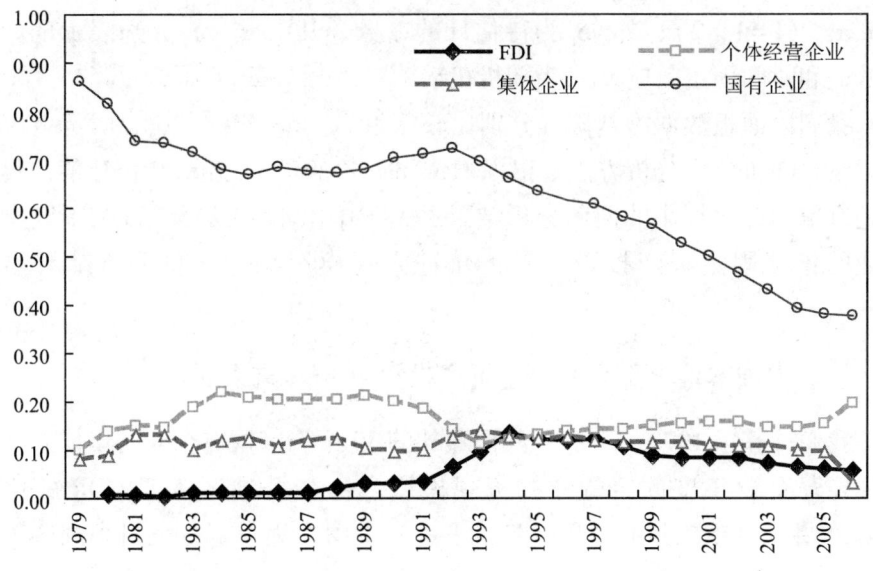

图 9-1 各种类型企业占中国年度固定资产投资比重变化

资料来源:中国数据在线。

值为 0,1992 年及以后取值为 1)、金融市场因素($loan_{i,t}$,为 t 年度 i 地区工业企业获得银行贷款占 i 地区 t 年度 GDP 比重)、对外贸易开放水平($trade_{i,t}$,为 t 年度 i 地区进出口贸易总值占 i 地区 t 年度 GDP 比重,使用人民币对美元年末汇率将年度进出口贸易总值换算成人民币后与 i 地区 t 年度 GDP 相除后得到)、基础设施质量($highw_{i,t}$,t 年度 i 地区单位国土面积高速公路里程数)等。

我们分析中国本地投资对 FDI 进入影响的计量分析方程参见(9-3)式。在(9-3)式中,$hinv_{i,t}$(本地区固定资产投资规模占该地区年度 GDP 比重)、$sinv_{i,t}$(国有企业固定资产投资规模占该地区年度 GDP 比重)、$cinv_{i,t}$(集体企业固定资产投资规模占该地区年度 GDP 比重)、$iinv_{i,t}$(个体经营企业固定资产投资规模占该地区年度 GDP 比重)等为核心解释变量,$CONTROL_{i,t}$ 为控制变量向量。

$$fdi_{i,t} = \beta_0 + \sum_i (\beta_i CONTROL_{i,t-1}) + \gamma_1 hinv_{i,t} + \gamma_2 hinv_{i,t-1}$$
$$+ \sum_{j=1,2} \alpha_{S,j} sinv_{i,t-j} + \sum \alpha_{C,j} cinv_{i,t-j} + \sum_{j=1,2} \alpha_{I,j} iinv_{i,t-j} + \alpha_i + \delta_t + \varepsilon_{i,t}$$

(9-3)

在（9-3）式中，β_i（i = 0，1，2，…）、$\alpha_{S,j}$（j = 1，2）、$\alpha_{C,j}$（j = 1，2）、$\alpha_{I,j}$（j = 1，2）、α_i、δ_t 为待估计的参数，其中 α_i、δ_t 分别表示地区固定效应和时间固定效应；$\varepsilon_{i,t}$ 为随机扰动项。

我们以面板数据为基础，分别比较了混合 OLS 分析方法、固定效应分析方法、随机效应分析方法。根据 Hausman 检验的 χ^2 值和 P 统计值，集中讨论有偏估计比较小的回归分析结果。关于中国本地投资（以及不同类型企业的年度固定资产投资）对 FDI 进入规模影响的计量分析结果参见表 9-4。

一、中国本地全部企业固定资产投资对 FDI 进入的影响

我们计算了 1979~2008 年除西藏外的 30 个省区国有企业、集体企业和个体经营企业年度固定资产投资规模之和占相关地区年度 GDP 的比重 $hinv_{i,t}$，并以此作为核心解释变量，来考察中国本地投资变化对中国各个省区年度实际利用 FDI 金额的影响。

我们考察的时间范围 1979~2008 年，涉及 30 个省区共计有 579 个观察样本。表 9-4 中的模型（3）和模型（4）给出了固定效应分析结果和随机效应分析结果。使用固定效应分析方法得到的 F 统计值为 73.17，表明固定效应分析结果优于混合 OLS 分析结果。对随机效应分析结果作 Hausman 检验的 χ^2 值等于 372.15，P 统计值为 0.00，表明固定效应分析结果优于随机效应分析结果。

表 9-4 中的模型（3）和模型（4）显示，中国本地企业固定资产投资增加 $hinv_{i,t}$ 在当期可显著促进本年度 FDI 进入规模增加，使用固定效应分析方法得到的系数和使用随机效应分析方法得到的系数均统计检验显著。具体来说，本地固定资产投资占 GDP 的比重每增加 1 个百分点，年度实际利用 FDI 金额占 GDP 比重就会显著提高 0.129 个百分点。此外，中国本地投资对 FDI 进入的促进作用有滞后特征。表 9-4 中的模型（3）和模型（4）显示，前一年度中国国内固定资产投资增加，可显著促进本年度 FDI 进入中国的规模增加。

通过比较表 9-4 中的模型（3）和（4）以及模型（1）和（2）可以看出，引入中国本地投资这一因素以后，FDI 集聚效应（$sfdi_{i,t-1}$）、国有企业

表9-4 中国本地企业对FDI的挤入效应

解释变量	不考虑中国本地企业		中国全部企业		国有企业		集体企业		个体企业		中国全部企业	
	模型(1)	模型(2)	模型(3)	模型(4)	模型(5)	模型(6)	模型(7)	模型(8)	模型(9)	模型(10)	模型(11)	模型(12)
$sfdi_{i,t-1}$	0.024***	0.079***	0.058***	0.083***	0.061***	0.078***	0.033***	0.085***	0.036***	0.079***	0.058***	0.082***
	(2.87)	(12.66)	(7.53)	(13.07)	(7.95)	(12.65)	(3.90)	(12.98)	(4.08)	(11.67)	(7.67)	(13.23)
$sstaff_{i,t-1}$	0.128***	0.084***	0.083***	0.088***	0.042*	0.025	0.069**	0.079***	0.066**	0.071***	0.043*	0.029
	(5.17)	(5.09)	(3.62)	(4.94)	(1.87)	(1.42)	(2.57)	(4.05)	(2.33)	(3.37)	(1.89)	(1.52)
$cstaff_{i,t-1}$	0.013	0.065***	0.003	0.093***	-0.028	0.067***	-0.017	0.003	-0.024	0.039	-0.009	0.033
	(0.45)	(2.86)	(0.12)	(3.98)	(-1.07)	(2.91)	(-0.56)	(0.13)	(-0.74)	(1.48)	(-0.36)	(1.40)
$wrct_{i,t-1}$	0.200***	0.226***	0.255***	0.161***	0.180***	0.145***	0.239***	0.181***	0.270***	0.221***	0.173***	0.123***
	(3.66)	(5.74)	(5.36)	(4.32)	(3.84)	(4.00)	(4.33)	(4.66)	(4.68)	(5.52)	(3.68)	(3.34)
$tax_{i,t-1}$	-0.202***	-0.197***	-0.210***	-0.222***	-0.181***	-0.174***	-0.158***	-0.143***	-0.180***	-0.139***	-0.165***	-0.182***
	(-4.44)	(-5.36)	(-5.54)	(-6.51)	(-4.84)	(-5.10)	(-3.59)	(-3.87)	(-3.91)	(-3.62)	(-4.44)	(-5.38)
$loan_{i,t-1}$	0.060***	0.045***	0.020	-0.007	-0.001	-0.050***	0.042**	0.039***	0.048**	0.029**	-0.001	-0.039***
	(3.47)	(3.71)	(1.24)	(-0.54)	(-0.07)	(-3.75)	(2.31)	(2.99)	(2.51)	(2.10)	(-0.09)	(-2.86)
$trade_{i,t-1}$	0.048***	0.039***	0.064***	0.047***	0.054***	0.042***	0.056***	0.047***	0.060***	0.047***	0.052***	0.042***
	(8.47)	(9.29)	(12.77)	(11.51)	(11.04)	(10.66)	(9.68)	(11.01)	(9.65)	(10.23)	(10.34)	(10.11)
$wage_{i,t-1}$	0.003	-0.002	-0.004*	-0.005**	-0.011***	-0.015***	-0.009***	-0.018***	-0.010***	-0.015***	-0.009***	-0.016***
	(1.06)	(-0.92)	(-1.73)	(-2.14)	(-3.88)	(-5.35)	(-2.96)	(-5.89)	(-2.85)	(-4.78)	(-3.32)	(-5.97)
$edu_{i,t-1}$	0.005	0.005*	0.001	0.006**	0.006	0.005	0.007	0.010***	0.004	0.007**	0.007	0.006**
	(0.99)	(1.92)	(0.21)	(1.96)	(1.27)	(1.61)	(1.30)	(3.14)	(0.71)	(2.10)	(1.64)	(2.09)
$highw_{i,t-1}$	-0.003	0.014**	-0.030**	0.018**	-0.031***	0.019**	-0.047***	-0.003	-0.055***	0.011	-0.030**	0.005
	(-0.37)	(2.34)	(-2.39)	(2.40)	(-2.59)	(2.49)	(-3.34)	(-0.35)	(-3.75)	(1.36)	(-2.47)	(0.67)
$hinv_{i,t}$			0.129***	0.113***								
			(6.45)	(4.90)								
$hinv_{i,t-1}$			0.081***	0.032								
			(4.14)	(1.41)								

(续表9.4)

解释变量	不考虑中国本地企业		中国全部企业		国有企业		集体企业		个体企业		中国全部企业	
	模型(1)	模型(2)	模型(3)	模型(4)	模型(5)	模型(6)	模型(7)	模型(8)	模型(9)	模型(10)	模型(11)	模型(12)
$sinv_{i,t}$					0.135*** (5.61)	0.112*** (4.22)					0.139*** (5.78)	0.132*** (4.99)
$sinv_{i,t-1}$					0.107*** (4.69)	0.060** (2.29)					0.088*** (3.82)	0.036 (1.39)
$cinv_{i,t}$							0.050 (0.74)	−0.027 (−0.38)			0.047 (0.79)	0.007 (0.11)
$cinv_{i,t-1}$							0.365*** (5.19)	0.293*** (4.03)			0.195*** (3.12)	0.222*** (3.28)
$iinv_{i,t}$									0.152** (2.09)	0.117 (1.49)	0.006 (0.10)	−0.008 (−0.11)
$iinv_{i,t-1}$									−0.093 (−1.09)	−0.107 (−1.23)	−0.072 (−1.02)	−0.064 (−0.83)
dum_xp					0.016*** (5.20)	0.024*** (7.45)	0.011*** (3.59)	0.021*** (6.63)	0.021*** (5.77)	0.025*** (6.67)	0.009*** (3.15)	0.019*** (5.83)
常数项	−0.124*** (−3.32)	−0.068** (−2.15)	−0.085** (−2.49)	−0.079** (−2.46)	0.024 (0.66)	0.128*** (3.70)	0.013 (0.36)	0.044 (1.29)	0.019 (0.43)	0.030 (0.74)	−0.002 (−0.07)	0.070** (2.00)
观察值	627	627	579	579	610	610	581	581	579	579	579	579
拟合优度	0.4823	0.6303	0.5955	0.7224	0.5749	0.7457	0.5544	0.6963	0.4554	0.6732	0.6441	0.76
Wald chi²	35.46	1050.24	73.17	1473.04	74.63	1588.58	42.75	1300.12	35.62	1164.03	59.96	1592.59
Hausman chi²	453.5	453.5	372.15	372.15	271.56	271.56	364.23	364.23	383.23	383.23	352.99	352.99
P统计值	0.000	0.000	0.000	0.000	0.000	0.000	0.000	0.000	0.000	0.000	0.000	0.000
计量方法	fe_reg	re_gls	fe_reg	re_gls	fe_reg	re_gls	fe_reg	re_gls	fe_reg	re_gls	fe_reg	re_gls

说明：(1) 为了避免解释变量之间高度相关对计量分析结果的影响，我们也讨论了仅考虑本年度国有投资和上一年度国有企业固定资产投资对FDI进入的影响，但计量分析结果变化不大。(2) 括号中为t统计值或z统计值；***、**、*分别表示在1%、5%和10%水平上统计检验显著。(3) 对有关变量的详细说明和统计分析参见第二章表2-2和表2-3。(4) 样本期间为1979~2008年。

劳动就业人口比重（$sstaff_{i,t-1}$）、第三产业配套能力（$wrct_{i,t-1}$）、政府税收水平（$tax_{i,t-1}$）、对外贸易开放度（$trade_{i,t-1}$）等对 FDI 进入中国有显著作用的因素，其系数方向和统计检验水平均没有显著变化；变化比较大的是银行对工业企业贷款（$loan_{i,t-1}$）。在不考虑中国本地企业投资规模对 FDI 进入的影响以前，银行对工业企业贷款增加，可显著促进 FDI 进入规模增加。我们的解释是，银行对工业企业贷款被用于固定资产投资，两者之间有比较高的正相关性，相关系数为 0.8958。银行对工业企业贷款产生的 FDI 进入促进效应，主要是通过中国国内企业固定资产投资增加来促进 FDI 进入。

此外，引入中国本地投资这一因素以后，劳动工资水平（$wage_{i,t-1}$）对应的系数统计检验结果显著不等于 0，使用固定效应分析方法和使用随机效应分析方法得到的统计结果均是如此；劳动工资水平提高会使得 FDI 进入中国的规模显著减少。在不考虑中国本地投资这一因素的模型（1）和模型（2）中，劳动工资对 FDI 进入的影响不显著。我们的解释是，中国本地企业固定资产投资 $hinv_{i,t}$ 与劳动工资（$wage_{i,t-1}$）之间高度负相关，相关系数为 -0.6979。在不考虑中国本地企业投资因素时，中国本地企业投资增加对 FDI 进入的促进作用通过劳动工资这一因素来反映，使得劳动工资对 FDI 进入中国的影响不再显著。

需要指出的是，在计量方程中考虑中国本地投资后的模型（3）和模型（4）显示，高速公路（$highw_{i,t-1}$）里程增加，反而会使得 FDI 进入规模减少。这是因为，中国本地投资与单位国土面积上的高速公路里程数之间有一定的正相关关系，两者的相关系数为 0.5622。高速公路里程数量增加主要是通过中国本地企业投资增加来促进 FDI 进入中国，单位国土面积上的高速公路里程数量提高意味着 FDI 可以通过贸易的方式进入该地区，有助于新增 FDI 进入原 FDI 集聚地区，对新增 FDI 进入甚至有抑制作用。

二、国有企业固定资产投资对 FDI 进入的影响

我们考察了 1979~2008 年除西藏外的 30 个省区国有企业固定资产投资增加对 FDI 进入的影响。我们的研究样本有 610 个。表 9-4 中的模型（5）和模型（6）给出了固定效应分析结果和随机效应分析结果。使用固定效应分析得到的 F 统计值为 74.63，表明固定效应分析结果优于混合 OLS 分析结

果。对随机效应分析结果作 Hausman 检验得到的 χ^2 值等于 271.56，P 统计值为 0.00，表明固定效应分析结果优于随机效应分析结果。

表 9-4 中的模型（5）和模型（6）显示，国有企业固定资产投资增加在当期可显著促进本年度 FDI 进入规模增加，使用固定效应分析方法得到的系数和使用随机效应分析方法得到的系数均统计检验显著。具体来说，国有企业固定资产投资占 GDP 的比重每增加 1 个百分点，年度实际利用 FDI 金额占 GDP 的比重就会显著提高 0.135 个百分点。

此外，国有企业固定资产投资增加对 FDI 进入的促进作用有滞后特征。表 9-4 中的模型（5）和模型（6）显示，前一年度国有企业固定资产投资增加，可显著促进本年度 FDI 进入规模增加，使用固定效应分析方法和随机效应分析方法得到的系数均统计检验显著。

通过比较表 9-4 中的模型（5）和（6）以及模型（1）和（2），我们发现①，在考虑了国有企业固定资产投资这一因素以后，银行向工业企业提供贷款（$loan_{i,t-1}$）增加对 FDI 进入的促进作用不再显著，但是，劳动工资（$wage_{i,t-1}$）增加可显著地减少 FDI 进入。我们的解释是国有企业投资与银行对工业企业贷款正相关，与劳动工资负相关，模型（5）和（6）由于突出了国有企业固定资产投资对 FDI 进入的影响，因此，劳动工资对 FDI 的负向影响变得显著，银行贷款对 FDI 进入的影响变得不显著。

三、集体企业固定资产投资对 FDI 进入的影响

我们考察了 1979~2008 年除西藏外的 30 个省区集体企业固定资产投资增加对 FDI 进入的影响。我们的研究样本有 581 个。表 9-4 中的模型（7）和模型（8）给出了固定效应分析结果和随机效应分析结果。使用固定效应分析方法得到的 F 统计值为 42.75，表明固定效应分析结果优于混合 OLS 分析结果。对随机效应分析结果作 Hausman 检验得到的 χ^2 值等于 364.23，

---

① 国有企业上一年度与本年度固定资产投资之间的相关系数为 0.9326。为了避免解释变量之间高度相关对计量分析结果的影响，我们也讨论了仅考虑本年度国有企业固定资产投资和上一年度国有企业固定资产投资对 FDI 进入的影响，但计量分析结果变化不大。本年度国有企业固定资产投资和上一年度国有企业固定资产投资对 FDI 进入中国均有显著的促进作用。此外，我们分析发现银行对工业企业年度贷款与本年度国有企业固定资产投资之间的相关系数为 0.8941，在不考虑国有企业固定资产投资对 FDI 进入的影响时，银行提供给工业企业的贷款增加会显著促进 FDI 进入中国。

P 统计值为 0.00，表明固定效应分析结果优于随机效应分析结果。

表 9-4 中的模型（7）和模型（8）显示，集体企业固定资产投资增加在当期对本年度 FDI 进入规模扩大的促进作用并不显著，使用固定效应分析方法得到的系数和使用随机效应分析方法得到的系数，有相似的结果。集体企业固定资产投资增加对本年度 FDI 流入规模的影响有滞后特征。上一年度集体企业固定资产投资增加，可显著促进本年度 FDI 进入规模扩大，使用固定效应分析方法得到的结果和使用随机效应分析方法得到的结果，都统计检验显著。

可以看出，在考虑了集体企业固定资产投资这一因素以后，银行贷款对 FDI 进入的促进作用仍旧显著，使用固定效应分析方法和随机效应分析方法得到的计量分析结果均统计检验显著。此外，在考虑了集体企业固定资产投资这一因素以后，劳动工资水平提高可显著地减少 FDI 进入规模增加，使用固定效应分析方法和随机效应分析方法得到的计量分析结果均统计检验显著。

四、个体经营企业固定资产投资对 FDI 进入的影响

我们考察了 1979～2008 年除西藏外的 30 个省区个体经营企业固定资产投资增加对 FDI 进入的影响。我们的研究样本有 579 个。表 9-4 中的模型（9）和模型（10）给出了固定效应分析结果和随机效应分析结果。使用固定效应分析得到的 F 统计值为 35.62，表明固定效应分析结果优于混合 OLS 分析结果。对随机效应分析结果作 Hausman 检验得到的 χ^2 值等于 383.23，P 统计值为 0.00，表明固定效应分析结果优于随机效应分析结果。

表 9-4 中的模型（9）和模型（10）显示，个体经营企业固定资产投资增加在当期对本年度 FDI 进入规模增加有显著的促进作用，但是，使用随机效应分析方法得到的结果统计检验不显著。上一年度的个体经营企业固定资产投资增加，对本年度 FDI 流入规模的增加有负向影响，但统计检验不显著。

为了比较国有企业、集体企业、个体经营企业固定资产投资增加对 FDI 进入的影响差异，我们在计量方程中同时考虑了三种类型企业的固定资产投资因素，并得到了与前述类似的结果。

综上所述，我们可以确定的结论是，前一时期和当期国有企业固定资产

投资增加，可显著地促进当期 FDI 进入规模增加；前一时期集体企业固定资产投资规模增加，可显著地促进当期 FDI 进入规模增加；个体经营企业固定资产投资规模增加，对 FDI 进入规模增加的促进作用不显著；在控制了本地企业投资因素以后，劳动工资水平提高会显著地减少 FDI 进入规模；银行贷款对 FDI 进入规模增加的促进作用显著，主要是因为银行贷款增加有助于增加国有企业的固定资产投资规模。

第四节　人民币汇率变动对 FDI 进入中国的影响

汇率变动包括汇率水平变化和波动幅度增加（减少）两个方面，关于汇率变动与投资活动关系的研究文献非常丰富。比如，高德博格（Goldberg，1993）、顾卫平（2004）研究了汇率变动对国内投资的影响。库什曼（Cushman，1985）、布朗尼根（Blonigen，1997）、代芬特尔（Dewenter，1995）、邢和万（Xing and Wan，2006）、于津平（2007）、周华（2007）等研究了汇率变动对外国直接投资（FDI）的影响。

高德博格（Goldberg，1993）利用美国耐用制成品部门和非制成品部门的行业数据研究发现，20 世纪 70 年代美元实际汇率贬值对美国国内新增投资有增加效应，80 年代美元实际汇率贬值对美国国内新增投资有减少效应，美元实际汇率贬值对美国国内投资的影响表现出"先增后减"的特征。就投资结构变动而言，20 世纪 70 年代美元实际汇率贬值对美国非制造品部门的新增投资规模有增加效应，80 年代美元实际汇率贬值对美国非制造品部门的新增投资扩大效应不明显。高德博格的解释是，20 世纪 80 年代美元实际汇率贬值的投资紧缩效应源于美元贬值的财富和收入效应强于出口需求增加效应和生产成本下降效应。

高德博格（Goldberg，1993）对美元实际汇率波动投资效应的研究发现，20 世纪 70 年代美元实际汇率波动增加对美国耐用制成品部门的新增投资有增加效应，80 年代美元实际汇率波动增加对美国耐用制成品部门的新增投资有减少效应；20 世纪 70 年代美元实际汇率波动增加对美国非制造品部门的新增投资规模有减少效应，80 年代美元实际汇率波动增加对美国非制造品部门的新增投资减少效应进一步得到加强。

顾卫平（2004）对日元名义汇率升值的国内投资效应研究显示，1985年7月日本同美国等国家签署"广场协议"以后，日元对美元名义汇率升值了3倍还多，引起劳动工资成本上升，出口产品竞争力下降，企业纷纷向劳动力成本比较低的东南亚国家迁移，日本国内投资持续下降，甚至出现了严重的"产业空心化"问题。

弗鲁特等（Froot and Stein，1991）对美元实际汇率（real value）贬值的外国直接投资流入效应研究发现，1974年至1987年间美元实际汇率贬值对流入美国石油、食品等11个行业的FDI有减少效应，其中机械制造业和化工行业的FDI流入减少最为明显。[①] 邢和万（Xing and Wan，2006）研究发现，中国、印度尼西亚、马来西亚、菲律宾和泰国货币相对日元贬值时，流入这些国家的日本直接投资显著增加。

本拉西等（Bénassy-Quéré，Fonatagné and Lahréche-Révil，2001）通过对1984~1996年17个OECD国家对42个发展中国家的FDI数据研究发现，双边汇率波动对发展中国家FDI的流入规模有减少效应。库什曼（Cushman，1985）的研究发现，1968年至1973年美元对外实际汇率波动对美国的FDI流入有增加效应。

经济学家对汇率变动的FDI流入效应有多种解释。本拉西等（Bénassy-Quéré，Fonatagné and Lahréche-Révil，2001）研究认为，FDI有很强的风险厌恶倾向，本国货币汇率波动增加不利于FDI流入，即使可以获得远期外汇交易等汇率波动避险工具也无济于事。高德博格等（Goldberg and Kolstad，1995）研究认为，实际汇率波动加大会增加国际贸易风险，通过FDI在东道国就地生产可以接近市场销售并能规避汇率变动风险，实际汇率波动增加有使FDI流入增加的倾向。于津平（2007）研究指出，东道国货币名义汇率升值会减少资源寻找型FDI流入、增加市场寻找型FDI流入。

上述表明，现有文献对汇率变动的投资效应研究远未达成一致意见。清田等（Kiyota and Urata，2004）认为探寻汇率变动的投资效应时，只有运用结构分析方法才能得到比较准确的结论。鉴于现有研究多以美国和日本等货

---

① 参见弗鲁特等（Froot and Stein，1991），第1210-1211页。这11个行业是：石油、食品、化工、金属制品（fabricated metals）、机械制造、其它机械制造行业、贸易、金融、保险、房地产和其他行业。

币可以自由兑换的国家为考察对象，对于货币不能完全自由兑换（比如人民币）的国家研究比较少，为此，我们研究了人民币汇率制度改革以来中国分企业类型的投资变化和分地区的投资变化及人民币汇率变动对不同资金来源的影响，以进一步丰富汇率变动的投资效应文献，并为中国完善人民币汇率制度改革措施提供参考意见。

一、汇率变动的投资效应与模型构建

自 2005 年 7 月 21 日中国实行汇率制度改革以来，人民币不再单一盯住美元，而是按照中国对外贸易的地区构成盯住一揽子货币，实行更加有管理的浮动汇率制度。[①] 实行汇率制度改革的目的本来是缓解人民币对美元的升值压力，但是汇率制度改革以后人民币对美元一直持续着升值态势，截至 2007 年 5 月，人民币对美元汇率一度升值到 1 美元兑换 7.68 元人民币，突破了 7.7 的水平；另一方面，人民币对美元汇率的波动幅度开始加大。人民币汇率的这些变化为我们基于中国实践研究汇率变动的投资效应提供了现实基础。

（一）汇率变动效应与汇率变动的投资影响

汇率变动会通过利率平价条件影响投资者的资产选择，也会通过购买力平价条件影响商品的国际竞争力。汇率变动引起的资产重新估值效应和商品竞争力变化效应可以进一步区分为财富效应、需求效应、成本（生产）效应和风险效应等。

汇率变动的财富效应表明，东道国货币对外升值将降低外资购买东道国资产的能力，东道国货币对外预期升值将提高外资购买东道国资产的积极性。汇率变动的需求效应是指东道国国内的市场需求会随东道国货币升值而趋于增加和东道国货币对外升值时东道国商品出口需求趋于减少效应。成本效应是指汇率变化对劳动力成本和生产用投入品进口成本的影响，而风险效应指的是汇率变动引起的劳动成本变化风险和运用母国货币表示的在东道国市场上销售商品的价格变动风险。汇率变动的上述四大效应对一国国内投资规模和 FDI 流入规模有显著影响。

---

① 实际上在所选择的货币篮子中，美元仍旧占有绝对优势份额。

汇率变动的上述四大效应首先与汇率变动引起的资产重新估值效应有关。当本国货币对外升值是一个持续的过程时，在本国的外来投资活动就可以通过资产套现来获取汇率变动的溢价好处，并能够赚取企业投资所形成的资产到期价值重估收益。我们认为，20世纪70至80年代美元名义汇率对外持续贬值引起的美国投资变动就与市场对美元名义汇率变化的预期有关。20世纪70年代美元名义汇率贬值引起的是升值预期，在出口需求增加效应、生产成本降低效应和美元预期升值效应等因素的共同作用下，表现为美国国内投资增加；80年代美元贬值引起的是持续贬值预期（比如美元兑日元的贬值），在美元名义汇率贬值的财富效应、国内市场负向需求效应和美元名义汇率预期贬值效应等因素的共同作用下，美国新增投资规模出现了显著下降。

现实表明，汇率变动的上述四大效应对不同类型的投资会有不同影响，为了准确分析汇率变动的投资效应需要将企业的投资类型按照一定的标准加以区分。我们将企业投资区分为资源寻找型投资和市场寻找型投资两种类型。资源寻找型投资主要是利用东道国廉价的劳动力（或丰裕的自然资源）从事生产活动，并以国际价格在世界范围内销售商品。当东道国货币升值时，在东道国从事生产活动的企业劳动工资成本用其他货币表示时会有所增加，在国际市场销售价格保持不变时，企业在东道国国内从事生产活动的利润水平有所下降。因此，利用东道国劳动要素的资源寻找型投资会随着东道国货币对外升值而明显下降。

另一种情形是，如果生产活动中企业的资本使用规模明显超过劳动，在东道国货币对外持续升值时尽管使用外币表示的工资成本上升，但企业在东道国投资后的资本残值却能以较高的汇率折算为外币从而可以获得资本增值的好处，因而可部分抵消工资成本上升压力，引起资本密集的资源寻找型投资增加。其实，货币升值对东道国劳动工资的影响是不确定的。当货币升值引起商品出口下降而产生劳动就业压力时，工资会出现下降，即使是密集使用劳动的资源寻找型投资规模也不一定有明显减少。

那么，本国货币对外升值是否就一定会引起市场寻找型企业投资增加呢？通常来说，以东道国本地货币定价并就地销售商品，即使销售价格保持不变，用外币表示的企业投资收益也会明显增加。由于货币升值存在财富增值效应，有助于促进东道国居民消费增加，推动经济增长，因而会使市场寻找型投资规模进一步增加。货币升值对市场寻找型投资也有不利影响。货币升值引起的劳动成本会引起密集使用东道国劳动要素的市场寻找型投资的收益下降，对投资规模有减少效应。

所以，汇率变动对企业投资规模的影响有显著的结构特征。如果将东道国企业投资区分为 A 和 B 两种类型，那么，就能得到比较清楚的结论。如果汇率变动引起 A 类企业投资增加而 B 类企业投资减少，或者相反，那么，东道国投资总量就可能表现为不受汇率变动影响。当然，也可能出现这样的情形：在汇率发生变动时，以 A 类企业投资为主的国家投资总量表现为增加，以 B 类企业投资为主的国家投资总量表现为减少，而同时有两种类型企业投资的国家，汇率变动以后将会出现 B 类企业投资向 A 类企业投资转移，最后只有 A 类企业投资增加。

(二) 模型构建

全球化经济中，企业的投资规模决策不但受国内需求约束，而且受出口需求和汇率风险影响。[①] 我们假设典型企业的总收入由本国国内销售收入、国际市场销售收入和资本扣除折旧后残值三个部分构成。企业在国内销售规模取决于国内收入（Y）和物价水平（P），在境外市场销售收入取决于本国货币实际汇率（EE）和其他国家收入水平（Y^*），资本折旧后残值取决于存量资本（K）和资本折旧率（δ）及名义汇率（E_t）水平。因此，典型企业销售收入 TR 可用（9-4）式表示[②]。

$$TR_t = [(Y_t)^{\alpha_1}(P_t)^{\alpha_2}] \cdot [A_1(t)K_t^{\beta_1}L_t^{\beta_2}]P_t \\ + [EE_t^{\alpha_3}(Y_t^*)^{\alpha_4}] \cdot [A_1(t)K_t^{\beta_1}L_t^{\beta_2}]E_tP_t^* + (1-\delta)K_t \tag{9-4}$$

在（9-4）式中，t 为时间下标；$A_1(t)$ 表示技术进步因子，反映了除资本 K 和劳动 L 外引起企业收入增加的因素（比如技术进步）；$\alpha_i(i=1, 2, 3, 4)$ 和 $\beta_i(i=1, 2)$ 为系数。我们假设典型企业的生产成本由资本利息（R）、劳动工资（W）和中间投入品费用三个部分构成。在全球化经济中，企业所用资本包括本国资本（DI）和外资（FI）两个部分；劳动要素全部

[①] 本部分模型构建得到于津平 (2007) 和马 (Ma, 2006) 的启示，我们在现有模型基础上引入了出口需求和国内需求、国内投资和外资等变量，并利用包含风险因素的资产组合模型描述了企业在汇率变动条件下的投资决策过程，得到了与汇率变动有关的影响企业均衡投资的主要因素。

[②] 我们使用本国货币表示企业投资的收益水平，因此在资本折旧后的残值项中没有包含汇率因素。

来自本国人口，中间投入品既有来自本国的供应（X1），也有来自外国的供应（X2）。为此我们给出类似（9-5）式的企业生产成本函数。

$$TC_t = W_t L_t + (DI_t)(1+R_t) + (FI_t)E_t R_t$$
$$+ (FI_t)E_{t+1} + X(1)P_t^I + X(2)(P_t^I)^* E_t \quad (9-5)$$

在（9-5）式中，t 为时间下标；P_t^I 为来自国内的中间投入品价格，$(P_t^I)^*$ 为进口的中间投入品价格。对于生产所用资本，我们进一步假定 $DI_t = b_1 K_t$，$FI_t = b_2 K_t$。根据（9-4）和（9-5）式，我们得到了企业净收益函数 $\pi_t = TR_t - TC_t$。在通常情形下，企业投资者会有一定的风险厌恶。我们将企业投资者效用函数写成（9-6）式。①

$$U_t = E(\pi_t) - \frac{1}{2}B\sigma^2(E(\pi_t)) \quad (9-6)$$

在(9-6)式中，B 为投资者风险规避系数，大于零；E 表示期望算子，$\sigma^2(E(\pi_t))$ 表示预期收益的方差。根据(9-4)式和(9-5)式，我们可以将企业投资的期望收益和期望收益方差写成(9-7)式和(9-8)式。求解企业投资者效用最大化的要素投入条件 $\partial U_t/\partial K_t = 0$ 和 $\partial U_t/\partial L_t = 0$，得到（9-9）式和(9-10)式。

$$E(\pi_t) = f_1(Y_t, P_t, A_1(t), K_t, L_t; EE_t, Y_t^*, E_t, P_t^*;$$
$$DI_t, FI_t, R_t, E_{t+1}; X(1)P_t^I, X(2)(P_t^I)^*) \quad (9-7)$$

$$\sigma^2(E(\pi_t)) = f_2(EE_t, Y_t^*, E_t, P_t^*; A_1(t), K_t, L_t;$$
$$DI_t, FI_t, R_t, E_{t+1}; X(2)(P_t^I)^*) \quad (9-8)$$

$$\partial U_t/\partial K_t = f_3(Y_t, P_t, A_1(t), K_t, L_t; EE_t, Y_t^*, E_t, P_t^*;$$
$$DI_t, FI_t, R_t, E_{t+1}; X(1)P_t^I, X(2)(P_t^I)^*; \sigma(E_t)) \quad (9-9)$$

$$\partial U_t/\partial L_t = f_4(Y_t, P_t, A_1(t), K_t, L_t; EE_t, Y_t^*, E_t, P_t^*;$$
$$DI_t, FI_t, R_t, E_{t+1}; X(1)P_t^I, X(2)(P_t^I)^*; \sigma(E_t)) \quad (9-10)$$

我们运用 $DI_t + FI_t = K_t$ 和 $\partial U_t/\partial L_t = 0$ 关系式，用劳动投入 L_t 代替 DI_t 和

---

① 在投资决策时典型的企业会按照一定比例决定本国资金和外资投入规模，并在一定条件下保持相对不变。我们在此处假设典型企业的全部投资中境外资金投入和国内资金投入有较为稳定的比例关系，目的是避免在实证分析中同时使用国内资金投入和外资这样的变量。本节第三和第四部分的分析结果显示，这样的处理方法比较可行。

FI_t 两个变量,进而得到关于资本投入量 K_t 的函数关系[参见(9-11)式]。

$$K_t = f_5(Y_t, P_t, A_1(t), L_t; EE_t, Y_t^*, E_t, P_t^*, E_{t+1};$$
$$X(1)P_t^I, X(2)(P_t^I)^*; \sigma(E_t)) \qquad (9\text{-}11)$$

$$I_t = f_5(Y_t, P_t, A_1(t), L_t, R_t; EE_t, Y_t^*, E_t, P_t^*, E_{t-1};$$
$$X(1)P_t^I, X(2)(P_t^I)^*; \sigma(E_t); \Delta Y_t, \Delta P_t, \Delta A_1(t), \Delta L_t, \Delta R_t;$$
$$\Delta EE_t, \Delta Y_t^*, \Delta E_t, \Delta P_t^*, \Delta E_{t-1}, \Delta(X(1)P_t^I), \Delta(X(2)(P_t^I)^*);$$
$$\Delta(\sigma(E_t))) \qquad (9\text{-}12)$$

$$\ln(I_t^i/P_t) = \theta_0^i + \theta_1^i \ln(\sigma(E_t)) + \theta_2^i \Delta \ln(\sigma(E_t)) + \theta_3^i \ln(E_t)$$
$$+ \theta_4^i \Delta \ln(E_t) + \theta_5^i \ln(EE_t) + \theta_6^i \Delta \ln(EE_t)$$
$$+ \theta_7^i \ln(L_{it}) + \theta_8^i \ln(Y_{it}/P_t) + \theta_9^i R_t$$
$$+ \theta_{10}^i \Delta R_t + \sum \psi_j Season_j + \sum \phi_j \ln(Z_{jt}) + \varepsilon(it) \qquad (9\text{-}13)$$

我们对企业生产用存量资本表达式取一阶差分以后得到时期企业投资规模,参见(9-12)式。我们对所有变量取对数,并对产出水平取经过物价指数调整以后的实际值,同时参照高德博格(Goldberg,1993)的研究方法,将非核心参数用向量 Z_t 表示,引入随机扰动项,建立企业新增投资规模与人民币汇率变动关系的计量回归方程(9-13)式。① 参见(9-13)式。

二、数据说明和对计量回归模型讨论

(一)数据说明和处理

我们的全部研究样本从 2000 年第 1 季度至 2006 年第 4 季度,共涉及 28 个季度数据(实际分析时有所调整)。为了说明汇率波动对投资的影响,我们通过滚动方法求解得到了汇率变动方差。比如,利用 2000 年 1 月至 2000 年 12 月期间的月(季)度名义汇率数据,求解得到 2000 年 1 月的汇率波动数据;利用 2000 年 2 月至 2001 年 1 月期间的月(季)度名义汇率数据,求解得到 2000 年 2 月的汇率波动数据。

---

① 在(9-13)式中,i 代表相应的研究对象,可以理解为不同类型的企业和不同的资金来源。需要说明的是,在求解(9-7)至(9-13)式的过程中,(9-4)式、(9-5)式和(9-6)式给出的前提条件非常重要,没有这三个式子给出的典型企业的成本和收益函数以及投资者效用函数,我们就无法推理得到(9-7)式至(9-12)式,也就无法在(9-13)式中引入实际汇率 EE_t 和名义汇率变动方差 $\sigma(E_t)$ 等变量,以及无法省略存量资本 K_t 等变量。

考虑到数据的可得性以及最后分析结果的统计特征，我们只给出了影响企业固定资产投资规模的那些关键变量，省略了外国产出等对企业新增固定资产投资影响不显著的变量。① 在处理时间序列数据时考虑：第一，序列相关程度；第二，单位根；第三，变量的内生特点。

由于国内生产总值（GDP）变量与劳动工资、劳动要素投入等变量之间存在强相关性，加上考虑到典型国家国内生产总值中有 70% 以上为劳动工资收入②，而且回归方程中的利率指标可以近似反映企业投资收益，因此我们省略了 GDP 变量。③ 对于单位根（自相关）问题，我们采用差分方法解决（参见表 9-5 和表 9-6）；对于变量内生问题，我们试图采用劳动工资收入一阶滞后项作为劳动工资收入的工具变量，其余变量选择其自身作为工具变量，运用 TSLS 方法进行回归分析。在以上基本原则的指导下，我们采取逐步回归方法，最后得到了拟合优度、D－W 统计值和 F 统计值最为理想的回归分析结果。

需要说明的是，一般认为名义汇率通过引起实际汇率变化影响进出口商品需求进而影响到企业投资决策，在回归分析中考虑了实际汇率以后可以不考虑名义汇率。但由于：第一，国内外价格水平在名义汇率变化时也可能会受到其他因素影响而发生变化，实际汇率和名义汇率往往不是同步变动（比如 2000 年至 2006 年间人民币对美元名义汇率和实际汇率之间的相关系数只有 0.81 水平）；第二，本文认为名义汇率通过影响企业投资成本和资产重新估值来影响企业投资决策，实际汇率通过影响企业国内外市场需求来影响投资决策，在回归分析方程中同时考虑名义汇率和实际汇率，正是为了进一步区分

---

① 在回归分析时，我们曾经代入美国季度国内生产总值、美国批发物价指数等变量进入回归方程，但这些变量的 t 统计指标不显著，反映总体回归结果的拟合优度和 F 统计指标也不显著，因此我们在最后的分析结果中省略了这些变量。在第四部分中对于中国不同类型资金来源的分析，我们采取了类似的方法。

② 参见［美］米什金（F. Mishkin）：《货币金融学》，中国人民大学出版社 2001 年版，第 585 页。分析结果显示劳动工资对所有类型企业投资的影响都显著大于零，说明劳动工资变量更多地反映了中国国内市场需求，对企业投资的正向需求影响超过了工资成本的负向影响。

③ 在最初数据处理时，因为回归方程残差与劳动工资收入存在高度相关，我们选择了劳动工资一阶滞后项作为劳动收入的工具变量，其余变量选择其自身作为工具变量，运用 TSLS 方法进行回归分析。但考虑到样本数据有限会影响 TSLS 分析的统计显著性，我们在对不同类型企业（资金来源）回归时分别省略了一些变量，并得到了更理想的统计分析结果，且计量回归结果残差与解释变量之间不存在高度相关性，因此我们给出的最后分析结果中也就没有使用工具变量。

汇率变动对企业投资决策的不同影响机制。第三，在回归分析方程中同时考虑名义汇率和实际汇率时，如果我们得到了比较好的统计结果，就同时保留这两个变量；对于同时使用名义汇率和实际汇率变量进行分析的统计结果不显著的回归方程，我们则在名义汇率和实际汇率两者之中选择统计结果相对显著的进入最后分析结果。①

(二) 对回归方程中重要系数的讨论

1. 关于名义汇率变化与企业投资关系

名义汇率对外贬值时，本国出口将增加并引起企业投资增加；但是，名义汇率贬值时，企业全部资本中的境外引进资本部分的偿付成本提高，会降低企业的利润水平，引起企业投资规模下降。所以，名义汇率变化与企业投资关系不确定。

2. 关于实际汇率变化与企业投资关系

实际汇率贬值时，本国出口需求将增加并引起企业投资增加。但是，如果企业大量运用进口中间投入品从事生产加工活动或者大量雇用外籍员工，那么，实际汇率贬值在引起企业最终产品出口竞争力提高的同时，企业的生产成本也会上升，实际利润会下降，企业投资规模会因此下降。所以，实际汇率与企业投资关系不确定。

3. 关于名义汇率方差与企业投资关系

名义汇率方差增加时，企业从事涉外经营活动的汇率风险加大，出口收益和资金成本核算面临的不确定性提高，风险厌恶型企业的投资规模会下降。但是，当本国有大量外国进口，为了规避汇率风险，外资会进入本国就地生产就地销售，这样会引起本国国内总量投资规模上升。所以，名义汇率波动（方差变化）与企业投资关系不确定。

4. 关于国民收入与企业投资关系

我们强调从有效需求角度分析企业的投资需求。在回归分析时，我们用季度国民工资总额作为国内收入（Y_{it}）的代理变量，表示国内有效需求水平。我们对主要变量之间的相关系数分析显示，这并不会导致劳动投入

---

① 比如表 9-5 中在关于台港澳商投资企业和国有及国有控股企业的投资分析中就没有考虑人民币对美元实际汇率这一变量，分析外商投资企业时则没有考虑人民币对美元名义汇率这一指标。

(L_t) 与其存在多重共线关系，因为劳动投入与国民工资总额的相关系数只有 0.52。我们的解释是，劳动投入增加时，如果单位劳动工资上升或者不变，那么劳动工资总额会有明显上升；当劳动投入增加时，如果由于竞争关系引起单位劳动工资显著下降，那么劳动工资总额会出现下降。所以，劳动要素投入与工资总额之间不存在显著的多重共线关系。由于在通常情形下国民收入（劳动工资）越高越有利于增加企业的市场需求，使企业形成良好的盈利预期，因此，企业新增投资规模与国民收入存在正向相关关系。

5. 关于劳动要素投入与企业投资关系

我们认为劳动投入与资本投入之间的关系并不确定。当劳动要素投入增加且单位劳动工资下降时，会引起企业投资成本下降，资本投入增加；当劳动要素投入增加且单位劳动工资下降时，企业会雇佣更多的劳动代替资本，此时资本投入规模下降。所以，在（9-13）式中系数 θ_7^i 的符号是不确定的。

6. 关于利率与企业投资关系

资本利率为企业投资成本，利率上升时，企业投资将下降。但是，当利率高于外国利率，利率上升时会引起外资流入（FDI 上升），此时企业投资增加。因此，企业投资与利率之间的关系不确定（当本国是大国时，利率上升才会显著减少企业投资规模）。

三、企业类型与人民币汇率变动的投资效应

我们分析了内资企业，以及港澳台商投资企业、外商投资企业、个体经营企业、国有及国有控股企业等 5 种企业的季度新增固定资产投资规模与人民币汇率变动之间的关系。分析时，除了考虑到名义汇率变动方差、名义汇率、实际汇率等因素外，我们还考虑相应时期中国在岗职工人数、在岗职工实际工资数额和人民币贷款利率等变量。

（一）人民币对美元汇率变动对内资企业投资的影响

我们研究发现（参见表 9-5），人民币对美元名义汇率波动幅度加大时，中国内资企业新增固定资产投资规模不受影响。人民币对美元名义汇率升值时，中国内资企业新增固定资产投资有扩大趋势（回归系数为 -26.11），

表 9-5 不同类型企业季度新增固定资产投资与人民币汇率变动关系

企　业	内资企业	港澳台商投资企业	外商投资企业	个体经营企业	国有及国有控股企业
常数项	80.25*	32.44*	−49.11	48.00	−69.75***
	(3.05)	(2.02)	(−1.54)	(0.46)	(−10.07)
$\ln(\sigma(E_t))$	−0.15	0.13**	0.23**		
	(−1.84)	(2.55)	(2.94)		
$\Delta\ln(\sigma(E_t))$	0.04				0.12**
	(1.29)				(2.65)
$\ln(E_t)$	−26.11**	−18.31*		−13.07	32.46***
	(−3.48)	(−1.99)		(−1.26)	(9.97)
$\Delta\ln(E_t)$	26.38	18.27	−5.97		−88.63***
	(2.13)	(1.41)	(−0.81)		(−4.93)
$\ln(EE_t)$	−12.67*		−15.44*	−26.69**	
	(−2.29)		(−2.11)	(−2.57)	
$\Delta\ln(EE_t)$	17.59**		14.41*	21.89*	
	(3.14)		(2.17)	(2.17)	
$\ln(L_t)$			8.99*	4.23	
			(1.99)	(0.45)	
$\Delta\ln(W_t/CPI_t)$	0.92***	0.88***	0.51***	0.51***	1.15***
	(10.42)	(20.46)	(5.39)	(3.85)	(11.94)
$\ln(R_t*100)$	1.79	2.98			−1.90**
	(1.93)	(1.85)			(−2.79)
$\Delta\ln(R_t*100)$	−2.47	−2.84			3.65**
	(−2.03)	(−1.72)			(3.22)
季度2	(+)***	(+)***	(+)**	(+)**	
季度3					(−)***
拟合优度	0.98	0.99	0.93	0.88	0.95
D−W	2.09	2.02	1.94	2.09	2.06
F统计值	75	144	24	14	33
调整后样本数	16	16	16	16	15

说明：(1) 括号中为t统计值，***、**、*分别表示在1%、5%和10%水平上统计显著。(2) 季度虚拟变量下括号中符号表示回归系数为正数或负数。(3) 所使用的原始数据来自WIND资讯系统数据库，涉及2003年第1季度至2006年第4季度共16个样本，并根据数据可得性进行了调整。

统计检验显著。人民币对美元实际汇率升值时，中国内资企业新增固定资产投资规模有扩大趋势（回归系数为-12.67），统计检验显著。

我们将内资企业进一步划分为国有及国有控股企业、个体企业两种类型。我们研究发现：（1）人民币对美元名义汇率波动幅度加大时，个体经营企业（回归系数为0.23）新增固定资产投资规模有扩大趋势，统计检验显著，但国有及国有控股企业新增固定资产投资规模不受人民币对美元名义汇率波动幅度加大的影响。（2）人民币对美元名义汇率升值时，国有及国有控股企业新增固定资产投资有下降趋势（回归系数为32.46），统计检验显著；个体经营企业新增固定资产投资规模有扩大趋势，但统计检验不显著。（3）人民币对美元实际汇率升值时，个体经营企业的新增固定资产投资规模有扩大趋势，且统计检验显著；国有及国有控股企业新增固定资产投资规模不受影响。

所以，人民币对美元汇率波动幅度加大时，个体经营企业新增固定资产投资规模的扩大效应超过国有及国有控股企业。人民币对美元名义汇率和实际汇率升值不利于国有及国有控股企业新增固定资产投资规模增加，有利于个体经营企业新增固定资产投资规模扩大。总而言之，人民币对美元汇率形成机制的改革更加有利于中国个体经营企业扩大固定资产投资规模，对国有及国有控股企业有一定的不利影响。

（二）人民币对美元汇率变动对外资企业投资的影响

我们将外资企业区分为港澳台商投资企业和外商投资企业两种类型，研究发现：（1）人民币对美元名义汇率波动幅度加大时，外商投资企业新增固定资产投资规模有扩大趋势（回归系数为0.13），统计检验显著；港澳台商投资企业新增固定资产投资规模有下降趋势，统计检验不显著。（2）人民币对美元名义汇率升值时，港澳台商投资企业新增固定资产投资规模有扩大趋势（回归系数为-18.31），统计检验显著；外商投资企业新增固定资产投资规模不受人民币对美元名义汇率升值影响。（3）人民币对美元实际汇率升值时，外商投资企业新增固定资产投资规模有扩大趋势（回归系数为-15.44），统计检验显著；港澳台商投资企业新增固定资产投资规模不受影响。

所以，人民币对美元升值时，港澳台商投资企业和外商投资企业的新增固定资产投资规模都有扩大趋势,但前者通过影响企业资产价值重估实现,后者主要通过扩大中国从外部进口实现。结合人民币汇率波动幅度加大的影响以后,我们认为,人民币汇率制度改革对外商投资企业新增固定资产投资规模的扩大效应更加明显。

(三)"7.21"人民币汇率制度改革前后不同企业投资规模影响因素比较

我们曾经试图分别研究"7.21"人民币汇率制度改革前后,影响中国不同类型企业投资规模变化的各种因素,以及考虑使用虚拟变量方法分析问题,但我们发现不进行子样本分析和不考虑虚拟变量时的统计结果仍旧比较显著(参见表9-5)。

从表9-5可以看出,"7.21"人民币汇率制度改革以前,中国不同类型企业的新增固定资产投资规模主要受劳动工资收入影响。其中内资企业所受影响超过港澳台商投资企业和外商投资企业,国有及国有控股企业固定资产投资受到的劳动收入增加的推动作用最明显,个体经营企业固定资产投资受劳动工资收入增加的推动作用比较小。"7.21"人民币汇率制度改革以前,外商投资企业的投资还受在岗职工人数增加推动。"7.21"人民币汇率制度改革以后,中国不同类型企业固定资产投资在受到劳动工资收入影响的同时,还受到人民币对美元汇率变化影响。人民币对美元实际汇率升值和名义汇率波动幅度加大有助于外商投资企业和个体经营企业固定资产投资增加,人民币对美元名义汇率升值有助于港澳台商投资企业固定资产投资增加,但会减少国有及国有控股企业新增固定资产投资。结合劳动收入增加对企业新增固定资产投资的推动作用,我们发现在"7.21"人民币汇率制度改革以后,港澳台商投资企业、外商投资企业和个体经营企业的新增固定投资规模增长速度超过了"7.21"以前水平,国有及国有控股企业新增固定资产投资规模的增长幅度则出现了显著下降。

人民币汇率变动对不同类型企业投资影响的差异还可以作进一步解释。

第一,就外商投资企业和个体经营企业而言,人民币对美元名义汇率升值产生的企业投资成本增加效应并不明显,这些企业可能有部分中间投入品进口，结果有助于降低其生产成本。① 人民币对美元实际汇率升值对外商投资企业和个体经营企业产生的出口需求减少效应并不明显，而是以中国国内市场需求增加的正向效应为主。我们认为这两类企业以中国国内市场为主要经营目标，中国国内市场需求潜力是激励外商投资企业和个体经营企业扩大新增固定投资规模的关键因素之一，人民币对美元升值将会引起流入中国的市场寻找型 FDI 增加。人民币对美元名义汇率波动加大并没有抑制外商投资企业和个体经营企业投资扩大，对这两类企业增加投资反而有促进作用，说明这些企业是以中国国内要素投入为主，也进一步说明了外商投资企业和个体经营企业主要以中国国内市场为主要目标的投资意图。总而言之，外商投资企业和个体经营企业以占领中国国内市场为经营目标的意图在这里可以得到比较清楚的说明。

第二，人民币对美元名义汇率升值对国有及国有控股企业新增固定资产投资有负向影响表明，"7.21" 人民币对美元汇率制度改革以后，外商投资企业、个体经营企业和港澳台商投资企业投资规模扩大挤占了国有及国有控股企业的部分中国国内市场，而国有及国有控股企业又难以获得人民币对美元名义汇率持续升值带来的资产溢价好处，加上出口需求下降，因而不得不降低固定资产投资规模。

第三，人民币对美元名义汇率升值对港澳台商投资企业新增固定资产投资存在正向推动作用表明，资产升值预期是 "7.21" 以后激励港澳台商投资企业进一步在中国内地扩大新增固定资产投资规模的重要因素，其投资目的更多的是出于利用人民币持续升值过程进行资产套利，人民币升值速度放缓时，港澳台商投资企业新增固定资产投资会有所下降。②

为了进一步说明人民币对美元汇率变动时，影响中国不同类型企业投资规模变动的因素，在下文中我们分析了中国不同类型企业资金来源与人民币对美元汇率变动之间的关系。

---

① 参见本节第一部分中关于汇率变动投资效应的论述。这一点似乎与人们观察到的中国经常项目顺差持续上升现象有出入。其实，中国市场上随处可见的品种繁多的外资品牌产品足以表明占领中国国内市场是外资企业扩大固定资产投资的重要决定因素之一。个体经营企业的投资规模扩大也可以从这一点得到说明。对不同类型企业投资目的问题，我们认为可作进一步研究。

② 参见本节第一部分中关于汇率变动投资效应的论述。

四、资金来源与人民币汇率变动的投资效应

我们将中国企业资金来源分为国家预算内资金、国内贷款、债券融资、实际利用外资、实际利用 FDI、自筹资金、企事业单位自有资金、发行股票筹集资金等 8 种类型，分析了企业新增固定资产投资来源与人民币汇率变动之间的关系。分析时，除了考虑名义汇率变动方差、名义汇率、实际汇率等因素外，我们还考虑了相应时期中国在岗职工人数、在岗职工实际工资数额和人民币贷款利率等变量。

（一）人民币对美元汇率波动幅度加大对不同资金来源的影响

研究表明（参见表9-6），人民币对美元名义汇率波动幅度加大时，企业实际利用 FDI（回归系数为 0.07）、自筹资金（回归系数为 0.17）、企事业单位自有资金（回归系数为 0.21）使用规模都有增加趋势，统计检验显著；[①] 债券融资有扩大趋势，但统计检验不显著。人民币对美元名义汇率波动幅度加大时，发行股票筹集资金规模有下降趋势（回归系数为 -1.06），统计检验显著；国内贷款和实际利用外资规模有下降趋势，统计检验不显著。此外，国家预算内资金投入不受人民币对美元名义汇率波动幅度加大影响。

（二）人民币对美元名义汇率升值对不同资金来源的影响

我们研究后发现（参见表9-6），几乎所有类型的资金来源都受人民币对美元名义汇率变化影响。人民币对美元名义汇率升值时，国家预算资金（回归系数为 -24.12）、国内贷款（回归系数为 -149.8）、实际利用外资（回归系数为 -26.9）、实际利用 FDI（回归系数为 -23.95）、企业自筹资金（回归系数为 -25.47）、企事业单位自有资金（回归系数为 -54.82）均有

[①] 实证研究时，考虑到数据可得性，以及回归分析统计结果显著程度，我们省略了中国 FDI 其他来源国家和地区的国民收入以及人民币对这些国家和地区货币汇率等变量。比如我们使用人民币对欧元名义汇率对中国 FDI 流入影响时发现，欧元对人民币名义汇率的 t 统计指标不显著，因此我们只给出了人民币对美元名义汇率水平和方差与中国外资流入及 FDI 流入之间的关系。我们的解释是，2000 年至 2006 年期间，流入中国的 FDI 有 70% 以上是美元形式，中国的 FDI 流入受人民币与其他货币之间的汇率变动的影响较不明显。此外，考虑到 FDI 进入决策存在一定刚性，我们在回归分析时引入了人民币对美元名义汇率、实际汇率、汇率波动和人民币 1 年期贷款加权平均利率等变量的差分形式，得到了比较理想的统计分析结果。

表 9-6 人民币汇率变动与中国资金来源变化

资金来源	国家预算内资金	国内贷款	债券融资	实际利用外资	实际利用FDI	自筹资金	企事业单位自有资金	发行股票筹集资金
常数项	109.99*** (6.67)	637.59*** (5.63)	-310.43 (-1.56)	203.43*** (5.36)	223.55*** (4.43)	224.41*** (4.51)	469.46*** (4.91)	-364.21* (-2.69)
$\ln(\sigma(E_t))$		-0.69 (-1.81)	1.44 (1.76)	-0.01 (-0.39)	0.07 (0.02)	0.17*** (4.35)	0.21** (3.08)	-1.06** (-3.22)
$\Delta\ln(\sigma(E_t))$		-0.09 (-0.97)					0.02 (0.33)	-0.16 (-1.48)
$\ln(E_t)$	-24.12*** (-5.80)	-149.8** (-3.51)	175.35 (1.61)	-26.19*** (-4.48)	-23.95*** (-4.22)	-25.47*** (-3.72)	-54.82*** (-4.25)	-23.48 (-0.67)
$\Delta\ln(E_t)$	29.40*** (2.92)	177.45** (2.90)	-108.41 (-1.82)			24.84** (2.29)	68.88** (3.68)	-21.75 (-0.78)
$\ln(EE_t)$						-8.67** (-2.01)	-14.17 (-1.55)	65.73** (3.08)
$\Delta\ln(EE_t)$		14.21 (1.99)					13.74 (1.58)	
$\ln(L_t)$	-6.32*** (-5.19)	-38.18*** (-5.32)		-16.29*** (-5.16)	-18.57*** (-4.28)	-16.09*** (-5.06)	-34.67*** (-5.17)	26.88* (2.58)
$\Delta\ln(W_t/CPI_t)$	0.15 (1.15)	-0.37 (-1.31)	0.25 (0.56)	0.54*** (8.25)	0.19** (2.48)	0.60*** (6.33)	0.79*** (5.73)	0.19 (0.85)

(续表 9-6)

资金来源	国家预算内资金	国内贷款	债券融资	实际利用外资	实际利用FDI	自筹资金	企事业单位自有资金	发行股票筹集资金
$\ln(R_t * 100)$		16.92	−30.15	1.21*				6.75
		(1.98)	(−1.82)	(2.04)				(2.19)
$\Delta\ln(R_t * 100)$		−16.33*	22.15		1.20**		−1.41	
		(−2.05)	(1.37)		(2.68)		(−1.36)	
季度2	(−)*		(−)*			(+)**		(−)
季度3				(−)*				
季度4	(+)***	(+)***			(+)***	(−)		
拟合优度	0.87	0.92	0.30	0.93	0.90	0.94	0.94	0.79
D–W	2.07	2.09	1.95	2.07	2.03	2.01	1.97	2.38
F 统计值	25	18	1.7	36	20	41	25	6
调整后样本数	23	16	13	17	20	16	16	14

说明：(1) 括号中为 t 统计值，***、**、*分别表示在1%、5%和10%水平上统计显著。(2) 季度虚拟变量下括号中符号表示回归系数为正数或负数。(3) 利率运用对数后分除百分数值取对数后进行计量分析，比如2002年商业银行贷款年平均利率为5.31%，我们用 ln5.31 进行计量分析。这样处理主要是出于方便考虑，并不影响利率变化对资产投资的影响分析结果。(4) $\sigma(E_t)$ = 人民币对美元季度末季度末汇率平均值（滚动计算得到）；$\Delta\sigma(E_t)$ = 人民币对美元方差一阶差分，其余同此类似；E_t = 人民币对美元季度末季度末汇率平均值；EE_t = 人民币对美元季度末实际汇率平均值；L_t = 全国季度在岗职工人数（万人）；W_t/CPI_t = 全国在岗职工资总额（亿元）；R_t = 人民币1年期贷款加权平均利率。(5) 所使用的原始数据来自 WIND 资讯系统数据库，涉及2000年第1季度至2006年第4季度共28个样本，并根据全部数据的可得性进行了调整。

增加趋势，统计检验显著；发行股票筹集资金也呈增加趋势，但统计检验不显著。在所有资金来源中，人民币对美元名义汇率升值时只有债券融资有下降趋势，但统计检验不显著。所以，我们认为，人民币对美元升值引起的资产价值重估效应是企业新增固定资产投资规模扩大的主要原因。

（三）人民币对美元实际汇率升值对不同资金来源的影响

就资金来源来看，人民币对美元实际汇率升值时，企业自筹资金规模有显著增加趋势（回归系数为 -8.67），统计检验显著；企事业单位自有资金使用规模也有扩大趋势，但统计检验不显著。人民币对美元实际汇率升值时，发行股票筹集资金规模有下降趋势，统计检验显著。除此之外，人民币对美元实际汇率升值时，国家预算资金、国内贷款、债券融资、实际利用外资、实际利用 FDI 等 5 种资金来源都不受影响。所以，我们可以认为，人民币对美元实际汇率升值主要通过促进企业自筹资金规模增加来推动企业新增固定资产投资规模扩大。

（四）"7.21" 人民币汇率制度改革前后不同资金来源影响因素比较

从表9-6中，我们可以进一步发现"7.21"人民币汇率制度改革前后，对中国不同资金来源的影响因素差异。在"7.21"以前，中国实际利用 FDI、自筹资金、企事业单位自有资金使用和实际利用外资规模都受到劳动工资收入的积极影响；"7.21"以后，在劳动工资收入上升正向推动的同时，人民币对美元名义汇率升值进一步显著地促进了中国实际利用 FDI、自筹资金、企事业单位自有资金和实际利用外资规模扩大，而人民币对美元名义汇率波动增加对实际利用 FDI、自筹资金、企事业单位自有资金使用的扩大也有积极推动作用。

除了上述资金来源外，"7.21"人民币汇率制度改革以后，人民币对美元名义汇率升值对国家预算内资金投入和国内贷款增加也有积极影响，而在"7.21"以前，这两项资金投入相对比较稳定（参见表9-6中常数项）。我们认为，"7.21"以后人民币对美元汇率变动刺激了企业资金需求，引起国家配套资金（比如用于公共设施建设资金）和商业银行贷款投放增加。

关于人民币对美元实际汇率升值有利于自筹资金投放增加问题，我们认为这主要与中国的个体经营企业在"7.21"以后要求扩大投资规模有关。我们对人民币对美元实际汇率升值不利于发行股票筹集资金的解释是，中国的上市公司和那些等待公开上市筹集资金的企业，在个体经营企业和外商投资企业利用人民币对美元汇率变动时机扩大投资规模抢占中国国内市场过程中有点无所适从，公开发行上市筹集资金能力和愿望都有所下降。①

需要强调的是，中国在岗职工人数增加对各种类型的资金投入（除了发行股票筹集资金以外）都有抑制作用，但是对不同类型企业新增固定资产投资增加没有影响（外商投资企业除外）。我们的解释是，劳动要素使用增加对不同形式的资金投入有一定的替代作用，但不影响企业新增固定资产投资决策。实际上，表9-6中的在岗职工数量为所有类型企业的劳动要素投入数据，对外商投资企业来说，劳动就业增加时其新增固定资产投资有上升趋势。这说明除了表9-6中列出的各种资金来源外，外商投资企业可能还有其他形式的资金（如热钱）进入了生产过程，或者说我们对外商投资企业使用的资金统计不够完整，比如进口商品用汇被作为新增固定资产投资使用等。

五、人民币汇率变动的地区投资效应

为了进一步说明汇率制度改革前后影响中国新增固定资产投资规模变化的各种因素，我们研究了人民币汇率变化对中国不同地区的投资影响。

（一）中国投资活动的"北上西进"趋势

我们分别计算了人民币汇率制度改革（2005年7月）前后中国31个省市地区新增固定资产累计值占同期中国全部新增固定资产投资值的比重。汇率制度改革前时期为2000年第1季度至2005年第2季度，汇率制度改革后的时期为2005年第3季度至2006年第4季度。

从表9-7可以看出，人民币汇率制度改革以前，季度新增固定资产投资占全国比重位于前10位的省市依次为广东（9.2%）、江苏（8%）、山东（8%）、浙江（6.9%）、上海（5.7%）、北京（4.6%）、四川（4.2%）、辽宁（4.1%）、河北（3.9%）和河南（3.8%）。除河南位于中国中部地区、四川位于中国西部地区以外，其余省市均位于中国东部沿海地区，位列前10名的8个东部沿海省市固定资产投资占同期中国新增固定资产投资比

---

① 可对照本节第一部分中关于汇率变动投资效应的论述。

重的总和高达 50.4%。

表 9-7　人民币汇率制度改革前后中国各地区固定资产投资在全国占比变动

省市		广东	江苏	山东	浙江	上海	北京	四川	辽宁
汇改前	占比	0.092	0.08	0.08	0.069	0.057	0.046	0.042	0.041
	排名	1	2	2	4	5	6	7	8
汇改后	占比	0.072	0.078	0.094	0.059	0.038	0.034	0.04	0.053
	排名	3	2	1	4	9	11	8	5
省市		河北	河南	湖北	福建	湖南	安徽	黑龙江	陕西
汇改前	占比	0.039	0.038	0.037	0.029	0.028	0.026	0.025	0.023
	排名	9	10	11	12	13	14	15	16
汇改后	占比	0.047	0.05	0.032	0.028	0.029	0.031	0.023	0.024
	排名	7	6	12	15	14	13	20	18
省市		内蒙古	重庆	天津	江西	山西	吉林	云南	新疆
汇改前	占比	0.022	0.022	0.021	0.021	0.021	0.019	0.019	0.019
	排名	17	17	19	19	19	22	22	22
汇改后	占比	0.036	0.024	0.018	0.026	0.023	0.025	0.02	0.016
	排名	10	19	24	16	20	17	23	25
省市		广西	贵州	甘肃	海南	青海	宁夏	西藏	
汇改前	占比	0.017	0.014	0.012	0.006	0.005	0.005	0.003	
	排名	25	26	27	28	29	29	31	
汇改后	占比	0.021	0.011	0.01	0.004	0.004	0.005	0.002	
	排名	22	26	27	29	30	28	31	

说明：（1）汇改前时期为 2000 年第 1 季度到 2005 第 2 季度，汇改后时期为 2005 年第 3 季度到 2006 年第 4 季度。（2）占比表示相应省市同期新增固定资产累计值占同期中国全部新增固定资产投资比重。

资料来源：根据 WIND 资讯系统数据库计算得到。

人民币汇率制度改革以后，季度新增固定资产投资占全国比重位于前 10 位的省市依次是山东（9.4%）、江苏（7.8%）、广东（7.2%）、浙江（5.9%）、辽宁（5.3%）、河南（5%）、河北（4.7%）、四川（4%）、上海（3.8%）、内蒙古（3.6%）。前 10 名中属于东部沿海地区的省市由 8 个减少为 7 个，这 7 个东部沿海省市季度新增固定资产投资占全国同期比重降低为 47.3%。引人注目的是，北京市由人民币汇率制度改革以前的第 6 位降到了第 11 位，内蒙古从人民币汇率制度改革以前的第 17 位升到了第

10位，其余省市虽然仍旧位于前10名中，但是排序出现了变化。最为典型的是位于长江以北的山东省从人民币汇率制度改革以前的第2位成为第1位，而且所占比重显著上升。上升明显的省市还有：辽宁省从原先的第8位上升到了第5位，河南省从原先的第10位上升到了第6位，河北省从原先的第9位上升到了第7位，以及上述的内蒙古。

此外，人民币汇率制度改革前后，固定资产投资占全国比重变化比较突出的是：天津市由汇率制度改革以前的第19位（2.1%）下降到了第24位（1.8%），吉林从人民币汇率制度改革以前的第22位（1.9%）上升到了第17位（2.2%），福建省由第12位（2.9%）下降到了第15位（2.8%），其余省区的排序变化不是十分明显。

可以看出，人民币汇率制度改革以后，中国固定资产投资重点地区出现了从北京、天津以及长江以南的广东、福建、浙江、上海等地区，向长江以北东部沿海地区的山东、辽宁、河北以及位于东北地区的吉林和位于中国中部和西部地区的河南、内蒙古、安徽、江西等省市转移的趋势，我们称之为"北上西进"模式。

表9-8 人民币对美元汇率变动时中国分地区的投资效应

分析结果	地区	人民币对美元名义汇率波动加大	人民币对美元名义汇率升值	人民币对美元实际汇率升值
（1）投资增加且统计检验显著的地区	东部	山东、海南	山东、河北、江苏	广东
	中部		吉林	
	西部			
（2）投资增加但统计检验不显著的地区	东部	天津、江苏、浙江	北京、天津、辽宁、上海、福建	河北
	中部	安徽	黑龙江、安徽、山西	
	西部	西藏、甘肃、宁夏	四川、甘肃	
（3）投资下降且统计检验显著的地区	东部	上海、福建	浙江	
	中部		湖北、湖南、重庆	
	西部	云南、贵州、青海	宁夏	贵州、青海

(续表9-8)

分析结果	地区	人民币对美元名义汇率波动加大	人民币对美元名义汇率升值	人民币对美元实际汇率升值
(4) 投资下降但统计检验不显著的地区	东部	北京、河北		辽宁
	中部	黑龙江、河南、湖北、山西、陕西	河南、江西、陕西	河南
	西部	内蒙古、新疆	内蒙古、西藏、青海、新疆	西藏
(5) 统计分析中投资完全不受影响	东部	辽宁、广东	广东、海南	北京、天津、山东、江苏、上海、浙江、福建、海南
	中部	吉林、湖南、江西、重庆		吉林、黑龙江、湖北、湖南、安徽、江西、重庆、山西、陕西
	西部	四川	云南、贵州	内蒙古、云南、四川、甘肃、新疆、宁夏

说明：(1) 统计检验显著指对于汇率变化的 t 统计值在 10% 水平上显著。(2) 除陕西 (1.95)、吉林 (7.08) 和海南 (17) 三省外，其余地区的总体回归方程 F 统计值都超过 20。(3) 所有地区的 D-W 统计值都在 2.00 左右。(4) 除四川 (0.94) 外，所有地区回归方程拟合优度指标都在 0.96 以上。(4) 所有地区都有 15 个以上的观察样本。

(二) 人民币汇率变动投资效应的地区特征

我们研究了 2000 年第 1 季度至 2006 年第 4 季度中国 30 个省区 (不含广西省) 新增固定资产投资规模与人民币对美元汇率变动关系后发现，人民币汇率变动对中国不同省市投资的影响方向和强度都存在显著差异。我们研究后得到以下几点结论 (参见表 9-8)。第一，人民币对美元汇率波动范围增加主要有利于山东、海南两个省区的新增固定资产投资增加。人民币对美元汇率波动每增加 1%，山东省新增固定资产投资就增加 0.2%，海南为 0.18%，所有统计结果都很显著。人民币对美元名义汇率波动幅度增加时，东部沿海地区的上海、福建和西部地区的云南、贵州、青海等 5 个省区的新增固定资产投资有所下降；人民币对美元名义汇率波动幅度增加时，北京、河北、黑龙江、河南、山西、陕西、新疆等 7 省市的新增固定资产投资有下降趋势，但是统计检验不显著。人民币对美元名义汇率波动幅度增加时，天津、江苏、浙江、安徽、内蒙古、西藏、甘肃、宁夏等 8 省市的新增固定资产投资有增加趋势,但统计检验不显著。此外,人民币名义汇率波动幅度加大对四川省的新增固定资产投资几乎没有影响。由此,我们认为,人民币对美元名义汇率波动幅度增加时中国新增固定资产投资规模的扩大效应主要归因于山东和海南的新增固定资产投资增加,在抵消了对其他省市的负面影响以后仍表现出很强的正向效应,这也说明人民币汇率波动幅度加大有助于外资和其他投资向山东省转移,以实施市场寻找型投资战略,规避人民币汇率波动风险。

表9-9 中国不同地区相对产业规模和资金来源及企业类型构成(2005)

地区	占全国相应产业总产值比重			占全国相应资金来源总量的比重				占全国相应类型企业产值比重		
	第一产业	工业	第三产业	国家预算资金	国内贷款	利用外资	自筹资金	国有及国有控股	私人企业	三资企业
北京	0.43%	2.00%	6.12%	4.01%	7.05%	2.06%	2.88%	4.22%	0.69%	3.86%
天津	0.49%	2.21%	1.97%	0.92%	2.83%	3.39%	1.89%	3.14%	1.34%	4.16%
河北	6.53%	5.46%	4.32%	2.61%	3.12%	2.33%	5.34%	4.80%	5.92%	2.15%
山西	1.14%	2.48%	2.01%	1.92%	2.76%	0.76%	2.32%	3.03%	1.76%	0.29%
内蒙古	2.56%	1.73%	1.97%	4.57%	3.39%	0.45%	3.72%	1.87%	0.95%	0.41%
辽宁	3.84%	4.09%	4.08%	5.39%	3.38%	3.49%	5.79%	6.89%	3.55%	2.92%
吉林	2.72%	1.60%	1.82%	2.78%	1.43%	1.07%	2.43%	3.03%	0.69%	1.13%
黑龙江	2.98%	3.16%	2.38%	3.16%	1.08%	0.58%	2.44%	4.31%	0.69%	0.46%
上海	0.35%	4.83%	5.93%	1.49%	6.23%	6.10%	3.93%	7.19%	2.98%	12.26%
江苏	6.35%	10.93%	8.33%	2.12%	7.52%	19.04%	8.48%	6.03%	16.83%	16.61%
浙江	3.88%	7.43%	6.91%	3.41%	8.34%	8.13%	5.50%	4.06%	17.27%	7.07%
安徽	4.20%	2.13%	2.81%	3.96%	3.17%	1.38%	2.94%	2.89%	1.50%	0.93%
福建	3.66%	3.33%	3.25%	4.61%	3.51%	3.58%	2.24%	1.83%	2.85%	5.95%
江西	3.16%	1.70%	1.81%	3.70%	1.93%	2.61%	2.70%	1.83%	1.57%	0.56%
山东	8.54%	11.20%	7.61%	4.48%	5.41%	10.72%	11.92%	8.84%	14.14%	6.76%
河南	8.22%	5.73%	4.09%	3.55%	4.54%	1.87%	5.17%	4.83%	5.31%	0.76%
湖北	4.70%	2.85%	3.38%	6.43%	3.15%	1.81%	3.17%	3.78%	1.87%	1.72%
湖南	5.54%	2.56%	3.39%	2.68%	2.32%	1.82%	3.35%	2.51%	2.64%	0.48%
广东	6.21%	12.27%	12.33%	2.00%	8.80%	20.91%	7.47%	7.61%	9.37%	28.64%
广西	3.97%	1.48%	2.12%	3.33%	2.04%	1.87%	1.76%	1.46%	0.85%	0.72%
海南	1.31%	0.18%	0.48%	0.83%	0.81%	0.73%	0.28%	0.28%	0.08%	0.14%

(续表 9-9)

地区	占全国相应产业总产值比重			占全国相应资金来源总量的比重				占全国相应类型企业产值比重		
	第一产业	工业	第三产业	国家预算资金	国内贷款	利用外资	自筹资金	国有及国有控股	私人企业	三资企业
重庆	2.01%	1.20%	1.73%	3.81%	3.26%	1.28%	1.85%	1.55%	1.37%	0.59%
四川	6.44%	2.96%	3.64%	2.92%	3.51%	1.74%	4.27%	2.97%	3.09%	0.61%
贵州	1.60%	0.84%	1.01%	1.11%	1.99%	0.25%	1.09%	1.38%	0.49%	0.06%
云南	2.91%	1.38%	1.76%	3.45%	3.24%	0.53%	1.67%	2.00%	0.87%	0.21%
西藏	0.21%	0.02%	0.18%	3.72%	0.04%	0.01%	0.08%	0.02%	0.01%	0.00%
陕西	1.89%	1.82%	1.79%	5.86%	2.18%	0.53%	2.07%	2.79%	0.44%	0.28%
甘肃	1.34%	0.80%	1.01%	2.39%	1.10%	0.42%	0.95%	1.88%	0.26%	0.07%
青海	0.28%	0.24%	0.27%	1.53%	0.33%	0.06%	0.35%	0.47%	0.08%	0.06%
宁夏	0.31%	0.27%	0.32%	1.24%	0.53%	0.20%	0.40%	0.44%	0.33%	0.08%
新疆	2.22%	1.13%	1.19%	6.04%	1.03%	0.29%	1.54%	2.07%	0.24%	0.05%
合计	100%	100%	100%	100%	100%	100%	100%	100%	100%	100%

资料来源：根据《中国统计年鉴（2006）》公布的数据整理得到。

第二，人民币对美元名义汇率升值对中国东部地区新增固定资产投资有正向促进作用，对山东省新增投资的推动作用尤其显著。人民币对美元名义汇率升值时，东部沿海地区的山东、河北、江苏和中部地区的吉林等4省市新增固定资产投资有扩大趋势，而且统计检验很显著。人民币对美元名义汇率升值时，东部地区的浙江、中部地区的湖北、湖南、重庆，以及西部地区的宁夏等5省区新增固定资产投资有下降趋势，而且统计检验很显著。人民币对美元名义汇率升值时，北京、天津、辽宁、上海、福建、黑龙江、安徽、山西、四川、甘肃等10个省区的新增固定资产投资有扩大趋势，河南、江西、陕西、内蒙古、西藏、青海、新疆等7省区的新增固定资产投资有下降趋势，但这些分析的统计检验都不显著。此外，人民币对美元名义汇率升值时，广东、海南、云南、贵州等4省新增固定资产投资不受影响。由此，我们认为，人民币对美元名义汇率升值对中国东部地区新增固定资产投资有显著的正向促进作用，而对山东省的正向推动作用尤其显著，但会使浙江省新增固定资产投资显著减少。

第三，人民币对美元实际汇率升值对绝大多数省市新增固定资产投资都没有显著影响。研究显示，人民币对美元实际汇率升值时，广东省新增固定资产投资有扩大趋势，统计检验显著；河北省新增固定资产投资也有增加趋势，但统计检验不显著。人民币对美元实际汇率升值时，贵州、青海等 2 省新增固定资产投资有下降趋势，统计检验显著；辽宁、河南、西藏等 3 省区新增固定资产投资也有下降趋势，但统计检验不显著。其余 23 个省市新增固定资产投资对人民币实际汇率变化的反应都不敏感。

（三）影响中国各地区投资差异的结构因素

为了说明人民币汇率变化影响全国和各个地区新增固定资产投资规模变动的深层次原因，我们计算了各个省市具体产业产出占全国相应产业产出规模的比重、各种类型企业经营收入占全国相应类型企业的比重，以及不同资金来源占全国的比重（参见表9-9）。我们的目的是，如果某一项目中某省市占有比较显著的地位，比如山东省的采矿业收入在全国同类企业中占有较多的份额，而且人民币汇率变动被证明可以促进采矿业新增固定资产投资扩大，那么我们就可以认为，人民币汇率变化对采矿业投资的推动作用是山东省新增固定资产规模随人民币汇率变化而增加的原因。这样我们可以找到人民币汇率制度改革前后，全国和所有省区新增固定资产投资规模相对变化发生的影响因素。

从表9-9可以看出，人民币汇率变动的行业投资效应、不同类型企业投资效应和资金来源效应有助于部分解释中国大多数省区近年来投资地位发生相对变化的原因。我们发现，丰富的矿产资源（如煤炭开采）、先进的制造业（如交通运输设备制造业）以及外国直接投资流入、自筹资金规模增加和发达的私营企业，是人民币汇率制度改革以后，山东、河北在全国投资地位显著飙升的直接原因。但是，内蒙古、河南等省区的投资地位上升、广东在全国投资地位的相对下降，都不能从人民币汇率变化角度得到比较好的解释。我们的解释是，这些地区的劳动要素投入变化和居民收入变化引起了这些省区投资地位发生了相对变化。

六、小结

实证研究表明，人民币汇率变化对不同类型企业投资，以及对不同资金来源的影响可以归纳为以下几点。

第一，人民币对美元汇率变动主要通过名义汇率波动幅度加大、名义汇率升值和实际汇率升值三条路径来影响中国总量投资规模变化，现行人民币汇率制度改革模式会显著促进中国新增固定资产投资规模增加。

第二，"7.21"人民币汇率制度改革比较显著地促进了中国大多数企业的新增固定资产投资增加，人民币汇率变动的投资效应有显著的企业结构特征并受不同资金来源影响。就企业类型来看，人民币汇率制度改革比较有利于个体经营企业、港澳台商投资企业和外商投资企业新增固定资产投资规模扩大，不利于国有及国有控股企业新增固定资产投资规模扩大。就资金来源看，人民币汇率制度改革有利于促进外商直接投资进入中国，促使国内贷款、企业自有资金和自筹资金投资规模增加。

第三，人民币汇率变动的投资效应有显著的地区结构特征。人民币汇率波动增加和升值比较有利于山东、江苏、广东、河北、吉林、海南、安徽、天津、辽宁等省市新增固定资产投资规模扩大，不利于福建、浙江、上海、湖北、湖南、重庆、贵州、青海、宁夏、云南等省市新增固定资产投资增加，也即人民币汇率制度改革对"中国经济投资重心由长江以南沿海地区向长江以北沿海地区，以及由东部地区向中国中部地区转移的态势"有助推作用。

第四，对照人民币汇率变化的地区投资效应、不同类型企业投资效应和对不同资金来源的影响，我们发现，人民币汇率制度改革对中国投资规模的影响主要是山东、江苏、广东、河北、海南、吉林等东部沿海地区的新增固定资产投资规模扩大。从企业类型看，人民币汇率制度改革的投资扩大效应主要源于个体私营企业、外商投资企业和港澳台商投资企业投资规模扩大，其投资来源主要是国内贷款、外商直接投资、自筹资金和企业自有资金等。我们可以作出这样的判断：人民币对美元汇率变化由于促使市场形成人民币持续升值预期，通过资产升值效应吸引企业增加投资。人民币对美元波动幅度加大尽管对大多数省市的新增固定资产投资增长有抑制作用，但是总体上表现为正向推动作用，表明以占领中国本地市场为目的的外资正随着中国对外开放进程的推进在不断增加。

第五节 结论与政策启示

统计数据显示，FDI 进入占中国固定资产投资比重在 1979~1998 年处于一个逐渐上升的过程，在 1998 年这一比重超过了 10%；1998 年以后，这一比重开始出现下降。但是在 2008 年，这一比重仍旧超过 1988 年的水平。也即，1979~2009 年，FDI 进入占中国年度固定资产投资总额的比重经历了先增加后下降的过程，呈现出显著的倒 U 型变动特征。

一、结论

分时期来看，1979~2008 年，影响 FDI 进入占中国固定资产投资比重变化因素有以下特征。第一，FDI 进入中国的地区集聚效应。以前时期利用 FDI 比较多的地区会鼓励本年度 FDI 有比较多的流入，并使得 FDI 占本地区固定资产投资比重显著提高。这一关系主要在 2002~2008 年成立。第二，劳动要素获得效应。国有企业就业人口比重高的地区，FDI 占本地区固定资产投资比重显著提高。第三，政府行为。政府实行税收优惠政策，直接降低了 FDI 进入中国成本，对 FDI 占本地区固定资产投资比重提高有显著的积极意义。分时期来看，此关系主要在 1979~1991 年成立。第四，对外贸易依存度。进出口贸易越发达的地区和年份，FDI 占本地区固定资产投资比重越高，进口贸易和出口贸易增加有助于招引 FDI 进入中国投资办厂。分时期来看，这一关系在 1992-2001 年更为显著。第五，高等教育水平。高等学校在校学生人数占本地区全部人口比重提高，会使得 FDI 进入占本地区固定资产投资比重显著下降。这一关系在 2002~2008 年尤其显著。但是，1979~1991 年，高等学校在校学生人数占本地区全部人口比重提高，会使得 FDI 进入占本地区固定资产投资比重显著提高。

在 FDI 占中国本地区固定资产投资比重显著上升的第一阶段（1979~2000 年前后），起促进作用的因素主要是国有企业和集体企业的劳动就业人口比重相对下降、税收优惠政策、对外贸易开放度提高。在 FDI 占本地区固定资产投资比重显著下降的第二阶段（2002 年以后~2008 年），起关键作用的因素主要有：中国高等教育入学率提高，使得从事简单加工型的 FDI 进入中国相对减少;中国加入WTO后,使得中国对外贸易壁垒下降,对外贸易发展部分替代了FDI进入中国;中国国内流动性过剩,使得中国本地企业获得银行信贷比较容易,对FDI依赖减少。

分地区来看,影响FDI进入占中国固定资产投资比重变动因素的有以下特征。对于中国所有地区的计量分析结果显示,上一年度FDI进入存量占本地区GDP比重增加可显著提高本年度FDI进入占本地区固定资产投资比重。

1992年邓小平南巡讲话,对中国东部地区FDI进入占本地区固定资产投资比重提高的促进作用,显著高于西部地区和中部地区,对中国中部地区FDI进入占本地区固定资产投资比重提高的促进作用,显著高于西部地区。1992年邓小平南巡讲话,对中国东部地区、中部地区和西部地区FDI进入占本地区固定资产投资比重提高的促进作用都很显著,但对中国东部地区FDI进入占本地区固定资产投资比重的提高的促进作用最大,对中国西部地区FDI进入占本地区固定资产投资比重提高的促进作用明显但作用最小。

中国本地投资与FDI之间存在相互影响关系。前一时期和当期的国有企业固定资产投资增加,可显著地促进当期FDI进入规模增加;前一时期集体企业固定资产投资规模增加,可显著地促进当期FDI进入规模增加;个体经营企业固定资产投资规模增加,对FDI进入规模增加的促进作用不显著。

无论在短期还是在长期,FDI进入规模增加总是能显著地促进中国本地企业固定资产投资规模增加,但促进的幅度在中国加入WTO以前要超过中国加入WTO以后。无论在短期还是在长期,FDI进入规模增加总是能显著地促进集体企业固定资产投资规模增加,且在中国加入WTO前后没有显著差异。

1979~2008年,FDI进入对中国不同类型企业固定资产投资规模的影响有以下特点:第一,从短期和长期来看,FDI进入更加有利于促进国有企业固定资产投资规模增加和集体企业固定资产投资规模增加,并特别有利于促进国有企业固定资产投资规模增加,对个体经营企业固定资产投资规模的影响不显著。第二,FDI进入对国有企业和集体企业固定资产投资规模增加的促进作用在短期和长期并不一样,在短期的促进作用更加显著。第三,在中国加入WTO以前时期和以后时期,FDI进入对中国不同类型企业固定资产投资规模增加的影响有一定差异。在中国加入WTO以后,FDI进入增加对国有企业固定资产规模增加的促进作用相对小于中国加入 WTO 以前。在中国加入 WTO 以后，FDI 进入增加会显著减少个体经营企业固定资产投资规模；在中国加入 WTO 以前，FDI 进入增加对个体经营企业固定资产投资规模的影响统计检验不显著。

二、政策启示

本章分析表明，"7.21"人民币汇率制度改革有助于外商投资企业和港澳台商投资企业投资规模扩大，投资来源主要是国内贷款、FDI、自筹资金和企业自有资金等。人民币对美元汇率变化通过资产升值效应吸引外资企业增加投资，人民币对美元波动幅度加大会引起以占领中国本地市场为目的的外资进入增加。

本章研究结论显示，在中国，每一项宏观政策的实施都会对经济结构产生显著影响，在分析结构多元的经济综合体中各种宏观经济政策效应时，结构分析的现实意义强于总量分析。比如，邓小平南巡讲话有助于 FDI 进入中国东部沿海地区，中国加入 WTO 则有助于东部以外的其他地区利用 FDI 规模更为显著地增长。再比如，"7.21"人民币对美元汇率调整有助于山东、江苏等发达地区投资增加，不利于湖北、湖南等落后地区投资增加。为此，在人民币汇率制度改革、加入 WTO 等重大举措的实施过程中，我们需要密切关注中国不同省区经济结构变动方向，从全局出发掌握经济结构调整主动权，尽量避免不同地区和不同企业之间的发展差距在改革过程中被过分拉大。

第 十 章

从 IDI 到 ODI 的中国经济发展模式

2008年国际金融危机的冲击使欧美对外投资能力明显下降，中国等新兴经济体的对外投资能力有所增强。2011年以来世界范围内发展国际直接投资面临多种因素制约。面对世界经济的失衡调整，中国企业对外直接投资的步伐在加快，从吸引FDI为主到内向FDI与外向FDI并重，正成为现阶段中国经济转型发展的重要内容。

第一节 国际直接投资发展趋向、障碍与对策

目前，世界范围内约有跨国公司（TNCs）82000家，这些跨国公司在全球拥有的境外分支机构接近81万家。跨国公司分支机构的出口占全球商品和服务出口总额的比重达到1/3，雇员人数在1982年至2008年间增长了约4倍，2008年的全球雇员人数约有7700万人，比德国全部劳动人口的两倍还要多。

跨国公司全球国际直接投资（FDI）是推动世界经济均衡和稳定发展的重要力量，也是稳定地区经济发展的重要发动机。截至2012年底，全球FDI还没有完全恢复到美国金融危机前的水平，但一些地区表现出比其他地区更好的复苏迹象。

一、FDI发展趋势

世界范围内的FDI流入规模在2000年和2007年分别达到了两个历史高

点。在美国金融危机发生之前，全球 FDI 的格局就已经出现一些变化，这些变化趋势在中短期很有可能进一步强化。首先，发展中经济体和转型经济体作为全球 FDI 目的地的相对重要性不断上升。2010 年，这些经济体吸收了全球 FDI 流入量的 53%，并成为引领世界范围内 FDI 回升的关键力量。其次，与服务业和初级产品部门相比，危机期间制造业 FDI 流入显著减少。第三，尽管这场金融危机严重影响到了跨国公司的全球 FDI 活动，但它并未使生产的日益国际化进程出现停顿和逆转。

2008 年国际金融危机的冲击使欧美对外投资能力明显下降，中国、印度等新兴经济体的对外投资能力有所增强。尽管 2011 年以来全球范围内的投资活动呈现回升趋势，但是，美国的国内投资和对外投资增长缓慢，遭受主权债务危机冲击的欧盟对外投资水平很难恢复到美国金融危机以前的水平。

（一）总体趋势

世界范围内 FDI 流入金额在 2007 年第四季度达到历史峰值以后，在 2008 年第一季度开始下降，但是不同类型国家出现下降的时间有一定差异。发达国家在 2008 年第一季度 FDI 流入金额出现了显著下降，发展中国家的 FDI 流入金额下降时间发生在 2008 年第二季度，东南欧和独联体等转型经济国家的 FDI 流入金额下降时间发生在 2008 年第三季度。

2009 年，发达国家、转型经济国家的 FDI 流入在 2008 年的基础上进一步下降，发展中国家也是如此。96 个有数据统计的国家中（其 FDI 流入量之和占世界 FDI 流入总量的 91%），有 70 个国家 FDI 流入出现了下降，相对于 2008 年同期下降了 44%。在 2009 年第一季度，中国 FDI 流入量相对于 2008 年同期下降了 21%，巴西和巴基斯坦则分别下降了 39%。根据联合国贸易与发展会议（UNCTAD）的《2010 年世界投资报告》，全球 FDI 流入量（inflow）继 2008 年下跌 16 个百分点之后，2009 年进一步下降 37 个百分点，降至 11140 亿美元，而流出量（outflow）则下降了约 43 个百分点，降至 11010 亿美元。

统计数据表明，2009 年第一季度，全球 FDI 流入增量下降到了近年来的最低水平，以后开始逐渐增加。2011 年，全球 FDI 流入金额比 2010 年增长了 17%，达到 15090 亿美元，超过了美国金融危机以前 2005~2007 年的年平均水平 14720 亿美元。

联合国贸易与发展会议（UNCTAD）估计，世界经济复苏缓慢、欧元的前途不确定性,以及国际金融市场继续不断的混乱,是未来几年抑制全球FDI增加的重要因素。

表 10-1　全球 FDI 流入构成(10 亿美元)

东道国/地区	FDI 流入			并购 FDI 流入净值			绿地 FDI 投资		
	2010	2011	增长率(%)	2010	2011	增长率(%)	2010	2011	增长率(%)
世界	1289.7	1508.6	17.0	338.8	507.3	49.7	807.0	780.4	-3.3
发达国家	635.6	753.2	18.5	251.7	396.3	57.4	263.5	229.9	-12.7
法国	33.9	40.0	18.1	3.8	23.6	524.6	8.5	7.3	-13.8
德国	46.1	32.3	-30.0	10.9	12.8	17.2	13.7	13.6	-1.2
希腊	0.4	-0.08	/	-1.2	1.2	-207.7	1.0	2.0	95.8
爱尔兰	26.3	53.0	101.3	2.1	2.2	2.5	4.4	5.9	32.6
意大利	9.2	33.1	261.0	6.8	13.4	98.8	10.1	4.8	-52.2
西班牙	24.5	25.0	1.9	8.7	17.3	99.1	14.8	9.1	-38.6
英国	51.8	77.1	49.0	58.3	34.9	-40.1	23.6	31.1	32.2
美国	228.2	210.7	-7.7	80.3	129.7	61.6	57.1	51.3	-10.2
日本	-1.3	-1.3	/	6.7	5.1	-23.9	4.5	4.2	-8.0
发展中国家	583.9	663.7	13.7	82.8	78.8	-4.8	491.6	498.1	1.3
南非	1.2	4.5	269.2	3.9	4.4	10.6	5.9	9.1	55.0
拉丁美洲和加纳比海	160.8	216.4	34.6	29.5	20.3	-31.3	118.2	126.9	7.3
巴西	48.4	65.5	35.3	8.9	15.1	70.5	43.2	59.7	38.2
亚洲	368.4	392.9	6.7	45.7	52.3	14.3	289.3	294.7	1.8
中国	114.7	124.0	8.1	6.0	9.0	50.8	84.6	81.9	-3.2
中国香港	68.9	78.4	13.8	12.0	1.0	-91.5	5.0	3.9	-21.4
印度	24.6	34.0	37.9	5.5	12.5	125.2	45.4	51.5	13.6
东南欧和转型经济国家	70.2	91.7	30.6	4.3	32.2	644.5	51.8	52.3	0.9
俄罗斯联邦	41.2	50.8	23.4	2.9	29.0	895.9	33.4	19.5	-41.4

资料来源:联合国贸发会议(UNCTAD)。

(二)FDI 流入的地理方向

第一,发达国家的 FDI 流入。

经过三年持续下降以后,2011 年流入发达国家的 FDI 出现了强劲增长,达到 7530 亿美元，比 2010 年增长了 18%，增长的部分以跨境并购 FDI 为主，部分并购 FDI 流入受公司重组动机推动，这一趋势在欧洲发达国家尤其明显。2011 年流入欧洲的 FDI 增长了 23%，流入美国的 FDI 下降了 8%。在欧洲，丹麦、德国、意大利、瑞典、英国、爱尔兰等国家的 FDI 流入显著增长。

第二，发展中国家作用在加强。

2010 年，发展中国家和转型经济国家流入的 FDI 首次超过了发达国家。

2011 年，发展中国家和转型经济国家流入的 FDI 占全球 FDI 流入量的比重继续超过 50%，但略低于 2010 年的比重。2011 年，发展中国家和转型经济国家的 FDI 流入达到 7550 亿美元，以绿地投资为主。

2011 年，除西亚以外的亚洲发展中国家的 FDI 流入增长了 11%，东亚、东南亚、南亚等地区的 FDI 流入分别为 2090 亿美元、920 亿美元、430 亿美元。东南亚的 FDI 流入增长了 16%，远超过东亚的 FDI 流入增长速度。同期，南亚在 2010 年经历了 FDI 流入下降以后，2011 年增长了近 1/3。东南亚国家包括东盟地区（Southeast Asian Nations，ASEAN），特别是印度尼西亚、马来西亚、泰国的 FDI 流入增长强劲。2011 年，中国的 FDI 流入增长了 8%，达到 1240 亿美元，其中非金融部门的 FDI 流入达到 1160 亿美元。但是 2011 年的最后两个月，中国的 FDI 流入增长速度出现了下降。①

2011 年，西亚地区的 FDI 流入下降了 13%，为 500 亿美元。在西亚地区，土耳其的 FDI 流入出现了强劲增长，2011 年增长了 45%，达到 130 亿美元，流入规模仅次于沙特阿拉伯，位于该地区的第二位。2011 年，沙特阿拉伯的 FDI 流入下降了 44%，为 160 亿美元。

2011 年，拉丁美洲和加纳比海地区的 FDI 流入增长了 35%，达到 2160 亿美元，但这一地区的并购 FDI 流入减少了 31%。这一地区的 FDI 流入增长集中在巴西、哥伦比亚、离岸金融中心。外国投资者继续加大对南美地区的自然资源投资，并受当地市场需求扩大的吸引。巴西的市场规模和战略地位吸引了阿根廷、智利、哥伦比亚、秘鲁的 FDI 大量进入；全球金融市场的不稳定性推动了 FDI 进入该地区的离岸金融中心。

---

① 中国商务部公布的数据显示，2011 年 11～12 月和 2012 年 1～4 月，中国月度 FDI 流入金额连续 6 个月同比下降；2012 年 6～9 月，连续 4 个月同比下降。

继 2009 年、2010 年的下降以后，2011 年流入非洲的 FDI 继续下降，下降速度相对减缓。2011 年，进入西非和南部非洲地区的 FDI 开始增加，中非和东非地区的 FDI 流入仍在减少，而进入埃及、利比亚、突尼斯的 FDI 则急速减少。

2011 年，东南欧国家和独联体国家的 FDI 流入出现了强劲增长，增长幅度为 31%。FDI 大量采用并购方式投资独联体的能源部门。本地消费市场持续增长和新一轮的私有化改革，是该地区 FDI 流入的重要推动力量。

（三）FDI 进入形式的变化

2009 年，FDI 流量中的股本投资、公司内借贷和收益再投资全面收缩；跨国并购交易量萎缩 34%、价值萎缩 65%，绿地投资项目数降幅为 15%，显示出并购相对于绿地项目对资金条件的较高敏感性；私募股权投资基金的 FDI 数额下降了 65%，但来自主权财富基金的 FDI 则增加了 15%，这两种基金约占全球 FDI 流量的 10%，远低于 2007 年的 22%。

2011 年，特别是 2011 年中期，并购形式的 FDI 流入急剧增长，许多并购项目都在 2010 年底宣布，在 2011 年实施到位。FDI 并购活动主要集中在发达国家和转型经济国家，采掘业和制药行业的 FDI 并购活动很活跃。发展中国家的并购 FDI 进入略有下降。2011 年中期正式宣布的并购意向开始出现下降，2011 年底完成实施的并购 FDI 项目开始下降。2011 年，进入欧洲的 FDI 以并购投资为主，主要是欧洲的一些企业对外国投资者出售非核心资产，比如法国家乐福（Carrefour）将其在西班牙的配送中心出售后获得 310 亿美元。欧洲并购 FDI 大量流入与欧元贬值以及股票价格下跌有关。

2011 年第一季度，全球绿地 FDI 投资金额继续保持增加以后，2011 年第 2、3、4 季度出现了持续下降。2011 年第二季度 FDI 绿地投资金额出现持续下降主要受全球经济走势和欧洲债务危机影响。就 2011 年全年数据来看，绿地 FDI 金额比上一年减少了 3%，其中有 3/4 的绿地 FDI 减少发生在发达国家，而发展中国家和转型经济国家的绿地 FDI 进入略有增加，占 2011 年全球绿地 FDI 流入总值比重的 2/3。

2011 年，进入发达国家的 FDI 中股权投资比 2010 年下降了 40%，利润再投资大约占 50%，公司内贷款等投资方式增长明显。以欧洲为例，2010 年前三个季度，公司内贷款形式的 FDI 为 -250 亿美元，2011 年同期这一数值为 360 亿美元。

（四）跨国公司采取更加多样化的经营模式

近年，跨国公司与发展中国家和转型经济体之间的合作进一步加强，合作方式包括：合同制造和农业耕作（farming）、服务业外包、特许经营、许可证转让（franchising and licensing）。这些，都有助于发展中国家和转型经济体更好地融入全球经济，有助于提高这些国家的国内生产力水平，以及提高其国际竞争能力。跨国公司非股权活动的蓬勃发展，给出了东道国利用跨国公司发展本国经济的新的途径和机制。

二、FDI 发展的制约因素

联合国贸易与发展会议（UNCTAD）的一项调研报告显示，2008 年美国金融危机发生以后，欧盟 15 国和北美国家（美国和加拿大）对跨国公司的吸引力显著下降。其中有约 47% 的受访跨国公司表示因金融危机减少了在美国和加拿大的投资项目，有 44% 的受访跨国公司因金融危机减少了在欧盟 15 国的投资；在东亚和东南亚地区，有约 35% 的受访跨国公司减少了在此类地区的投资。

当前，世界范围内发展 FDI 面临以下现实因素制约：（1）发达国家的量化宽松政策，引起了金融资产价格上涨，并传导到实体部门的资产价格，提高了并购 FDI 的国际投资成本。（2）欧元区等国家货币有贬值要求，汇率风险加大，以及世界主要国家货币政策和财政政策空间有限，会恶化企业对外投资的风险态度，减少 FDI 流出。（3）全球经济衰退，跨国公司产品缺少市场需求。（4）东道国为了弥补财政赤字和偿还债务，税收负担相对较重。

（一）跨国公司对外 FDI 意愿和能力下降

金融危机发生以后，一些地区商品需求下降，经济增长速度放缓。世界范围内发达国家消费需求因"去杠杆化"和全球经济"再平衡"出现下降，这会减少 FDI 收益，不利于 FDI 增长。金融危机爆发以后，世界范围内的低出口需求和低商品价格阻碍了 FDI 流入发展中国家，绿地 FDI 增长受到限制。受金融危机影响，一些在建跨国公司项目放缓或取消，一些跨国公司投资企业效益明显下滑，一些跨国公司，特别是金融、通讯、IT 等行业，主动裁员，缩减支出，合并机构，减少或撤回投资。

危机期间，跨国公司的融资能力下降，加上母公司要求子公司偿还债务，出现反向资本流动，使得跨国公司在东道国的利润再投资能力下降，同时信贷面临紧缩，公司内部的信贷投资减少。跨国公司的股价在金融危机期间的下降因而偏好现金，减少了其对外投资能力。欧洲主权债务违约，银行资产损失增加，加上欧洲银行去杠杆化等，均不利于企业对外投资获得银行信贷支持。

近年，石油等大宗商品价格上涨增加了 FDI 跨国流动成本（参见图 10-1）。石油等能源价格上涨，会影响东道国能源企业的经营状况，减少并购市场上的供给，即可能的并购对象数量会迅速下降。石油等能源价格上涨，会增加能源并购市场上的竞争，一旦石油等价格回升，会有更多的资本进入这一市场。

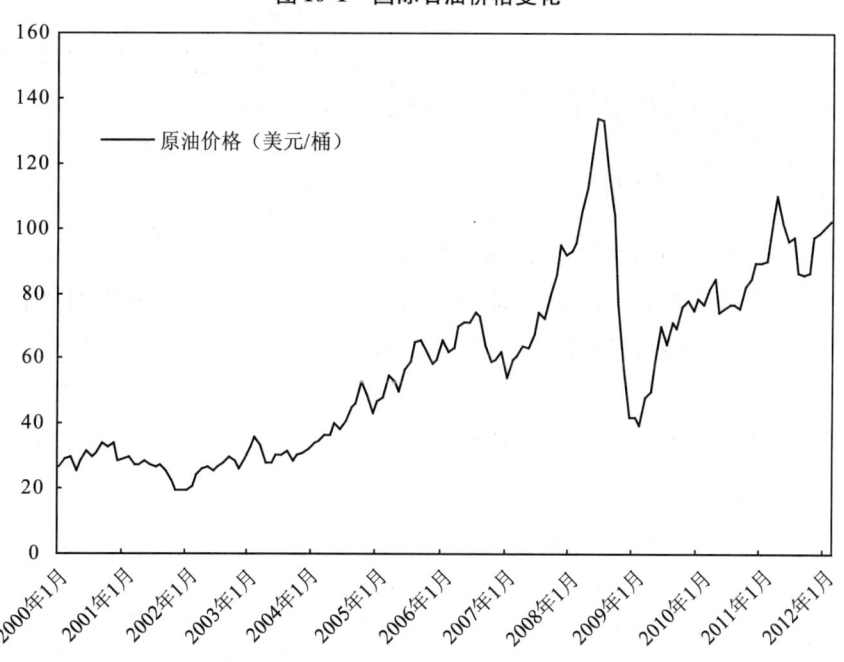

图 10-1　国际石油价格变化

资料来源：Energy Administration Information。

2013 年世界经济复苏缓慢会阻止 FDI 发展。为了抵消输入性物价上涨压力（参见图 10-2），发展中国家和新兴市场经济国家对经济增长作了向下调整。国际货币基金组织对世界经济增长的2013年数据预测为3.9%，略高于2011年的3.8%的水平，但低于2010年的5.2%的水平。

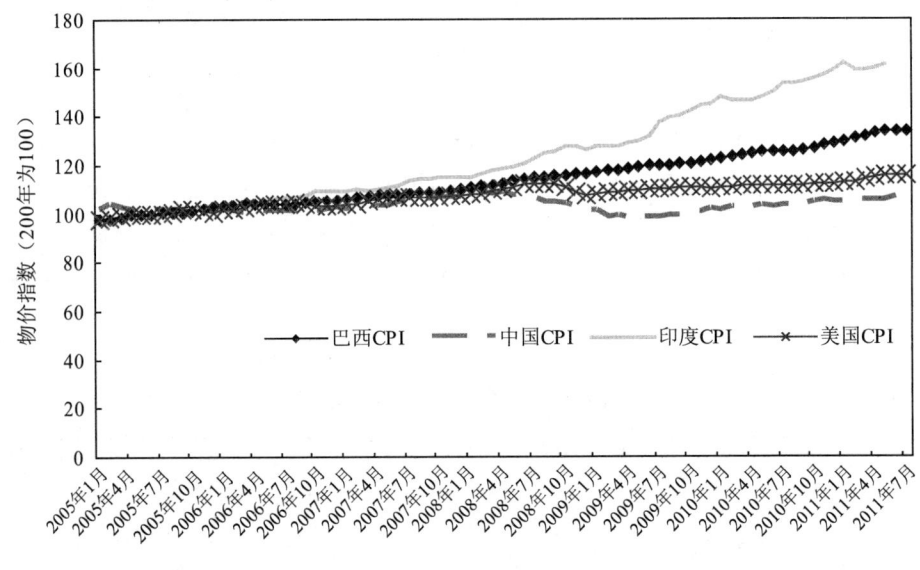

图10-2　中国、印度、巴西和美国的物价指数变化

资料来源：IFS；CEIC。

（二）中国等发展中国家对外FDI难度不小

发展中国家对外FDI有特殊的困难，包括：（1）企业缺少对外投资的经验；（2）母国政府审批程序复杂；（3）企业对外投资缺少融资渠道；（4）来自东道国的阻挠，比如，直接针对东道国能源企业的收购行为容易引发民族情绪，也会给能源企业的对外投资带来困扰；（5）发展中国家的货币都不是国际货币，对外投资成本和货币风险比较大；（6）2011年3月的日本大地震对跨国公司全球供应链的影响程度超过预期。

（三）劳动力成本上升阻碍FDI流动

资本总是流动到低要素成本地方进行生产活动，或者进入市场潜力巨大的地区从事生产活动。那些既无市场也无丰裕要素可与资本密切结合的地区，注定要成为资本的荒漠化地区，这些地区的经济增长和社会发展都会落后于资本大量流入地区。

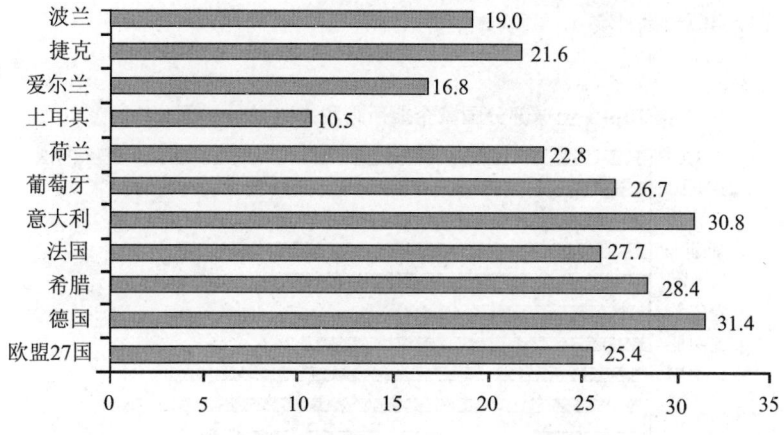

图 10-3 欧盟部分成员国老年人赡养率

说明：欧盟 27 国为 2008 年数据。资料来源：Eurostat；李众敏（2011）。

金融危机以来，"民工荒"和"涨薪潮"轮番冲击中国劳动力市场。中国的劳动力实际工资 2009 年比 2008 年上涨了 17.3%，比 2004 年累计上涨达到 40%，由此导致中国东部沿海地区经济增长出现相对下降。2009 年，上海、浙江、广东、江苏的年 GDP 增长率均低于安徽省和重庆市，中国的经济增长中心向中西部转移的态势明显。[①] 中国劳动力价格上涨不仅关系到中国国内未来经济的大势，而且将通过国际联系影响世界经济的走向（曾铮，2011）。中国廉价劳动力时代的结束会引起进入中国的 FDI 减少，FDI 进入结构会进行调整。

（四）发达国家债务负担加重不利于国际直接投资发展

欧洲地区的人口老龄化现象严重，这增加了欧洲地区吸引 FDI 进入的难度，欧洲地区的税收也会很高。发展中国家以低税率竞争 FDI，减少了高税负发达国家的企业投资，并进一步减少了发达国家的税收收入。2010 年 4 月，欧洲主权债务危机爆发，政府需要进一步增加税收收入，对这些地区的 FDI 流入产生了明显的阻碍作用。在美国也是如此。

统计数据表明，美国企业的所得税率高达 39.2%，德国、法国、澳大利亚的企业所得税率也都在 30% 以上（参见图 10-4）。如此高的税率，减少

---

① 参见 CEIC 中国数据库。

了 FDI 在这些发达国家的投资收益，会鼓励 FDI 从这些国家流出且会阻止 FDI 流入这些发达国家。

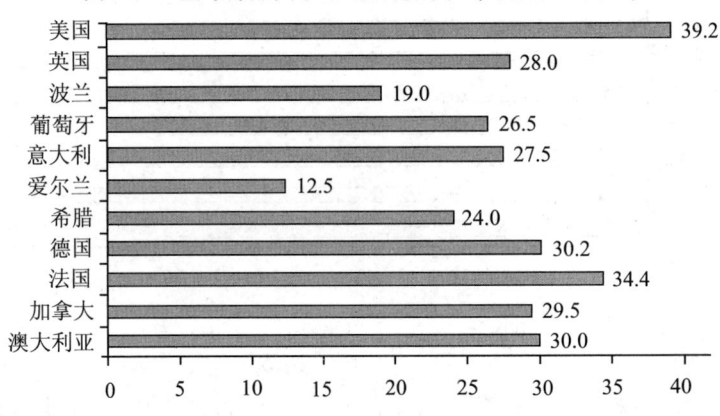

图 10-4　全球部分国家企业所得税率（单位：百分比）

资料来源：OECD；李众敏（2011）。

（五）可能的投资限制主义

投资自由化和促进投资仍是最近时期世界各国投资政策的主流因素。但是，随着过去几年不断增加的限制投资措施和行政程序，投资保护主义也有增加的风险。国际投资协定（Regime of International Investment Agreements，IIAs）有约 6100 个条款，涉及许多谈判和多边争端解决机制。尽管该协定很大很复杂难以被政府实施和被投资者接受，但它还是难以完全覆盖所有的双边投资关系，估计还要增加 14100 条双边协议才能做到这一点。

2008 年 9 月美国金融危机集中爆发以后，美国的失业率一直居高不下，一度高达 10% 以上（参见图 10-5），加剧了世界范围内对 FDI 流入特别是制造业部门 FDI 流入的竞争。2011 年，许多国家继续实行有助于 FDI 进入和运作的自由化政策和便利化政策，同时也采取了一些新政策措施，对 FDI 进行了限制。FDI 政策与国内和国际范围内的产业政策之间的联系越来越紧密，需要政策制订者在提高国内产能和避免投资保护之间进行权衡。此外，世界范围内的投资政策也受到越来越多的自愿的企业社会责任（corporate social responsibility，CSR）要求影响。

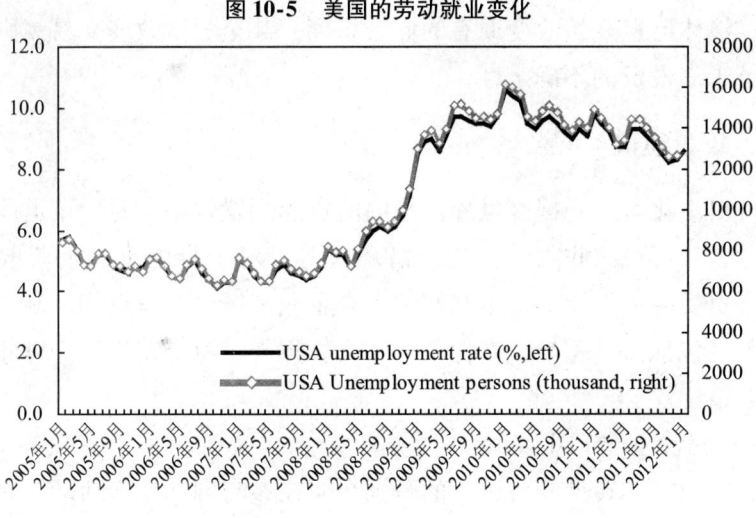

图 10-5　美国的劳动就业变化

资料来源：CEIC。

国有跨国公司是全球 FDI 流入的重要来源。在世界范围内至少有 650 家国有跨国公司，这些跨国公司的海外分支机构有 8500 家。尽管国有跨国公司数量占全球跨国公司数量的比重不到 1%，但在 2010 年，国有跨国公司的 FDI 投资总额占全球 FDI 流入总额的比重达到了 11%。国有跨国公司的所有权特点和治理结构会引起东道国的担心。东道国担心来自国有跨国公司 FDI 的不公平竞争和可能引起的国家安全问题，并对这些国有跨国公司的全球扩张活动采取了种种限制措施。

危机期间，对外 FDI 中的"国进民退"现象尤其显著，这会加剧投资扭曲，影响资本要素在世界范围内的配置效率，且国有跨国公司多数集中在初级产品部门和服务业部门，为一些国家推行投资保护主义提供了借口，会强化全球范围内的投资保护主义。比如，国有企业是中国对外 FDI 的主导力量。2008 年，中国不同类型对外投资主体的投资规模中，最大的是国有企业（李众敏，2010），平均规模达到 9278.5 万美元，虽然只占投资主体的 16.1%，但其投资占中国对外投资存量的 69.6%。

发达国家在此次金融危机中，无论是政府还是企业、个人，都经历着痛苦的去杠杆化过程,但又不愿意为吸引外资按照原有规则支付应有的对价;特别是对于来自意识形态不同国家的国有资本(首当其冲的就是中国),一些发达经济体已经开始改变原有的监管态度,甚至尝试改变交易规则,这大大增加了未来投资的不确定性。

三、政策建议

投资自由化有助于提高世界范围内的资源配置效率。对于东道国有助于增加就业、获得税收收入和实现经济增长等,对于母国有助于获取外部资源、获得贸易渠道,增加资本利润和提高企业市场声誉。近年,制约投资自由化的因素包括监管差异、文化差异、语言障碍、习俗差异等,对此我们给出以下对策建议。

(一)完善全球 FDI 政策

发展中国家和转型经济国家的跨国企业在参与国际生产活动、充分获取收益时,需要新的制度框架。不同国家应根据本国发展阶段制定对外 FDI 政策和吸引 FDI 政策,提高本国生产能力。

不管经济和金融危机有多深重,各国的当务之急是应该切实履行维护投资自由化秩序的基本义务。国际投资的发展要以投资的双向自由化为前提。对于投资而言,就是既要鼓励内向 FDI,也要促进外向 FDI。一个比较务实的选择是,有关经济体之间先进行双边和区域性的自由投资安排。

国际投资的双向自由化应该建基于国内投资的自由化和市场化。各国都有义务大力推进市场化改革,打破垄断;改善国内投资环境,促进商品市场和要素市场的竞争,改善国内要素市场结构特别是劳动力市场结构,推动要素自由充分地流动;逐步开放资本市场,促进资本市场的有效竞争和健康发展。

不同国家之间面临的体制差异会阻碍全球 FDI 的发展。我们需要强调不同所有制企业的市场对等地位,统一不同所有制企业对外 FDI 的程序,避免歧视,并建立和完善企业对外 FDI 的保障机制。

在世界范围内,强化投资活动对实体经济发展的促进作用。各国政府和国际组织需要根据跨国公司全球活动的非股权化趋势,出台政策措施,尽可能发挥这些新发展的积极作用。发展中国家和转型经济体的企业及企业家应主动抓住机遇，在国际生产一体化过程中尽可能多地得到提升（World Investment Report, 2011）。

我们应坚持投资活动引导资源流向实体经济和激励企业家创新精神的积极作用；在金融危机深化时期，着力通过国际投资活动来恢复市场信心，恢复社会需求增长，促进国际金融投资和直接投资协调发展。

我们需要改进国际投资活动的中介机构服务功能，对投资银行、咨询机构、会计、审计、信用评级机构等进行改革和加强监管，要求中介机构坚持从企业对外 FDI 的成立、发展、重组和终结等全过程出发，为实体经济服务，遏制过度投资活动，强调投资中介机构的社会责任和发展绿色金融。我们需要保护正常的国际投资收益，提高国际投资安全系数和加强国际投资风险监控，防范国家主权债务违约等各种风险，促进国际投资活动顺利发展，发挥国际投资活动对世界经济复苏的促进作用。

（二）中国的对策

危机深化时期，中国在贸易、能源资源、资金、技术等领域面临的国际竞争和摩擦进一步加剧，国际引资竞争更加激烈。在中国对外开放不断扩大和深入的条件下，为保证中国 FDI 经济的平稳增长，我们提出如下三点建议。

第一，准确把握利用外资和中国经济发展目标的契合性。

中国从"双缺口"变成了"双过剩"难道就不需要引进 FDI 了吗？中国近年经济发展面临的主要问题是技术缺口和制度缺口，而在新一轮产业创新周期开始之前，世界各国都在竞争技术先进的 FDI 流入，管理 FDI 进入正逐渐演变为技术竞争。

中国吸引 FDI 的投资环境已经发生了显著变化，包括：劳动成本上升、劳动保护加强、土地成本上升、环保成本上升、能源使用成本上升、优惠政策取消等。这些投资环境的变化特别有利于技术先进的 FDI 进入中国。当劳动力成本等优势在逐渐丧失时，快速提高的人力资本、快速提高的劳动生产率、快速成长的市场容量、过去发展所产生的产业集聚以及大幅改善的法治环境和政府管理体制，已经成为中国吸引 FDI 的新优势（姚枝仲，2010）。

面对日益激烈的国际竞争，改善投资环境、稳定外资规模、优化外资结构是中国应对危机一揽子政策措施的重要内容。中国应继续提高投资便利化程度，统筹国内产业结构升级和承接国际产业转移，引导外资更多地投向高新技术、现代服务业以及新能源领域，加大对中西部地区支持力度，使外资更好地服务于中国国内经济结构调整和区域经济协调发展等。将那些高能耗，高污染，高成本，低附加值，低技术含量的产品和企业加以淘汰，进一步优化经济结构，使美国金融危机后的中国以更健康更稳健的步伐前进。

第二，全面提高中国企业参与全球 FDI 的能力。

中国对外直接投资远低于外国来华直接投资，既与中国当前的经济发展水平有关，也与中国所采取的对外投融资管理体制有关。从存量上来看，对外 FDI 的金额 3291 亿美元，远低于外国在华 FDI 的金额 15838 亿美元；而从增量上看，2011 年第 2 季度中国对外 FDI 增长 117 亿美元，外国来华 FDI 增长 578 亿美元，中国双向 FDI 不平衡仍然明显。

金融危机发生以后，世界范围内的投资成本相对降低，资金丰裕的国家可以通过支付比较低的成本，获得金融危机以前时期生产急需却因为价格问题无法获得的技术、物资、储备。这在金融危机进一步深化的过程中，有助于中国等新兴市场经济国家，通过对外投资活动，提升国家地位和形象，有助于经济结构健康的国家获得更好的发展。危机深化时期，中国企业既可以走出去，收购、参股国外的品牌、渠道、专利、研发力量和原材料等国际资源，也面临着以服务外包为代表的国际产业转移良机。

中国对外投资管理体制主要由外汇管理体制和行政审批规定构成。而一些外汇管理制度和行政审批不利于中国企业发展对外直接投资（李众敏，2009）。在促进对外投资便利化更好地推动企业"走出去"战略中，通过放开境外项目的人民币贷款业务，支持企业对外直接投资，可减少购汇和售汇环节，降低汇率风险，提高企业资金周转和使用效率。

一段时间以来，从能源、金融到农产品，初级产品市场出现了一波跌势，已经延续了 9 年之久的初级产品牛市正走向终结。初级产品牛市终结总体上有利于中国这个"世界工厂"。中国海外资源投资应奉行反周期策略（梅新育，2011），即在熊市时期增加投入取得更多资源控制权，以此降低投资成本。

全面提高中国企业对外 FDI 的能力可具体从以下三个方面着手。首先是要找出应达到的目标与自身的差距，系统而有针对性地提高自身能力，包括专业人员培养和机制完善，通过长期、细致、艰苦的工作建立自己的技术储备和人才储备。其次要从别人的故事中吸取经验和教训。我们应与投资接受国政府、议会、民间机构建立广泛联系，在全面掌握投资接受方相关信息的基础上作出投资决策。在对外投资的同时，要利用好中国国内市场这个杠杆，用国内市场潜在的巨大机会，与对外投资行为相互呼应，以赢取有利的投资条款与条件。再次是培育中国的投资中介机构，积极参与游戏规则制订，以改善对外投资环境。当前我们已经认识到培育本国有国际竞争力的中介机构的重要性，无论是在建立评级机构还是培育经济信息提供商方面都作出了积极努力。同时，我们也在积极参与国际经济新秩序的重建，更多地参与国际经济组织的领导工作。

第三，完善法制环境，确保中国利用外资和对外投资的安全性。

金融危机期间在华 FDI 收缩导致的裁员和撤资，一些跨国公司的整合和重组所引发的裁员恐慌，以及部分 FDI 企业的非正常撤离所引发的社会问题等，给某些 FDI 集中的沿海地区带来了严峻的挑战。比如，2008 年度约 2000 万农民工失去工作，同期中国进出口增长速度迅速滑落，并出现负增长。这些要求我们必须加快法制建设，健全在华 FDI 清退机制，以避免外商企业在撤资时带来的负面冲击。

鉴于中国企业海外投资与国内外金融市场的互动所涉及的国家安全问题日益凸显，建议建立跨部门的监管协调机制，在最高层面予以运筹、协调及引导。这一跨部门机制负责在战略层面提出思路，就企业对外投资涉及到的国家经济安全态势等进行研判，就应对措施提出建议及规划。对于企业国际投资商业层面的事，主要是遵照市场原则，不作随意干预。对于国际投资产生的经济外部性问题予以重点关注，对国际投资活动产生的潜在安全影响，注重事前评估，并积极应对。

第二节 中国发展对外直接投资的收益、优势与策略

中国企业的对外直接投资（ODI）近年来迅速增长。2005 年首次突破 100 亿美元，2006 年突破 200 美元，2008 年突破 500 亿美元，2010 年突破

600亿美元。中国商务部、国家统计局、国家外汇管理局联合发布的《2010年度中国对外直接投资统计公报》显示，截至2010年底，中国13000多家境内投资者在国（境）外设立对外直接投资企业1.6万家，对外直接投资净额累计3172.1亿美元。其中股本投资597.3亿美元，占18.8%，利润再投资1207亿美元，占38.1%，其他投资1367.8亿美元，占43.1%；年末境外企业资产总额达到1.5万亿美元。

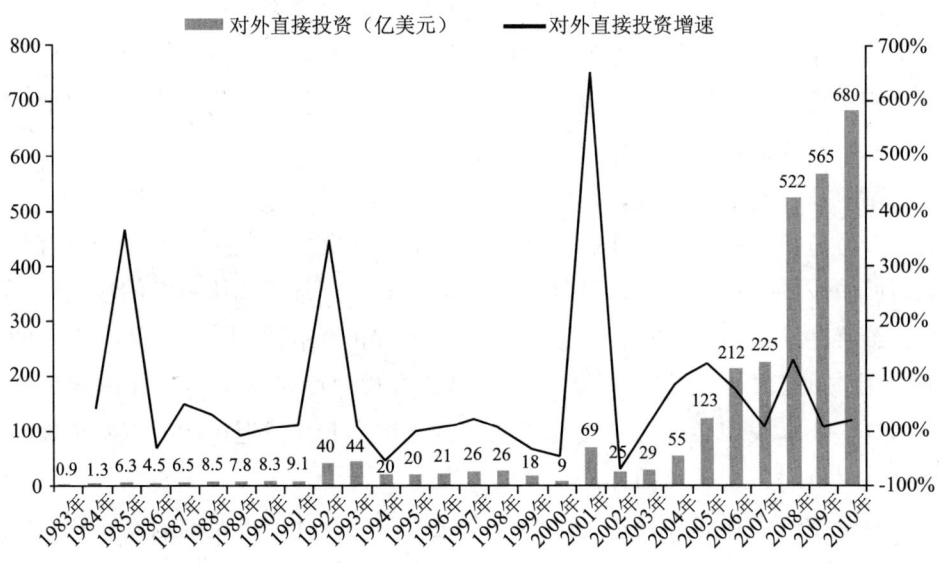

图10-6 中国对外直接投资的规模与增速

资料来源：联合国贸易与发展会议（UNCTAD）。

中国企业对外直接投资存量结构中，非金融类对外直接投资2619.6亿美元，占比82.6%，金融类对外直接投资552.5亿美元，占比17.4%。联合国贸易与发展会议（UNCTAD）发布的《2011年世界投资报告》披露的数据显示，2010年全球外国直接投资流出量1.32万亿美元，年末存量20.4万亿美元。以此为基准可计算得到，2010年中国对外直接投资分别占当年全球流量的5.2%、存量的1.6%，居当年全球对外直接投资流量排名第5位、存量第17位。

中国社会科学院发布的2011年《世界经济白皮书》指出，2010年以能源为主的采掘业成为中国海外投资主力军，中国国内制造业企业开始加快对

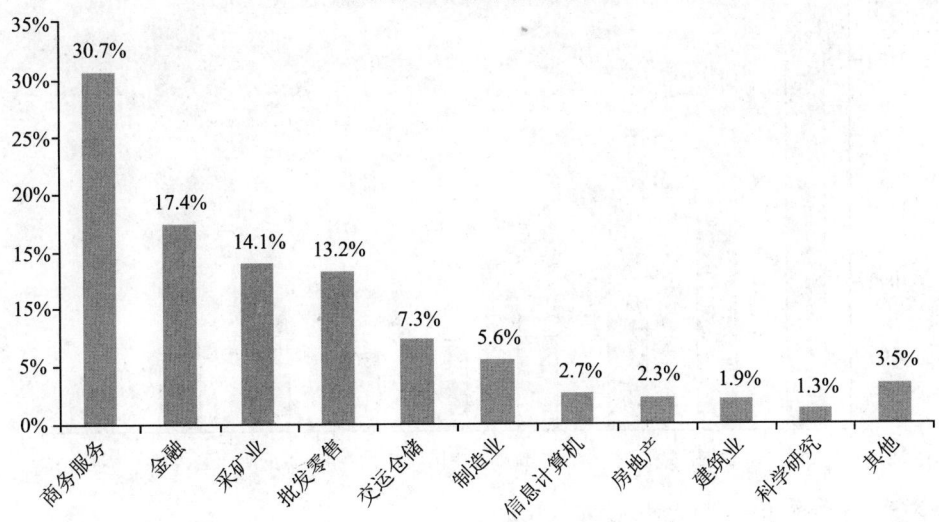

图10-7　截至2010年中国对外直接投资存量位于前列的部门

资料来源：中国商务部，2011年中国商务年鉴。

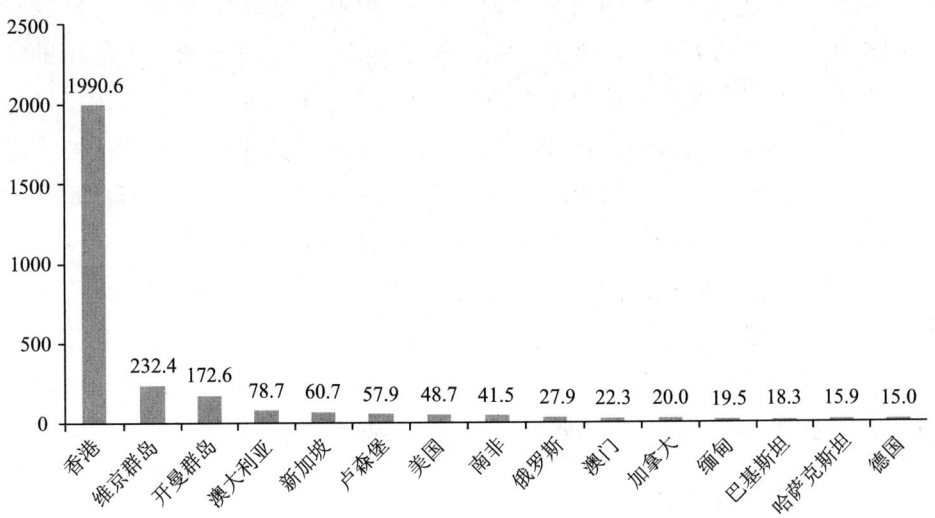

图10-8　截至2010年中国对外直接投资存量前15位国家和地区

资料来源：2010年度中国对外直接投资统计公报。

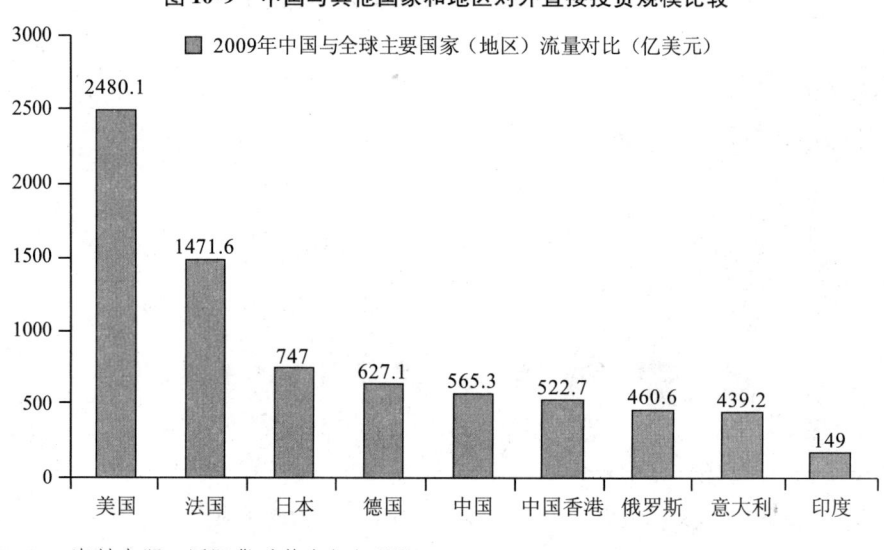

图10-9 中国与其他国家和地区对外直接投资规模比较

资料来源：国际货币基金组织 IFS。

外直接投资步伐，包括金融、码头、电信等行业在内的中国服务业海外投资也十分活跃。

国家发展改革委员会的消息显示，截止 2010 年底，中国企业对外投资的国家和地区达到 178 个，亚洲、欧洲和北美是中国企业投资最为集中的地区，非洲是中国企业投资新的热点地区。中国社会科学院认为，中国已经进入对外直接投资与吸引外商直接投资二者之间的规模逐渐达到 1 比 1 的水平或者相对平衡的水平。中国国际贸易促进委员会的消息表明，融资困难和缺乏国际经营管理人才是制约中国企业对外直接投资的主要因素。

美国金融危机以后，世界经济格局变化和中国经济持续发展均向中国经济的对外开放提出了新的要求，并需要对中国外资经济发展战略重新作深入研究。中国企业对外直接投资的发展表明，中国如何在利用内向 FDI 的同时发展对外 FDI，正成为中国外资经济进一步发展急需回答的问题。

一、文献综述

关于企业对外直接投资的传统理论主要以发达国家的跨国企业和市场经济模式下的发展中国家跨国企业作为研究对象。以发达国家跨国企业作为研究对象的理论包括：基于贸易理论的弗农（Vernon，1966）产品生命周期理论、小岛清（Kojina，1978）边际产业理论；基于企业跨国经营活动分析的约翰森等（Johanson and Wiedersheim，1975；Johanson and Vahlne，1977）企业国际化阶段理论；基于网络理论的约翰森等（Johanson and Mattsson，1985）企业经营管理理论；以及基于产业组织分析的海默（Hymer，1976）和金德尔博格（Kindleberger，1969）垄断优势理论，巴克利等（Buckley and Casson，1976）内部化理论，邓宁（Dunning，1977）折衷理论。以市场经济模式下的发展中国家跨国企业作为研究对象的理论包括：邓宁（Dunning，1981；2001）的动态投资发展周期理论，拉奥（Lall，1983）适应性技术优势理论，威尔斯（Wells，1983）小规模技术优势理论。[①]

近年，中国的对外直接投资问题引起了学术界的广泛关注（黄保东，2010；赵春明，2004；薛求知和朱吉庆，2007），开始有大量文献研究中国企业的对外直接投资问题。这些研究主要是基于新兴市场经济国家的企业战略理论和对外直接投资的政治经济学理论来解释和分析问题。

现有文献有很大一部分集中于中国对外直接投资的动因研究。比如，蔡（Cai，1999）将中国企业的对外直接投资动因归纳为寻求市场、寻求自然资源、寻求技术和管理技能，以及寻求金融资本等四种类型。王等（Wang et al，2011）以资源基础观理论、产业组织理论、制度经济学理论为基础所作的实证研究发现，中国企业的对外直接投资更多地受制度环境与产业结构驱动。阎海峰等（2009）研究认为，中国企业的对外直接投资行为不仅是在全球化条件下实现国际化学习和成长的内在需要，也是相关企业与国内外制度环境互动的结果。裴长洪和樊瑛（2010）研究指出，传统的垄断优势或所有权优势并不能很好地解释中国企业的对外直接投资行为，"国家特定优势"是中国企业对外直接投资的理论基础。这种"国家特定优势"包括政府的政策导向、政策支持以及提供的各种对外直接投资引导和服务，而这种"国家特定优势"会进一步促进中国企业微观竞争优势形成，从而形成一种综合竞争优势。

---

① 此处关于对外直接投资理论文献的总结和归纳参见黄保东：《中国企业对外直接投资动因与区位的国外研究述评》，载《经济社会体制比较》2010年第2期。

古格勒等（Gugler and Boie，2008）研究认为，中国企业的对外直接投资发展，反映了政府的政策鼓励、资金支持和政府的全球经济战略布局，受中国政府的政策推动尤其显著。罗等（Luo et al，2010）分析了影响中国对外直接投资的政治制度，中国对外直接投资政策的演化以及当前激励中国企业在全球扩张的政策和措施。包米克（Bhaumik，2011）研究发现，中国与自然资源丰富的国家之间的经济合作至少有部分目的是为了便利于中国企业的对外直接投资活动。肖黎明（2007）基于竞争战略型FDI、技术创新和产业升级的技术获取型FDI，以及动态比较优势理论和投资发展阶段理论等，论证了中国发展对外直接投资的内在必然性。类似的研究还有邓（Deng，2004）、哈考特等（Hericourt and Poncet，2007）、巴克利等（Buckley et al，2007）、张等（Cheung and Qian，2008）、默克等（Morck et al，2008）。

有大量文献研究了中国企业的对外直接投资区位分布问题。柯斯塔等（Kolstad and Wiig，2012）对中国对外直接投资的东道国决定因素进行的实证研究表明，中国在 OECD 国家的直接投资受东道国市场规模吸引，中国在非 OECD 国家的直接投资受东道国丰富的自然资源和不完备的制度吸引。芮博澜等（Ramasamy et al，2012）以 2006~2008 年间中国上市公司对外直接投资数据为基础，运用泊松回归模型进行的实证研究显示，中国国有企业倾向于投资自然资源丰富和政治风险较高的国家，中国私营企业的对外直接投资多为市场导向类型。成和马（Cheng and Ma，2008）基于对外直接投资引力模型研究发现，中国企业的对外直接投资更多地会选择市场规模大、到中国地理距离近的国家和地区。类似的研究还有程惠芳等（2004）、巴克利等（Buckley et al，2007）、张等（Cheung and Qian，2008）、哈考特等（Hericourt and Poncet，2007）。

可以看出，现有文献对中国企业对外直接投资问题的研究相当全面和深入，本文则专门讨论了中国企业发展对外投资的经济收益、竞争优势和策略问题。我们认为，中国支持企业对外投资的经济收益在实现过程中有许多困难。中国企业的对外投资尚处于初级阶段，还不具备显著的技术优势、公司治理优势、人才优势等与发达国家企业相竞争的能力，中国企业拥有的资金优势，得益于中国实行的人民币汇率政策，以及中国宏观经济中的廉价劳动优势等因素,但这些优势难以在企业对外直接投资过程中被继续利用。

二、中国发展对外直接投资的经济收益

(一)回避日益增加的对外贸易壁垒

中国发展对外直接投资可以缓冲对美国的经常项目顺差压力,避开贸易壁垒。通过发展对外直接投资,企业就地占领市场或通过在第三国生产,再销售到发达国家市场,这样可以减少中国的出口贸易统计。

20世纪80年代,欧美国家与日本贸易摩擦加剧。在外汇储备急剧增加、日元对美元显著升值(参见图10-10),以及面临来自欧美巨大的贸易摩擦压力下,日本汽车、电子等企业积极发展对外直接投资,充分利用日元对外升值的投资成本降低,就地生产和销售,缓解了来自贸易伙伴国的贸易摩擦压力。

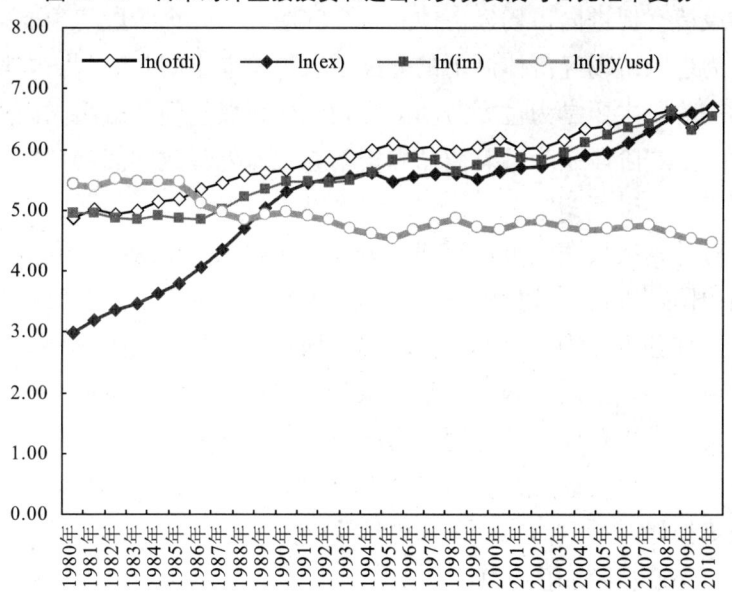

图 10-10 日本对外直接投资和进出口贸易发展与日元汇率变动

说明:对外直接投资(ofdi)、出口(ex)、进口(im)单位均为10亿美元并取自然对数值;汇率(jpy/usd)为年末美元对日元汇率自然对数值。资料来源:国际货币基金组织 IFS。

中国发展对外直接投资部分具备了上述条件。比如，人民币对美元持续升值，中国央行拥有巨额外汇储备；美国不断增加对中国的贸易平衡压力，促使中国企业寻找新的发展战略，选择之一就是在贸易顺差市场就地生产就地销售。

（二）缓解人民币对美元升值引起的出口竞争优势下降压力

通过发展对外直接投资，可以减少国际收支顺差规模，减少人民币对美元的升值压力。在中国外汇储备不断增加的条件下，可以增加市场对美元资产的需求。日本的经验显示，日元升值使日本低附加值产品失去了与发展中国家进行价格竞争的优势，促使日本企业将生产基地转移到亚洲地区；另外，日元升值降低了日本企业在欧美的投资成本，促进了日本企业在欧美当地生产（王志乐，2004）。这些对缓解日元对美元的升值压力，扭转日元对美国的升值走势，起到了一定作用。

（三）转移国内过剩产能

中国经济的对外开放可分为两个阶段。第一个阶段，着力解决的是冲破传统体制束缚，促进向市场经济体制转变问题；第二个阶段，主要是通过拓展外需，为理顺市场经济体制下的分配矛盾等争取空间与时间。在经济发展方面，第一阶段主要是为过剩劳动力寻找海外释放空间和解决国内资本积累不足问题，第二阶段是为过剩商品和资本寻找海外释放空间和解决国内资源不足问题。

发展对外直接投资，可以以设备作价入股、技术入股、资金入股等等。对中国周边国家进行直接投资或者对非洲等地区的国家发展直接投资，可以将中国国内部分行业中的过剩产能转移到国外，延长产业生命周期。中国产能过剩行业集中在家电、纺织、重化工、轻工行业。这些行业可作为中国对外直接投资的重点行业。发展对外直接投资可带动国产设备、技术、材料和半成品出口，减少发展对外直接投资对国内的产业冲击，并可以带动国内产业结构升级换代。

（四）提高企业竞争能力

中国通过30多年的大规模利用FDI，加快了企业改革步伐，提高了企业的公司治理能力。许多企业正成长为有一定国际竞争优势的跨国企业。通过发展对外直接投资，可以进一步提高中国本地企业跨国经营能力，适应经济全球化的发展需要。

中国企业发展 OFDI 的目标可着重于实现技术进步、获得市场和提高企业竞争优势，其具体途径包括同外国合作伙伴联合开展 R&D 活动以提升企业技术水平，合资经营和生产产品谋求进入当地市场，等等。

三、中国企业的对外投资优势

（一）折衷理论与中国企业的竞争优势

企业对外投资需要具备所有权优势、内部化优势和区位优势。企业的所有权优势主要体现在资金优势、技术优势、人才优势、治理结构优势等方面。

改革开放以来，中国企业主要从事加工制造业务，研究开发投入有限，技术创新比较少，同发达国家相比无显著的技术优势可言。中国企业中技术实力相对强大的主要是国有企业，以及部分民营企业和一些外资企业。中国企业的公司治理结构一直落后，公司内部所有者缺位和内部人控制现象严重，在现代公司治理方面远落后于西方发达国家。

中国企业的资金积累相对比较少，企业利润有很大一部分属于国家所有或由外资方所有，企业拥有的资金优势也不明显。中国拥有的数万亿美元的外汇储备中很大一部分属于世界范围内的投资者，属于基于人民币相对美元汇率变动预期而进入中国的避险资金或套利资金。这些资金进入中国以后，增加了人民币对美元的升值压力。为了维持人民币对外汇率稳定，中国人民银行被迫对外汇市场实施干预，并积累了越来越多的外汇储备。这些有成本的美元外汇储备，大多数由中国人民银行使用央行票据、政府债券交换得到，有一定的成本。本来中国人民银行使用人民币直接购买美元，再将人民币投入使用，就可以吸收美元。但是，维持国内物价水平的需要，使得中国人民银行不得不实施有成本的冲销干预。就发展企业对外投资来看，中国人民银行拥有的巨额外汇储备似乎构成了中国企业的资金优势。

中国人民银行使用这些资金购买美国政府债券，显然收益较低。提高外汇储备收益的一个基本渠道就是将外汇储备用于企业对外投资，或者将外汇储备像商业银行那样以贷款的形式，或以股权资本的形式提供给美国等国家的企业使用。但是，美国企业需要资金时，没有必要依赖中国提供，其金融系统足以满足企业的资金需要。这样，中国的可能选择是将巨额外汇储备提供给那些无法在金融市场获得资金融通的国家或企业使用，结果是中金公司等负责对外证券投资的机构冒了相当大的风险，比如黑石事件，最后还不得不依赖于中国本地企业对外直接投资来提高外汇储备收益水平。[①]

通过对外直接投资，即使企业经营收益不佳，至少可以获得境外资源、获得东道国的企业技术，以及在东道国获得市场销售渠道。这些收益总和会远超过使用外汇储备购买美国政府债券的收益。

（二）中国的对外直接投资以国有企业为主体

为了提高巨额外汇储备的收益并确保其安全，由政府控股的国有企业自然就成为中国实施对外直接投资的最理想对象。国有企业对外直接投资可以有效领会和执行政府部门的意图，其损失主要由国家承担，对外经营过程中面临冲突和风险时，国家会出面通过外交等途径来解决。

图10-11 截至2010年中国非金融类对外直接投资存量主体分布

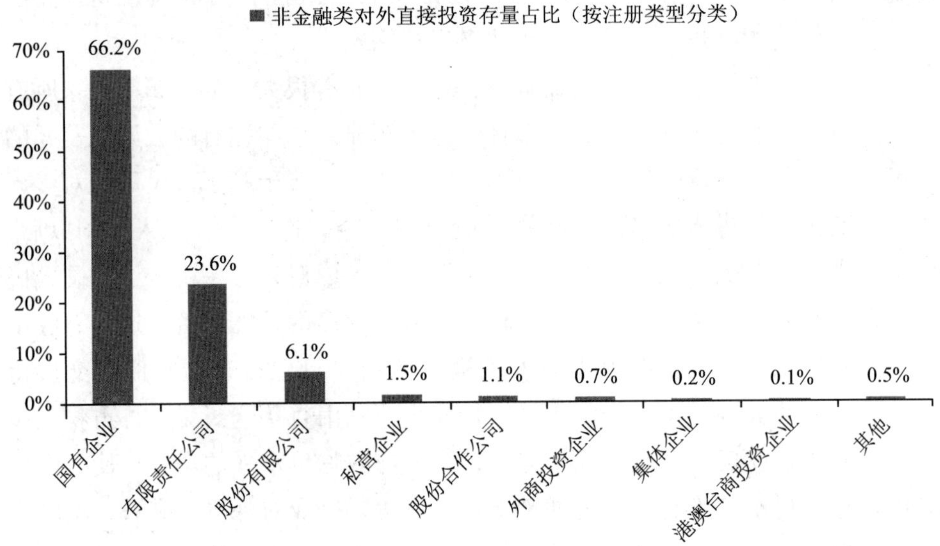

非金融类对外直接投资存量占比（按注册类型分类）

国有企业	66.2%
有限责任公司	23.6%
股份有限公司	6.1%
私营企业	1.5%
股份合作公司	1.1%
外商投资企业	0.7%
集体企业	0.2%
港澳台商投资企业	0.1%
其他	0.5%

资料来源：2010年度中国对外直接投资统计公报。

[①] 成等（Cheung and Qian, 2008）在考察中国企业对外直接投资区位时发现，中国的巨额外汇储备推动了中国企业在发达国家的直接投资。

中国的国有企业本身也有规模实力，而且多集中在资源类部门。在以获得资源为目的的对外投资中，国有企业自然是首当其冲。但是，以国有企业为主体的对外投资，除了更容易获得政府的外汇资金支持等优势以外，其业务操作往往缺少透明度，缺少市场竞争机制，也更容易引起东道国政府的抵制。在制造业部门中的大型国有企业当然也会被选择对外投资，但是没有资源类国有企业那么迫切。这些国有制造业企业因政府支持的资金优势，多通过并购形式实现对外投资，因考虑到技术安全等因素，其遭受东道国的抵制是必然的。

就民营企业来说，因对外投资风险比较大，难以帮助政府部门获得政治上的收益（比如获得资源、提升技术、获得市场），获得政府部门的资金支持比较少。加上民营企业的竞争优势本来就不明显，因此，很难进入发达国家投资，进入发展中国家投资的会比较多。民营企业对外投资以后，通过在发展中东道国生产后再出口到美国等国家，可以从一定程度上减轻中国与美国等发达国家之间的贸易摩擦。但是，这往往也不是政府部门所看重的。民营企业出于生存目的，到发展中国家（或发达国家）投资，会减少中国国内政府部门的 GDP 成绩，不利于增加国内劳动就业，对提高政府税收水平也没有明显帮助，所以，民营企业的对外投资很难得到政府部门的正式支持。政府部门也不会专门从税收、金融等方面给予民营企业对外投资以实质性的帮助。这也正是民营企业的对外投资优势。民营企业在发达国家的投资，遭受的政治风险和投资壁垒相对要小于国有企业，也更能够得到东道国认可。

（三）中国企业的竞争优势与对外投资困境

在没有明显技术优势等核心竞争能力的情形下，为了通过对外直接投资获得资源等收益，中国企业大量进入到了非洲等企业竞争优势相对落后的发展中国家。这些国家的投资风险很高，政局很不稳定，比如苏丹、尼日利亚、委内瑞拉等等。这些地方是西方发达国家企业不愿意投资的地方，其矿产资源开发项目很难从国际金融市场上获得资金。也有企业试图进入发达国家的资源类行业。在对发达国家投资资源类项目时，中国企业往往出高价收购项目，但会遭到东道国抵制，如 2005 年中海油收购美国尤尼科公司、2009 年中铝公司投资澳大利亚力拓项目，均无功而返。

通过自身研究开发来提升技术水平，需要经过很长的时间，并且要有很多花费。中国企业为了通过对外投资提升技术水平，多借助资金优势，通过价格竞争收购发达国家的制造业企业。但是，发达国家的先进制造业多与国防和国家安全联系在一起（比如中国企业出资收购波音、GE 等机构核心技术部门是难以想象的），中国企业选择并购方式利用政府提供的资金优势，获取发达国家制造业企业的先进技术时，多会面临政治审查和抵制。

那么，中国企业对外直接投资可以获得当地的市场渠道吗？这要取决于中国企业在当地生产产品的成本优势。中国制造之所以能够走遍天下，最根本的因素是中国拥有的丰裕的人口资源，以及由此获得的低劳动成本优势。一旦企业离开中国，从 made in China（中国制造）变成 made in USA（美国制造）等，就无法继续利用中国的劳动成本优势。在缺少技术优势和企业管理优势的条件下，中国企业使用当地的劳工从事生产活动，生产的产品无法同当地企业或来自其他国家的跨国公司（比如日本）进行竞争。中国企业对外投资的同时能够维持低成本优势的唯一选择，就是大量使用来自中国的劳工，但这又成了劳务输出，而且会减少东道国的劳动就业机会，直接与东道国吸引外来直接投资以提高本地劳动就业能力的目标相违背。因此，中国企业对外直接投资制造业，就地生产就地销售的模式，几乎无路可走，并会形成中国企业对外投资的"两头在外"模式：研究和开发的前端业务在东道国，客户服务等后端业务也在东道国，处于中间环节的制造加工流程仍旧不得不放到中国国内，中国的对外贸易顺差趋势仍旧难以纠正，并直接与美国等国家试图重塑制造业的政策目标相违背，仍旧会面临贸易壁垒，通过企业对外投资来规避贸易壁垒几无可能。

四、中国发展对外直接投资的策略

发展对外直接投资是中国经济进一步发展和进入发达国家行列必然要经历的过程。充分发展中国的跨国公司，充分发展中国的对外直接投资，实现 FDI 流入和流出的相对均衡发展，可使得中国经济获得持续增长的新的动力。鼓励企业对外直接投资除了可以获得资源、市场、提高技术水平、提高企业治理效率以外，更是中国经济和社会全方位融入世界经济和国际社会的必经阶段。

基于中国企业对外直接投资的现实和面临的诸多困难，我们认为，应采取以下措施提高中国企业对外直接投资效率。

第一，实现不同类型企业分工合作。我们认为，鉴于国有企业与民营企业的竞争优势差异，国有企业可专注于非洲等地区的发展中国家资源类项目投资，并可以采取控股方式进行。对发达国家的资源类项目投资，首先在国内市场允许符合条件的民营企业参与资源类项目经营，再由这些民营企业通过同发达国家伙伴合作，一起对资源类项目进行投资，并最好采取循序渐进的方式，逐渐增加股权持有，不要一次性投资到位。至于制造业部门的对外直接投资，无论是在发达国家还是在发展中国家，最好由民营企业来进行。

第二，帮助民营企业获得融资便利和税收支持。中国发展对外直接投资，一个重要考虑是提高中国所持巨额外汇储备的收益水平，就直接的财务收益来看，只有民营企业能够做到以利润水平为唯一的追求目标，因此必须支持民营企业对外投资。

民营企业对外投资的困境表明，缓解民营企业面临的金融约束和税收负担困境，可显著提高民营企业对外投资能力和积极性。我们认为，可允许民营企业在中国国内或国际金融市场上公开发行美元（人民币）债券或股票，由中金公司等外汇储备运作机构或其他投资者来购买，使得民营企业获得融资支持，以提高其资金实力和对外投资能力。政府部门可以考虑在税收方面给予对外投资的民营企业一定的优惠，但需要其以国内的资产作保证，或者规定其在国外的经营利润有一定的比例汇回到国内，且公司总部要设在国内。

第三，鼓励国内企业组成战略联盟，联合进行技术攻关，培育企业技术优势。中国企业可组成战略联盟，联合对发达国家投资；或者与发达国家的其他企业联合起来对另一个发达国家进行直接投资，以减少来自发达东道国的抵制。

第四，一定要清楚地认识到，中国企业的资金优势是暂时的。中国宏观经济可能提供的流动性优势，取决于人民币汇率制度和市场对人民币汇率水平的变动预期。中国企业对外投资的资金优势并无坚实的实体经济基础。

"中国制造"的出口优势在于丰裕的劳动力资源和低廉的劳工成本，但这是宏观优势，非单个企业的自身优势，难以被特定企业内部化并通过企对外投资来继续利用，发展企业对外直接投资难以有效规避中国面临的日益增加的对外贸易摩擦问题。中国企业通过在发展中国家投资，使用当地的廉价劳工代替中国的劳工，使用 made in Vietnam（越南制造）等来代替 made in China（中国制造），尽管可在一定程度上规避来自发达国家的贸易壁垒，却减少了中国的劳动就业机会。如果中国企业像以前对外承包工程一样，在对外投资输出资本的同时也输出劳工，则有悖于发展中东道国引进外国企业投资来获得国内劳动就业增加的政策预期，会遭到来自发展中东道国的抵制，因此也难以持久。所以，我们对发展企业对外投资来规避贸易壁垒的收益预期要持谨慎态度。

第三节　美国金融危机后的中国经济结构转型

面临固定价格和数量约束的经济称为非均衡经济（柯廷顿，1997）。从全球范围来看，2000~2008 年的世界经济失衡集中表现为金融失衡。金融失衡是指在金融资产价格保持不变时，金融资产的超额供给或超额需求现象，表现为金融资源结构失衡和地区分布失衡（韩广智和孙健，2001）。经济学家对全球金融失衡的考察多侧重于金融交易总量相对于实际经济总量的比较（张仁德和韩晶，2003）。

2000~2008 年的全球金融失衡的基本特征表现为：以美元为交易媒介（或以美元标值的）的金融资产出现了超额供给，以中国为代表的其他国家对美元金融资产形成了超额需求（朱民，2005）。也就是说，在美国国内出现了美元资产（存款、国债）超额供给[1]，在美国以外的其他国家出现了对美元资产的超额需求，具体体现为美国国际收支平衡表的经常项目出现了持续的巨额逆差，中国等其他国家以美元为主体的外汇储备资产快速增长。

但是，2000~2008 年的全球金融失衡与历史上的多次金融失衡有一定区别：（1）2005 年美元对外汇率出现了持续升值，而过去数年中源于美国的历次金融失衡，几乎毫无例外地表现为美元对外汇率的持续贬值。

---

[1] 以 2004 年为例。2004 年 4 月，亚洲的外汇储备上升至 20006 亿美元，首次突破 2 万亿美元大关。2004 年 7 月，世界外汇储备资产共有 33680 亿美元，其中亚洲持有 21830 亿美元，占 65%。参见《中国外汇管理》2005 年 1-2 期，第 48 页。

(2) 以中国和印度等为代表的发展中国家影响因素加大。中国、印度等发展中国家数以亿计的廉价劳动力，通过开放的对外贸易通道潮水般涌向世界市场，极大地丰富了世界范围内的商品供应。

2008 年华尔街金融危机爆发之前的美国经济处在诸多的矛盾之中。(1) 巨额经常项目赤字预示当时的美国经济难以持久，但 2005 年美国的失业率只有 4.8%。(2) "三大"赤字齐头并进，但 2005 年的最后 3 个月美国不含食品和能源的消费物价指数折算为年度数据仅上涨 2.6%；2006 年 2 月，这项指标进一步下降到了 2%。(3) 到 2006 年 7 月底，美国联储连续 17 次提高短期利率，但长期债券利率却岿然不动，平均低于 5%，接近甚至低于短期利率水平。这一系列的矛盾表明，美国经济的失衡调整势所难免（姚枝仲和齐俊妍，2006）。美国经济的调整必然会引起国际市场上的商品需求、货币汇率和资本流动等发生一系列变化，对世界经济和中国经济产生深刻影响。

2008 年爆发的世界金融危机显示，美国的经济失衡调整具有很强的溢出效应。面对美国经济的失衡调整，中国应以改进国民经济运行结构为目标，建立和完善短期、中期和长期应对机制，在应对美国金融危机中权衡使用各种策略措施，包括：调整与优化外汇储备资产结构；通过提高外汇资产使用效率降低外汇储备规模；改进利用外资方式，转变投资主体结构与投资的产业结构，增加对服务业和农业投资，通过投资导向促进制造业升级换代，全面实行不同产业（行业）的协调发展；扩大内需，减少贸易顺差压力；确立以内部经济均衡为首要目标，实现从"生产大国—市场小国—金融小国"向"生产大国—市场大国—金融大国"的转变。

一、美国金融危机爆发

2007 年夏季，美国爆发了次级债务危机；2008 年 9 月，美国金融危机全面爆发。美国金融危机爆发以后，世界范围内的金融资产价格全面下跌，道琼斯工业股票指数从 2007 年 10 月 10 日的 14165 点下降到了 2009 年 3 月 10 日的 6547 点，下降幅度达到 60%；同期，世界范围内的股票市场均有超过 50% 的向下调整幅度。与此同时，美国的房地产市场在 2005~2009 年平均下跌幅度达到了 30%，在内华达州的拉斯维加斯和佛罗里达州的迈阿密等城市的房地产价格跌幅甚至超过了90%,其下跌调整一直延续到2009年的年底。

金融危机使得美国金融机构出现了全面调整。金融危机爆发前后,首先是美国的投资银行部门出现了全面调整。2008年7月28日,美林证券(Merrill Lynch)在出售房地产时,损失了57亿美元;2008年9月7日,美国宣布对两房(Fannie Mae;Freddie Mac)实施政府救助。2008年9月10日,投资银行雷曼兄弟(Lehman Brothers)宣布2008年第三季度亏损39亿美元;2008年9月14日,美洲银行(Bank of America)收购了美林证券。2008年9月15日,投资银行雷曼兄弟正式宣布破产;2008年9月21日,投资银行摩根(Morgan)和投资银行高盛(Goldman Sachs)被转型成为银行控股公司。美国四大投资银行集体退出了历史舞台。

金融危机爆发以后,美国金融机构的资产价值出现了集体跳水。按照市场资本价值排名,1999年全球最大的20家金融机构中美国有11家,包括花旗集团(Citigroup)、美洲银行、房利美、第一银行(Bank One)、富国银行(Wells Fargo)、大通曼哈顿(Chase Manhattan)、摩根斯丹利添汇(Morgan Stanley Dean Witter)、第一联合银行(First Union)、西屋银行(Charles Schwab)、房地美、高盛。同样按照市场资本价值排名,2009年全球最大的20家金融机构中美国只有3家,包括摩根大通(JPMorgan Chase)、花旗集团、高盛。

美国金融危机爆发以后,世界范围内的石油价格从2008年6月的每桶140美元历史高点下跌到2008年底的每桶39美元;2009年初,美国的物价指数出现了负增长。金融危机爆发以后,美国的劳动失业率在2009年底超过了10%,为1983年以来的最高失业水平。世界范围内的经济增长急速下滑,世界经济进入严重衰退时期。

二、中国的基本对策与经济结构改进

2000~2008年的世界经济失衡非常严重,华尔街金融危机的爆发表明,它的调整已经从美国金融部门开始,并将带动汇率、利率、大宗商品价格等发生一系列变化,同时也会引起世界范围内的需求和资本流动发生变化。这些变化在市场机制作用和投机的推动下,会引起世界经济活动大幅波动,产生经济和金融风险。中国已经是全球经济金融中不可分离的一部分,在全球经济金融发展不平衡的调整中，中国经济金融出现的相应调整也是必然的。

就中国来说，关键是对经济结构进行改进。中国应对世界经济失衡调整的基本对策是：第一，强调以内部经济均衡发展为首要目标，外部经济发展服从于内部经济。第二，加大对"三农"的公共投入，实现农村经济和城市经济协调发展。第三，调整"三次"产业在国民经济中的比例，实现"三大产业"均衡发展。第四，根据要素禀赋和竞争潜力，实现若干重点行业均衡发展。第五，重点发展若干企业集团，建成国民经济内部均衡发展的火车头。第六，建立若干有专业特色的经济区域，实现不同地区之间经济活动的合理分工。第七，实现各种经济要素的均衡发展，特别是实现劳动要素的可持续发展，通过提高经济内生创新能力，克服经济持续增长过程中不断面临的石油等自然资源的刚性约束。具体而言，中国应对世界经济失衡调整的政策选择重点是分阶段地实现经济结构改进（参见图10-12）。

（一）短期经济结构改进

1. 有效调整以美元资产为主的外汇储备资产结构

截止2005年6月中国的外债总额为2661.76亿美元（不包括港澳台地区），其中美元债务占66.8%，日元和欧元债务分别占14.1%和8.1%。[①] 美元贬值可以部分降低中国外债的偿还负担，但中国引进的多为非债务类资本，美元贬值对中国的外债规模影响不大。美元贬值对中国最直接的影响是使中国持有的巨额美元外汇储备资产面临缩水风险。

历史经验显示，美国的巨额贸易项目逆差必然伴随美元的大幅度贬值。20世纪50年代，美国国际收支连年逆差，大量美元外流，最终在20世纪60和70年代爆发了三次美元危机，引起市场抛售美元、抢购黄金浪潮。1971年，美国不得不宣布美元贬值并停止按官方价格出售黄金，不再维持35美元兑换1盎司黄金的汇兑比率。

在利用巨额美元储备资产时，中国需要吸取日本在20世纪70年代的经验教训。20世纪60~80年代，日本的储蓄率很高，持续十年保持了年均10%的经济增长率，通货膨胀不断上升，贸易项目顺差不断扩大。当时，日本也经历过来自贸易伙伴的贸易保护压力，首先从纺织品开始，然后是彩

---

① 参见国家统计局国际统计信息中心：《国际经贸消息》2006年第10期，第7页。

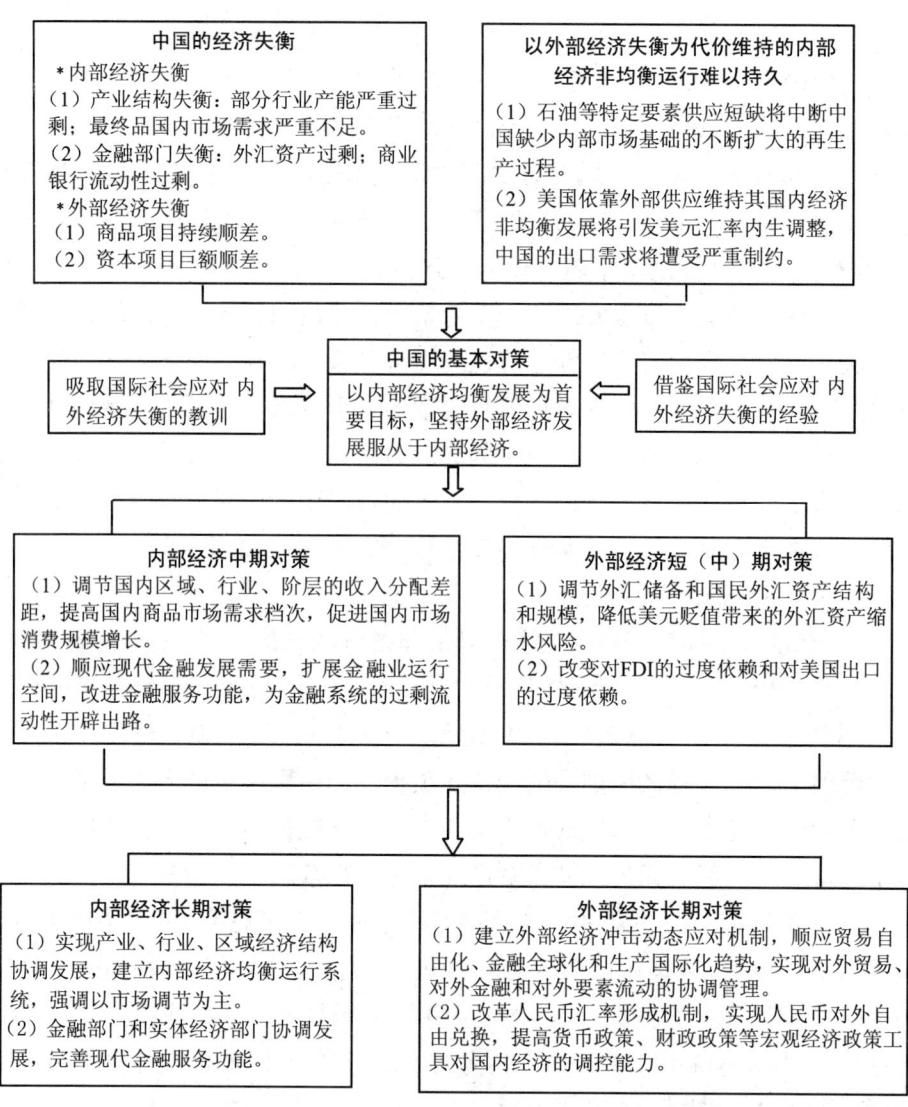

图 10-12 世界经济失衡调整与中国的政策措施

电,还有半导体。1971 年 12 月日本实现了日元的有限升值,并且放松货币政策,以此来抑制日元升值,但不久就出现了 10% 的通货膨胀。日本的伊藤(Ito)教授认为,当时日本选择让美国满意的政策是一个错误的安排。中国应以日本为前车之鉴,主要应通过 WTO 机制解决贸易争端问题,如果中国也选择像日本当年那样阻止人民币升值的政策,那么就可能出现很高的通货膨胀。

为了规避美元贬值风险，中国应将以美元为主的外汇储备资产逐渐向欧元等其他货币调整。在欧元区，人口超过美国，黄金储备超过美国4倍，虽然GDP低于美国并至2012年底仍深受主权债务危机困扰，但其贸易规模超过美国，区域外贸易量和美国大体相等，而且有一半的贸易以欧元作为计价结算单位；欧元区金融资产规模和美国比较几乎不相上下，债券市场在广度、深度和流动性方面已经开始和美元债券市场抗衡。威斯康星（Wisconsin）大学的秦（Chinn）和哈佛大学的弗兰克（Frankel）等研究认为[①]，如果按照2001~2004年间美元对一揽子货币年3.6%的贬值速度、欧元相对美元的年4.6%升值速度，并能尽快找到措施解决部分成员国的主权债务困境，那么到2024年，欧元将超过美元成为世界第一储备货币。如果英国、瑞典、丹麦和其他中东欧国家接纳欧元，那么这一时间将缩短为2019年。所以，中国应考虑将美元外汇储备资产逐渐向欧元转移。

在转换外汇储备资产结构时必须隐蔽操作，因为抛售美元资产，会引起美元进一步贬值，进一步降低中国已经持有的外汇储备价值。问题的关键是在美元实际贬值以前，尽快减少美元储备资产在全部外汇储备中所占的比重。做法之一是，不要集中减持，应逐步实行多元化持有美国的金融资产和其他资产，比如股票、地产等。另外，中国需要建立现代金融运行系统，加强金融市场中外资流动监管，提高金融中介机构的金融服务水平，帮助居民和市场主体提高汇率波动的风险防范意识，避免世界范围内的美元金融资产过于集中在中国（包括政府和居民）。

2. 通过提高外汇资产使用效率适度降低存量外汇资产规模

第一，提高高新技术和高科技产品的进口力度。

在满足国内居民正当用汇需求（比如留学用汇）的基础上，提高中国外汇资产使用效率的关键之一是加强从发达国家进口高新技术和高科技产品的力度。

为了遏制中国发展，美国等发达国家对中国的技术出口限制愈演愈烈。[②] 2000年以来，美国就再也没有向中国出售过卫星，甚至连20世纪

---

① 参见"If the dollar dives, what will happen to America's interest rates?" *The Economist*, September 10th 2005, P70。

② 参见《西方力保对华技术领先，中国买技术越来越难》一文，载《贵州日报》2006年5月22日第4版《世界瞭望》。

90年代末期已经签约卖给中国的两颗卫星到2006年5月还没有履约交货。再比如，2003年，美国一些议员给美国前国务卿鲍威尔写信，指控向中国出口的波音飞机上装有QRS11芯片，认为这种芯片可以被用于"导弹控制系统"，使得中美价值17亿美元的波音飞机定单差点落空。此外，日本警方2006年5月以未经批准向中国出口可以用于军事方面的无人驾驶直升机为由，查抄了雅马哈公司，并勒令其有关部门停业整顿。所以，中国在短期内，通过增加高新技术和高科技产品进口调整外汇储备规模有很大的困难。为了提高外汇储备使用效率，增加从发达国家进口高新技术和高科技产品，应坚持由政府和企业协同操作，通过多种渠道同发达国家有关组织机构签订高新技术和高科技产品进口协议。

第二，鼓励企业对外实施战略性并购。

20世纪80年代，日本在外汇储备大量增加时，为了规避外汇风险，曾鼓励日本公司在全球范围内实行地毯式并购（从Hollywood电影到Van Gogh油画）。2000～2008年，中国企业在国家巨额外汇储备的支持下，实施了多起对外并购活动。2005年中国企业的跨国并购接近230亿美元，远远超过以前年度的20～30亿美元（参见表10-2）。

表10-2 中国企业在2003～2005年的海外并购活动

目　　标	参与并购的中国企业	并购金额（亿美元）
高更石油燃气（Oil & gas, Gorgon LNG Field，澳大利亚）	中海油（CNOOC）	7
奥兹根（OZGEN，50%，澳大利亚）	中国华能	2
IBM个人电脑业务（美国）	联想集团	17.5
双龙汽车（Ssang yong Motor Co., 48.9%，韩国）	上海汽车公司（SAIC）	5.1
优尼科（Unocal Corp，美国）	中海油（CNOOC）	185
美泰克（Maytag Co，美国）	海尔	22.5
电讯盈科（PCCW，20%，香港）	中国联通	10.2
中石油国际（Petro China, International，印度尼西亚）	中国石化	5

资料来源：The Economist, July 2nd 2005, 第60页。

中国企业对外并购应以掌握稀缺资源为主要目的。比如，宝钢在南美组建的合资公司（同CVRD公司），是世界上最大的生产铸铁企业。中国企业对外并购有助于获取被并购企业的管理经验、品牌和市场份额等。通过跨国并购,海尔获得了美泰克(Maytag)和胡佛(Hoover)的品牌和分销渠道,成功进入了美国市场;上海汽车公司(SAIC)通过并购活动,获取了罗孚(Rover)的设计和工程技术;联想(Lenovo)通过并购获得了IBM的蓝带品牌。

中国企业的跨国并购同样面临许多困境。比如,2005年6月22日,中海油公司报价185亿美元收购美国的优尼科(Unocal)石油公司的案例。中海油在购买优尼科(Unocal)石油公司时,比竞争对手雪佛龙(Chevron)公司的报价高出近20亿美元,而且提出不裁减员工,全部并购费用使用现金支付。但是,中国这宗并购案最后还是被美国国会因战略安全考虑而被否定。类似的案例还有,2004年TCL购买法国汤姆森(Thomson)公司股权,最后汤姆森(Thomson)公司出售给了印度的一家企业。此外,海尔在同期花费22.5亿美元收购美国的美泰克(Maytag)公司,联想花费17.5亿美元收购IBM个人计算机业务部门等,都支付了高额并购费用。①

利用外汇储备并购世界范围内的石油资源和石油生产企业以及其他关键企业,仍旧应该成为中国在以后数年中利用外汇资产对外并购企业的战略性安排,这也是所有大国在崛起过程中的一个必然选择。英国崛起时控制了盎格鲁-波斯(Anglo-Persian)石油公司中的伊朗石油,美国崛起时在沙特建立了阿美(Aranco)公司,日本则在20世纪70年代大量扶持国有石油生产企业并在海外四处并购石油公司。中国在通过跨国并购提高外汇资产使用效率的问题上,关键是不断提高跨国并购效率,提高企业并购水平,实施由国家整体谋划和企业一线实施的协同并购。为了开展对外并购工作,联想公司和海尔已经开始寻找目标企业所在地的律师和专家提供并购咨询服务。

第三,提高外汇储备保值增值能力。

2012年12月底,中国持有的外汇储备超过了3.2万亿美元,包括贸易项目顺差、外商直接投资、境外发行股票和债券的资本流入,以及通过各种非正常渠道进来的资金。在全部储备资产中有短期的外来资本,也有外国直接投资和贸易顺差流入的长期资金,我们不能简单地根据国际经验,以进出

---

① 参见"The dragon tucks in." *The Economist*, July 2nd 2005, P59-61。

口用汇规模和偿还外债要求确定合适的外汇储备总额，中国的外汇储备有很大一部分很容易改变流动方向。比如2005年中国外汇储备增加了近2000亿美元，贸易顺差400亿美元，引进外国直接投资600亿美元，有近1000亿美元属于非正常流入。

为了维护国家经济安全，同时提高外汇资产的保值增值能力，我们认为，应该重新评估中国外汇储备的适度规模要求，同时可以将超额外汇储备转移给国家社会保障基金在国际金融市场上运作，盈利部分用于补充社会保障基金，在外汇储备低于适度规模时再将缺口部分从社会保障基金转入国家外汇储备账户。

（二）中期经济结构改进

1. 改进出口过分依赖美国市场的经济增长方式

2000～2007年，美国居民的消费支出和房地产建设对GDP增长贡献率达到90%；2005年12月，美国房地产市场开始逐渐走向低迷。英国和澳大利亚的经验表明，即使房地产市场略微下降也会引发居民消费支出明显减少和进口需求减少。[①]

出口是中国推动经济增长的一个重要因素，对美国出口占中国全部出口贸易的比重一直维持在略高于20%的水平上，一旦美国出现汇率和利率调整，进口需求下降，并强制要求其他国家增加进口，那么，中国将面临外需减少压力和进口增加压力（参见表10-3）。在2003年和2004年，中国工业产出和销售额实际增长接近30%，2005年中国工业产出和销售额实际增长下降至15%，汽车、钢铁、水泥等行业都出现了产能过剩。因此，加强以居民消费支出为核心的内需扩张力度，就成为中国应对世界经济失衡调整的一个当务之急。

从居民储蓄方面来看，中国的储蓄率基本上不会降低，因为储蓄率主要是由人口结构决定。但是，中国的居民消费有望出现一定程度的明显增长。研究表明，当个人收入达到1000美元时，会出现爆炸式的需求增长，比如对汽车的需求。为此，中国在运用积极的财政政策提高总体需求水平的同时，需要充分利用人民币汇率调整时机，全面调整消费结构、投资结构和生

---

① 参见 "The world economy: testing all engines." *The Economist*, February 4th 2006, P65–66。

表 10-3 中国对美国的出口依赖

年　份	2001	2002	2003	2004	2005	2006.1~4
中国对美国出口（亿美元）	542.83	699.5	924.74	1249.48	1629	583.06
中国全部出口（亿美元）	2661	3256	4382.3	5933.3	7620	2742.3
对美国出口占中国全部出口比重	20.4%	21.5%	21.1%	21.1%	21.4%	21.3%
中国从美国进口（亿美元）	262.02	272.3	338.61	446.79	487.26	189.84
中国全部进口（亿美元）	2435.5	2951.7	4127.6	5612.3	6601.2	2404.8
从美国进口占中国全部进口比重	10.8%	9.23%	8.2%	7.96%	7.38%	7.89%

资料来源：（1）2001~2004 年数据来自 International Financial Statistics（IMF，March 2006，264-267）；（2）2005 年和 2006 年 1~4 月数据来自《中国经济景气月报》（中国国家统计局，2006 年第 51 期，第 32-33 和 38 页）。

产结构，政府的财政支出也应着眼于与人力资本建设有关的公共投资。

中国需要组合采用财政政策和货币政策，引导居民增加消费支出，特别是通过增强对旅游、教育、医疗、餐饮等行业的管理，支持服务业的消费增长。就地区来说，关键是鼓励农村地区增加消费支出。我们认为应该增加各级政府对农村地区，特别是对边远地区农村的教育投资，增加对农村医疗服务设施的建设，通过增加对农村地区的电力、水利和道路等基础设施建设投资，从软件和硬件两个方面改善农村地区的消费环境。在城市主要应加速社会保障体系建设，提高人们对未来的安全感和生活稳定感。

2. 改进国有控股企业（SOE）利润分配结构和提升居民消费意愿

2006 年第二季度，中国 GDP 增长了 11.3%，企业固定资产投资在 6 月份增加了 35%。但是企业进行的固定资产投资不是来自于家庭的储蓄资金，而是绝大部分来自于企业的未分配利润。由于大型国有企业很少向政府部门分配红利，利润留成比例居高不下，进而引起这些企业的利润再投资居高不下。

在实施改革开放政策以前，中国国有企业的资金全部来自政府预算，利润也全部上缴国家。1980 年以后，为了调动职工和厂长的经营积极性，国有企业可以将部分利润留成。1994 年税制改革时将企业所得税确定为 33%，企业可以留成全部税后利润。在 2008 年底，全国范围内的国有企业有近

16.9万家,企业经营所得的大多数利润都被企业截留。在20世纪90年代早期,国有企业盈利比较有限,而且需要进行固定资产改造投资,偿还债务,所以留成利润比较有限,但近年来出现了很大变化。2005年,包括中国石化、中国移动和宝钢在内的169家大型国有企业,税后净利润达到6000亿元人民币,比2004年的4000亿元人民币高出50%;2006年前5个月,450家大型国有企业盈利更是高达3310亿元人民币。①

世界银行的研究指出,2004年中国国有企业的利润约占当年GDP的6.5%,如果将其中的50%用于国民教育和健康卫生服务,那么政府的公共支出可以增加85%,基本上可以克服教育经费投入不足问题,降低居民的教育储蓄,增加消费支出,实现最终消费和企业产出之间的平衡。但是,增加国有企业对国家的利润支付面临地方政府和其他有关部门的许多阻力。地方政府为了保持本地区的经济增长速度,要求国有企业增加投资规模;国家财政部门认为,国有企业必须保留一定的利润,用于将来弥补亏损和企业改造使用。

所以,改进国有企业利润分配结构,将对提高中国居民的消费支出、减少企业投资引起的产能过剩有很重要的意义,关键是协调各个方面的利益关系,以一个稳妥的方案付诸实施。我们认为,可以由国有资产管理委员会、财政部、中国人民银行和国家发展改革委员会等部门联合成立国有控股企业利润留成基金,确定国有企业留成利润比例,超过规定的利润缴存基金管理,不足部分可以从基金补充,但不得超过其上缴基金部分。国有企业利润留成基金的绝大部分用于国家的教育支出和社会公共卫生事业投资等,由国务院统一进行调配使用。

扩大这类国有企业对国家的利润支付规模,既可以改进国有企业的资金使用效率,缓解产能过剩压力,也可以减少房地产市场和股票市场的投机泡沫。通过降低国有企业利润留成比例,可以促使这些企业进入资本市场融资,繁荣中国资本市场,推动中国金融业进入更高的发展水平。况且,增加利润支付可以改进企业的公司法人治理结构。提高国有企业对国家的利润支付也将产生明显的宏观经济效应,特别是有助于减少企业的顺周期投资行

---

① 参见 "Dividends in China: Can't pay, won't pay." *The Economist*, July 29th 2006, P71-72。

为,改善政府的宏观调控效果。

3. 改进依靠投资驱动的经济增长方式

中国经济增长主要依靠固定资产投资推动(参见图10-13)。2000~2004年,中国总资本形成占GDP的比重分别为36.33%、38.44%、40.27%、44.26%和44.98%,仅在个别年份低于厄瓜多尔(2000年)、莱索托(2000年、2001年和2002年),其余年份均为同期世界上投资占GDP比重最高的国家,远高于印度的固定资产投资水平(印度2000~2003年投资占GDP的比重分别为22.67%、22.31%、22.65%和23.03%)。① 多年的过度投资导致中国许多产业存在过度供给现象。尽管降低投资增长幅度可以减轻产能过剩问题,但会恶化劳动就业压力等更严重的社会问题。我们认为,中国应对世界经济失衡调整的最关键措施是:立足战略高度,从两个方面改进投资结构。

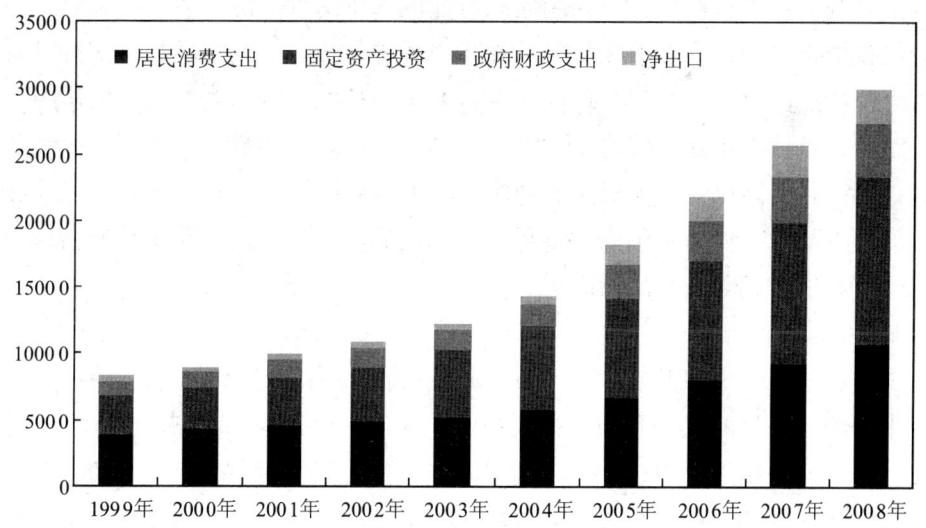

图 10-13 中国的 GDP 构成

说明:(1)资料来自 IMF, International Financial Statistics;中国统计数据应用支持系统。(2)单位为10亿元人民币。

---

① 参见国家统计局国际统计信息中心:《国际经贸消息》,2006年第4期,第23-25页。

第一，调整外资流入规模和进入的产业领域，在不违背 WTO 原则的前提下，在若干领域实施一系列鼓励内资企业优先进入的政策。FDI 大量流入尽管从一定程度上推动了中国的经济增长，但是却导致中国资本项目巨额顺差，同时又通过加工贸易等方式引起中国贸易项目持续对外顺差，而且增加了中国资本项目管理成本，极大地提高了中国经济的对外风险暴露程度。在改革开放初期，引进外资有助于弥补中国资金积累不足问题。但近 30 年来，中国国内的资金实力大大增强，在若干领域采用内资替代外资的投资政策，不但可以增加中国资本要素的投资收益，减少 GDP 与 GNP 之间的差距，降低中国经济增长过程中的福利漏出，也可以切实培育属于中国自己的民族企业，减少中国经济的对外风险暴露程度。

第二，改进制造业内部的投资构成，鼓励企业增加对服务业和农业投资。消费边际倾向递减规律和制造业规模报酬递增规律表明，制造业的发展通过自身产出规模的扩大会遭遇越来越明显的有效需求约束，为此，需要不断推动制造业更新换代。中国制造品行业的物价持续下降表明，提高中国制造业投资档次已经到了迫在眉睫的地步。另外，服务业的需求具有多样性和内生的特点，教育、医疗等现代服务行业价格持续攀升表明，中国的服务业供给明显落后于市场需求。而"三农"问题一直是困扰中国经济持续发展的首要问题，因此，扩大对服务业和农业的投资就成为维持中国经济稳定增长的另一要点，也是中国应对世界经济失衡调整以及减少未来世界经济波动对中国冲击的相对长久之计。

(三) 长期经济结构改进

美国经济学家布兰查德（Blanchard）指出，中国的高储蓄和高出口对于中国宏观经济的发展起到了很大的促进作用，但是这一战略已经达到了极限。一方面中国全要素生产率不断下降，另一方面随着贸易顺差和资本持续流入，积累的外汇储备越来越多，带来的成本越来越大。这一战略增加了中国不同地区之间的不平衡发展，增加了中国不同行业之间和不同熟练程度的劳动力之间的不平衡发展，以及加大了中国城乡之间的发展差距。

在长期建立一个维持中国经济平衡发展的制度框架，明确经济内外均衡的发展战略，实现中国和世界经济的互动发展，对于中国经济的平稳、持续发展有重要意义。中国长期经济结构改进涉及外资外贸政策、区域经济协调发展政策，以及金融和实体经济协调发展政策等。

第一，进一步改进人民币汇率形成机制，实现人民币对外汇率完全浮动，通过放松外部经济均衡目标，缓解国内经济均衡调整面临的多重困境，不断提高货币政策、财政政策等宏观经济政策工具对国内经济运行的调控效率。

古典主义经济学家和新古典主义经济学家认为，在金融资产和外汇市场中，当面临超额供给或超额需求时，价格都能够作出迅速的调整，很快就可以恢复到均衡状态。但是，交易经常是根据偏离瓦尔拉均衡的价格水平进行的，当存在不完全的价格浮动时，市场主体被迫按照现行价格水平参加交易，他们所希望的供给量和需求量就不必然等于他们相应时期内相互进行的实际交易规模，就会出现持续的非市场出清现象，市场以外的政府就会参与市场交易过程（孙天法，2003）。在2005年7月21日以前，为了维持人民币对美元的汇率安排，中国的外汇交易难以在没有摩擦的市场中进行，结果，中国持有的美元外汇储备资产迅速增加，巨额财富暴露在美元大幅度贬值风险的漩涡之中。

为了减少中国财富可能面临的缩水风险，在经济实力不断增强的过程中，实行人民币对外汇率由市场供求关系决定是一个必然的选择。这样，不但可以减少对外贸易摩擦，还可以提高国内经济的自主调控能力。通过放松对汇率稳定的要求，逐步解放货币政策的多元目标约束，从调整外部经济均衡过渡到内部经济均衡。

在2005年7月21日以后，中国的汇率制度尽管已经是盯住一揽子货币，但日元和欧元所占的比重比较小，主要是美元，实际上仍旧是盯住美元的汇率制度。在货币篮子中，应该进一步包括中国所有贸易伙伴国的货币。

第二，不断完善金融风险防范机制，发展金融要素市场，实现由"生产大国—金融小国"向"生产大国—金融大国"的转变；完善外部经济均衡发展机制，通过汇率调整实现国内产业结构调整，通过发展民族产业和企业集团，实现由"生产大国—市场小国—金融小国"到"生产大国—市场大国—金融大国"的转变。

中国需要建立起发达的金融体系。一个强大的金融系统有助于化解中国家庭在消费时对流动性约束的焦虑。有两个因素对中国金融系统的改进很有意义：(1) 外国战略投资者的进入，给中国金融部门带来了技术、技能和比较先进的金融产品，有利于改进中国金融部门的企业治理水平。(2) 对公众市场信用制度建设的加强。银行等金融机构在从事信贷活动时最关键的是获取当事人的信用记录。信用记录属于公共产品，国家增强个人和企业机构的信用体系建设有助于提高金融市场信息供给，减少金融活动中的逆向选择和道德风险对中国金融发展的制约。

第三，不断完善利用外资政策改进外资流入结构。

中国需要不断完善商品跨国流动和贸易全球化的应对体系，并在顺应国际资本流动基本趋势的前提下，不断完善资本国际流动和金融全球化蓬勃发展的应对体系，同时建立符合中国国情的跨国公司发展政策框架，完善生产全球化的应对体系。

在长期，中国需要进一步改进利用外资政策。就中国来说，FDI主导型外资流入结构的净经济促进效应最明显。但是，随着FDI不断流入，外资的净经济促进效应先递增然后递减。在递增过程中，外资会过度流入，引起外资流入结构内生转换；在外资净经济促进效应递减过程中，外资流入结构会加速从以FDI为主转为多种形式外资流入，并出现外资流入的行业转换和地区转换，外资净经济促进效应进一步下降。当外资的净经济促进效应下降为零时，外资流入将开始减少，甚至会出现外资过度流出。

过度的FDI流入会对中国经济产生两种负向效应：(1) 不利于中国经济协调发展，包括引起中国主导性行业过度依赖外资、地区经济差距扩大、要素收入差距扩大和要素积累畸形等四个方面。(2) FDI不断流入引起的外资流入形式、行业分布、地区分布等变化，会引起中国经济周期性调整。第一种形式的负向经济效应具有长期累积特点，第二种形式的负向经济效应具有短期突发性特点。

所以，中国需要顺应外资流入结构的变动不断调整外资政策。我们认为，外资流入结构具有内生变动特点，东道国无法长期有效地管理外资流入结构，东道国实施外资政策的重点是坚持市场调控方式。中国在长期完善外资政策的要点有两个方面：(1) 加强对外资流入的市场调控，充分运用价格杠杆等手段调节外资流入的形式构成、行业分布、地区分布，根据外资流入结构变动规律，制订能适应不同阶段不同外资流入结构的外资政策。

(2) 运用政策措施逐步实现外资经济中包括企业家在内的人力资源、知识产权等核心投入要素的本土化，比如，鼓励外资企业中的优秀外籍员工加入中国国籍或者成为荣誉市民，鼓励外资企业自主研发的知识产权在中国注册登记等。

第四，积极参与全球经济治理。

中国参与全球经济治理过程中应坚持以下原则：（1）在已经参加的国际经济组织中发挥更大的作用。（2）从中国强大的经济力量和经济快速增长的国情出发，适当考虑世界经济的相互依赖性。比如，参与成立亚洲货币基金，在维持亚洲地区的货币稳定方面发挥作用。（3）在问题对中国有利时，尽可能将政策的双边争论多边化，使之更加有利于实现中国的内部经济发展目标。（4）以新兴市场经济国家的身份，加入 OECD 等国际经济体组织；在对外交往中，着力保证本国的能源供应安全，注重提高世界范围内的能源使用效率，促进世界能源生产的可持续发展。

三、美国金融危机与中国的应对措施权衡

（一）应对美国金融危机需要立足中美两国经济之间的相互依赖关系

在应对美国金融危机过程中，中国应对措施的选择需要立足于中美两国经济之间的相互依赖关系。这种相互依赖关系源于下列因素。

第一，中国的改革开放政策引发了以农民工为主体的劳动人口从农业持续向制造业迁移，使中国得以持续维持相对较低的劳动工资成本，且使得收入分配向资本与公共部门倾斜，居民消费能力低于生产能力。在社会保障体系和公共支出系统不够完善时，居民倾向于增加储蓄，并出现了经济增长过程中的消费需求不足问题。在存在金融抑制的条件下，中国民营经济等部门的融资渠道遭遇到了明显的瓶颈约束，储蓄转化为生产投资受到了限制。于是，在国内储蓄大量过剩时，每年还有大量的 FDI 流入中国，其中部分为从中国国内流出后再回流的资金，即"迂回的 FDI"。

第二，FDI 进入为中国充分利用劳动密集型产品的生产能力提供了现实可能。在劳动要素成本优势及中国各级地方政府引资竞赛的推动下，外资企业（包括其他企业）生产成本相对较低，在世界市场上拥有显著的竞争优势。在外资企业拥有的国际市场销售渠道以及中国加入 WTO 后获得的相对

自由的对外贸易环境支持下，中国制造的商品充满了世界上的几乎所有角落。

第三，在低生产成本机会的吸引下，大量制造业企业从美国等国家迁移到中国东部沿海地区甚至中国内地。制造业企业在全球范围内的区位整合，减少了美国等发达国家制造业部门的劳动就业机会，在这些国家出现了大量的低收入或无收入阶层。在美国经济中的另一端，则是从事现代金融服务及其他现代服务业或从事飞机制造等现代制造业的精英阶层。于是，中国与美国等国家之间形成了传统制造业与现代服务业及高端制造业之间的"跨国分工"。

第四，美国发达的信用体系和美元的国际货币地位成了维持这种分工模式的关键。在此分工模式下，美国低收入阶层和无收入阶层及其他阶层借助信用进行消费，并大量购买中国制造的商品。美国发达而贪婪且缺乏社会道德约束的金融体系提供了这样的信用服务，美国较为完善的转移支付系统和相对发达的社会保障制度以及持续膨胀的资产市场泡沫，使得美国低收入和无收入居民敢于疯狂地进行信用消费。为了维持世界霸主地位和遏制中国成长壮大，美国有关方面千方百计地阻挠其生产企业向中国出口高科技产品和转让高新技术。因此，中国在出口中获得了大量贸易顺差。与此同时，有大量国际资本通过多种国际收支渠道流入中国，套取中国的经济增长红利。这些流入的资本和贸易顺差在中国实际上盯住美元的汇率制度下，被中国货币当局从外汇市场上买入成为国家外汇储备。在美元是国际货币和中国缺乏有效投资对象的条件下，这些外汇储备转而又以购买美国政府债券等形式流入金融市场过度发展的美国寻找保值和增值机会，进而直接降低了美国的长期利率水平，进一步刺激了美国居民的信用消费倾向，并从一定程度上强化了中国与美国之间上述的分工模式。

这种分工模式的后果是，中国积累了大量美元外汇资产和国际收支顺差，美国出现了大量不良美元信用债务和巨额的贸易逆差，政府财政赤字上升，居民信用水平整体下降以及银行等金融机构的资产质量全面恶化，于是出现了次级债券等金融创新产品。次级债券的推出提高了个别金融机构的利润水平，从一定程度上维持了美国的信用消费过程，延缓了美国金融危机的爆发时间，但也进一步使得相当多的美国居民的信用支出规模超过了其在一生中可以获得的全部收入水平，因此进一步加大了美国和世界范围内的系统性金融风险。一旦房地产等资产价格下跌或出现向下波动，就会引起金融市场信心崩溃，引发金融机构连锁倒闭和爆发金融系统崩溃危机。

第五，美国金融危机的全面爆发，终结了由美元与中国制造的产品等支持的世界经济体系的脆弱均衡，并对中国国际收支和经济结构调整提出了现实要求。

上述分析表明，中国与美国之间的现有贸易模式存在天生的非均衡特征，在出口高端制造业及现代服务业的美国容易产生财富幻觉和过度信用消费，这会导致贸易双方的国际收支严重失衡，并不得不通过金融危机爆发来强制作出调整。中国急需解决的问题是，凭借自身优势率先从美国金融海啸中突围，尽快摆脱美国金融危机困扰，掌握经济结构调整的主动权，以实现经济增长过程进入高一级阶段。

（二）以经济结构改进为目标实行需求与供给管理双管齐下的美国金融危机应对措施

应对金融危机的最终目标是保持本国经济增长，减少劳动失业。在保证经济增长和劳动就业目标得以实现的过程中，要经历许多中间目标。在美国金融危机掀起的金融海啸中，国际收支成为传导美国经济扰动的首要渠道，要在短期克服美国金融危机对本国经济的破坏作用，首先要对美国金融危机的国际收支传导渠道加以控制。就中国来说，对国际收支传导渠道加以有效控制尤其重要，因为在2009年2月中国是世界上持有美元债券最多的国家，也是世界上对外贸易依存度最高的国家之一。

在美国金融危机爆发后至2012年底，世界范围内应对美国金融危机的措施主要有四种：（1）救助金融机构，由政府出面购买金融机构债务或者股份。（2）实施财政扩张，通过增加财政支出，阻止经济需求下降。（3）实施扩张的货币政策，增加信贷投放。（4）加强全球经济合作，世界各国联手抵制贸易保护主义和金融保护主义。

在各种金融危机应对措施中，以财政刺激最为引人注目。世界各国的财政刺激方案几乎覆盖了所有的总需求领域，包括对生产性企业注入资金、给居民提供转移支付、给地方政府部门提供财政帮助、降低企业和居民税收负担，以及直接增加基础设施建设投资，增加能源开发和教育投资，增加社会保障支出等。

上述金融危机应对措施在短期中对阻止经济下滑、提振市场信心非常重要。但从控制美国金融危机的国际收支传导渠道角度来看，仅有需求管理是不够的。实施凯恩斯主义需求干预的前提是，有现实的供给能力而市场有效需求不足导致经济增长速度下降时，实施扩张性的财政政策来刺激需求和实行其他需求管理措施才能奏效。在市场缺乏供给能力或者供给被市场偏好抛弃时，仅仅实施需求管理的政策会面临许多困难，这时应强调供给管理与需求管理并重的政策安排。

在当前，美国经济缺乏供给能力，中国经济中的供给能力超过市场需求。在市场需求萎缩时，中国经济受到的需求下降破坏就会持久而巨大。在供给和需求不能相互适应时，在封闭经济下会出现生产能力相对过剩，或者出现通货膨胀；在开放经济下，本国则会出现经常项目顺差或经常项目逆差。当国内金融市场发展滞后时，供给能力相对于本国需求有过剩的国家会出现国际收支双顺差或者三顺差，此即为当今中国的经济情形。

在世界各国现有的金融危机应对方案中，财政支出项目方面用于教育、清洁能源开发、研发投资等部分，可提高经济中的供给能力，给企业提供注资也可增加供给能力。2008 年 12 月，美国在对福特（Ford）、通用（GM）和克莱斯勒（Chrysler）三大汽车公司提供救助时也要求其提高生产能力，但美国政府给出的救助措施却只能缓解这三大汽车公司的短期财务困境，对其提高产品开发能力则鞭长莫及。在应对金融危机的货币扩张中，无论是降低利率、降低法定准备金比率，还是加大存款保险力度，对供给能力的提高也仅有间接作用。

在应对美国金融危机过程中，中国的措施也以财政刺激为主。在短期中，实施巨额财政刺激计划代替出口下降留下的需求空间，是维持中国经济增长和劳动就业的必要措施，在世界各国纷纷给出财政刺激方案的条件下，也是必须之举。但是，在确定财政刺激方向和运作细节时既要考虑短期经济复苏需要，也要考虑美国金融危机过后经济的可持续运作需要。

我们认为，实现国际收支有效均衡，对中国在应对美国金融危机过程中维持经济增长和劳动就业稳定具有标杆意义，所有有利于实现中国国际收支有效均衡的措施，都将有利于中国经济从美国金融海啸中率先突围。对国际收支进行均衡调整涉及产业结构、企业结构、收入分配结构及金融市场发展等许多问题，但最根本的问题是如何在应对美国金融危机过程中，结合中国拥有巨额外汇资产这一现实，有效地运用宏观经济政策推动中国经济结构调整，通过经济结构改进来提升中国经济的供给能力，以突破市场需求约束，摆脱中国经济对美国的过分依赖。

（三）有效使用巨额外汇资产与促进中国经济结构改进

截至 2008 年 12 月底，中国持有的外汇资产总额达到 2.3 万亿美元。在全部 2.3 万亿美元的外汇资产中，中国人民银行持有的外汇资产余额即国家外汇储备资产约为 2.1 万亿美元。在 2.1 万亿美元的外汇储备资产中，约有 1.95 万亿以美元资产形式持有，其他外国资产大约有 1580 亿美元。[①] 中国持有的美元资产中，约有 9000 亿美元的美国国家债券、6000 亿美元的美国机构债券、1500 亿美元的美国公司债券，以及大约 400 亿美元的美国企业股票和 400 亿美元的美国金融机构短期存款。

据美国对外关系委员会（CFR）地缘经济研究中心估计，在 2007 年第四季度到 2008 年第三季度的 12 个月中，中国持有的外国资产增加了 7000 多亿美元，新增的外国资产主要是美国国债和美国机构债券。如不考虑此期间美国资金流入中国情形，则在这 12 个月中，中国平均每个月向美国提供了约 600 亿美元的资金，而 2008 年美国年度贸易赤字约为 6770 亿美元。中国坚持持有巨额外汇资产特别是美元资产成为阻止美国经济和金融进一步恶化的重要力量，也从一定程度上限制了中国自主地选择美国金融危机应对措施。

在瞬息万变的世界经济形势特别是美国经济形势面前，中国持有的巨额美元资产随时有美元贬值风险和所持美国债券价格下跌的风险。中国持有的大多数外汇资产为中国人民银行使用人民币在外汇市场上购买得到，表面上看是中国货币当局的资产，但因稳定人民币汇率和稳定中国金融系统的需要，不能作长期使用，中国人民银行难以在流动性、安全性和收益性方面作主动安排，只能被动地将巨额外汇资产的保值寄希望于美元对外汇率稳定和美国经济复苏及债券偿还承诺上面。

---

① 除中国人民银行外，同期中国投资公司和中国的国有银行共持有外汇资产约 2500 亿美元。

持有巨额外汇资产特别是巨额美元资产是中国应对美国金融危机的有力武器，理应成为中国从美国金融海啸中率先突围的积极因素，关键是如何使用巨额外汇资产问题。巨额外汇资产可有效提升中国国民应对美国金融危机的信心，增强中国国民的国家荣誉感和凝聚力。在应对美国金融危机过程中有效使用巨额外汇资产，可帮助中国降低经济刺激成本，减少因宏观政策刺激导致的经济扭曲问题。我们可在应对美国金融危机中巧妙地使用巨额外汇资产，借此契机改进中国经济结构，提高中国经济的国际竞争能力。

前文分析表明，中国应对美国金融危机的关键是通过实现经济结构改进来摆脱对美国经济的过度依赖状态，以及建立新型的中美经济合作关系。为了推动中国经济结构改进和建立新型的中美贸易关系，需要将中国应对美国金融危机过程中的短期经济刺激措施与经济结构调整结合起来进行，以增强中国经济在长期中的竞争力，特别是将中国持有的巨额外汇资产的使用与改进中国经济结构结合起来进行。受有关专家关于发行熊猫债券讨论的启发，我们对中国巨额外汇资产的使用给出如下具体建议。

我们认为，在应对美国金融危机过程中，可由财政部等多个国家部委牵头，成立四家面向21世纪中国经济结构改进专业投资基金，我们将这些机构命名为：中国农村建设与持续发展基金、中国国家产业升级与新技术开发基金、面向21世纪中国国民教育促进基金、中国国民社会保障促进基金。这些基金管理机构运作的资金由国家发行债券筹集。我们的设想是，发行13万亿元人民币国债（平均每位中国公民有1万元人民币），其中3万亿元债券向市场发售，另外10万亿元人民币国家债券由中国人民银行使用美元资产置换得到。按照2009年2月上旬美元对人民币的市场汇率换算，约需要1.5万亿美元外汇资产，中国人民银行拥有的其余近5000亿美元的外汇资产仍旧由其作为外汇储备持有。中国经济结构改进专项债券的本金偿还和利息支付由国家税收提供担保，债券发行利率参照中央银行确定的基准利率水平由市场竞价给出。

四家中国经济结构改进专业基金正式成立以后，可将其获得的美元资产用于从世界上所有国家引进有利于中国经济持续发展的先进技术和先进设备，进口必需的物质文化用品，以及从海外引进高级专业人才特别是从海外华人中引进高端人才。国家可鼓励农业发展银行、国家开发银行和进出口银行等三家政策性银行以及其他商业银行,协助上述四家中国经济结构改进基金完成美元资产流动性的转换工作。

四家中国经济结构改进基金需要给出资金的实际运用方向和运用过程,并列出详细的实施方案报请全国人民代表大会批准和中央政府相关部门落实实施。以中国农村建设和持续发展基金为例,我们认为,对于农村建设与持续发展基金,可通过其下设的各个专业机构,将资金分别用于以下三个方面。

(1) 用于农村公共基础设施建设,包括在广大农村地区修建学校、敬老院、医院、道路、环卫设施等,比如:通过建立农村生活垃圾集中处理系统,改进农村地区的卫生状况,通过设立专门机构长期负责农村地区的河流山川滩涂整治工作,管理和保护农村生态环境。

(2) 用于农业生产建设和农村社会发展方面,具体包括农业水利工程、动植物防疫工程等农业生产基础设施建设,以及用于培养和吸引从事农业生产和从事农村社会工作的专门人才等。该基金可按照城乡工资差别向长期在农村地区工作的人员,给予劳动工资补贴,也可通过农村就业补贴方式,鼓励城市地区的优秀人才进入农村地区工作。为了满足面向 21 世纪的新农村建设的人才需要,可在全国范围内选拔有发展前途的青少年和其他优秀人才,进入美国等经济发达国家的中学和大学,接受全日制大学教育,在其学成以后回到农村地区专门从事农业和农村建设活动,其在国外学习的全部费用由该基金中的美元资产提供支付。

(3) 用于农村地区的工业建设。该基金可将其所拥有资金的一部分列出来,以优惠的利率或参股的方式,提供给从事农村土特产品加工的工业企业,并鼓励这些企业就近吸纳农村剩余劳动力从事种养加生产活动,以加快农村地区的绿色工业化进程。

以上只是给出了中国在应对美国金融危机过程中,使用巨额外汇资产促进中国经济结构改进的一个初步设想。在使用巨额外汇资产推动中国经济结构改进的过程中肯定会遇到许多问题,比如中国与美国等国家之间的产业竞争问题、人民汇率制度改革问题、中国户籍制度改革问题,等等。我们可通过分析世界范围内历次金融危机对美国和日本等相关国家经济结构的影响,以及这些国家对历次金融危机的应对措施和经济结构调整经验,来获得在当前形势下适合中国经济结构改进的具体政策措施。

(四)在应对美国金融危机的过程中中国应注意什么?

2009年以后一直到2012年年底,全力以赴地战胜世界金融危机,以及如何在后金融危机时代重构世界经济格局,几乎成了所有国家的首要工作目标。在世界经济重新寻找平衡的过程中,中国应该注意什么呢?

第一,天文数字般的财政刺激是非常必要的,但需要理性进行。

美国对金融危机的救助过程是忙而不乱,每一个救助方案出台都会有许多社会争议和深刻讨论,但是从社会争议到达成最终结论的效率又非常高,比如美国前财政部长保尔森在2008年10月初给出的金融救助方案刚提出来,就受到了来自美国全国的100名国际著名经济学家的联名反对,并对参与投票的参议院和众议院产生了明显影响。后来,美国财政部不得不对先前的方案作全面修改后才获通过。在2008年11月份,对福特(Ford)、通用(GM)和克莱斯勒(Chrysler)三大汽车公司的救助,也经历了在时间允许条件下的反复讨论和论证过程,最后选择了一种成本相对比较小但劳动就业等社会收益又比较显著的救助方案。

第二,要分阶段设计多种可能的金融危机应对方案,面对形势变化及时进行调整。

从2008年9月初开始,美国对金融危机的救助过程一直是分阶段有步骤地进行的:首先是向美国两大住房抵押贷款公司房利美(Fannie Mae)和房地美(Freddie Mac)提供多达2000亿美元的资金救助,再就是通过注资7000亿美元稳定金融机构和金融系统,然后是实施非常全面的财政刺激计划。2009年1月,美国的金融危机救助工作,进入到了全面进行财政刺激阶段,对金融机构的资产救助和稳定正式告一个段落。进入2010年以后,实行的财政刺激方案广泛涉及居民消费、实际经济企业投资和运转、地方政府财政开支和金融机构资产质量改进等方面,并达到美国历史上前所未有的财政支出高潮。

第三,全部工作要点是千方百计地降低金融危机应对成本和减少金融危机过后的经济后遗症。

这次发端于美国本土的金融危机,对美国本土造成的影响似乎要小于对世界其他大多数国家和地区造成的影响。这种金融海啸效应可能只能用国家经济规模大小以及国家经济结构完整性等因素与经受金融危机冲击的能力关系来解释了。但是，需要进一步作严格证明才有说服力。比如在这次金融危机中，冰岛成为第一个申请破产的国家，拉丁美洲的阿根廷、巴西等国家在这次金融危机中的惨状就更不用说了，还有韩国、乌克兰等等。

美国社会中的许多资深人士认为，美国一直是20世纪以来各种世界性金融危机的首要救助力量，在这次金融危机中，美国也只能自己救助自己。问题是，美国的财政赤字在2009年度达到了1.41万亿美元，相当于2007年美国GDP（13.8万亿美元）的10%，比中国2007年GDP（3.42万亿美元）的1/3还要多，美国经济有可能从金融危机走向政府财政危机。但是，我们不妨对美国金融危机的救助经验和能力再相信一次，在金融危机救助过程中，要想方设法搭乘美国便车，借鉴其金融危机救助措施，使美国的金融危机救助工作特别是财政刺激计划，能对本国经济走出低谷产生积极的溢出效应。

第四，积极提升产业结构和参与后美元时代的国际货币体系建设。

进入2008年12月以后，世界范围内的汽车企业巨头所面临的倒闭传闻不绝于耳，这是一种强烈要求对产业结构实施调整的信号。此信号表明，只有进行新一轮的遍及全球的产业结构创新，才能推动世界经济走出当前的经济困境。

这次世界金融危机对中国持续近30年的经济增长（1978~2008）模式提出了调整要求，也是美国近30年来（1981~2008）消费（金融）模式的终结，需要世界各国在痛苦中探索一种全新的国际分工合作模式。这种全新的国际分工合作模式，至少是有助于各国国际收支接近于平衡的分工模式。

世界各国对全新的国际分工合作模式的探索过程，也将是一个逐渐否定美元世界货币霸主地位的过程。世界各国可能将以互换货币的形式逐渐形成多种地区货币。这些地区货币将可能会取代美元成为新的国际货币体系支柱，成为新型的多元化的世界货币体系的基础。比如，亚洲主要国家（中国、日本、韩国）使用货币互换方式，建立起亚洲地区货币，以满足本地居民在亚洲地区以及世界范围内的贸易和投资等跨境活动需要。这种货币可以与世界范围内其他货币自由兑换，可以将其设想成亚元。20世纪30年代的世界经济危机催生了以美元为核心的国际货币体系，21世纪初期的世界经济危机则将逐渐抛弃以美元为核心的国际货币体系。21世纪初期的世界经济危机给新的国际货币体系诞生提供了前所未有的机遇。

(五) 中国经济能赶上美国吗?

美国金融危机爆发以后,社会各界对中国经济能否赶上美国这一问题产生了浓厚的兴趣。那么中国经济能够赶上美国吗? 中国经济如何才能达到美国在 2008 年危机前的经济发展水平呢?

2007 年中国实际 GDP 为美国的 23%,人均 GDP 实际值为美国的 5.4%。2007 年中国实际 GDP 增长率为 11.9%,美国实际 GDP 增长率为 2.3%;2007 年中国人均 GDP 实际值年增长率为 11.3%,美国人均 GDP 实际值年增长率为 1.1%。按照 2007 年的增长速度,中国实际 GDP 赶上美国需要 16 年时间,人均 GDP 实际值赶上美国需要 30 年时间。那么,中国能够维持这样的增长速度吗? 如何才能保持经济持续增长呢?

为了实现中国经济的持续增长,除了需要考虑前文中提到的政策措施以外,中国需要坚持的是努力实现收入、支出和生产三者之间的平衡增长,其中的关键是实现中国的国民收入向劳动要素倾斜。2008 年,美国的国民收入构成为:劳动要素获得的各种形式的收入 (compensation for employees) 总和在美国国民收入中所占的比重为 71.6%,居民财产收入 (proprietor's income) 在美国国民收入中所占的比重为 9.6%,租金收入 (rental income)、利润收入 (profits) 和净权益收入 (net interest) 在美国国民收入中所占的比重则分别为 0.5%、7.5% 和 10.8%。

2007 年,中国城乡职工劳动报酬占 GDP 的比重约为 35.1%,加上其他形式的转移支付,劳动要素获得的全部收入在中国年度国民收入中所占的比重也不足 50%。劳动要素收入在国民收入中所占比重偏低,影响了居民消费支出对经济持续增长的拉动作用。2007 年,居民消费支出占中国 GDP 的比重约为 36%,而美国的这一比重接近 70%,巴西的这一比重约为 63%,瑞典的这一比重也接近 50%。尽管由过度消费支持的美国经济发展模式在 2008 年引发了世界金融危机,但是,过低的居民消费支出显然也不利于国民经济持续增长。

除了要增加劳动要素收入以外,美国的人才聚集优势和遥遥领先的创新能力,也是中国等国家在短期中难以超越的。

制度设计主要有自上而下的集中模式和自下而上的效率模式两种基本情

形。美国经济发展的核心优势在于其有利于激励微观主体实行优化选择的制度安排，以及宏观制度安排与微观经济主体优化选择的相对兼容性。这种制度安排加上美国广阔且环境良好的地理空间，有利于吸引世界范围内的人力资源在美国集中，并由此形成了美国经济中独特的人力资源优势和创新能力。

美国经济在世界范围内的霸主地位与美元的国际货币地位密切相关。在还没有其他货币可以取代美元的国际货币地位之前，美国经济仍旧将在世界范围内保持遥遥领先的地位。在 2008 年世界金融危机爆发以前，美国的微观经济主体（企业和家庭）根据自身的最优决策行为，选择了进口外国商品，转移产业到美国以外地区；美国微观主体的最优决策行为，使得美国的宏观经济出现了总量失衡。在世界经济寻找新的平衡过程中，美国微观主体会重新建立自身的最优决策行为，并将帮助美国经济恢复昔日的竞争能力。

美国正在并将继续在保持有低成本的国际资本流入的前提下进行实体经济结构调整。维持美国金融系统基本稳定是美国实现实体经济结构成功调整的关键。影响美国实体经济结构调整的关键因素是，其赖以维持金融系统稳定的货币扩张政策和财政扩张政策是否能够持续足够长的时间。

附 录 A

中国的外资政策（1978~2012）

实行改革开放政策以来，中国政府正式颁布和实施的有关外商直接投资的法规和各种规定主要包括以下三个方面：（1）关于外资企业的一般法规和管理规定（参见附表 A-1、附表 A-2、附表 A-3、附表 A-4）；（2）关于外资进入行业的法规和管理规定（参见附表 A-5 至附表 A-8）；（3）关于外资企业经营的法规和管理规定（参见附表 A-9 至附表 A-16）。

附表 A-1 关于外资企业的基本法规

序号	颁布时间	内　　容	颁布机构
1	2009-11-25	外国企业或者个人在中国境内设立合伙企业管理办法	
2	2007-1-25	关于征求《外商投资合伙企业管理办法（送审稿）》意见的函	商务部办公厅
3	2001-7-22	关于修改《中华人民共和国中外合资经营企业法实施条例》的决定	国务院
4	2001-7-22	中华人民共和国中外合资经营企业法实施条例（2001 修订）	国务院
5	2001-4-12	关于修改《中华人民共和国外资企业法实施细则》的决定	国务院
6	2001-4-12	中华人民共和国外资企业法实施细则（2001 修订）	
7	2001-3-15	关于修改《中华人民共和国中外合资经营企业法》的决定（2001）	全国人民代表大会

（续附表 A-1）

序号	颁布时间	内容	颁布机构
8	2001-3-15	中华人民共和国中外合资经营企业法（2001修正）	
9	2000-10-31	中华人民共和国中外合作经营企业法	
10	2000-10-31	关于修改《中华人民共和国外资企业法》的决定	全国人民代表大会常务委员会
11	2000-10-31	中华人民共和国外资企业法（2000修正）	
12	1997-9-29	《中外合资经营企业合营各方出资的若干规定》的补充规定	
13	1996-10-22	《关于执行〈中华人民共和国中外合作经营企业法实施细则〉若干条款的说明》的通知	对外贸易经济合作部
14	1995-9-4	中华人民共和国中外合作经营企业法实施细则	
15	1994-1-16	关于以BOT方式吸收外商投资有关问题的通知	对外贸易经济合作部
16	1991-12-6	关于〈中华人民共和国外资企业法实施细则〉若干条款的解释	对外贸易经济合作部
17	1990-12-12	中华人民共和国外资企业法实施细则	
18	1990-4-4	中华人民共和国中外合资经营企业法（1990修订）	
19	1990-4-4	关于修改《中华人民共和国中外合资经营企业法》的决定	第七届全国人民代表大会第二次会议
20	1987-12-21	关于修订《中华人民共和国中外合资经营企业法实施条例》第八十六条第三款的通知	国务院
21	1986-10-11	关于鼓励外商投资的规定	国务院
22	1986-4-12	中华人民共和国外资企业法	
23	1986-1-15	关于《中华人民共和国中外合资经营企业法实施条例》第一百条的修订	国务院
24	1983-9-20	中华人民共和国中外合资经营企业法实施条例	
25	1979-7-8	中华人民共和国中外合资经营企业法	

附表 A-2　关于外资企业审批的管理规定

序号	颁布时间	内　　容	颁布机构
1	2010-6-10	关于下放外商投资审批权限有关问题的通知	商务部
2	2010-5-4	关于做好外商投资项目下放核准权限工作的通知	国家发展改革委
3	2009-3-5	关于进一步改进外商投资审批工作的通知	商务部
4	2008-8-26	关于进一步简化和规范外商投资行政许可的通知	商务部
5	2008-1-29	关于废止和宣布失效六个规章的决定	商务部
6	2006-1-18	关于外商投资企业批准证书收费帐户变更的通知	商务部
7	2005-12-9	关于委托地方部门审核外商投资商业企业的通知	商务部
8	2005-11-14	下放外商投资企业备案和批准证书发放管理权限、进一步简化审批程序等有关问题	商务部
9	2005-1-21	关于依法行政做好外商投资企业审批工作的通知	商务部
10	2004-10-9	外商投资项目核准暂行管理办法	
11	2002-12-30	关于加强外商投资企业审批、登记、外汇及税收管理有关问题的通知	对外贸易经济合作部、国家税务总局、国家工商行政管理总局、国家外汇管理局
12	2001-5-16	关于省级外经贸部门审批限上鼓励类外商投资企业报外经贸部备案有关问题的补充通知	对外贸易经济合作部
13	2001-3-30	关于外商投资企业批准证书发放权有关事宜的通知	对外贸易经济合作部
14	2000-12-1	关于立即停止越权审批和变相设立外商投资商业企业的通知	国家经济贸易委员会、对外贸易经济合作部、国家工商行政管理局
15	1999-10-15	关于地方自行审批鼓励类外商投资企业报外经贸部备案有关问题的通知	对外贸易经济合作部
16	1998-5-7	关于加强外商投资企业审批管理工作的通知	对外贸易经济合作部
17	1997-5-13	关于转发《国务院办公厅关于立即停止地方自行审批外商投资商业企业的紧急通知》的通知	对外贸易经济合作部

(续附表 A-2)

序号	颁布时间	内容	颁布机构
18	1997-5-4	关于立即停止地方自行审批外商投资商业企业的紧急通知	国务院办公厅
19	1996-11-5	关于印发《部分行业外商投资企业审批原则和审批程序》的通知	对外贸易经济合作部
20	1996-8-22	关于扩大内地省、自治区、计划单列市和国务院有关部门等单位吸收外商直接投资项目审批权限的通知	国务院
21	1996-3-13	关于审批部直属事业单位下属企业举办外商投资企业有关问题的通知	对外贸易经济合作部办公厅
22	1994-11-3	关于进一步加强外商投资企业审批和登记管理有关问题的通知	国家工商行政管理局、对外贸易经济合作部
23	1986-1-1	关于授权部分省、自治区、计划单列城市工商行政管理局直接核准外商投资企业登记的通知	国家工商行政管理局

附表 A-3 关于外资企业管理机构的管理规定

序号	颁布时间	内容	颁布机构
1	2006-3-6	关于建立境内外招商引资活动通报制度的通知	商务部办公厅
2	2003-2-25	关于组建外商投资促进中心（外经贸部投资促进事务局）有关问题的通知	对外贸易经济合作部
3	1986-11-13	关于确认外商投资企业中的产品出口企业和先进技术企业的通知	对外经济贸易部
4	1981-8-3	关于执行《中华人民共和国国务院关于管理外国企业常驻代表机构的暂行规定》中若干问题的说明	外国投资管理委员会

附表 A-4 关于港澳台企业在中国内地投资的管理规定

序号	颁布时间	内容	颁布机构
1	2004-11-24	香港、澳门服务提供者在内地开展商标代理业务暂行办法	
2	1999-12-5	中华人民共和国台湾同胞投资保护法实施细则	

(续附表 A-4)

序号	颁布时间	内　容	颁布机构
3	1997-12-22	关于香港特别行政区中国公民来内地投资有关问题的通知	国务院办公厅
4	1994-3-5	中华人民共和国台湾同胞投资保护法	
5	1991-7-19	关于华侨、香港、澳门、台湾同胞投资企业有关出资认定问题的批复	海关总署、对外经济贸易部
6	1990-8-19	关于鼓励华侨和香港澳门同胞投资的规定	国务院
7	1988-7-3	关于鼓励台湾同胞投资的规定	国务院

附表 A-5　关于外资进入行业的一般性管理规定

序号	颁布时间	内　容	颁布机构
1	2012-1-30	外商投资产业指导目录（2011 年修订）	国家发展和改革委员会、商务部
2	2008-12-23	中西部地区外商投资优势产业目录（2008 年修订）	
3	2007-10-31	外商投资产业指导目录（2007 年修订）	国家发展和改革委员会、商务部
4	2006-12-31	鼓励外商投资高新技术产品目录（2006）	商务部、科技部
5	2006-2-22	关于办理外商投资项目《国家鼓励发展的内外资项目确认书》有关问题的通知	国家发展和改革委员会
6	2004-11-30	外商投资产业指导目录（2004 年修订）	
7	2004-7-23	中西部地区外商投资优势产业目录（2004 修订）	
8	2003-6-2	鼓励外商投资高新技术产品目录（2003）	
9	2002-3-11	外商投资产业指导目录	
10	2002-2-11	指导外商投资方向规定	
11	2000-6-23	中西部地区外商投资优势产业目录	
12	1997-12-31	鼓励、限制、禁止外商投资产业目录	
13	1996-12-3	关于修改、印发《关于确认和考核外商投资的产品出口企业和先进技术企业的实施办法》的通知	对外贸易经济合作部

附表 A-6 关于外资进入中国制造业部门的管理规定

序号	颁布时间	内容	颁布机构
1	2006-1-22	关于委托省级商务主管部门审核管理外商投资印刷企业的通知	商务部
2	2006-1-10	关于外商投资中药饮片生产企业生产范围有关问题的通知	国家食品药品监督管理局
3	2002-1-29	设立外商投资印刷企业暂行规定	
4	1998-3-16	关于审批外商投资企业纸制品加工贸易业务有关问题的通知	对外贸易经济合作部

附表 A-7 关于外资进入中国服务业部门的管理规定

序号	颁布时间	内容	颁布机构
1	2009-8-20	《外商投资图书、报纸、期刊分销企业管理办法》的补充规定（二）	中华人民共和国新闻出版总署、商务部
2	2009-5-4	关于省级商务主管部门和国家级经济技术开发区审核管理部分服务业外商投资企业相关事项的通知	商务部
3	2009-3-5	关于外商投资创业投资企业、创业投资管理企业审批事项的通知	商务部
4	2009-2-25	外商投资担保业审批指引	
5	2009-2-5	外商投资商业领域管理办法补充规定（四）	中华人民共和国商务部
6	2008-11-14	保监会关于适用〈外国保险机构驻华代表机构管理办法〉若干问题的解释	保监会
7	2008-9-10	外商投资电信企业管理规定（2008年修订）	
8	2008-8-22	外商投资广告企业管理规定	
9	2007-11-16	关于《中外合资人才中介机构管理暂行规定》的补充规定	人事部、商务部、国家工商行政管理总局
10	2007-11-5	外商投资商业领域管理办法补充规定（三）	
11	2007-4-2	关于《外商投资图书、报纸期刊分销企业管理办法》的补充规定	国家新闻出版总署、商务部
12	2007-2-6	《〈外商投资民用航空业规定〉的补充规定（二）》有关问题的解释	
13	2007-1-22	外商投资建设工程服务企业管理规定	
14	2007-1-5	外商投资建设工程设计企业管理规定实施细则	

（续附表 A-7）

序号	颁布时间	内容	颁布机构
15	2007-1-4	《外商投资民用航空业规定》的补充规定（二）	
16	2006-11-24	关于《中华人民共和国外资银行管理条例实施细则》公布后有关问题的公告	中国银行业监督管理委员会
17	2006-11-24	中华人民共和国外资银行管理条例实施细则	
18	2006-11-3	外商投资商业领域管理办法补充规定（二）	
19	2006-7-13	关于加强外商投资经营增值电信业务管理的通知	信息产业部
20	2006-5-26	关于外商投资举办投资性公司的补充规定	商务部
21	2006-2-9	关于委托国家级经济技术开发区审批外商投资商业企业和国际货物运输代理企业有关问题的通知	商务部
22	2006-1-22	关于委托省级商务主管部门审核管理外商投资无船承运企业的通知	商务部
23	2006-1-22	关于委托省级商务主管部门审核管理部分外商投资道路运输企业的通知	商务部
24	2006-1-22	关于委托省级商务主管部门审核管理外商投资建设工程设计企业的通知	商务部
25	2006-1-18	《外商投资电影院暂行规定》补充规定二	
26	2006-1-9	《外商投资商业领域管理办法》的补充规定	
27	2005-12-1	外商投资国际货物运输代理企业管理办法（2005修订）	
28	2005-9-2	关于外商投资企业从事贷款担保业务计提坏帐准备问题的批复	国家税务总局
29	2005-9-1	外商投资商业（分销）企业指引手册	
30	2005-5-24	关于修改《中外合资人才中介机构管理暂行规定》的决定	人事部、商务部、国家工商行政管理总局
31	2005-4-8	《外商投资电影院暂行规定》的补充规定	
32	2005-2-3	外商投资租赁业管理办法	
33	2005-1-24	《外商投资民用航空业规定》的补充规定	
34	2004-11-17	关于外商投资举办投资性公司的规定（2004年第22号）	商务部
35	2004-11-12	关于进一步明确外商投资商业企业申报和审批程序的通知	商务部办公厅

（续附表 A-7）

序号	颁布时间	内容	颁布机构
36	2004-10-12	关于发布《中外合作办学项目备案和项目批准书编号办法（试行）》的通知	教育部
37	2004-9-21	中外合作制作电视剧管理规定	
38	2004-9-10	关于设立和举办实施本科以上高等学历教育的中外合作办学机构和项目申请受理工作有关规定的通知	教育部
39	2004-9-6	关于做好外商投资建筑业企业资质管理工作有关问题的通知	建设部、商务部
40	2004-4-16	外商投资商业领域管理办法	
41	2004-3-2	外商投资广告企业管理规定	
42	2004-2-25	外商投资国际海运业管理规定	
43	2004-2-13	商务部关于外商投资举办投资性公司的规定（2004年第22号）	
44	2004-1-13	设立外商投资会议展览公司暂行规定	
45	2003-12-31	关于《外商投资道路运输业管理规定》的补充规定	交通部、商务部
46	2003-12-19	《外商投资城市规划服务企业管理规定》的补充规定	
47	2003-12-19	《外商投资建设工程设计企业管理规定》的补充规定	
48	2003-12-7	《外商投资国际货物运输代理企业管理办法》补充规定	
49	2003-11-25	外商投资电影院暂行规定（2003）	
50	2003-11-17	关于设立外商投资出口采购中心管理办法	商务部、海关总署、国家税务总局、国家外汇管理局
51	2003-6-10	关于外商投资举办投资性公司的规定	商务部
52	2003-3-17	外商投资图书、报纸、期刊分销企业管理办法	
53	2003-3-7	关于修改《关于外商投资举办投资性公司的暂行规定》及其补充规定的决定	对外贸易经济合作部
54	2003-2-13	外商投资城市规划服务企业管理规定	
55	2003-1-30	外商投资创业投资企业管理规定	
56	2002-12-11	外商投资国际货物运输代理企业管理办法	

(续附表 A-7)

序号	颁布时间	内　　容	颁布机构
57	2002-9-27	外商投资建设工程设计企业管理规定	
58	2002-6-21	外商投资民用航空业规定	
59	2002-6-20	对外贸易经济合作部关于开展试点设立外商投资物流企业工作有关问题的通知	
60	2001-12-19	外商投资国际货物运输代理企业管理规定	
61	2001-12-11	外商投资电信企业管理规定	
62	2001-11-20	外商投资道路运输业管理规定	
63	2001-8-28	关于设立外商投资创业投资企业的暂行规定	对外贸易经济合作部、科学技术部、国家工商行政管理总局
64	2001-8-14	外商投资租赁公司审批管理暂行办法	
65	2001-5-31	《关于外商投资举办投资性公司的暂行规定》的补充规定（二）	对外贸易经济合作部
66	2001-2-19	关于严格执行《外商投资电影院暂行规定》的通知	国家广播电影电视总局、对外贸易经济合作部、文化部
67	2000-10-25	外商投资电影院暂行规定	
68	2000-8-29	外商投资铁路货物运输审批与管理暂行办法	
69	2000-4-18	关于外商投资设立研发中心有关问题的通知	对外贸易经济合作部
70	1999-8-24	《关于外商投资举办投资性公司的暂行规定》的补充规定	对外贸易经济合作部
71	1999-6-25	外商投资商业企业试点办法	
72	1998-7-1	关于清理整顿非试点外商投资商业企业情况的通知	国务院办公厅
73	1997-4-7	关于印发《设立外商投资资产评估机构若干暂行规定》的通知	国家国有资产管理局、对外贸易经济合作部
74	1996-9-9	外商投资国际货物运输代理企业审批规定	
75	1995-10-9	设立外商投资进出口商品检验鉴定公司的审批规定	
76	1995-4-4	关于外商投资举办投资性公司的暂行规定	对外贸易经济合作部
77	1995-2-22	外商投资国际货运代理企业审批管理办法	
78	1994-11-3	关于设立外商投资广告企业的若干规定	国家工商行政管理局、对外贸易经济合作部

(续附表 A-7)

序号	颁布时间	内 容	颁布机构
79	1994-10-25	《关于外商投资民用航空业有关政策的通知》若干问题的解释的通知	
80	1994-5-6	关于外商投资民用航空业有关政策的通知	中国民用航空总局、对外贸易经济合作部
81	1985-9-30	关于中外合资建设港口码头优惠待遇的暂行规定	中华人民共和国国务院

附表 A-8 关于外资进入其他行业的管理规定

序号	颁布时间	内 容	颁布机构
1	2008-7-18	外商投资矿产勘查企业管理办法	
2	2007-9-18	关于修改《中华人民共和国对外合作开采陆上石油资源条例》的决定	国务院
3	2006-1-22	关于委托省级商务主管部门审核管理外商投资建筑业企业的通知	商务部
4	2005-6-17	关于2004年资源类境外投资和对外经济合作项目前期费用扶持有关问题的补充通知	财政部、商务部
4	2003-12-19	《外商投资建筑业企业管理规定》的补充规定	
6	2002-9-27	外商投资建筑业企业管理规定	
7	2001-9-23	中华人民共和国对外合作开采海洋石油资源条例（2001修订）	
8	2001-9-23	关于修改《中华人民共和国对外合作开采海洋石油资源条例》的决定	国务院
9	2000-9-28	关于进一步鼓励外商投资勘查开采非油气矿产资源的若干意见	对外贸易经济合作部、国家工商行政管理局
10	1997-9-8	关于印发《关于设立外商投资农作物种子企业审批和登记管理的规定》的通知	农业部、国家计划委员会、对外贸易经济合作部、国家工商行政管理局
11	1997-3-20	关于外商投资电力项目的若干规定	电力工业部

(续附表 A-8)

序号	颁布时间	内容	颁布机构
12	1996-7-19	电力工业利用存量资产引进外商投资审批程序的规定	
13	1996-7-5	关于设立外商投资建筑业企业的若干规定实施意见	建设部
14	1995-9-18	关于设立外商投资建筑业企业的若干规定	建设部、对外贸易经济合作部
15	1985-9-30	关于中外合资建设港口码头优惠待遇的暂行规定	国务院

附表 A-9　关于外资企业的设立与登记批准规定

序号	颁布时间	内容	颁布机构
1	2010-1-29	外商投资合伙企业登记管理规定	
3	2005-12-31	外国投资者对上市公司战略投资管理办法	
5	2005-9-14	境外中资企业（机构）报到登记制度	
6	2004-10-9	境外投资项目核准暂行管理办法	
7	2004-10-1	关于境外投资开办企业核准事项的规定	商务部
8	2004-9-15	企业投资项目核准暂行办法	
9	2001-10-8	关于上市公司涉及外商投资有关问题的若干意见	对外贸易经济合作部、中国证券监督管理委员会
10	2001-5-17	关于外商投资股份公司有关问题的通知	对外贸易经济合作部办公厅
11	2000-12-26	中华人民共和国对外经济合作经营资格证书管理办法	对外贸易经济合作部
12	2000-12-1	中华人民共和国企业法人登记管理条例施行细则（2000年修订）	
13	2000-12-1	《中华人民共和国企业法人登记管理条例施行细则》修正案	
14	1995-1-10	关于设立外商投资股份有限公司若干问题的暂行规定	对外贸易经济合作部
15	1994-3-18	关于发布《外商投资财产鉴定管理办法》的通知	国家进出口商品检验局、财政部

(续附表 A-9)

序号	颁布时间	内　　容	颁布机构
16	1994-1-16	关于以 BOT 方式吸收外商投资有关问题的通知	对外贸易经济合作部
17	1993-10-5	关于外商投资企业合同、章程的审批原则和审查要点	对外经济贸易部
18	1992-6-24	中华人民共和国外商投资企业会计制度	
19	1988-11-3	中华人民共和国企业法人登记管理条例施行细则	
20	1988-1-1	关于中外合资经营企业合营各方出资的若干规定	对外经济贸易部、国家工商行政管理局

附表 A-10　关于外资企业的财务管理与资产运作管理规定

序号	颁布时间	内　　容	颁布机构
1	2011-10-13	外商直接投资人民币结算业务管理办法	中国人民银行
2	2009-6-22	关于外国投资者并购境内企业的规定	中华人民共和国商务部
3	2006-3-18	关于对外商投资企业股权变更有关问题的答复	商务部办公厅
4	2005-9-2	关于外商投资企业从事贷款担保业务计提坏帐准备问题的批复	国家税务总局
5	2004-8-10	财政部关于外商投资企业对外投资资产评估增减值财务处理问题的补充通知	人事部、商务部、国家工商行政管理总局
6	2004-3-22	关于外国（地区）企业受托经营管理内资企业有关问题的复函	商务部
7	2001-11-22	关于外商投资企业合并与分立的规定（2001修订）	对外贸易经济合作部、国家工商行政管理总局
8	2000-7-25	关于外商投资企业境内投资的暂行规定	对外贸易经济合作部、国家工商行政管理局
9	1999-9-23	外商投资企业合并与分立规定	
10	1998-9-14	《关于国有企业利用外商投资进行资产重组的暂行规定》的通知	国家经济贸易委员会
11	1997-5-28	关于印发《外商投资企业投资者股权变更的若干规定》的通知	对外贸易经济合作部、国家工商行政管理局

（续附表 A-10）

序号	颁布时间	内容	颁布机构
12	1996-10-31	关于对外资企业将其财产或者权益对外抵押问题的答复	对外贸易经济合作部
13	1996-6-28	外商投资企业外汇登记管理暂行办法	
14	1995-5-25	关于外商投资企业调整投资总额和注册资本有关规定及程序的通知	对外贸易经济合作部、国家工商行政管理局
15	1995-3-11	关于审批利用外商投资改造现有企业项目的通知	国家经济贸易委员会
16	1990-9-13	关于印发《关于承包经营中外合资经营企业的规定》的通知	对外经济贸易部、国家工商行政管理局
17	1987-4-24	中国银行对外商投资企业贷款办法	
18	1987-2-17	关于中外合资经营企业注册资本与投资总额比例的暂行规定	国家工商行政管理局
19	1986-8-5	中华人民共和国中外合资经营企业财务管理规定	
20	1986-5-19	关于合资企业或合资企业的中外方投资者能否用租赁来的设备作为注册资本投入合资企业问题的通知	对外经济贸易部

附表 A-11 关于外资企业投资期限和资产清算的管理规定

序号	颁布时间	内容	颁布机构
1	2008-11-19	关于印发《外资非正常撤离中国相关利益方跨国追究与诉讼工作指引》的通知	商务部办公厅、外交部办公厅、公安部办公厅、司法部办公厅
2	2005-6-9	中外合作经营企业外国合作者先行回收投资审批办法	
3	2005-4-29	关于加强外商投资处置不良资产审批管理的通知	商务部
4	2005-3-18	关于转发国务院法制办公室对于外商投资企业投资者出资及清算具体应用问题的复函的通知	商务部办公厅
5	2004-11-11	关于外商投资企业申请延期有关问题的意见	商务部

(续附表 A-11)

序号	颁布时间	内容	颁布机构
6	2004-7-15	关于外商投资企业在清算过程中终止清算、恢复经营问题答复的函	商务部
7	2002-9-10	关于妥善处理现有保证外方投资固定回报项目有关问题的通知	国务院办公厅
8	1998-3-11	关于中外合作经营企业外国合作者回收投资审批权限问题的通知	财政部
9	1996-7-9	外商投资企业清算办法	
10	1991-6-24	关于实施《中外合资经营企业合营期限暂行规定》有关问题的通知	对外经济贸易部
11	1990-10-22	关于发布《中外合资经营企业合营期限暂行规定》的通知	对外经济贸易部

附表 A-12 关于外资企业经营纠纷处理的管理规定

序号	颁布时间	内容	颁布机构
1	2006-9-1	外商投资企业投诉工作暂行办法	商务部
2	2003-10-20	《商务部关于请确认〈关于审理与企业改制相关的民事纠纷案件若干问题的规定〉是否适用于外商投资的函》的复函	最高人民法院
3	2002-2-20	关于外商投资企业股权争议问题处理意见的通知	国家工商行政管理总局
4	1998-4-20	关于印发《关于解决外商投资企业董事不出席企业董事会会议问题的指导意见》的通知	对外贸易经济合作部
5	1998-1-15	关于审理中外合资经营合同纠纷案件如何清算企业问题的批复	最高人民法院

附表 A-13 关于外资企业进出口贸易的管理规定

序号	颁布时间	内容	颁布机构
1	2006-11-9	关于修改《中华人民共和国核出口管制条例》的决定	国务院
2	2004-8-17	关于外商投资企业外贸权备案登记有关问题的通知	商务部
3	2001-7-2	关于扩大外商投资企业进出口经营权有关问题的通知	对外贸易经济合作部
4	2000-11-8	关于外商投资企业进口设备有关问题的通知	对外贸易经济合作部

(续附表 A-13)

序号	颁布时间	内容	颁布机构
5	1999-11-22	关于进一步鼓励外商投资有关进口税收政策的通知	海关总署
6	1995-6-9	关于印发《外商投资企业进口管理实施细则》的通知	对外贸易经济合作部
7	1987-1-24	关于外商投资企业申领进出口许可证的实施办法	对外经济贸易部

附表 A-14　关于外资企业税收的管理规定

序号	颁布时间	内容	颁布机构
1	2007-12-26	关于实施企业所得税过渡优惠政策的通知	国务院
2	2007-12-6	中华人民共和国企业所得税法实施条例	
3	2006-4-10	关于外商投资企业和外国企业所得税汇算清缴数据审核工具有关问题的函	国家税务总局国际税务司
4	2006-4-6	关于办理鼓励类外商投资企业免税确认书有关问题的复函	商务部
5	2005-10-14	关于外商投资企业内部处置资产有关所得税处理问题的通知	国家税务总局
6	1999-11-22	关于进一步鼓励外商投资有关进口税收政策的通知	海关总署
7	1999-9-17	关于实施对设在中西部地区的外商投资企业给予三年减按15%税率征收企业所得税的优惠的通知	国家税务总局
8	1997-12-29	外商投资项目不予免税的进口商品目录（试行）	
9	1996-5-8	外商投资企业财政登记管理办法	财政部
10	1993-12-29	关于外商投资企业和外国企业适用增值税、消费税、营业税等税收暂行条例的决定	全国人民代表大会常务委员会
11	1992-8-22	对外商投资企业进出口货物监管和征免税办法	中华人民共和国海关
12	1991-6-30	中华人民共和国外商投资企业和外国企业所得税法实施细则	
13	1991-4-9	中华人民共和国外商投资企业和外国企业所得税法	
14	1988-6-15	关于沿海经济开放区鼓励外商投资减征、免征企业所得税和工商统一税的暂行规定	财政部

附表 A-15　关于外资企业劳动工资的管理规定

序号	颁布时间	内容	颁布机构
1	2004-5-18	关于废止外商投资企业工资收入管理暂行办法的通知	劳动和社会保障部
3	1997-2-14	关于印发《外商投资企业工资收入管理暂行办法》的通知	劳动部
4	1996-9-1	外商投资企业外国专家管理办法	
5	1994-8-11	外商投资企业劳动管理规定	
6	1988-5-5	关于批转劳动部、人事部关于进一步落实外商投资企业用人自主权意见的通知	国务院办公厅

附表 A-16　关于外资企业土地开发的管理规定

序号	颁布时间	内容	颁布机构
1	1990-5-19	外商投资开发土地管理办法	
2	1990-5-19	外商投资开发经营成片土地暂行管理办法	

附 录 B

中国外资政策变动与跨国公司反应

时间	中国利用外资政策	对外资进入的影响
1979~1982	(1) 取消外资进入限制，制定《中外合资企业法》等 (2) 建立4个经济特区	(1) 投资中国主要考虑低廉的劳动力成本 (2) 与中国市场的有限接触 (3) 主要采用合作、合资方式建立一些短期项目
1983~1985	(1) 市场的进一步开放，包括新开放14个沿海城市和3个三角洲 (2) 对与外资合作的法律框架开始建立，包括《合同法》《专利法》的颁布 (3) 监管更加制度化	(1) 寻求市场的投资开始增加 (2) 在人力资本密集型中外合资（作）企业中增加技术投入 (3) 从传统的加工出口开始向当地合作伙伴学习市场行为，建立更多的合资、合作企业
1986~1991	(1) 颁布新的外商投资管理条例和关于外资引进的出口鼓励政策（如1986年发布了《关于鼓励外商投资的规定》） (2) 对外商投资开始作出规模、出口比例、科技水平的限制 (3) 颁布《外商独资企业法》，给外商独资进入以法律保证	(1) 高科技和新产品投资企业开始具有更多的进入优势 (2) 出口加工型企业的规模进一步扩大 (3) 短期投资项目减少 (4) 早期进入的外资企业开始在中国市场上试图占领一部分市场份额
1992~2000	(1) 1992年邓小平南巡讲话发表后，全方位的对外开放在全国范围内开始推广 (2) 经济体制进一步改革以及国内资本市场迅速发展 (3) 对于外资的调控进一步市场化	(1) 外商投资更多地考虑经营效率，投资规模进一步扩大，外资企业在当地市场份额有所提高

(续附表 B)

时间	中国利用外资政策	对外资进入的影响
1992~2000	(1) 更加追求竞争的公平性,开始制定《反垄断法》《反倾销法》等 (2) 1997年颁布了《指导外商投资方向暂行规定》和《外商投资产业指导目录》,首次将产业项目分为鼓励、允许、限制和禁止四大类 (3) 对外资企业开始采用国民待遇,取消一些税收特权	(1) 对国内基础设施和与贸易有关服务领域的投资增多 (2) 国际产业组织和企业本身组织的变化,使外资企业的组织形式发生了变化
2001至今	(1) 2001年加入WTO后开始分阶段履行产业开放以及外资参股份额限制逐步降低的承诺 (2) 颁布外商投资国有企业和上市公司的有关规定,为外资通过并购方式进入提供了制度保证,也为外商通过并购走向独资提供了渠道 (3) 重新按WTO规则修改外商投资基本法律及相关政策(修订内容包括外汇平衡条款、"当地含量"条款、出口业绩要求和企业生产计划备案条款) (4) 为履行WTO承诺,2002年、2004年、2007年先后三次修改《外商投资产业指导目录》,在1997年的基础上增加了开放领域,降低了外资进入的股份限制 (5) 2008年1月1日新《企业所得税法》施行,内资企业和外资企业适用统一的企业所得税法,也就是"两税合并" (6) 2010年4月13日国务院关于进一步做好利用外资工作的若干意见提出将扩大开放领域,鼓励外资投向高端制造业、高新技术产业、现代服务业、新能源和节能环保产业。严格限制"两高一资"和低水平、过剩产能扩张类项目	(1) 跨国公司开始采取并购的方式进入中国市场 (2) 外资在国内市场的份额越来越大,在部分行业已经形成垄断地位 (3) 外资采取并购国内企业的方式进入中国市场,已有合资企业外商增资扩股的现象日趋增多 (4) 跨国公司研发中心、控股型公司、地区总部纷纷进入中国,投资的技术水平和管理级别在不断提高 (5) 新进入外资企业采用独资方式逐渐占据主导 (6) 外商在华投资进入大规模、系统化的"成熟"阶段

资料来源:(1) 罗进《跨国公司在华战略》,复旦大学出版社2001年版;(2) 其他资料由作者整理得到。

附 录 C

中国改革开放大事年表（1978～2012）

年 份	事 件
1978	（1）十一届三中全会召开。1978 年 12 月 18 日至 22 日，中国共产党十一届三中全会在北京举行。这次全会彻底否定"两个凡是"的方针，重新确立解放思想、实事求是的指导思想，实现了思想路线的拨乱反正；停止使用"以阶级斗争为纲"的口号，作出工作重点转移的决策，实现了政治路线的拨乱反正；形成以邓小平为核心的党中央领导集体，取得了组织路线拨乱反正的最重要成果。全会作出的实行改革开放的新决策，开始了中国从"以阶级斗争为纲"到以经济建设为中心、从僵化半僵化到全面改革、从封闭半封闭到对外开放的历史性转变 （2）可口可乐、大众进入中国 （3）中美联合公报公布 （4）中日和平友好条约签订
1979	（1）袁庚创办蛇口工业区。1979 年 7 月 15 日，中共中央、国务院批转广东省委、福建省委关于对外经济活动实行特殊政策和灵活措施的报告，决定在深圳、珠海、汕头和厦门试办特区。 （2）上海出现第一家民营企业
1980	（1）深圳经济特区创办。1980 年 5 月 16 日，中共中央、国务院批转《广东、福建两省会议纪要》，正式将"特区"定名为"经济特区" （2）美国给予中国最惠国待遇 （3）中央和地方实行财政分灶方案
1981	（1）国家鼓励国营企业搞"三产"和"停薪留职"

（续附表C）

年份	事件
1982	（1）中共十二大召开 （2）家庭联产承包责任制确立。1982年1月1日，中共中央批转《全国农村工作会议纪要》，指出目前农村实行的各种责任制，包括小段包工定额计酬，专业承包联产计酬、联产到劳，包产到户、到组，包干到户、到组等等，都是社会主义集体经济的生产责任制 （3）中共中央作出《关于国营工业企业进行全面整顿的决定》 （4）本田、百事可乐、三洋、耐克、爱立信等加大中国投资
1983	（1）邓小平发表"允许一部分先富起来"的重要讲话
1984	（1）中共中央宣布"向外国投资者开放14个沿海城市和海南岛" （2）上海飞乐发行股票 （3）上海大众宣布奠基 （4）提出有计划的商品经济。1984年10月20日，中国共产党十二届三中全会在北京举行。会议一致通过《中共中央关于经济体制改革的决定》。《决定》认为：改革计划体制，首先要突破把计划经济同商品经济对立起来的传统观念，明确认识社会主义计划经济必须自觉依据和运用价值规律，是在公有制基础上的有计划的商品经济 （5）邓小平第一次南巡讲话
1985	（1）国家取消对企业计划外自销产品价格的限制，"价格双轨制"正式形成
1986	（1）乡镇企业崛起，"五分天下有其一" （2）全民所有制企业改革启动。1986年12月5日，国务院作出《关于深化企业改革增强企业活力的若干规定》。《规定》提出全民所有制小型企业可积极试行租赁、承包经营。全民所有制大中型企业要实行多种形式的经营责任制 （3）第二次宏观调控
1987	（1）开始征收个人收入调节税 （2）"一个中心、两个基本点"基本路线提出。1987年10月25日至11月1日，中国共产党第十三次全国代表大会举行。赵紫阳作《沿着有中国特色的社会主义道路前进》的报告。报告提出了党在社会主义初级阶段"一个中心、两个基本点"的基本路线，制定了到下世纪中叶分三步走、实现现代化的发展战略，并提出了政治体制改革的任务
1988	（1）北京市第一批私营企业注册 （2）宝洁来到中国
1989	（1）第三次宏观调控 （2）江泽民当选总书记
1990	（1）深圳证券交易所和上海证券交易所开市 （2）邓小平提出"开放浦东，打上海这张王牌"

(续附表 C)

年份	事件
1991	(1) 沿海渐起开发区热 (2) 1991年11月25日至29日举行的中国共产党十三届八中全会通过了《中共中央关于进一步加强农业和农村工作的决定》。《决定》提出把以家庭联产承包为主的责任制、统分结合的双层经营体制作为中国乡村集体经济组织的一项基本制度长期稳定下来,并不断充实完善 (3) 俄罗斯等宣布成立独联体
1992	(1) 邓小平南巡 (2) 中共十四大提出建立社会主义市场经济体制的目标。1992年10月12日至18日,中国共产党第十四次全国代表大会在北京举行。江泽民作《加快改革开放和现代化建设步伐,夺取有中国特色社会主义事业的更大胜利》的报告。报告确定中国经济体制改革的目标是建立社会主义市场经济体制;提出用邓小平建设有中国特色社会主义理论武装全党。大会通过《中国共产党章程(修正案)》,将建设有中国特色社会主义的理论和党的基本路线写进党章。党的历史上第一次明确提出了建立社会主义市场经济体制的目标模式 (3) 日本房地产泡沫破灭
1993	(1) 整顿金融秩序、实行分税制和汇率改革、清理"三角债" (2) 欧盟正式成立 (3) 建立现代企业制度。1993年11月11日至14日,中国共产党十四届三中全会举行。全会通过了《中共中央关于建立社会主义市场经济体制若干问题的决定》。全会指出,要进一步转换国有企业经营机制,建立适应市场经济要求、产权清晰、权责明确、政企分开、管理科学的现代企业制度 (4) 进行分税制改革。1993年12月15日,国务院作出关于实行分税制财政管理体制的决定。这是中国建国以来政府间财政关系方面涉及范围最广、调整力度最强、影响最为深远的重大制度创新 (5) 提出金融体制改革目标。1993年12月25日,国务院作出《关于金融体制改革的决定》。通过金融体制改革,确立中国人民银行作为独立执行货币政策的中央银行的宏观调控体系;实行政策性银行与商业银行分离的金融组织体系;从1994年起实行汇率并轨
1994	(1) 《公司法》正式颁布 (2) 墨西哥爆发金融危机 (3) 外贸体制综合配套改革。1994年1月11日,国务院作出《关于进一步深化对外贸易体制改革的决定》。1996年4月1日,中国对4000多种商品进口关税进行大幅度削减,关税总水平降至23%
1995	(1) 美联储多次提高储蓄利率,遏制通货膨胀
1996	(1) 国有企业大面积上市 (2) 国家经贸委宣布"抓大放小"。打造"世界500强"梦想

(续附表 C)

年份	事件
1997	（1）邓小平去世 （2）香港回归 （3）亚洲金融危机爆发 （4）提出党在社会主义初级阶段的基本纲领。1997年9月12日至18日，中国共产党第十五次全国代表大会在北京举行，系统、完整地提出并论述了党在社会主义初级阶段的基本纲领
1998	（1）国有企业改革进入"国退民进"阶段
1999	（1）国务院开征利息税 （2）中国共产党十五届四中全会通过《中共中央关于国有企业改革和发展若干重大问题的决定》，明确非公有制经济是社会主义市场经济的重要组成部分。1999年3月5日至15日，九届全国人大二次会议在北京举行。会议通过了中华人民共和国宪法修正案，明确非公有制经济是中国社会主义市场经济的重要组成部分，大大促进了社会生产力的发展 （3）新浪在美国上市 （4）美国互联网业大热 （5）提出西部大开发战略。1999年3月22日，《国务院关于进一步推进西部大开发的若干意见》提出了进一步推进西部大开发的十条意见
2000	（1）NASDAQ科技股泡沫破灭
2001	（1）中国正式加入WTO。2001年11月10日，在卡塔尔多哈举行的世界贸易组织（WTO）第四届部长级会议通过了中国加入世贸组织法律文件，它标志着经过15年的艰苦努力，中国终于成为世贸组织新成员 （2）中国申奥成功 （3）美国发生"9·11"事件
2002	（1）中共十六大召开，胡锦涛当选中共中央总书记 （2）欧元成为欧盟各国（除英国外）唯一货币
2003	（1）温家宝出任总理 （2）国务院成立国资委
2004	（1）严厉的宏观调控开始
2005	（1）证监会发布《关于上市公司股权分置改革试点问题的通知》，股权分置改革启动 （2）实施人民币汇率制度改革
2006	（1）宏观调控结束
2007	（1）中共十七大召开 （2）中央出台政策控制物价飞涨

(续附表 C)

年份	事　件
2008	（1）美国金融危机爆发 （2）北京举行奥运会 （3）四川发生 8.0 级大地震 （4）奥巴马当选美国总统
2009	（1）中国实施 4 万亿元财政刺激计划 （2）美国实施量化宽松的货币政策
2010	（1）中国房地产市场狂涨 （2）美国实施第二轮量化宽松的货币政策 （3）人民币汇率制度第二次改革 （4）欧洲主权债务危机爆发
2011	（1）"阿拉伯之春"风潮 （2）日本大地震 （3）世界人口突破 70 亿 （4）苹果公司前首席执行官乔布斯去世 （5）"基地"组织领导人本拉登死亡
2012	（1）普京重新当选俄罗斯总统 （2）奥朗德赢得法国大选 （3）奥巴马连任美国总统 （4）中共十八大召开，习近平当选中共中央总书记 （5）中国实际利用 FDI 金额连续多月同比下降 （6）美国实施第三轮量化宽松的货币政策 （7）中日钓鱼岛主权争端；中菲黄岩岛主权争端 （8）中国第一艘航空母舰辽宁号编入海军序列

说明：1978～2008 年期间的部分重大事件整理参见《中国企业 1978～2008》（吴晓波著，中信出版社 2008 年版）。

参考文献

Agarwal, S. ,1994. Socio-cultural Distance and the Choice of Joint Venture: A Contingency Perspective. *Journal of International Market* 2: 63-80.

Agosin, Manuel R. , and Ricardo Mayer, 2000. Foreign Direct Investment in Developing Countries: Does It Crowd in Domestic Investment? *UNCTAD Paper* 146.

Aitken, Brian J. , and Ann E. Harrison, 1999. Do Domestic Firms Benefit from Direct Foreign Investment? Evidence from Venezuela. *American Economic Review* 89 (43): 605-618.

Aitken, Brian J. , Ann E. Harrison, and R. E. Lipsey, 1996. Wages and Foreign Ownership: A Comparative Study of Mexico, Venezuela and the Unites States. *Journal of International Economics* 40: 345-371.

Albuquerque, Rui, 2003. The Composition of International Capital Flows: Risk Sharing through Foreign Direct Investment. *Journal of International Economics* 61: 353-383.

"America's economy: unfinished business. " *The Economist*, June 25th 2005, P75.

"America's pension holes: red and redder. " *The Economist*, January 15th 2005, P4-5.

Anderson, E, and H. Gatignon, 1986. Modes of Foreign Entry: A Transaction Cost Analysis and Propositions. *Journal of international Business Studies* 17 (3): 1-26.

Andres, Rodriguez-Clare, 1996. Multinationals, Linkages, and Economic Development. *American Economic Review* 86 (4): 852-873.

Antras, P., 2003. Firms, Contracts, and Trade Structure. *Quarterly Journal of Economics* 188 (4): 1375-1418.

Arndt, Christian, Claudia M. Buch, and Monica Schnitzer, 2007. FDI and Domestic Investment: An Industry-Level View. *CEPR Discussion Papers* 6464.

Arthur, W. B., 1990. Positive Feedbacks in the Economy. *Scientific American* 262: 92-99.

Asiedu, Elizabeth, and Hadi Salehi Esfahani, 2001. Ownership Structure in Foreign Direct Investment Projects. *The Review of Economics and Statistics* 83 (4): 647-662.

Athukorala, P., and J. Menon, 1995. Developing with Foreign Investment: Malaysia. *Australia Economic Review* 28 (1): 9-22.

Aw, B. Y., and Y. Lee, 2008. Firm Heterogeneity and Location Choice of Taiwanese Multinationals. *Journal of International Economics* 75 (1): 167-179.

Bagchi-sen, S., and J. O. Wheeler, 1989. A Spatial and Temporal Model of Foreign Direct Investment in the United States. *Economic Geography* 65: 113-129.

Balassa, B., 1986. Intra-industry Specialization: A Cross Country Analysis. *European Economic Review* 30 (1): 27-42.

Barrell, R., and N. Pain, 1999. Domestic Institutions, Agglomerations and Foreign Direct Investment in Europe. *European Economic Review* 43: 925-934.

Barrios, S., H. Gorg, and E. Strobl, 2006. Multinationals' Location Choice, Agglomeration Economics, and Public Incentives. *International Regional Science Review* 29 (1): 81-107.

Bedi, A. S., and A. Ciestik, 2000. Wage and Wage Growth in Poland: The Role of Foreign Direct Investment. *ISS Working Paper*.

Belderros, R., and M. Carree, 2002. The Location of Japanese Investment in China. *Journal of the Japanese and International Economics* 116: 194-211.

Bénassy-Quéré, A., L. Fonatagné, and Lahréche-Révil, 2001. Exchange Rate Strategies in the Competition for Attracting Foreign Direct Investment. *Journal of the Japanese and International Economics* 15 (2): 178-198.

Bhattacharaya, J., 1993. The Role of Foreign Banks in Developing Countries: A Survey of Evidence. *Cornell University, Mimeo.*

Bhaumik, S. K., and C. Y. Co, 2011. China's Economic Cooperation Related Investment: An Investigation of Its Direction and Some Implications for Outward Investment. *China Economic Review* 22: 75-87.

Black, D., and J. V. Henderson, 1999. A Theory of Urban Growth. *Journal of Political Economy* 107 (2): 252-284.

Black, D., and W. Hoyt, 1989. Bidding for Firms. *American Economic Review* 79: 1249-1256.

Blalock, Garrick, 2001. Technology from Foreign Direct Investment: Strategic Transfer through Supply Chains. *mimeo*, Haas School of Business, University of California, Berkeley.

Blanchard, Olivier, 1996. Theoretical Aspects of Transition. *American Economic Review Papers and Proceedings* of the Hundredth and Eighth Annual Meeting of the American Economic Association San Francisco CA, January 5-7 1996 (May) 86 (2): 117-122.

Blonigen, Bruce A., 1997. Firm-Specific Assets and the Link between Exchange Rates and Foreign Direct Investment. *American Economic Review* 87 (3): 447-465.

Bond, E., and L. Samuelson, 1986. Tax Holidays as Signals. *American Economic Review* 9: 820-826.

Bonin, John P., Iftekhar Hasan, and Paul Wachtel, 2005. Bank Performance, Efficiency and Ownership in Transition Countries. *Journal of Banking and Finance* 29: 31-53.

Bosworth, Barry, and Susan Collins, 1999. Capital Flows to Developing Countries: Implications for Saving and Investment. *Brookings Papers on Economic Activity* 1: 143-180.

Bottelier, P., 2003. *The U. S.-China Trade Imbalance and Other Issues Concerning Bilateral Economic Relations*. Washington, DC: CSIS Freeman Chair in China Studies.

Broadman, H. G., and X. Sun, 1997. The Distribution of Foreign Direct Investment in China. *The World Economy* 20 (3): 339-361.

Brouthers, K. D., 2002. Institutional, Cultural and Transaction Cost Influences on Entry Mode Choice and Performance. *Journal of International Business Studies* 33 (2): 203-221.

Buckley, P. J., and M. C. Casson, 1976. *The Future of the Multinational Enterprise*. London: MacMillan.

Buckley, P. J., and M. C. Casson, 1998. Analyzing Foreign Market Entry Strategies: Extending the Internalization Approach. *Journal of International Business Studies* (29): 539-562.

Buckley, P. J., Jeremy L. Clegg, Adam R. Cross, Xin Liu, Hinrich Voss, and Ping Zheng, 2007. The Determinants of Chinese Outward Foreign Direct Investment. *Journal of International Business Studies* 38: 499-518.

Cai, Kevin G., 1999. Outward Foreign Direct Investment: A Novel Dimension of China's Integration into the Regional and Global Economy. *The China Quarterly* 160: 856-880.

Calvo, G. A., L. Leiderman, and C. M. Reinhart, 1993. Capital Inflows and Real Exchange Rate Appreciation in Latin America: The Role of External Factors. *IMF Staff Papers* 40 (1): 108-151.

Campos, N. F., and Y. Kinoshita, 2003. *Why Does FDI Go Where It Goes? New Evidence from the Transitional Economics*. Washington, D. C.: International Monetary Funds.

Caves, R., 1974. Causes of Direct Investment: Foreign Firms' Shares in Canadian and United Kingdom Manufacturing Industries. *Review of Economics and Statistics* 56: 279-293.

Chadee, Doren D., F. Qiu, and E. L. Rose, 2003. FDI Location at the Subnational Level: A Study of EJVs in China. *Journal of Business Research*

56 (10): 835-845.

Chadee, Doren D., and F. Qiu, 2001. Foreign Ownership of Equity Joint Ventures in China: A Pooled cross Section-Time Series Analysis. *Journal of Business Research* 52 (2): 123-133.

Chadee, Doren D., and J. Mattsson, 1998. Do Service and Manufacturing Exports Behave and Perform Differently? A Nea Zealand Investigation. *European Journal of market* 32 (9/10): 122-134.

Chandler, Jr. Alfred D. 1977. *The Visible Hand: the Managerial Revolution in American Business*. Cambridge, MA: Harvard University Press.

Chen, C., L. Chang, and Y. Zhang, 1995. The Role of Foreign Direct Investment in China's Post-1978 Economic Development. *World Development* 23 (4): 691-703.

Chen, H. M., and T. Y. Chen, 1998. Network Linkages and Location Choice in Foreign Direct Investment. *Journal of International Business Studies* 29 (3): 445-467.

Chen, Yanjing, 2009. Agglomeration and Location of FDI: The Case of China. *China Economic Review* 20: 549-557.

Chen, Zhihong, Ying Ge, and Huiwen Lai, 2011. Foreign Direct Investment and Wage Inequality: Evidence from China. *World Development* 39 (8): 1322-1332.

Cheng, S. M., 2008. How Can Western China Attract FDI? A Case of Japanese Investment. *Annals of Regional Science* 42 (2): 357-374.

Cheng, Chunlai, 1996. Recent Developments in Foreign Direct Investment in China. *Working Paper of the University of Adelaide of South Australia*.

Cheng, L. K., and Yum K. Kwan, 2000. What are the Determinants of the Location of Foreign Direct Investment? The Chinese Experience. *Journal of International Economics* 51 (2): 379-400.

Cheng, L. K. and Z. Ma, 2008. China's Outward Foreign Direct Investment, Paper presented at the Indian Statistical Institute, 12 December 2008.

Cheng, S. M., 2006. The Role of Labor Cost in the Location Choices of Japanese

Investors in China. *Papers in Regional Science* 85 (1): 121-138.

Cheng, W., 2000. What are Determinants of the Location of Foreign Direct Investment? The Chinese Experience. *Journal of International Economics* 51: 379-400.

Cheung, Y. W., and X. W. Qian, 2008. The Empirics of China's Outward Direct Investment, CESifo GmbH, Munich.

Chi, T., 2000. Option to Acquire or Divest a Joint Venture. *Strategic Management Journal* 21 (6): 665-687.

Choy, Lennon H. T., Winky K. O. Ho, and Stephen W. K. Mak, 2009. On FDI and Domestic Capital Stock: A Panel Data Study of Chinese Regions. Building and Estate Department workshop paper, the Hong Kong Polytechnic University.

Chu, D. K., and G. W. K. Wong, 1986. Foreign Direct Investment in China's Shenzhen Special Economic Zone: The Strategies of Firms from Hong Kong, Singapore, US, and Japan. *Issues in International Business Summer/Fall*: 35-42.

Clegg, J., 1992. Explaining Foreign Direct Investment Flows. In P. J. Buckley and M. C. Casson (editor). *Multinational Enterprises in the World Economy: Essays in Honor of John Dunning.* Edwardlgar, Aldershot: 54-74.

Cletus, C., 2000. Foreign Direct Investments in China: A Spatial Econometric Study. *The World Economy* 23: 1-23.

Cole, Matthew A., Robert J. R. Elliott, and Jing Zhang, 2009. Corruption, Governance and FDI Location in China: A Province Level Analysis. *The Journal of Development Studies* 45 (9): 1494-1512.

Collis, D. J. A., 1991. Resource-based Analysis of Global Competition: The Case of the Bearings Industry. *Strategic Management Journal* (12): 49-68.

Contractor, F. J., 1990. Ownership Patterns of US Joint Ventures Abroad and the Liberalization of Foreign Government Regulation in the 1980s: Evidence from the Benchmark Surveys. *Journal of International Business Studies* 21 (1): 55-73.

Coughlin, C. C., J. V. Terza, and V. Arromdee, 1991. State Characteristics and the Location of Foreign Direct Investment within the United States. *Review of Economics and Statistics* 73 (4): 675-683.

Cushman, David O., 1985. Real Exchange Rate Risk, Expectation, and the Level of Direct Investment. *Review of Economic and Statistics* 67 (2): 297-308.

Das, T. K., and B. Teng, 2000. A Resource-based Theory of Strategic Alliances. *Journal of Management* 26 (1): 31-36.

Davis, Lee N., and Klaus E. Meyer, 2004. Subsidiary Research and Development, and the Local Environment. *International Business Review* 13: 359-382.

Dees, S., 1998. Foreign Direct Investment in China: Determinants and Effects. *Economics of Planning* 31: 175-194.

Delios, A., and P. W. Beamish, 1999. Ownership Strategy of Japanese Firms: Transactional, Institutional, and Experience Influences. *Strategic Management Journal* 20 (10): 915-933.

Demekas, Dimitri G., Balazs Horvath, Elina Ribakova, and Yi Wu, 2007. Foreign Direct Investment in European Transition Economies——The Role of Policies. *Journal of Comparative Economies* 35 (2): 369-386.

Deng, Ping, 2004. Outward Investment by Chinese MNCs: Motivations and Implications. *Business Horizons* 47 (3): 8-16.

Desai, Mihir A., C. F. Foley, and J. R. Hines Jr., 2005. Foreign Direct Investment and the Domestic Capital Stock. *American Economic Review* 95 (2): 33-38.

Devereux, Michael P., and Rachel Griffith, 1998. Taxes and the Location of Production: Evidence from a Panel of US Multinationals. *Journal of Public Economics* 68: 335-367.

Devereux, Michael P., 2007. The Impact of Taxation on the Location of Capital, Firms and Profit: A Survey of Empirical Evidence. *Oxford University Centre for Business Taxation* Working Papers 0702.

Dewenter, Kathryn L., 1995. Do Exchange Rate Changes Drive Foreign Direct

Investment? Journal of Business 68 (3): 405-433.

Dirk, W. V., and N. Swapna, 2006. Foreign Direct Investment, Services Trade Negotiations and Development. *Development Policy Review* 24 (4): 437-454.

Dixit A., and J. Stiglitz, 1977. Monopolistic Competition and Optimum Product Diversity. *American Economic Review* 67: 297-308.

Donahue, J. D., 1991. *Disunited States*. New York: Basic Books.

Dooley, Michael P., 2000. A Model of Crises in Emerging Markets. *Economic Journal* 110: 256-272.

Dooley, Michael P., David Folkerts-Landau, and Peter Garber, 2004. Direct Investment, Rising Real Wages and the Absorption of Excess Labor in the Periphery. *NBER Working Paper* 10626.

Du, Julan, Yi Lu, and Zhigang Tao, 2008. Economic Institutions and FDI Location Choice: Evidence from US Multinationals in China. *Journal of Comparative Economics* 36 (3): 412-429.

Du, Julan, Yi Lu, and Zhigang Tao, 2008. FDI Location Choice: Agglomeration vs Institutions. *International Journal of Finance & Economics* 13 (1): 92-107.

Du, Julan, Yi Lu, and Zhigang Tao, 2009. Institutions, Culture Distance, and FDI Location Choice: Evidence from China. The Chinese University of Hong Kong Working Paper.

Dunning, J. H., 2000. The Eclectic Paradigm as an Envelope for Economic and Business Theories of MNE Activity. *International Business Review* (9): 163-190.

Dunning, J. H., 1977. Trade, Location of Economic Activity and the MNE: A Search for an Eclectic Approach. *The International Location of Economic Activity*, Macmillan: London: 395-481.

Dunning, J. H., 1980. Toward and Eclectic Theory of International Production: Some Empirical Tests. *Journal of International Business Studies* 19 (1): 8-31.

Dunning, J. H., 1993. *Multinational Enterprises and the Global Economy*.

Addison-Wesley: Wokingham.

Dunning, J. H., 1998. Location and the Multinational Enterprise: A Neglected Factor? *Journal of International Business Studies* 29 (1): 45-66.

Dunning, J. H., 2001. The Eclectic (OLI) Paradigm of International Production: Past, Present and Future. *International Journal of the Economics of Business* 8 (2): 173-190.

Dunning, J. H., 1995. Reappraising the Eclectic Paradigm in An Age of Alliance Capitalism. *Journal of International Business Studies* 26 (3): 31-48.

Dunning, J. H., 1981. *International Production and the Multinational Enterprise*. George Allen & Unwin (Publishers) Ltd.

Dunning, J. H., 1988. The Eclectic Paradigm of International Production: A Restatement and Some Possible Extensions. *Journal of International Business Studies* 19 (1): 1-32.

Edison, H. et al, 1986. An Empirical Analysis of Policy Coordination in the United States, Japan and Europe. Board of Governors of the Federal Reserve. *International Finance Discussion Paper* 286.

Eisenhardt, K. M., and C. B. Schoonhoven, 1996. Resource-based View of Strategic Alliance Formation: Strategic and Social Effects in Entrepreneurial Firms. *Organization Science* 7: 136-150.

Eller, Markus, Peter Haiss, and Katharina Steiner, 2005. Foreign Direct Investment in the Financial Sector: The Engine of Growth for Central and Eastern Europe? *Europainstitut Working Paper*, December 2005.

Fagre, N., and L. T. Wells, 1982. Bargaining Power of Multinationals and Host Governments. *Journal of International Business Studies* 3 (2): 9-23.

Federation of Hong Kong Industries, 1993. *Survey of Investment in China*. Hong Kong.

Feenstra, R. C., and G. H. Hanson, 1997. Foreign Direct Investment and Relative Wages: Evidence from Mexico's Maquiladoras. *Journal of International Economics* 42: 371-394.

Feldstein, M. (ed), 1999. *International Capital Flows*. The University of Chicago

Press.

Feliciano, Z., and R. E. Lipsey, 1999. Foreign Ownership and Wage in the United States, 1987-1992. *NBER Working Paper* 6923.

"Foreign investment in China's banks." *The Economist*, September 3 2005, P67.

"From T-shirt to T-bond." *The Economist*, July 30th 2005, P65-67.

Frankel, J. A., and C. Okongwu, 1996. Liberalized Portfolio Capital Inflows in Emerging Markets: Sterilization, Expectations, and Incompleteness of Interest Rate Convergence. *International Journal of Finance and Economics* 1 (1): 1-24.

Friedman, Joseph, Daniel A. Gerlowski, and Jonathan Silberman, 1992. What Attracts Foreign Multinational Corporations? Evidence from Branch Plant Location in the United States. *Journal of Regional Science* 32 (November): 403-418.

Froot, Kenneth A., and Jeremy C. Stein, 1991. Exchange Rates and Foreign Direct Investment: An Imperfect Capital Markets Approach. *Quarterly Journal of Economics* 106 (4): 1191-1217.

Fu, Xiaolan, and V. N. Balasubramanyam, 2005. Exports, Foreign Direct Investment and Employment: The Case of China. *The World Economy* 28 (4): 607-625.

Fujita, M., P. Krugman, and A. J. Venables, 1998. *The Spatial Economy: Cities, Regions and International Trade.* MIT Press, Cambridge, MA.

Gao, Ting, 2005. Labor Quality and the Location of Foreign Direct Investment: Evidence from China. *China Economic Review* 16 (3): 274-292.

Gatignon, H., and E. Anderson, 1988. The Multinational Corporation's Degree of Control over Foreign Subsidiaries: An Empirical Test of a Transaction Cost Explanation. *Journal of Law, Economics, and Organization* 4: 305-336.

Gill, B., and S. A. Tay, 2004. Partners and Competitors: Coming to Terms with the U. S. - China Economic Relationship. Washington, DC: Center for Strategic and International Studies.

Globerman, Steven, and Daniel Shapiro, 2003. Governance Infrastructure and US Foreign Direct Investment. *Journal of International Business Studies* 34

(1): 19-39.

Goldberg, Linda S., 1993. Exchange Rate and Investment in United States Industry. *Review of Economic and Statistics* 75 (4): 575-588.

Goldberg, Linda S., and Charles D. Kosltad, 1995. Foreign Direct Investment, Exchange Rate Variability and Demand Uncertainty. *International Economic Review* 36 (4): 855-873.

Goldstein, Morris, 2004. Adjusting China's Exchange Rate Policies. *Institute for International Economics Working Paper* 04/126. Washington, DC: Institute for International Economics.

Goldstein, I., A. Razin, and H. Tong, 2010. Liquidity, Institutional Quality and the Composition of International Equity Flows. *NBER Working Papers* 15727.

Gomes-Casseres, Benjamin, 1989. Ownership Structures of Foreign Subsidiaries: Theory and Evidence. *Journal of Economic Behavior and Organization* 11 (1): 1-25.

Gomes-Casseres, Benjamin, 1990. Firm Ownership Preferences and Host Government Restrictions: An Integrated Approach. *Journal of International Business Studies* 21 (1): 1-22.

Government Accountability Office (GAO), 2003. U. S. - China Trade: Opportunities to Improve U. S. Government Efforts to Ensure China's Compliance with World Trade Organization Commitments (Report no. GAO-05-53). Washington, DC.

Government Accountability Office (GAO), 2005. China Trade: U. S. Exports, Investment, Affiliate Sales Rising, But Export Share Falling (Report no. GAO-05-53). Washington, DC.

Grosse, R., and L. J. Trevino, 1996. Foreign Direct Investment in the United States: An Analysis by Country Origin. *Journal of International Business Studies* 27 (1): 139-155.

Grubel, H. G., and P. L. Lloyd, 1975. *Intra-industry Trade*. London: MaCmillan.

Gruben, W., and D. McLeod, 1998. Capital Flows, Savings, and Growth in the 1990s. *Quarterly Review of Economics and Finance* 38: 287-301.

Gugler, Philippe, and Bertram Boie, 2008. The Chinese International

Investments: Corporate and Government Strategies. *Swiss national centre of competence in research Working Paper* 2008/25.

Hamel, G., 1991. Competition for Competence and Inter-Partner Learning within International Strategic Alliances. *Strategic Management Journal*, Summer Special Issue 12: 83-103.

Harrison, A. E., I. Love, and M. S. McMillan, 2004. Global Capital Flows and Financing Constraints. *Journal of Development Economics* 75: 269-301.

Hauffer, A., and I. Wooton, 1999. Country Size and Tax Competition for Foreign Direct Investment. *Journal of Public Economics* 71 (1): 121-139.

He, C. F., 2003. Entry Mode and Location of Foreign Manufacturing Enterprises in China. *Eurasian Geography and Economics* 44 (6): 443-461.

He, C. F., 2006. Regional Decentralization and Location of Foreign Direct Investment in China. *Post-Communist Economics* 18 (1): 45-53.

He, C. F., 2003. Location of Foreign Manufacturers in China: Agglomeration Economics and Country of Origin Effects. *Regional Science* 82 (3): 351-372.

Head, Keith, and John Ries, 1996. Inter-city Competition for Foreign Investment: Static and Dynamic Effects of China's Incentives areas. *Journal of Urban Economics* 40: 38-60.

Head, Keith, John Ries, and Deborah Swenson, 1999. Attracting Foreign Manufacturing: Investment Promotion and Agglomeration. *Regional Science and Urban Economics* 29 (2): 197-218.

Head, Keith, John Ries, and Deborah Swenson, 1995. Agglomeration Benefits and Location Choice: Evidence from Japanese Manufacturing Investment in the United States. *Journal of International Economics* 38 (May): 223-247.

Hellvin, L., 1996. Vertical Intra-industry Trade Between China and OECD Countries. *OECD Development Centre Working Paper* 114.

Helpman, E., and P. R. Krugman, 1985. *Market Structure and Foreign Trade: Increasing Returns, Imperfect Competition, and the International Economy*. Cambridge, MA: MIT Press.

Henderson, J. V., 1974. The Sizes and Types of Cities. *American Economic Review* 64 (4): 640-656.

Henderson, Vernon, and Yukako Ono, 2008. Where do Manufacturing Firms Locate Their Headquarters? *Journal of Urban Economics* 63 (2): 431-450.

Hennart, J., 1988. A Transaction Costs Theory of Equity Joint Ventures. *Strategic Management Journal* 9 (4): 361-374.

Hennart, J., 1991. The Transaction Costs Theory of Joint Ventures: An Empirical Study of Japanese Subsidiaries in the United States. *Management Science* 37 (4): 482-497.

Hericourt, Jérôme, and Sandra Poncet, 2007. FDI and Credit Constraints: Firm Level Evidence in China, *CES Working paper.*

Ho, Owen C. H., 2004. Determinants of Foreign Direct Investment in China: A Sector Anaylysis. Proceedings of the 16th Annual Conference of the Association for Chinese Economics Studies, Australia (ACESA), Brisbane, QLD.

Hong, J. J., 2007. Firm-Specific Effects on Location Decisions of Foreign Direct Investment in China's Logistics Industry. *Regional Studies* 41 (5): 673-683.

Hood, Neil, and Stephen Young, 2000. *The Globalization of Multinational Enterprise Activity and Economic Development.* Palgrave Macmillan. 中文本，《跨国企业的全球化经营与经济发展》，中国社会科学出版社2006年版。

"How China runs the world economy?" *The Economist*, July 30th 2005, P13.

"How the revaluation of the Yuan, How far will it go?" *The Economist*, July 2nd 2005, P67-69.

Hu, X., and Y. Ma, 1999. International Intra-Industry Trade of China. *Review of World Economics* 135: 82-101.

Huang, Y. S., 2003. *Selling China-Foreign Direct Investment during the Reform Era.* Cambridge: Cambridge University Press. 中文本，《改革时期的外国直接投资》，新星出版社2005年版。

Hymer, S., 1976. *The International Operations of National Firms: A Study of*

Direct Investment. Boston, MA: MIT Press.

"If the dollar dives, what will happen to America's interest rates?" *The Economist*, September 10th 2005, P70.

Inkpen, A. C., and P. W. Beamish, 1997. Knowledge, Bargaining Power, and the Instability of International Joint Ventures. *Academy of Management Review* 22 (1): 177-202.

Inkpen, A. C., and S. C. Currall, 2004. The Coevolution of Trust, Control, and Learning in Joint Ventures. *Organization Science* 15 (5): 586-599.

Inkpen, A. C., 1993. Learning and Knowledge Acquisition through International Strategic Alliances. *The Academy of Management Executive* 12 (4): 69-80.

Inkpen, A. C., 2000. Learning through Joint Ventures: A Framework of Knowledge Acquisition. *Journal of Management Studies* 37: 1019-1043.

"Intangible capital and economic growth." *NBER working paper* 11948, January 2006.

"Is the world experiencing excess saving or excess liquidity?" *The Economist*, August 13th 2005, P63.

International Monetary Funds, 2012. Global Recovery Stalls, Downside Risks Intensify. *World Economic Outlook*, January 24, 2012.

James, H. L., and L. Francisco, 2000. Determinants of US Direct Investment of Mexico. *Applied Economics* 32: 1259-1267.

Janger, A. R., 1980. Organization of International Joint Ventures. *New York Conference Board*: 23-41.

Japanese External Trade and Organization (JETRO), 2006. *Japan's Trade with China Sets Seventh Straight Record in 2005*. Tokyo: JETRO.

Javorcik, Beata Smarzynska, 2004. Does Foreign Direct Investment Increase the Productivity of Domestic Firms? *American Economic Review* 94 (3): 605-627

Jeon, Bang Nam, and Sung Sup Rhee, 2008. The Determinants of Korea's Foreign Direct Investment from the United States, 1980-2001: An Empirical Investigation of Firm-level Data. *Cotemporary Economic Policy* 26 (1): 118-131.

Johanson, J., and Paul F. Wiedersheim, 1975. The Internationalization of the Firm-four Swedish Cases. *Journal of Management Studies* 12 (3): 305-322.

Johanson, J., and J. E. Vahlne 1977. The Internationalization Process of the Firm: A Model of Knowledge Development and Increasing Foreign Market Commitment. *Journal of International Business Studies* 8: 23-32.

Johanson, J., and Lars-Gunnar Mattsson, 1985. Marketing Investments and Market Investments in Industrial Networks. *International Journal of Research in Marketing* 2 (3): 185-195.

Ju, jiandong and Shangjin Wei, 2007. Current Account Adjustment: Some New Theory and Evidence. *NBER Working Paper* 13388.

Ju, jiandong, and Shangjin Wei, 2007. Domestic Institutions and the Bypass Effect of Financial Globalization. *NBER Working Paper* 13148.

Jun, K. W., and H. Singh, 1996. The Determinants of Foreign Direct Investment: New Empirical Evidence. *Transnational Corporations* 5 (3): 67-105.

Kamath, S. J., 1990. Foreign Direct Investment in a Centrally Planned Developing Economy: The Chinese Case. *Economic Development and Cultural Change* 39 (1): 107-130.

Kaminsky, G. L., C. M. Reinhart, and C. A. Végh, 2004. When It Rains, It Pours: Pro-Cyclical Capital Flows and Macroeconomic Policies. *NBER Working Paper* 10780.

Kang, Sunjin, and Hongshik Lee, 2004. Locating Multinational Companies in China: Korea and Japanese Companies. *KIEP Working Paper* 04-13.

Kim, David Deok-Ki, and Jung-Soo Seo, 2003. Does FDI Inflow Crowd Out Domestic Investment in Korea? *Journal of Economic Studies* 30 (6): 605-622.

Kim, S. K., and J. S. Kim, 2008. Major Determinants of Korean Companies' Foreign Direct Investment (FDI) toward China. *Journal of Korea Trade* 12 (3): 201-220.

Kindleberger, C. 1969. *American Business Abroad*. New Haven, CT: University

Press.

Kirabaeva, K., and A. Razin, 2010. Composition of International Capital Flows: A Survey. *Bank of Canada Working Paper* 2010-33.

Kiyota, Kozo, and Shujiro Urata, 2004. Exchange Rate, Exchange Rate Volatility and Foreign Direct Investment. *The World Economy* 27: 1501-1536.

Kletzer, Kenneth, and Mark M. Spiegel, 2004. Sterilization Costs and Exchange Rate Targeting. *Journal of International Money and Finance* 23 (6): 897-915.

Klier, Thomas H., 2002. Location of Headquarter Growth during the 90s. *Federal Reserve Bank of Chicago WP* 2002-19.

Kobrin, S. J., 1987. Testing the Bargaining Hypothesis in the Manufacturing Sector in Developing Countries. *International Organization* 41 (4): 609-638.

Kogut, B., 1988. Joint Ventures: The Theoretical and Empirical Perspectives. *Strategic Management Journal* 9 (4): 95-112.

Kogut, B., 1991. Joint Venture and the Option to Expand and Acquire. *Management Science* 37: 19-33.

Kogut, B., and H. Singh, 1998. The Effects of National Culture on the Choice of Entry Mode. *Journal of International Business Studies* 19 (3): 411-432.

Kojima, Kiyoshi, 1978. *Direct Foreign Investment: A Japanese Model of Multinational Business Operations*. Croom Helm, London.

Kong, Sun Jin, and Hong Shik Lee, 2007. The Determinants of Location Choice of South Korean FDI in China. *Japan and the World Economy* 19: 441-460.

Kose, M. A., E. Prasad, K. Rogoff, and S. J. Wei, 2008. Financial Globalization: A Reappraisal. *IMF Working Paper* 16/189.

Kolstad, Ivar, and Arne Wiig, 2010. What Determines Chinese Outward FDI? *Journal of World Business* 1 November.

Kotler, P., 1997. *Market Management: Analysis, Planning, Implementation and Control* (9th ed.) NJ: Prentice Hall.

Kotler, Philip, 2003. *Marketing Management*. Pearson Education Inc. 中文本，菲利普·科特勒：《营销管理（第 11 版）》，梅清豪译，上海人民出版社 2003 年版。

Kouri, P. J. K., and M. G. Porter, 1974. International Capital Flows and Portfolio Equilibrium. *Journal of Political Economy* 82 （3）：443-467.

Kravis, Irving B., and Robert E. Lipsey, 1982. The Location of Overseas Production and Production for Exports by U. S. Manufacturing Firms. *Journal of International Economics* 12：1-23.

Krugman, P, 1991. Increasing Returns and Economics Geography. *Journal of Political Economy* 99：483-499.

Krugman, P., 1998. Space：The Final Frontier. *Journal of Economic Perspectives* 12 （2）：161-174.

Krugman, P., 1990. *Rethinking International Trade*. Massachusetts Institute of Technology. 中文本，《国际贸易新理论》，中国社会科学出版社 2001 年版。

Kueh, Y. Y., 1992. Foreign Investment and Economic Change in China. *The China Quarterly* 131 （Special issue）：637-690.

Kumar, N., 1991. *Multinational Enterprises in India*. London：Routledge.

Lall, S., 1983. *The New Multinationals*. New York：Wiley.

Lane, P. J., J. E. Salk, and M. A. Lyles, 2001. Absorptive Capacity, Learning, and Performance in International Joint Ventures. *Strategic Management Journal* 22 （12）：1139-1161.

Lecraw, D. J., 1984. Bargaining Power, Ownership, and Profitability of Transnational Corporations in Developing Countries. *Journal of International Business Studies* 15 （1）：27-44.

Leonard, H., 1984. *Are Environmental Regulations During US Industry Overseas?* Washington D. C.：The Conversation Foundation.

Leung, C. K., 1990. Location Characteristics of Foreign Equity Joint Venture Investment in China：1979-1985. *The Professional Geographer* 42 （4）：403-421.

Leung, C. K., 1993. Personal Contracts, Subcontracting Linkages, and Development in the Hong Kong-Zhujiang Delta Region. *Annals of the Association of American Geographers* 83 (2): 272-302.

Li, Y., and J. L. Hu, 2002. Technical Efficiency and Location Choice of Small and Medium-Sized Enterprises. *Small Business Economics* 19 (1): 1-12.

Lim, E. G., 2001. Determinants of and the Relation between, Foreign Direct Investment and Growth: A Summary of the Recent Literature. *IMF Working Paper WP/01/175*.

Lin, Ping, and Kamal Saggi, 2007. Multinational Firms, Exclusivity, and Backward Linkages. *Journal of International Economics* 71: 206-220.

Lipsey, R. E., 2002. Home and Host Country Effects of FDI. *Paper for ISIT Conference on Challenges to Globalization*.

Lipsey, R. E., and F. Sjoholm, 2001. Foreign Direct Investment and Wages in Indonesian Manufacturing. *NBER Working Paper* 8299.

Lipsey, R. E., 1999. The Location and Characteristics of U. S. Affiliates in Asia. *NBER Working Paper* 6876.

Lum, T., and D. K. Nanto, 2006. *China's Trade with the United States and the World* (Report no. RL31403). Washington, DC: Congressional Research Service.

Luo, Laijun, Lousi Brennan, Chang Liu, and Yuze Luo, 2008. Factors Influencing FDI Location Choice in China's Inland Area. *China & World Economy* 16 (2): 93-108.

Luo, Y., Q. Xue, and B. Han, 2010. How Emerging Market Governments Promote Outward FDI: Experience from China. *Journal of World Business* 45 (1): 68-79.

Ma, Alyson C., 2006. Geographical Location of Foreign Direct Investment and Wage Inequality in China. *The World Economy* 29 (8): 1031-1055.

Ma, X. F., and A. Delios, 2007. A New Tale of Two Cities: Japanese FDIs in Shanghai and Beijing, 1979-2003. *International Business Review* 16 (2):

207-228.

Madhok, A., 1994. *Mode of Foreign Market Entry*. University of Utah (mimeo).

Shige Makino, Christine M. Chan, Takehiko Isobe, Paul W. Beamish, 2007. Intended and Unintended Termination of International Joint Ventures. *Strategic Management Journal* 28 (11): 1113-1132.

Makki, Shiva S., and Agapi Somwaru, 2004. Impact of Foreign Direct Investment and Trade on Economic Growth: Evidence from Developing Countries. *American Journal of Agricultural Economics* 86 (3): 795-801.

Mani, Sudha, Kersi D. Antia, and Aric Rindfleisch, 2007. Entry Mode and Equity Level: A Multilevel Examination of Foreign Direct Investment Ownership Structure. *Strategic Management Journal* 28 (8): 857-866.

Markusen, J. R., and A. Venables, 1999. Foreign Direct Investment as a Catalyst for Industrial Development. *European Economic Review* 43 (2): 335-356.

Markusen, J. R., 1990. First Mover Advantage, Blockaded Entry, and the Economics of Uneven Development. *NBER Working Paper* 3284.

Martisons, M. G., and C. S. Tseng, 1995. High-technology Management in China: A Case-Study of the Shanghai Success Stories. *Journal of Engineering and Technology Management* 12 (1-2): 111-137.

Mason, T. David, and Frank M. Howell, 1992. Japanese Investment in the United States: A Study of Trend and Site Selection Behavior. Paper Presented at the Annual Meeting of the International Studies Association, Atlanta, March 30- April 4.

Matthieu, Crozet, and Mayer Thierry, 2004. How do Firms Agglomerate? A Study of FDI in France. *Regional Science and Urban Economics* 34: 27-54.

McCalman, Phillip, 2004. Foreign Direct Investment and Intellectual Property Rights: Evidence from Hollywood's Global Distribution of Movies and Videos. *Journal of International Economics* 62 (1): 107-123.

Mileva, Elitza, 2008. The Impact of Capital Flows on Domestic Investment in Transition Economics. *European Central Bank Working Paper Series* 871.

Mody, Ashoka, and Antu Panini Murshid, 2005. Growing up with Capital Flows. *Journal of International Economics* 65 (1): 249-266.

Moon, C. W., and A. A. Lado, 2000. MNC-Host Government Bargaining Power Relationship: A Critique and Extension within the Resource-based View. *Journal of Management* 26 (1): 85-117.

Morck, R., B. Yeung, and M. Zhao, 2008. Perspectives on China's Outward Foreign Direct Investment. *Journal of International Business Studies* 39: 337-350.

Morrison, A. J., and K. Roth, 1992. A Taxonomy of Business-level Strategies in Global Industries. *Strategic Management Journal* 13 (6): 399-418.

"Most America's liberal are now fiscal conservations. But not at all." *The Economist*, September 3rd 2005, P68.

Murphy, Kevin M., and Andrei Shleifer, 1992. The Transition to a Market Economy: Pitfalls of Partial Reform. *Quarterly Journal of Economics* 107 (3): 889-906.

Ng, L. F. Y, and C. Tuan, 2002. Building a Favorable Investment Environment: Evidence for the Facilitation of FDI in China. *The World Economy* 25 (8): 1095-1114.

Ng, L. F. Y, and C. Tuan, 2005. Industry Technology Performance of Manufacturing FDI: Micro-level Evidence from Joint Venture in China. *International Journal of Technology Management* 32 (3/4): 246-263.

Ng, L. F. Y, and C. Tuan, 2006. Spatial Agglomeration, FDI, and Regional Growth in China: Locality of Local and Foreign Manufacturing Investments. *Journal of Asian Economics* 17: 691-713.

OECD, 1987. *Introduction to the OECD Codes of Liberalization*. OECD, Paris.

OECD, 2006. *OECD Factbook* 2006. Paris: OECD.

Ohmac, K., 1995. *The End of the Nation State: The Rise of Regional Economies*. London: Harper.

Onaran, O., and E. Stockhammer, 2008. The Effect of FDI and Foreign Trade on Wages in the Central and Eastern European Countries in the Post-Transition Era: A Sectoral Analysis for the Manufacturing Industry. *Structural Change and Economic Dynamics* 19: 66-80.

Pak, Y. S., and Y. R. Park, 2005. Characteristics of Japanese FDI in the East and the West: Understanding the Strategic Motives of Japanese Investment. *Journal of World Business* 40 (3): 254-266.

Pan, Y., 1997. The Formation of Japanese and U. S. Joint Venture in China. *Strategy management Journal* 18 (3): 247-254.

Pan, Y., and D. K. Tse, 1997. Cooperative Strategies between Foreign Firms in an Overseas Country. *Journal of International Business Studies* 27 (5): 929-946.

Pan, Y., and P. S. K. Chi, 1999. Financial Performance and Survival of Multinational Corporations in China. *Strategy management Journal* 20: 359-374.

Pan, Yigang, 2002. Equity Ownership in International Joint Ventures: The Impact of Source Country Factors. *Journal of International Business Studies* 33 (2): 375-384.

Pan, Yigang, 1996. Influences on Foreign Equity Ownership Level in Joint Venture in China. *Journal of International Business Studies* 27 (1): 1-26.

Porter, Michael E. (迈克尔·波特):《国家竞争优势》,华夏出版社 2004 年版。

Prasad, E., and S. J. Wei, 2005. The Chinese Approach to Capital Inflows: Patterns and Possible Explanations. *IMF Working Paper* WP/05/79.

Qian, Yingyi, and Gérard Roland, 1998. Federalism and the Soft Budget Constraint. *American Economic Review* 88 (5): 143-1162.

Rajan, Raghuram G., and Luigi Zingales, 1998. Financial Dependence and Growth. *American Economic Review* 88 (3): 559-586.

Ramasamy, B., M. Yeung, and S. Laforet, 2012. China's Outward Foreign Direct Investment: Location Choice and Firm Ownership. *Journal of World Business* 47: 17-25.

Razin, Assaf, and Efraim Sadaka, 2007. *Foreign Direct Investment: Analysis of Aggregate Flows*. Princeton University Press.

Razin, Assaf, and Efraim Sadaka, 2007. Corporate Transparency, Cream-skimming and FDI. *European Economic Review* 51 (5): 1263-1276.

Resmini, L., 2000. The Determinants of Foreign Direct Investment in the CEECs: New Evidence from Sectoral Patterns. *Economics of Transition* 8 (3): 665-689.

Reynolds, T., C. Kenny, and C. Qiang, 2001. Networking and FDI. World Bank, mimeo.

Rondinelli, D. A., 1987. Export Processing Zones and Economics Development in Asia: A Review and Reassessment of a Means of Promoting Growth and Jobs. *American Journal of Economic Society* 46 (1): 89-105.

Root, Franklin R., and A. Ahmed, 1979. Empirical Determinants of Manufacturing Direct Foreign Investment in Developing Countries. *Economic Development and Cultural Change* 27 (4): 751-767.

Rybczynski, Tadeusz M., 1955. Factor Endowments and Relative Commodity Prices. *Economica* 22 (S.): 336-341.

Schoors, Koen, and Bartoldus van der Tol, 2001. The Productivity Effect of Foreign Ownershipon Domestic Firms in Hungary. mimeo, University of Gent.

Shan, J., 2002. A VAR Approach to the Economics of FDI in China. *Applied Economics* 34: 885-893.

Shan, W., 1991. Environmental Risks and Joint Venture Sharing Arrangements. *Journal of International Business Studies* 22 (4): 555-578.

Shave, J., 1998. Do Foreign-owned and US-owned Establishment Exhibit the Same Location Pattern in US Manufacturing Industries? *Journal of International Business Studies* 29: 469-492.

Shi, Y. Z., 2001. Technological Capabilities and International Production Strategy of Firms: The Case of Foreign Direct Investment in China. *Journal of World Business* 36 (2): 184-204.

Shilton, Leon, and Craig Stanley, 1999. Spatial Patterns of Headquarters. *Journal of Real Estate Research* 17 (3): 341-364.

Smart, J., and A. Smart, 1991. Personal Relations and Divergent Economies: A Case Study of Hong Kong Investment in South China. *International Journal of Urban and Regional Research* 5 (2): 216-233.

Strauss-Kahn, V., and X. Vives, 2009. Why and Where do Headquarters Move? *Regional Science and Urban Economics* 39 (2): 168-186.

Sun, H., 1998. Macroeconomic Impact of Direct Foreign Investment in China: 1979-1996. *The World Economy* 121: 675-694.

Sun, Qian, Wilson Tong, and Qiao Yu, 2002. Determinants of Foreign Direct Investment across China. *Journal of International Money and Finance* 21: 79-113.

Svejnar, Jan, and Stephen C. Smith, 1984. The Economics of Joint Ventures in Less Developed Countries. *The Quarterly Journal of Economics* 99 (1): 149-168.

Tatoglu, L., and P. Gaister, 1998. An Analysis of Motives for Western FDI in Turkey. *International Business Review* 7 (2): 203-230.

Taube, M., and M. Ogutcu, 2002. Main Issues on Foreign Investment in China's Regional Development: Prospects and Policy Challenges. *Foreign Direct Investment in China: Challenges and Prospects for Regional Development*. OECD.

Taylor, J. B., 2009. The Financial Crisis and the Policy Responses: An Empirical Analysis of What Went Wrong. *NBER working paper* 14631.

"The America's economy: wise men at ease." *The Economist*, April 30th 2005, P58-59.

"The budget deficit: cocktail-bar calculations." *The Economist*, May 7th 2005, P15.

"The case for a big revaluation of the Chinese currency if weaker than commonly claimed." *The Economist*, January 22nd 2005, P72.

"The dragon tucks in." *The Economist*, July 2nd 2005, P59-61.

"The shift away from thrift." *The Economist*, April 9th 2005, P55-57.

"The world economy: testing all engines." *The Economist*, February 4th 2006, P65-66.

Tomohara, A., and S. Takii, 2011. Does Globalization Benefit Developing Countries? Effects of FDI on Local Wages. *Journal of Policy Modeling* 33: 511-521.

Tse, D. K., Y. Pan, K. Y. Au, 1997. How MNCs Choose Entry Modes and Form Alliances: The China Experience. *Journal of International Business Studies* 28: 779-806.

Tuan, C., and L. F. Y. Ng, 2003. FDI Facilitated by Agglomeration Economics: Evidence from Manufacturing and Services Joint Venture in China. *Journal of Asian Economics* 13: 749-765.

Tuan, C., and L. F. Y. Ng, 2003. Location Decisions of Manufacturing FDI in China: Implications of China's WTO Accession. *Journal of Asian Economics* 14: 51-72.

Tuan, C., and L. F. Y. Ng, 2004. Manufacturing Agglomeration as Incentives to Asian FDI in China after WTO. *Journal of Asian Economics* 15: 673-693.

Tuan, Chyau, and Linda Fung-Yee Ng, 2007. The Place of FDI in China's Regional Economic Development: Emergence of the Globalized Delta Economies. *Journal of Asian Economics* 18: 348-364.

Ugur, A., and F. Ruane, 2004. Foreign Direct Investment and Host Country Wages: New Evidence from Irish Plant Level Panel Data. *IIIS Discussion Paper* 9.

UNCTAD, 1988. *International Accounting and Reporting Issues: 1984 Review*. New York: UNO.

UNCTAD, 2004. *World Investment Report 2004: The Shift towards Services*. United Nations Publication.

United Nations, 2005. *China in a Globalizing World*. United Nations Conference on Trade and Development, New York and Geneva.

United States Census Bureau, 2005. *Trade in Goods (Imports, Exports and Trade*

Balance) with China. Washington, DC: Author. December 25th 2005.

United Nations Conference on Trade and Development (UNCTAD), 2009. Transitional Corporations, Agricultural Production and Development. *World Investment Report* 2009.

United Nations Conference on Trade and Development (UNCTAD), 2010. Investing in a Low-Carbon Economy. *World Investment Report* 2010.

United Nations Conference on Trade and Development (UNCTAD), 2011. Non-Equity Modes of International Production and Development. *World Investment Report* 2011.

United Nations Conference on Trade and Development (UNCTAD), 2012. Global Flows of Foreign Direct Investment Exceeding Pre-Crisis Levels in 2011, Despite Turmoil in the Global Economy. Global investment Trends Monitor, *World Investment Report* 2012.

Venables, A. J., 1996. Equilibrium Locations of Vertically Linked Industries. *International Economic Review* 37 (2): 341-359.

Vernon, Raymond, 1966. International Investment and International Trade in the Product Cycle. *Quarterly Journal of Economics* 80 (2): 190-207.

Walkenhorst, P., 2001. Determinants of Foreign Direct Investment in the Food Industry: the Case of Poland. *Agribusiness* 17 (3): 383-395.

Wang, C., Hong, J., Kafouros, M., Boateng, A. 2011. What Drives Outward FDI of Chinese Firms? Testing the Explanatory Power of Three Theoretical Frameworks. *International Business Review*: 1-14.

Webber, M. J., 1972, *Impact of Uncertainty on Location*. Cambridge, Mass.: MIT Press.

Wei, S., 2000. How Tax is Corruption on International Investors? *Review of Economics and Statistics* 82 (1): 1-11.

Wei, S., 2000. Local Corruption and Global Capital Flows. *Brookings Papers on Economic Activity* 2: 303-354.

Wei, Y. Q., X. M. Liu, and D. Parket et al., 1999. The Regional Distribution of Foreign Direct Investment in China. *Regional Studies* 33 (9): 857-867.

Weis, J., 1997. How Taxing Is Corruption International Investor? *The Kennedy School of Government Working Paper*, Harvard University.

Wells, L. T., 1983. *Third World Multinationals: The Rise of Foreign Investment from Developing Countries*. Cambridge, MA: The MIT Press.

Whalley, J., and X. Xin, 2006. China's FDI and Non-FDI Economies and the Sustainability of Future High Chinese Growth. *NBER Working Paper* 12249.

"What will guide the new boss of America's Federal Reserve?" *The Economist*, March 25th 2006, P77-78.

Wheeler, D., and A. Mody, 1992. International Investment Location Decisions: The Case of U.S. Firms. *Journal of International Economics* 33: 57-76.

"Where did the productivity growth go? Inflation dynamics and the distribution of income." *NBER working paper* 11842, December 2005.

Williamson, O. E., 1975. *Markets, Hierarchies: Analysis, Antitrust Implications*. Free Press: New York.

Williamson, O. E., 1985. *The Economic Institutions of Capitalism*. The Free Press: New York.

Woodward, Douglas P., 1992. Location Determinants of Japanese Manufacturing Start-up in the United States. *Southern Economic Journal* 58 (January): 690-708.

World Bank, 2004. *Patterns of Africa-Asia Trade and Investment: Potential for Ownership and Partnership*. Washington D. C., October.

Xafa, M., 2007. Global Imbalances and Financial Stability. *Journal of Policy Modeling* 29: 783-796.

Xia, Jun, Justin Tan, and David Tan, 2008. Mimetic Entry and Bandwagon Effect: the Rise and Decline of International Equity Joint Venture in China. *Strategic Management Journal* 29: 195-217.

Xing, Y., and L. Zhao, 2003. *Reverse Imports, Foreign Direct Investment, and Exchange Rates*. Niigata, Japan: IUJ Research Institute.

Xing, Y., 2006. Japanese FDI in China: Trend, Structure, and the Role of Exchange Rates. In K. H. Zhang (Editors), *China as a World Factory*.

Routledge, Taylor and Francis.

Xing, Y., and G. Wan, 2006. Exchange Rates and Competition for FDI in Asia. *The World Economy* 29 (4): 419-434.

Xing, Yuqing, 2006. Why is China so Attractive for FDI? The Role of Exchange Rates. *China Economic Review* 17 (2): 198-209.

Xing, Yuqing, 2007. Foreign Direct Investment and China's Bilateral Intra-industry Trade with Japan and the US. *BOFIT Discussion Papers* 1.

Yamawaki, Hideki, 1993. Location Decisions of Japanese Multinational Firms in European Manufacturing Industries. In Kirsty S. Hughes (editor), *European Competitiveness*, Cambridge Press.

Yan, A., and B. Gray, 1994. Bargaining Power, Management Control, and Performance in United States-China Joint Ventures. *Academy of Management Journal* 37: 1478-1517.

Yiu, Daphne, and Shige Makino, 2002. The Choice between Joint Venture and Wholly Owned Subsidiary: An Institutional Perspective. *Organization Science* 13 (6): 667-683.

Zhang, Honglin, 2005. Why does so much FDI from Hongkong and Taiwan Go to Mainland China? *China Economic Review* 16: 293-307.

Zhang, J., A. Witteloostuijin, and C. Zhou, 2005. Chinese Bilateral Intra-industry Trade: A Panel Data Study for 50 Countries in the 1992? *Review of World Economics* 141: 511-540.

Zhang, X., and K. Daly, 2011. The Determinants of China's Outward Foreign Direct Investment. *Emerging Markets Review* 12: 389-398.

Zhao, H., and G. Zhu, 2000. Location Factors and Country-of-Origin Differences: An Empirical Analysis of FDI in China. *Multinational Business Review* 8 (1): 60-73.

Zhao, Hongxin, Yadong Luo, and Taewon Suh, 2004. Transaction Cost Determinants and Ownership-Based Entry Mode Choice: A Meta-Analytical Review. *Journal of International Business Studies* 35 (6): 524-544.

Zhao, Y. H., 2001. Foreign Direct Investment and Relative Wages: The Case of

China. *China Economic Review* 12：40-57.

艾洪山、张亚斌、亓朋：《外商直接投资、国际贸易与工资溢出——基于微观企业层面的实证分析》，《经济评论》2010 年第 2 期。

包群、陈媛媛、宋立刚：《外商直接投资与东道国环境污染：存在倒 U 型曲线关系吗?》，《世界经济》2010 年第 1 期。

包群等：《外商直接投资与东道国工资差异：基于我国工业行业的经验研究》，《管理世界》2008 年第 5 期。

[美] 保罗·克鲁格曼、茅瑞斯·奥伯斯法尔德：《国际经济学》，中国人民大学出版社 1998 年版。

宾建成：《入世以来 FDI 进入我国服务业新趋势与对策》，《吉首大学学报（社会科学版）》2009 年第 4 期。

蔡双南：《港台美日欧对中国大陆投资的战略比较》，《国际贸易问题》1994 年第 5 期。

曾铮：《我国劳动力成本上升对全球经济的影响》，《全球经济时评》，长策智库全球宏观经济政策（GMEP）研究项目，NO. 2010-040，2010 年 8 月 19 日。

陈继勇、郝群花：《外商在华直接投资行业分布的非均衡增长研究》，《经济管理》2009 年第 1 期。

陈继勇、刘威：《美中贸易的"外资引致逆差"问题研究》，《世界经济》2006 年第 9 期。

陈景华：《承接服务业跨国转移的效应分析——理论与实证》，《世界经济研究》2010 年第 1 期。

陈涛涛、白晓晴：《引进外资的转折期：值得关注的理论与政策问题》，《国际经济合作》2006 年第 4 期。

程惠芳、阮翔：《用引力模型分析中国对外直接投资的区位选择》，《世界经济》2004 年第 11 期。

程培堽、周应恒、殷志扬：《FDI 对国内投资的挤出（入）效应：产业组织的视角》，《经济学（季刊）》2009 年第 4 期。

崔新建：《国际直接投资理论与政策》，中国财政经济出版社 2002 年版。

戴枫：《要素禀赋框架下的 FDI 与我国地区收入差距分析——基于动态面板

模型的 GMM 检验》,《国际贸易问题》2010 年第 5 期。

戴湘、魏浩:《跨国公司在华企业独资化趋势原因分析》,《南京财经大学学报》2004 年第 2 期。

丁辉侠、冯宗宪:《制度与非制度因素对中国服务业利用 FDI 的影响》,《财经研究》2008 年第 6 期。

丁明智:《我国外商直接投资产业分布非均衡结构探析》,《特区经济》2005 年第 2 期。

段小梅:《台商投资大陆的产业类型与区位选择的实证分析——以传统产业和高技术产业为例》,《台湾研究集刊》2006 年第 1 期。

范春辉:《全球化背景下跨国公司的政治功能研究》,南京大学出版社 2006 年版。

范黎波:《跨国公司技术转移与中国企业学习战略》,中国财政经济出版社 2004 年版。

方宁生:《台商 IT 产业资产西进与两岸产业分工》,《特区经济》2001 年第 12 期。

方友林、冼国明:《FDI 对我国国内投资的挤入挤出效应:地区差异及动态特征》,《世界经济研究》2008 年第 6 期。

冯春丽:《跨国公司股权进入模式的博弈分析》,《国际贸易问题》2006 年第 9 期。

葛顺奇、郑小洁:《中国 31 个省市利用外资业绩与潜力比较研究》,《世界经济》2004 年第 1 期。

顾卫平:《金融深化改革的三个重要问题》,《世界经济研究》2004 年第 2 期。

国家统计局国际统计信息中心:《国际经贸消息》2006 年第 10 期。

国家统计局国际统计信息中心:《国际经贸消息》2006 年第 4 期。

韩广智、孙健:《中国金融效率的损失与金融失衡的调整》,《农村金融研究》2001 年第 1 期。

何奕、童牧:《长三角外商直接投资的区位选择研究》,《金融与经济》2008 年第 1 期。

贺灿飞、陈颖:《港澳地区对中国内地直接投资的区位选择及其空间扩散》,

《地理科学》1997 年第 3 期。

贺灿飞、傅蓉：《外资银行在中国的区位选择》，《地理学报》2009 年第 6 期。

贺灿飞、魏后凯：《信息成本、集聚经济与中国外商投资区位》，《中国工业经济》2001 年第 9 期。

贺灿飞：《外商直接投资区位：理论分析与实证研究》，中国经济出版社 2005 年版。

贺力平、张艳花：《资本外逃损害经济增长吗？——对 1982 年以来中国数据的检验及初步解释》，《经济研究》2004 年第 12 期。

胡永刚、刘方：《劳动调整成本、流动性约束与中国经济波动》，《经济研究》2007 年第 10 期。

胡月晓：《中国 FDI 波动和入世间的关系》，《国际金融与投资》2007 年第 3 期。

华民、蒋舒：《开放资本市场：应对"三资企业""独资化"发展倾向的策略取向》，《管理世界》2002 年第 12 期。

黄保东：《中国企业对外直接投资动因和区位的国外研究述评》，《经济社会体制比较》2010 年第 2 期。

黄德春：《北移与西进：台资的区位比较研究》，《国际经济合作》2002 年第 7 期。

黄繁华：《韩国对华直接投资特点和发展趋势》，《国际经济合作》2002 年第 9 期。

黄华民：《外商直接投资与我国实质经济关系的实证分析》，《南开经济研究》2000 年第 5 期。

黄肖琦、柴敏：《新经济地理学视角下的 FDI 区位选择》，《管理世界》2006 年第 10 期。

江小娟：《服务全球化的发展趋势和理论分析》，《经济研究》2008 年第 2 期。

江小涓：《跨国投资、市场结构与外商投资企业的竞争行为》，《经济研究》2002 年第 9 期。

江小涓：《中国的外资经济》，中国人民大学出版社 2002 年版。

江小涓：《中国对外开放进入新阶段：更均衡合理地融入全球经济》，《经济研究》2006年第3期。

[美] 约翰·柯廷顿等：《开放经济中的非均衡宏观经济学》，上海译文出版社1997年版。

赖明勇等：《外商直接投资与技术外溢：基于吸收能力的研究》，《经济研究》2005年第8期。

李伯溪主编：《经济均衡与非均衡理论：模型和应用》，改革出版社1991年版。

李非：《两岸入世对台商投资祖国大陆的影响》，《亚太经济》2003年第1期。

李果、徐立新：《国有企业、劳动力冗员与就业的增长：1986～1996年期间中国各省的经验》，《经济学（季刊）》2001年第1期。

李国平、田边裕：《日本的对外直接投资动机及其变化研究》，《北京大学学报（哲学社会科学版）》2003年第2期。

李国平、杨开忠：《外商对华直接投资的产业与空间转移特征及其机制研究》，《地理科学》2000年第2期。

李恒：《河南外商直接投资的行业分布与绩效评价》，《国际经贸探索》2007年第2期。

李京：《全球直接投资转向服务业》，《国际经济合作》2005年第1期。

李具恒：《FDI的区位选择与中国区域经济发展》，《中国软科学》2004年第6期。

李立新、金润圭：《在华外商不同来源体FDI区位因素比较分析》，《中国软科学》2002年第7期。

李林、曾华珑、黄日福：《FDI与二元经济转型：基于中部地区的理论及实证研究》，《数量经济技术经济研究》2007年第6期。

李庆云、田晓霞：《中国资本外逃的影响因素》，《世界经济》2000年第9期。

李蕊：《跨国公司在华研发投资与中国技术跨越式发展》，经济科学出版社2004年版。

李维安等：《跨国公司在华独资倾向成因分析：基于股权结构战略的视角》，

《管理世界》2003 年第 1 期。
李伟舵：《外商直接投资发展阶段与行业选择研究》，湖南大学博士学位论文，2006 年。
李向京、廖进中：《跨国公司独资化现象的三重原因分析》，《国际贸易》2006 年第 8 期。
李小建：《香港对大陆投资的区位变化与公司空间行为》，《地理学报》1996 年第 3 期。
李雪辉、许罗丹：《FDI 对外资集中地区工资水平影响的实证研究》，《南开经济研究》2002 年第 2 期。
李永军：《中国外商直接投资行业分布的决定因素》，《世界经济》2003 年第 7 期。
李众敏，《中国对外投资管理体制：历史、挑战与改革》，中国社会科学院世界经济与政治研究所国际贸易与投资研究系列，Policy Brief 09021，2009 年 12 月 30 日。
李众敏：《民营企业对外投资的机遇与瓶颈》，中国社会科学院世界经济与政治研究所国际贸易与投资研究系列，Policy Brief 1001，2010 年 2 月 2 日。
李众敏，《中国海外能源投资的回顾与展望》，中国社会科学院世界经济与政治研究所国际金融研究中心，Policy Brief 2010006，2010 年 2 月 2 日。
李众敏，《欧洲主权债务危机与中国对欧盟投资》，中国社会科学院世界经济与政治研究所国际金融研究中心，Policy Brief 201102，2011 年 1 月 7 日。
李珠峰：《中国服务业吸引国际直接投资分析》，《世界经济研究》2004 年第 7 期。
梁琦：《产业集聚论》，商务印书馆 2004 年版。
梁琦：《跨国公司海外投资与产业集聚》，《世界经济》2003 年第 9 期。
林其屏：《台商投资大陆的第四波及福建的对策建议》，《开放潮》2001 年第 12 期。
林毅夫：《中国的奇迹：发展战略与经济改革》，上海人民出版社 1994 年版。
刘军、徐康宁：《台商对大陆投资地区性聚集的实证研究》，《国际贸易问题》2009年第3期。

刘荣添、林峰:《我国东、中、西部外商直接投资（FDI）区位差异因素的Panel Data分析》,《数量经济技术经济研究》2005年第7期。

刘文秀、刘丽琴:《产业集聚与中国FDI分布的地区差异研究》,《生产力研究》2006年第8期。

刘修岩、殷醒民:《空间外部性与地区工资差异：基于动态面板数据的实证研究》,《经济学（季刊）》2008年第1期。

刘作丽、贺灿飞:《在华外商直接投资区位研究述评》,《地理科学进展》2009年第6期。

卢昌崇、李仲广、郑文全:《从控制权到收益权：合资企业的产权变动路径》,《中国工业经济》2003年第11期。

卢长宝:《FDI、空间创新与产业集群升级》,《亚太经济》2010年第1期。

卢荻:《外商投资和中国经济发展：产业和区域分析证据》,《经济研究》2003年第9期。

鲁明泓:《外国直接投资区域分布与中国投资环境评估》,《经济研究》1997年第12期。

鲁明泓:《制度因素与国际直接投资区位分布：一项实证研究》,《经济研究》1999年第7期。

吕冰洋:《中国资本积累的动态效率：1978～2005》,《经济学（季刊）》2008年第2期。

吕立才、庄丽娟等:《外商直接投资我国食品产业的决定因素分析》,《国际贸易问题》2007年第3期。

罗长远:《FDI与国内资本：挤出还是挤入》,《经济学（季刊）》2007年第2期。

马凌:《日本对华直接投资影响因素研究》,《国际贸易问题》2006年第6期。

马元、刘婧:《服务业外国直接投资与天津市经济增长关系的实证研究》,《国际贸易问题》2008年第9期。

[美]迈克尔·波特:《国家竞争优势》,李明轩、邱如美译,华夏出版社2002年版。

梅新育:《初级产品行情逆转 中国应做些什么》,《中国证券报》2011年11月18日。

毛日昇:《出口、外商直接投资与中国制造业就业》,《经济研究》2009年第11期。

潘镇、鲁明泓:《在华外商直接投资进入模式选择的文化解释》,《世界经济》2006年第2期。

潘镇、殷华方、姚晓霞、鲁明泓:《探索中的手——中国外商直接投资政策及其有效性研究》,经济管理出版社2006年版。

裴长洪:《发展对外经贸需结构调整和体制创新》,《中国经贸导刊》2001年第20期。

裴长洪、樊瑛:《中国企业对外直接投资的国家特定优势》,《中国工业经济》2010年第7期。

齐俊妍、李众敏:《中国与全球经济国际学术研讨会会议综述》,《国际经济评论》2006年第7-8期。

秦凤鸣等:《FDI在华独资化的动因——基于吸收能力分析》,《经济理论与经济管理》2008年第1期。

秦嗣毅:《世界服务业吸引FDI状况及其促进经济发展的机理研究》,《学术交流》2008年第2期。

[日]青木昌彦:《比较制度分析》,上海远东出版社2001年版。

邱立成、于李娜:《跨国公司进入中国市场模式及影响因素分析》,《南开经济研究》2003年第4期。

邱庆剑:《世界500强企业管理工具精选》,机械工业出版社2006年出版。

邱晓明、赵增耀:《地方政府对外商直接投资区位选择影响》,《商业研究》2006年第13期。

冉茂盛、刘勇、李通:《人民币实际汇率与外商对华直接投资》,《预测》2005年第3期。

任胜钢:《跨国公司与产业集群的互动研究》,复旦大学出版社2007年版。

桑百川、郑建明等:《国际资本流动:新趋势与对策》,对外经济贸易大学出版社2003年版。

上海市工商行政管理局编:《上海市外商投资企业、外国(地区)企业常驻代表机构名录》，中国工商出版社 2009 年版。

商务部和中国社科院联合课题组：《我国外商投资梯度转移问题》，《中国工业经济》2004 年第 4 期。

邵敏等：《外资与我国劳动收入份额——基于工业行业的经验研究》，《经济学（季刊）》2010 年第 4 期。

沈坤荣、耿强：《外国直接投资、技术外溢与经济增长———中国数据的计量检验与实证分析》，《中国社会科学》2001 年第 5 期。

沈坤荣：《人力资本与外商直接投资的区位选择》，《管理世界》2002 年第 11 期。

沈磊、蒋士成、颜光华：《跨国公司在华合资企业股权变动的原因》，《财经研究》2005 年第 1 期。

施祖麟、黄涛：《台商对大陆投资特点的实证分析与发展展望》，《清华大学学报（哲学社会科学版）》2007 年第 4 期。

孙楚仁、文娟、朱钟棣：《外商直接投资与我国地区工资差异实证研究》，《世界经济研究》2008 年第 2 期。

孙海鸣、赵晓雷：《2003 中国区域经济发展报告：国内及国际区域合作》，上海财经大学出版社 2003 年版。

孙俊：《中国 FDI 地点选择的因素分析》，《经济学（季刊）》2002 年第 3 期。

孙天法：《非均衡配额经济学》，经济科学出版社 2003 年版。

孙雅娜：《日本对华直接投资动机及其发展战略》，《日本研究》2004 年第 4 期。

唐宜红：《外资进入行为研究——兼析外资政策及其引资效应》，人民出版社 2003 年版。

田孟清：《"假外资"：现状、危害、成因与对策》，《武汉大学学报（哲学社会科学版）》2008 年第 1 期。

田素华：《国际短期资本管理新视角：企业与政府融资决策不一致性》，《世界经济》2001 年第 11 期。

田素华：《恢复 H 股市场活力的途径研究》，《改革》2002 年第 5 期。

田素华等：《境外上市企业国内融资的可行性与主要障碍》，《管理世界》

2002 年第 5 期。

田素华等：《国际资本流动新趋势与上海提高外资利用效率问题研究》（研究报告，2003 年）。

田素华：《东道国国际资本流入结构的成因与管理》，经济科学出版社 2003 年版。

田素华：《外资对上海产业结构调整效应的实证研究》，《上海经济研究》 2004 年第 2 期。

田素华：《外资对上海就业效应的实证研究》，《财经研究》 2004 年第 3 期。

田素华等：《论经济增长的要素约束与发展对外贸易》，《复旦学报（社会科学版）》 2006 年第 2 期。

田素华：《美国经济调整趋向与中国的政策选择》，《世界经济与政治论坛》 2006 年第 5 期。

田素华：《美国经济失衡调整与中国的政策选择》，《改革》 2006 年第 8 期。

田素华：《中国商业银行流动性过剩的成因与潜在风险分析》，《财经理论与实践》 2007 年第 4 期。

田素华：《外商直接投资对中国技术进步效应的结构分析》，《世界经济研究》 2007 年第 3 期。

田素华：《人民币汇率变动投资效应的企业特征》，《世界经济》 2008 年第 5 期。

田素华：《国际资本流动与货币政策效应》，复旦大学出版社 2008 年版。

田素华、徐明东：《外资银行进入对中国资源配置影响的地区特征》，《上海经济研究》 2010 年第 8 期。

田素华、虞亚庆：《巨额财政刺激计划引发的物价上涨压力与银行信贷违约风险控制》，《财贸经济》 2010 年第 10 期。

田素华、徐明东：《外资银行进入对中国不同类型企业资源获取影响差异的经验证据：以上海为例》，《世界经济研究》 2010 年第 12 期。

田素华：《电子商务的价值链重构效应与企业国际化经营战略调整》，载《中国经济竞争力的国际贸易环境研究》，华民等著，复旦大学出版社 2010 年 9 月版。

田素华：《中国 FDI 经济的结构变动——基于 1979~2009 年的统计数据分

析》,《世界经济情况》2010年第11期。

田素华:《外资银行在东道国的信贷偏好》,复旦大学出版社2010年版。

田素华:《台资进入中国大陆决定因素的实证分析》,《亚太经济》2011年第4期。

田素华、罗黎军:《香港FDI进入中国大陆的决定因素》,《上海经济研究》2011年第8期。

田素华、徐明东:《外资银行进入对中国不同行业影响差异的经验证据》,《金融研究》2011年第10期。

田素华:《商务成本的地区间差异与独资FDI进入中国》,《中央财经大学学报》2011年第12期。

田素华:《FDI占中国固定资产投资比重变动的倒U型特征》,《数量经济技术经济研究》2012年第2期。

田素华:《美国FDI进入中国的基本特征与决定因素》,《上海财经大学学报(哲社版)》2012年第2期。

田素华、罗黎军:《国际直接投资发展趋向、障碍与对策:2008~2012》,《财经科学》2012年第7期。

田素华、胡一立:《企业类型与制造业部门FDI进入的劳动就业效应》,《国际商务——对外经济贸易大学学报》2012年第4期。

田素华、张旭欣:《FDI对东道国本地投资有挤入效应吗?——基于中国事实的理论分析》,《世界经济文汇》2012年第4期。

田素华、杨烨超:《FDI进入中国区位变动的决定因素——基于D-G模型的经验分析》,《世界经济》2012年第11期。

万广华、陆铭、陈钊:《全球化与地区间收入差距:来自中国的证据》,《中国社会科学》2005年第3期。

万荃:《对外资产储备占比过大 平衡结构寄望直接投资》,《金融时报》2011年10月21日。

王诚:《劳动力供求"拐点"与中国二元经济转型》,《中国人口科学》2005年第6期。

王剑:《外国直接投资区域分布的决定因素:基于空间计量学的研究》,《经济科学》2004年第5期。

王洛林、江小娟：The Influence of Foreign Capital on China's Economy and Its Future Utilization. 《中国社会科学（英文版）》1999 年第 2 期。

王宣喻、陈泽民：《外商投资行业分布特点及其贡献率变化研究》，《改革》2002 年第 5 期。

王永龙：《台商投资从集聚到集群的对策分析》，《经济问题》2002 年第 9 期。

王永钦：《市场互联性、关系型合约与经济转型》，《经济研究》2006 年第 6 期。

王咏梅、林静：《中国服务业吸引外国直接投资及影响因素分析》，《对外经贸实务》2005 年第 11 期。

王元龙：《论外商直接投资的规模调控》，《中国外汇管理》1998 年第 4 期。

王元龙：《外商直接投资宏观调控论》，中国人民大学出版社 1998 年版。

王岳平：《我国外商直接投资的两种市场导向类型分析》，《国际贸易问题》1999 年第 2 期。

王志乐：《走向世界的中国跨国公司》，中国商业出版社 2004 年版。

王雷、韦海鸣：《外商直接投资与中国区域经济制度变迁》，《财经科学》2003 年第 5 期。

魏后凯：《欧美日韩在华制造业投资的区位决定》，《中国工业经济》2000 年第 11 期。

魏后凯：《外商直接投资对中国区域经济增长影响》，《经济研究》2002 年第 4 期。

魏后凯：《我国外商投资的区位特征及变迁》，《经济纵横》2001 年第 6 期。

魏后凯、贺灿飞、王新：《中国外商投资区位决策与公共政策》，商务印书馆 2002 年版。

魏杰：《失衡经济学导论》，中国人民大学出版社 1991 年版。

吴海鹰：《外商直接投资与中国西部经济》，中国经济出版社 2006 年版。

吴先明：《FDI 与香港经济结构调整》，《国际经济合作》2002 年第 5 期。

伍永刚：《跨国公司——产业重组与资源配置》，社会科学文献出版社 2002 年版。

冼国明、文东伟：《竞争、生产率外溢与东道国的产业发展》，《南开经济研究》2006 年第 4 期。

肖黎明：《中国发展对外直接投资的理论分析》，《上海经济研究》2007 年第 2 期。

肖文海：《信息技术对跨国投资动机的影响》，《商业研究》2004 年第 1 期。

肖政等：《影响外商直接投资因素：兼论中国沿海地区与西部地区差别》，《中国管理科学》2002 年第 5 期。

辛枫冬：《从跨国公司"技术锁定战略"审视其"独资化"趋势》，《技术经济与管理研究》2004 年第 2 期。

邢予青：《日本 FDI 在中国：趋势、结构和汇率中的角色》，《世界经济文汇》2004 年第 6 期。

熊红星：《网络效应、标准竞争与公共政策》，上海财经大学出版社 2006 年版。

徐俊武：《FDI 决定因素及实证分析》，《统计教育》2005 年第 1 期。

徐康宁、王剑：《韩国对华直接投资的区位选择研究》，《学海》2007 年第 4 期。

徐康宁、王剑：《美国对华直接投资决定性因素分析（1983～2000）》，《中国社会科学》2002 年第 5 期。

徐康宁、王剑：《外商直接投资地理性因素的国别效应：江苏例证》，《经济学（季刊）》2005 年第 3 期。

徐康宁、王剑：《要素禀赋、地理因素与新国际分工》，《中国社会科学》2006 年第 6 期。

徐磊、马寅耘：《汇率、跨国公司与全球生产配置》，《世界经济情况》2007 年第 4 期。

徐萌：《跨国公司对外直接投资新趋势》，《合作经济与科技》2007 年 6 月号上。

徐明东、田素华：《中国国际收支双顺差与货币供给动态关系：1994～2007》，《财经研究》2007 年第 12 期。

许冰：《外商直接投资对区域经济的产出效应：基于路径收敛设计研究》，《经济研究》2010 年第 2 期。

许陈生、夏洪胜：《中国外商直接投资的进入模式——对独资倾向影响因素的实证分析》,《财经研究》2004 年第 10 期。

许和连、亓朋、李海峥:《外商直接投资、劳动力市场与工资溢出效应》,《管理世界》2009 年第 9 期。

许和连、赖明勇、钱晓英:《外商直接投资影响因素的偏最小二乘回归建模分析》,《中国管理科学》2002 年第 5 期。

许罗丹、谭卫红:《外商直接投资集聚效应在我国的实证分析》,《管理世界》2003 年第 7 期。

宣烨、赵曙东:《外商直接投资的工资效应——以江苏为对象的实证分析》,《南开经济研究》2005 年第 1 期。

薛求知、朱吉庆:《中国对外直接投资的理论研究与实证检验》,《江苏社会科学》2007 年第 4 期。

阎海峰、黄烨菁、罗志松:《中国企业对外直接投资行为分析》,《世界经济研究》2009 年第 7 期。

杨春妮:《承接服务业国际转移:中国区位比较优势的实证》,《国际贸易问题》2007 年第 3 期。

杨建龙:《关于外商投资与外资政策的博弈分析》,经济科学出版社 2000 年版。

杨建梅等:《东莞台资 IT 企业集群产业结构剖析》,《中国工业经济》2002 年第 8 期。

杨柳勇、沈国良:《外国直接投资对国内投资的挤入挤出效应分析》,《统计研究》2002 年第 3 期。

杨晓明等:《FDI 区位选择因素研究》,《财经研究》2005 年第 11 期。

杨晔:《外商在华直接投资区位选择的实证研究》,《科技管理研究》2007 年第 1 期。

杨永华等:《利用外资与维护国家经济安全》,中国发展出版社 1999 年版。

杨泽文、杨全发:《FDI 对中国实际工资水平的影响》,《世界经济》2004 年第 12 期。

姚洋、章奇:《中国工业企业技术效率分析》,《经济研究》2001 年第 10 期。

姚战琪:《生产率增长与要素再配置效应:中国的经验研究》,《经济研究》2009 年第 11 期。

姚枝仲、齐俊妍：《全球国际收支失衡及变化趋势》，《世界经济》2006 第 3 期。

姚枝仲：《用发展眼光看待中国投资环境变化》，中国社会科学院世界经济与政治研究所国际金融研究中心，Policy Brief 2010081，2010 年 11 月 23 日。

殷凤：《中国服务业利用外商直接投资：现状、问题与影响因素分析》，《世界经济研究》2006 年第 1 期。

殷华方、鲁明泓：《中国吸引外商直接投资政策有效性研究》，《管理世界》2004 年第 1 期。

于津平：《汇率变化如何影响外商直接投资》，《世界经济》2007 年第 4 期。

余永定、覃东海：《中国的双顺差：性质、根源和解决办法》，《世界经济》2006 年第 3 期。

余永定：《扩大发行熊猫债券的理由》，《财经》2008 年 12 月 8 日。

喻红阳、李海婴：《外商投资选择独资原因探究》，《湖北社会科学》2003 年第 11 期。

张传国：《台商对祖国大陆直接投资的地域分异与成因分析》，《世界经济》2003 年第 10 期。

张帆、郑京平：《跨国公司对中国经济结构和效率的影响》，《经济研究》1999 年第 9 期。

张海波：《外商直接投资对我国的工资效应分析——基于 1997~2006 年面板数据的实证研究》，《国际贸易问题》2009 年第 10 期。

张海洋：《影响我国 FDI 区域分布因素变迁的实证分析》，《当代财经》2003 年第 6 期。

张红霞：《我国服务业 FDI 流入的经济效应分析》，《经济问题探索》2006 年第 6 期。

张宏：《日本对华直接投资的特征分析及其趋势展望》，《经济研究参考》2002 年第 54 期。

张军、吴桂英、张吉鹏：《中国省际物质资本存量估算：1952~2000》，《经济研究》2004 年第 10 期。

张俊妮、陈玉宇：《产业集聚、所有制结构与外商投资企业区位选择》，《经济学（季刊）》2006 年第 7 期。

张立、龚玉池：《FDI 在中国省际分布的决定因素》，《天津大学学报》2002 年第 4 期。

张鲁青、桑百川：《我国东中西部及周边国家 FDI 区位优势比较》，《国际经济合作》2009 第 12 期。

张明：《中国式拯救：熊猫债券》，《南方周末》2008 年 12 月 25 日。

张仁德、韩晶：《金融全球化与发展中国家的金融风险》，《世界经济与政治》2003 年第 3 期。

张天宝、陈柳钦：《外商在华直接投资决定因素的阶段性差异研究：基于面板数据的系统 GMM 估计》，《当代经济科学》2008 年第 2 期。

张晓朴：《如何应对中国银行业对外开放面临的挑战》，《国际经济评论》2006 第 7-8 期。

张幼文：《中国开放型经济新阶段理论建设的主题》，《学术月刊》2006 年第 3 期。

赵春明、何艳：《从国际经验看中国对外直接投资的产业和区位选择》，《世界经济》2002 年第 5 期。

赵春明：《任重道远：中国对外直接投资的现状与发展前景》，《世界经济》2004 年第 3 期。

赵弘：《中国总部经济发展报告：2008～2009》，社会科学文献出版社 2008 年版。

赵弘：《中国总部经济发展报告：2009～2010》，社会科学文献出版社 2009 年版。

赵楠：《中国服务业吸引国际直接投资的现状与对策——基于 1998～2003 经验数据的分析》，《经济经纬》2006 年第 5 期。

赵祥：《地方政府竞争与 FDI 区位分布》，《经济学家》2009 年第 8 期。

赵增耀：《外商在华投资独资化趋势的演化机理及应对策略》，《世界经济与政治》2004 年第 4 期。

钟昌标：《外商直接投资地区间溢出效应研究》，《经济研究》2010 第 1 期。

周华：《汇率波动对外商直接投资的影响——基于知识资本模型从产业角度的实证检验》，《数量经济技术经济研究》2007 年第 4 期。

朱民:《全球经济失衡的调整及对中国的影响》,《国际经济评论》2005年第1-2期。

朱玉杰、周楠:《不同因素对吸收FDI的影响研究》,《国际经济合作》2003年第11期。

祖强、曹慧:《独资和控股:跨国公司在华投资倾向面面观》,《国际经济合作》2005年第2期。

左大培:《外资企业税收政策的非效率性》,《经济研究》2000年第5期。

左小蕾:《我们离全球经济危机有多远》,《国际经济评论》2006年第7-8期。

后 记

　　自 1979 年实行改革开放政策至今的三十多年里，中国以年均 10.3% 的 GDP 增长速度创造了举世瞩目的经济奇迹，并于 2010 年超过日本成为经济总量仅次于美国的世界第二大经济体，与此相伴相随的是外商直接投资（FDI）的持续进入和外资经济的蓬勃发展。中国经济在过去三十多年的快速增长固然与人口红利、制度红利等密切相关，但从利用外商直接投资的视角观察，有助于我们认识中国经济奇迹的实现机制和变动趋向。本课题将中国外资经济结构作为研究对象，追溯外资来源、进入形式和地区及行业的时间历程，探寻其影响因素，分析其经济效应，归纳总结了中国外资经济结构变动规律，对中国正在进行的经济转型发展有很强的参考价值。

　　本课题研究最早开始于 2002 年 7 月。在 2007 年 9 月被正式立项为国家社会科学基金项目以后，作者进一步深入搜集了中国所有省区 1979~2009 年的 FDI 来源、进入行业、独资 FDI 进入等数据。在全面搜集 FDI 数据时，我们才真切地感受到数据搜集的难度。某些省区只在 1995 年甚至更后时期才有相关数据公布，且各个省区公布的数据内容也有差异。比如，关于行业 FDI 进入数据，有的省区公布了工业部门的 FDI 进入数据，有的公布了第二产业利用 FDI 数据，有的则公布了制造业部门利用 FDI 数据；有的省区公布的是合同利用 FDI 数据，有的公布的是实际利用 FDI 数据，个别省区在若干年份根本没有 FDI 数据正式公布。另外，各省区公布统计数据的格式差异也很大，数据搜集工作一度进展缓慢。2008 年 9 月至 2009 年 8 月，获得国家教育部公派留学基金资助，在美国哥伦比亚大学商学院做访问学者。在访学交流期间，作者得以使用那里的中国数据在线（China on line），搜集了 1950~2008 年中国 31 个省区的年度经济统计数据。

面对 31 个省区、时间跨度从 1950 至 2008 年、每年近 50 个变量的庞大数据信息，周栎伟和卓佳亮运用统计软件，历时数月才完成了数据整理工作。课题研究时，作者在查阅中英文文献，对数据进行比照分析，以及建立经济学模型等方面，得到了徐明东、杨烨超、罗黎军、张旭欣、虞亚庆的帮助。在对上海跨国公司地区总部调研时，复旦大学公共经济学系的杜莉老师等做了许多工作，调研活动得到了国际商业机器（IBM）公司中国地区总部、通用电气（GE）公司中国地区总部、英特尔（Intel）公司亚洲地区总部等机构的全力支持，在此表示感谢；同时感谢五位评审专家对作者申请课题结项时提交国家社科规划办的研究报告给出的有益评论，感谢曲建文编辑和王洪广老师以本书顺利出版提供的多方面的支持，并特别感谢杨烨超、罗黎军、杜莉、徐明东、虞亚庆、张旭欣、周栎伟、卓佳亮等的研究帮助。书中可能存在的不足之处概由作者本人负责，并恳请各位专家同行批评指正。

田素华
2013 年 3 月 26 日于复旦大学

图书在版编目（CIP）数据

外商直接投资进入中国的结构变动与效应研究 / 田素华著
—北京：中央编译出版社，2013.4
ISBN 978-7-5117-1612-5

Ⅰ．①外…
Ⅱ．①田…
Ⅲ．①外商直接投资 – 影响 – 经济结构调整 – 研究 – 中国
Ⅳ．F121

中国版本图书馆 CIP 数据核字（2013）第 042243 号

外商直接投资进入中国的结构变动与效应研究

出 版 人	刘明清
出版统筹	谭　洁
责任编辑	崔健刚
封面设计	肖　辉　王洪广
责任印制	尹　珺
出版发行	中央编译出版社
地　　址	北京西城区车公庄大街乙 5 号鸿儒大厦 B 座（100044）
电　　话	（010）52612345（总编室）　（010）52612370（编辑室） （010）66161011（团购部）　（010）52612332（网络销售） （010）66130345（发行部）　（010）66509618（读者服务部）
网　　址	www.cctphome.com
经　　销	全国新华书店
印　　刷	北京瑞哲印刷厂
开　　本	787 毫米 × 1092 毫米　1/16
字　　数	510 千字
印　　张	32.25
版　　次	2013 年 4 月第 1 版第 1 次印刷
定　　价	160.00 元

本社常年法律顾问：北京市吴栾赵阎律师事务所律师　闫军　梁勤
凡有印装质量问题，本社负责调换。电话：（010）66509618